兒童發展

Child Development

Robert S. Feldman 著

許秀萍、張玲芬、丘嘉慧、梁珀華、蘇慧菁 譯

Child Development

Sixth Edition

Robert S. Feldman

目次

本書的參考文獻，請至心理出版社網站下載

http://www.psy.com.tw/psy_download.php

解壓縮密碼：9789861916873

作者簡介

Robert S. Feldman 是一位心理學教授，也是 Massachusetts Amherst 大學社會與行為科學學院院長。曾獲得大學傑出教師獎，任教的班級人數範圍從 15 人到 500 人 。在他的職業生涯中，他在 Mount Holyoke 學院、Wesleyan 大學和 Virginia Commonwealth 大學，以及 Massachusetts 大學教過大學部與研究所的學生。

Feldman 在 Massachusetts 大學成立少數族群輔導方案，同時擔任 Hewlett 教學會員和年長者線上教學會員。他在 Massachusetts 大學心理系開設遠距教學課程以及主導「為成功大學生涯加油方案」（Power Up for College Sucess Program）。

Feldman 同時也非常積極參與促進心理學領域的發展，他是行為與大腦科學聯邦組織（Federation of Associations in Behavioral and Brain Sciences, FABBS）主席委員會的一員，並當選為 FABBS 基金會會長。

他是美國心理學會與心理科學協會的會員，Feldman 在 Wesleyan 大學畢業時獲得榮譽獎，並在 Wisconsin-Madison 大學完成碩士與博士學位。

Feldman 是 Fulbright 資深研究學者以及 Lecturer 獎勵的得獎者，他所寫的書、文章和科學文章超過 150 種。他編輯過下列期刊：*Development of Nonverbal Behavior in Children*、*Applications of Nonverbal Behavioral Theory and Research*，以及是 *Fundamentals of Nonverbal Behavior* 的共同編輯。他同時也是 *Development Across the Life Span*、*Understanding Psychology* 及 *P.O.W.E.R. Learning: Strategies for Success in College and Life* 等書的作者。他的書被翻譯成不同的語言，包括西班牙文、法文、葡萄牙文、荷蘭文、中文、德文、韓文和日文。

他的研究興趣包含每日生活中的誠實與欺騙行為，和在印象管理中的非語言行為，他的研究預算來自心理與健康國家研究部門和殘障與復健研究國家研究部門。

Feldman 喜愛音樂，精通鋼琴，喜歡烹飪和旅行。他有三個小孩，他和他的太太（一位心理師）住在麻州西部，從他們的房子可以俯瞰整個 Holyoke 山。

譯者簡介（按章節順序排列）

許秀萍

學歷：美國加州大學聖塔芭芭拉分校（UCSB）教育心理博士

經歷：樹德科技大學兒童與家庭服務系助理教授（2003～2013）

美國加州大學聖地牙哥分校（UCSD）訪問研究（2017～2018）

現職：臺北市立大學幼兒教育學系助理教授

張玲芬

學歷：美國西雅圖華盛頓大學課程與教學哲學博士

美國佛羅里達州立大學教育心理碩士

國立臺灣師範大學教育心理學士

經歷：國內、外學前至高中老師

明新科技大學幼兒保育系副教授

丘嘉慧

學歷：國立政治大學幼兒教育博士

經歷：國立中央大學學習與教學研究所博士後研究員

現職：臺北市立大學幼兒教育學系助理教授

梁珀華

學歷：美國賓州州立大學幼兒教育博士

美國賓州州立大學幼兒教育碩士

經歷：國立嘉義大學幼兒教育學系助理教授

靜宜大學幼教學程助理教授

現職：朝陽科技大學幼兒保育系副教授

蘇慧菁

學歷：美國明尼蘇達大學教育政策與行政博士
美國北科羅拉多大學學前特殊教育碩士
國立臺灣師範大學衛生教育系學士

經歷：臺中市托嬰中心輔導暨評鑑委員
彰化縣、南投縣幼兒園基礎評鑑委員

現職：中臺科技大學兒童教育暨事業經營系助理教授
臺中市潭秀、廍子非營利幼兒園二園之計畫主持人
中華民國發展遲緩兒童早期療育協會常務理事

前言

兒童發展是一個獨特的研究領域，不像其他的學術領域，我們每一個人在這個主題都有非常個人化的經驗。這個主題不只處理想法、概念和理論，其最重要的是實質上擁有造就我們是誰的動力。

本書企圖將這主題的原理，以能鼓舞、培育和吸引讀者的方式呈現。用意在於讓學生對於這領域感到有興趣，以引領他們用這領域的角度看世界，並形塑他們對於發展議題的認識。透過讓讀者接觸近來的發展趨勢內容，以及兒童發展與生俱來的特質，本書是朝學生在正式學習結束之後仍能維持對這學科的興趣而設計。

概觀

本書針對發展領域提供一個廣泛的概貌介紹，涵蓋兒童期與青少年期完整的範疇，從受精一直到青少年階段結束，並對這領域提供一個寬廣、易懂的介紹，包含基本理論和研究發現，以及突顯近來在實驗室以外的應用情形。它按時間順序介紹兒童期直到青少年期，內容包含：懷孕期、嬰兒期和學步期、幼兒期、兒童中期，以及青少年期（出版社註：本書中文版未翻譯青少年的部分，而原文中提及青少年的部分也會予以刪除）。在這些時期裡，本書聚焦在身體、認知，和社會與人格發展。

本書希望能完成下列四個主要目標：

1. 第一，同時也是最基本的，本書是設計來提供兒童發展領域一個寬廣、平衡的概貌。將理論、研究和應用等組成這領域的原則介紹給讀者，同時檢視這領域的傳統範圍與近來的創新內容。

   本書對於兒童發展領域的學者所發展出來的研究應用方向給予特別的關注。在不輕忽理論內容的同時，本書也強調目前已知有關兒童發展的部分，而不是聚焦於目前無解的問題。本書建構出這領域的知識如何能應用在真實世界的問題上。

總而言之，本書強調理論與實務應用之間的相互關係，注重這領域的範圍與多樣性。它也顯示出兒童發展學者如何使用理論、研究和實務應用以協助解決重大社會問題。

2. 本書的第二個主要目標是明確地將發展與學生的生活連結在一起，兒童發展研究的結果與學生有明顯的相關性，而本書呈現出這些研究結果如何做有意義與實務性的應用。這些應用以一個符合時事的架構呈現，包括當今新聞事項、當下世界事件和兒童發展現今的情形，以吸引讀者進入這個領域。也有大量的範例和小品短文反映人們日常生活的情況，解釋生活與這個領域的關聯性。

   例如：在每一章的序言都會提供一個與章節主題相關的真實生活情境實例，每一章也都會有「你是一個明智的兒童發展消費者嗎？」部分，它明確地建議如何將發展研究結果應用至學生的經驗。這些部分呈現研究結果如何能夠以實際動手做的方式來應用。每一章也有「從研究到實務」專欄，討論發展研究被用來回答社會所面對的問題的方法。

   最後，在圖片和照片裡有非常多的問題要求讀者以兒童發展所使用的多元專業觀點來看待人們，包括健康照顧專業者、教育者和社工。

3. 本書的第三個目標是強調今日多元文化社會的共同性與多元性，所以，每一章至少會有一個「發展的多元性與你的生活」的部分，這些特色明確地考慮在當代全球社會下，文化因素與發展在統一與多元化之間的相關性為何，另外本書也在每一章裡合併與多元性相關的素材。

4. 最後，本書的第四個目標強調下列三點：讓兒童發展領域對於學生來說是可參與的、可接近的並感到有興趣的。兒童發展的研究與教學都令人感到喜悅，因為它大部分的內容對我們的生活都有直接和立即的意義。因為我們所有人都包含在自己的成長歷程中，我們以非常個人的方式連結於本書涵蓋的內容領域裡。因此，本書打算經營和培育這個興趣，在讀者的人生中種下可以發展和發芽的種子。

   為了完成第四個目標，本書是「友善讀者」的，以直接、對話的方式寫成，盡可能在作者與學生之間製造對話。本書希望讀者不用透過教學者就可以自己了解和精通其內容。為了這個目的，本書包含多種教學功能。每一章都有一個「展望未來」的概論架構整章的舞台、照編號敘述的總結、關鍵詞解釋，以及含有批判性思考問題的回顧。

《兒童發展》背後的哲學觀

本書不是一本應用發展理論的書，只會聚焦在將發展知識轉譯為社會問題答案的技巧，也不是一本以理論為主的論述，主要集中在討論這領域的抽象理論。相反地，本書的重點為討論從兒童到青少年期間人類發展的範圍與廣度。將焦點集中在這個領域的特定範圍，讓本書可以檢視這領域的傳統核心範圍，以及不斷演變出來的非傳統發展領域。

再者，本書聚焦在此時此刻，而不是企圖對於這領域提供一個完整的歷史介紹。雖然它是從過去開始談起，但是以一個勾勒出這個領域目前所占的位置是從何演化而來的角度來寫。相同地，當本書提供經典研究的描述時，會更強調最近研究的結果與趨勢。

本書針對兒童與青少年發展提供一個寬廣的概論，整合理論、研究和原理的應用。本書希望能成為讀者想要保存在書櫃的書籍，讓他們想到下面這個最奇妙的問題時，會想再拿出來翻閱：人們是如何成為今日的他們？

具體的特點

- **各章開頭的序言**。每一章都會以一個簡短的小故事開場，描述與這章基本發展議題相關的一個個體或情境故事內容，例如：在「嬰兒期的身體發展」這一章描述一個小孩跨出的第一步。
- **展望未來**。開頭的段落會先向讀者介紹這一章涵蓋的議題，銜接序言與這一章其餘的部分，以及提供定向的問題。
- **學習目標**。每一章都有一系列編號的學習目標，表述方式以配合問題而設計，並根據Bloom的分類。這些目標讓學生可以清楚了解每一章預期要學的東西。學習目標和每一章最後的回顧相連結。
- **從研究到實務**。每一章都有一個專欄聚焦在兒童發展研究應用到日常育兒議題與公共政策的方式，例如：這些專欄包括對於嬰兒猝死症（SIDS）新的解釋的討論、對於蒙特梭利幼兒園教學成效的評估，以及幼兒如何受到手足影響的議題討論。

- **發展的多元性與你的生活**。每一章至少會有一個「發展的多元性與你的生活」，這些部分強調與我們生活裡多元文化社會相關的議題。包含動作發展文化層面的討論、移民家庭兒童的調適、多元文化教育，以及克服性別和種族阻礙而達到成功的範例。
- **你是一個明智的兒童發展消費者嗎？**每一章均包含一個透過兒童發展學者研究結果所歸納出來、可使用於特定用途的資訊，例如：本書提供有關訓練嬰兒身體與感官、保持幼兒的健康、增加兒童的競爭力以及職業選擇等具體資訊。
- **個案研究**。每一章都有一個個案研究，描述一個與該章主題有關的有趣情境，最後會有激發學生對於該個案和章節內容產生批判性思考的問題。
- **關鍵詞**。關鍵詞的定義會放在該章章末。
- **章末的資料**。每一章的結尾會有回顧（和學習目標相對應連結），這部分的資料是設計來幫助學生研讀和保留該章的資訊。最後，會有一個簡短的結語涵蓋與該章序言相關的批判性思考問題。因為開頭的序言為個案研究提供該章節要談之主題的預告，這些在章末發人深思的問題提供一個將整章串連的方式。它們同時也呈現該章所談的概念如何應用在開頭序言所描繪的真實世界情境。

這個版本有哪些部分是新的？

本書（編按：本書為原文第六版）將學習目標放入章節中，這些學習目標以問題的形式呈現，讓學生可以清楚了解每一章預期要學習的重點為何。

另外，幾乎每一章的序言和回顧都重新更換過，將各章主題在真實世界中的含意介紹給學生。而且，所有的「從研究到實務」專欄——描述當代發展研究主題及其所產生的影響——也是此版本的新內容。

最後，本書整合了大量新的和更新的資訊，例如：修訂內容強調行為基因、大腦發展、霸凌和社交網絡。同時，更強調神經科學和大腦掃描研究的發現，以反映這個領域的進展。

每一章都加入了新題材。以下列舉特定題材的採用，包括了新納入或擴充呈現了修訂的範圍。

第一章

兒童期的社會建構

敏感期與關鍵期

暴力電動遊戲和同理心

第二章

邁向巔峰

暴力與 Christina-Taylor 槍擊案

實驗的圖像呈現

質性研究

第三章

懷孕時期的憂鬱症

家族基因檢測

人工受精例子

懷孕期的心理健康

試管嬰兒統計數據

第四章

剖腹產比率的種族差異

美國家庭與醫療假法

接種疫苗的爭議

依附情感

失去胎兒的創傷後壓力症候群以及死胎

第五章

配方奶粉

聽覺皮層

視覺皮層

大腦可塑性

第六章

教育性玩具與媒介

物體恆存

非人類動物的數字能力

嬰兒導向語言與外國人導向語言

第七章

嬰兒情緒

嫉妒

高反應性和大腦結構

嬰兒氣質與成人易患憂鬱症與焦慮症

梭狀迴和成人關注兒童的臉孔

第八章

不同族群在體罰上的差異

鉛中毒和人工草皮

第九章

法庭的發展心理學

家庭以外托育的經濟效益

預備幼兒面對未來的教育

美國小兒科學會關於媒體使用的政策聲明

媒體使用與年齡趨勢

第十章

幼兒園入學申請和父母教養

集體主義傾向

個人主義傾向

遊戲和大腦發展

父母教練

父母監護在種族的差異

第十一章

身體形象與媒體

不同族群對身體形象的看法

氣喘觸發因素

意外死亡率

注意力缺陷過動症與大腦發展

第十二章

邁向巔峰

美國人口種族與族群的變化

閱讀動機與哈利波特

第十三章

移民父母的兒女

霸凌處理

同性戀父母教養

單親家庭新的統計數據

壓力、貧窮和容易生病

另外，這個版本引用豐富的當代研究，增加了數以百計的新研究文獻引用，大部分都是最近這幾年的新研究。

1

Chapter

兒童發展導論

許秀萍 譯

學習目標

1 何謂兒童發展？
2 兒童發展領域的範圍為何？
3 哪些主要的社會因素決定發展？
4 歷史上對童年的觀點是如何改變的？
5 兒童發展領域的主要議題和問題為何？
6 什麼是兒童發展的未來可能掌握的？

序言 受孕，舊與新

她從一出生就出名了，但並不是因為她本身有什麼令人好奇的地方，而是因為她是如何受精而成的。

Louise Brown，現在約 35 歲，因為身為世界上第一個「試管嬰兒」而為人所知。她是由試管內受精（in vitro fertilization, IVF）而生的，這是將母親的卵子和父親的精子取出在母親體外受精的一種程序。

Louise 的父母在她上幼兒園時告訴她是如何受精的，她的整個童年都被這個問題轟炸。跟同學解釋她其實並不是從實驗室生出來的，變成她的例行公事。

身為一個小孩，Louise 有時會覺得被孤立。她回憶道：「我覺得這是一種很罕見的事。」但隨著她長大，她的孤立感開始減少，因為有越來越多的小孩以同樣的方式出生。

事實上，時至今日，Louise 已不再感到孤立，因為有超過 150 萬個寶寶以同樣的方式出生，這幾乎已經成了一種慣例。當 Louise 28 歲時，她也當了媽媽，她的兒子 Cameron 是以傳統的方式受精（Moreton, 2007; Hastings, 2010）。

展望未來

Louise Brown 的胚胎形成過程看起來像是小說情節，但是她的發展，從嬰兒期開始卻是遵行可預期的模式。儘管我們發展的細節會有不同，因受到普遍衝擊的廣泛因素影響，例如：有些會遭遇經濟的損失或是住在戰亂地區；有些則因家庭因素，例如離婚或是繼父母……等，但 30 年來試管嬰兒的表現和我們都極為相似。

Louise Brown 在實驗室合成胚胎只是 21 世紀其中一個勇敢新世界，其他議題如複製人和貧窮對發展的影響結果，對於文化和種族的衝擊均引起發展上重大的關注。在此之下還有更重要的議題，兒童的生理是如何發展的？他們對於世界的理解是如何產生與改變的？隨著我們從出生到青少年，我們的人格和我們的社會世界是如何發展的？

這些問題以及在本書中一一探討的許多其他問題，對於兒童發展都是相當關鍵的領域。例如：當思考 Louise Brown 的故事時，有哪些不同的兒童發展專業領域的觀點需要思考：

- 兒童發展學者需調查體外受精這種生物歷程層次的行為是否在 Louise 出生前就影響她的生理功能。
- 研究基因遺傳的兒童發展專家可檢驗來自 Louise 父母的生物性遺傳對她日後行為的影響。
- 研究兒童思考方式如何轉變的兒童發展專家，可以研究隨著 Louise 長大，她對於自己的受精方式的理解是如何轉變的。
- 其他研究兒童生理發展的學者可以細想她的成長速度是否與傳統受精方式的兒童有所不同。
- 兒童社會發展專家可以觀察 Louise 與其他幼兒互動的方式及發展出何種友誼。

雖然這些專家的興趣在不同的層面，但是他們在兒童發展有一個共同的關注，就是了解從童年到青少年的成長與改變。透過不同的觀點，發展學者研究我們從父母所遺傳的生物性特徵與我們居住的社會環境是如何共同影響我們的行為。

有些兒童發展的研究學者研究人類的基因是如何決定長相、行為，以及如何與別人產生關係，意即人格，這些專家尋找如何判斷人類的潛能有多少是受遺傳所給予或限制的方式；其他的兒童發展專家則調查我們被養育的環境，探討我們所遇到的世界如何形塑我們生活，以及調查影響我們生活的早期環境之廣度，和我們近期的生活環境如何微妙而明顯地影響我們的行為。

不論是聚焦在遺傳或環境，所有兒童發展專家都希望他們的工作最終可以告知或支持那些從事改善兒童生活的專業人員。現場實務工作者包括教育、健康照護和社工人員，可以根據兒童發展研究者的發現去提升兒童的福利。

本章我們將自己定位在兒童發展領域，首先討論這個學科的範圍，闡明它所涵蓋的廣泛層面和研究的年齡範圍，從受精的那一刻到青少年的結束。我們也調查這個領域的立論根據，並檢驗有關兒童發展的關鍵議題和問題，最後我們細想兒童發展未來可能的方向。

兒童發展介紹

1 何謂兒童發展？

2 兒童發展領域的範圍為何？

3 哪些主要的社會因素決定發展？

你曾經納悶嬰兒怎能用那嬌小完美的手緊緊握住你的手指嗎？或是對於幼兒能有條不紊地畫出一幅畫感到神奇嗎？或是曾經思考過影響青少年是如何做出某些決定的道德標準為何，例如邀請哪些人來參加派對，或是要下載哪些音樂檔案？

如果你曾經對這些事情感到疑惑，那麼你跟兒童發展領域的科學家所問的問題是一樣的。**兒童發展**（child development）是以科學的方式研究從受精到青少年期的成長模式、改變和穩定性。

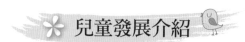

雖然這個領域的定義看起來簡單易懂，但這個簡易有時會造成誤導。為了

更正確地了解什麼是兒童發展，我們需要檢視這個定義下所包含的各個不同層面。

兒童發展使用科學的觀點來研究有關成長、改變和穩定性等議題。就像其他科學領域一樣，兒童發展研究者使用科學方法來測試他們對於人類自然發展的假設。就如我們在下一章會看到的，研究人員形成發展理論，然後有系統地使用有條理的、科學的技術來證實他們的假設。

兒童發展聚焦在人類發展，雖然有些發展學者研究非人類的物種，但絕大多數都是研究人類的成長與改變。有些想了解普世的發展原則，有些則聚焦於文化、種族和道德的不同對於發展的影響。有些則想了解個體獨特的層面，探討造成個體與他人不同的特性或特徵。儘管有各式各樣不同的觀點，所有的兒童發展專家都認為發展就是一個貫穿童年與青少年期的持續歷程。

當發展專家聚焦在人類的一生如何成長與改變，他們同時也關心兒童與青少年生命的穩定性，他們想了解人類的哪個方面在哪個時期顯現改變和成長，他們的行為是在何時並且是如何呈現與之前行為的一致性和持續性。

最後，雖然兒童發展聚焦在兒童與青少年時期，但發展的歷程會持續遍布人類生命的各個階段，開始於受精的一刻直到死亡。發展專家假設人類有些部分會一直成長和改變直到死亡，有些行為則是穩定不變的，同時，發展學者相信沒有一個單一獨特的時期可以主宰所有的發展。相反地，他們相信生命中的每一個時期都同時包含能力的成長與衰退的可能性，而那是個體維持他們整個生命實質成長和改變的能量。

描繪兒童發展的特徵：領域的焦點

顯然地，兒童發展的定義很廣，而且這領域的焦點也很廣泛。因此，兒童發展的專業涵蓋了數個非常不同的領域，而一個典型的發展學者會同時專攻一個主題領域和一個年齡範圍。

兒童發展的主題範圍

兒童發展的領域包含三個主要的主題或方向：

- 身體發展
- 認知發展
- 社會發展與人格發展

兒童發展學者可能會專攻這其中的一個領域，舉例來說，有些發展學者會專注於**身體發展**（physical development），調查身體的組成方式包括大腦、神經系統、肌肉、感知能力，以及對食物、水和睡眠的需求，以幫助判斷人的行為。例如：身體發展的專家可能會檢查營養失調對兒童成長速度的影響，有的則可能調查運動員在青少年期間的生理表現變化。

有些發展學者研究**認知發展**（cognitive development），企圖了解智能的成長與改變如何影響一個人的行為。認知發展學者調查學習、記憶、問題解決和智力。例如認知發展專家可能會想了解童年時期問題解決能力的改變歷程，或是人與人之間所存在的文化差異是否能解釋其學業的成功或失敗。他們也對於一個人長大後是否能記得早期的重大或創傷的經驗很有興趣（Alibali, Phillips, & Fischer, 2009; Dumka et al., 2009）。

最後，有些發展學者則聚焦於人格與社會發展。**人格發展**（personality development）是研究一個人得以和他人相異的一種持久特質的穩定與改變。**社會發展**（social development）是個人與他人互動所發展的社會關係，會隨著生命過程的發展成長、改變和維持穩定。一個對人格發展有興趣的發展學者會想了解在人的一生中其人格特點是否有穩定性，社會發展學者則會去調查種族、貧窮或離婚對發展的影響（Evans, Boxhill, & Pinkava, 2008; Lansford, 2009; Vélez et al., 2010）。這三個主要的主題領域——身體、認知、社會和人格發展，內容節錄在表 1-1。

年齡範圍和個別差異

當專攻在各自選擇的領域，兒童發展學者會特別專注在某一個年齡層，他們通常將兒童與青少年分成幾個概括的年齡：胎兒期（從受精到出生）、嬰兒期和學步期（出生到 3 歲）、學齡前（3 到 6 歲）、兒童中期（6 到 12 歲），以及青少年期（12 到 20 歲）。

表 1-1 兒童發展的取向

定位	特徵定義	會問的問題範例*
身體發展	研究大腦、神經系統、肌肉、感知能力，以及對食物、水、睡眠的需求如何影響行為	兒童的性別由什麼來決定？（3） 早產兒的長期影響為何？（4） 餵母乳的好處為何？（5） 性早熟或性晚熟的後果為何？
認知發展	強調智能，包括學習、記憶、語言發展、問題解決和智力	從嬰兒時期以來最早能回憶的記憶為何？（6） 看電視的後果為何？（9） 雙語是否有益處？（12） 智力是否有種族上的差異？（12） 青少年的自我中心會如何影響其對世界的觀點？
人格與社會發展	研究一個人得以和他人相異的特質，以及與他人的互動和社會關係在一生中如何成長和改變	新生兒對於母親的反應是否與對於他人有所不同？（4） 管教兒童最好的方式為何？（10） 對性別的意識從何時開始發展？（10） 我們如何能促進跨種族的友誼？（13） 青少年自殺的原因有哪些？

*欄中括號的數字代表該問題在本書的哪一章被探討。

要特別注意的是，這些廣泛地被兒童發展學者所接受的概括時期，是由社會所建構出來的。社會建構是對一個事實的共享概念，是一個被廣為接受、但其實是某一個特定時期的社會與文化所賦予的功能。

雖然大部分的兒童發展學者都接受這些概括時期，但這些年齡範圍本身在很多方面是很多變的，雖然有些時期有明確的界線（例如嬰兒期開始於出生，學前階段在進入小學時結束，青少年期開始於性成熟），但有些則沒有明確的界線。

例如，細想兒童中期與青少年階段的分界，通常是在 12 歲左右。因為分界通常是根據生物學上的改變，性成熟的開始通常具有很大的個別差異，個體與個體之間進入青少年期的明確年齡會有很大的不同。

再者，有些發展學者提出全新的發展時期，例如：心理學家 Jeffrey Arnett

認為青少年期應該延續到成人初期——一個始於十幾歲後期持續到二十歲中期的時期。在成人初期，人們已經不再是青少年，但他們也沒有完全承擔成人的責任，相反地，他們還在嘗試不同的身分並從事自我的探索（Schwartz, Côté, & Arnett, 2005; Lamborn & Groh, 2009; Arnett, 2010, 2011）。

簡言之，在人的一生中，某些事件發生的時間點會有實際的個別差異，這有一部分是生命在生物學上的事實。人類的成熟有不同的速率，並在不同的時間點達到發展的里程碑。環境因素對於何種事件在哪一個年齡發生也扮演重大的角色，例如：人類何時開始談戀愛的典型年齡，會隨著文化的不同而有實質上的差異，部分取決於這類關係在特定文化中如何被看待而定。

然而，需記得，當發展專家在討論年齡範圍時，他們討論的是平均值——人類達到特定里程碑的平均年齡。有些兒童較早達到里程碑，有些則較晚。事實上大部分的兒童會在大概的平均年齡達成，只有當兒童明顯偏離平均年齡時，這類的差異才值得注意，例如：當小孩開始說話的年齡比平均年齡落後許多時，父母可能就需要帶孩子去找語言治療師做評估。

此外，當兒童長越大，他們越可能偏離平均年齡而呈現明顯的個別差異。在嬰幼兒時期，發展改變是由基因決定而自然地開展，使不同幼兒的發展看起來有一定的相似性，但隨著兒童長大，環境因素變得更明顯，隨著時間改變引領出更大的相異性與個別差異。

發展領域與年齡的連結

每一個兒童發展的領域——身體、認知，以及社會與人格發展，在兒童期一直到青少年期均扮演著重要角色。很自然地，有些發展專家會研究胎兒期的身體發展，其他則可能研究青少年期身體有哪些發展。有些發展學者可能專攻學前時期的社會發展，有些則研究兒童中期的社會人際關係，但也有些人會從較寬廣的角度研究從兒童期到青少年期（和之後）每一個時期的認知發展情形。

來自不同背景和領域的專家，在兒童發展領域裡研究各種不同主題領域和年齡範圍，也就是他們將自己視為兒童發展學者。研究行為和心智歷程的心理學家、教育研究者、基因專家和醫師，只是一些專門從事兒童發展的研究者，除此之外，發展學者也在不同的場域工作，包括大專院校的心理系、教育系、人類發展學系和醫學系，以及在非學術場域像是人力服務機構和托兒中心等。

各種專家在兒童發展領域這個大傘底下的工作發展出多樣的觀點，並豐富了兒童發展這個領域。此外，他們也讓這領域的研究成果可以由實務工作者大量地運用在專業上。老師、護士、社會工作者、托育人員和社會政策專家，都會根據兒童發展的研究結果來決定如何改善兒童福祉。

發展的多元性

文化、民族和人種如何影響發展

在中美洲的馬雅族母親認為，好的父母應常常和他們的寶寶保持親密的接觸，如果無法和寶寶有肢體上的接觸會令他們感到沮喪。當他們看到北美洲的母親讓他們的嬰兒躺下來時感到很震驚，他們認為讓寶寶哭泣代表北美的父母親不懂如何照顧小孩（Morelli et al., 1992）。

我們要如何來看待以上兩種親職的觀點？是否有一個是對的而另一個是錯的呢？應該不是這樣，如果從母職的文化脈絡來看，事實上不同的文化和次文化有他們自己對育兒的價值觀，就如同他們對兒童有不同的發展目標（Tolchinsky, 2003; Feldman & Masalha, 2007; Huijbregts et al., 2009）。

兒童發展專家必須將廣泛的文化因素納入考量，例如：我們在第 10 章將進一步討論在亞洲長大的小孩有集體主義傾向，注重社會成員中的相互依賴；相反地，西方社會的兒童則比較個人主義傾向，他們較著重個人的獨特性。

同樣地，如果想要了解人類的一生如何成長和改變，兒童發展學者也要將種族、人種、社會經濟和性別差異納入考量。假如這些專家能成功地這樣做，他們不只能更了解人類發展，也可能更準確的應用以改善人類社會的狀況。

在致力於了解各項因素如何影響發展時，常會遇到的困難就是要找到適當的語彙，例如：研究社群的成員（以及一般社會大眾）有時會對種族（race）或民族（ethnic group）這兩個名詞有不適當的用法。種族是指生物學上的概念，是指人種身體和結構上的特徵；相反地，民族的意義較寬廣，泛指文化背景、國籍、宗教和語言。

種族的概念已被證明是有問題的，雖然它正式地代表生物因素，但種族其實被用來代表更多其他意義（其中有很多是不適當的），從膚色到宗教再到文化。再者，種族的概念非常不準確，取決於它如何被定義而定，可以有 3 到 300 個種族，沒有一個種族可以從基因角度來區分。事實上全人類的基因成分有 99.9%是相同的，相對地種族的問題就顯得不是那麼重要（Helms, Jernigan, & Mascher, 2005; Smedley & Smedley, 2005; Fish, 2011）。

況且，對於如何給不同的種族或民族適當的命名一直都很難獲得共識，例如我們可以用非裔美籍（有地理和文化上的含意）來形容所有的黑人嗎？只考量膚色是對的嗎？美國原住民這個名詞可以用來單指印地安人嗎？西班牙裔會比拉丁裔更適當嗎？研究者要如何準確地將人依多元民族背景做分類？分類的選擇對於研究的正確性與實用性有很重要的用處，在做這些名詞的選擇時有時甚至有政治上的用意，例如美國政府准許人們可以定義自己為多元種族，而最初在 2000 年時這還是受到高度爭議的議題，但現在已經變成很尋常的事情了（Perlmann & Waters, 2002; Saulny, 2011）。

當美國社會的少數民族人數持續增加時，將複雜的議題和多元人種連結起來思考以全面了解發展變得很關鍵。事實上，只有研究各種民族、文化和人種團體的相似性與相異性，發展學者才能辨別發展的原則是具有普世性還是由文化決定的。再過幾年，很有可能兒童發展的原則會從主要研究北美或歐洲背景的兒童，改變成研究涵蓋全球性兒童的發展（Matsumoto & Yoo, 2006; Wardle, 2007; Kloep et al., 2009）。

世代對發展的影響：和他人一起在社會世界中發展

Bob生於 1947 年的嬰兒潮年代，他在第二次世界大戰剛結束之後出生，當時美國士兵從海外回國之後出生率就大量增加，而當他在青春期時剛好是公民權力運動的高峰期和反越戰的初期。他的媽媽 Leah 生於 1922 年，她的童年和青春期皆處於美國經濟大蕭條時期的世代。Bob 的兒子 Jon 生於 1975 年，在大學畢業之後成家立業，他被稱為 X 世代。Jon 的妹妹 Sarah 生於 1982 年，屬於下一個世代，被社會學家稱為千禧世代或 Y 世代。

這些人都是他們所生活時代的部分產物，各個都屬於一個特定的**世代**（cohort），就是指大概同一個時期在同一個地區出生的一群人。一些重要社會事件如戰爭、經濟翻轉和蕭條、飢荒和流行病（像是愛滋病毒）對於同一個世代會有相似的影響（Mitchell, 2002; Dittmann, 2005）。

世代效應提供一個歷史分級影響（history-graded influences）的例子，這是生理與環境上的影響和歷史上某個時刻的連結。舉例來說，在 911 恐怖攻擊世貿大樓時，住在紐約市的兒童共同經歷了恐怖攻擊所帶來的生理和環境上的挑戰。他們的發展將會受到這個巨大的歷史分級事件影響（Bonanno, Galea, & Bucciarelli, 2006; Laugharne, Janca, & Widiger, 2007）。

相反地，年齡分級影響（age-graded influences）是指在生理和環境上對於特定年齡族群有相似的影響，不管他們是何時何地被撫養長大的。例如像是青春期和更年期在所有社會裡都是在大概的時間會出現的生理事件。同樣地，像是進入正式教育這一類的社會文化事件也被視為是很明顯地受年齡分級影響，因為絕大多數的文化都是六歲開始上小學。

發展同時也受社會文化分級影響，包括民族、社會階級、次文化成員關係和其他因素，例如：社會文化分級的影響對於以英語為第二語言的移民兒童和以英語為母語出生於美國的兒童是不同的（Rose et al., 2003）。

最後，非典型的人生事件對於發展也有影響，就是在某一個時間點發生在特定人身上的特殊和非典型的事件，但別人並不一定會遇到，例如：Louise Brown成長於身為第一個試管嬰兒的認知的經驗，構成一個非典型的人生事件。

再者，兒童能創造屬於自己的非典型人生事件，像是高中女生贏得全國性科學競賽，就是為自己創造了一個非典型的人生事件。以真實面來說，她主動建構自己的環境，因此也參與了自己的發展。

兒童：過去、現在和未來

4 歷史上對童年的觀點是如何改變的？
5 兒童發展領域的主要議題和問題為何？
6 什麼是兒童發展的未來可能掌握的？

自從地球上有人類以來，兒童就是被研究的目標。父母對於自己的孩子有無止盡的著迷，而且從兒童期到青少年期所展現的成長是令人感到好奇與驚嘆的。

但一直到近代，兒童才被以科學有利的角度來研究。即使是簡單地來看一下兒童發展領域是如何進行的，也可看出兒童被看待的方式有很大的進展。

早期對兒童的觀點

雖然很難想像，有些學者認為曾有一段時期根本沒有童年概念的存在，至少在成人的心裡是這想的。根據 Philippe Ariès 對畫作和其他藝術品的研究，兒童在中古世紀的歐洲是沒有任何特別地位的，相反地，他們被視為小大人，是不完美的大人。他們穿著大人的衣服，而且沒有任何特別的對待方式，童年時期看起來和成年時期沒有任何實質的差異（Ariès, 1962; Acocella, 2003; Hutton, 2004）。

雖然中古世紀將兒童只視為小大人的觀點有點被誇大了，因為 Ariès 的論證主要是根據藝術品所描畫的歐洲貴族，這是一個非常小的西方文化樣本，但明顯地和現代對於童年有不同的看法，並且直到近代，童年才被有系統地研究。

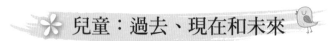

哲學家對兒童的觀點

在 16 和 17 世紀，哲學家開始思考童年的天性，例如英國哲學家 John Locke（1632-1704）認為小孩就像是白板，從這個觀點來看，兒童在進入這個世界時是沒有帶著特別的特質或人格的，相反地，他們完全由他們所成長的經驗所塑造，就如我們在下一章會談到的，這就是現代所熟知的行為主義學派之先驅觀念。

法國哲學家 Jean-Jacques Rousseau（1712-1778）對於兒童的天性有完全不同的看法，他提出兒童是高貴的野蠻人，意指他們生來就具有對與錯的道德感。他認為人性本善，主張若非受到負向環境的腐化，嬰兒會長成一個令人敬佩與受人敬重的兒童與成人。Rousseau 也是其中之一第一個對於童年時期提出觀察的人，並提出其發展有明顯的不連貫階段，這些發展階段是自然開展出來的。這個概念和某些近代理論相呼應，我們在下一章也會做討論。

寶寶傳記

第一個有條理地研究兒童的例子是以寶寶傳記（baby biographies）的方式來進行，18 世紀末在德國很流行。這些觀察者通常是父母，試著追蹤個別孩子的成長，他們會記錄孩子身體和語言上達到里程碑的狀況。

但一直到 Charles Darwin 提出進化論，兒童觀察才開始變得更有系統性，Darwin 相信如能了解一個種族內單一個體的發展，就能有助於辨識這個種族本身是如何發展的。他透過觀察自己兒子出生後的第一年，使得寶寶傳記變得更具科學性。在 Darwin 出版了第一本寶寶傳記之後，開始引領了一股風潮。

其他的歷史趨勢也幫助推動新的研究兒童的科學原則發展。科學家發現受精背後的結構，而遺傳學家開始解開遺傳的秘密，哲學家則提出天性（遺傳）和養育（環境的影響）之間相關的影響。

童年的重點

當成人勞動人口增加，兒童不需要再被當成廉價勞工時，法律為保護兒童免於被剝削而鋪路。更多普遍教育的到來代表著兒童和成人分開的時間更長，而教育者則追求找出更好的方式教育兒童。

心理學的進展帶領人們去研究童年事件對成年時期的影響。這些重大社會改變的結果，讓兒童發展被認定已自成為一個領域。

20 世紀：兒童發展成為一門學科

兒童發展新興時期有幾個人物是很重要的，例如法國心理學家 Alfred Binet，他不只是兒童智力研究的先驅，也同時研究記憶和心算能力。G. Stanley Hall 是使用問卷來闡發兒童想法和行為的先驅，他同時也寫了第一本將青少年期區分為一個顯著的發展時期的書，名為《青少年》（*Adolescence*）（Hall, 1904/1916）。

女性的貢獻

就算對性別的偏見阻礙了女性對學術事業的追求，她們在 20 世紀初期仍然對兒童發展學科做出了重大貢獻，例如：Leta Stetter Hollingworth 是其中一位率先聚焦在兒童發展的心理學家（Hollingworth, 1943/1990; Denmark & Fernandez, 1993）。

在 20 世紀的最初十年出現了一股風潮，以大規模、具系統性和長期性的方式研究兒童以及他們整個人生的發展，大大地影響我們對兒童的了解。例如：在 1920 年代早期，史丹佛大學就研究資賦優異兒童直到今日；Fels 研究機構和 Berkeley 成長與輔導研究則協助辨識當兒童逐漸長大時其自然天性的轉變。他們使用一種規範性的方式研究大量的兒童以確認正常成長的天性（Dixon & Lerner, 1999）。

這些男女學者建立了兒童發展基礎的共同目標：以科學的方式研究從童年到青少年天性的成長、改變和穩定。他們將這個領域引領到今天這個階段。

今日的議題與問題：兒童發展的基本論題

今日有幾個關鍵議題和問題在兒童發展領域占有主要地位，在這些主要議題中（如表 1-2 所節錄）包含發展改變的本質、關鍵期和敏感期的重要性、全人生觀點相對於聚焦某一個特定時期，以及先天遺傳和後天環境的議題。

表 1-2 兒童發展的主要議題

連續性改變	不連續性改變
• 改變是漸進的。 • 建基於之前的程度來達到更高的程度。 • 人生基本的發展歷程是相同的。	• 改變出現明顯的階段。 • 行為和進程有品質上的不同與階段的不同。
關鍵期	**敏感期**
• 特定的環境刺激對於正常的發展是必要的。 • 為幼兒發展學者所強調。	• 人類對於特定的環境刺激會較為敏感，但缺乏刺激的結果是有可能修復的。 • 近來強調人一生的發展。
全人生觀點	**聚焦某一個特定時期**
• 近期的理論強調整個人生的成長和改變與不同發展時期有相關性。	• 幼兒發展學者強調嬰兒期和成人期是最重要的時期。
先天（遺傳因素）	**後天（環境因素）**
• 著重於發現遺傳基因的特點與能力。	• 強調環境的影響對一個人的發展所產生的作用。

連續性改變和不連續性改變

對兒童發展學家來說，其中一個最具挑戰的主要議題是發展的歷程是連續性的或是不連續性的方式（如圖 1-1 所示）。在**連續性改變**（continuous change），發展是漸進的，建立在前一個發展基礎上，以逐漸達到下一個階段。連續性改變是可量化的，在人生的過程中造成主要發展歷程改變的原因是相同的，連續性改變所產生的改變是程度上的不同，而不是種類的不同，例如在成年期之前身高的改變是連續性的。同樣地，我們在下一章會看到有些理論學家會建議人類思考的能力也是具有連續性的，會展現出漸進的量化改變，而不是發展出一個全新的認知思考歷程能力。

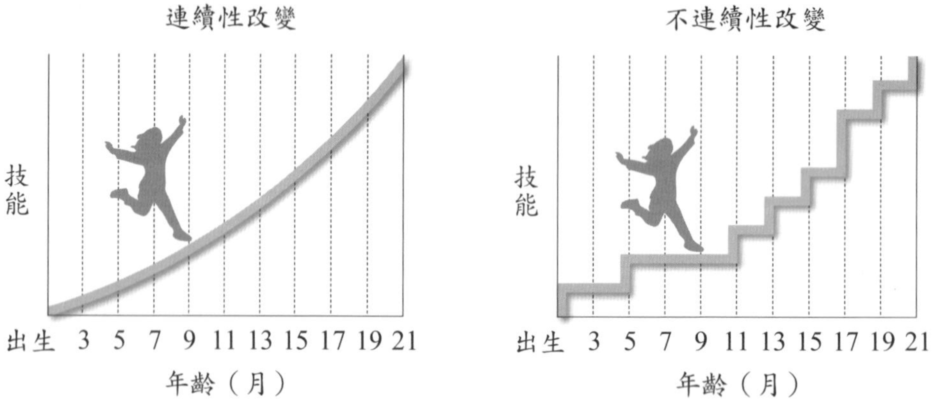

圖 1-1 兩種發展改變的方式

這兩種發展的方式分別為連續性改變（是指累積之前的階段達到下一個階段的逐漸發展過程），和不連續性改變（是指發展會出現數個明顯不同的階段）。

相反地，**不連續性改變**（discontinuous change）會出現明顯的階段，每一個階段在行為上會出現和前一個階段在本質上不同的行為。細想認知發展的例子，我們在第 2 章會看到一些認知發展學者建議，當我們發展、且此發展不只是量化的改變，而是一種質性的改變時，我們的想法會有根本上的改變。

大部分的發展學者都同意對於連續性改變和不連續性改變的立場只能二選一是不適當的，因為很多發展改變的類型是連續性的，有些則是不連續性的（Flavell, 1994; Heimann, 2003）。

關鍵期和敏感期：評估環境中事件的影響

如果一名婦女在懷孕第 11 週時得了德國痲疹，那麼很有可能對於她所懷的胎兒將會造成極大的傷害，這些傷害包含失明、耳聾和心臟病。然而，如果她是在懷孕的第 30 週感染了德國痲疹，那麼對胎兒不可能有任何傷害。

這兩個不同時期對疾病的不同結果展現了關鍵期的概念。**關鍵期**（critical period）是指在發展期間的某個特定時間所發生的特定事件，其對發展有重大的後續影響。關鍵期發生於某種特定環境刺激能增進正常發展，或是暴露於某些刺激的後果會造成不正常的發展，例如媽媽在懷孕的某個特定時期使用藥物，可能會造成胎兒在發展上的損害（Uylings, 2006; Harris, 2010）。

雖然早期的兒童發展專家非常強調關鍵期的重要性，但較近期的看法建議，在很多領域，個體比一開始所想的更具彈性，特別是在認知、人格和社會發展領域。這些領域具有很重要的**可塑性**（plasticity），這是指正在發展中的行為和身體結構其可修改的程度。舉例來說，有越來越多證據顯示兒童後來的經驗可以幫忙他們克服早期的不足，而不會因為早期缺乏某種社會經驗而造成永久性傷害。

也因此，現在的發展學家比較傾向於敏感期而不是關鍵期這個詞。在**敏感期**（sensitive period），身體器官會較容易受環境中的某些特定刺激的影響。敏感期代表一個獨特的能力出現的最理想時期，以及兒童對於環境中的影響特別敏感的一段時間，例如：在語言敏感期間缺乏刺激的話，會造成在嬰兒期和學步兒期間延後說話的結果。

了解關鍵期和敏感期在概念上的差別是很重要的，關鍵期是假設特定的環境影響會對個體的發展造成永久性、無法逆轉的後果；相反地，雖然在敏感期缺乏特定的環境刺激可能會阻礙發展，但是有可能透過日後的經驗來克服早期的不足。換句話說，敏感期的概念認為人類的發展是具有可塑性的（Armstrong et al., 2006; Hooks & Chen, 2008; Curley et al., 2011）。

全人生觀點相對於聚焦某一個特定時期

在人的一生當中，兒童發展學家應該將他們的注意力放在哪一個時期？對於以前的發展學家來說，答案偏向於嬰兒期和青少年期。大部分的注意力都放在這兩個時期，大大地排斥其他的童年時期。

然而，到了今日，故事已有所不同，從受精一直到青少年階段都被認為是重要的，這其中有幾個原因，其中一個原因是發現發展的成長與改變會一直持續至人生的每一個階段。

再者，每一個人的環境有一個重要部分就是其周圍會有其他人環繞，也就是人的社會環境。要了解社會環境在兒童每一個年齡層的影響，我們需要去了解那些在很大程度上會影響幼兒發展的人。舉例來說，要了解嬰兒的發展，我們需要闡明他們父母的年齡在他們的社會環境中的意義與作用，一個 15 歲的媽媽和一個 37 歲的媽媽可以提供的親職影響可能會有很大的差異。因此，嬰兒的發展有一部分是成人發展的結果。

先天和後天在發展上相對的影響

兒童發展一直以來有一個問題，就是人的行為有多少是受到先天基因遺傳的影響，而又有多少是受到後天的影響（一個兒童被養育時身體和社會環境的影響）。這個議題有其深刻的哲學與歷史根源，在兒童發展的許多工作中占首要地位（Wexler, 2006; Keating, 2011）。

在這個脈絡下，先天代表著特徵、才能以及從父母那裡遺傳來的能力，這裡面包含由基因資訊事先已決定好的開展所產生的任何因素——這個歷程一般被稱為**成熟**（maturation）。當我們從一個細胞有機體在受精時被創造出來，到無數的細胞組成一個完整的人時，這些基因遺傳的影響都一直在進行中。

先天遺傳會影響我們的眼睛是藍色或是棕色的，或是我們一生都會有濃密的頭髮，還是最終會變禿頭，以及我們的運動神經有多好等。先天遺傳會讓我們的大腦發展成我們可以讀這一頁的文字。

相反地，後天代表環境對行為的影響，有些這類影響可能是生理上的，例如懷孕的媽媽吸食古柯鹼對胎兒所產生的影響，或是兒童是否能獲得足夠的食物。其他的環境影響可能更社會性，諸如父母管教孩子的方式或是青少年受同儕壓力影響的結果。最後，有些影響是較大的社會層級因素，例如人們在特定的社會經濟情勢下找到自己的定位。

假如我們的特徵和行為單單只被先天遺傳或後天環境所決定，可能不太會有所爭議，但對於最關鍵的行為，就不是這樣了。以智力為例，這是最具爭議的領域之一，我們在第 12 章會仔細討論這個議題，問題是智力主要是由遺傳、基因因素——先天——所決定，還是由生活環境因素——後天——所塑造，引發強烈和尖銳的爭論。主要是因為它所衍生的各種社會啟示，這個議題散布於科學領域並滲入政治和社會政策等範圍。

對於養育兒童和社會政策的啟示

考量先天對照後天議題的啟示：假如一個人的智力程度主要是取決於遺傳，而且在出生時大部分已經固定了，那麼所有想要在日後改善智商的努力都注定失敗。相反地，假如智力主要是受環境因素影響，諸如一個人上學和所受刺激的時間長短和品質等，那我們可以預期改變社會狀況將可以增進智力。

智力來源的想法對社會政策影響的程度描繪出涵蓋先天與後天問題等議題的重大，當我們在這整本書針對這個議題和其他幾個主題領域的關係做探討時，需記得兒童發展專家並不同意行為是完全只受先天或後天影響的看法。相反地，這是程度多少的問題——但這部分的細節也受到激烈的爭論。

況且，基因與環境因素的互動是很複雜的，部分是因為特定的、由基因所決定的特徵不只會對兒童行為有直接影響，也會對於形塑兒童的環境有非直接的影響，例如：一個持續暴躁不安並且大哭的小孩——這是一種可能由基因所造成的特徵——可能因此造成父母因她不停哭泣所以對她有高度的回應，任何時候她只要哭，他們就急於安撫她，因此這特徵會影響她的環境。父母對於兒童基因所決定的行為所做的反應，通常會變成他們後續發展的環境影響（Bradley & Corwyn, 2008; Stright, Gallagher, & Kelley, 2008）。

相同地，雖然我們的基因背景會引發我們特定傾向的行為，但那些行為沒有適當的環境是不會出現的。有相似基因背景的人（例如同卵雙胞胎），可能會在很多方面表現得很不同；而基因背景有很大差異的人，可能在特定領域彼此行為會表現得很相似（Coll, Bearer, & Lerner, 2004; Kato & Pedersen, 2005）。

總結來說，關於一個特定行為有多少是因為先天因素，而又有多少是受後天影響，是一個很具挑戰性的問題，最終，我們應該考慮先天—後天議題的兩面性就像是一個具有兩個末端的連續體，而某一種特定行為就會落於這兩端之間的某一個地方。可以說其他我們覺得具有爭議的議題也有類似的情形，例如連續性發展對上不連續性發展也不是一個二選一的命題，有些發展會比較靠近連續體的連續性發展的末端，有些則較靠近不連續性發展的那一端。鮮少有關發展的陳述會涉及絕對的二選一（Rutter, 2006; Deater-Deckard & Cahill, 2007）。

兒童發展的未來

我們已經檢視過兒童發展領域的基本論述和構成主要議題與問題的基礎原則，但前頭還有什麼？有幾個走向可能會出現：

- 當發展的研究持續累積，會快速變成專門領域，新的研究領域和觀點將會出現。
- 行為的基因和遺傳工程的資訊大爆炸，將影響所有兒童發展領域。越來越多的發展學者將生理、認知和社會領域做連結，不同子學科之間的界線將會變得模糊不清。
- 逐漸增加的美國多元人口，代表著人種、民族、語言和文化將會帶領這個領域投注更多注意力在多元化的議題。
- 有越來越多不同的專業領域將會使用兒童發展研究的發現。教育工作者、社工、護士和其他健康照護人員、基因遺傳顧問、玩具設計者、教保人員、麥片製造商、社會道德家以及更多的其他專業，都會使用到兒童發展領域。
- 兒童發展的工作將對公眾利益議題有更多的影響，我們花很多時間討論重要的社會議題，包括暴力、偏見和歧視、貧窮、家庭生活改變、幼兒照顧、學校教育、甚至是恐怖主義，都可以透過兒童發展的研究而加以了解。因此，兒童發展學者對於 21 世紀的社會將可做出更多的貢獻（Zigler & Finn-Stevenson, 1999; Pyszczynski, Solomon, & Greenberg, 2004; Block, Weinstein, & Seitz, 2005）（要了解兒童發展最近貢獻的實例，可以參考「從研究到實務」專欄）。

從研究到實務 預防兒童遭遇暴力

當其他小孩正在聽童話故事，Garland Hampton 聽到的床邊故事則是有關 Robert 叔叔白天時殺了兩個密爾瓦基警察，或是他祖母在 1962 年用雙管獵槍殺掉她兩個孩子的父親。他 9 歲時，親眼看見他母親殺了她的男朋友。

現在他 15 歲，被銬在郡立監獄裡等候謀殺罪名的審判，Garland 仍然算是兒童，他害怕當黑暗來臨時自己有可能會哭泣。

但他也已經大到擁有一個很不堪的過去，10 歲時，有偷腳踏車的習慣；12 歲，他因槍傷一名敵對幫派份子被逮捕；14 歲，攜帶一把 .357 馬格南左輪手槍和一袋古柯鹼，槍殺一名幫派份子，檢察官認為他是一個對社會有威脅的青少年，應該要像成人一樣為他的罪付出代價。

Garland 只是說他很害怕（Terry, 1994, p. A1）。

Garland由正常變成暴力代表著非常多在美國的兒童和青少年在今日的生活，很多觀察者指稱暴力的程度並不比流行病少。事實上，根據調查，暴力與犯罪問題是美國人最關心的一件事（NCADV, 2003; DocuTicker, 2010）。

我們要如何解釋暴力的程度？人們是如何學到暴力？要如何控制和去除暴力？以及我們要如何在一開始就減少暴力的產生？

兒童發展從幾個不同觀點想為這些問題找出答案，思考下面這些例子：

- **解釋暴力的根源**。有些兒童發展專家檢視早期行為和生理問題如何和後來的控制侵略行為困難產生關聯，例如：研究者發現早期虐待、身體和心理虐待、忽略兒童，和他們後來的侵略行為有關係。其他研究者則檢視荷爾蒙對暴力行為的影響（Gagné et al., 2007; Maas, Herrenkohl, & Sousa, 2008; Skarberg, Nyberg, & Engstrom, 2010）。
- **調查暴露在侵略行為之下如何導致暴力**。其他心理學家則調查暴露在媒體和電玩的暴力是如何導致侵略行為，例如：心理學家 Craig Anderson 發現當人玩暴力電動遊戲之後會改變對世界的觀點，且比不玩這些遊戲的人變得較暴力。而且，那些玩暴力電動遊戲的人會更容易被激怒而導致侵略行為，對於別人的同理心也會減少（Barlett, Harris, & Baldassaro, 2007; Bluemke, Friedrich, & Zumbach, 2010; Anderson et al., 2010）。
- **發展方案以減少暴力**。根據心理學家 Ervin Staub 和 Darren Spielman 的研究，學校老師和行政人員必須對於任何形式的侵略行為都要很小心，例如霸凌。除非這一類的侵略行為被制止，否則它們將會持續下去或是逐漸演變成更嚴重的暴力行為。

為了打擊暴力，Staub 和 Spielman 設計了一套方案，幫助兒童發展滿足他們基本需求的建構方式。在加入了一個包含角色扮演、錄影和結構式討論的介入方案之後，參與者的侵略行為降低了（Spielman & Staub, 2003; Staub, 2011）。

如這些調查所闡明，發展研究者對於了解和處理現代社會正快速增加的暴力行為已有所進展，暴力只是兒童發展專家為了促進人類社會福祉貢獻所學的其中一例。就如我們接下來會在這整本書看到的，這個領域有太多可以貢獻的。

■ 為何暴力在美國一直是這麼嚴重的問題？為何美國的暴力問題（如犯罪統計所測）比其他工業化國家嚴重？

■ 因為研究顯示暴露於暴力的電動遊戲會增加玩家的侵略行為，你認為應該要立法限制這一類遊戲的銷售和散布嗎？為何要或為何不要？

明智的兒童發展消費者　評估兒童發展資訊

假如寶寶一哭，你馬上安撫他們，會把他們寵壞。

假如你讓寶寶一直哭，不理他們，他們長大後容易變得對人不信任而且很黏人。

體罰是管教小孩最有效的方式。

永遠不要打小孩。

假使婚姻不快樂，父母離婚比硬是住在一起對小孩來得好。

不管婚姻有多困難，為了小孩好，父母都不該離婚。

關於什麼是管教小孩最佳的方法是永遠不會缺乏建議的，或者更廣泛來說，是有關引導人的一生的建議。從最暢銷的書例如《安靜睡覺的辦法》（*The No-Cry Sleep Solution*），到雜誌和報紙的專欄，為所有你想的出來的主題提供建議，我們每一個人都暴露在數量龐大的資訊底下。

但不是所有的建議都是一樣可靠的，事實是白紙黑字印刷、電視、網路上所出現的資訊不一定是合法或是正確的，還好有一些方針可以幫助釐清，何時哪些建議是合理的、哪些是不合理的。以下有一些方針可供參考：

- 由已建立信譽且受敬重的組織所提供的資料作為訊息來源，例如美國醫療協會、美國心理協會和美國小兒科學會，他們提供的資訊是多年研究的結果，準確性通常會比較高。
- 評估提供建議的人的認證資格。如果資訊是來自於這領域裡為大眾所知的研究人員和專家，他們的資訊可能會比來源不明的建議來得正確。
- 了解軼事證據與科學證據是不同的。軼事證據是根據偶然或隨意發現的一兩個例子的現象，科學證據則是根據小心而有系統的程序所得出的結果。
- 記住文化脈絡。雖然某個主張在有些脈絡下是正確的，但不一定適合全部，例如讓嬰兒自由自在地移動和活動他的四肢能促進他們的肌肉發展和移動能力，是一種很典型的假設，但在某些文化中，嬰兒都被緊緊綁在媽媽身上，結果長大也沒有出現任何損害（H. Kaplan & Dove, 1987; Tronick, Thomas, & Daltabuit, 1994）。
- 不要假設因為很多人相信某件事，那件事情就一定是真的。科學數據常會證明有些關於各種有效技巧的基本假設是不對的，以美國的反毒品教育方案 DARE 為例，全美大概有一半的學校都使用這個方案。DARE 是設計透過警察來學校演講和問題討論等等來預防毒品散布的方案，然而在經過仔細評估之後，沒有任何證據證明這個方案能有效減少毒品的使用（Rhule, 2005; University of Akron, 2006）。

評估資訊的關鍵點在於保持健康的懷疑態度，沒有任何資訊的來源總是對的，在面對任何陳述時，要保持批判性的眼光，這樣就可以站在比較好的位置去判斷由兒童發展學者所做的貢獻，這些他們為了了解從兒童期到青少年期是如何改變與長大的相關研究。

個案研究 有太多選擇

Jenny Claymore大三念到一半，很想選擇她未來的職業，但一直找不到方向，她的問題不是找不到興趣，而是有太多東西吸引她。從她由閱讀、聽廣播、看電視所獲得的訊息，讓她的腦子對於偉大職業充滿了點子。

Jenny喜愛小孩，很享受幫人帶小孩的時光，而且她暑假時擔任營隊輔導員，所以也許她應該去當老師。當她聽到有關DNA和遺傳研究時都感到很著迷，所以也許她應該當一個生物學家或醫生。她關心校園暴力，不管是霸凌或是槍擊，所以也許她應該進入學校行政系統或是執法部門。她對兒童如何學習語言感到很好奇，所以她應該去當語言治療師，又或者是當老師。她對於法院案子採用幼兒證詞和專家如何進行兩造證詞辯論感到興趣，所以也許她應該成為一名律師。

她的大學職涯顧問曾說：「思考妳高中或大學曾經上過的課，從中開始搜尋一個職業。」Jenny回想起她很喜歡高中上過的一門幼兒課程，而她知道在大學時最喜歡上的課是兒童發展，那麼將兒童發展視為可能的職業合理嗎？

1. 一個以兒童發展領域為職業的人會展現多少她對於兒童的愛和她的興趣在基因研究上呢？
2. 有哪一類的職業可能是以預防校園暴力為主呢？
3. 兒童發展如何與她在目擊證人的證詞和記憶的興趣有關聯？
4. 總而言之，你認為有多少職業會跟 Jenny 的興趣相符合呢？

結語

在我們的介紹中涵蓋了正在擴展中兒童發展領域的許多觀點，我們回顧這個領域的廣大範圍，碰觸兒童發展可能會處理的廣泛主題範圍，並討論了最初形塑這領域的主要議題和問題。

在進入下一章之前，讓我們花幾分鐘重新思考一下本章的序言——有關 Louise Brown，第一個試管嬰兒。請根據你目前對兒童發展的了解，回答下列問題：

1. Louise 的父母所進行試管受精的方式可能會帶來哪些潛在好處和代價？
2. 關於經由試管受精對於 Louise 的影響，有哪些問題是研究身體、認知或人格與社會發展的學者會想問的？
3. 創造完整的複製人——經由個體的基因複製——仍停留在科學小說的領域，但理論上的可行性引發了一些問題，例如：作為一個複製人，在心理上的後續發展為何？
4. 假如複製人真的可以被製造出來，他如何可以幫助科學家了解遺傳和環境對發展的相關影響？

回顧

1 何謂兒童發展？

- 兒童發展是一個科學取向，主要是對從受精到青少年期所出現的成長、改變和穩定提出問題。

2 兒童發展領域的範圍為何？

- 這領域的範圍涵蓋從受精到青少年時期的身體、認知，和社會與人格發展。

3 哪些主要的社會因素決定發展？

- 文化——廣義與狹義兩者兼具——在兒童發展是一個很重要的議題。很多發展的層面不只是被大的文化差異所影響，而是同時也受到獨特文化裡面的民族、人種和社會經濟差異的影響。
- 每個人都是受歷史分級、年齡分級、社會文化分級以及非特定日常生活事件影響的對象。

4 歷史上對童年的觀點是如何改變的？

- 早期童年的觀點認為兒童是一個不成熟的小大人。

- 當 Locke 認為兒童是白板時，Rousseau 提出兒童生來就具有道德感。
- 後來童年被認為是人生當中一段與眾不同的時期，並引導出兒童發展這個領域的出現。

5 兒童發展領域的主要議題和問題為何？

- 兒童發展的四個主要議題分別為：(1)發展的改變是連續性的，還是非連續性的；(2)發展是否主要受關鍵期或敏感期內某些特定影響和經驗所掌控，這些刺激一定要出現，發展才會正常；(3)是要聚焦於某些特定重要的時期，還是要研究人的一生；(4)先天與後天的問題，聚焦在基因遺傳與環境影響的相對重要性。

6 什麼是兒童發展的未來可能掌握的？

- 未來這個領域的傾向可能會包括專門化速度會增加、不同領域之間的界線會變模糊、個別化差異正獲得更多的關注，以及對於大眾利益議題的影響力正與日俱增。

關鍵詞

- 兒童發展（child development）：涵蓋從受精到青少年期所產生的成長模式、改變和穩定性的相關科學研究領域。
- 身體發展（physical development）：是指身體生理構造的發展，包括大腦、神經系統、肌肉、感知能力，以及對食物、水和睡眠的需求。
- 認知發展（cognitive development）：是指心智能力的成長與改變如何影響一個人的行為。
- 人格發展（personality development）：一個人得以和他人相異的一種持久、特殊的特質，會隨著一生的發展而改變。
- 社會發展（social development）：個人與他人互動所發展的社會關係，會隨著生命過程的發展而成長、改變和維持穩定。
- 世代（cohort）：同一個時期在同一個地區出生的一群人。
- 連續性改變（continuous change）：是指累積之前的階段達到下一個階段的逐

漸發展過程。

- 不連續性改變（discontinuous change）：發展有幾個明顯不同的階段，每一個階段在行為上會出現和前一個階段在本質上不同的行為。
- 關鍵期（critical period）：在發展期間的某特定時間所發生的特定事件，其對發展有重大的後續影響。
- 可塑性（plasticity）：正在發展中的行為和身體結構可以修改的程度。
- 敏感期（sensitive period）：個體特別容易受環境中某些特定刺激的影響之特定時期。
- 成熟（maturation）：在遺傳基因裡已預先決定好的能力，隨著時間自然開展的過程。

2

Chapter

理論觀點與研究

許秀萍 譯

學習目標

1 心理動力學派的基本概念是什麼？
2 行為學派的基本概念是什麼？
3 認知學派的基本概念是什麼？
4 環境脈絡論的基本概念是什麼？
5 演化心理學的基本概念是什麼？
6 兒童發展的多元觀點具有什麼價值？
7 何謂科學方法？它如何協助回答有關兒童發展的問題？
8 相關性研究和實驗研究有哪些主要特徵，它們有何不同？
9 主要的研究策略有哪些？
10 哪些基本的倫理原則被使用來引導研究？

序言 未問的問題

Christina-Taylor Green，9 歲，對於這個週末要去參加眾議員 Gabrielle Giffords 非正式的小鎮聚會活動非常興奮。自從上次總統大選之後，她對於政治開始感到有興趣⋯⋯。

Christina-Taylor 是成績優異的學生，她參加教會的合唱團，最要好的朋友是她的哥哥，她在就讀的 Mesa Verde 小學剛被選為班級代表，並且計畫在學校成立一個社團專門幫助較弱勢的同學。在星期六早上，因著公民意識她來到土桑市的一家 Safeway 超級市場。

在週日，她媽媽說 Christina-Taylor「說要讓所有的政黨合作，讓我們可以生活在一個更好的國家。她將要去參加 Giffords 的大會並提出問題，希望 Giffords 可以協助她學習更多有關美國政治」（Clarke & Parise, 2011）。

展望未來

Christina-Taylor 從未有機會問問題，她被謀殺於一場無意義的暴力暗殺行動，另外有 6 人被殺，12 人受傷。

為什麼殺死 Christina-Taylor 的凶手會發展出這種狂怒，到最後導致她的死亡？Christina-Taylor 是如何成為一個有公民意識、對政治有興趣、成績優異而且甜美可愛的小孩？更廣泛地來說，所有的小孩和青少年是如何通過從童年到青少年期的所有挑戰？

要回答這些問題要根據數以千計的研究所累積的發現，這些研究檢視的問題，範圍涵蓋從童年到青少年時期的大腦發展和社會關係的本質到認知能力成長的方式。這些研究的共同挑戰是要在對於發展有興趣的地方停駐並回答問題。

就像我們所有的人，兒童發展專家會問有關人的身體、心智和社會互動的問題，以及這些層面如何隨著人類年齡增長而改變。我們和大家一樣都會感到好奇，但發展科學家會再附加一個重要的因素使他們問問題和試著回答問題的方式和一般人不同，這個重要因素就是科學方法。這是一個具結構性但可直接看現象的方法，科學方法將問題從只是好奇提升為有目的的學習。有了這個強大的工具，發展學家不只可以問好問題，也可以開始有系統地回答問題。

在這一章，我們要思考發展學家對這個世界提問和回答問題的方法。我們會從討論各種用來了解兒童和他們行為的各種理論觀點開始，這些觀點可提供寬廣的取向來檢視發展的多種層面。然後我們會轉向奠定兒童發展科學的基礎：研究。我們描述幾種主要的研究類型，發展學家使用這些研究方式來進行他們的研究，並獲得問題的答案。最後我們聚焦在兩個重要的兒童發展研究議題：一個是如何選擇研究參與者，讓研究結果可以應用到研究情境以外的地方，另一個則是倫理的中心議題。

在讀過這一章之後，你將可以回答下列的問題：

關於兒童的觀點

1 心理動力學派的基本概念是什麼？
2 行為學派的基本概念是什麼？
3 認知學派的基本概念是什麼？
4 環境脈絡論的基本概念是什麼？
5 演化心理學的基本概念是什麼？
6 兒童發展的多元觀點具有什麼價值？

> 當 Roddy McDougall 說出他的第一個字，他的父母很高興也鬆了一口氣，他們期待這一刻已經很久了，大部分的小孩在他這個年紀早就已經說出第一個字了。而且他的祖父母也表達了他們的擔心，他的祖母大老遠跑來跟他父母提醒他可能有某種發展遲緩問題，雖然那只是她的一種感覺。但是當 Roddy 說出第一個字時，他父母和祖父母的焦慮都消失了，他們只是在 Roddy 的成就裡感到大大的自豪。

Roddy 的親人所感受到的擔心是基於他們對於何謂一個正常小孩的發展歷程的模糊概念，我們每一個人對於發展的進程都有一套自己的想法，我們會用這一套想法來對兒童行為的意義做評判和發展預測。我們的經驗讓我們認為某些特定類型的行為特別重要，有可能是兒童何時說出第一個字，也有可能是兒童與他人互動的方式。

就像是門外漢，兒童發展學者從許多不同的觀點來接近這個領域，每一個主要的觀點都包含了一個或多個**理論**（theories），概括地、有組織地對於有興趣的現象提出解釋和預期。理論提供一個架構來理解一組看起來沒有結構的事實或原則之間的關係。

根據我們的經驗、民間傳說和報章雜誌的文章，我們都形成有關發展的理論。然而，兒童發展的理論是不一樣的，我們自己個人的理論是建立在未經證實的觀察，都是隨意發展出來的。兒童發展理論是更正式、根據之前的發現和理論有系統地整合而來，這些理論讓發展學者可以去總結和組織之前的觀察，而且理論讓發展學者可以深入觀察背後，並推論出一時還無法顯明的意義。另外，這些理論也成為各式研究嚴格測試的對象，相較之下，我們個人的發展理論反而不會受到這樣的測試，而且可能永遠不會受到質疑（Thomas, 2001）。

我們會檢視五種在兒童發展領域主要的觀點：心理動力學派、行為學派、認知學派、環境脈絡論和演化心理學。這些不同的觀點強調發展的不同層面，會帶領研究進入特定的方向。就像我們可以使用不同的地圖來了解一個地區，例如，有的地圖可以顯示鐵路，有的則以顯示關鍵地標為主，不同的發展觀點可提供我們用不同的視野來看待兒童與青少年行為。就像地圖需要持續被修改，每一個觀點也一樣會持續演化和改變，以便成為一個持續成長且充滿生氣的學科。

心理動力學派：聚焦於內在動力

當 Marisol 6 個月大時，她出了一場很嚴重的車禍，至少她的父母是這樣告訴她的，但她自己對這件事一點印象也沒有。她現在 24 歲，無法和人維持親密關係，她的治療師想要了解她目前的問題和她早期的意外是否有關。

尋找這樣的關聯性似乎有點扯太遠了，但對於**心理動力學派**（psychodynamic perspective）的支持者來說，這並不是不可能的事。心理動力學派相信行為是由人不太能察覺或控制的內在驅力、記憶和衝突所激發出來的。內在驅力可能起源於人的童年，並持續影響人一生的行為。

Freud 的心理分析理論

心理動力學派和 Freud 的心理分析理論有最緊密的關聯性。Sigmund Freud（1856-1939）是一位維也納的心理醫師，他的革命性創見對後來有很廣大的影響，不只是在心理學界和精神病學，也影響了整個西方世界的思想方式（Masling & Bornstein, 1996; Wolitzky, 2011）。

Freud 的**心理分析理論**（psychoanalytic theory）建議，潛意識的驅力會決定

Sigmund Freud

人的人格和行為，對 Freud 來說，雖然人對於潛意識沒有覺知，但它是人格的一部分。它包含被隱藏的嬰兒期的願望、慾望、要求和需求，因為他們不安的天性，來自有意識的知覺。Freud 建議潛意識要為我們每天的行為負很大的責任。

根據 Freud 的觀點，每一個人的人格有三個層面：本我（id）、自我（ego）和超我（super-ego）。本我是人格裡原始、未經組織、天生的部分，在剛出生時就出現了，它代表對飢餓、性、侵略和非理性衝動的原始慾望。本我是根據愉悅原則在運作，它的目標是增加滿足感並減少緊張。

自我是人格裡面理性而且講道理的部分，自我是在原始的本我和外面真實世界之間的緩衝器，自我運作的方式是根據現實原則。為了個體的安全以及幫助一個人融入社會，天生的精力會被限制。

最後，Freud指出超我代表一個人有意識的部分，整併對與錯的差別，它發展於幼兒 5、6 歲的時候，透過個體的父母、老師和其他重要人士而習得。

除了提供對於人格不同層面的說明，Freud 還說明人格在兒童期發展的方式，他主張兒童期的**性心理發展**（psychosexual development）階段是依循一個不變的順序，且其間的愉悅感會集中在某一個生理功能和身體的某一個部位。就如表 2-1 所示，他認為愉悅感會從嘴巴（口腔期）轉移到肛門（肛門期），最後轉移到生殖器（性器期）。

根據Freud，假如兒童不能從特定的階段獲得滿足，或者是獲得太多滿足，可能會產生固著（fixation）的問題。固著是指行為會反映出在前一個發展階段未獲得解決的衝突，例如：在口腔期產生的固著可能會使一個成人不尋常地專注在與嘴巴有關的活動上——吃、講話或是嚼口香糖。Freud也主張固著行為也會透過符號式的口頭活動展現出來，例如說尖酸刻薄的挖苦話。

表 2-1 Freud 和 Erikson 的理論

年齡	Freud 的性心理發展階段	Freud 階段論的主要特徵	Erikson 的心理社會發展階段	Erikson 階段論的正向和負向結果
出生到 12-18 個月	口腔期	對於吸吮、餵食、發聲和咬等等會帶來愉悅感的口頭活動感到興趣	信任 vs.不信任	正向：從環境的支持感受到信任 負向：對他人感到恐懼和憂慮
12-18 個月到 3 歲	肛門期	愉悅感來自於排泄糞便或忍住糞便；來到與社會控制能力有關的大小便訓練	自主 vs.害羞與懷疑	正向：假如探索是被鼓勵，會感到自我滿足 負向：對自我感到懷疑，缺乏獨立
3 到 5-6 歲	性器期	對於性器產生興趣；來到所謂的 Oedipal 情結，也就是戀母情結，幼兒會先依戀異性的父母，最後會去認同同性別的父母	主動 vs.罪惡感	正向：發展出主動嘗試的能力 負向：對於行動和想法感到有罪惡感
5-6 歲到青少年時期	潛伏期	對於性的擔憂暫時放一旁	勤奮 vs.自卑	正向：勝任感的發展 負向：自卑感、無力感
青少年到成人期（Freud） 青少年期（Erikson）	兩性期	對性的興趣再次浮現和成熟性關係的建立	自我認同 vs.角色混淆	正向：對於自我獨特性的覺察，對於自己所需遵循的角色的了解 負向：無法認同自己在人生中的適當角色
成人早期（Erikson）			親密 vs.孤獨	正向：愛、性關係和親密友誼的發展 負向：害怕與他人的關係
成人中期（Erikson）			生產 vs.停滯	正向：貢獻於生命延續性的意識 負向：感受到個人活動的貧乏
成人後期（Erikson）			自我統整 vs. 失望感	正向：對於人生的成就感到圓滿 負向：對於人生所曾失去的機會感到懊悔

Erikson 的心理社會理論

心理分析學者 Erik Erikson（1902-1994），他的心理社會理論提供了一個非傳統的心理動力觀點，這個理論強調我們與其他人的社會互動。從 Erikson 的觀點，社會和文化兩者同時挑戰和形塑我們。**心理社會發展**（psychosocial development）主張發展是在了解個體與他人的互動、他人的行為及身為社群成員的自身所涵蓋的不斷改變（Erikson, 1963; Côté, 2005; Zhang & He, 2011）。

Erik Erikson

Erikson 的理論建議發展上的改變會出現在我們一生的八個明顯階段中（如表 2-1 所示），這些階段會以固定不變的形式出現，所有人都會經歷相似的發展階段。

Erikson 主張每個階段代表每個個體必須要解決的一個危機或困難。雖然沒有任何一個危機曾真的獲得解決，使生命變得越來越複雜，但至少個體必須充分地處理每一個階段的危機，以面對下一個發展階段的要求。

不像 Freud 認為發展在青春期就完成了，Erikson 主張成長和改變會持續整個人生，例如：他提出在成人中期，人們會經歷生產對停滯的階段，在此階段，他們對家庭、社區和社會的貢獻會使他們對於生命的延續產生正向的感覺，或是對於他們將傳給下一個世代的感到失望（de St. Aubin, McAdams, & Kim, 2004）。

心理動力學派的評價

以 Freud 的心理分析論和 Erikson 的心理社會發展理論為代表的心理動力理論，我們很難完整掌握其要義。關於潛意識會影響行為，Freud 對於這個概念的介紹是一項巨大的成就，潛意識的概念如此深入西方文化的思想對我們大家來說似乎是十分合理的現象。事實上，當代的研究者在研究記憶和學習之後，主張我們的記憶——包括我們沒有意識到的記憶——對我們的行為都會有重大的影響。Marisol的例子，當她還是嬰兒的時候發生了一場車禍，顯示這是一個以心理動力學為基礎的思考方式和研究。

Freud心理分析理論的某些最基本原理被認為是有問題的，因為這些原理在後續的研究並沒有獲得證實。尤其是認為人類經過童年時期的發展階段會決定他們長大成人之後的人格，這個概念少有決定性研究能夠支持。再者，因為很多 Freud 的理論都只是根據一個極有限的人口取樣——生活在一個有嚴厲道德限制世代的中上階級奧地利人，要將這樣的研究成果延伸到其他廣大、多元文化的人口是會被質疑的。最後，Freud的理論主要是研究男性的發展，因此被批評為性別歧視者並被解讀為有貶低女性重要性的意思。基於這些原因，很多發展學者質疑 Freud 的理論（Guterl, 2002; Messer & McWilliams, 2003; Schachter, 2005）。

Erikson 認為發展會一直持續到整個人生是一個很重要的理論，它對於發展是如何改變並開展人生的想法有很大的影響。另一方面，這個理論是模糊而且無法用嚴格的方式加以檢驗。而且，就像 Freud 的理論，它主要是聚焦在男性而非女性的發展。總而言之，雖然心理動力學派對於過去的行為提供合理良好的描述，但是它對於未來行為的描述是很不準確的（Whitbourne et al., 1992; Zauszniewski & Martin, 1999; De St. Aubin & McAdams, 2004）。

行為學派：聚焦在可觀察的行為

當 Elissa Sheehan 3 歲的時候，被一隻大棕狗咬了，她縫了好幾十針和接受幾次的手術。自從她被咬了之後，只要看到狗就很害怕，事實上，她害怕所有的寵物。

對於採用行為學派觀點的發展學者來說，要解釋Elissa的行為是很容易的：她從狗身上學到了恐懼。**行為學派**（behavioral perspective）學者認為要了解發展，關鍵在於環境中可觀察到的行為和外在的刺激，而不是看生物內在的無意識歷程。假如我們知道刺激，就可以預測行為，從這個角度來看，行為學派反映了後天教養比先天遺傳更重要的觀點。

行為理論不認為全世界的人都會經歷一系列固定不變的階段，相反地，這個理論認為人是受到生活中環境刺激的影響。因此，發展模式是個人化的，反映特定一套環境的刺激，而行為則是受到持續暴露在環境中特定因素影響下的結果。再者，發展的改變被視為是量的改變，而不是質的改變，例如：行為理論認為解決問題能力的提升主要是隨著兒童年齡增加，心智能力也變更好的結果，而不是因為某一種思考能力的改變，讓兒童可以用來解決問題。

古典制約：刺激替換

> 「給我一打健康的嬰兒和一個完全由我給予特殊培養的環境。在他們中間任意選擇一個，我保證可以隨機地將他們變成各種專家——醫生、律師、藝術家、商人、領袖，甚至是乞丐、小偷，都可以，無論他們的天分、偏好、傾向、能力……」（J. B. Watson, 1925, p. 14）。

John B. Watson 是第一個倡導行為主義的美國心理學家。他上面講的這段話可以為行為學派做一個總結。Watson（1878-1958）強烈地相信我們可以透過仔細研究環境裡的刺激以完整地了解發展。事實上，他主張透過有效地控制一個人的環境，有可能引起任何實際上的行為。

John B. Watson

就如我們在第 4 章會進一步思考的，當個體對一種中性的刺激產生一種特別的反應，但這種刺激原先並不會引起這種特別反應，**古典制約**（classical conditioning）就產生了。例如：假如一隻狗反覆在看到肉的同時也聽到鈴聲，那麼牠有可能變成對鈴聲的反應和對肉的反應是一樣的——興奮地流口水和搖尾巴。狗通常不會對鈴聲有這種反應，這種行為就是一種制約的結果，在這種學習形式當中，反應和一種刺激（食物）產生連結，後來再連接到另一個刺激——在這個例子裡是鈴聲。

同樣的古典制約歷程可以解釋我們在情緒上的反應是如何習得的，例如：在受害者Elissa被狗咬的個案裡，Watson會說一個刺激被替換為另一個：Elissa和特定一隻狗（剛開始的刺激）的不愉快經驗，被轉換成其他所有的狗和一般的寵物。

操作制約

除了古典制約，在行為學派裡可以發現其他型態的學習，例如：**操作制約**（operant conditioning）是根據正向或負向的後果連結，一種自發的行為反應會被增強或削弱的學習型態。它與古典制約不同之處在於它被制約的反應是自願和有目的性的，而不是自動產生的（例如流口水）。

操作制約是由心理學家 B. F. Skinner（1904-1990）所提出並做有系統的闡明，個體學習到透過在他們的環境中謹慎地行動，可讓他們獲得想要的東西（Skinner, 1975）。因此，在某種意義上，兒童會操作他們的環境以帶來他們想要的局勢。

B. F. Skinner

兒童是否會想要重複一個行為要看事後是否有增強作用而定。增強作用是利用一種刺激以增加之前某種行為重複的機率。因此，假如學生獲得好成績，會讓他更想認真讀書；如果付出的努力和加薪直接相關的話，工人會願意更賣力工作；如果人們買彩券曾經中過獎，他們會傾向更常買彩券。另外，懲罰作用，即給予一種不愉悅或痛苦的刺激，或是拿掉一種令人嚮往的刺激，會讓之前某種行為在未來出現的機率下降。

被增強過的行為在未來重複出現的可能性較高，當行為沒有受到增強或是被處罰，之後就有可能不會再出現了，或是在操作制約的語言之下會消失。操作制約的原則被使用於**行為改變技術**（behavior modification）中，這是為了提升符合期待行為出現的次數或是減少不符合期待行為出現的頻率的一種正式技術。行為改變技術被廣泛使用於不同的情況，從教導有嚴重遲緩的人學習語言的初步知識到幫助人們減重（Christophersen & Mortweet, 2003; Hoek & Gendall, 2006; Matson & LoVullo, 2008）。

社會認知學習理論：透過模仿學習

一個 5 歲的男孩因為模仿電視上暴力摔角的動作，而嚴重傷害了他 22 個月大的表弟。雖然嬰兒的脊髓神經受到傷害，但在住院五週之後，病情獲得改善可以出院（Health eLine, 2002; Ray & Heyes, 2011）。

原因和結果？我們不能確定，但這似乎是很有可能的，尤其是從社會認知學習理論的觀點來看這個情況。根據發展心理學家 Albert Bandura 和他的同事，**社會認知學習理論**（social-cognitive learning theory）強調學習是透過觀察別的典範角色的行為而來的，此理論可以解釋相當數量的學習（Bandura, 1994, 2002）。

社會認知學習理論提出行為是透過模仿而來的，而不是像操作制約所認為的學習是一個反覆嘗試錯誤的過程。我們不需要去經驗行為的整個後續結果就可以學習到它，社會認知學習理論主張當我們看到一個典範角色的行為被獎勵，我們就有可能去模仿這個行為。例如：在一個經典的實驗中，一個怕狗的小孩看到一個綽號「大膽的皮爾」的典範角色，看起來和狗玩得很快樂（Bandura, Grusec, & Menlove, 1967），在看過這個事件之後，這個原本怕狗的小孩就有可能比還沒看過典範行為時更願意去靠近陌生的狗。

Bandura 指出社會認知學習會經過四個階段（Bandura, 1986）：第一，觀察者必須專心觀察典範行為最主要的特色；第二，觀察者要能記得這些行為；第三，觀察者要能精準地複製這些行為；最後，觀察者必須要有學習和做出這些行為的動機。

行為學派的評價

行為學派所做的研究，從教導有嚴重心智遲緩問題兒童技巧到確認抑制侵略性的程序，有很重大的貢獻。同時行為學派自己也有一些爭議，例如：雖然古典和操作制約都是行為學派的一部分，但是社會學習論並不同意它們一些基本的主張。古典和操作制約兩者都認為學習是外在的刺激和反應，在這之中最重要的因素就是可觀察到的環境特徵。在這樣的分析中，人類和其他生物就像無生命的黑盒子，在盒子裡所發生的事都無法被了解，也無人關心。

對社會學習論學者來說，這樣的分析太過簡略了，他們主張人與老鼠和鴿子不同的地方在於心智活動，在思想和期待的形式。他們認為要完整了解人的發展，一定要超越外在刺激與反應的研究層面。

在許多方面，社會學習理論在近幾十年已超越古典和操作制約，占據了主導地位。事實上，另一個明顯聚焦於內在心智活動的學派，其影響力更為巨大。這就是我們接下來要討論的認知學派。

認知學派：檢驗了解的根基

當 3 歲的 Jake 被問到為何會下雨，他回答：「這樣花才會長大。」當他 11 歲的姊姊被問同樣的問題，她回答：「因為地球表面的蒸發作用。」當他們的表姊被問到這個問題（她正在高中的科學課程中研究氣象狀態），她的答案延伸至積雨雲、柯氏力和氣象圖的討論。

對一個採用認知學派觀點的發展理論學者來說，答案在複雜度上的差異是展現他們在知識和理解能力或是認知上不同程度的證據，**認知學派**（cognitive perspective）聚焦在能讓人認識、了解和思考世界的歷程。

認知學派強調人的內在是如何描繪和思考世界。透過這個學派，發展學者希望可以了解兒童和成人如何處理訊息，以及他們思考和理解的方式如何影響他們的行為。他們也致力於學習人在發展時認知能力是如何改變、哪些認知發展代表智商能力在質或量的成長、不同的認知能力是如何互相產生關聯。

Piaget 的認知發展理論

沒有任何一個人對於認知發展研究的影響會大於 Jean Piaget（1896-1980），他是一個瑞士心理學家，其倡議所有人的認知發展都會經歷一系列順序固定不變的階段（摘要於表 2-2）。他建議不只每一個階段的量會增加，理解力和知識的品質也會跟著改變。他聚焦於認知改變出現於兒童從一個階段到下一個階段（Piaget, 1952, 1962, 1983）。

我們將在第 6 章詳細討論 Piaget 的理論，但我們現在可以透過檢視它的主要特徵來得到一個完整的概念。Piaget 提出人類思考被安置在基模（schemes）裡面，組織代表行為和活動的心智模式，對嬰兒來說，這樣的基模代表具體行為——用來吸吮、伸展和每一個分別行為的基模。對於大一點的兒童，基模會變得更複雜和抽象。基模就像智慧型電腦軟體，可以主導和決定來自世界的資料要如何判讀和處理（Parker, 2005）。

Piaget 建議兒童的適應——這名詞是他用來解釋兒童如何反應和適應新訊息的方式——可以被解釋成兩個基本原則。同化是指人了解他們某一個經驗的歷程，也就是指他們當下所處的認知發展階段和思考方式；相反地，調適是指遇到新刺激或新事件而導致現存思考方式的改變。

當人使用他們舊有對於世界的思考方式和理解方式來了解一個新經驗時，同化就產生了，例如：一個還沒學過數數的幼兒，當他看著兩排一樣數量的鈕釦時，會說排得比較緊密的鈕釦數量比排得很分散的那排鈕釦要少。數數的經

表 2-2 Piaget 的認知發展階段

認知階段	大概年齡範圍	主要特徵
感覺動作期	出生到 2 歲	物體恆存的發展（知道人和物體就算看不到還是存在）；動作技能的發展；無法呈現符號
前運思期	2-7 歲	語言和符號思考的發展；自我中心思考
具體運思期	7-12 歲	保留概念的發展（知道數量與實體的呈現方式無關）；熟悉可逆性的概念
形式運思期	12 歲到成年期	邏輯與抽象思考能力發展

驗被同化到固有的「大就是多」的基模裡。

然而，當這個幼兒長大一點，有足夠的新經驗之後，基模的內容會開始改變，在了解不管散開來還是緊密排在一起，鈕釦的數量都是固定的，這個幼兒會調適到這個新經驗。同化和調適共同合作帶來認知發展。

Piaget 理論的評價

我們對於理解認知發展的理解受 Piaget 的影響甚深，他也是兒童發展界裡的傑出人物，他提供兒童期智能發展是如何進行的主要描述——這描述已經過數以千計的研究反覆測試，總括來說，Piaget 對於認知發展階段順序的主要觀點是正確的。然而，理論的細節，特別是在談到認知能力會隨著時間而改變被認為是有問題的，例如：有些認知技能很明顯地比 Piaget 認為的時間出現得早。再者，Piaget 的階段論是否具有普世性一直被質疑，不斷有證據顯示在非西方文化裡，某種特定認知技能萌發的時間會有不同的時間表，在每一個不同的文化，有些人從來沒有達到 Piaget 的最高認知發展階段：形式邏輯思考（McDonald & Stuart-Hamilton, 2003; Genoverse, 2006）。

最後，對 Piaget 學派最大的批判在於認知發展並非如 Piaget 階段論所提出的一定是非連續性發展，記住 Piaget 曾主張成長會經歷四個不同的階段，每一個認知階段的品質會和下一個階段不同，然而，很多發展學者主張成長被認為是具有更多連續性的。這些批判主張另一種觀點，即為人熟知的訊息處理取向，聚焦於人一生的學習、記憶和思考歷程。

訊息處理取向

訊息處理取向（information-processing approaches）成為 Piaget 學派的另一種重要的觀點，研究個體接收、使用和儲存訊息的方式。

訊息處理取向是從訊息的電機處理過程中發展出來的，就像電腦發展的原理。他們假設即使是複雜的行為如學習、記憶、分類和思考，都可以被分解成一系列個別的、詳細的步驟。

就像電腦，訊息處理取向假設兒童在處理訊息的能力是有限的，然而，隨著兒童發展，他們會採用越來越複雜的策略讓自己可以更有效率地處理訊息。

相對於 Piaget 認為隨著兒童長大，思考背後的品質會改變的觀點，訊息處理取向假設發展代表的是數量的進一步提升，我們處理訊息的能力會隨著年紀而改變，我們的處理速度和效率也會改變。而且，訊息處理主張當我們年紀越大，我們更有能力控制處理的本能，我們可以改變我們選擇處理訊息的策略。

訊息處理取向建立在 Piaget 的研究基礎上，後來成為大家熟知的後 Piaget 理論。相較於 Piaget 的原始理論將認知視為一般認知能力越來越複雜的單一系統，後 Piaget 理論認為認知是由不同類型的個別技能所組成。使用訊息處理取向的專業用語，後 Piaget 學派主張認知發展在某些領域進行快速，在有些領域則是進展較慢，例如：閱讀能力和需要回憶故事的技能可能會比用在三角代數的抽象計算能力發展得再快一點，而且，後 Piaget 學者相信經驗比傳統 Piaget 學派取向在提升認知發展上扮演更重要的角色（Case, Demetriou, & Platsidou, 2001; Yan & Fischer, 2002; Loewen, 2006）。

訊息處理取向的評價

我們在後面的章節會看到訊息處理取向已經變成我們理解發展的一個核心部分，同時，它們並不提供對行為的完整解釋，例如：訊息處理取向幾乎沒有注意到創造力的行為，常常以非邏輯、非線性的方式發展這些最深刻的想法。而且，它們在發展出現的當下並沒有考量到社會脈絡。這是強調社會和文化的理論會越來越受到歡迎的原因之一，就如我們接下來會討論到的。

認知神經科學取向

這是兒童發展學者在一系列的理論中最新採用的一個取向，**認知神經科學取向**（cognitive neuroscience approaches）從大腦運作過程的角度來看認知發展。就像其他認知觀點，認知神經科學取向思考內在心智的過程，但它們特別聚焦於思考、問題解決和其他認知行為之下神經的活動。

認知神經科學學者致力於確認在大腦內不同部位與功能，和不同類型認知活動的關聯性，而不只是假設或在理論上討論認知結構與思考的相關性。例如使用複雜的腦部掃描技術，認知神經科學家展示思考一個字的意思，和說話時思考字要如何發音所活動到的大腦部位是不同的。

認知神經科學家的工作也提供了引發自閉症的線索，一個主要的發展失能會導致幼兒深刻的語言缺陷和自殘行為，例如：神經科學家發現有失能狀況的兒童，腦部在出生第一年會有爆發性和戲劇性的成長，使得他們的頭比其他沒有失能的兒童的頭顯得特別大。透過早期鑑定這些失能幼兒，健康照顧者可以提供關鍵的早期介入（Akshoomoff, 2006; Nadel & Poss, 2007; Lewis & Elman, 2008）。

認知神經科學取向在鑑定特定基因與乳癌等生理問題和精神分裂症等心理失能的關聯性上也居於最尖端的前導研究（Strobel et al., 2007; Ranganath, Minzenberg, & Ragland, 2008; Christoff, 2011）。可以在第一階段就鑑定出會造成生命脆弱而失能的基因的基因工程，將可透過基因治療減少甚至預防失能的發生，我們會在第 3 章討論這個部分。

認知神經科學取向的評價

認知神經科學取向在兒童與青少年發展呈現一個新領域，其使用複雜的測量儀器，很多的研究都是這幾年才剛發展出來，認知神經科學學者可以窺視大腦的內在功能，提升我們對基因的了解，同時也開啟了對於正常和異常發展以及建議各種對於異常發展之治療方式的新視野。

對於認知神經科學取向的批判主要在於它有時對於發展現象提供了一個較佳的描述而非解釋，例如：發現自閉症兒童的大腦比一般兒童大，但並沒有解釋為何他們的大腦變得較大，這在目前仍然是一個有待回答的問題。不過這樣的發現為適當的治療提供重要的線索，並且最終可以帶領我們對於整個兒童發展現象有完整的了解。

環境脈絡論：用寬廣的視野來看發展

雖然兒童發展學者常常以身體、認知，和人格與社會因素來思考發展的過程，這樣的分類方式有一個嚴重的缺點，在真實世界裡，這些主要的影響並不會各自獨立出現，相反地，這些不同類型的影響彼此之間會有持續不斷的互動。

環境脈絡論（contextual perspective）探究個體以及他們的身體、認知、人格與社會環境之間的關係。它主張如果沒有看到兒童是鑲嵌在一個複雜的社會和文化脈絡中，就無法適當地看待兒童的發展。我們會從兩個符合這個分類條件的主要理論來思考環境脈絡論：Bronfenbrenner 的生物生態系統理論與 Vygotsky 的社會文化理論。

生物生態系統理論對發展的看法

了解傳統取向在解釋人一生的發展會產生的問題之後，心理學家 Urie Bronfenbrenner（1989, 2000, 2002）提出另一種觀點，稱為**生物生態系統理論**（bioecological approach）。這個理論提倡有五個不同層次的環境會同時影響每一個生物體，Bronfenbrenner 認為如果不去思考個人是如何受這些不同層次的影響，我們就無法完整地了解發展（如圖 2-1 所示）。

- 小系統是指兒童每天所生活的當下環境。家庭、照顧者、朋友和老師全部會產生影響，都是小系統的一部分。但幼兒並非只是被動接收這些影響，相反地，他們會主動幫忙建構小系統，形塑他們所處的世界，在小系統層次的大部分傳統工作是由兒童發展所主導。
- 中系統是指小系統之間不同層面的連結。就像鍊子一般地連結起來，中系統將兒童與父母、學生與老師、員工與老闆、朋友與朋友連接起來，這顯示直接與非直接的影響都會將我們與其他人連接在一起，例如那些在工作上很不順利的父母，回到家中可能對兒女發一頓脾氣。
- 外系統代表更廣泛的影響，我們所遇到的社會機構，如地方政府、社區、學校、教會和地方報紙。每一個這種較大的社會機構都可能對於個人發展產生立即和主要的影響，而每一種機構都會對小系統和中系統的運作產生影響，例如：學校的品質會影響兒童的認知發展和潛在的長期性結果。
- 大系統代表一個更廣大的文化對個體的影響。一般的社會、政府的類型、政治和宗教的價值觀，和其他所遇到的較大的因素，都是屬於大系統，例如：一個文化或社會對於教育和家庭的價值觀會影響生活在其中的人們所抱持的

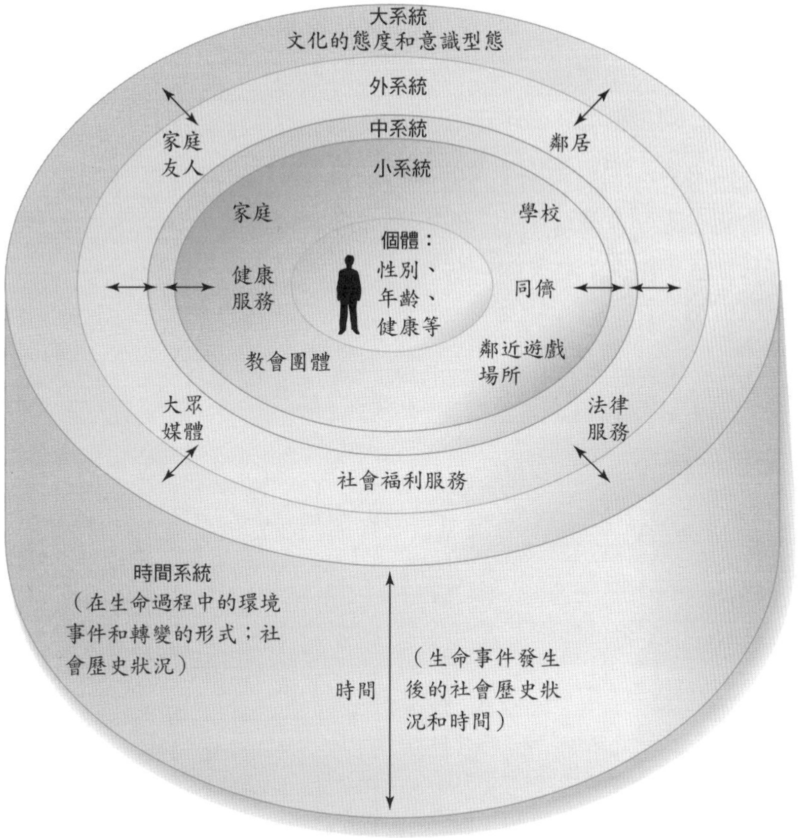

圖 2-1 Bronfenbrenner 對發展的觀點

Urie Bronfenbrenner 的生物生態系統理論針對發展提出環境中有五個層次會自動影響個體：小系統、中系統、外系統、大系統和時間系統。

資料來源：Adapted Bronfenbrenner & Morris (1998).

價值觀。兒童是屬於較大文化的一部分（例如西方文化），就如他們受所屬獨特次文化的影響一樣（例如屬於美籍墨西哥裔的次文化）。

- 最後，時間系統則是位於之前的每一個系統之下。它涵蓋了時間經過的方式，包括歷史事件（例如在 2001 年的 911 恐怖攻擊事件）和一般的歷史改變（例如女性離家出外工作人數的改變），這些都會改變兒童的發展。

生物生態系統理論強調在發展影響因素之間的內在相關性，因為不同層級之間相互連結，只要系統裡有一個部分改變就會影響到系統裡的其他部分，例如：當父母失業（包含在中系統裡），就會影響兒童的小系統。

相反地，只是環境層級上的一個改變，其他層級沒有跟著改變的話，可能只能產生一點差別，例如：改善了學校的環境，但學生在家裡所獲得的學業成功支持還是很少，那麼學生的學業表現可能沒有什麼差別。相同地，生物生態系統理論闡明在不同家族成員之間的影響是多方向性的，父母不只是影響他們孩子的行為，孩子也會影響父母的行為。

最後，生物生態系統理論強調廣大文化因素對發展之影響的重要性，越來越多在兒童發展領域的研究者調查文化和次文化團體的成員關係如何影響行為。

文化的影響

想想看，你是否同意應該教導兒童，若他們在學校要獲得好成績，同學的協助是不可或缺的；或是他們應該要計畫繼承父親的事業；或是他們應該照著父母的建議去選擇未來的職業。如果你是在散布最廣的北美文化中被撫養長大，你應該會反對上面三個陳述，因為它們違反了個人主義的共識，個人主義是西方哲學的主流，強調人的認同、獨特性、自由和個體的價值。

相對地，假如你是在傳統的亞洲文化中成長，很有可能你會同意上面三個陳述。為什麼？這些陳述反映出東方的集體主義，集體主義提倡團體的福祉比個體更重要，在集體主義文化中長大的人，往往會強調他們所屬團體的利益，有時甚至會以他們個人的利益為代價。

個人主義與集體主義就像一個代表著不同文化中的幾個層面的光譜，它顯示在不同文化脈絡中人們運作方式的差異性，這樣廣大的文化價值在形塑人看待世界的觀點和行為舉止上扮演著重要的角色（Garcia & Saewyc, 2007; Yu & Stiffman, 2007; Shavitt, Torelli, & Riemer, 2011）。

生物生態系統論的評價

雖然 Bronfenbrenner 認為生物上的影響是生物生態系統論的一個重要成分，但是生態上的影響才是這理論的中心點。事實上，有些評論家認為這個觀點給予生物因素的注意力是不夠的，但是生物生態系統論仍被認為對兒童發展提供很重要的觀點，就如它所建議的環境中的多重層級對兒童發展的影響。

Vygotsky 的社會文化理論

對蘇俄的發展學者 Lev Semenovich Vygotsky 來說，要完整地理解發展就一定要將兒童發展中所處的文化放入考量。Vygotsky 的**社會文化理論**（sociocultural theory）強調，認知發展的開展來自於文化中成員之間的社會互動（Vygotsky, 1979, 1926/1997; Winsler, 2003; Edwards, 2005）。

Vygotsky（1896-1934）的生命很短暫，他主張兒童了解世界的方式是透過他們與成人和其他兒童問題解決的互動而來。當兒童與其他小孩遊戲和合作時，他們會學到對於社會來說什麼是重要的，同時，也提升他們認知上對於世界的了解。因此，要了解發展這個領域，我們必須考量對於一個文化中的成員什麼是有意義的。

相較於其他大多數理論，社會文化理論特別強調發展是人們與兒童在其環境中的一種相互作用，Vygotsky 相信人和環境會影響兒童，同樣地，兒童也會影響人和環境，這個模式會一直無止境地循環下去，兒童既是社會化的接收者，也是影響的來源。例如：一個成長於親人都住在附近的小孩，會發展出與親人都住在遠方的小孩不同的家庭生活概念。同樣地，這些親戚被小孩影響的程度會依他們與小孩接觸的親密度與頻率而定。

Vygotsky 理論的評價

儘管 Vygotsky 在 80 年前就去世了，社會文化理論卻變得越來越具影響力，主要的原因在於越來越多人認知到文化因素在發展中居首要位置。兒童不是在文化空白中發展，相反地，他們的注意力是由社會引導到特定領域，因此，他們會發展出屬於他們文化環境中的獨特技能。Vygotsky 是第一個辨識並認知到文化重要性的發展學者，當現代社會變得越來越多元文化之際，社會文化理論可幫助我們了解這豐厚而多元的因素如何影響和形塑發展（Fowers & Davidov, 2006; Koshmanova, 2007; Rogan, 2007）。

演化心理學：我們祖先對行為的貢獻

演化心理學是影響力正逐漸增強的一個取向，這是我們要討論的最後一個發展觀點。**演化心理學**（evolutionary perspective）致力於確認人類行為是源自祖先的基因遺傳，這個理論聚焦在基因和環境因素如何結合而對行為產生影響（Bjorklund, 2005; Goetz & Shackelford, 2006; Tomasello, 2011）。

演化心理學發源自 Charles Darwin 的開創性工作。1859 年，Darwin 在他《物種源始》（*On the Origin of Species*）的書中提出，自然選擇的過程創造出物種的特徵，以適應其所處的環境。使用 Darwin 的論點，演化心理學聲稱我們的基因遺傳不只決定我們的生理特徵，例如皮膚和眼睛的顏色，特定的人格特徵和社會行為也會受到影響。例如有些演化心理學家認為害羞或嫉妒等行為有部分原因是受到基因影響而來，大概是因為他們可以增加人類祖先親屬的存活率（Easton, Schipper, & Shackelford, 2007; Buss, 2003, 2009）。

演化心理學非常強調生態學的領域，這個領域主要是調查我們生物上的構造影響我們行為的方式。生態學主要的提倡者是 Konrad Lorenz（1903-1989），他發現新生的鵝寶寶受到基因預寫好的程式影響，會去依附牠們出生後看到的第一個會動的物體，他的工作顯示了生物決定對行為模式的影響之重要性，最終帶領發展學者去思考人類行為可能會反映出天生基因模式的方式。

就如我們在稍後會討論到的，演化心理學包含著全人生發展領域中成長最快的領域：行為基因。行為基因研究遺傳對行為的作用，行為基因學者想了解我們是如何遺傳到特定的行為特徵，以及環境如何影響我們是否真的會顯示出這些特徵。它同時也思考基因因素如何造成心理異常，例如：精神分裂症（Li, 2003; Bjorklund & Ellis, 2005; Rembis, 2009）。

演化心理學的評價

兒童發展學者對於 Darwin 的演化論提供了一個基本的基因歷程的準確描述沒有太多爭議，而演化心理學在全人生發展領域的能見度也越來越高。然而，演化心理學的應用則受到相當批評。

有些發展學者會感到關切，是因為它只聚焦於行為的基因和生物層面，演化心理學對於環境和社會因素對於兒童與成人的行為產生所給予的關注不夠，其他批判則是認為沒有一種好的方式可以用以實驗測試由演化心理學衍生出來的理論，因為它們發生的年代都太久遠了。例如：認為嫉妒可以幫助個體更有效率地存活是一回事，但是要證明它，則是另外一回事。即便如此，演化心理學仍刺激了大量的研究投注在了解我們的生物遺傳如何影響我們部分的特徵和行為上（Buss & Reeve, 2003; Bjorklund, 2006; Baptista et al., 2008）。

為何「哪一個學派是對的？」是一個錯的問題

我們已經討論了五個在發展上的學派：心理動力學派、行為學派、認知學派、環境脈絡論和演化心理學（摘錄於表 2-3），會想知道哪一個學派對兒童發展提供最準確的說明是很自然的反應。

基於幾個原因，這並不是一個很全然恰當的問題，其中一個原因是，每一個學派都強調發展的不同層面，例如：心理動力學派強調情緒、動機衝突和潛意識對行為的作用。相反地，行為學派強調外顯的行為，重視人們做了什麼甚於他們腦子裡在想什麼，這是一定不合理的。認知學派則是剛好相反，看重人們在想什麼甚於他們做了什麼。最後，當環境脈絡論聚焦於環境中的影響因素之間的互動關係，演化心理學則聚焦於遺傳的生物因素如何構成發展的基礎。

例如，使用心理動力觀點的發展學者可能會考慮世貿中心和五角大廈的 911 恐怖攻擊如何潛意識地影響兒童的一生。採用認知觀點的學者可能會聚焦於兒童如何接收、詮釋和了解恐怖主義，而環境脈絡論可能會思考什麼樣的人格和社會因素引導行凶者採取恐怖主義的手段。

很明顯地，每一個學派都是以它們自己在發展的不同層面所提出的看法為前提，而且同一個發展現象可以同時從不同的觀點來看。事實上，有些全人生觀點的學者用一種折衷的觀點來同時使用幾種不同的學派。

我們可以將幾種不同的學派想成一組相同的地理區域地圖。有一張地圖可

表 2-3 兒童發展主要的學派

學派	對人類行為和發展的主要想法	主要提倡者	例子
心理動力	人一生的行為主要是受自己不太能控制、起源於童年時期的內在、潛意識驅力所激發出來。	Sigmund Freud、Erik Erikson	這個觀點可能會認為一個過胖的青少年在口腔期的發展階段有固著的行為。
行為	發展能透過可觀察到的行為和外在環境刺激加以了解。	John B. Watson、B. F. Skinner、Albert Bandura	這個學派可能會認為一個過胖的青少年是因為沒有因好的飲食和運動習慣而被獎賞過。
認知	強調在於人知道、了解和思考世界的方式是如何改變與成長，並對行為產生影響。	Jean Piaget	這個觀點可能會認為一個青少年會過重是因為沒有學到有效的保持健康體重的方式以及不重視良好的營養。
環境脈絡	行為取決於個體以及他們的身體、認知、人格、社會和物質世界之間的關係。	Lev Vygotsky、Uric Bronfenbrenner	由這個學派來看，一個青少年變得過重是因為家庭環境很重視食物和餐點，並且與家庭習慣息息相關。
演化心理	行為是源自祖先的基因遺傳；用來提升物種存活率的特徵和行為透過自然選擇而遺傳下來。	Konrad Lorenz；受 Charles Darwin 的早期研究所影響	這個觀點指出一個青少年可能有肥胖基因傾向是因為多餘的脂肪幫助他的祖先從飢荒時期存活下來。

能包含馬路的詳細描繪；另一張可能顯示地理的特性；另一張可能顯示政治上的細分圖，例如都市、城鎮和鄉下等；有些地圖可能標示特定的景點，例如風景區或是歷史地標。每一張地圖都是準確的，但每一張都提供不同的觀點和思考方式，沒有一張地圖是完整的，但透過將它們放在一起思考，我們可以對整個地區有更完整的了解。

同樣地，不同的理論觀點提供不同的方式來看發展。它們一起描繪出人類一生各種改變和成長方式的完整圖像。然而，不是從各種學派所衍生出來的理論和宣稱都是正確的，我們該如何從這些競爭的解釋中做選擇？答案是研究，我們將在本章的最後一個部分討論這個議題。

科學方法和研究

7 何謂科學方法？它如何協助回答有關兒童發展的問題？

8 相關性研究和實驗研究有哪些主要特徵，它們有何不同？

埃及人一直相信他們是地球上最古老的種族，Psamtik（西元前 7 世紀的埃及國王）出於好奇心，想要證明這個諂媚的信念。就像一個好的研究者，他先產生一個假設：假如兒童從來沒有機會跟身邊的大人學說話，他們應該會自動說出人類最原始的內在語言——最原始種族的自然語言——他期待聽到的是埃及語。

為了測試他的假設，Psamtik 命令一個低下階層的母親將兩個嬰兒交給一個牧羊人在一個受到控制的區域撫養長大，他們被放在一個隱蔽的農舍，受到良好的餵食和照顧，但從來沒有聽到任何一句話或一個字。希臘歷史學家 Herodotus 追蹤這個故事，從曼菲思的火神 Hephaestus 學習到他所謂的「真相」，他說 Psamtik 的目標「是想知道在度過冷淡疏離的原始嬰兒期之後，他們會發出哪一個字的聲音」。

他告訴我們這個實驗是有效的，有一天，當這些小孩長到 2 歲之後，當牧羊人打開農舍的門，這兩個小孩跑到他身邊大喊「Becos!」因為這對於牧羊人來說一點意義也沒有，他一開始並沒有特別留意，但當他們反覆對他這樣喊叫之後，牧羊人就把這句話傳給 Psamtik，他就下令將這兩個小孩帶來見他，他自己也聽到他們發出的音了，Psamtik 做了研究，了解 becos 是弗里幾亞語麵包的意思，他就很失望地做出結論，原來弗里幾亞人是比埃及人還要古老的種族（Hunt, 1993, pp. 1-2）。

從這個有幾千年的觀點，我們可以輕易看到 Psamtik 的學說有兩個缺點——科學上和倫理上的問題。但他的研究程序意味著比只是推測有了很大的改善，而且他的作為被視為有史以來第一個有被記錄下來的發展實驗（Hunt, 1993）。

理論和假設：提出發展的問題

由 Psamtik 所提出的這一類問題是兒童發展研究的核心。語言是天生的嗎？營養失調對後來的智力表現會造成哪些衝擊？嬰兒如何和父母建立關係，去托嬰中心會干擾和父母關係的建立嗎？為何青少年容易被同儕壓力所影響？

為了回答這些問題，兒童發展專家依靠科學方法。**科學方法**（scientific method）是在提出問題之後，細心地使用包含有系統和有次序的觀察和資料蒐集等受控技術來回答問題的一個過程。如圖 2-2 所示，科學方法包括三個主要的步驟：(1)定義有興趣的問題；(2)形成解釋；(3)進行研究以支持或否決解釋。

當我們自己的經驗和常識似乎可以針對問題提供合理的答案時，為何要使用科學方法？一個重要的原因是我們的經驗是有限的，我們遇到的只是一小批人或一些狀況，從這麼小的樣本來做推論，可能會讓我們做出錯誤的結論。

相同地，雖然常識可能是有用的，但常識常常發出互相衝突的預言，例如：

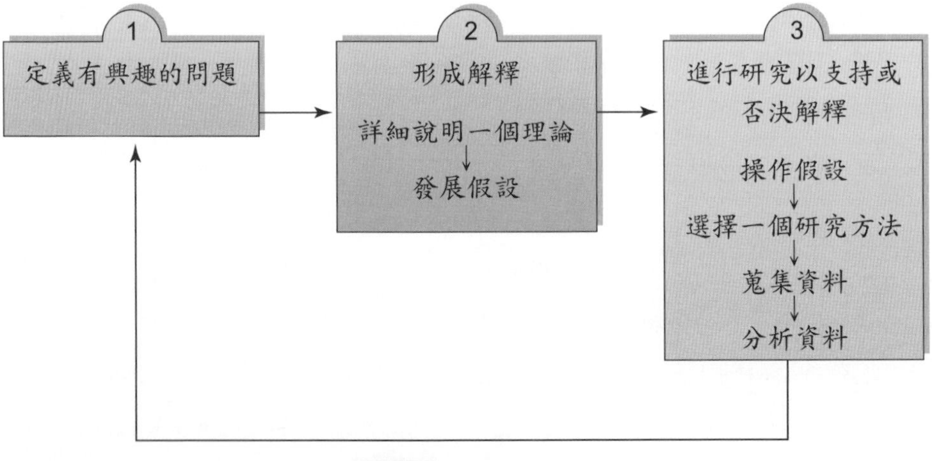

圖 2-2 科學方法

研究的基石，心理學家和其他受科學訓練的研究者都會使用到科學方法。

常識告訴我們說：「物以類聚」，但有另一句話是這麼說的：「異性相吸」。你可以看到問題在哪裡了：常識通常是自相衝突的，我們不能依靠它來回答問題。這就是為什麼科學家堅持使用可被控制的科學方法。

理論：形成廣泛的解釋

定義有興趣的問題是科學方法的第一個步驟，始於觀察者對於某些層面的行為感到困惑，也許是嬰兒因為被陌生人抱起而大哭，或是小孩在學校表現得很不好，或是青少年很想做一些冒險的行為。就像我們一樣，發展學者的問題來自於我們日常生活中不同層面的行為，他們也像我們一樣，想找出答案為何。

然而，發展學者試著找出答案的方式讓他們變得跟一般觀察者不同，發展學者對於感興趣的現象形成理論、廣泛的解釋和預測。使用我們前面所提過的其中一種理論，研究者發展出更詳細的理論。

事實上，我們所有人對於發展都會根據經驗、傳說和報章雜誌上的文章形成理論，例如：很多人都會發展出一個理論，認為在新生兒剛出生之後，父母和孩子之間有一個連結特殊關係的關鍵期，對於後來的親子關係建立是一個必需的因素。他們認為缺少這個連結時期，親子關係將永遠遭受到損害。

無論何時我們採用了這樣的解釋，就是在發展自己的理論，但在兒童發展領域的理論並不是如此。鑑於我們自己的理論是建立在未經證實的觀察上、偶然發展出來的，發展學者的理論更正式、是有系統地根據之前的發現和理論統整而來。這些理論讓發展學者可以摘錄和組織之前的觀察並深入現有觀察的背後，以歸納出表面上一時看不出來的原理。

假設：具體說明可供測試的預測

雖然理論的發展可針對問題提供一般性看法，但這只是第一步。為了確認理論的正確性，發展學者必須用科學方法來測試它。要這麼做，先要根據他們的理論發展**假設**（hypothesis），以一個可被測試的方式來提出一個預測。

例如，有人認同特殊關係的連結是親子關係中一個特殊的成分，可發展更具體的假設：被收養的兒童和養父母之間並無機會發展在兒童出生之後馬上發展特殊關係的連結，最終會導致孩子對養父母無法產生足夠的安全感。

其他人可能會提出別的假設，諸如有效的特殊關係連結只存在於母親與孩子之間的某一段時間，但不存在於父親與孩子之間（假如你對這個有疑慮的話，我們在第 4 章會做說明，這些獨特的假設並沒有獲得支持，即使出生後分隔了好幾天，這個分離並不會對父母與孩子的關係造成長期的影響，而母親與父親跟孩子之間的特殊關係連結也沒有差別性）。

選擇研究策略：回答問題

一旦研究者形成假設，他們必須發展一個策略來測試它的效度，第一步就是以一個可被測試的方式來提出一個預測。運作是將假設轉化為具體可測試程序的歷程，這些程序是可以被測量和觀察的。

例如，研究者對於測試「被評量會引發焦慮」的假設感到有興趣，可能會運作「被評量」為老師給學生打成績，或是一個學生對朋友的運動技能給予評價。相同地，「焦慮」可以被運作為透過問卷得來的反應或是由電子儀器測試到的生理反應。

如何操作變項的選擇通常反映了要被實施的研究種類。有兩個主要的研究類型：相關性研究與實驗研究。**相關性研究**（correlational research）試圖判斷兩種因素之間是否存在關聯或相關性。就如我們將會看到的，相關性研究不能用來判斷一個因素是否會造成其他的改變，例如：相關性研究可以告訴我們媽媽和她的寶寶在剛出生之後相處了幾分鐘，與他們在寶寶 2 歲時親子關係的品質之間的相關性。這種相關性研究指出這兩種因素是否相關，或是與其他因素有關，而不是最初的接觸導致了某個獨特關係的發展（Schutt, 2001）。

相反地，**實驗研究**（experimental research）是用於發現各種因素之間的因果關係的一種研究設計。在實驗研究，研究者刻意在一個仔細架構的情境中採用一個變因，以便能看到變因的後續發展結果。例如：研究者設計一個實驗，讓幾組母親在寶寶剛出生之後相處不同時間長度，以便觀察特殊關係連結時間的量是否會影響母子關係。

因為實驗研究可以回答因果關係的問題，它代表著發展研究的中心。但不幸地，有些研究問題不能透過實驗研究來回答（例如：如果設計其中一組嬰兒沒有機會和照顧者接觸以發展特殊關係連結，這是不符合倫理的）。事實上，有大量的兒童發展開拓性研究——例如 Piaget 和 Vygotsky 所做的研究——都是採用相關性研究，因此，相關性研究在兒童發展學者的工具箱裡仍然是一個很重要的工具。

相關性研究

就如我們說過的，相關性研究是調查兩種因素之間是否存在關聯或相關性，例如：對於觀看電視侵略行為與後續行為之間關係有興趣的研究人員發現，當小孩從電視上看到大量的侵略行為——謀殺、犯罪、槍擊之類的行為——會比只有看一點點這類電視的兒童更具侵略傾向。換句話說，就如我們將在第 10 章中仔細討論的，觀看侵略性行為與實際做出侵略性行為彼此有關聯性或相關性（Anderson, Funk, & Griffiths, 2004; Donnerstein, 2005; Brady, 2007; Feshbach & Tangney, 2008）。

但這意味著我們可以做出觀看電視上的侵略行為會導致觀眾出現更多侵略性行為的結論嗎？絕對不是。思考其他的可能性，有可能是一開始就有侵略性傾向的兒童更有可能選擇暴力性節目，如果是這種個案的話，就是侵略傾向造成觀看行為，而不是觀看行為導致侵略行為。

或是思考另一種可能性，假如兒童成長於貧民窟，那麼他們比成長於較富裕環境的兒童更有可能表現侵略行為與觀看更暴力的電視節目。在這種例子中，是社會經濟階級同時導致了侵略性行為和電視觀看行為（各種不同的可能性，如圖 2-3 所示）。

簡而言之，發現兩種變項的相關性不能證明它們是因果關係，雖然變項之間有可能有因果關係，但不一定是如此。

即便如此，相關性研究還是可以提供重要的資訊。舉例來說，就如我們在後面的章節會看到的，我們從相關性研究知道兩個人的基因連結越近，他們智力的關聯性就越高。我們發現當父母跟幼兒說越多話，幼兒懂的字彙就越廣泛。我們也從相關性研究學習到嬰兒獲得越好的營養，他們長大後就較少出現認知

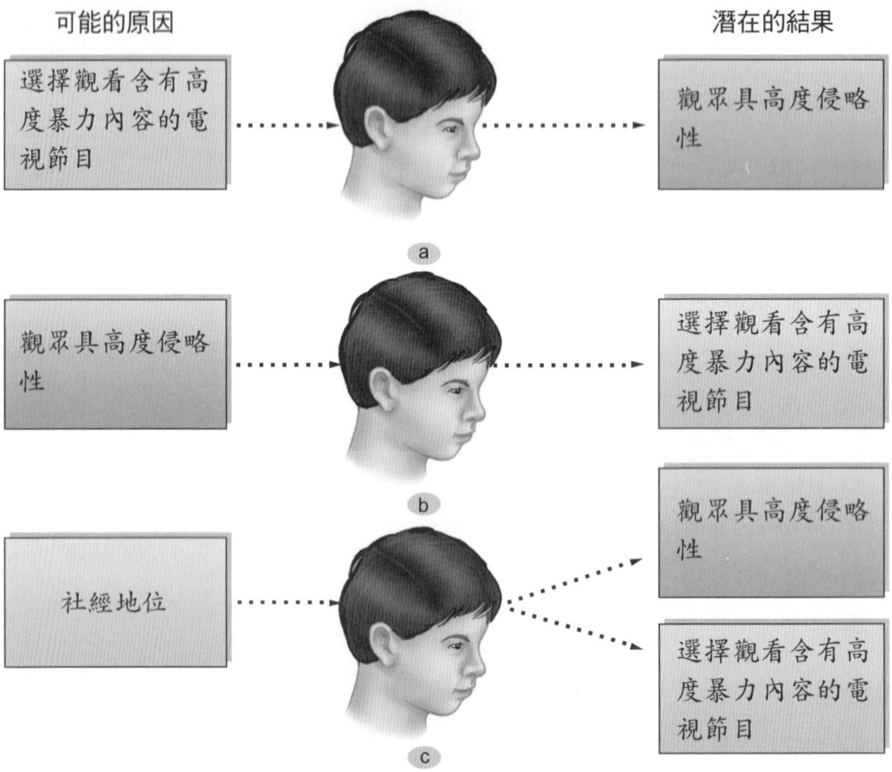

圖 2-3 發現相關性

在兩個因素之間發現相關性，並不表示一個因素導致另一個因素，例如：假設一個研究發現觀看含有高度暴力內容的電視節目與兒童實際的侵略行為有關。這個相關性可能反映至少三種可能性：(a) 觀看含有高度暴力內容的電視節目導致觀眾的暴力；(b) 選擇觀看有暴力內容的電視節目的兒童，本來就有暴力傾向；(c) 有些第三個因素，例如一個兒童的社經地位導致他同時具有暴力傾向和觀看暴力內容的電視節目。

與社會問題（Hart, 2004; Colom, Lluis-Font, & Andrés-Pueyo, 2005; Robb, Richert, & Wartella, 2009）。

相關係數

在兩個因素之間關係的強度與方向可用數字來代表，叫做相關係數，它的範圍介於＋1.0 到－1.0。一個正相關指出當一個因素的值增加時，可以預測另一個因素的值也會增加，例如：假如我們發現當兒童吃了越多卡路里，他們在學校的表現就變得越好，當兒童吃的卡路里越少，他們在學校的表現就變得越差，這樣我們就發現了一個正相關（「卡路里」因素的更高值和「學校表現」因素的更高值有關聯，「卡路里」因素的更低值和「學校表現」因素的更低值有關聯）。因此相關係數可以用一個正向數字代表，卡路里和學校表現的關聯越強，這個數字就會更靠近＋1.0。

相反地，負值的相關係數代表當一個因素的值增加時，另一個因素的值就會減少。例如：假設我們發現當青少年花越多時間在電腦上玩即時通，他們的學業表現就越差。這樣的發現會導致一個負相關，範圍介於 0 到－1.0，越多的即時通與越低的學業表現有關聯，越少的即時通與越高的學業表現有關聯，在即時通與學業表現之間的關聯越強，相關係數就會越接近－1.0。

最後，兩個因素有可能彼此之間沒有相關性，例如：我們不太可能發現學業表現和鞋子的尺寸會有相關性，在這種例子，缺乏關係代表相關係數接近 0。

很重要地，對於我們之前所說的要再重申一次：即使兩個變項之間的相關係數很強，我們還是不可能知道是否一個因素導致另一個因素，這只能代表這兩個因素以可預測的方式彼此有關聯。

相關性研究的類型

有幾種相關性研究。

自然觀察

自然觀察（naturalistic observation）是在未被介入或改變的情境中觀察一些自然發生的行為來進行研究。例如：研究者如果想要了解幼兒園的小孩彼此分享玩具的頻率，那麼他可能需要花三週的時間觀察一間教室，記錄幼兒多久會自發性地分享玩具。自然觀察的關鍵點在於研究者只單純觀察幼兒，對於情境沒有做任何形式的介入（例如：Prezbindowski & Lederberg, 2003; Rustin, 2006）。

自然觀察對於辨識幼兒在他們「自然的棲息地」會做哪些事情有很大的優

勢，它提供研究者一個很好的方式發展有興趣的問題。但是自然觀察有一個相當大的缺陷：研究者對於感興趣的因素無法加以控制。例如：有些例子裡，研究者對於感興趣的行為只能蒐集到非常少數自然發生的例子，使他們無法根據蒐集的資料做出結論。再者，當幼兒意識到自己被觀看時，他們可能會收斂自己的行為，因此他們的行為可能跟沒被觀察時的行為有所不同。

民族誌學和質性研究

越來越多自然觀察者採用民族誌學，這是從人類學借過來使用於調查文化問題的一種方式。在民族誌學裡，研究者的目標是透過仔細和周延的檢驗去了解一個文化的價值和態度。研究者通常會採用的行動是參與式觀察者的方式，在另一種文化裡居住幾週、幾個月甚至幾年的時間。透過仔細觀察每日生活和進行深度訪談，研究者可獲得對於另一個文化裡自然生活的深入了解（Dyson, 2003）。

民族誌學的研究是質性研究這個廣大研究範疇底下的一例，研究者選擇一個特定的場域並致力以敘述風格仔細描繪正在發生的事情原委。質性研究可以用來產生假設，後續可用更有目標導向、量化的方式來測試。

雖然民族誌學與質性研究提供一個精細的觀點來看特定場域裡的行為，它們也有一些缺陷。如前面所提到的，參與觀察者的出現會影響被研究個體的行為，而且，因為只有研究少數個案，可能很難將發現推論到其他不同場域裡。最後，民族誌學者在進行跨文化研究時，對於他們所觀察到的內容可能會有錯誤詮釋和錯誤構想，尤其是在與自身文化非常不同的場域中（Polkinghome, 2005）。

個案研究

個案研究（case studies）是指密集而深入地訪談一名獨特的個體或一個小群體裡面的人。它們不只是要從受訪的個體身上學習，也想取得更廣大的原則或是提出試驗性的結論。例如：個案研究被使用來研究特別聰明的天才兒童，或是研究那些早期生活在野外、沒有與人接觸經驗的兒童。這些個案研究提供研究人員重要的資訊，並為未來研究方向提出假設（Goldsmith, 2000; Cohen & Cashman, 2003; Wilson, 2003）。

使用日記，參與者被要求記錄他們日常的行為。例如：一組青少年可能被要求只要他們跟朋友互動超過五分鐘就要做紀錄，以提供追蹤他們社會行為的方法。

調查法

你可能很熟悉接下來這個研究策略：調查法。**調查法**（survey research）是指從大群體中選取一群人為對象，探討他們對於某特定主題的態度、行為或想法的研究方法。例如：調查法可用來調查父母處罰小孩的方式和對於餵母奶的態度。透過調查一群個體的反應所做出的推論可以代表大群體。

直接問人們關於他們的行為以判斷他們在想什麼和做什麼，雖然這是最直接了當的方式，但並不總是最有效的技術。例如：當青少年被問到關於他們的性生活時，他們可能不願意承認有複雜的性關係，因為會擔心身分被洩露出去。而且，假如調查的人群樣本不具特定大群體的代表性，那麼調查的結果就沒有太大意義了。

生理心理學研究

有些發展研究者，特別是認知神經科學取向的學者，會利用生理心理學研究方法。**生理心理學研究**（psychophysiological methods）聚焦於生理進程和行為之間的關係。例如：研究者可能會調查大腦裡的血液流動與問題解決能力之間的關係。相同地，有些研究利用嬰兒心跳的頻率來測量他們是否對於接受到的刺激感到興趣。

最常被使用的生理心理學研究測量為：

- 腦波檢查（EEG）：腦波檢查是將多個電極放在頭皮上以記錄大腦內的放電活動。大腦活動被轉換成大腦的圖像，大腦圖像可以顯示腦波模式和診斷癲癇以及學習障礙等問題。
- 電腦斷層掃描（CAT）：電腦斷層掃描透過組合數以千計從不同角度照射的

X 光，建構出大腦的立體畫面，雖然它無法顯示大腦的活動，但它可以描繪出大腦的構造。

- **功能性核磁共振造影（fMRI）**：功能性核磁共振造影是透過瞄準大腦裡強大磁性領域，可以提供詳細的、3D立體、電腦合成的大腦活動影像。它提供了學習大腦運作的最佳方式之一，可以深入至單一神經元的程度。

實驗：確定原因和影響

在一個**實驗**（experiment）中，研究者（稱為實驗者）為實驗對象或參與者設計兩種不同的實驗經驗，這兩種不同的經驗稱為實驗處理。**實驗處理**（treatment）是研究者基於為實驗對象或參與者所設計兩種不同實驗經驗所做的處理。接受實驗處理的對象稱為**實驗組**（treatment group），而不論是沒有接受實驗處理或是接受別種實驗處理的對象都稱為**控制組**（control group）。

雖然這些學術術語剛開始看起來很艱澀，但是在這術語之下有一個邏輯可幫忙整理出整個實驗概念。將它想成一個醫療實驗，目標是要測試一個新藥是否有效，在測試這個藥時，我們希望看到它是否能成功治療疾病，因此，接受新藥治療的人稱為實驗組。再跟另一組沒有接受治療的參與對象做比較，他們是沒有接受治療的控制組。

相同地，假設我們希望探討暴力電影對於觀眾後續的侵略行為之影響，我們可能會讓一群青少年觀看一系列有大量暴力畫面的電影，然後測量他們後續的侵略行為，這就是實驗組。但我們需要另一組——控制組，為了這個需求，我們需要第二組青少年，讓他們看一些沒有侵略影像的電影，然後再測量他們的後續侵略行為，這一組就是控制組。

透過比較實驗組和控制組成員的侵略行為數量，我們可以確定看暴力影像是否會造成觀眾的侵略行為。而這正是一組研究者所發現的，心理學家 Jacques-Philippe Leyens 和他在比利時魯文大學的同事進行了這個研究，發現青少年在觀看暴力電影之後，侵略行為的程度有顯著的增加（Leyens et al., 1975）。

設計實驗

這個實驗，和所有其他實驗的主要特徵，就是不同實驗處理結果的比較。同時使用實驗組和控制組讓研究者可以排除非經由實驗操作所產生的結果，例如：假如沒有控制組，實驗者無法確認某些因素，就會造成觀察上的差異，如電影播放的時間、觀看電影時必須安靜坐著，或僅僅是觀看電影的時間。藉由採用控制組，實驗者可以精準地做出原因與影響的結論。

實驗組和控制組的構成代表一個實驗裡的自變項。**自變項**（independent variable）是指在實驗過程中，由研究者所控制的變項。相反地，**依變項**（dependent variable）是指在實驗過程中，會因研究者控制的變項（自變項）而改變結果的變項。例如：在一個調查某一種藥的效用的實驗中，控制參與者是否服藥或是不服藥是自變項，測量服藥和不服藥實驗所產生的結果是依變項。

再看看另一個例子，讓我們以比利時研究看暴力電影對於後續侵略行為的調查為例，在這個實驗中，自變項是參與者所觀看的侵略影像層級——由他們是否觀看包含暴力影像（實驗組）或是剔除掉暴力影像（控制組）而定。這個研究的依變項是什麼？這會隨著實驗者預期看完影片後的結果而有不同：看完影片後，實驗者所測量到參與者所展現出來的侵略行為。每一個實驗都有自變項和依變項。

隨機分配

設計實驗的關鍵步驟是將參與者分配到不同的實驗組，通常是採隨機分配的程序，在隨機分配中，參與者在同等機會的基礎上被分配到不同的實驗小組或是「狀況」裡。透過使用這個技術，統計法會確保可能影響實驗結果的個人特徵平均分配在不同的組別裡，換句話說，每一組參與者的個人特徵都是相似的。以隨機分配讓各組條件達到相似程度，讓實驗可以有信心地做出結論。

圖 2-4 呈現比利時實驗中青少年觀看暴力電影與未含暴力的電影，以及後續對於侵略行為的影響。就如你所看到的，它包含實驗的每一個步驟：

- 一個自變項（分配到某一個電影狀況）。

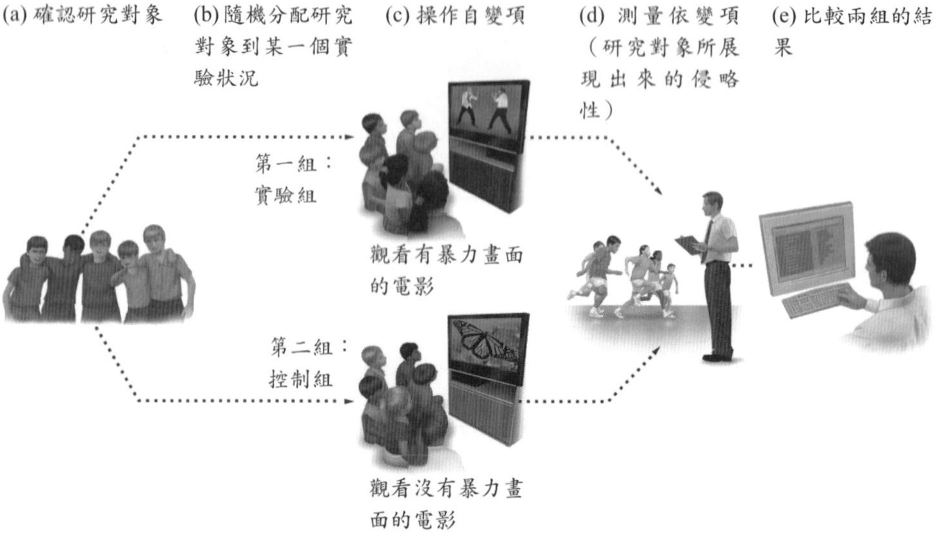

圖 2-4 一個實驗的元素

在這個實驗，研究者隨機分配一組青少年到下列其中一種狀況：看一部有暴力畫面的電影，或是看一部沒有暴力畫面的電影（自變項的操作）。稍後再觀察研究對象出現多少侵略行為（依變項）。研究發現的分析顯示觀看有暴力畫面的青少年在稍後出現較多的侵略行為〔根據 Leyens 等人（1975）的實驗〕。

- 一個依變項（測量青少年的侵略行為）。
- 隨機分配到一個狀況（觀看暴力影像對比觀看非暴力影像）。
- 一個假設，其預期自變項對於依變項會產生作用（觀看一部暴力影片會產生後續的侵略行為）。

既然實驗研究有其優勢，因為它提供判斷因果關係的方法，那為何所有的實驗不完全都使用這個方法。因為有些情況是不管研究者有多麼天才都無法控制，有些狀況則是會違反道德倫理，因此就算可以控制也無法進行，例如：沒有任何研究者可以將嬰兒依社經地位高低分配給不同的父母，以了解社會階層對於後續發展的影響。同樣地，我們無法控制一組小孩在童年時期所看的所有電視，以便研究兒童看具侵略性電視節目是否會造成長大後的侵略行為。因此，在邏輯上或是倫理上不可能執行的實驗，發展學者會採用相關性研究（請見表 2-4）。

表 2-4 研究類型

研究方法	描述	範例
自然觀察	研究者在未被介入或改變的情境中有系統地觀察一些自然發生的行為。	研究者仔細觀察和記錄小學遊樂場的霸凌案例以便調查霸凌行為。
檔案研究	利用已經存在的資料來檢驗一個假設，例如人口普查文件、大學成績紀錄和簡報資料。	大學成績被使用來確認性別是否會造成數學成績的差異。
民族誌學	透過仔細和周延的檢驗以了解一個文化的價值和態度。	研究者在一個非洲偏遠村落居住六個月以了解他們撫養孩童的方式。
調查法	從大群體中選取一群人為對象，探討他們對於某特定主題的態度、行為或想法的研究方法。	研究者進行一個綜合投票，詢問一大群青少年關於他們對運動的態度為何。
個案研究	是指密集而深入地訪談一名獨特的個體或一個小群體裡面的人。	研究者進行密集的調查，研究小孩所涉入的校園槍擊事件。
生理心理學研究	這種研究取向聚焦於生理進程和行為之間的關係。	研究者檢視一名出現不尋常暴力行為兒童的大腦掃描，以了解腦部結構和功能是否有異常。

而且，一定要記住：任何單一的實驗絕對不足以充分回答一個研究問題，相反地，在能充分做出結論之前，研究必須被複製或重複實驗，有時會使用其他程序和技術在不同的參與者身上。有時發展學者使用一種稱為後設分析的程序，如此可以合併不同研究的結果成為一個全面性的結論（Peterson & Brown, 2005）。

選擇一個研究場域

決定在哪裡進行研究可能跟決定要做什麼一樣重要。在比利時進行的觀看媒體侵略影像之影響的實驗中，研究者使用真實世界的場域：收容曾經犯下青少年犯罪男孩的中途之家。他們選擇這個**樣本**（sample）（為了實驗選取出來的一群參加者），是因為有一群平均侵略行為程度相對較高的青少年會有利於實驗進行，也因為他們可以最小的干擾將影片播放融入家庭的日常生活中。

使用像侵略行為實驗這樣的真實場域是田野調查的標誌。**田野調查**（field study）是指在自然場域中進行研究調查，田野調查可能會在幼兒園教室、社區遊樂場、校車或是街角進行研究。田野調查捕捉真實生活場域中的行為，研究參與者可能會表現得比在實驗室中還要自然。

田野調查可能會同時使用相關性研究和實驗研究，田野調查通常會採用自然觀察法，我們之前討論過這種研究者在一些未被介入或改變的情境中，觀察一些自然發生的行為的技術，例如：研究者可能會調查幼兒在日托中心的行為、觀看青少年在校園走廊裡成群結夥的情形，或是觀察老年人在長青中心活動的情形。

然而，要在真實世界的場域中進行實驗通常是有困難的，這些地方很難控制情境和環境，因此，田野調查會更常使用相關性研究設計，而不是實驗設計。大部分的發展研究實驗都是在實驗室裡進行的。**實驗室研究**（laboratory study）是指在受控制的場域中進行的研究。實驗室可能是指專門設計來做實驗的房間或建築物，像是大學的心理學系部門，他們控制實驗室研究的能力讓研究者可以更清楚地了解他們的實驗對於參與者的影響。

發展的多元性與你的生活

選擇能代表兒童多樣性的研究對象

為了讓兒童發展可以完整描繪所有的人類發展，它的研究必須包含不同種族、民族、文化、性別及其他類別的兒童。雖然兒童發展領域越來越重視人類多樣性的議題，但它在這個領域實際上的進展是很緩慢的，而且在某些方面甚至是退步的。

例如，在 1970 到 1989 年間，在這領域中很重要的一份期刊《發展心理學》在刊出的研究論文中，只有 4.6%的研究聚焦在非裔美籍的對象。而且這些論文所研究的非裔美籍對象都已超過 20 歲（Graham, 1992; MacPhee,

Kreutzer, & Fritz, 1994）。

就算少數團體有被包含在研究中，特定的研究參與者並無法代表那個團體裡實際範圍的多樣性。例如：研究中所研究的非裔美籍嬰兒都是來自中上階層的家庭，因為較高社經地位的父母比較有時間和交通運輸能力可以帶嬰兒到研究中心，相反地，相對比較貧窮的非裔美籍（以及其他團體）想要參與研究會遭遇較多障礙。

當科學想解釋兒童行為時有時會出現一個毛病——以兒童發展的例子來看——漠視顯著的個人團體。兒童發展學者有意識到這個議題，對於使用能代表一般大眾的研究參與者之重要性，也變得越來越敏感（Fitzgerald, 2006）。

從研究到實務 利用發展研究改善公共政策

- 「邁向巔峰」（Race to the Top）是美國教育部設計來改善教育的一個方案，這方案是否真的能改善兒童的生活？
- 研究是否會支持大麻合法化？
- 同性戀婚姻對於兒童會產生何種影響？
- 被診斷出有過動症的幼兒應該服藥嗎？

上面的每一個問題都代表著一個國家的政策議題，這些議題一定要考慮相關研究成果才能回答。透過進行控制組實驗，發展學者對於全國性規模的教育、家庭生活和健康做了很大的貢獻與影響，例如：各種研究成果已讓我們知道各種公共政策的頒布方式（Maton et al., 2004; Mervis, 2004; Aber et al., 2007; Nelson & Mann, 2011）：

- **研究的發現可以提供政策制訂者決定首先要問什麼問題**。例如：有關兒童照顧者的研究（部分這個議題會在第 7 章討論）讓政策制訂者開始質疑托嬰中心的優點是否會被親子關係可能惡化的缺點抵消。
- **研究發現和研究者的見證常常會成為法令起草過程的一部分**。會通過一個好的立法奠基於發展研究者的發現，例如：研究顯示特殊兒童在一般學校會發展得更好，這個研究發現最終導致法令要求特殊兒童應該盡可能被安置在一般學校的教室學習。相同地，研究發現寄養照顧的各項優點之後，政府開始立法延長較大兒童被寄養的合法性（Peters et al., 2008）。

- **政策制訂者和其他專業領域使用研究發現以確認如何以最佳方式落實方案**。研究曾被用來形塑方案設計以減少青少年的不安全性行為、減少青少年懷孕和提高學齡兒童上學出席率。在這一類方案中，有很多的規劃細節都是建立在基礎研究的成果上（Bazargan, Bazargan-Hejazi, & Hindman, 2010）。
- **使用研究技術評估現行方案與政策的成效**。一旦公共政策開始推行，就必須確認它是否有效並且成功完成目標。為了評估方案成效，研究者使用正式評估技術，這是從基礎研究程序發展而來，例如：研究者持續調查啟蒙教育計畫方案，因為這方案獲得大量聯邦預算，必須確保這方案有做它應該要做的事——改善兒童的學業表現。

發展學者和政策制訂者合作密切，使研究成果對於公共政策有重大的影響力，為我們創造潛在的好處。（想知道哪些公共政策在教育領域最有成效，可上美國教育部網站查詢「What Works Clearinghouse」，網址 www.whatworks.ed.gov）。

■ 有哪些會影響到兒童的政策議題目前正引起全國性的爭議？

■ 儘管現有研究資訊可能會造成政策對發展的影響，但政治人物在發表演說時卻很少談到這些資料，你覺得為何會有這個現象？

研究策略與挑戰

9 主要的研究策略有哪些？

10 哪些基本的倫理原則被使用來引導研究？

發展研究者在研究中會聚焦於下面兩個取向的其中之一：理論研究或是應用研究。這兩者其實是相輔相成的。

理論研究與應用研究：相輔相成的研究取向

理論研究（theoretical research）是特別設計來測試某些發展解釋和擴充科學知識，而**應用研究**（applied research）是為了當下的問題提供實際解決方法。例如：我們如果對童年時期的認知改變歷程有興趣的話，就可以進行讓兒童看很多位數的數字之後能記得多少位數字的研究，這是屬於理論研究。另一個方式是我們可以透過調查哪一位小學教師可以教兒童以更容易的方式來記住資訊，以了解兒童是如何學習的。這樣的研究可以代表應用研究，因為研究發現被應用到特定的場域與問題上。

通常理論研究與應用研究的界線是模糊的，例如：研究嬰兒耳朵感染對後續聽力影響是屬於理論還是應用研究？因為這樣的研究可以幫助描繪聽力的基本歷程，因此可以屬於理論研究。但這個研究也可以幫助我們了解如何預防兒童聽力喪失以及不同的醫藥如何減輕感染的後果，從這個角度看，它也可以是應用研究（Lerner, Fisher, & Weinberg, 2000）。

簡言之，即使是最應用型的研究也有助於提升我們對於一個特定主題領域的理論了解，而理論研究也可以提供解決辦法給特定範圍內的實務問題。事實上，就如「從研究到實務」專欄所討論的，因為研究同時具備理論與應用的特質，所以它在形塑和解決各種公共政策問題時扮演了很重要的角色。

測量發展的改變

對發展學者來說，人的一生是如何成長和改變的問題是這門學科的核心。因此，他們面臨最棘手的一個問題就是要隨著年齡與時間對於研究對象的改變與差異進行測量。為了解決這個問題，研究者發展三個主要策略：縱貫研究、橫斷研究和序列研究。

縱貫研究：測量個體的改變

如果你對於一個小孩在 3 至 5 歲時的道德發展是如何改變的感到有興趣的話，最直接的方法就是找一組 3 歲的小孩，追蹤他們直到 5 歲，並每隔一段時間就做測試。

這樣的策略描繪出縱貫研究的特色。在**縱貫研究**（longitudinal research）裡，會隨著實驗對象年齡增長，持續測量他們行為的變化。縱貫研究測量會因時間而產生改變。透過長期追蹤許多個案，研究者可以了解在某段時期發展變化的一般過程。

縱貫研究的鼻祖已經成為一個經典研究，這是由 Lewis Terman 在大約 80 年前開始進行的一個資優兒童研究。在這個研究裡，1,500 名高智商兒童每五年會被測量一次，現在那些小孩已經 80 幾歲了，他們自稱為 Terman 小孩，他們提供了從智力成就到人格特質以及壽命的所有詳細訊息（Feldhusen, 2003; McCullough, Tsang, & Brion, 2003; Subotnik, 2006）。

在語言發展領域，縱貫研究一樣也提供新見解，例如：透過每日追蹤幼兒字彙增加情形，研究者得以了解在人類使用語言的能力背後的歷程（Oliver & Plomin, 2007; Childers, 2009; Fagan, 2009）。

雖然縱貫研究可以提供有關長期改變的豐富資料，但是也有一些缺點，其一，它需要花費非常大量的時間，因為研究者需要等研究對象長大。另外，在研究歷程中，因為生病甚至死亡，研究對象可能會退出研究。

最後，研究對象被反覆觀察或測試可能會變成「聰明的受測者」，每當他們被測試一次，就對測試變得更熟悉，測量的成績也會變得更好。就算對於研究對象的觀察介入不多（例如只是每隔一段時間，錄下嬰幼兒字彙增加的情形），實驗對象還是會被實驗者或觀察者的反覆出現所影響。

因此，儘管縱貫研究有許多優點，特別是它能看到個體之中的改變，發展學者還是常常選擇其他方式進行研究，他們最常選的另一個方式是橫斷研究。

橫斷研究

假如你又要再一次思考 3 至 5 歲兒童的道德是如何發展，以及他們對於錯和對的感受。相對於選擇縱貫研究追蹤一群幼兒數年，我們也可以進行一個研究是同時觀察三組幼兒：3 歲、4 歲和 5 歲，同時展示一樣的問題，看他們如何反應並解釋他們所做的選擇。

這樣的研究取向稱為橫斷研究。**橫斷研究**（cross-sectional research）是指在同一個時間點對不同年齡群的人進行評量與比較的研究設計。橫斷研究提供不同年齡層在發展上不同的資料。

橫斷研究被認為比縱貫研究更經濟省時，因為受訪者只要被測試一次就好，例如：假如 Terman 的研究是一次同時看 15 歲一組、20 歲一組、25 歲一組以此類推直到 80 歲一組，可以想像他的研究在 75 年前就可以做完了。因為研究對象不會一段時間就被反覆測試一次，他們就不會變成聰明的受測者，也不會出現研究對象耗損的問題。但是如果橫斷研究真的這麼好的話，為何大家會選擇其他的研究程序？

答案是橫斷研究也有自己的一些難題，要記得每一個人都會屬於某一個群組，就是同一時期在同一個地區出生的一群人。如果我們發現不同年齡層的人有一些不同的層面，這可能是因為他們分屬不同群組成員的緣故，而不是因為年齡本身所造成的差異。

舉一個具體的例子，假如我們在一個相關性研究中發現 25 歲的人在智力測驗的表現比 75 歲的人還要好，對於這個結果，我們可以有幾個不同的解釋。雖然這樣的結果有可能是因為年紀較大的人智力衰退的緣故，但也有可能歸因於群組不同的關係，75 歲這一組的人可能比 15 歲這一組人所受的正式教育還要少，因為較老群組的成員比年輕族群的成員更難完成高中學業以及上大學；也或許是因為較老群組的成員在嬰兒期所獲得的營養比年輕族群的成員來得少。簡而言之，我們無法排除在橫斷研究中因為群組差異而導致不同年齡層之間差異的所有可能性。

橫斷研究也有可能遭遇選擇性偏差的困擾。選擇性偏差是指某一個年齡層的研究對象比其他年齡層的人更可能退出研究，例如：假設有一個在幼兒園進行的認知發展研究，研究內容包括一系列漫長的認知能力評量，相對於年紀較大的幼兒，年紀較小的幼兒容易對於評量內容感到困難而選擇退出研究。假如能力較差的較小幼兒選擇退出研究，留下來完成研究的則是較有能力的幼兒——連同較大幼兒一起代表更廣泛、更具代表性的樣本。那麼這樣的研究結果就應該被質疑（Miller, 1998）。

最後，橫斷研究還有一個最基本的壞處：它們無法告訴我們個體和群體的改變之處。假如縱貫研究就像是錄影機在一個人不同的年紀做錄影，橫斷研究則像是對所有不同的小組做的快照，雖然我們可以建立因年齡所產生的不同，但我們不能完全確定這樣的差異性和時間的改變有關。

序列研究

因為縱貫研究和橫斷研究都有一些缺點，研究者開始轉向一些折衷的技術，其中最常被使用的是序列研究，它其實就是將縱貫研究與橫斷研究組合在一起。

序列研究（sequential studies）是指研究者在幾個不同的時間，針對幾組不同年齡群的人進行調查的一種研究設計。例如：一個對於兒童道德行為有興趣的研究者，可能會設計一個序列研究，在研究剛開始時調查三個分別為 3 歲、4 歲和 5 歲兒童的小組（這部分和橫斷研究的做法一樣）。

然而，這個研究並不是到此就結束了，而是會持續好幾年。在這段時間，每一個研究對象每一年都會被測驗一次，因此 3 歲組分別在 3、4、5 歲會進行測驗，4 歲組在 4、5、6 歲進行測驗，5 歲組則在 5、6、7 歲進行測驗。這樣的方法合併了縱貫研究和橫斷研究的優點，讓發展學者可以將年齡改變和年齡不同的後果分開來（用來調查發展的主要研究技術摘要請參見圖 2-5）。

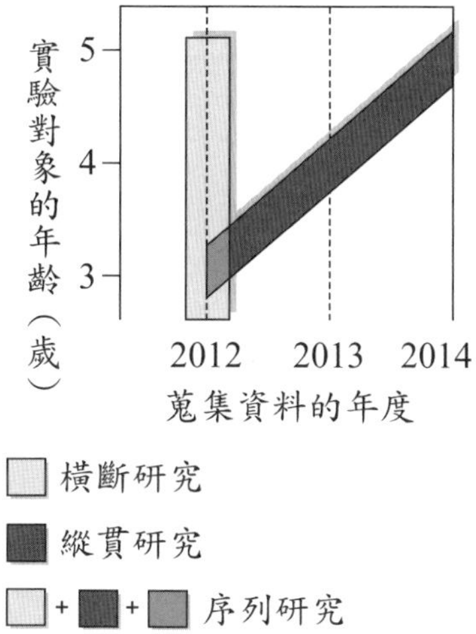

圖 2-5 調查發展的研究技術

在一個橫斷研究中，3、4 和 5 歲的兒童大約在同一個時間點被拿來做比較（在 2012 年）。在縱貫研究裡，實驗對象在 2012 年是 3 歲，從這一年起開始被測量，在 2013 年 4 歲和 2014 年 5 歲時，分別再接受一次調查。最後，序列研究合併橫斷研究和縱貫研究的技術，在這個研究裡，在 2012 年一開始，3 歲組先被拿來跟 4 歲組和 5 歲組做研究比較，在之後的兩年，當他們變成 4 歲和 5 歲時也繼續接受測驗。雖然圖中沒有呈現，但 4 歲和 5 歲組也有可能在 2012 年之後的兩年繼續接受測量。這三種研究方法分別有哪些優點？

你是一個明智的兒童發展消費者嗎？
批判性地評估發展研究

「研究顯示青少年自殺達到新高點」

「研究發現兒童肥胖與遺傳基因有關」

「治療嬰兒猝死症的新研究方法」

我們都曾經看過像上面的報紙頭條標題，乍看之下似乎是很重要、有意義的發現，但在我們接受這些發現時，必須先以批判性的角度，思考這些標題的理論根據為何。在這些最重要的問題之中，我們最應該思考的是下列幾項：

- 這研究是否有理論根據，以及研究的假設為何？研究應該具有理論基礎，而假設應該要有邏輯並基於某些理論而產生。唯有從理論和假設的基礎來看研究結果，我們才能判斷研究是否成功。
- 這是一個單一的研究，還是針對同一個問題所做的一系列研究當中的一個？建立在彼此的研究基礎上所進行的一系列研究，遠比一次性研究來得有意義。透過將研究放置在其他研究的脈絡中，我們對於新研究的結果之效度可以更有信心。
- 有誰參與這個研究，以及我們可以將研究結果推論到研究對象以外的哪些人？就如我們之前討論過的，研究結論的意義只適用於和研究對象背景相似的人。
- 研究進行的方式是否合宜？雖然我們通常很難透過媒體的報導了解研究的細節，但最好能盡量了解是誰做的研究，以及研究是如何進行的。例如：它是否有合適的控制組，研究者是否有良好的聲譽？其中一個判斷的線索，是看這研究是否發表在主流的期刊上，例如《發展心理學》（*Developmental Psychology*）、《青少年》（*Adolescence*）、《兒童發展》（*Child Development*）和《科學》（*Science*）。這些期刊都經過仔細編輯，只有最好、最嚴謹的研究可以被刊登出來。
- 研究對象被研究的時間是否夠長，足以做出合理的發展應用結論？一個想要調查長期發展的研究，應該要進行一段相對長時間的研究時程，而且也不應該提出實驗沒有調查到的年齡層之相關發展應用。

倫理與研究

在埃及國王Psamtik所進行的「研究」中，兩個小孩從他們的母親身邊被帶走，而且在孤立的環境中成長以學習最原始的語言，假如你覺得這樣的實驗是非常殘酷的，那麼有很多人跟你想法一樣。很清楚地，這樣的實驗會直接引起倫理的關注，在今日絕不會有任何實驗像它那樣進行。

但有時倫理的議題是較不明顯的，例如：為了要了解侵略行為的根源，美國政府提議舉行一個研討會，討論侵略行為是否有可能起源於基因。根據神經科學家和遺傳學家的研究，有些研究者開始提出一個可能性，就是透過發現遺傳標記可以鑑定出有暴力傾向的兒童，像這樣的研究，有可能追蹤那些有暴力傾向的兒童並提供介入方案，以減少日後可能出現的暴力行為。

但是遭到批評者的極力反對，他們認為這種鑑定可能會變成一種自我實現的預言，被貼上有暴力傾向標籤的兒童，可能反而會因為受到特別的對待而實際導致他們變得比原來的樣子更具侵略性。最後，在強大的政治壓力之下，這個研討會就被取消了（Wright, 1995）。

為了幫助研究人員處理這一類的倫理問題，一些發展學者的主要組織，包括：兒童發展研究協會（Society for Research in Child Development）和美國心理協會（American Psychological Association, APA），為研究者發展了全面的倫理指導，在這些基本原則當中，有幾項是一定要遵守的，包括免於傷害的自由、簽署同意書、欺騙的使用方式，以及保持研究對象的隱私（APA, 2002; Fisher, 2004, 2005; Nagy, 2011）：

- **研究者必須保護研究對象免於身體和心理的傷害。**他們的福祉、興趣和權利優先於研究者。在研究中，研究對象的權利永遠放在第一位（Sieber, 2000; Fisher, 2004; Nagy, 2011）。
- **在研究對象參與研究之前，研究者需獲得他們所簽署的同意書。**如果他們年紀大於 7 歲，研究對象必須是自願參與研究，而對於 18 歲以下的研究對象，他們的父母或監護人必須要簽署同意書。要求簽署同意書引起了一些困難的議題，例如：假設研究者想要研究青少年墮胎所引起的心理衝擊，雖然他們有可能獲得曾經墮胎的少女所簽署的同意書，但研究者還是要取得她父母的同意，因為她尚未成年。但是假如這個少女沒有告訴父母她墮胎的事情，就算只是跟父母要求同意書都會侵犯她的隱私——導致違反研究倫理。
- **研究中所使用的欺騙必須說明理由，並且確定不會造成傷害。**雖然使用欺騙來掩飾實驗目的是被允許的，任何使用欺騙的實驗都必須經過一個獨立小組仔細的審查，才能開始進行。例如：假如我們想要知道研究對象對於成功和失敗的反應，雖然實驗的真正目的是要觀察他們在玩遊戲時對於自己表現的好與壞之反應，但是這時只告訴實驗對象他們要來玩一個遊戲是符合研究倫理的。只有在研究程序經過審查小組批准，認為不會傷害研究對象時，而且最終在研究結束時給予研究對象一個完整的研究結果說明，這樣的程序才會符合研究倫理（Underwood, 2005）。

- **必須保持研究對象的隱私**。假如研究對象在研究期間有被錄影，必須獲得他們的同意才能觀看這些影片，而且這些影片必須小心保存，不能隨意被取得。

個案研究　一個關於暴力的研究

Don Callan 很喜愛他的新工作，他在一所大型公立學校教四年級的學生。但最近他開始擔心他在學校遊樂場看到的一些侵略行為。他聽到他的學生提到關於電影、電視節目和電玩遊戲的內容，聽起來都很暴力。

Don 決定進行一個研究，他提出一個理論，認為「間接」暴力會導致真正的暴力與侵略行為。他的假設是在家遭遇到間接暴力的兒童，在學校也會變得比較偏好暴力畫面與行為。

他準備了一份說明書要向家長描述他的實驗，詢問家長他們的小孩在家玩暴力電玩以及看有關暴力電視、電影的頻率為何，然後接下來的兩週，他打算在學校觀察所有班上學生在遊樂場的行為，任何時候只要有侵略性行為出現，他就會做紀錄。除此之外，他打算準備一些暴力和非暴力的遊戲、漫畫和光碟，讓每個學生都可以選一種借閱。他打算記錄學生的選擇，看看他們是選擇暴力還是非暴力的遊戲。

他向他的課程督導展示他的實驗計畫，並期待他的反應。

1. 你認為Don的理論是一個理論的好例子嗎？他的假設聽起來有道理嗎？
2. 他的研究是一個實驗研究還是一個相關性研究？為何是或為何不是？

3. 你認為 Don 的四年級學生能夠了解和參與他的研究，並簽署參與同意書嗎？
4. 你認為順著 Don 的方法將會產生一個可靠的結果嗎？為何是或為何不是？
5. 你認為學生的家長會怎麼看待這個研究？他的課程督導會怎麼想？你的看法是什麼？

結語

本章檢視發展學者使用理論與研究以了解兒童發展的方法，我們回顧各種用來研究兒童的廣泛取向，並檢驗每一個現有的理論。而且，我們也察看各種研究進行的方式。

在進入下一章之前，先想想本章的序言，關於 Christina-Taylor Green 被謀殺的例子。就你現在所知何謂理論與研究之後，請思考下面關於 Christina-Taylor 的問題：

1. 心理動力學派、行為學派、認知學派、環境脈絡論以及演化心理學等各領域的兒童發展學者會如何解釋 Christina-Taylor 在學校優秀的表現？
2. 他們會感興趣的問題可能會有什麼差異性，以及他們可能會想要進行何種研究？
3. 使用行為學派或是認知學派的觀點形成一個假設來解釋 Christina-Taylor 為何會對政治有興趣。
4. 試著設計一個研究來驗證你針對上面的問題所提出的假設。

回顧

1 心理動力學派的基本概念是什麼？

- 引導兒童發展研究的五個主要理論觀點：心理動力、行為、認知、環境脈絡和演化心理學觀點。

- 心理動力學派是由 Freud 的心理分析理論和 Erikson 的心理社會理論所組成。Freud 關注潛意識以及兒童必須成功經歷的階段以避免有害的固著行為。Erikson 提出發展的八個不同階段，每一個階段的特徵都包含著一個衝突或危機需要去解決。

2 行為學派的基本概念是什麼？

- 行為學派主要是關注刺激反應學習，由古典制約、Skinner 的操作制約和 Bandura 的社會認知學習理論所組成。

3 認知學派的基本概念是什麼？

- 認知學派聚焦於讓人可以認識、了解和思考世界的歷程，例如：Piaget 提出所有兒童都需經歷的發展階段，每一個階段都包含在思考上質的差異。相對地，訊息處理取向認為認知的成長來自於心智歷程和能力在量上的改變。認知神經科學取向致力於診斷大腦內各個部位的功能與不同類型認知活動的相關性。

4 環境脈絡論的基本概念是什麼？

- 環境脈絡論強調發展領域之間的相互關係，以及在人類發展上廣泛文化因素的重要性。Bronfenbrenner 的生物生態學聚焦於小系統、中系統、大系統、外系統和時間系統。Vygotsky 的社會文化理論則強調認知發展的主要影響來自於文化中的成員之間的社會互動。

5 演化心理學的基本概念是什麼？

- 演化心理學認為行為來自於祖先的基因遺傳，爭論基因不只是決定像皮膚和眼睛顏色這類特徵，也會影響特定的人格特質與社會行為。

6 兒童發展的多元觀點具有什麼價值？

- 每一個觀點都是奠基於它們自己的提論，而且聚焦於不同的發展層面。

7 何謂科學方法？它如何協助回答有關兒童發展的問題？

- 科學方法是指在提出問題之後，細心地使用包含有系統和有次序的觀察和資料蒐集等受控技術來回答問題的一個過程。
- 理論是基於有系統地整合先前的研究發現和理論對於有興趣的現象提出廣泛的解釋。假設是以一個可被測試的方式來提出一個具理論基礎的預測。實驗操作則是將假設轉換成特定可測試的程序，是可被測量和觀察的。

- 研究者透過相關性研究（判斷兩個因素是否相關）和實驗研究（發現因果關係）來測試假設。

8 **相關性研究和實驗研究有哪些主要特徵，它們有何不同？**

- 相關性研究使用自然觀察、個案研究、日記、調查法和生理心理學研究方法來調查是否某些感興趣的特徵與其他特徵有關聯性。相關性研究所產生的結論無法說明因素之間的因果關係。
- 實驗研究的進行通常是將研究對象分為實驗組與控制組，實驗組接受實驗處理，控制組則沒有任何處理，在實驗處理完之後，兩組之間的差異可以幫助實驗者判斷實驗處理的效果。實驗可以在實驗室或真實世界中進行。

9 **主要的研究策略有哪些？**

- 理論研究是特別設計來測試某些發展的解釋和擴充科學知識，而應用研究則是用來對立即性問題提供實際的解決辦法。
- 為了測試在不同年齡的改變，研究者長期使用縱貫研究於同一組研究對象，橫斷研究則是同時研究幾組不同年齡層的研究對象，序列研究則是在不同的時間點研究幾組不同年齡層的研究對象。

10 **哪些基本的倫理原則被使用來引導研究？**

- 對研究的倫理指導包括免於傷害的自由、簽署同意書、欺騙的使用方式，以及保持研究對象的隱私。

關鍵詞

- 理論（theories）：解釋和預測所關心的現象，並提供一個架構以了解一組有系統的事實或原則之間的相關性。
- 心理動力學派（psychodynamic perspective）：這個學派對發展的看法為行為是由個人不太能察覺或控制的內在驅力、記憶和衝突所激發出來的。

- 心理分析理論（psychoanalytic theory）：由Freud所提出，潛意識的驅力會決定人的人格和行為。
- 性心理發展（psychosexual development）：Freud的理論，其認為兒童期的人格發展階段是依循一個不變的順序，且其間的愉悅感會集中在某一個生理功能和身體的某一個部位。
- 心理社會發展（psychosocial development）：這個學派主張發展是在了解個體與他人的互動、他人的行為及身為社群成員的自身所涵蓋的不斷改變。
- 行為學派（behavioral perspective）：這個學派認為在環境中可觀察到的行為和外在的刺激是了解人類發展的關鍵。
- 古典制約（classical conditioning）：是指個體會對一種中性的刺激產生一種特別的反應，但這種刺激原先並不會引起這種特別反應的一種學習方式。
- 操作制約（operant conditioning）：根據正向或負向的後果連結，一種自發的行為反應會被增強或削弱的學習型態。
- 行為改變技術（behavior modification）：為了提升符合期待行為出現的次數或是減少不符合期待行為出現的頻率的一種正式技術。
- 社會認知學習理論（social-cognitive learning theory）：這個理論強調學習是透過觀察別的典範角色的行為而來。
- 認知學派（cognitive perspective）：這個學派聚焦在能讓人認識、了解和思考世界的歷程。
- 訊息處理取向（information-processing approaches）：屬於認知發展學派的取向，研究個體接收、使用和儲存訊息的方式。
- 認知神經科學取向（cognitive neuroscience approaches）：屬於認知發展學派的取向，聚焦於研究大腦運作的過程與認知活動的相關性。
- 環境脈絡論（contextual perspective）：探究個體以及他們的身體、認知、人格與社會環境之間的關係。
- 生物生態系統理論（bioecological approach）：這個理論提倡不同層次的環境會同時影響每一個生物體。
- 社會文化理論（sociocultural theory）：這個理論強調認知發展的開展來自於

文化中成員之間的社會互動。

- 演化心理學（evolutionary perspective）：這個理論主要是想確認人類行為是源自祖先的基因遺傳。
- 科學方法（scientific method）：在提出問題之後，細心地使用包含有系統和有次序的觀察和資料蒐集等受控技術來回答問題的一個過程。
- 假設（hypothesis）：以一個可被測試的方式來提出一個預測。
- 相關性研究（correlational research）：試圖判斷兩種因素之間是否存在關聯或相關性的研究。
- 實驗研究（experimental research）：是用於發現各種因素之間因果關係的一種研究設計。
- 自然觀察（naturalistic observation）：研究者在未被介入或改變的情境中觀察一些自然發生的行為來進行研究。
- 個案研究（case studies）：是指密集而深入地訪談一名獨特的個體或一個小群體裡面的人。
- 調查法（survey research）：從大群體中選取一群人為對象，探討他們對於某特定主題的態度、行為或想法的研究方法。
- 生理心理學研究（psychophysiological methods）：這種研究取向聚焦於生理進程和行為之間的關係。
- 實驗（experiment）：研究者（稱為實驗者）為實驗對象或參與者設計兩種不同的經驗。
- 實驗處理（treatment）：研究者基於為實驗對象或參與者所設計兩種不同經驗所做的處理。
- 實驗組（treatment group）：在一項實驗中接受實驗處理的一組實驗對象。
- 控制組（control group）：在實驗中沒有接受實驗處理或接受別種實驗處理的一組參加者。
- 自變項（independent variable）：在實驗過程中，由研究者所控制的變項。
- 依變項（dependent variable）：在實驗過程中，會因研究者控制的變項（自變項）而改變結果的變項。

- 樣本（sample）：為了實驗選取出來的一群參加者。
- 田野調查（field study）：在自然場域中進行研究調查。
- 實驗室研究（laboratory study）：在受控制的場域中進行的研究。
- 理論研究（theoretical research）：為了測試某些發展解釋和擴充科學知識的研究設計。
- 應用研究（applied research）：為當下的問題提供實際解決方法的研究。
- 縱貫研究（longitudinal research）：此研究方式是隨著實驗對象年齡增長，持續測量他們行為的變化。
- 橫斷研究（cross-sectional research）：在同一個時間點對不同年齡群的人進行評量與比較的研究設計。
- 序列研究（sequential studies）：在幾個不同的時間，針對幾組不同年齡群的人進行調查的一種研究設計。

3

Chapter

生命初始：基因與產前發展

張玲芬 譯

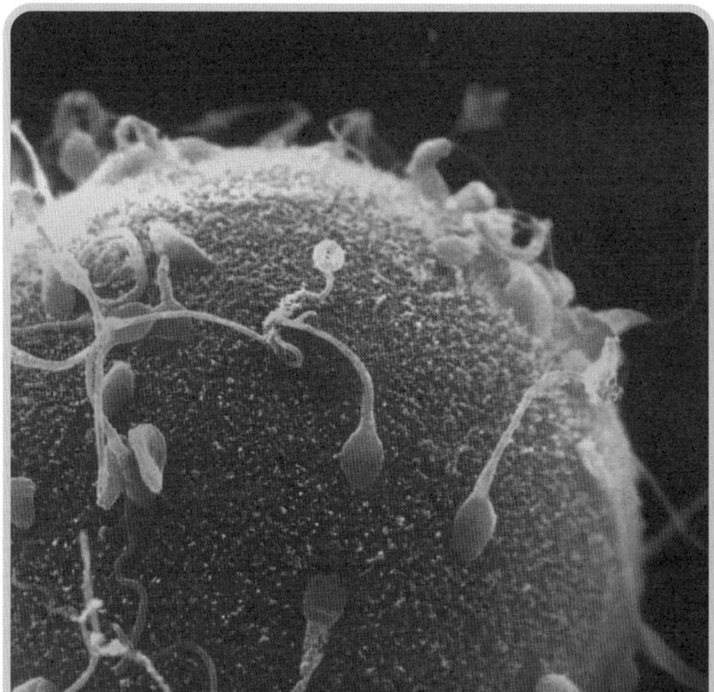

學習目標

1 基因的基礎是什麼？
2 環境和基因如何共同決定人類特徵？
3 基因諮商的目的是什麼？
4 哪些人類特徵明顯受到遺傳影響？
5 智力是如何被決定的？
6 基因可以影響環境嗎？
7 胎兒時期的發展發生了什麼事？
8 什麼會對胎兒環境造成威脅，我們又能做些什麼？
9 父親如何影響產前環境？

序言 一個令人煩惱的選擇

當 Morrison 夫婦期待他們第二個小孩出生時，這對年輕的夫婦得面對一個兩難的處境。

他們第一個女兒在 2002 年出生，得了一種症狀叫腎上腺皮質增生症（congential adrenal hyperplasia, CAH），此種病症會造成女寶寶具有像男性的性器官。當 Morrison 太太又再度懷孕時，這對夫婦清楚知道嬰兒有八分之一的機會有相同的障礙。

他們有選擇，可以用類固醇治療胎兒，改變性器官男性化的可能性，但是他們有些擔心，因為很少研究指出用類固醇治療對胎兒長期的影響，而且統計上也顯示嬰兒不會有性器官問題的機會也很大。

這對夫婦決定拒絕類固醇治療，Morrison 太太說：「那是用與不用的抉擇，最後我還是不想讓寶寶暴露在藥物之下。」當嬰兒出生時，是個女孩，就像姊姊一樣，出生就擁有腫脹的性器官（Naik, 2009, p. D1）。

展望未來

Morrison 夫婦永遠無法知道類固醇治療是否可以預防他們女兒的問題。他們的案例顯示在遺傳障礙治療和我們對基因的了解都在進步的狀況下，父母仍然需面對困難的抉擇。

在本章中，我們將檢視發展學者和其他科學家已經得知遺傳和環境共同產生和形塑人類。我們由遺傳的基礎開始，藉著我們所接受的基因贈予，基因轉換了新生父母的特質給孩子，我們考慮研究的區域，行為基因專職行為的遺傳結果，我們也討論當基因因素造成發展消失，這些問題如何透過基因諮商和基因療育來處理。

基因只是胎兒發展故事的一部分，幼兒是在基因遺傳與環境互動的方式中成長。家庭社經地位和生命事件會影響品行的不同，包括生理特徵、智力甚至人格。

因此，本章除了談基因外，還聚焦在發展的第一階段：胎兒的成長與改變、檢視夫妻無法生育的原因、不同的胎兒階段和胎兒面對的環境如何對其未來成長產生了威脅與承諾。

早期發展

1 基因的基礎是什麼？
2 環境和基因如何共同決定人類特徵？
3 基因諮商的目的是什麼？

我們的生命歷程，就像其他上千萬的物種一樣，是以一個單細胞開始，一粒小點大約不到一盎斯的二千萬分之一重量的單細胞。只要一切順利，這微小的開始在幾個月之後就會是一個有生命、能呼吸的新生嬰兒。第一個細胞的創造是當男性生殖細胞（精子）推入女性生殖細胞（卵子）。這個**配子**（gametes）就像男性、女性生殖細胞，彼此都包含了大量的基因資訊。大約在精子進入卵子的一個小時左右，兩者立即融成一個細胞叫**受精卵**（zygote），這就導致了排序的組合——20 億以上的化學編碼資訊——足夠開始創造整個人。

基因與染色體：生命的編碼

我們的**基因**（genes）中儲存和溝通成為一個人的藍圖，大約有 25,000 個人類基因，等同生物的「軟體」，操縱身體所有「硬體」部分的未來發展。

所有的基因都是由DNA（去氧核醣核酸）分子的特殊排序所組成，基因被安排在特殊位置，與46個**染色體**（chromosomes）形成特殊秩序，**DNA桿**（rod-shaped）的部分，由 23 對組合而成，僅有性細胞——精子與卵子——含有這數字的半數，也就是孩子的爸媽各自提供兩個染色體之一的 23 對。46 個染色體（成 23 對）在新的組合體內包含了基因的藍圖，引導了個體生命中細胞的活動（Pennisi, 2000; International Human Genome Sequencing Consortium, 2001；如圖 3-1 所示）。透過細胞有絲分裂（mitosis）的歷程，大部分細胞都能複製，幾乎身體所有的細胞都含有像受精卵相同的 46 個染色體。

特定基因在染色體鏈上的準確位置決定了體內每個細胞的本能和功能，例

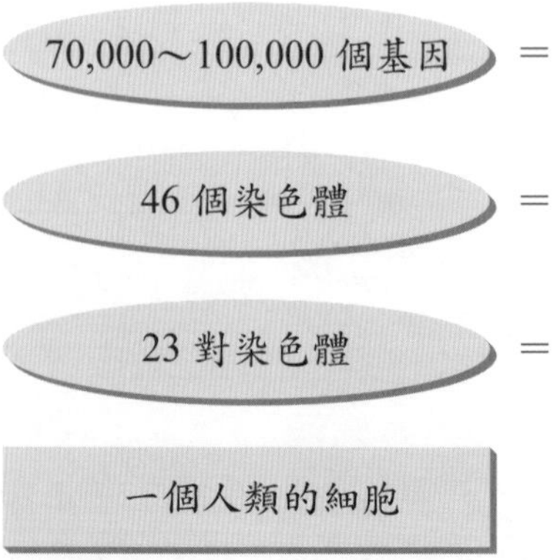

圖 3-1 單一人類細胞的內容

受孕時，人類接受 70,000～100,000 個基因，包含 23 對共 46 個染色體。

如：基因決定哪些細胞最後變成心臟的部分、哪些會變成腿部肌肉的部分；基因也決定了身體不同部位分別擔任哪些功能：心跳要多快，或肌肉有多少力量。

假如每位父母提供 23 個染色體造成人類差異性的潛在來源，這答案原始性的是在胚胎體細胞分裂的自然歷程中。當胚胎體——精子和卵子——在成人體內形成，這種過程叫做「成熟分裂」（meiosis），每一個胚胎細胞接受兩種染色體之一，因為針對 23 對中每一對，它是由機率造成那一對的能貢獻，機率是 2^{23}，或是約八百萬不用的可能組合。更進一步而言，其他的歷程，例如特殊基因的隨機轉變，加上基因釀造成的變形。最終的結果：數十千億可能的組合。

由遺傳提供了如此多可能的基因組合，你幾乎無法遇到你本身基因的複製，只有一種例外，就是同卵雙生子。

多胞胎生育：一個基因產生兩個以上的胎兒

雖然貓狗一次生好幾隻不是稀奇的事，但對人類而言，多胞胎生育是會引起議論的，大約 3%的懷孕會產生雙胞胎；一胎生三個以上的機率更少。

為什麼會產生多胞胎？當卵子內的一組細胞在受精後兩週內分裂出來，形成兩個基因相同的受精卵，因為來自同一原始的受精卵，所以又叫作**同卵雙生**（monozygotic twins）。同卵雙生者基因是相同的，因此，任何未來發展的不同都推因至環境因素。

第二種則是比較普遍的多重生育機制。兩個不同的卵子與兩個不同的精子約在同時受精，所生出的雙胞胎稱作**異卵雙生**（dizygotic twins）。因為是兩個不同精一卵組合而成，其基因的組合不會與同時期所出生的兄弟姊妹更類似。

當然並不是多胞胎生育只會造成雙胞胎。三胞胎、四胞胎，甚至更多胞胎都是如雙胞胎的形式。因此三胞胎也可能是同卵、異卵或三卵的組合。

雖然生育多胞胎的機會很小，但是當夫婦服用受孕藥來幫助他們生小孩時就易產生，例如十分之一用受孕藥的夫婦會生下異卵雙胞胎；年齡較長的婦女，也較有可能產生多胞胎，多胞胎在某些家族內也比較多。使用受孕藥的人數增加和母親生產的平均年齡提高，都是近 25 年來多胎生育增加的原因（如圖 3-2 所示；Martin et al., 2005）。

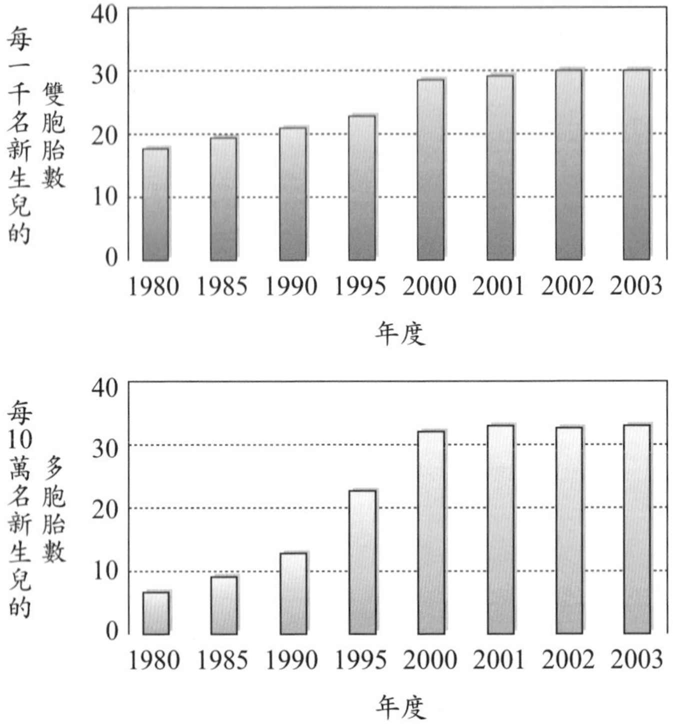

圖 3-2 多胞胎的增加

多胞胎在過去 25 年內明顯增加，這種現象的理由是什麼？

資料來源：Martin & Park (1999).

多胞胎比率還有人種、族群、國家的差異，也許是因為遺傳的不同，有時可能一次釋放出一個以上的卵子。70 對非裔美籍夫婦就有一對產下多胞胎，相較於美國白人夫婦 86 對才有一對（Vaughan, McKay, & Behrman, 1979; Wood, 1997）。

母親懷有多胞胎的風險比早產和生產問題更高，因此母親必須特別關注她們的胎兒照顧。

男孩或是女孩？孩子性別的建立

在 23 對的染色體中，22 對染色體與它配對的另一個染色體是相似的，唯一特殊狀況是第 23 對，它是決定性別的染色體。女性的第 23 對染色對含有兩個相對較大的X形配對染色體，被確認為XX；男性的配對是不相似的，一個是 X 形的染色體，另一個是比較小的 Y 形染色體，被確認為 XY。

我們前面討論過，每一個生物結合體帶有父母的 23 對染色體中的一個染色體。因為女性第 23 對染色體都是X，所以卵子不管第 23 個配對的是哪一種染色體，應該會是 X 染色體；男性的第 23 對染色體是 XY，故每一個精子可帶有 X 或 Y 染色體。假如精子在遇到卵子（只提供 X 染色體）時提供 X 染色體，胎兒的第 23 對染色體就有 XX 對，因此是女孩；假如精子提供了一個 Y 染色體，結果就有 XY 對，就是男孩（如圖 3-3 所示）。

這歷程中，父親的精子決定了孩子的性別，引導了技術的開發，允許父母增加他們孩子某些性別的機會。在一種新技術中，雷射測量精子中的 DNA，刪除精子中不想要的性染色體，想要某種性別孩子的機率就會增加（Belkin, 1999; Van Balen, 2005）。

當然，選擇嬰兒的性別造成了倫理和應用的議題，例如：在文化中比較重視某一性別甚於其他性別，有可能會有出生前的性別歧視嗎？進一步而言，不被喜歡的性別就會造成人數減少，因此，在選擇性別成為例行事務之前，還有許多問題存在（Sharma, 2008）。

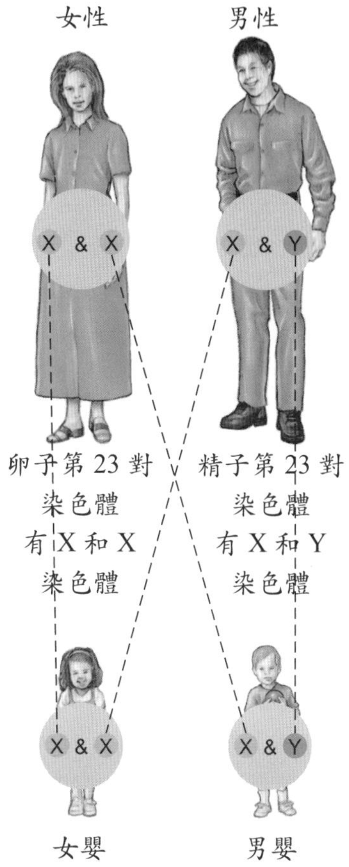

圖 3-3 決定性別

當卵子與精子在受精的那一刻，卵子提供X染色體，精子提供X或Y染色體，假如精子貢獻了X染色體，小孩在第23對染色體上就有 XX，也就是女孩；假如精子貢獻了Y染色體，結果就是一對 XY，也就是男孩，這是否意味著生女孩比生男孩較有可能性？

Gregor Mendel

基因的基礎：特徵的配對與混合

是什麼決定你頭髮的顏色？你為什麼高或矮？造成你易得花粉熱的原因是什麼？為什麼你有這麼多雀斑？要回答這些問題，我們需要考慮基本機能，包括由父母遺傳基因所傳導的資訊。

我們先檢視一位澳洲僧侶的發現，Gregor Mendel，在 1800 年代中期做了一系列簡單又有說服力的實驗，他將總是長黃種子的豌豆和總是長綠種子的豌豆雜交，結果並不是我們所想像的綠黃種子的組合，而是所有的植物都是黃種子。最初，似乎顯示綠色種子的植物並沒有影響力。

然而進一步的研究，Mendel 證明這並非事實。由於綠、黃種子交配，他培育了由綠、黃種子植物交配的黃種子植物，產生一致性的結果：四分之三比例是黃種子，四分之一是綠種子。

為什麼有這三比一的黃對綠種子的一致性呈現？Mendel 依據他豌豆植物的實驗，提出當兩種相互競爭的特質，例如綠色種子或是黃色種子同時呈現時，只有一種可以表現出來，這一種就稱為**顯性性狀**（dominant trait）的看法。同時，另一種特徵雖未表現出，但還是存在於生物體內，這叫做**隱性性狀**（recessive trait）。在 Mendel 豌豆植物的案例中，下一代接受了綠種子和黃種子父母的基因資訊，黃種子是顯性，隱性綠色特質就不彰顯自己。

要記住，親本雙方的基因都存在下一代體內，雖然外表看不出來，這基因的資訊稱為有機體的表現型。**基因型**（genotype）是在有機體內存在外在無法看到的基因物質的組合。相反地，**表現型**（phenotype）是可觀察到的特徵。

雖然黃種子和綠種子豌豆植物的後代都是黃種子（即它們有一種黃色種子的顯型），但遺傳型包含了有關父母雙方的基因組合。

遺傳型中的自然資訊為何？要回答這問題，讓我們由豌豆換成人。事實上，不但對植物和人是相同原理，而且對大部分的物種也是一樣的。

記得父母所提供的配子在交配時，透過染色體將基因資訊傳給後代，有些基因形成一對叫作等位基因（alleles），基因所掌控的特徵可能有不同形式，像是頭髮和眼睛的顏色。例如棕色眼睛是顯性（B），藍色眼睛是隱性（b）。一個孩子的等位基因可能包含父母親每一位的相似基因，他在特徵上稱為**同型結合**（homozygous）。換言之，假如孩子由父母接受了不同形式的基因，就稱為**異型結合**（heterozygous）。異型結合（Bb）的案例中，顯性性狀棕色眼睛就會呈現，假如孩子接受到父母親每一位的隱性組合，因而缺乏顯性性狀（bb），它就會以隱性性狀出現，例如藍色眼睛。

基因資訊的轉換

我們可以藉由苯酮尿症（ phenylketonuria, PKU）的轉換在人體內看到工作的歷程，這是一種遺傳的障礙，幼兒無法利用苯基丙氨酸（一種重要的氨基酸，在牛奶和其他食物的蛋白質內才會有），如果不治療，PKU允許苯基丙氨酸造成有程度的中毒，將引起大腦損傷和智能障礙（Moyle et al., 2007; Widaman, 2009）。

PKU 是由單一等位基因或是一對基因所造成，圖 3-4 顯示了假如它帶有顯性基因時，我們可標示每對基因一個 *P*，假如它帶有產生 PKU 的隱性基因，它會造成苯基丙氨酸的正常產生，或是一個 *p*，假如它帶有隱性基因，就會造成 PKU。如果父母都沒有帶有PKU，父母基因配對都是顯性，符號是*PP*，結論是不論父母親貢獻哪些配對數，小孩的基因結果都是 *PP*，則不會有 PKU。

假如父母之一有隱性的*p*基因，我們可以表示為*Pp*，父母不會有PKU，因為是由正常的 *P* 基因主宰。但是隱性基因仍會傳給孩子，假如這孩子只有一個隱性基因，就不會受PKU之苦，但是如果父母都擁有一個隱性*p*基因呢？雖然父母都沒有不正常，但有可能孩子接受了父母雙方的隱性基因，這孩子的 PKU 基因類別將是*pp*，他就會有這種障礙。

雖然孩子的父母都有PKU的隱性基因也只有 25%的機會遺傳這障礙。依據機率定律，25%有*Pp*父母的孩子會接受父母的顯性基因（這些孩子的基因類別就是*PP*），50%將接受一位父或母的顯性基因和另一位父或母的隱性基因（他們基因類別是*Pp*或*pP*），僅有不幸的25%人接受了父母的隱性基因，造成*pp*，

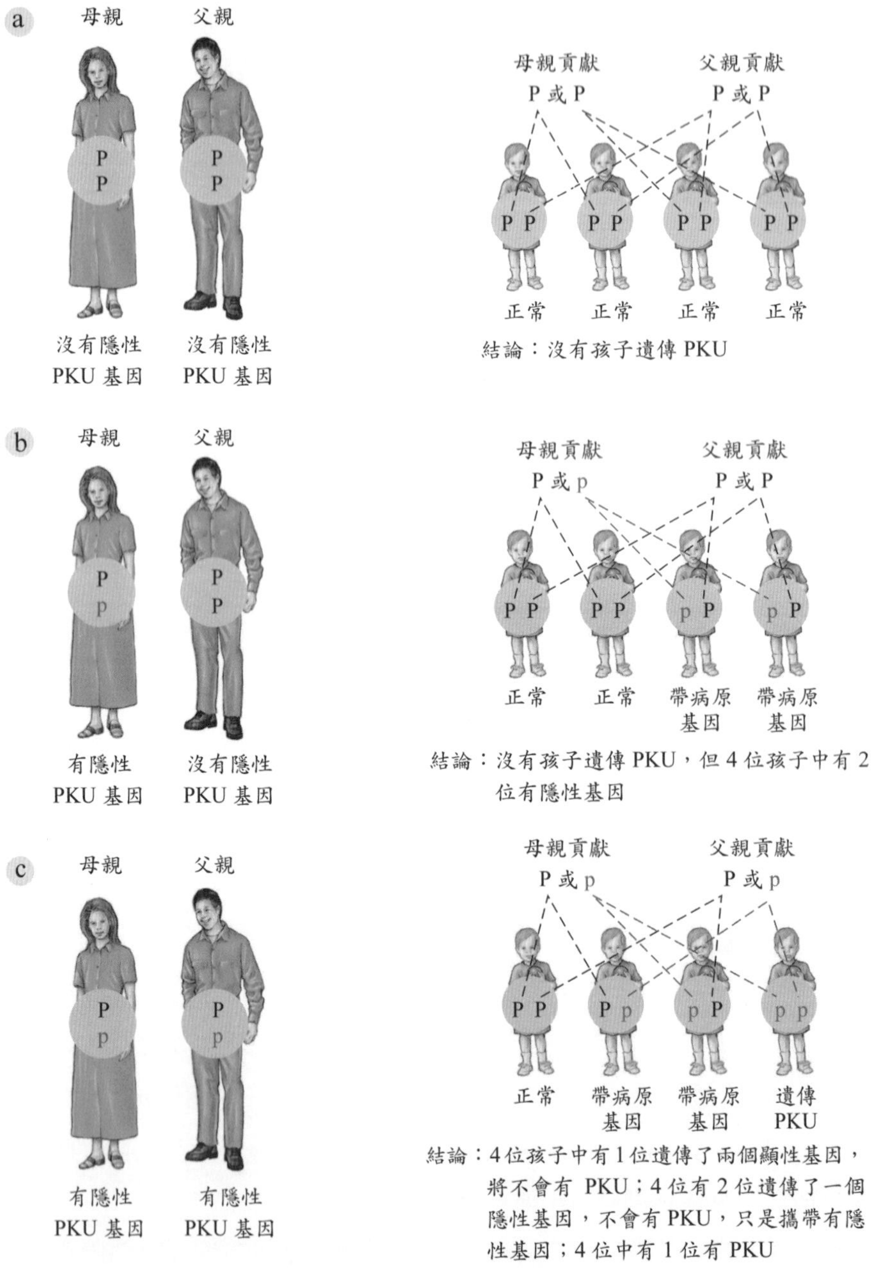

圖 3-4 PKU 機率

PKU 是一種疾病，造成大腦損傷和智障，是由父親和母親遺傳了一對基因。假如父母都沒有帶有疾病的基因(a)，幼兒不會有 PKU。即使是父母其中一位有隱性基因，但是另一位沒有(b)，孩子也不會遺傳 PKU。假如雙親都有隱性基因(c)，小孩有四分之一的機會有 PKU。

就會受 PKU 之苦。

多元基因特徵

PKU 的轉換是一種展示基因資訊如何由父母傳給孩子的基因原理的方法，雖然PKU比大部分的基因轉換簡單。相對而言，極少特徵是被單一的基因配對而管控，大部分的特徵仍是**多元基因遺傳**（polygenic inheritance）的結果，在多元基因遺傳中，多元基因配對組合負起了一種特殊特徵產生的責任。

更進一步而言，一些基因有不同的形式，也有人用行動去改變某些基因特徵呈現的方式（由其他等位基因產生）。基因反應的範圍也有不同，一種特徵在實際表現中由於環境的情況而有不同的潛在程度。某些特徵，例如血型，是由基因造成，這對基因無法分類為顯性或隱性，它只是兩種基因組合成的特徵，例如 AB 血型。

某些隱性基因叫 **X 聯結基因**（X-linked genes），僅位在 X 染色體上。記得女性第 23 對染色體是 XX 對，男性是 XY 對，男性有不同類 X 聯結基因障礙的較高風險，因為男性缺乏第二個 X 染色體能夠對抗造成障礙的基因資訊，例如男性明顯地比較容易有紅綠色盲，這就是一組基因在 X 染色體上產生的障礙。

相同地，一種血液異常稱為血友病（hemophilia），是由X聯結基因造成。血友病在歐洲皇室家族中是重複出現的問題，如圖 3-5 所示，該圖顯示英國 Victoria 女王後代血友病的遺傳。

人類基因組與行為基因：基因密碼的偵破

Mendel 的成就是確認基因轉換特徵的創始人，他們對這些特殊特徵由一代傳延到下一代的理解僅是開始。

在了解基因方面，最近的里程碑於 2001 年初達到，分子基因學者成功地將每一個染色體按照基因特殊的順序製圖，這種成就在基因成就上是所有生物學最重要的時刻（International Human Genome Sequencing Consortium, 2001）。

基因順序圖已經提供了了解基因進一步的資訊，例如：人類基因的數量以前認為是 10 萬個，現已降到 2 萬 5 千個，比一般不複雜的生物體多出沒多少

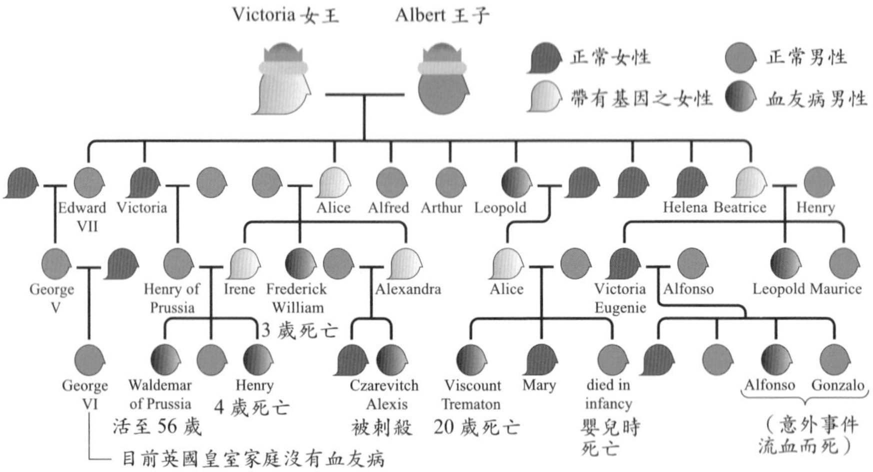

圖 3-5 遺傳血友病

血友病，一種凝血功能的異常，在歐洲王室家庭已是種遺傳問題，圖中顯示的是英國維多利亞女王（Queen Victoria）的後代子孫。

資料來源：Adapte from Kimball (1983).

（如圖 3-6 所示）。進一步而言，科學家發現人類分享了 99.9%的基因序列，也就是說人類相似之處多於不同之處，它也指出區分人們的許多差異，例如種族，實際上只是膚色的不同。人類基因製圖能幫助我們找出某些個體較易得特定疾病的原因（DeLisi & Fleischhaker, 2007; Gupta & State, 2007; Hyman, 2011）。

人類基因排列製圖支持了行為基因的領域，一如這名稱，**行為基因**（behavioral genetics）是研究在心理特徵上遺傳的影響。不只是檢視穩定、不變的特徵，例如頭髮或眼睛顏色，行為基因更廣泛地研究我們的人格和行為習慣如何受到基因因素的影響。人格特徵例如害羞或社會化、情緒和積極都是研究的領域。其他行為基因研究心理障礙，例如憂鬱症、過動症和精神分裂症，都要找尋可能的基因銜接（DeYoung, Quilty, & Peterson, 2007; Haeffel et al., 2008; Curtis et al., 2011）（如表 3-1 所示）。

行為基因是有價值的，在這領域的研究者增加了我們對人類行為和發展之特殊基因編碼有更多的了解。

更重要的是研究者正在找尋如何修補基因的缺陷（Plomin & Rutter, 1998;

Peltonen & McKusick, 2001）。要了解這可能性，我們需要考慮原本造成發展順利進行的基因因素是可以有所改變的。

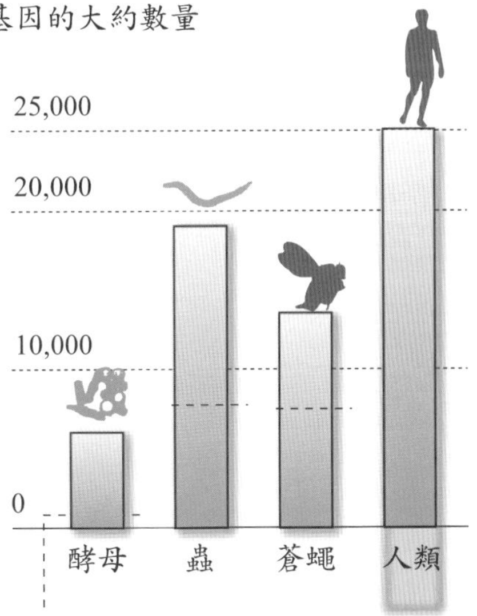

圖 3-6 獨特的人類

人類約有 25,000 個基因，讓他們並不比一些原始物種的基因更複雜。

資料來源：Celera Genomics: International Human Genome Sequencing Consortium (2001).

遺傳和基因的障礙：當發展不平衡時

PKU 只是我們有可能遺傳到的許多疾病之一。就像炸彈一般，只有在火線點燃時才會有傷害，隱性基因可能造成這一代在不知道的情況下將疾病傳給了下一代，它只有在與另一個隱性基因相配對時才有機會發生，兩個隱性基因的組合會造成孩子遺傳到基因疾病。

另一個議題是基因變成生理上的毀損，例如：基因變成生理的損傷。在細胞分裂過程中，基因可能因使用過度或是機率的產生而受損，有時，不知原因為何，

表 3-1 基因基礎的選擇性行為障礙和特徵

行為特質	當前對遺傳基礎的想法
亨廷頓氏（Huntington）症	Huntington 基因已被認出。
早期失智症	三種不同基因確認。
X 染色體脆弱症	兩種基因確認。
後期失智症	一組基因與增加的風險有關。
注意力缺陷過動症	三個位置與基因有關，包含神經傳達、多巴胺的影響。
閱讀障礙	兩個方位有關，分別在染色體 6 和 15。
精神分裂	尚無共識，與多數染色體相關，包括 1、5、6、10、13、15、22。

資料來源：Adapted from McGulfin, Riley, & Plomin (2001).

基因自動改變了它們的形狀，這種歷程稱為自動分裂（spontaneous mutation）。

另一方面，環境因素，例如暴露於 X 光或是高度汙染的空氣，可能產生基因的突變（如圖 3-7 所示）。當這種損壞的基因傳給兒童，就會造成未來生理和認知發展的受損（Samet, DeMarini, & Malling, 2004）。

除了 PKU 每 10,000 到 20,000 名初生兒中有一位之外，其他遺傳基因的障礙包括：

唐氏症

我們曾提過大部分的人有 46 個染色體，共 23 對，唯一的例外就是**唐氏症**

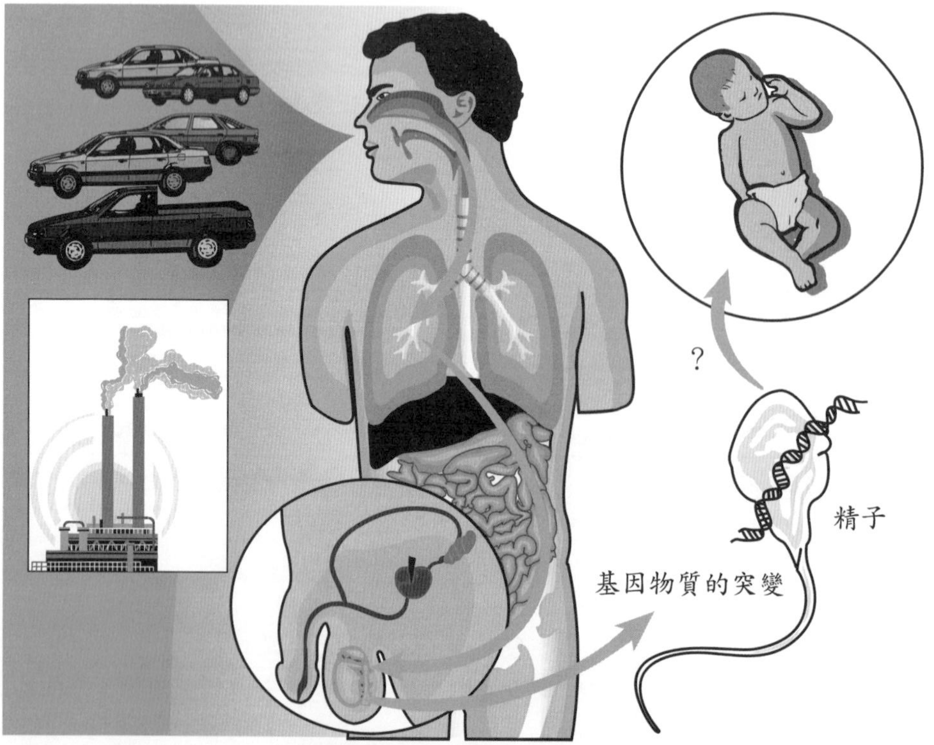

圖 3-7 吸入空氣與基因突變

吸入不健康、汙染的空氣會導致精子內基因物質的突變，此種突變會持續，且傷害胎兒和影響到未來的後代。

資料來源：Based on Samet, DeMarini, & Malling (2004, p. 971).

（Down syndrome），也就是在第 21 對染色體中有一個額外的染色體，唐氏症是最常造成智能不足的原因，每 500 位新生兒中有 1 位，通常過於年輕或年長的母親較有風險（Crane & Morris, 2006; Davis, 2008; Sherman et al., 2007）。

X 染色體脆弱症

X 染色體脆弱症（fragile X syndrome）發生於當某個特別基因在 X 染色體上受傷，結果會造成輕度和中度智能障礙（Cornish, Turk, & Hagerman, 2008; Hagerman, 2011）。

鐮狀細胞貧血症

非裔美籍人口十分之一帶有這種基因，造成**鐮狀細胞貧血症**（sickle-cell anemia），每 400 人中就有 1 人實際有這疾病，它名字是起源於帶有這疾病之紅血球的形狀，症狀包括胃口不好、發展遲緩、腫脹的胃、黃色眼睛，染有這種疾病最嚴重的狀況就是很難活過兒童期，對症狀不嚴重者，醫藥的進步已可以增加罹病者的壽命。

戴薩克斯症

主要發生在東歐的猶太人後裔和法裔美國人。**戴薩克斯症**（Tay-Sachs disease）患者通常在學齡前就會死亡，此病無藥可救，常會在死前造成失明和肌肉萎縮。

克林費爾特症候群

每 400 名男性之中有 1 人一出生就有**克林費爾特症候群**（Klinefelter's syndrome），其多了一個 X 染色體的出現。結果是 XXY 造成生殖器發育不全、身高極高和大胸部。克林費爾特症候群是數種基因畸形之一，是由接受到不適當數量的性染色體而造成，例如：有的疾病的成因是由於多了一個染色體（XXY）、第二個染色體遺失（稱為透納氏症；X0），和三個 X 染色體（XXX）。這種病的典型特徵是有關性特徵的問題和智能不足（Murphy, 2009;

Murphy & Mazzocco, 2008; Ross, Stefanatos, & Roeltgen, 2007）。

重要的是思考這種病有著基因的根源，但並不表示環境因素沒有扮演角色（Moldin & Gottesman, 1997）。例如：鐮狀細胞貧血症感染者基本上是非洲後裔。因為這種病在兒童期可能致死，我們預期這些患者不太可能長命。至少在美國似乎是真的，與西非這地方的人相比較，在美國就低了很多。

為什麼鐮狀細胞貧血症的案例在西非已漸漸減少？這問題多年來一直造成困擾，直到科學家發現帶有鐮狀細胞的基因提高了對瘧疾的抵抗力（Allison, 1954）。這種免疫力說明了鐮狀細胞基因有一種基因優勢（抵抗瘧疾），在某些程度上，抵消了鐮狀細胞基因帶原者的不利之處。

鐮狀細胞貧血症的議題是基因因素與環境的相互影響，並不能單獨檢驗。更進一步而言，我們記得雖然我們聚焦的遺傳因素可能出偏岔，但是大部分基因結構的案例中，我們所資助的工作相當的好，整體而言，95%美國出生的小孩是健康與正常的，約有250,000出生就有某種生理或心理障礙，適當的介入常有助於治療，甚至在某些案例中還能將障礙問題治癒。

更重要的，由於行為基因的進步，可以在孩子出生前就能增加預測，預測和計畫基因的問題，讓父母在孩子出生前就能採取行動，減少某些基因狀況的惡化。事實上，科學家對某種基因擴張的特殊定位知識能夠預測基因的未來，漸漸增加了準確性（Plomin & Rutter, 1988）。

基因諮商：由基因的現狀預測未來

假如你知道母親和外婆都死於亨廷頓氏症——一種嚴重到會致死，又會發抖和智力衰退的遺傳病症——你要找誰才能了解自己得這病症的機會？你能找到最好的協助就是**基因諮商**（genetic counseling），這在二十幾年前是不存在的。基因諮商的重點在於幫助人們處理遺傳病症的議題。

基因諮商師在他們的工作中利用不同資訊，例如：夫妻計畫有小孩時，可以先探詢未來懷孕時可能的風險。在這情況中，諮商師先由家庭史中找出任何家族內一出生就有障礙的案例，可能與隱性模式或X聯結基因有關。再加上諮商師會考慮其他因素，例如：父母親年齡和他們曾經有過的任何不正常的孩子

（Fransen, Meertens, & Schrander-Stumpel, 2006; Peay & Austin, 2011; Resta et al., 2006）。

基因諮商師會先建議完整的身體檢查，這種檢查可確認夫妻可能有以及不知道的生理缺陷，再加上血液、皮膚、尿液的樣本可用來分離和檢視某些特定染色體。可能的基因缺陷，例如多一個性染色體的出現，被確認會組合「核染色體」（karyotype），圖表包括了放大的每一個染色體。

產前檢查

產前檢查是用多樣的技術來評估胎兒的健康（表 3-2 列出的是現有的測驗）。最早的測驗是初期 3 個月的測試，包括在懷孕 11 至 13 週的血液檢查和超音波聲波圖。**超音波聲波圖**（ultrasound sonography）是高頻率聲波衝擊著母親腹內，這聲波產生了獨特、有用的胎兒形象，評估胎兒的大小和形狀。重複使用超音波聲波圖可顯示出胎兒發展的模式。雖然血液檢查和超音波在懷孕期間確認不正常胎兒機率不高，但是後期會變得較準確。

一種較侵入式的測驗——**絨毛膜取樣**（chorionic villus sampling, CVS），假如血液檢驗和超音波已確定有潛在問題，就可在 11 至 13 週時進行絨毛膜取樣。其包括用一小薄針刺入羊水，取出包在胎兒周圍像頭髮般的物質，這測驗可在懷孕 8 到 11 週時進行，但是有 1%到 2%的可能會造成流產，因為這種風險，這種測驗使用得並不頻繁。

羊膜穿刺術（amniocentesis）是利用一小細針插入包住未出生胎兒周圍的羊水中取胎兒細胞的小小樣本。羊膜穿刺在懷孕 15 至 20 週時進行，可做胎兒細胞的分析，將近 100%地確認不同的基因缺陷。此外還可以用來確認孩子的性別，雖然在侵入式流程中常會有危險，但是羊膜穿刺術通常是安全的。

在不同測驗完成後，所有的資訊都有了，夫妻會再度約見基因諮商師。通常諮商師會避免提供任何特殊的推薦，他們會呈現事實，提出不同的選擇，可由什麼都不做到採用更劇烈的步驟，例如墮胎以終止懷孕。最後，還是必須由父母決定要進行什麼樣的行動歷程。

表 3-2 監督胎兒發展的技巧

技術	描述
羊膜穿刺術（Amniocentesis）	懷孕第 15 至 20 週時做，檢驗羊水液體樣本，包括胎兒細胞。父母帶有以下任何病症者建議要做此測驗，例如戴薩克斯症、脊柱裂、鐮狀細胞、唐氏症、肌肉萎縮症或腦核性黃疸。
絨毛取樣術（Chorionic villus sampling, CVS）	第 8 至 11 週時可做，透過腹部或子宮頸，依胎盤位置來決定，包括用細針穿入腹部或導管經子宮頸進入胎盤，在羊膜囊之外取出 10 至 15 微米的細胞。這細胞是用母親尿細胞的手工清潔，並在培養液中生長，形成核型染色體組型做成，就像羊膜穿刺術。
胚胎內窺鏡（Embryoscopy）	在懷孕前 12 週檢查胎兒，藉由纖維內窺鏡透過子宮頸插入，最早 5 週就可進行，透過這儀器，可獲得胎體循環的資訊，由直接看到胎兒來診斷異常的發展。
胎兒血液樣本（Fetal blood sampling, FBS）	懷孕 18 週後才可進行，由肚臍處蒐集少量的血做測驗，檢測唐氏症和染色體的異常，常用在高風險的夫妻，利用這技術也可診斷出許多其他疾病。
聲波胚胎學（Sonoembryology）	用來偵測懷孕前 3 個月的不正常發展，包括高頻率的陰道探頭和數位影像歷程，可在 3 至 6 週懷孕期中與超音波搭配，可以偵測出超過 80%的異常發展。
聲波圖（Sonogram）	利用超音波呈現子宮、胎兒、胎盤的影像。
超音波聲波圖（Ultrasound sonography）	利用非常高頻率的聲波偵測結構性的異常或是多胞胎，測量胎兒成長，判別妊娠週數，評估子宮的異常，也與別的流程相搭配，例如羊膜穿刺術。

為未來的問題作檢測

基因諮商師的新角色是檢測人們去確認是否他們本身（不僅是孩子）會因基因的不正常而易有未來的障礙，例如：亨廷頓氏症只在 40 歲後才會顯現，基因檢測可以早期確認是否帶有缺陷基因會造成亨廷頓氏症，如此讓人們知道自己帶有此基因，也能幫助他們準備未來（Cina & Fellman, 2006; Ensenauer, Michels, & Reinke, 2005; Tibben, 2007）。

除了亨廷頓氏症外，有超過 1,000 種不正常的疾病可以由基本的基因檢測而預知（如表 3-3 所示），雖然這種檢測可以解脫未來的擔憂——假設結果是負面的——正面的結果可能產生反向影響，事實上基因檢測也引起了實務和倫理的問題（Human Genome Project, 2006; Twomey, 2006; Wilfond & Ross, 2009）。

假如一位女士在她二十多歲時檢測，發現她沒有不正常的基因，明顯地她心情會是放鬆的；但是如果她發現自己有不正常基因，因此會得到亨廷頓氏症，她可能會經歷憂慮和痛苦。研究顯示有 10%的人在他們發現自己會得到亨廷頓氏症時，在情緒上是無法完全恢復的（Groopman, 1998; Hamilton, 1998; Myers, 2004; Wahlin, 2007）。

基因檢測明顯地是一種複雜的議題，它無法用是或否來回答這個個體是否會得到遺傳病，它只是呈現一種可能的範圍。在某些案例中，環境中的壓力或是個別差異都會影響到個人是否會得到某種疾病（Bloss, Schork, & Topol, 2011; Bonke et al., 2005）。

當我們對基因的了解越多，研究者和醫療人士已經超越了測驗與諮商，而是積極的改變不正常的基因，基因介入與操弄的可能性廣泛的增加了過去所認為的科幻故事。

遺傳和環境的互動

4 哪些人類特徵明顯受到遺傳影響？

5 智力是如何被決定的？

6 基因可以影響環境嗎？

Jared 的母親 Leesha 和父親 Jamal 像許多父母一樣，試著找出他們的新生兒最像誰。他似乎有 Leesha 的大眼和 Jamal 的微笑，當他長大時，Jared 長得更像他的父母，他的髮線長得和 Leesha 的一樣，當他長牙後，他的微笑更像父親 Jama，他的動作也像父母。他睡眠似乎是像

表 3-3 目前一些 DNA 基礎的基因檢測

疾病	描述
成人多囊性腎臟病（Adult polycystic kidney disease）	腎衰竭和肝病
甲一型抗胰蛋白酶缺乏症（Alpha-1-antitrypsin deficiency）	肺氣腫和肝病
阿茲海默症（Alzheimer's disease）	晚發性老人失智症
肌萎縮性脊髓側索硬化症（漸凍人）〔Amyotrophic lateral sclerosis（Lou Gehrig's disease）〕	漸進失去行動功能，導致麻痺和死亡
共濟失調微血管擴張症候群（Ataxia telangiectasia, AT）	漸進的腦部障礙造成小腦運動失調以及癌症
遺傳性乳房和子宮癌〔（Breast and ovarian cancer（inherited）〕	早發性乳房和子宮腫瘤
恰克—馬利—杜斯氏症（Charcot-Marie-Tooth）	失去四肢尾端的知覺
先天性腎上腺增生症（Congenital adrenal hyperplasia）	荷爾蒙缺乏；性器官不明顯和男性假兩性畸形
囊性纖維症（Cystic fibrosis）	肺部厚的黏液累積和肺、胰臟的感染
裘馨氏肌肉萎縮症	重度到輕度之肌肉變形和衰弱
肌張力不全症	肌肉僵硬、自主的過度收縮
第五凝血因子病變	血友病
范康尼貧血症	骨髓失去功能，造血細胞無法化成血球細胞，造成貧血
X 染色體脆弱症	智能不足
高雪氏症	肝和脾增大，骨骼萎縮
血友病 A 型和 B 型	流血不止疾病
遺傳性非瘜肉症直腸癌[a]	大腸早期腫瘤，有時別的器官也有
亨廷頓氏症	常在中年時神經開始漸進萎縮
肌肉萎縮症	漸進肌肉衰弱
神經纖維瘤第一型	多重惡性神經系統腫瘤；癌症
苯酮尿症	因為流失酵素造成漸進式智力不足；先天代謝異常可以營養來糾正
小胖威利症	動作技能降低，認知受損，早死
鐮狀細胞病	血液細胞失常，長期疼痛和感染
脊髓性肌肉萎縮症	常見兒童肌肉漸漸萎縮
小腦萎縮症第一型	不自主的肌肉動作，反射失常，說話粗魯
戴薩克斯症	麻痺、癲癇、幼兒致死的神經疾病
地中海貧血症	貧血

[a] 容易有某類症狀的測驗僅是提供一種可能發展出此種障礙的預估冒險性。

資料來源：Human Genome Project (2006), http://www.oml.gov/scl/techresources/Human_Genome/medicine/genetest.shtml.

母親 Leesha，平時是一晚睡 7 或 8 小時，父親 Jamal 則是一晚只睡 4 小時淺眠的人。

Jared 的微笑和平時睡眠習慣是遺傳自他的父母嗎？或是 Jamal 和 Leesha 提供了一個快樂、穩定的家庭，鼓勵這種討人歡迎的特徵？影響行為的原因是什麼？先天或是後天？行為是遺傳、基因的影響，或是環境因素引起？

這簡單的問題並沒有簡單的答案。

環境的角色決定了基因的表現：由遺傳型到顯性特徵

發展研究的累積，越來越清楚地認為「行為是基因或環境單一一種因素主導的」是不適當的，一個行為不只是因基因因素而引起，也不是單獨由環境因素引起，一如第 1 章的討論，行為是兩者組合的產物。

例如，**氣質**（temperament）——激動和情緒模式在一個體中表現了一致和持續的特質。假設我們發現有越來越多證據提出，少部分的幼兒出生就有某種氣質，對特殊事情有畏縮的傾向，會產生某種程度的生理反應，這種嬰兒對新奇的刺激會有心跳加快的反應和腦邊緣不尋常的激動性。這種在生命一開始時對刺激的重點反應，似乎是與遺傳因素有連結，也可能造成幼兒在 4 或 5 歲時，被老師和父母認為是害羞的。他們部分的行為明顯不同於同齡的同儕（De Pauw & Mervielde, 2011; Kagan & Snidman, 1991; McCrae et al., 2000）。

造成不同的原因是什麼？答案似乎是幼兒生長的環境。孩子的父母鼓勵他們外向、安排新的機會讓他們克服害羞；相反地，孩子生長在有壓力的環境，父母爭吵和持續的生病會造成他後來生活中害羞的個性。前面所描述之 Jared，可能出生就有樂天型的氣質，很容易被照顧他的父母增強（Bridgett et al., 2009; Kagan, Arcus, & Snidman, 1993; Propper & Moore, 2006）。

因素的互動

這些發現顯示了許多特徵反映了**多重因素的調整**（multifactorial transmission），也就是它們是受到基因和環境因素組合所決定的。在多重因素的調整中，一種基因型提供了特別的範圍，在其中就有顯型的表現。例如：人們的遺傳會讓他們容易增加體重，則不論他們怎麼節食，他們仍然不瘦，由於基因遺傳，他們絕對無法超越某種程度的瘦（Faith, Johnson, & Allison, 1997）。在很多案例中，環境決定了某些遺傳被表達成顯性特徵（Plomin, 1994b; Wachs, 1992, 1993, 1996）。

然而，某些遺傳型基因不受環境所影響，在這種案例中，發展是依循天生的模式，獨立於個人養育的環境，例如：對懷孕婦女的研究，在二次世界大戰饑荒時營養不良的孩子，平均而言，長大成人後生理和智力都沒受到影響（Stein et al., 1975）。相同地，不論人們吃多少健康食物，他們都無法超過某些基因所限的身高。

最終，是遺傳和環境因素的獨特互動，決定了人們發展的模式。

較適當的問題是行為有多少是基因因素所引起？又有多少是環境因素而引起（圖 3-8 是智力決定因素的可能範圍）？一個極端觀點是環境中的機會是獨立對智力負責的，另一方面則認為智力純粹是基因——你擁有它或不擁有它。

先天因素					後天因素
可能原因	智力完全是基因的因素，環境並沒有扮演任何角色，高度豐富的環境和優質的教育都沒有差異。	雖然大部分是遺傳，但是智力是會受到極端豐富或剝奪環境的影響。	智力受到基因和環境的影響，若基因是低智能，但在豐富的環境中就能表現更好，如在被剝奪的環境下就會表現更不好；同樣地，一個基因上具有高智能的人，在剝奪的環境中會表現得比較不好，在豐富的環境中會表現得更好。	智力受環境的影響，但基因失常仍會造成智能障礙。	智力完全是由環境影響，基因並不扮演任何角色。

圖 3-8 智力的可能原因

智力可以以一組不同可能的來源做解釋，跨越先天和後天的因素。以上哪一種解釋你認為最有說服力，請提出本章所討論的證據。

這兩面極端觀點似乎指向中間地段——智力是自然智力能力和環境機會的某種組合。

研究發展：多少是先天？多少是後天？

發展研究者用許多策略去了解特徵、個性和行為有多少程度是基因或環境因素造成的，他們的研究包含非人類的物種和人類。

非人類動物的研究：控制基因和環境

觀察在不同環境有相似基因背景的動物，科學家們用合理的準確度，主控某些環境刺激的影響，例如：研究者可檢視一群動物的某種特徵在不同基因背景下的培育，藉著讓這些動物暴露在同一種環境下，他們可以決定基因背景所扮演的角色。

當然，用非人類做研究對象的缺點是我們無法確認研究結果推論到人類的準確度；但終究動物研究的結果還是提供了一些實務資訊。

相對的關係和行為：領養、雙胞胎和家庭研究

很明顯的，研究者無法像控制非人類研究一樣地控制人類的環境或基因，但自然界卻提供了不同類別的「自然實驗」，例如雙胞胎的形成。

同卵雙生在基因上是相同的。因為他們的遺傳背景全然相同，若有任何行為的改變就完全是環境因素造成的。

研究者用同卵雙胞胎來下先天或是後天角色的結論過於簡單化了問題，例如：一出生就將同卵雙胞胎分離到兩種完全不同的環境，研究者可評估環境的影響，但是倫理考量卻讓這種研究不可行。研究者只能研究同卵雙胞胎在出生後被領養，並在這兩種不同環境中成長。這種例子尚無法讓對基因和環境的相關貢獻做出有信心的結論（Agrawal & Lynskey, 2008; Bailey et al., 2000; Richardson & Norgate, 2007）。

同卵雙胞胎在不同環境中的研究資料並非無偏差，因為領養機構會以親生母親的願望為考量來選擇領養家庭，例如：傾向將兒童安置在同一種族和宗教

的家庭。結果當同卵雙胞胎安置在不同的領養家庭時，兩個家庭環境常有相似處，造成研究者無法確定行為的不同是環境不同所造成。

研究異卵雙生也提供了先天和後天相關貢獻的學習，異卵雙胞胎基因上與一個家庭中不同時間出生的兄弟姊妹的相似程度並沒有不同。比較同卵雙胞胎與異卵雙胞胎，研究者發現同卵雙胞胎在某些特徵上仍比異卵雙胞胎在平均值上較相似，他們因此推論基因在特徵的表現上扮演著重要的角色。

另一種研究人類的方法是兩個不相關的人，不分享任何基因背景，卻在同一環境中長大。例如：領養家庭，兩個沒有血緣的幼兒在兒童階段提供了十分相似的環境，在這案例中，兒童相似的特質和行為就可有信心地歸因為環境的影響（Segal, 1993, 2000）。

最後，發展研究者檢視一群人他們基因相似的程度。例如，如果我們發現某特徵在親生父母與他們的孩子間有高度相關，但是在領養父母與他們的孩子間有較弱的相關，我們就證明基因決定了特徵。換言之，假如領養父母與他們的孩子的某個特徵比親生父母與他們的孩子的相關性更高，就證明環境決定了特徵；假如特殊特徵傾向以相似程度發生在基因相似的個體中，卻以不同程度發生在基因相距遠的個人，就指出基因在特徵發展上扮演重要的角色（Rowe, 1994）。

發展研究者用了所有的方式來研究基因和環境因素的相關影響，他們發現了什麼？

在注意特殊發現之前，以下是這幾十年研究的結論：所有的特徵、特質和行為都是先天和後天交互組合的結果，基因和環境因素彼此影響，創造了我們每一個獨特的個體（Robinson, 2004; Waterland & Jirtle, 2004）。

生理特徵：家庭相似度

當病人進入 Cyril Marcus 醫師的診間時，他們並不知道他們實際上曾被他的同卵雙胞胎兄弟 Stewart Marcus 醫師診斷過。因為他們相似的外表和態度，甚至長期的病人也被這種不倫理的行為而欺騙，這情節就發生在著名的影片《雙生兄弟》（*Dead Ringers*）。

異卵雙生在基因相似度方面較可能的是身體特徵，高的父母傾向有高的孩子，矮的父母傾向有矮的孩子。肥胖的定義是同樣的身材，平均體重超過 20%，這也是基因因素。例如：在一個研究中，許多對同卵雙胞胎每日飲食熱量超過 1,000 卡，並且指定不可運動，三個月後，同一對雙胞胎增加了幾乎相同的重量。更重要的，不同對的雙胞胎也都增加了不同的重量，有些對甚至增加了別對的三倍多（Bouchard et al., 1990）。

此外，明顯的生理特徵也顯示了強烈的基因影響。例如：血壓、呼吸率、甚至生命結束的年齡，基因密切相關的人比基因較少相似性的人有更多的相似（Gottesman, 1991; Melzer, Hurst, & Frayling, 2007）。

智力：研究越多，爭議越多

基因與環境相關的議題中，沒有任何議題比智力這個主題有更多的研究。為什麼？主因是可用智商分數測量的智力是人與其他物種最大的差別，再加上智力與學術成就有高相關，與其他成就的關係較低。

基因在智力上扮演著明顯的角色，在研究整體或一般智力，和智力的特殊元素（例如空間技能、口語技能和記憶）。圖 3-9 可以看到兩人中基因連結越相近，他們整體 IQ 的相似處就越大。

隨著年齡增長，基因在智力的影響越大。例如異卵雙胞胎由嬰兒到青少年，智商分數相似度就越來越小，相對地，同卵雙胞胎隨著時間，相似度反而變得更相似，這種相反的模式建議了年齡越長，遺傳因素的影響就越強（Brody, 1993; McGue et al., 1993）。

雖然遺傳在智力上扮演著重要的角色，研究者卻對遺傳的程度有著分歧的意見。最極端的意見是心理學家 Arthur Jensen（2003），其爭議 80%的智力是遺傳的結果，其他人的建議則是介於 50%至 70%。關鍵的是這個數字是大團體人們的平均數，任何個人遺傳的程度是無法由平均數預測的（例如：Devlin, Daniels, & Roeder, 1997; Herrnstein & Murray, 1994）。

雖然遺傳在智力方面清楚地扮演著重要的角色，環境因素例如書籍的接觸、良好的受教經驗、有智慧的同儕都有影響。甚至 Jensen 極端預估基因的角色，

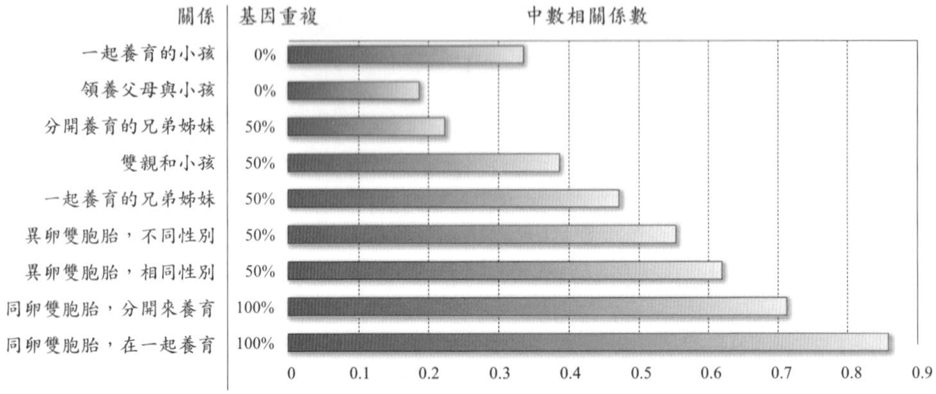

圖 3-9 基因和智商

兩人的基因越接近，智商分數的一致性就越高。為什麼你會認為異卵雙胞胎的數據會有性別的不同？在其他類的雙胞胎或兄弟姊妹也有性別的不同，但是在上表中看不到？

資料來源：Bouchard & McGue (1981).

他也認為環境扮演著明顯的角色。以公共政策而言，環境影響聚焦在推動人類智力成功的極大化，發展心理學家Sandra Scarr曾提出，我們應該探討要做什麼才能將個人的智力發展發展到最大（Bouchard, 1997; Scarr & Carter-Saltzman, 1982; Storfer, 1990）。

基因和環境對人格的影響：天生就是外向的嗎？

我們的人格是遺傳的嗎？

至少部分是的，研究證據建議我們最基本的人格特徵具有基因根源，例如：「五大」人格特徵中的兩個，神經質和外向，已經與基因因素有關。「神經質」為個人特質表現中情緒穩定的程度；「外向」是一個人尋求與別人在一起，一種外向行動的表現，一般而言是好交際的。例如：本章前面所提到的Jared，可能遺傳了父親 Jamal 個性外向的好交際（Benjamin, Ebstein, & Belmaker, 2002; Horwitz, Luong, & Charles, 2008; Zuckerman, 2003）。

我們如何知道人格特質反映了基因？某些證據直接來自於基因考驗本身，例如：某些基因在決定探險行為方面有影響力，這種尋求好奇的基因影響了腦部化學多巴胺的產生，造成某些人比他人較傾向於找尋新穎情況和冒險（Gillespie et al., 2003; Ray et al., 2009; Serretti et al., 2007）。

其他有關「基因決定人格特質特徵」的證據是由研究雙胞胎而來。例如：在一主要研究中，研究者檢視上百對雙胞胎的人格特質，因為一群同卵雙胞胎在不同的環境下養育，這就有可能有信心地決定基因因素的影響（Tellegen et al., 1988）。研究者發現某些特徵反映了基因的貢獻比別的多，如圖 3-10 所示，社

社會權威 61%
出色有力的領導者，喜歡成為眾所注目的中心。
傳統主義 60%
遵守規定和權威、嚴格紀律與高道德標準。
壓力反應 55%
感覺易受傷害和敏感，對擔心的事較易心煩。
吸收 55%
豐富的想像力，捕捉豐富的經驗，放棄真實感。
敵對的 55%
覺得被不當對待，「世界是在找我麻煩」。
健全的 54%
有喜悅的情緒，有自信和樂觀。
避免受傷 50%
躲開危險和冒險的驚喜，假如有一點顧慮就選擇安全路線。
攻擊性 48%
身體性攻擊和報復性，嘗試暴力與對抗世界。
成就 46%
工作努力，達到精通，完成工作優先於其他任何事。
控制 43%
小心又努力，理性又敏感，喜歡小心計畫事情。
社交的親密 33%
喜歡情緒的親密及親近，需要他人的幫助及安撫。

圖 3-10 遺傳特徵

在人格因素中，這些特徵與基因因素最為相關，百分比越高表示遺傳影響的程度越大。這些數字意味著「領導者是天生的，非後天造成」嗎？為什麼是或為什麼不是？

資料來源：Adapted from Tellegen et al (1988).

會的權威（傾向是一位出色的、有力的領導者，享受成為眾所注目之中心）和傳統主義（嚴格遵守規定和權威）都與基因因素有很強的關聯（Harris, Vernon, & Jang, 2007）。

甚至較基本的人格特質與基因銜接的都有關聯，例如：政治態度、宗教興趣和價值，甚至對人性慾的態度有著基因的元素（Bouchard, 2004; Bradshaw & Ellison, 2008; Koenig et al., 2005）。

明顯地，基因因素在人格決定中扮演著某種角色，同時，幼兒生長的環境也影響了人格發展，例如：一些父母鼓勵高層次活動，視活動為獨立和智力的操作，另一些父母則鼓勵自己的孩子做低層次活動，覺得被動的孩子在社會上較能與別人相處。這些父母的態度部分是受到文化決定的，美國父母鼓勵高層次活動，亞洲文化的父母則鼓勵較多的被動，在這兩種情況中，孩子的人格部分是由父母的態度而形塑（Cauce, 2008）。

因為基因和環境因素造成了兒童的人格，人格發展又是兒童發展核心事實的完美實例：先天和後天的互動。天生和培育的互動不僅是反映在個人行為上，更是文化的基礎。

發展的多元性與你的生活

生理覺醒中的文化差異：一種文化哲理的表現是被基因主控的嗎？

許多亞洲文化傳承了佛學的思想，強調和諧與平靜，相對地，某些傳統的西方哲學，例如 Martin Luther 和 John Calvin 注重在控制憂慮、害怕和罪惡感的重要性，他們認為這是人類的基本狀況。

這種哲學方法能反映部分的基因因素嗎？這個矛盾的意見是由發展心理學家 Jerome Kagan 和他的同事所提出，他們認為某些社會蘊含著基因主宰的氣質，會造成這社會的人們傾向於某種哲學（Kagan, 2003a; Kagan, Arcus, & Snidman, 1993）。

Kagan 依據確認的研究發現，提出白人和亞裔孩子在氣質上有明顯的不同，例如：一個研究比較中國大陸、愛爾蘭、美國的 4 個月大嬰兒，發現許多不同點，相較於美國白人嬰兒和愛爾蘭嬰兒，中國嬰兒在肢體動作、煩躁和口語方面明顯較少（如表 3-4 所示）。

表 3-4 美國白人、愛爾蘭和中國 4 個月大嬰兒肢體的平均分數

肢體	美國	愛爾蘭	中國
肢體活動分數	48.6	36.7	11.2
哭（秒）	7.0	2.9	1.1
急躁（%試驗）	10.0	6.0	1.9
口語（%試驗）	31.4	31.1	8.1
微笑（%試驗）	4.1	2.6	3.6

資料來源：Kagan, Arcus, & Snidman (1993).

Kagan 提出中國嬰兒一出生就面對氣質安詳的佛家哲學與他們自然的傾向有一致性。相對地，西方人情緒較緊張與不穩定，以及有較高程度的罪惡感，因此較可能被哲學所吸引，表達控制不愉快的必要性，他們較傾向面對他們每日的經驗（Kagan, 2003a; Kagan et al., 1994）。

重要的是這並不意味著哪一種哲學比另一種哲學更好或者更壞，也不意味著所提到之哲學中的氣質比別的哲學更優越或不如別人。相同地，我們必須思考在一個文化中的單一個體可以有更多或更少的多元氣質，在某一特定文化中，氣質的範圍是大的。最後，我們注意到最初所討論的氣質，在基因沒有主控的部分氣質中，環境情況可以有明顯的影響，Kagan 和他的同事的意見並沒企圖說明文化和氣質之間的前後關係，宗教可幫助形塑氣質，因此氣質也造成某些宗教理念比較吸引人。

文化基礎的哲學傳統受到基因因素的影響這種觀念是有趣的，要決定遺傳和環境如何獨特地互動需要更多的研究，特別是在某一種文化中可能產生觀察和理解世界的架構。

心智障礙：基因和環境的角色

> 當 Lori Schiller 還是青少年，她在參加夏令營時開始聽到聲音。沒有預警，好大的聲音「妳必須死！死！死！」她由床邊跑入黑暗中，她以為她可以逃脫，夏令營輔導老師發現她在彈跳床上一邊尖叫一邊亂跳，她後來說「我以為我被纏住了」（Bennett, 1992）。

事實上，她是被精神分裂症纏住，一種嚴重的心理障礙。童年期是正常和快樂的，但 Lori 的世界在青少年期轉換了，她漸漸對現實生活失去了掌控，之後的 20 年，她的情況時好時壞，掙扎著要脫離障礙的影響。

引起 Lori 心智障礙的原因是什麼？很多證據已提出精神分裂症是基因的因素造成。這種障礙有家族史，某些家族中就是有較高的發生案例，精神分裂病患與另一家族成員基因越接近時，就越有可能發展出精神分裂症，例如：同卵雙胞胎中有一位有障礙時，另一位有 50% 的機會得到此病症（如圖 3-11 所示）。另外，精神分裂症患者的姪子、姪女得此病的比例低於 5%（Hanson & Gottesman, 2005; Mitchell, K. J. & Porteous, 2011; Prescott & Gottesman, 1993）。

這些資料表示光是基因是不會影響障礙的產生，但如果基因是主要成因，同卵雙生的風險會是 100%。其他因素造成障礙的範圍包括腦內結構病態到生化的不平衡（例如：Hietala, Cannon, & van Erp, 2003; Howes & Kapur, 2009; Lyons, Bar, & Kremen, 2002）。

若個人基因傾向精神分裂，並不一定會產生障礙，關鍵在遺傳對環境中壓力的敏感度，如果壓力低，精神分裂症就不會發生；如果壓力強，就會造成精神分裂症。另一種情形是，即使較弱的環境壓力也會造成精神分裂症（Mittal, Ellman, & Cannon, 2008; Norman & Malla, 2001; Paris, 1999）。

其他心理障礙也與基因有關，例如：憂鬱症、自閉症、酒癮、過動症都有明顯的遺傳因素（Burbach & van der Zwaag, 2009; Dick, Rose, & Kaprio, 2006; Monastra, 2008）。

精神分裂症和其他基因相關的心理障礙說明了遺傳和環境相關的基本原則，

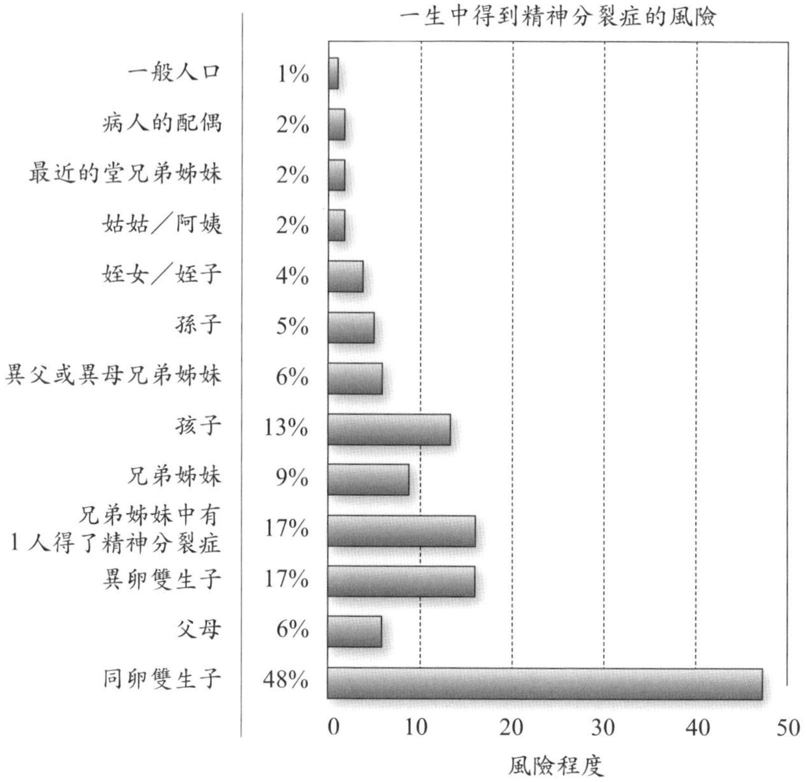

圖 3-11 精神分裂症的基因

精神分裂症的心理障礙有清楚的基因元素，精神分裂症患者和另一位家人之間基因越近，另一位家人就有可能發展出精神分裂症。

資料來源：Gottesman (2004).

特別是基因的角色會造成未來發展的傾向，但是某些行為特徵何時和是否表現出來就要依賴環境，因此，精神分裂症可能在出生時有傾向，但通常要到青少年時才會發病。

同樣的原理，某些特徵在父母和其他社會因素減少後才比較可能呈現，例如：領養的子女在年幼時表現的特徵較接近養父母的特徵，是受到環境的明顯影響，但是他們的年齡越大，養父母的影響力就越小，基因的影響力就扮演著重要的角色（Arsenault et al., 2003; Caspi & Moffitt, 1993; Poulton & Caspi, 2005）。

基因能影響環境嗎？

Sandra Scarr

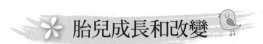

發展心理學家 Sandra Scarr（1993, 1998）指出，父母遺傳給孩子的基因不僅決定了基因特徵，也積極地影響他們的環境。Scarr提出基因可能影響到他們的環境三種方式。

兒童傾向主動聚焦在環境中最能夠關聯到他們基因所決定的能力，例如：好動又有攻擊性的孩子就會傾向運動，較內向的孩子就較會參加學術或單獨的活動，像是電腦遊戲或畫畫。他們也比較不注意與他們基因不相搭配的環境，例如：兩個女生同時在看學校的公布欄，一位會注意到棒球隊的徵選，另一位動作比較不協調、但較有音樂傾向的女生就會注意到課後的合唱團。在這案例中，兒童會參加她基因主控能力能夠發揮的環境。

第二，在某些情況中，基因環境的影響比較被動和非直接，例如：有肢體協調及運動傾向基因的父母，可能會提供孩子許多機會去從事運動活動。

最後，基因導致兒童的氣質可能影響環境，例如：有較多要求行為的嬰兒比起較少要求行為的嬰兒更能引起父母的注意，像是兒童基因上協調能力好、傾向在家中玩球，使得父母注意到這點，因而他們可能會決定準備一些運動器材給她。

總而言之，要決定行為是先天或後天形成，就像對著移動的標靶射箭。不僅行為和特徵是環境和基因因素共同的結果，基因和環境的相互影響，也導致人類生活中某些特徵的改變。雖然出生時所遺傳的基因組合是我們未來發展的台階，生活中不斷改變的情境和特徵決定了我們以後發展的表現。影響我們經驗的環境是被我們氣質傾向的選擇所形塑。

胎兒成長和改變

7 胎兒時期的發展發生了什麼事？

8 什麼會對胎兒環境造成威脅，我們又能做些什麼？
9 父親如何影響產前環境？

Robert陪Lisa去助產士那第一次檢查，助產士檢查了測試的結果，確認了這對夫婦在家所做的懷孕測試，她確定地說：「你們確實有小孩了，你們需要在以後的六個月中每個月來做產檢，預產期越接近，產檢的次數就越多，妳可以在藥局買這些處方的維他命，這些是飲食和運動的指引，妳不抽菸吧！很好。」然後她轉向Roboert：「你呢？你抽菸嗎？」在給了很多教導和建議後，她讓這對夫婦有點頭昏，但是他們已準備好會盡可能地生一個健康的寶寶。

從受孕的那一刻開始，發展就已進行，我們可以看到由父母遺傳的複雜基因指標。胎兒的成長一如所有的發展，是在一開始就受到環境因素的影響（Leavitt & Goldson, 1996）。我們稍後可以看到，像Lisa和Robert一樣的父母可以參與提供一個好的胎兒環境。

受精：受孕的那一刻

當大部分的我們想到真實生活時，我們傾向聚焦在導致男性精子開始進入女性卵子的事件，性行為造成受精的可能性，**受精**（fertilization）是受精卵的開始與結果，精子和卵子結合創造了單一細胞的受精卵，我們每一人的生命就此開跑。

男性精子和女性卵子都有它們的歷史，女性出生就有400,000個卵子放置在兩個卵巢內（如圖3-12所示），這些卵子直到女性達到青春期才會成熟，直到更年期，女性每28天排卵一次，在排卵期間，卵子由任一卵巢放出，由輸卵管中之細毛細胞推向子宮，假如卵子在輸卵管中遇到精子，受精就在此發生（Aitken, 1995）。

精子看起來像個小蝌蚪，生命期很短。它們由睪丸快速產生：一個成年男性一天能產生數億個精子。精子在性交時釋放出來，當精子進入陰道，它們開

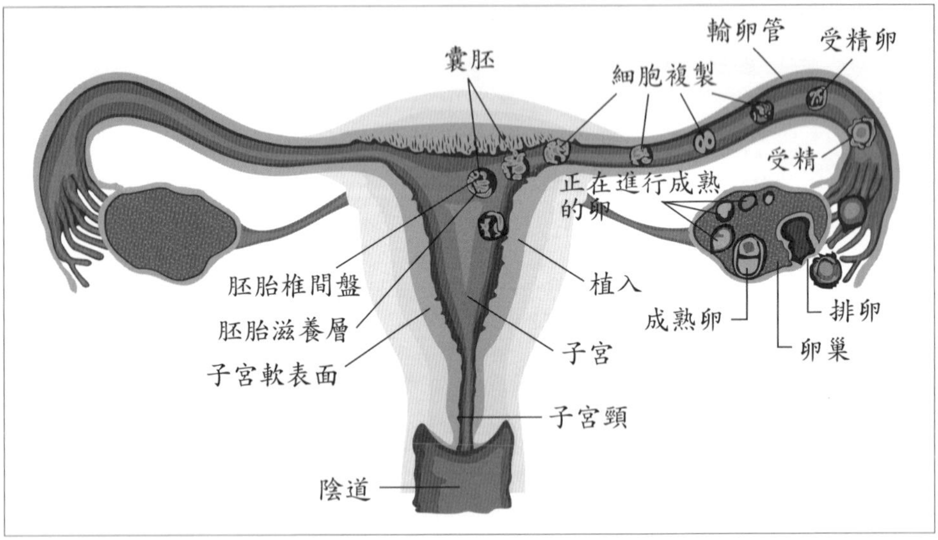

圖 3-12 女性生殖器官的解剖

女性生殖器官的基本解剖切斷面。

資料來源：Moore & Persaud (2003).

始崎嶇的路途。

由子宮頸到子宮，再進入輸卵管產生受精，在性交時所射出的三億個精子細胞中只有小部分最後能在這艱難的旅途中生存，僅有一個精子和一個卵子受精。每一個精子和卵子都包含著基因的資訊，足夠產生一個新人類。

胎兒階段：發展的來臨

胎兒期有三階段：胚芽期、胚胎期和胎兒期（如表 3-5 所示）。

胚芽期：受精後之兩週

這是胎兒期中最早又最短的時期，在受精後受精卵在兩週內開始分裂和成長成複雜體，在**胚芽期**（germinal stage），受精卵（又叫囊胚）游向子宮，並著床在子宮上，子宮內充滿了營養。胚芽期的特徵在於細胞的分裂，在受精後第三天很快地開始，有機體含有 32 個細胞，第二天就變成雙倍，一週內就有 100 至 150 個細胞，數目很快地增加。

表 3-5 胎兒的階段

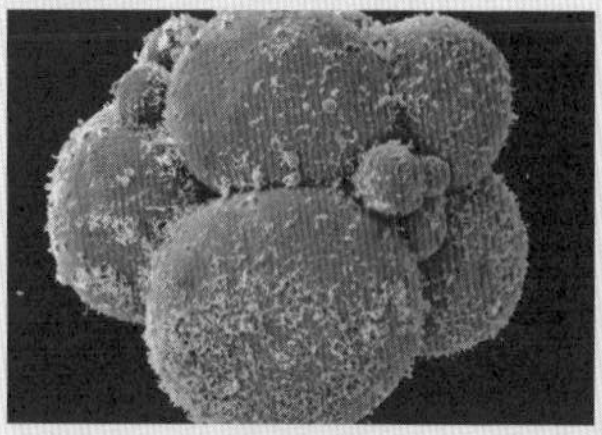 胚芽期	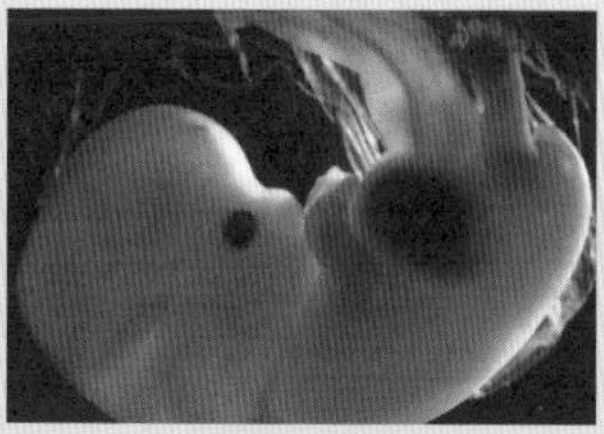 胚胎期	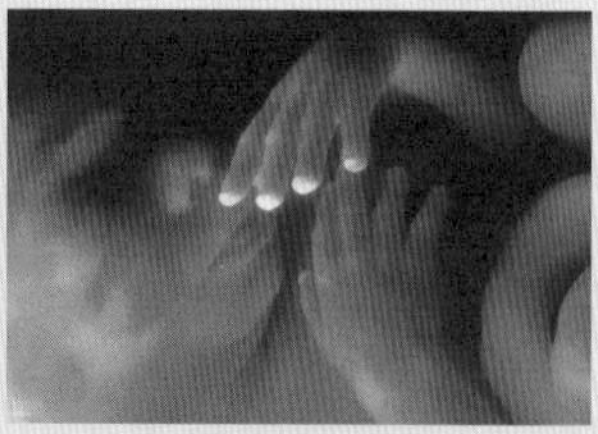 胎兒期
胚芽期最早也最短，特徵在細胞分裂和器官依附在子宮上，受精三天後，受精卵有 32 個細胞，第二天就成雙倍，一週內，受精卵就倍數增加到 100 到 150 個細胞，細胞變得更獨特，受精卵在外層有保護膜。	胚胎有三層，在發展的過程中，最後形成不同的結構，以下是不同層次：外層形成皮膚、感覺器官、腦、脊髓；內層變成消化系統、肝、呼吸系統；中胚胎形成肌肉、血液、循環系統，8 週時，胚胎有一英寸長。	胎兒期正式開始區分主要器官的開始，現在叫做胎兒，個體快速長高20倍，4 個月時胎兒重達 4 盎斯，在 7 個月時是 3 磅，出生時重量超過 7 磅。

不只是數字增加，有機體的細胞變得更有特殊性。例如：某些細胞形成細胞的保護外膜，其他的細胞開始建立胎盤和臍帶，當完全發展後，**胎盤**（placenta）當作母親與胎兒間連結的管道，經過臍帶提供營養和氧氣，發展中產生的廢物經由臍帶而排出。

胚胎期：2 週到 8 週

胚芽期結束時，有機體已經穩定地在母親子宮壁上，這時叫作胚胎，**胚胎期**（embryonic stage）是受孕後第 2 到 8 週，此階段的重點是主要器官的發展和基本的解剖結構。

胚胎期開始時，發展中的寶寶有三種不同層次：當發展繼續進行，胚胎最後會形成不同的結構，胚胎外層（ectoderm）形成皮膚、頭髮、牙齒、感覺器官、腦和脊髓；胚胎內層（endoderm）變成消化系統，肝、胰臟和呼吸系統；外胚胎和內胚胎中間是中胚胎；中胚胎（mesoderm）形成肌肉、骨骼、血液、循環系統。身體的每一個部分，都是由這三層所形成。

胚胎期結束時，看胚胎你很難認出他是人類，因為只有一英寸長，8 週大的胚胎有魚鱗和尾巴狀的結構，靠近仔細看，顯示出許多相似的特徵，基本的眼睛、鼻子、嘴唇甚至牙齒都可被認出，胚胎也有一團肉，將來會形成手臂和腿。

在胚胎期，頭和腦快速成長，頭部占胚胎尺寸明顯的比例，大約是總長度的 50%。神經細胞〔稱為神經元（neurons）〕的成長令人驚訝：在生命的第二個月，每一分鐘可產生 10 萬個神經元。神經系統在 5 週時就有功能，當神經系統開始有功能時，微弱的腦波也開始產生（Lauter, 1998; Nelson & Bosquet, 2000）。

胎兒期：8 週到出生

這是胎兒發展的最後階段，胎兒很容易被認出，**胎兒期**（fetal stage）在受孕後 8 週開始直到出生。當主要器官開始分化時，胎兒期就正式開始。

現在叫做**胎兒**（fetus），正在發展之孩子在胎兒期的成長速度驚人，例如長度就增加了大約 20 倍，比例也改變很多，在 2 個月大時，胎兒的頭占全身的二分之一；在 5 個月大時，胎兒的頭已是全身的四分之一（如圖 3-13 所示）。胎兒的重量也增加了，在 4 個月時，胎兒大約重 4 盎司；7 個月時，重達 3 磅，在出生時平均重量是 7 磅。

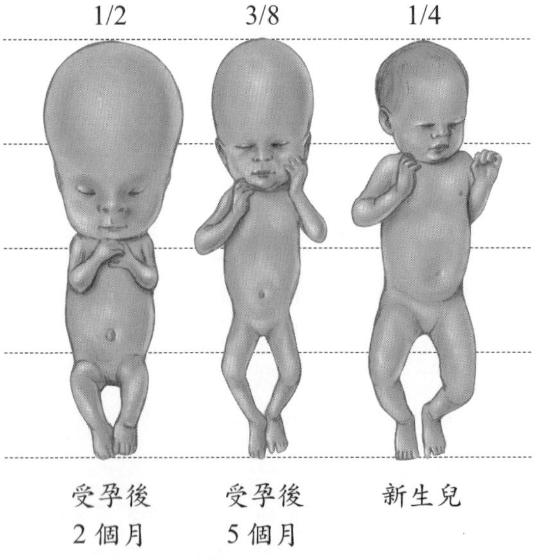

圖 3-13 身體比例

在胎兒期，身體比例改變很大，2 個月大時，頭占了二分之一，出生時卻是全身尺寸的四分之一。

同時，正在發展的孩子變得更快速複雜，器官更有差異和開始工作，例如 3 個月大的胎兒會吞嚥和小便，此外身體不同部分互相連結變得更複雜和整合。手臂發展出雙手，雙手發展出手指頭，手指頭發展出指甲。

當以上這些發生時，胎兒也會讓世界知道它的存在。懷孕初期母親可能還不覺察自己已經懷孕了，直到胎兒活動增加時，大部分母親確定有感覺。4 個月大時母親能感覺嬰兒的動作，再過幾個月，母親會感覺胎兒在肚內踢，在同時，胎兒還會轉動、翻滾、哭、打嗝、握拳、張開及閉上眼睛、吸拇指。

在胎兒時期，腦部變得更加複雜，左、右腦的半球快速成長，神經元相交連接也變得複雜，神經元外包圍著髓鞘，幫助腦部將訊息很快地傳到身體的其他部位。

胎兒後期，腦波的產生指出胎兒睡眠和清醒的不同階段，胎兒也能透過音波的震動而聽到聲音，例如：研究者 Anthony DeCasper 與 Melanie Spence（1986）要第一組懷孕的母親在懷孕的最後幾個月大聲念 Seuss 博士的故事書《戴帽子的貓》（*The Cat in the Hat*）一天兩次。在嬰兒出生三天後，他們表現了他們認出這個曾聽過的故事，比起其他有著不同韻律的故事，他們對《戴帽子的貓》反應較多。

在懷孕後 8 至 24 週，荷爾蒙的出現引導男、女胎兒更大的差異，例如：男性產生之男性荷爾蒙影響腦細胞的尺寸，和神經元銜接的成長，某些科學家懷疑，最後可能導致男性、女性腦結構的不同，甚至是後來性別相關行為的變化（Burton et al., 2009; Knickmeyer & Baron-Cohen, 2006; Reiner & Gearhart, 2004）。

沒有兩個成人是一樣的，也沒有兩個胎兒是一樣的。雖然懷孕期的發展是有廣泛模式的架構，但在個別胎兒的特殊行為也有著明顯的不同。某些胎兒極端好動，其他的又比較安靜（較好動的胎兒可能在出生後就會比較好動）；某些有快速的心跳，某些心跳較慢，大約範圍是每分鐘 120 至 160 次（DiPietro et al., 2002; Niederhofer, 2004; Tongsong et al., 2005）。

這種胎兒行為的不同是在受精時所遺傳基因的特徵，雖然其他的不同是由生命的最初九個月的環境影響。我們注意到嬰兒的產前環境以許多不同的方式影響了他們的發展，包括透過好的方式和壞的方式。

懷孕問題

對於某些夫婦，受孕是主要的挑戰，讓我們來認識有關懷孕所面對的生理和倫理的挑戰。

不孕症

約 15%的夫婦受**不孕症**（infertility）所苦，即持續 12 到 18 個月嘗試懷孕卻無法受孕的狀況。不孕症與年齡是正相關，父母年齡越大，他們越可能有不孕症（如圖 3-14 所示）。

對男性而言，不孕症是精子數量太少的結果，使用非法藥物或吸菸和以前性行為所傳染的疾病都是增加不孕症的原因。對女性而言，不孕症最常見的原因是卵巢無法釋放出卵子，這可能是荷爾蒙不平衡、受傷的輸卵管或子宮、壓

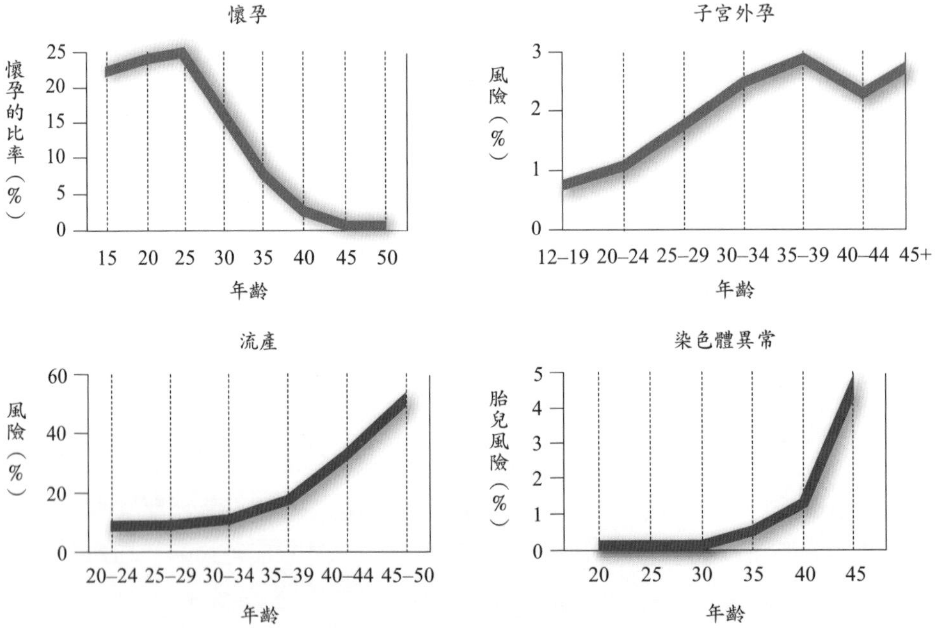

圖 3-14 年長婦女與懷孕風險

年長婦女不只不孕機率增加，而且染色體的不正常也會是風險。

資料來源：Reproductive Medicine Associates of New Jersey (2002).

力、酒精或藥物濫用（Kelly-Weeder & Cox, 2007; Lewis, Legato, & Fisch, 2006; Wilkes et al., 2009）。

不孕症有數種治療方式，某些困難可以透過藥物或手術改進，另一種選擇是**人工受孕**（artificial insemination），這些歷程是由醫師直接將男性精子放入女性陰道，某些情況是丈夫提供精子，有些是精子庫中不計名捐助人的精子。

在其他情況，受精是發生在母親體外。**試管受精**（in vitro fertilization, IVF）是一種歷程，將女性卵子由卵巢中取出，再讓男性精子與卵子在實驗室內受精，受精卵植入婦女的子宮內。相似地，輸卵管內精卵植入術（gamete intrafallopian transfer, GIFT）和受精卵輸卵管植入術（zygote intrafallopian transfer, ZIFT）是一個卵和精子或受精卵，種植在婦女的輸卵管內。在IVF、GIFT、ZIFT可以是植入在提供卵子的婦女或是某些案例是用代理孕母——這位婦女同意作全程的懷孕。代理孕母是當母親無法受孕時由生父人工受孕，並同意放棄嬰兒的權利（Frazier et al., 2004; Kolata, 2004）。

試管受精成功率增加，年輕婦女成功率高達33%（年長婦女較低）。它也變得比較普遍，婦女也公開這些流程，例如藝人Marcia Cross與Nicole Kidman。世界上大約有超過300萬名嬰兒是透過試管受精而產生。

進一步而言，生產技術越來越複雜，也允許父母選擇嬰兒性別。一種技術是分開帶有X和Y染色體的精子，之後再把想要的種類放入婦女的子宮。在另一種技術中，卵子由女方取出，在試管中與精子受精，受精後三天，測試受精卵來決定性別，假如是他們所想要的性別，才放入母體內（Duenwald, 2003, 2004; Kalb, 2004）。

倫理議題

代理孕母、在試管受孕和性別選擇技巧上呈現出倫理和合法性的議題，還有許多在情緒上的關注。在某些個案中，有些代理孕母拒絕放棄出生後的嬰兒，有些代理孕母想在孩子的生命中扮演某些角色，在這些案例中，父母親、代理孕母的權利和最後的嬰兒都在矛盾中。

更多的困難議題是有關性別選擇的技巧，依據性別來決定胎兒的生命是符合倫理的嗎？文化的壓力比較喜歡男孩是否造成用醫藥的介入來產生男性後代？甚至更困擾的是假如允許在繁衍歷程中得到偏愛的性別，那麼基因所決定的其他特徵也可以在未來做選擇，例如：假設由於科技的進步，選擇偏愛的眼睛和頭髮顏色、某些智力程度或某種特殊的人格，是符合倫理的嗎？目前是不可能，但在未來不是不可能（Bonnicksen, 2007; Mameli, 2007; Roberts, 2007）。

許多這些倫理議題尚未解決，但是我們可以回答一個問題：孩子如何用生育科技而產生，例如：試管受精。

研究顯示他們做得很好，事實上，某些研究發現，這些品質比自然受孕家庭更優異，更進一步而言，用試管受精和人工受孕的孩子心理調適與自然受孕生產的孩子並沒有不同（Dipietro, Costigan, & Gurewitsch, 2005; Hjelmstedt, Widstrom, & Collins, 2006; Siegel, Dittrich, & Vollmann, 2008）。

換言之，IVF 技術被年長者使用的增加（當他們孩子是青春期時，他們可能相當老了）可能改變這些正向的發現。因為廣泛應用 IVF 只是最近的事，我們還不知道年長的父母會發生什麼事（Colpin & Soenen, 2004）。

流產和墮胎

流產是突發性的，是指發展中的胎兒能在媽媽的子宮外存活前懷孕就結束，胎兒脫離了子宮壁而流失。

流產大約占懷孕的 15%至 20%，大約在懷孕的最初幾個月〔死產（stillbirth）是指受孕後 20 週或以上的孩子死亡了〕。許多流產在初期就發生，甚至連母親都不知道自己懷孕就流產了。通常流產是因為某些基因的不正常。

墮胎（abortion）是母親選擇中斷懷孕，每一位婦女面對複雜的生理、心理、法律和倫理議題都是一種困難的選擇。美國心理協會（APA）專案小組檢視墮胎後影響，發現大部分婦女經驗某些中斷不想要的懷孕所感受的難過、後悔和罪惡感。大部分的案例中，墮胎後的負面影響並不會持續，只有小部分的婦女過去就有嚴重的情緒問題（APA Reproductive Choice Working Group, 2000）。

別的研究發現，墮胎可能與未來心理問題增加有關；然而研究結果是混亂的，婦女對墮胎經驗的反應有很大的個別差異，唯一明確的是，墮胎是一個困難的決定（Fergusson, Horwood, & Ridder, 2006）。

產前環境：發展的威脅

依據南美 Siriono 人，假如懷孕的婦女吃某種動物的肉，她的小孩可能會有像這類動物動作或長相的風險，依據電視脫口秀，懷孕的母親應該避免生氣，才可以避免她的孩子帶著氣憤出生（Cole, 1992）。

這些觀點大部分是民間傳說，雖然有些證據顯示在懷孕期母親的焦慮會影響出生前胎兒睡覺的模式。在出生前後父母親行為的某些層面，會造成小孩終身的影響。某些影響會立即顯現，但是在出生前半數的可能問題不會顯示。別的問題、更有傷害力的，可能在出生後才發生（Couzin, 2002; Groome et al., 1995）。某些最嚴重的影響是由**致畸胎物**（teratogen）所引起，危險因素像是藥物、化學、病毒或其他因素，會引起不正常的出生兒。雖然這是胎盤的工作：讓危險因素不要碰到胎兒，但胎盤並沒有完全成功，每個胎兒都有可能暴露到危險因素。

暴露在危險因素的時間點和多寡是重要的。在胎兒發展的某些階段，某些危險因素可能僅有最少的影響，但在別的階段，某些危險因素可能又有嚴重的影響。通常，危險因素可能在快速胎兒發展時期有最大的影響。而某些危險因素的敏感度與人種和文化背景有關，例如：印第安人的胎兒比歐美後代更容易受到酒精影響（Kinney et al., 2003; Winger & Woods, 2004）。

進一步而言，不同的器官系統在發展的不同時期較易受到危險因素影響，例如：在受孕後 15 到 25 天，腦部最容易感染，在受孕後 20 到 40 天最易受感染的是心臟（如圖 3-15 所示）（Bookstein et al., 1996; Pakjrt, 2004）。

當考慮到有關某些特殊危險因素的發現，我們需要想到危險因素暴露發生的社會和文化的脈絡，例如：生活的窮困增加了危險因素暴露的機會，貧困的母親不可能負擔得起適當的食物與營養，讓她們較易感染疾病而傷害了發展中的胎兒；她們也較可能暴露在汙染中。因此，重要的是考慮社會因素允許這些畸胎原的曝光。

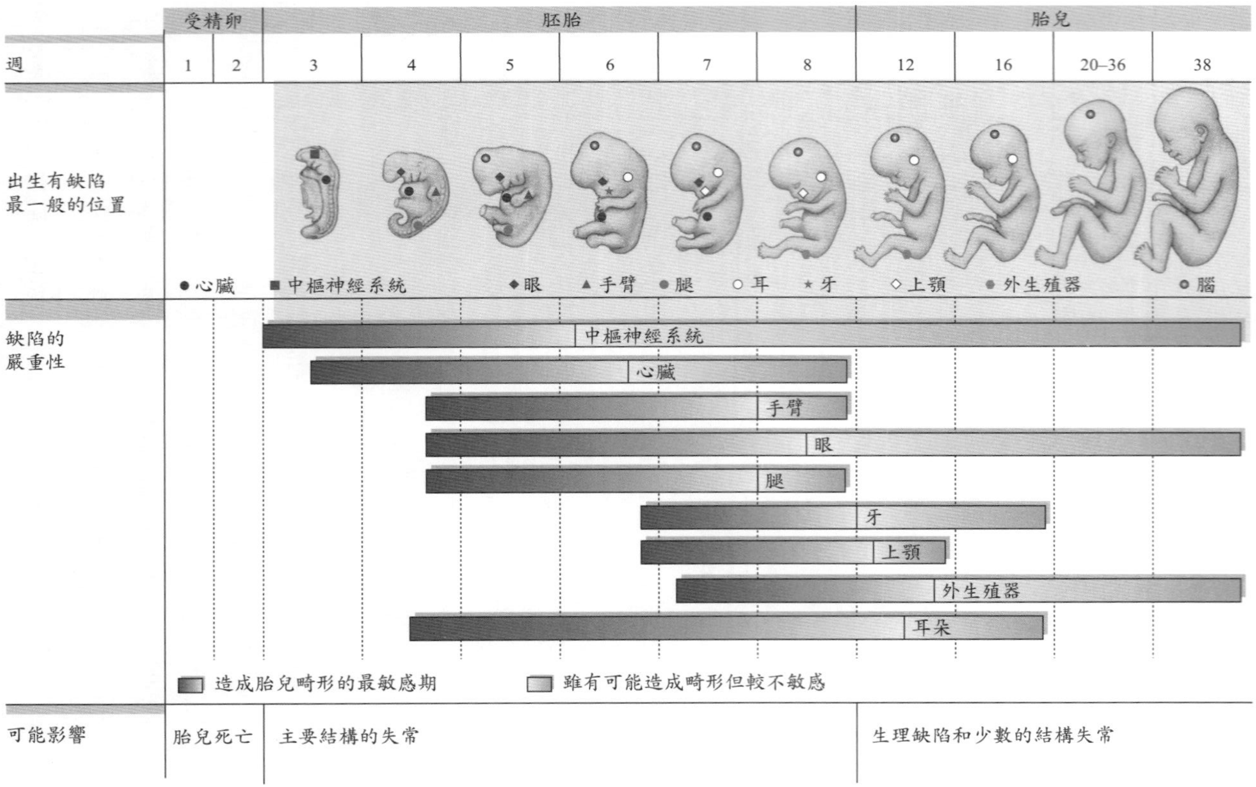

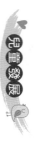

圖 3-15 導致畸胎的敏感時期

依據發展的狀況，身體的一些部位在風險因素敏感上是不同的。

資料來源：Moore (1974).

母親的營養與飲食

大部分我們對環境因素影響發展中胎兒的知識是由研究母親而來，例如：如同助產士提出 Lisa 和 Robert 的例子，母親的飲食清楚地在啟動胎兒發展中扮演著重要角色。一個母親吃各種高營養的飲食，懷孕期有較少的問題，比起營養不足的母親較易生出比較健康的嬰兒（Kaiser & Allen, 2002; Guerrini, Thomson, & Gurling, 2007）。

飲食問題是全球所關注的，世界上有 8 億的飢餓人口，更糟的是大約有 10 億人口近乎飢餓。明顯地，營養不足引起飢餓，大量的影響了由這種狀況下生活的婦女生下的上百萬名兒童（United Nations, 2004）。

幸運的是有方法來應對父母親營養不良而影響到胎兒發展的情況，給予母親營養補助品可以轉換由營養不良而產生的問題。進一步的研究顯示，在胎兒時就營養不良的孩子，只要養育在良好的環境中，可以克服某些早期營養不良的影響。不幸的是，事實上很少有小孩在出生前母親是營養不良，而出生後能夠有良好環境的（Grantham-McGregor et al., 1994; Kramer, 2003; Olness, 2003）。

母親的年齡

比起 20 至 30 年前，現在有較多的婦女較晚生小孩，這種改變的起因最主要是社會的轉型，更多的婦女選擇繼續更高的學位，而且在孩子出生前就開始自己的事業（Bornstein et al., 2006; Gibbs, 2002; Wildberger, 2003）。

結果造成從 1970 年代開始，許多婦女到 30 多歲和 40 多歲才生產，此種延後生產對母親和孩子的健康都有影響。婦女 30 歲後生產比起較年輕的婦女較容易有懷孕和生產的困難，例如：她們較容易生出早產兒，她們的小孩較有可能體重過輕，原因是母親卵子的狀況不好，例如：90% 42 歲婦女的卵子已經不正常（Cnattingius, Berendes, & Forman, 1993, Gibbs, 2002）。年長的婦女較可能生下唐氏症的小孩，一種智能不足的狀況。大約 100 名 40 歲以上高齡產婦生下的小孩就有一位有唐氏症；50 歲以上的母親，唐氏症的發生率就增加到 25%，即四位中就有一位（Gaulden, 1992）。一些研究顯示年長的母親並非會有更多懷孕問題的風險，例如：一個研究發現當婦女在 40 幾歲時從沒有經歷過健康問題，他們面臨產前的問題並不會比 20 幾歲的婦女還多（Ales, Druzin, & Santini, 1990; Dildy et al., 1996）。

不僅是年長母親面對懷孕的風險較多，某些年輕的婦女也面對此風險，女性在青少年時期懷孕，大約有 20%的機率可能是早產兒，青少年母親嬰兒死亡率是二十幾歲母親嬰兒的兩倍（Kirchengast & Hartmann, 2003）。

母親產前支持

青少年母親嬰兒死亡率高反映出的不只是有關年輕母親的生理問題，年輕母親常面對的是負面的社會和經濟因素，因而影響了嬰兒的健康，許多青少年母親沒有足夠的錢和社會支持，現實無法讓她們有好的產前照顧和嬰兒出生後的父母支持。貧窮或社會環境，例如缺少父母的參與或監督，甚至也是造成青少年一開始懷孕的原因（Huizink, Mulder, & Buitelaar, 2004; Langille, 2007; Meade, Kershaw, & Ickovics, 2008）。

母親的健康

母親吃對的食物、保持適當的體重、適當的運動，是生出健康嬰兒的最大機會。進一步而言，藉著健康的生活方式，她們可以減少終身肥胖的風險、高血壓和心臟疾病（Walker & Humphries, 2005, 2007）。

相對地，懷孕婦女生病會造成嚴重後果，例如：母親懷孕 11 週內得到德國麻疹（German measles）可能引發嬰兒嚴重的後果，包括失明、失聰、心臟發育不全或是腦部受損；不過在懷孕後期德國麻疹所造成之負面影響就較少。

許多疾病會影響胎兒的發展，也要注意是何時感染了這個疾病，例如水痘（chicken pox）會造成生產障礙，腮腺炎（mumps）會增加流產的風險。

某些性行為會傳染的疾病，例如：梅毒（syphilis）會直接傳給胎兒，讓他一出生就受此疾病之苦。在某些案例中，性行為傳染的疾病，例如：淋病（gonorrhea）是在生產時經由產道感染。

愛滋病（acquired immune deficiency syndrome, AIDS）是影響新生兒最新的

疾病，母親有此疾病或是帶原可能透過血液達到胎盤而傳染給胎兒，如果愛滋病母親在懷孕期接受抗病毒治療，例如AZT，只有低於5%的嬰兒會感染此病。這些嬰兒終其一生都須持續服用抗病毒藥物（Nesheim et al., 2004）。

母親的心理健康狀況也會影響小孩，例如懷孕母親的憂鬱症會影響孩子的發展，我們會在「從研究到實務」專欄中討論。

從研究到實務 由快樂到難過：當懷孕母親變得憂鬱了

想像你是 Lynne Walder，英國諾丁漢郡人，你是飛機公司的主管，熱愛生命。當你懷孕時，原本是生命中最快樂的時光，卻引起了荷爾蒙和一連串的改變，感覺是最糟的事情發生了。39 歲的 Walder 受孕 6 個月以來情緒消沉，雖然她勇敢地面對她的同事、家人和醫生，坦承想自殺的想法，她說：「母親和懷孕有衝突，每個人都讓你相信懷孕是美好的，但對我們一些人而言，它毀掉我們。」（Miller & Underwood, 2006）。

這是令人驚訝的事實，有 10%的懷孕母親是會有憂鬱症的，不僅憂鬱會影響到母親，越來越多的證據認為它也影響了發展中的胎兒，例如：母親憂鬱與低出生體重、早產、懷孕障礙和免疫功能的減低（Mattes et al., 2009; Oberlander & DiPietro, 2003）。

母親的憂鬱可能對孩子在出生後持續有影響，某些研究發現母親的憂鬱與嬰兒肌肉控制較弱、幼兒期不適當的行為控制，甚至成人的情緒問題有關，很難說這些研究的真實意義，因為它們總是有相關性，環境壓力等因素傾向與憂鬱同時發生（例如財務問題或是減少的社會支援），它也可能是引起產後問題的真正原因。進一步而言，基因因素可能影響母親的憂鬱和幼兒的情緒和行為問題（Huizink, de Medina, & Mulder, 2002; Ji et al., 2011）。

關切母親憂鬱可能造成的傷害是在醫生開立抗憂鬱症的藥給懷孕病人，但還是不清楚藥物能否解決最初的憂鬱問題：大部分研究建議抗憂鬱藥物對發展中胎兒影響較少，既使有影響也是暫時性，只是還沒有足夠的研究能確認，潛在長期影響的研究還是缺乏（Boucher, Bairm, & Beaulac-Baillargeon, 2008; Einarson et al., 2009; Miller et al., 2008; Ramos et al., 2008）。

由於以上事實，對經歷懷孕期憂鬱的婦女最好的其他選擇，就是非藥物的心理治療，談話式的治療提供懷孕母親另一種治療方式，而且對發展的胎兒不造成風險（Oberlander & DiPietro, 2003）。

- 科學家們發現母親憂鬱症和孩子的憂鬱有關嗎？環境因素和基因如何解釋其相關性？
- 母親是否需要定期接受憂鬱評估？為什麼要或為什麼不要？

母親的用藥

母親用許多種的藥——合法的和不合法的——對未出生的孩子有嚴重的風險，甚至藥房中一些因輕微不舒服而不需處方簽的藥物也會造成令人驚訝的傷害結果，例如：為頭痛而服用阿斯匹林（aspirin）會導致胎兒流血和成長受損（Griffith, Azuma, & Chasnoff, 1994）。

甚至醫師專業的處方藥，有時也有嚴重後果。在 1950 年代，許多婦女因為懷孕期早晨不舒服被告知可服用沙利賓邁（thalidomide），結果造成出生的孩子沒有手臂和腿，只有殘肢。雖然處方醫師不知道，但沙利賓邁抑制了四肢生長。四肢通常是在正常懷孕的頭三個月開始發展。

母親服用的某些藥物可能在 10 年後才引起小孩的障礙。最近的案例是在 1970 年代，人工合成荷爾蒙（diethylstilbestrol, DES）常被處方應用來避免流產，後來才發現母親服用人工合成荷爾蒙所生的女兒是高危險群，會造成一種稀有的陰道或子宮頸癌，而且在她們懷孕時會更難受。母親吃人工合成荷爾蒙的兒子也有問題，包括比平均還要高比例的生育問題（Schecter, Finkelstein, & Koren, 2005）。

婦女在不知懷孕的狀況下服用避孕藥或受孕藥可能會造成胎兒的傷害，這種藥物含有荷爾蒙，會在胎兒期影響腦部結構的發展，這些荷爾蒙對胎兒性別區分和出生後的男、女性別有明顯的損害（Brown, Hines, & Fane, 2002; Miller,

1998）。

外用藥可能對胎兒的環境同樣呈現較大的風險，藥物的純度，非法購買的差異明顯，因此藥物使用者絕對無法確認他們吸收了什麼。進而言之，某些一般的外用藥可能特別危險（H. E. Jones, 2006; Mayes et al., 2007）。

例如大麻（marijuana）的使用，這是最常用的非法藥物，美國就有上百萬人承認曾經試用過，在懷孕期間用大麻會限制傳輸給孩子的氧氣，它的使用會導致嬰兒不安、緊張、易困擾。小孩在胎兒時接觸到嗎啡，在 10 歲時會表現出學習和記憶的障礙（Goldschmidt et al., 2008; Smith et al., 2006; Williams & Ross, 2007）。

在 1990 年代初期，婦女使用古柯鹼（cocaine）導致了上千起病症，稱為 “crack baby”，古柯鹼造成胎兒強烈的血管收縮，引起血液和氧氣流動嚴重地減少，增加了胎兒死亡率和出生時障礙的風險（Schuetze, Eiden, & Coles, 2007）。

孩子的母親是古柯鹼成癮者，孩子可能一出生也對古柯鹼有癮，和受到停止吸毒的痛苦，甚至假若沒有古柯鹼癮也可能生下來就有明顯的問題，他們通常比平均值較矮、較胖，明顯出生不健全，或是癲癇，他們的行為與別的嬰兒不同，他們對刺激的反應是遲鈍的，一旦他們開始哭，可能很難被安撫（Eiden, Foote, & Schuetze, 2007; Richardson, Goldschmidt, & Willford, 2009; Singer et al., 2000）。

很難獨立確認母親用古柯鹼的長期影響，因為這種用藥常伴隨著不良產前照顧和出生後不好的教養。事實上，許多案例是母親不良的照顧，用古柯鹼而導致兒童的問題，並非只是藥物。受古柯鹼影響的孩子的治療不僅是需要母親停用藥物，而且要改善母親或其他照顧者提供嬰兒照顧的層次（Brown et al., 2004; Jones, 2006; Schempf, 2007）。

母親吸菸、喝酒

懷孕的婦女自認為偶爾喝點酒或是抽一支菸，對未出生的孩子不會有預期的影響，都是自欺，越來越多的證據顯示一小部分的酒精或尼古丁都能干擾胎兒的發展。

母親喝酒對未出生的孩子有嚴重的影響，在懷孕時飲用相當分量的酒，對孩子有很大的風險。大約每 750 個嬰兒就有 1 位出生就患有**胎兒酒精症候群**（fetal alcohol syndrome, FAS），此種障礙包括了低於平均智力和智能不足、發展遲緩和臉變形。胎兒酒精症候群現在是主要可預防智能不足的因素（Burd et al., 2003; Calhoun & Warren, 2007; Steinhausen & Spohr, 1998）。

甚至母親在懷孕時，少量的酒精都會讓小孩身陷危險。**胎兒酒精效應**（fetal alcohol effects, FAE）是因為母親在懷孕時飲酒，而造成孩子呈現某些胎兒酒精症候群的狀況（Baer, Sampson, & Barr, 2003; Molina et al., 2007; Streissguth, 1997）。

沒有胎兒氣精效應的小孩也可能受到母親飲酒的影響。研究發現母親在懷孕期只是每天喝兩杯酒就與她們小孩在七歲時的低智力有關；其他研究也一致指出在懷孕期少量酒精對未來孩子的行為和心理功能都有負面影響。進一步而言，在懷孕期飲酒是有長期持續的影響的，例如：一個研究發現 14 歲的小孩空間和視覺推理成功，與母親在懷孕期間飲酒有關。母親喝的酒越多，她們小孩的空間和視覺推理能力就越不準確（Lynch et al., 2003; Mattson, Calarco, & Lang, 2006; Streissguth, 2007）。

因為飲酒的風險，現今的醫師都會勸導懷孕婦女避免飲用任何酒精飲料。此外，醫生也提醒吸菸對未出生孩子的負面影響。

吸菸會有許多影響，吸菸減少了母親血液中的氧氣，增加了二氧化碳，減少了胎兒所需要的氧氣。香菸中的尼古丁和其他有毒物質也減緩了胎兒呼吸率和加速心臟跳動。

最後的結果是增加了流產的可能性，和嬰兒期的高可能死亡率。事實上，估計美國每年懷孕婦女抽菸導致 10 萬起流產和 5,600 名嬰兒死亡（Chertok et al., 2011; Haslam & Lawrence, 2004; Triche & Hossain, 2007）。

吸菸者比非吸菸者有兩倍的可能性會有不正常的低體重嬰兒，吸菸者的嬰兒比非吸菸者矮小。更進一步而言，抽菸的懷孕婦女有 50%以上的可能有智能障礙的孩子。最後，母親抽菸，其小孩在兒童期更可能會出現困擾的行為（McCowan et al., 2009; Wakschalg et al., 2006）。

抽菸的影響是嚴重的，它可能不僅影響到孩子，也會影響到孫子女，例如：

祖父母在懷孕期抽菸的兒童，比不抽菸祖父母的兒童，有兩倍以上的可能會有兒童期氣喘病（asthma）（Li et al., 2005）。

父親會影響產前環境嗎？

很容易推理出，父親在生產過程中做好他的工作就好，他在母親懷孕的環境中沒有角色。事實上，發展研究者過去也分享這個觀點，很少的研究檢視懷孕環境中父親的影響。

父親會影響懷孕環境越來越清楚，就像本章前面所言，Lisa 和 Robert 一起去找助產士就顯示出健康實務工作者應用研究結果建議父親也能支持胎兒的健康發展（Martin et al., 2007）。

例如：父親應避免抽菸，父親的二手菸會影響母親的健康，也會影響到未出生的孩子；父親抽菸程度越大，他孩子出生的體重就越低（Hyssaelae, Rautava, & Helenius, 1995; Tomblin, Hammer, & Zhang, 1998）。

父母喝酒和使用非法藥物對胎兒都有很明顯的影響，酒精和藥物損壞了精子，也可能造成染色體損傷，對受精時的胚胎有影響，加上酒精和藥物在懷孕時的使用，可能影響胎兒的環境，導致母親的壓力，造成不健康的環境。父親如在工作場域中暴露在有毒的環境中，例如：鉛或汞，也會影響到精子，造成不健全的出生兒（Choy et al., 2002; Dare et al., 2002; Wakefield et al., 1998）。

最後，父親對他們懷孕太太的身體和情緒的虐待會損傷他們未出生的孩子，使母親壓力的程度增加，或是實際造成身體受傷。虐待的父親增加了對他們未出生孩子的傷害風險。事實上，有 4%到 8%的婦女要面對懷孕期的身體虐待（Bacchus, Mezey, & Bewley, 2006; Gazmarian et al., 2000; Gilliland & Verny, 1999; Martin et al., 2006）。

你是一個明智的兒童發展消費者嗎？

優化產前環境

假如你想要有孩子，你可能對本章的資訊感到震撼，其實不用，雖然基因和環境兩者都有風險，但在大部分的案例中，懷孕和生產的進行都沒問題，重要的是有許多事情母親可以在懷孕時或之前做，以增加順利懷孕的最大可能性（Massaro, Rothbaum, & Aly, 2006）。

- 對計畫懷孕的婦女，許多預警是有順序的。第一，婦女只能在經期後最初兩週做非緊急的 X 光；第二，婦女在懷孕前三到六個月應接受德國麻疹預防針；最後，婦女計畫要懷孕應至少在試圖懷孕前三個月停用避孕藥，因為藥物的荷爾蒙產物會造成干擾。
- 懷孕期間或之前吃得好。一如俗語所言，一人吃兩人補，這意思是吃得規律和均衡的餐點是重要的。醫生會推薦服用維他命，包括葉酸可以減少生產缺陷（Amitai et al., 2004）。
- 別用酒精和其他藥物。證據指出藥物直接到達胚胎，也可能造成生產缺陷。酒喝得越多，胚胎的風險就越高。最好的勸告是不論妳已經懷孕或計畫生孩子，沒有醫生的指導不要隨便用藥，如果妳計畫要懷孕，鼓勵妳的伴侶避免用酒精或其他藥物（O'Connor & Whaley, 2006）。
- 檢視咖啡因的攝取。雖然還不清楚咖啡因是否造成生產缺陷，但已知咖啡、茶和巧克力中的咖啡因都會傳達到胚胎造成刺激，因此妳可能一天內不應該喝太多杯咖啡（Diego et al., 2007; Wisborg et al., 2003）。
- 不論懷孕與否，別抽菸。適用於懷孕母親、父親和其他人士，因為研究建議在產前環境中抽菸會影響到出生嬰兒的體重。
- 規律運動。許多案例中，婦女可持續運動，特別是低衝擊的例行活動。應避免激烈運動，特別是很熱或很冷的日子。一分耕耘，一分收穫，不適用於懷孕的婦女（Evenson, 2011; Paisley, Joy, & Price, 2003; Schmidt et al., 2006）。

個案研究 命運的基因手指

Melindah 和 Jermain 上週特別快樂，因為 Melindah 懷了他們的第一個孩子，但他們現在擔心到無法睡覺。

當他們看過醫生後返家，他們開始開玩笑地考慮某些特徵，例如身高（像 Melindah 一樣高或是像 Jermain 般的矮）、肥胖的傾向（像 Jermain）、智慧（高，像他們兩位），然後他們就轉向其他特徵。

Melindah和Jermain都很害羞和安靜，他們希望自己能更外向。兩人都不是天生的領導者或是有自信的公開演講者，但他們仍希望孩子是。他們兩者都是獨來獨往的人，他們都認為他們的小孩如果更外向及更會社交會有較好的生活。他們擔心是否人格特徵是先天決定的，是否他們小孩的命運可以改變。

接著談話變得更不確定了，Melindah記得在她家族中有某些心理疾病，某位叔叔也有暴力的謠言，Jermain也記得有酒癮的表兄和一位遠親由於鐮狀細胞貧血症而早死。

似乎有許多事情會出錯，都是因為他們的基因。

1. 你如何讓 Melindah 和 Jermain 對於他們的擔憂感到放心？
2. 他們討論的哪些特徵是基因因素，又有哪些是受環境所影響？基因特徵是否等同於命運，或是它們的表現可以被修正？為什麼是或為什麼不是？
3. Melindah 應該對於家族中的心理疾病和暴力有多少擔憂？你可以告訴她什麼？
4. Jermain 應對於他的孩子遺傳到鐮狀細胞貧血症有多少擔憂？
5. 你會考慮哪些因素來勸告他們去徵詢諮商或不去？

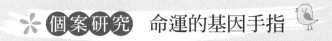

結語

本章我們討論了遺傳和基因的基礎，包括生命密碼是透過DNA代代相傳，我們也看到基因的轉換會有問題，我們也討論過基因障礙是可以治療的，也許可以預防，透過例如基因諮商的新介入。

本章的一個重要主題是遺傳和環境因素之間的互動，決定了人類的許多特徵，我們面對了許多遺傳扮演一部分角色的驚喜例子，包括人格特徵的發展和個人偏好和嗜好，我們也看到遺傳在任何複雜的特徵中從來不是唯一的因素，環境卻總是扮演著重要的角色。

最後，我們看到胎兒發展的主要階段——胚芽、胚胎和胎兒期，再檢視產前的環境威脅，進而優值化胚胎的環境。

以 Morrison 女兒的案例來說，如果在胎兒期就接受治療，他女兒的狀況有可能預防。依據你對基因和胎兒發展的了解，回答下列問題。

1. 你相信 Morrison 夫婦讓女兒接受治療是正確的決定嗎？為什麼？
2. 由 Morrison 夫婦的故事，你猜他們女兒的狀況是性別相關特徵或不是？為什麼？
3. 有證據提到狀況是由基因和環境組合的原因嗎？
4. 你認為基因檢測（例如：特別疾病的特質）應成為產檢中的一部分嗎？為什麼是或為什麼不是？

回顧

1 基因的基礎是什麼？

- 小孩從每一位父母接受到23對染色體，這46個染色體提供了基因藍圖，引導了個體生命的細胞活動。
- Gregor、Mendal 發現了重要的基因機制，管控著顯性和隱性基因的互動和它們在「等位基因」（alleles）的表現，例如頭髮和眼睛顏色的特徵和苯酮尿症（PKU）的出現都是等於基因，這些特徵都遵循著這種模式。
- 基因可能有生理損壞或自動突變，假如損傷的基因傳給小孩，結果造成一種基因障礙。
- 行為基因研究人類行為的基因基礎，聚焦在人格特徵和行為和心理障礙，例如精神分裂。研究者現已發現如何透過基因治療補救某些基因缺陷。
- 基因諮商師用檢測的資料和其他資源來確認想要有孩子的父母潛能基因是否健全，最近他們開始測試未來可能發生在個體的基因障礙。個體基因的障礙可能未來出現在個體本身。

2 環境和基因如何合作來決定人類特徵？
- 行為特徵常決定於基因和環境的組合，基因基礎的特徵呈現一種潛能，稱為基因型，可能受到環境的影響，最後以顯性表現出來。
- 解決遺傳和環境的不同影響，研究者用非人類的研究和人類的研究，特別是雙胞胎。

3 基因諮商的目的是什麼？
- 夫婦想要有小孩，可能透過基因諮商評估其基因背景和預測未來，找出未來懷孕可能的風險。

4 哪些人類特徵明顯受到遺傳影響？
- 所有人類特徵、行為都是先天和後天的組合和交互作用，許多生理特徵顯示了很強的基因影響，智力包含一種強烈的基因元素，但也受到環境因素的明顯影響。
- 某些人格特質包括內向和外向與基因因素有關聯，甚至態度、價值和興趣都有基因的因素，某些個人行為可能是基因的影響透過遺傳人格特徵的調解。

5 智力是如何決定的？
- 雖然遺傳在智力上扮演著重要角色，研究者對遺傳的程度卻是分歧的。
- 雖然遺傳在智力扮演了重要的角色，環境因素例如接觸書籍、好的教育經驗和有智慧的同儕也有很深的影響。

6 基因可以影響環境嗎？

- 父母提供給孩子的基因，不僅決定了基因的特徵，也積極地影響了他們的環境。
- 行為和特徵是基因和環境因素結合成的結果，對於某些特徵轉變了人類的生活都是基因和環境的相互影響。

7 胎兒時期的發展發生了什麼事？

- 精子和卵子在受孕時的結合開啟了胎兒發展的歷程，這對於某些夫婦是困難的，不孕症發生在 15%的夫婦中，可以用藥物、手術、人工受孕和試管受孕。
- 萌芽期（胚芽期，受孕 2 週），細胞快速分裂與特性化，胚胎依附在子宮壁上；胚胎期（2 至 8 週），外胚胎、中胚胎和內胚胎開始獨特化；胎兒期（8 週到出生）快速地增加器官的複雜性及差異性，胎兒變得主動和大部分的系統開始操作。

8 產前環境的威脅是什麼，我們又能做些什麼？

- 母親的因素影響了未出生小孩，包括營養、年齡、疾病和藥物、酒和菸的使用。在環境中父親和其他人的行為影響了未出生兒的健康和發展。

9 父親如何影響到胎兒的環境？

- 父親的二手菸會影響到母親健康，也會影響到未出生的嬰兒。
- 父親飲酒和服用非法藥物也會損傷他們的精子。
- 父親對懷孕太太的身體或情緒的虐待會損害他們的未出生孩子。

關鍵詞

- 配子（gametes）：由父母而來的性細胞形成一個新細胞。
- 受精卵（zygote）：由受精的過程中所形成之新細胞。
- 基因（genes）：基因資訊的基本單位。
- 去氧核醣核酸〔DNA (deoxyribonucleic acid) molecules〕：決定了身體裡每一細胞的內容，以及它將如何產生功能。
- 染色體（chromosomes）：DNA 桿形的部分，由 23 對組合而成。

- 同卵雙生（monozygotic twins）：基因完全一樣的雙胞胎。
- 異卵雙生（dizygotic twins）：雙胞胎的產生是當兩個不同的卵子大約在同時被兩個不同的精子受精。
- 顯性性狀（dominant trait）：當兩種競爭特徵出現，只有一種特徵被表現出來。
- 隱性性狀（recessive trait）：存在生物體中的一種沒有表現出來的特徵。
- 基因型（genotype）：有機體內存在外在無法看到的基因物質的組合。
- 表現型（phenotype）：可觀察到的特徵；特徵實際被看到。
- 同型結合（homozygous）：遺傳至父母某些特徵的相似基因。
- 異型結合（heterozygous）：某一種特徵是由父母遺傳不同形式的基因。
- 多元基因遺傳（polygenic inheritance）：遺傳中組合多種基因配對來負責某一種特殊的特徵。
- X 聯結基因（X-linked genes）：隱性基因存在 X 染色體上。
- 行為基因（behavioral genetics）：研究遺傳在行為上之影響。
- 唐氏症（Down syndrome）：一種障礙，其產生是由於第 21 對染色體中有一個額外的染色體，曾被稱為蒙古症。
- X 染色體脆弱症（fragile X syndrome）：一種障礙，是由在 X 染色體上一種基因的損傷所造成，因而產生中度到輕度智能障礙。
- 鐮狀細胞貧血症（sickle-cell anemia）：一種血液障礙，名稱來自於在患者身上紅血球細胞的形狀。
- 戴薩克斯症（Tay-Sachs disease）：家族病症造成眼盲和肌肉萎縮。
- 克林費爾特症候群（Klinefelter's syndrome）：一種障礙，是由一種額外之 X 染色體的出現而造成生殖器官發育不全、身高極高和胸部極大。
- 基因諮商（genetic counseling）：這領域的焦點是在幫助人們處理遺傳病症的議題。
- 超音波聲波圖（ultrasound sonography）：一種歷程，讓高頻率的音波掃描母親的腹部，並產生未出生幼兒的影像，可評估未出生兒的尺寸和形狀。
- 絨毛膜取樣（chorionic villus sampling, CVS）：一種檢驗，用在發現基因缺

陷，包含取樣胎兒周圍像頭髮般的物質。

- 羊膜穿刺術（amniocentesis）：確認基因缺陷的歷程，用針刺入包圍未出生胎兒的羊水，檢驗胎兒細胞的一小樣本。
- 氣質（temperament）：激動和情緒模式在一個體中表現了一致和持續的特質。
- 多重因素的調整（multifactorial transmission）：被基因和環境因素的組合而決定，包括呈現出來的顯性基因組合中的隱性基因。
- 受精（fertilization）：男性精子與女性卵子結合形成一種單一新細胞的歷程。
- 胚芽期（germinal stage）：最早又最短的胎兒期，受孕後的頭兩週。
- 胎盤（placenta）：母親和胎兒間連結的管道，透過臍帶提供營養物與氧氣。
- 胚胎期（embryonic stage）：受精後2至8週，受精卵明顯地在器官和身體系統都有成長。
- 胎兒期（fetal stage）：受精後大約8週直到出生的階段。
- 胎兒（fetus）：受精後8週到出生正在發展的小孩。
- 不孕症（infertility）：經過12至18個月嘗試懷孕卻無法受孕。
- 人工受孕（artificial insemination）：受孕歷程是由醫師將男性精子直接放入女性陰道。
- 試管受精（in vitro fertilization, IVF）：是一種歷程，將女性卵子由卵巢中取出，再讓男性精子與卵子在實驗室內受精。
- 致畸胎物（teratogen）：造成生產缺陷的因素。
- 胎兒酒精症候群（fetal alcohol syndrome, FAS）：由於母親在懷孕時飲用大量酒類所造成之認知缺陷，潛在結果是智能不足、兒童發展遲緩。
- 胎兒酒精效應（fetal alcohol effects, FAE）：由於母親在懷孕時飲酒，而造成孩子呈現某些胎兒酒精症候群的狀況。

4

Chapter

出生與新生兒

張玲芬 譯

學習目標

1 正常生產過程是什麼？
2 另類生產歷程有哪些？
3 生產時會有哪些併發症？它們的起因、影響和治療是什麼？
4 在哪些狀況中，剖腹生產是必要的？
5 產後憂鬱症是什麼？
6 新生兒有何能力？
7 新生兒如何對其他人做出反應？

序言 比飲料罐還小

醫生預測嬰兒 Tamara Dixon 最多 15%的生存機會。這小女孩僅有 25 週就來到這世界，早產了幾個月，出生時只有 10 英寸長，重 11 盎司（約 0.3 公斤），比飲料罐還小。

Tamara 是剖腹生產，母親 Andrea 在懷孕期有健康的問題。母親說：「看到 11 盎司的寶寶，你簡直無法相信她像什麼，她只是皮包骨。」

但 Tamara 扭轉了現實，她體重增加了，又能自行呼吸，4 個月大她就可出院回家，回家時她重達 4 磅（1.8 公斤）。如果她是滿月出生，現在只不過是一週大。

母親不斷地說：「這是奇蹟。」

展望未來

嬰兒不該像 Tamara 那麼早出生，然而，有許多的原因會造成 10%的嬰兒是早產兒，他們未來能有正常生活的可能性已進步相當多。

所有生產，即使是足月生產，也會引起驚喜和某些程度的焦慮。大部分的案例是順利生產，新生兒來臨是一種驚喜和愉快的時刻，緊接著就會對新生兒的天生能力感到驚奇，這些能力讓幼兒在一出生就對外面的世界和人做好反應的準備。

本章檢視生產的事物和初探新生兒長相。我們首先考慮生產、探索這歷程的進行，以及許多另類的方法。

其次，我們檢視生產可能發生的併發症，由早產到嬰兒死亡。最後，我們思考初生嬰兒的特殊能力，我們不僅是看體力和知覺能力，也看他們進入世界後的學習能力，這些技能幫助形成他們未來與他人關係的基礎。

生產

1 正常生產過程是什麼？
2 另類生產歷程有哪些？

> 她的頭頂呈現錐狀，雖然我知道這是因為頭骨通過產道的正常現象，幾天後就會改變，但我仍然很驚訝。她頭上還濕濕的有一點血，都是她生活九個月的羊水所造成的。身上都是白色、起司般的東西，護士先擦乾才放入我懷裡。我看到她耳上有細毛，我知道短時間內會消失，她的鼻子很小，好像她在第一次打架中失敗了：它在經過產道時被壓扁了。她似乎用眼睛看著我，抓我的手指，她是那麼完美（引用自 Brazelton, 1983）。

對於我們這些習慣於在嬰兒副食品上寶寶照片的人，你會覺得和新生兒很相似，不管他們暫時的樣子，**新生兒**（neonates）在出生時刻就立刻受到父母的歡迎。

新生兒的外表是在母親子宮內的許多因素所造成，經過產道，面對世界，我們追蹤他的過程，從生產歷程初期中所釋放出來的化學而開始。

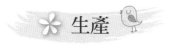

生產：出生開始的歷程

受孕後大約 266 天，一種稱為皮質釋素（corticotrophin-releasing hormone, CRH）的蛋白質造成不同荷爾蒙催產素（oxytocin），是由母親的腦垂體腺釋放出來，當催產素濃度夠高時，母親的子宮就會開始規律的收縮（Heterelendy & Zakar, 2004; Terzidou, 2007）。

在胎兒期，由肌肉組織組成的子宮會隨著胎兒長大而擴張，雖然懷孕時它是靜態的，但四個月之後它偶爾會收縮，為了生產而預作準備，這種收縮叫假性子宮收縮（Braxton-Hicks Contractions），有時又叫「假性分娩」，因為它們會愚弄到期待又緊張的父母，它們不表示寶寶會這麼快出來。

當生產實際發生時，子宮開始規律收縮，而且越來越強，像老虎鉗一樣，開和收強迫了胎兒的頭頂著產道，子宮頸與陰道打開。收縮加強的力道慢慢推動胎兒通過產道直到出生，這種需費力通過和窄小的產道常會造成前面所提的錐形頭的出現。

生產經歷了三個階段（如圖 4-1 所示），第一產程，子宮收縮開始，大約每 8 至 10 分鐘一次，持續約 30 秒。生產時，收縮會發生得更頻繁和持續得更

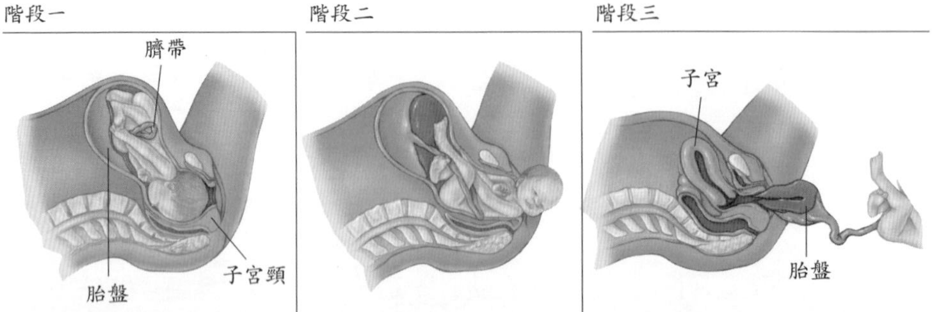

子宮收縮開始，每 8 至 10 分鐘持續 30 秒。生產末期，每 2 分鐘發生一次，持續 2 分鐘。收縮增加，子宮已經變寬，最大擴大到讓寶寶的頭通過。

寶寶的頭開始通過子宮頸和產道，持續 90 分鐘，第二階段結束時，寶寶已經完全離開了母體。

小孩的臍帶（仍依附在胎兒上）和胎盤脫離母親，這階段是最快也最容易，只需要幾分鐘。

圖 4-1 生產的三階段

久。接近生產結束時，收縮每 2 分鐘發生一次，持續約 2 分鐘。在第一產程的後期，收縮增加到最大強度，這階段是過渡期，母親產道打開，最後擴張（大約 10 公分）到允許寶寶的頭（身體最寬的部分）能通過。

第一產程是最長的。這種時間長度因人而異，依據母親年齡、種族、人種、之前懷孕的次數，和許多包括胎兒和母親的其他因素而異，基本上，新生兒生產需要 16 至 24 小時，但是還是有很大的不同，通常第二胎生產的時間較短。

在第二產程中，持續大約 90 分鐘，每一次收縮，寶寶的頭就離母親更遠，陰道開的尺寸也增加。因為陰道和直腸必須伸縮很大，**會陰切開術**（episiotomy）有時用來增加陰道開的尺寸，但最近這幾年，這種方式的批評也增加了，因為可能會引起一些潛在的傷害，在過去 10 年內，會陰切開術的數目也減少了（Dudding, Vaizey, & Kamm, 2008; Goldberg et al., 2002; Graham et al., 2005）。

第二產程是當寶寶完全離開母體而結束，最後，第三產程發生在當胎盤、臍帶（仍是依附在新生兒身上）和胎盤由母體中分開，這個階段最快、最容易，只要幾分鐘。

婦女對生產的自然反應，部分是文化因素，雖然沒有證據指出不同文化婦女有生產身體方面的不同，對於生產的期望和痛苦的解釋也有文化的明顯不同（Callister et al., 2003; Fisher, Hauck, & Fenwick, 2006; Xirasagar et al., 2011）。

例如：眾所皆知的一個懷孕故事，在某些社會中，懷孕婦女放下在農田工作的工具，走到旁邊就生產了，生產後把新生兒裹起來背在自己的背後繼續田裡的工作。非洲的 !Kung 族人指述婦女生產是安靜地坐在樹邊，不需要幫助就能成功地生產和很快復原。另一方面，許多社會認為生產是危險的，某些觀點認為會造成疾病，這些文化的觀點表示某些社會是如何看待生產的經驗。

生產：由胎兒到新生兒

生產開始的時刻，是當胎兒經過子宮頸離開子宮，通過陰道離開母體。大部分寶寶從透過胎盤吸收氧氣到用肺部呼吸，一旦寶寶離開母體，大部分的新生兒會自發性地哭，如此會幫助他們清理肺部和自行呼吸。

接下來會發生什麼事，是隨著文化和情況而有所不同。下一步的變化有哪些？在西方文化，健康照顧者在生產時都是隨時協助，在美國，99%的生產是由專業健康照顧者參與，但是全球則僅有 50%的生產有專業健康照顧者參與（United Nations, 1990）。

Apgar 量表

在多數情況下，新生嬰兒先接受快速的檢視，父母也許會數數手指和腳趾有幾根，但受過訓練的健康照顧者會檢視得更多，他們通常用**Apgar 量表**（Apgarscale），這是一種標準測量系統，可檢視良好健康的指標（如表 4-1 所示）。此量表是由 Virginia Apgar 醫生研發出來，量表注重在五項基本指標，包括外觀（膚色）、脈搏（心跳）、反應（反射的興奮）、活動力（肌肉張力）、呼吸。

使用這量表，健康照顧者給新生兒五個指標中的每一項分數評分 0 至 2 分，總分是 0 至 10，大部分新生兒是 7 或是 7 分以上，10%的早產兒分數在 7 分以下，需要幫助呼吸，新生兒分數在 4 以下者立刻需要生命急救的介入。

低 Apgar 分數或在其他新生兒行為評量表的低分，例如：布列茲頓新生兒行為評量表（The Brazelton Neonatal Behavorial Assessment Scale），可能表示生產缺陷已經在胎兒就呈現了，有時是生產過程中造成困難，最嚴重的是有關暫

表 4-1 Apgar 量表

在出生後 1 和 5 分鐘依以下之訊息計分，假如寶寶有問題，則在 10 分鐘時給外加分數。分數 7 至 10 分之間是正常，4 至 7 分之間需要一些復甦性的測量，分數在 4 以下，寶寶需要立即的復甦。

徵象	0 分	1 分	2 分
A 外觀（皮膚顏色）	灰藍色，全部蒼白	除了某些特殊處外都正常	整個身體都正常
P 脈搏	無	低於 100 bpm	100 bpm 以上
G 反應（反射的興奮）	無反應	怪相	噴嚏、咳嗽、拉扯
A 活動力（肌肉張力）	缺乏	手臂和腿的彎曲	有活力的動作
R 呼吸	缺乏	慢，不規則	好，會哭

資料來源：Apgar (1953).

時的缺氧。

生產期間不同的結合，胎兒可能缺氧，原因很多，例如：臍帶可能纏到胎兒頸部；在長期收縮時，臍帶被擠壓，阻斷了氧氣的通過。

缺氧幾秒鐘對胎兒損傷不大，但長時間就會造成嚴重損傷。氧氣的限制或**生產時缺氧**（anoxia），持續幾分鐘就會造成認知缺陷，例如語言遲緩，和腦細胞死亡造成智力不足（Hopkins-Golightly, Raz, & Sander, 2003; Lushnikova et al., 2011）。

最初接觸的身體接觸

評估新生兒的健康之後，健康照顧工作者下一步是處理嬰兒通過產道的剩餘物，記得之前所提之厚又油滑的物質（像奶酪）包裹著新生兒，這樣的物質叫作胎脂（vernix），潤滑產道用；當胎兒出生後就不需要了，可以很快地清洗掉。新生兒身體也包著一層黑色胎毛（lanugo），這個很快就會消失。新生兒眼皮因為生產時的液體可能腫脹，新生兒可能有血液或其他液體在身體部位。

在清潔之後，新生兒通常會交給父母，雖然每天都有新生兒出生，但嬰兒的出生對父母依然是奇蹟，而且非常珍惜與他們孩子的第一次相識。

父母與新生兒初次互動的重要性已變成爭議事件，某些心理學者和醫生爭議父母在出生後立即有親密的身體和情緒接觸是**依附情感**（bonding），會形成父母與孩子之間延續的關係（Lorenz, 1957）。他們的爭議是非人類物種的研究，例如鴨子。這個研究顯示在出生後有關鍵期，顯示某種別的物種正好在此時出現時，個體已做好學習的準備，或是銘印。

依據人類的依附觀點，關鍵期就在剛出生的幾小時。在這時期，母親和嬰兒皮膚的接觸會產生深度的情緒依附情感，這種推論是假如環境無法建立依附情感，這種母子依附情感就會永久缺乏。因為很多寶寶是離開母親放在保溫箱或是育嬰房，擔心的是醫藥的使用流行反而減少了母子在生產後立即身體接觸的機會。

當發展學家仔細地閱讀研究文獻，他們發現很少研究支持出生時依附關鍵期的存在，雖然它似乎是母親在早期與寶寶有身體接觸的寶寶比不接觸者的寶寶對研究者更有反應，但此種差異只持續幾天。此種消息讓父母確定自己的孩子在出生後一定要先接受醫療照顧，例如 Tamara Dixon 的案例（本章序言所提），它也是對無法在生產後養育孩子的父母的安慰（Else-Quest, Hyde, & Clark, 2003; Miles et al., 2006; Weinberg, 2004）。

雖然母親和小孩的依附情感似乎不是那麼具關鍵性，但重要的是，新生兒在出生時若能接受成人輕柔的按摩和接觸，其接受的身體刺激引導了腦部化學反應而促進成長，結果嬰兒按摩與體重增加有關，也會有較規律的睡眠及清醒時間、更好的神經肌肉的發展，及減少嬰兒死亡率（Field, 2001; Kulkarni et al., 2011）。

生產的方式：醫療和態度在何處相遇

> Ester Iverem 知道自己不喜歡和醫生互動，因此選擇 Manhattan's Maternity Center 的護理助產士，她可以自由使用生產凳子並有先生 Nick Chiles 陪伴在旁邊。當收縮開始的時候，Iverem 和 Chiles 出去散步，有時停下來做搖擺的動作，她說：「就像小孩最初開始學如何跳舞一樣，由一隻腳換成另一隻腳。」這樣做幫助她面對強有力的收縮。
>
> 「我坐在生產椅上（傳統的非洲凳子，改成西方的方式，凳子低到地面且中間有一個開口能讓baby出來），Nick坐在我的正後方，當助產士說『用力』，嬰兒的頭就出來了。」他們的兒子 Mazi Iverem Chiles 被放在 Ester 的胸前，而助產士則一邊準備做例行的檢查（Knight, 1994, p. 122）。

西方的父母已經發展出各種策略，他們也有堅定的信念來幫助他們處理自然生產這類的事，雖然自然生產在非人類的動物世界中普遍進行，但今日的父母需要決定：生產要在醫院還是在家中？由醫生、護士還是助產士來協助？父親需要在現場嗎？兄弟姊妹和其他家人在生產時也能在場參與嗎？

大部分的問題無法明確的回答，主要是因為生產方式的選擇常常涉及到關於價值觀和個人的想法，沒有一個單一的步驟對所有的母親和父親是有效的，也沒有研究結果證明某種生產過程比別種更好。如我們所見，有許多不同的議題和觀點，當然，個人的文化在選擇生產過程中也扮演著一種角色。

豐富的選擇是對傳統醫學應用的一種反應，這些傳統醫學在 1970 年代早期在美國普遍使用。在那段時間之前，典型的生產就像：生產的婦女和其他的婦女同在一個房間，她們所有人都正處於生產的不同階段，有些人痛苦地大叫，爸爸和其他家庭成員都不准出現。嬰兒出生前，婦女才被送入產房，生產就在此時發生， 生產婦女常常太疲累，不知道自己已經生產了。

在那時，醫生認為這種過程是必需的，以確保母親和新生兒的健康。批評者則提出另類的生產過程也可以使用，因為不僅讓生產的參與者擴大了醫療照顧，也改善了其情緒和心理（Curl et al., 2004; Hotelling & Humenick, 2005）。

另類生產過程

不是所有的婦女都在醫院生產，也並非所有的生產都遵循傳統的歷程，傳統生產應用中幾個主要的另類方法如下：

拉梅茲分娩技術（Lamaze birthing techniques）

拉梅茲呼吸法在美國已經廣泛使用，依據 Fernand Lamaze 的著作，這方法運用呼吸技巧和放鬆訓練（Lamaze, 1979）。準媽媽要參與一系列數週的訓練課程，她們學習運動幫助她們放鬆身體所控制的不同部位。一位「教練」（通常是父親）會陪伴著準媽媽一起受訓，這種訓練讓其藉由將注意力放在呼吸上來產生放鬆的感覺以應付生產的疼痛，避免因緊張而讓疼痛加劇。準媽媽學習將心思放在放鬆上面，例如想像一個平靜的畫面，這樣的目的在於學習正面的處理疼痛，並在收縮的一開始就能放鬆（Lothian, 2005）。

這過程有效嗎？大部分媽媽和爸爸說拉梅茲生產是非常正面的經驗，他們在生產過程中獲得專業的感受，對這個艱鉅的經驗能夠擁有某些主控權。另一方面，我們不確定選擇拉梅茲方法的父母，比不選擇這項技術的父母是否有更高的動機，因此他們在拉梅茲生產後所給予的讚譽是因為他們最初的熱誠，而非拉梅茲過程本身（Larsen, 2001; Zwelling, 2006）。

參與拉梅茲以及其他的自然生產技術，是在強調教育父母有關生產的過程和減少藥物的使用，但是低收入的族群卻相對的較少，包括許多少數種族。這些父母可能沒有交通工具、時間或財務資源去參加預備生產的課程，造成低收入社群的婦女傾向對生產這件事有較少的準備，結果在生產時受到更多的痛苦（Brueggemann, 1999; Lu et al., 2003）。

Bradley 方法

Bradley 方法有時被稱為「丈夫做教練生產」，理論依據是盡可能自然生產，不包含任何藥物或是醫療介入。婦女為了要處理生產的痛苦，就被教導要掌控她們的身體。

為了準備生產，準媽媽被教導肌肉放鬆技巧，類似於拉梅茲過程，在懷孕期的良好營養和運動對生產的準備也是重要的。父母被鼓勵要對生產負起責任，醫生被視為多餘的，甚至有時候是危險的。你可能會認為不鼓勵傳統的醫療介入是有矛盾的（McCutcheon-Rosegg, Ingraham, & Bradley, 1996; Reed, 2005）。

催眠生產

催眠生產（Hypnobirthing）是一種越來越流行的新技巧，它包含了一種在生產時催眠的形式，造成媽媽有和平與平靜的感覺，因此減少痛苦。其基本概念是產生集中注意力的狀態，讓媽媽身體放鬆而聚焦在內心。越來越多的研究證明這種技巧對減輕痛苦是有效的（Alexander, Turnball, & Cyna, 2009; Olson, 2006; White, 2007）。

生產照顧者：誰協助生產？

傳統的婦產科醫師專業在於接生寶寶，長久以來一直是生產照顧者的選擇。但在過去幾十年內，更多的媽媽選擇用助產士——在整個生產過程中與母親在一起的生產照顧者。助產士通常是護士，專精在接生，沒有特別狀況的懷孕通常用助產士。在美國用助產士的婦女越來越多，現在人數為 7,000 人，大約是生產的 10%。助產士在其他國家大約接生 80%的寶寶，通常是在家中接生。家中生產在所有經濟發展程度的國家都是普遍的，例如荷蘭有三分之一的生產是在家中（Ayoub, 2005）。

陪產員（doula）是最新的趨勢也是最古老的一種。陪產員是受過訓練的，且在生產時能提供情緒、心理和教育的支持。陪產員並非要取代婦產科醫生或助產士，也不做醫療檢查。陪產員對另類的生產方法很熟悉，能提供母親支持，和確認父母了解另類生產方式以及有關生產歷程的可能會發生的狀況。

雖然在美國用陪產員是新方法，他們確實代表了回到在別的文化早就存在的一種舊傳統。雖然他們可能不叫做陪產員，但在非西方文化中，已經有好幾個世紀都是由有經驗的老婦人來幫助婦女生產。

越來越多的研究指出，陪產員對生產過程是有益處的，能加快產程和減少對藥物的依賴，但是其爭議在於不像註冊的助產士（certified midwives），既是護士又要加上兩年的訓練，陪產員則不需要註冊或有某種的教育程度（Ballen & Fulcher, 2006; Campbell et al., 2007; Mottl-Santiago et al., 2008）。

疼痛和生產

任何一個生過小孩的女人都同意生產是很痛的，但是究竟有多痛？

這種問題大多無法回答。一個原因是疼痛是主觀的心理現象，無法輕易地被測量出來。沒有人能夠回答這種問題：是否他們的痛比起其他人的痛來得「更大」或是「更糟糕」，雖然一些研究企圖予以量化。例如在一項問卷調查中，婦女被要求把她們在生產中經歷的疼痛在 1 到 5 的評比中給分數，5 是最痛的（Yarrow, 1992）。幾乎一半的人說「5」（44%），25% 的人說「4」。

因為疼痛通常是一種身體不適的訊號，我們學習到用害怕和擔憂來因應疼痛。在生產時，疼痛其實是身體適當運動的一種訊號，收縮是用來推動寶寶通過產道，結果生產時的痛苦經驗讓生產時的婦女很難解釋，因此潛在地增加了她們的憂慮，讓收縮似乎更痛。最後，每一個女人的生產都依賴以下的變數，例如在生產前及生產時有多少準備和支持、她對懷孕和生產文化觀點，和生產本身的獨特性（Abushaikha, 2007; Escott, Slade, & Spiby, 2009; Ip, Tang, & Goggins, 2009）。

使用麻醉和減痛藥

現代醫學最大的進步就是不斷發明藥物以減少痛苦，生產時藥物的應用是一種有利也有缺點的應用。

大約三分之一的婦女都是接受硬膜外麻醉的方式，讓腰部以下產生麻木感。傳統的硬膜外麻醉造成無法走路，在某些案例中造成婦女在生產時無法幫助推動嬰兒出來，較新型的硬膜外形式又叫作走動硬膜外或是雙重脊髓硬膜外麻醉，應用較小的針頭持續地施打麻醉劑，這種麻醉讓婦女在生產時比較能自由活動，比傳統的硬膜外麻醉有較少的副作用（Simmons et al., 2007）。

藥物對於減少疼痛或是讓生產相關的疼痛消失是相當有幫助的，這種痛可能是極端的也是讓人疲憊的。但是減少痛苦是有代價的，生產時使用的藥物不只是進到母親體內也進入胎兒身體，藥物越強，對胎兒的影響就越大，因為胎兒的體型與母親相較之下較為嬌小，藥量對母親僅有極小的影響，可是對胎兒影響甚大。

麻醉可能暫時抑制了胎兒氧氣的流動並讓生產減緩，再加上母親使用麻醉，容易讓新生兒身體反應較少。在生產後的最初幾天，肌肉容易控制不良，可能在開始餵母奶時也會有困難（Ransjö-Arvidson, 2001; Torvaldsen et al., 2006; Walker & O'Brien, 1999）。

大部分的研究建議，在生產期間使用藥物，對胎兒僅有極小的風險。美國婦產科協會（American College of Obstetricians and Gynecologists）所發表的指標中也建議，婦女在生產的任何階段都應適當地給予小量的藥物來減少疼痛，這是合理的，且對小孩未來的健康發展沒有明顯的影響（Albert et al., 2007; ACOG, 2002; Shute, 1997）。

生產後留院：生產，然後離開嗎？

當紐澤西的媽媽 Diane Mensch 在第三胎生產後隔天就被送回家時，她仍然覺得很疲憊，但是她的保險公司堅持有 24 小時的時間足夠她復原，拒絕給付更多的錢。三天後她的新生兒因黃疸又回到醫院，Mensch 認為如果她和新生兒可以待在醫院裡久一點，寶寶的問題就可更快地被發現和治療（Begley, 1995）。

Mensch 的經驗並非不常見。在 1970 年代，平均正常生產住院是 3.9 天，到了 1990 年代變成兩天，這種改變主要由醫療保險公司主導，他們提倡產後住院 24 小時以減少花費。

醫療照顧提供者挑戰這種趨勢，認為這樣對父母和新生兒會有一定的風險。例如母親開始流血，因為她們在生產時撕裂了組織而受傷；對新生兒更是有風險，他們可能提早離開醫院提供的醫療照顧。進一步而言，當母親能長期住在醫院時，就能有更好的休息，對醫療照顧也感到更滿意（Finkelstein, Harper, & Rosenthal, 1998）（如圖 4-2 所示）。

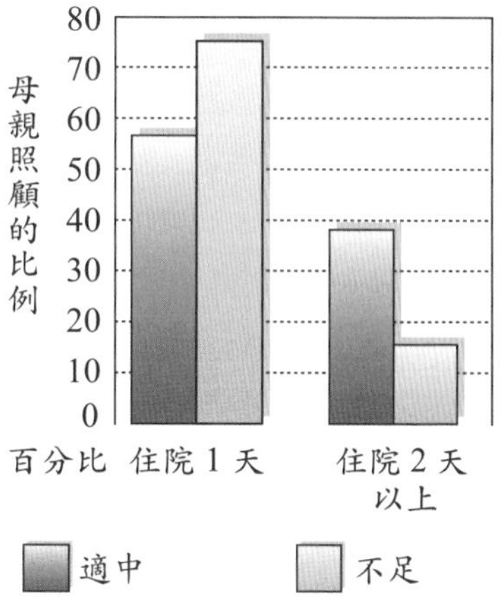

圖 4-2 越長越好

明顯地，母親在生產後住院越久，比只住院一天就出院，對醫療照顧更滿意。部分保險公司偏好減少住院到僅在生產後 24 小時，你認為這種減少是公正的嗎？

資料來源：Finkelstein, Harper, & Rosenthal (1998).

根據這些觀點，美國小兒科學會提出婦女在生產後留院時間不可少於 48 小時，美國國會通過法律強制保險要包括出生後 48 小時的住院（American Academy of Pediatrics Committee on Fetus and New-born, 2004）。

新生兒篩檢

剛出生的嬰兒要做不同疾病的測試和基因狀況的檢查。美國醫療基因學會建議所有的新生兒要接受 29 種障礙評估，由聽力障礙及鐮狀細胞貧血症到極端稀有的狀況，例如異戊酸血症（isovaleric acidemia）——一種有關新陳代謝的障礙。這些障礙都可以由嬰兒腳跟抽出來的小量血液來檢查（American College of

Medical Genetics, 2006）。

新生兒篩檢的好處是將可能會拖很久的問題能夠即早治療。某些障礙透過早期治療可以避免不幸的狀況發生，例如某種特殊營養的飲食（Goldfarb, 2005; Kayton, 2007）。

每一州新生兒所接受的測驗是不同的，在某些州僅要求三種測驗，其他州有要求 30 種以上的。在行政上只提供少量的測驗，許多障礙無法被診斷出。事實上在美國一年有 1,000 個有障礙的嬰兒可以在出生時就被檢查出來，所以應在嬰兒出生時就給予適當的篩檢（American Academy of Pediatrics, 2005; Suida-Robinson, 2011）。

出生後不久，嬰兒即接受小兒科推薦的一系列預防針的第一劑，讓他們在兒童期對一般疾病有免疫作用。預防針有效地減少了兒童期疾病的發生，醫療社群也聯合推薦一系列基本的預防疫苗（ACIP, 2011）。

從研究到實務 預防針的戰爭

我的太太 Cassandra 和我對養育小孩不曾有過多的爭執，因為我們的兒子所能夠做的就是睡覺和吃飯，不過我們還是有個主要的爭執是在預防針……。

許多朋友不給孩子打預防針，我知道小兒科醫師提倡避免施打某些預防針……。我同意主流媒體、學術界和政府，並不是因為他們總是對的，而是因為他們對的時候比較多。

Cassandra 有她不相信藥廠和政府的理由，我們協議要我們的兒子注射所有的預防針，但是我們正尋找一種預防針的品牌，它含有最少量的鋁和每注射一次預防針會休息一段時間再繼續。我同意如此的作法是因為我們只需要運用額外的一點時間去看醫生就能將所有的事情都做好，而且爭執也減少了（Stein, 2009, p. 72）。

這對夫婦面臨的議題，在無數的新生兒家庭中也必須去面對。雖然對於危險的和會致死的兒童期疾病，例如麻疹、小兒麻痺、天花、德國麻疹，注射預防針是有效的，而且已經拯救了上百萬的生命，但是這種方式在最近幾年被攻擊，令人爭議的是預防針本身是否有危險性（Lantos et al., 2010; Redsell et al., 2010）。

對預防針的恐慌伴隨著自閉症案例的增加而上升，發展障礙兒童的表現影響了社交的功能，缺乏溝通和困擾人的或是重複的行為，因為自閉症常是在預防針注射時發生，某些觀察者提出這種障礙與預防針內的化學物品有關（Boutot & Tincani, 2009; Mooney, 2009; Willrich, 2011）。

當 1998 年一個研究提出了兩者之間可能有關後，公眾就確定了預防針與自閉症兩者具有相關性。研究者檢視許多自閉症孩子和其他發展障礙孩子的消化系統都有腸道發炎的問題，他們懷疑這些麻疹、腮腺炎、德國麻疹（MMR）的預防針引起這種發炎的問題，並釋放出毒性引起腦部受損（Wakefield et al., 1998）。

雖然這種假設在後來被推翻了，但媒體的宣導讓公眾深信兩者是有關聯性的，加上大家害怕使用的疫苗中含有硫柳汞和含汞防腐劑。疫苗中含有的汞已經被發現是有毒的，它會引發自閉症嗎？

結論是「不」，疾病控制和預防中心以及美國小兒科協會提出自閉症與 MMR 預防針沒有相關性，醫療協會的一份報告中也提出了自閉症和 MMR 預防針以及其他含有硫柳汞的預防針沒有相關。進一步而言，美國聯邦法庭在 2009 年也判定三個關鍵測驗案例，依據科學的文獻，法院認為自閉症和 MMR 預防針和其他含有硫柳汞的預防針無關（Centers for Disease Control and Prevention, 2008; Patil, 2011; U.S. Court of Federal Claims, 2009）。

不管這些清楚的發現或法規提出了什麼，害怕依舊持續著，民間還是認為自閉症與預防針是有相關性的，這樣的想法很難消失。諷刺的是這些人仍然提倡兒童不注射疫苗，因為他們害怕自閉症反而造成真正的社會健康議題。沒有接受疫苗的孩子在社區中可能會發生嚴重的疾病，也會造成別人染病的風險。當反對預防注射的聲浪開始擴散，失去了保護小孩子的網絡，也會造成全新的一種傳染疾病。假若不是因為有毒的預防針引起的，那麼為什麼自閉症越會來越多？專家同意自閉症的明顯增加是因為診斷方法的改變和大家對此疾病的認知越來越多（Wing & Potter, 2009）。

■ 你會運用怎樣的策略來評估預防注射和自閉症有關的科學文獻？

■ 儘管許多科學證據並不支持這種說法，為什麼一些父母仍然相信預防針會引起自閉症？

你是一個明智的兒童發展消費者嗎？

有關於生產

每一位婦女在生小孩前，都會對生產感到恐懼。很多人都聽過一些誇張的故事，48 小時的生產歷程或是生動的描述伴隨生產的疼痛。一些母親仍然爭議著，我們這麼努力地將孩子生下來是不是真的值得。

關於生產並沒有單一對或錯的方法，許多策略可以讓這個歷程盡量是正面的：

- **有彈性的**：雖然你仔細計畫了生產時要做的事情，但不要認為一定要遵循這個計畫，如果這個沒有效，就換另外一個。
- **與健康照顧者溝通**：當他們知道妳正在經歷的狀況，他們可能會建議一些有效的處理方法。當妳正在生產時，他們可能會讓妳清楚地知道生產過程還需要多久時間。知道最痛的痛只需再持續 20 分鐘，妳可能會覺得還可以接受。
- **記得生產是……費力的**：生產時妳會很累，但是到最後一個階段時，妳就會知道此事就要結束了。
- **接受伴侶的支持**：假如先生或是其他伴侶陪伴在身邊，允許這個人提供支持會讓妳覺得舒適。研究已經顯示婦女被丈夫或是伴侶支持時，生產的經驗會比較舒適（Bader, 1995; Kennell, 2002）。
- **真實地和誠實地面對妳對痛苦的反應**：假如妳計畫一種不用藥物的生產，

並知道妳有可能無法忍受痛苦，這時就需要考慮使用藥物。不要覺得使用止痛藥物是一種失敗的象徵，它並不是。

- **聚焦在大的方向上**：記住，生產只是過程中的一小部分，最後會帶給妳無法想像的喜悅。

生產的併發症

3 生產時會有哪些併發症？它們的起因、影響和治療是什麼？
4 在哪些狀況中，剖腹生產是必要的？
5 產後憂鬱症是什麼？

> 除了大部分醫院都會為新手媽媽準備的一些寶寶用品，Greater Southeast 醫院的產房護士也會準備「憂傷的籃子」。
>
> 在籃子裡嬰兒死亡率的統計——美國首府華盛頓嬰兒死亡率比全國的數字多兩倍。籃子裡有死亡寶寶的照片、一撮寶寶的頭髮、寶寶戴過的帽子和一朵黃玫瑰（Thomas, 1994, p. A14）。

美國首府華盛頓的新生兒死亡率是每 1,000 個新生兒就有 13.7 位死亡，超過其他國家，例如匈牙利、古巴、科威特、哥斯大黎加。總共有 44 個國家的出生率比美國好，美國每 1,000 個新生兒就有 6.26 個死亡（The World Factbook, 2009; U.S. DHHS, 2009）（如圖 4-3 所示）。

為什麼新生兒存活率在美國比別的未開發國家來得少？回答這個問題，我們需要考慮在生產和接生時所發生的問題。

早產兒：太快，太小

像本章序言所提到的 Tamara Dixon 一樣，11%的嬰兒比正常的嬰兒早出生。**早產兒**（preterm infants）是懷孕 38 週內出生的嬰兒，因為他們還沒有時間完全

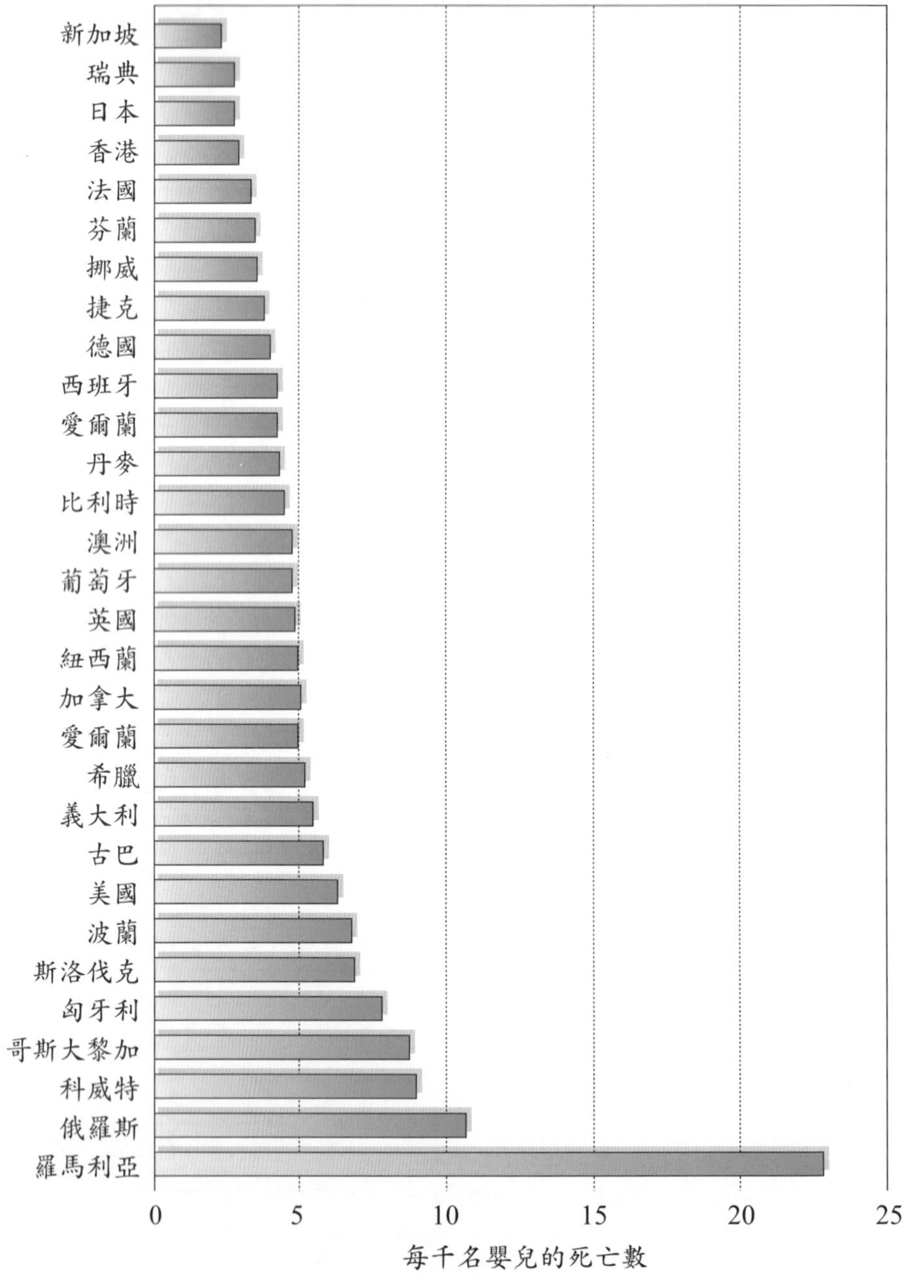

圖 4-3 國際嬰兒死亡率

在選定國家的嬰兒死亡率中，雖然美國在過去 25 年大幅減低嬰兒死亡率，它在 2009 年仍然排名工業國家的第 23 名，原因為何？

資料來源：The World Factbook (2010).

發展成胎兒，早產兒是疾病和死亡的高風險群。

早產兒所面臨最大的危險是出生時的體重，體重是嬰兒發展明顯的指標，大多新生兒平均重量約為 3,400 公克（約 7.5 磅），**低體重嬰兒**（low-birthweight infants）體重在 2,500 公克以下（約 5.5 磅）。然而在美國有 7%的新生兒都是低體重的類別，是新生兒主要的死因（DeVader et al., 2007; Gross, Spiker, & Haynes, 1997）。

雖然大部分低體重的嬰兒是因為早產，但有一些則為小於妊娠年齡嬰兒。**小於妊娠年齡嬰兒**（small-for-gestational-age infants）因為發展延遲，重量只有相同妊娠年齡嬰兒平均重量的 90%。此種寶寶有時為早產，也可能不是，症狀是由懷孕時不適當的營養所引起的（Bergmann, Bergmann, & Dudenhausen, 2008）。

假若早產的程度不嚴重，重量也沒有特別輕，對嬰兒健康的影響就相對較小。在這些案例中，主要治療是把寶寶留在醫院增加體重。增加體重是最重要的，因為脂肪層幫助胎兒免於寒冷，新生兒還沒有調節體溫的能力。

新生兒如果早產，體重又明顯低於平均數，將面臨艱苦的路程，對他們而言，生存是主要的任務，例如低體重嬰兒較容易感染疾病，因為他們的肺還沒有發展完成，他們呼吸足夠的氧氣會有困難，結果造成呼吸窘迫症候群（respiratory distress syndrome, RDS），會有致命的影響。

處理呼吸障礙症狀，低體重嬰兒常常被放在保溫箱內，保溫箱中的溫度和氧氣成分都受到控制，氧氣的正確數量要很仔細地監控，氧氣的濃度低可以提供緩解，氧氣濃度高會損傷眼球，造成早產兒失明。

早產胎兒的不成熟發展，造成他們在環境中對刺激很敏感，他們很容易受到光線、聲音和他們經歷的知覺而影響，他們的呼吸可能被干擾，或是心跳變慢，他們常常無法順暢地移動；他們手臂和腿部的運動是不協調的，他們會顫抖和表現出驚恐，這些行為會造成父母的關注（Doussard-Roosevelt et al., 1997; Miles et al., 2006）。

除了在出生時經歷到的困難，大部分的早產兒長期都發展得很正常，但是早產兒發展的節奏通常比足月生產的嬰兒還慢，有時在未來也會有些問題，例如他們第一年結束時 10%的早產兒有明顯的問題，5%有嚴重的障礙。在 6 歲時，大約 38%有小毛病，需要特殊教育的介入，例如某些早產兒有學習障礙、行為障礙，或是低於一般嬰兒的智商，其他還有身體協調上的困難，僅有 60% 的早產兒是沒有任何小問題的（Arseneault, Moffit, & Caspi, 2003; Dombrowski, Noonan, & Martin, 2007; Hall et al., 2008）。

極低體重嬰兒：比小還要更小

早產兒最極端的案例是不樂觀的，**極低體重嬰兒**（very-low-birthweight infants）是指重量少於 1,250 公克（約 2.25 磅），或是不論重量，嬰兒只在子宮裡停留不到 30 週。

極低體重嬰兒不僅很小，就像是小 Hattie Thatcher 在出生時能容易地放在手掌上，他們似乎跟一般新生兒不屬於同一物種。他們的眼睛是閉著的，耳墜是他們頭部一小塊的皮膚。不論是黑人或是白人，他們的皮膚都是黑紅色。

極低體重的嬰兒在出生時就面臨了死亡的危機，因為他們的器官系統都不成熟。在 1980 年代中期前，這些寶寶在母親肚子外是無法生存的。由於醫學的進步，讓他們有較高的生存機會。醫學的進步使得生存的機率增加，促成了早產兒生存能力的年代，大約 22 週，比正常生產還要早四個月的嬰兒可以由早產中生存。當然，受孕後發展時段越長，新生兒生存的機會就越高，嬰兒早於 25 週出生，就少了一半的生存機會（如圖 4-4 所示）。

生理和認知問題是低體重和早產兒寶寶所經歷的，較低體重之幼兒更是如此，並伴隨著令人驚訝的經濟問題。一個 4 個月大的嬰兒在加護病房的保溫箱內要花費好幾萬美元，這些新生兒有一半最後不管多麼大量的醫護介入都會死亡（Taylor et al., 2000）。

假如較低體重之早產兒存活了，醫療花費將持續累積，例如：有人估計這樣的嬰兒在人生的最初三年每月的醫療照顧是非早產兒醫療花費的 3 到 50 倍之高。此類驚人的花費引起倫理的爭議——一些案例不可能有正面效果，卻花費了相當的財務與人力資源（Doyle, 2004; Petrou, 2006; Prince, 2000）。

當醫學進步和發展研究者找出新的策略來處理早產嬰兒以及改善他們的生

國家	22-23 週[1]	24-27 週	28-31 週	32-36 週	37 週以上
美國	707.7	236.9	45.0	8.6	2.4
澳洲	888.9	319.6	43.8	5.8	1.5
丹麥	947.4	301.2	42.2	10.3	2.3
英國和威爾斯[2]	880.5	298.2	52.2	10.6	1.8
芬蘭	900.0	315.8	58.5	9.7	1.4
北愛爾蘭	1,000.0	268.3	54.5	13.1	1.6
挪威	555.6	220.2	56.4	7.2	1.5
波蘭	921.1	530.6	147.7	23.1	2.3
蘇格蘭	1,000.0	377.0	60.8	8.8	1.7
瑞典	515.2	197.7	41.3	12.8	1.5

1. 嬰兒死亡率在 22 至 23 週因為報告的不同，可能並不可信任。
2. 英國和威爾斯提供的是 2005 年的資料。

註：嬰兒死亡率是在特殊團體中每 1,000 個活體的出生者。

圖 4-4 生存和懷孕年齡

胎兒在 28 至 32 週以後生存的機會增加。比率顯示在懷孕特定時間之後，美國第一年生存寶寶的百分比。

資料來源：MacDorman & Mathews (2009).

命，能夠存活的年齡可能可以更往前推。進一步證據建議高品質的照顧提供了某些與早產兒相關風險的保護，等他們成年時，早產兒可能與其他成人沒有差別（Hack, 2002）。

研究也顯示早產兒接受更多回應、刺激和有組織的照顧，比照顧不好的兒童有更正向的成果，這些介入是相當簡單的。例如「袋鼠式護理」，父母抱著嬰兒在胸前，顯示出對早產嬰兒發展是有效的。按摩早產嬰兒每天許多次，也會導引荷爾蒙的產生和體重的增加，以及肌肉的發展和面對壓力的能力（Erlandsson et al., 2007; Field et al., 2008; Tallandini & Scalembra, 2006）。

什麼會造成早產和低出生體重？

大約一半的早產和低出生體重是無法解釋的，但是許多已知的原因可以做為提醒，在某些案例中，早產是母親生殖系統相關的困難，例如：母親懷有雙胞胎常會有壓力，造成早產。事實上，大部分的多胎生殖是某些程度的早產（Luke & Brown, 2008; Tan et al., 2004）。

其他案例，早產和低出生重量的寶寶是母親生殖系統不成熟所造成的。15 歲以下的母親比年長者容易早產，再加上在生產後 6 個月內又懷孕，可能會比婦女在前次生產後生殖系統有機會復元者，更可能產出早產或低重量嬰兒。父親的年齡也很重要，較年長父親的太太比較容易有早產兒（Blumenshine et al., 2011; Branum, 2006; Smith et al., 2003; Zhu, 2005）。

最後，影響到母親一般健康的因素，例如營養、醫療照顧、環境中的壓力、經濟的支持，都與早產和低體重有關。早產比率在不同種族中有所不同，不只是因為種族本身，而是少數民族有著不成比例的低收入和壓力的結果，例如：非裔母親生出低重量嬰兒的百分比是白人美裔母親的兩倍（表 4-2 顯示有關低體重風險增加因素的總結）（Bergmann, Bergmann, & Dudenhausen, 2008; Field, Diego, & Hernandex-Reif, 2006, 2008）。

過熟寶寶：太遲、太大

也許有人覺得寶寶在母親肚子裡超過時間可能有一些好處——有機會在不受外界干擾下持續成長的機會。但是**過熟嬰兒**（postmature infants）——這些在母親預產期兩週後尚未出生的嬰兒卻面對了許多風險。

例如，胎盤提供的血液變得不足以適當地養育正在成長的胎兒，結果造成腦部血液供應減少，導致腦部潛在的受損。同樣地，分娩變得更有風險（對嬰兒和母親），因為胎兒尺寸相當於 1 個月大的嬰兒，必須找方法通過產道（Fok, 2006; Shea, Wilcox, & Little, 1998）。

過熟嬰兒比早產寶寶較容易預防，因為醫療人員可用人工催生。假如懷孕期持續太長，不僅可用藥物促進分娩，醫生也可選擇剖腹手術，這是我們下一個要考慮的形式。

表 4-2 增加低體重風險的因素

一、社經風險
1. 年齡（17 歲以下，34 歲以上）
2. 種族（少數民族）
3. 低社經水準
4. 未婚
5. 低教育水準

二、懷孕時醫療風險
1. 之前懷孕的數目（0 或 4 以上）
2. 以高度相比、重量輕
3. 陰道手術
4. 疾病，例如糖尿病、慢性高血壓
5. 受感染而無法免疫，例如德國麻疹
6. 不良生產史，包括過去低出生體重的嬰兒或多次自然流產
7. 遺傳物質因素（例如出生時低體重）

三、懷孕中的醫療風險
1. 多次懷孕
2. 不良的體重增加
3. 懷孕間隔短
4. 低血壓
5. 高血壓／子癲前症／毒血症
6. 感染，例如無症狀的細菌、德國麻疹和巨細胞病毒
7. 第一或第二期（每三個月為一期）出血
8. 胎盤問題，例如前置胎盤、胎盤早期剝離
9. 嚴重的早晨不適
10. 貧血／血紅素變形
11. 發展中寶寶有嚴重貧血
12. 胎兒異常
13. 子宮頸閉鎖不全
14. 早期破水

四、行為和環境風險
1. 抽菸
2. 營養不良
3. 飲酒和濫用藥物
4. 環境荷爾蒙暴露和其他毒物的暴露，包括職業災害
5. 高山症

五、健康照顧風險
1. 缺乏產前照顧
2. 醫源性

六、風險的演化概念
1. 壓力、生理和社會心理
2. 子宮敏感症
3. 事件造成子宮收縮
4. 產前子宮頸激烈收縮
5. 感染，例如黴漿菌和砂眼披衣菌
6. 不適當血漿容量擴張
7. 黃體素不足

資料來源：Adapted form Committee to Study the Prevention of Low Birthweight (1985).

剖腹生產：生產歷程中的介入

當 Elena 進入 18 小時的分娩時，婦產科醫師開始進行密切的監視。她告訴 Elena 和她的先生 Pablo，胎兒監視器顯示胎兒心跳率在每一次收縮後開始重複地降低。在嘗試了一些簡單的補救之後，例如重新調整 Elena 姿勢，婦產科醫生的結論是胎兒面臨到了危險。她告訴他們寶寶必須立刻出來，她需要用剖腹的方式來生產。

Elena 是美國每年一百多萬接受剖腹生產的母親之一，**剖腹生產**（cesarean delivery，又稱 c-section）的寶寶以手術方式移出子宮，而不是經過產道。

剖腹生產經常發生在胎兒有某些危險時。例如：胎兒出現危險性，例如心跳突然增加，或是生產時可看到血從母親陰道流出，就要執行剖腹。此外，超過 40 歲的年長母親比年輕的母親較有可能用剖腹生產。整體而言，在美國剖腹生產率是 32%（Menacker & Hamilton, 2010; Tang, Wu, Liu, Lin, & Hsu, 2006）。

剖腹生產也用在某些胎位不正的案例，寶寶的腳在下方的位置，發生率是 25 個生產有一個這種案例，造成寶寶有風險，因為臍帶比較可能被壓到，剝奪了寶寶的氧氣。剖腹生產也較可能用在橫位的生產，寶寶在子宮中橫躺；或是當寶寶頭太大，通過產道有困難。

胎兒監視器（fetal monitors，生產時測量胎兒心跳的儀器）的例行使用，也造成剖腹生產的增加。在美國 25%的嬰兒是這種方式生產，比 1970 年代早期增加了 500%（U.S. Center for Health Statistics, 2003）。

剖腹是一種有效的醫療介入嗎？別的國家剖腹生產率較低（如圖 4-5 所示），且成功的生產結果與剖腹無關，再加上剖腹生產有危險性，剖腹生產是一種大手術，母親的復原期相對較長，特別是與一般正常生產相比。此外，剖腹生產母親感染的風險也比較高（Koroukian, Trisel, & Rimm, 1998; Miesnik & Reale, 2007）。

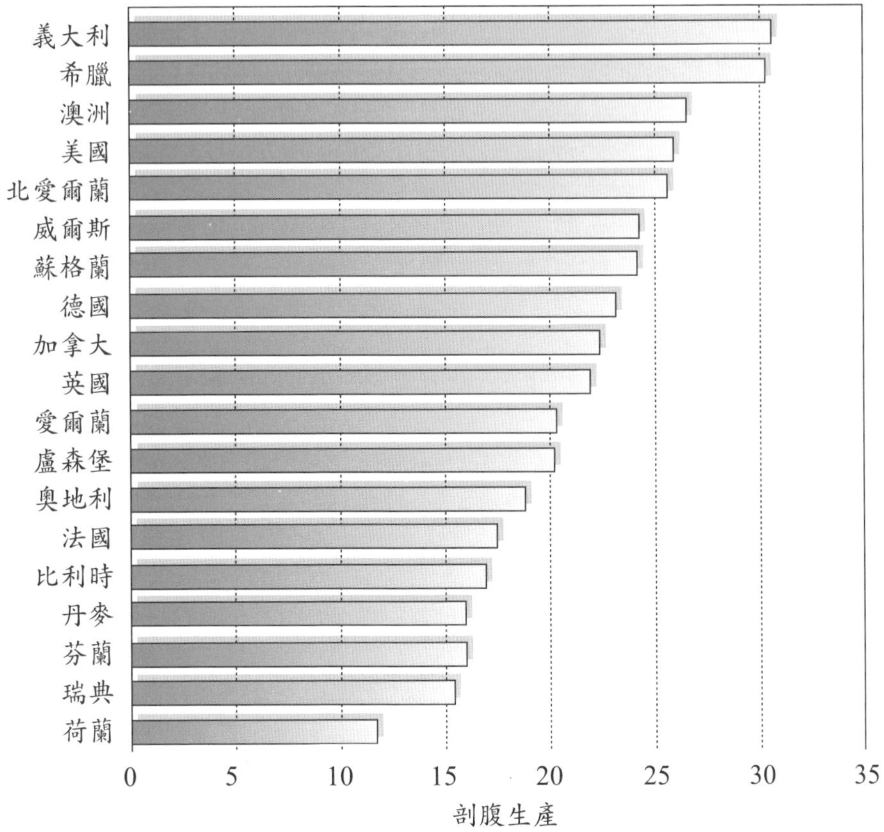

圖 4-5 剖腹生產

每個國家剖腹生產之比例不同，你認為美國為什麼有最高的比例？

資料來源：International Cesarean Awareness Network (2004).

最後，剖腹生產對寶寶也有某些風險。因為剖腹生產的寶寶沒有通過產道的壓力，他們來到世界的方式相對容易，改變了某些壓力相關荷爾蒙——例如兒茶酚胺（catecholamines）——正常釋放進入新生兒血液中。這些荷爾蒙幫助新生兒準備應付子宮以外世界的壓力，缺乏它們對新生兒是有害的。

事實上，研究指出剖腹產的寶寶沒有經過生產，相較於在剖腹生產之前進行過某些生產的寶寶，較有可能一出生就有呼吸問題。最後，剖腹生產之母親對生產經驗也較不滿意，雖然她們的不滿意並不影響到母親與嬰兒互動的品質（Lobel & DeLuca, 2007; MacDorman et al., 2008; Porter et al., 2007）。

一如我們曾提到的，剖腹生產與使用胎兒監視器有關，醫療權威現今建議不要例行性的使用這種儀器。有證據顯示被監控的新生兒並沒有比不被監控的好。再加上，監視器易於在當胎兒沒有問題時指出胎兒窘迫——**假警報**（false alarms），監控器確實在早產兒和過熟兒高風險的懷孕案例中扮演著關鍵角色（Albers & Krulewitch, 1993; Freeman, 2007）。

研究顯示不必要的剖腹生產有種族和社經水準的不同，特別是黑人母親與白人母親相較，較有可能有不必要的剖腹生產。此外，弱勢受醫療補助的病人相對地貧困，比非受醫療補助的病人較可能有不必要的剖腹生產（Kabir et al., 2005）。

嬰兒死亡率和死胎：早產死亡的悲傷

當新生兒死亡時，與伴隨嬰兒出生時的愉快完全相反。由於發生率的不高，使得嬰兒死亡的難過讓父母無法忍受。

有時，小孩無法在通過產道歷程中生存。**死胎**（stillbirth）是嬰兒出生時已無生命跡象，發生率少於 1%，有時死亡在分娩時已偵查到。這種案例，就要用引產的方式，或是醫生執行剖腹生產，把胎兒的身體盡快移出母親體外。其他的死胎案例，則是寶寶在通過產道時才死。

嬰兒死亡率（infant mortality）整體比率是每 1,000 個活產中有 7 個是死產，嬰兒死亡率從 1960 年代以來已經減少了（MacDorman et al., 2005）。

不論是胎死腹中還是在出生後才死亡，失去寶寶都是悲劇，對母親的影響也大，父母感到損失和憂傷，這樣的經歷過程與年長者去世是相似的。

生命的曙光和非尋常的早死並列會讓死特別難接受和處理。憂鬱是常見的，而且，由於缺乏支持會更加深。某些父母甚至會經歷創傷後壓力症候群（Badenhorst et al., 2006; Cacciatore & Bushfield, 2007; Turton, Evans, & Hughes, 2009）。

發展的多元性

克服人種和文化在嬰兒死亡率的不同

過去幾十年美國的嬰兒死亡率已經漸漸減少，而非裔美國寶寶比白人寶寶在 1 歲前死亡率多了兩倍。這種差異最大在於社經因素的結果：非裔美國婦女明顯地比白人婦女較可能住在貧困地區和接受較少的產前照顧。結果他們的寶寶比其他種族母親的嬰兒較容易低體重，這種因素與嬰兒死亡有緊密的關係（如圖 4-6 所示）（Byrd et al., 2007; Duncan & Brooks-Gunn, 2000; Stolberg, 1999）。

不僅是在美國的特殊種族有不幸的嬰兒死亡率，一如前面所提，美國的嬰兒死亡率也高於其他國家。例如：在美國的死亡率幾乎是日本的兩倍。

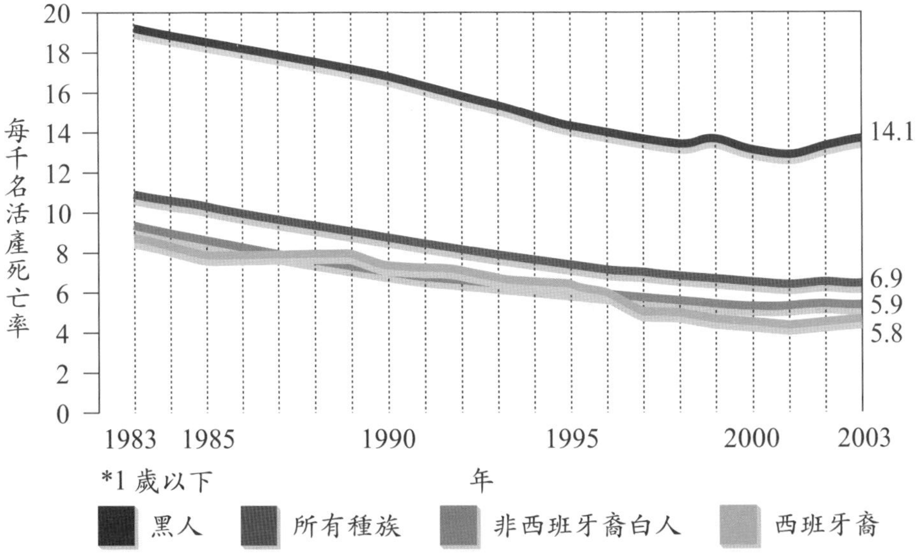

圖 4-6 人種和嬰兒死亡率

雖然嬰兒死亡率在美國已減少，但黑人和西班牙裔人種死亡率仍高於白種人和非西班牙裔的兩倍，這圖顯示每 1,000 個活產在一年內的死亡率。

資料來源：http://childstates.gov/2009.

為什麼在美國新生兒生存率是如此不好？答案是美國低出生體重和早產兒的比率比其他國家要高。事實上，當美國嬰兒與其他國家嬰兒的重量相較，死亡率的不同就消失了（MacDorman et al., 2005; Paneth, 1995; Wilcox et al., 1995）。

另一個美國有較高嬰兒死亡率的原因是與經濟多元相關。與別的國家相比，美國有較高比例的人處於貧窮中。因為人們在低經濟類型中比較不可能有適當的醫療照顧和傾向於比較不健康，相當高比例經濟被剝奪的個體，影響了美國整體的嬰兒死亡率（Bremner & Fogel, 2004; MacDorman et al., 2005; Terry, 2000）。

很多國家在提供產前照顧到生產都明顯做得比美國還好。例如：低花費和甚至免費照顧在分娩前後在其他國家常有提供。進一步而言，帶薪產假常提供給懷孕婦女，某些國家持續長達 51 週（如表 4-3 所示）。

在美國，《美國家庭與醫療假法》（U.S. Family and Medical Leave Act, FMLA）要求大部分雇主給新手父母在出生、領養或收養照顧後最多 12 週的無薪假。FMLA 也要求雇主提供照顧嚴重醫療狀況幼兒（或父母或夫妻）的留職停薪假，但缺少薪資對低收入工作者而言是一大障礙，他們很少能夠善用這種留在家中陪伴孩子的機會。

能延長產假的機會是重要的，有較長的產假能使母親有更好的心理健康和高品質的嬰兒互動（Clark et al., 1997; Hyde et al., 1995; Waldfogel, 2001）。

較好的健康照顧僅是這議題的一部分，在某些歐洲國家，除了完整的服務，包括一般的實務工作者、婦產科醫生和助產士，懷孕的母親還可接受許多特權，例如去醫療院所的交通福利。在挪威，懷孕的婦女可給 10 天以上的住宿費，讓她們在接近分娩時，能夠更靠近醫院。當她們寶寶出生時，新手媽媽只需要付少部分費用便可以有訓練過的家庭小幫手來協助（DeVries, 2005; Morice, 1998）。

在美國，故事是非常不同的。缺乏國家的健保或國家健康政策表示產前照顧是很少的，大約每六位懷孕婦女就有一位沒有足夠的產前照顧，約

表 4-3 美國和 10 個同儕國家有關育嬰假的政策

國家	育嬰假類別	總時間（月）	薪資率
美國	12 週家庭照顧假	2.8	停薪
加拿大	17 週產假 10 週育嬰假	6.2	15 週原收入的 55% 原收入之 55%
丹麥	28 週產假 1 年育嬰假	18.5	原收入之 60% 失業福利金 90%
芬蘭	18 週產假 26 週育嬰假 小孩 3 歲前子女照顧假	36.0	原收入之 70% 原收入之 70% 固定費率（flat rate）
挪威	52 週育嬰假 2 年子女照顧假	36.0	原收入之 80% 固定費率
瑞典	18 個月育嬰假	18.0	12 個月原收入之 80% 3 個月固定費率 3 個月停薪
奧地利	16 週產假 2 年育嬰假	27.7	原收入之 100% 失業福利金 18 個月，6 個月停薪
法國	16 週產假 小孩 3 歲前育嬰假	36.0	原收入之 100% 一位小孩不付，兩位以上小孩付固定費率
德國	14 週產假 3 年育嬰假	39.2	原收入之 100% 2 年固定費率，第 3 年不付
義大利	5 個月產假 6 個月育嬰假	11.0	原收入之 80% 原收入之 30%
英國	18 週產假 13 週育嬰假	7.2	6 週原收入之 90%，12 週固定費率，如果工作年資是足夠的；如果不足，則是固定費率

資料來源：Kamerman (2000, p. 55); Kamerman (2000, p. 14).

20%的白人婦女和近 40%非裔婦女在懷孕早期沒有接受產前照顧，5%白人婦女和 11%非裔美國婦女沒有健康照顧，直到懷孕最後三個月才有，某些婦女甚至不曾看過醫護照顧人員（Friedman, Heneghan, & Rosenthal, 2009;

Hueston, Geesey, & Diaz, 2008; Laditka, Laditka, & Probst, 2006）。

最後，缺乏產前服務造成高死亡率，假如有更多支持可提供，這情況就可改變。起點是確認經濟不利懷孕婦女能在懷孕之初就有免費或不貴的高品質醫療照顧。進一步減少讓貧窮婦女接受這種醫療的障礙，例如：可以開發方案以幫助支付前往醫療機構的交通費，或是當母親去診所時，幫助照顧年長的小孩。這種計畫可節省嬰兒照顧費用，健康寶寶比營養不良和不良的產前照顧所造成之嬰兒長期問題花費更少（Barber & Gertler, 2009; Cramer et al., 2007; Edgerley et al., 2007）。

產後憂鬱症：由高興到深度難過

Renata 發現自己懷孕時，她太高興了，這幾個月她快樂地迎接寶寶來臨。生產是例行流程，寶寶是個健康、粉紅色面頰的男嬰。但是兒子才出生幾天，她就下沉到深度憂鬱，經常掉淚且感到迷惑，覺得無法照顧自己的孩子，她正經歷著無法動搖的難過。

診斷：古典的產後憂鬱症案例。產後憂鬱症（postpartum depression）是在孩子出生後接著的深度憂鬱，影響到 10%的婦女。雖然它有不同形式，主要症狀是持續、深度感傷和不快樂。大約 500 個案例中有一位，症狀惡化到與真實分離。在某些極少的案例裡，產後憂鬱症可能更糟，例如：Andrea Yates，一個住在美國德州的母親，被控把所生的五個孩子都溺死在浴盆中，就是產後憂鬱症造成的行為（Misri, 2007; Oretti et al., 2003; Yardley, 2001）。

母親遭受到產後憂鬱之苦，常是困惑的。憂鬱來時就如一種完全的驚愕。某些母親較可能變成憂鬱症，例如在過去曾有憂鬱症或是家族有憂鬱症的成員。更進一步而言，婦女對產後的情緒範疇尚未準備——某些是正面，某些是負面——可能更傾向憂鬱（Kim et al., 2008; Iles, Slade, & Spiby, 2011）。

最後，產後憂鬱可能是產後荷爾蒙的失調所造成。懷孕期間，女性雌激素、黃體激素明顯增加，但在生產後 24 小時之內它們回復到正常，這種快速改變就可能造成憂鬱（Klier et al., 2007; Verkerk, Pop, & Van Son, 2003; Yim et al., 2009）。

不論起因，母親的憂鬱影響了嬰兒。在後面幾章，會提到寶寶生來具有的驚人社會能力，他們會很注意母親的情緒。當憂鬱的母親與嬰兒互動時，他們可能表現得有點情緒、冷靜和退縮。缺乏反應導致嬰兒表現很少的正面情緒，不僅對母親的接觸退縮，而且對其他成人也會如此。同時，憂鬱母親的孩子較傾向有反社會的行為，例如暴力（Goodman et al., 2008; Hay, Pawlby, & Angold, 2003; Nylen et al., 2006）。

有能力的新生兒

6 新生兒有何能力？

7 新生兒如何對其他人做出反應？

> 家人們圍著汽車嬰兒座椅和嬰兒，Kaita Castro 兩天前才出生，這是 Kaita 和媽媽第一次從醫院返家。4 歲的 Tabor 似乎對新生兒沒有興趣，他說：「寶寶不能做任何有趣的事，他們什麼事情都不能做。」

Kaita 的表哥 Tabor 可能是對的，很多事寶寶都不能做，新生兒來到這世界沒有能力照顧他們自己。為什麼人類的嬰兒生下來就如此的依賴他人，別的物種似乎來到這世界便具備了面對生活的能力。

一個原因在於人們出生得太早，一般新生兒的腦部只是成人的四分之一，獼猴在受孕 24 週就出生，其腦的大小就是成年獼猴的 65%。因為人類嬰兒的腦相對微小，一些觀察者指出我們由腹內出來的時間比應該出生的時間要早了 6 至 12 個月。

事實上，演化可能知道它在做什麼，假如我們待在母親體內額外的半年到一年，我們的頭會太大，而無法通過產道（Gould, 1977; Kotre & Hall, 1990; Schultz, 1969）。

人類新生兒腦部相對地未發展完整，解釋了嬰兒明顯的無助，因此，早期看新生兒聚焦在他們不能做的事，與人類年長的成員不利。

這種信念現在已經落伍了，大家對新生兒的觀念是有利的，當發展研究者開始了解更多的新生兒的本質，他們開始認為嬰兒進入這世界是有一套在各發展領域驚人的能力，像是身體、認知和社會。

生理能力：配合新環境的要求

新生兒所面對的世界與他在子宮內經歷的明顯不同，例如 Kaita Castro 開始環境中生命的第一時刻所面對的功能有重要的改變（如表 4-4 所示）。

Kaita 最立即的需求是給身體足夠的空氣。在母親肚子裡，空氣是由臍帶傳送，臍帶也是運走二氧化碳的工具。現實外在世界是不同的：一旦臍帶剪斷，Kaita 的呼吸系統需要開始終生的工作。

對 Kaita 而言，這種任務是自動的。我們前面曾提到，大部分新生寶寶開始暴露在空氣中時就開始自行呼吸，這種立即呼吸的功能是一種好的指標，因為這指出正常新生兒呼吸系統是合理地發展完全，雖然它在母親子宮內缺乏事先的演練。

表 4-4 Kaita Castro 出生的第一時刻

1. 當 Kaita 一通過產道，她就開始自行呼吸，這是在母親子宮內附屬於臍帶提供珍貴的氧氣之後。
2. 反射本能——非學習的、有組織的、非自願的反應，發生在刺激的出現時，開始吸和吞嚥的反射動作讓 Kaita 立即能消化食物。
3. 尋乳反射——包括轉向刺激來源的方向，引導 Kaita 轉向靠近嘴邊的潛在食物來源，例如母親的乳頭。
4. Kaita 開始咳嗽、打噴嚏和眨眼，反射幫助她避開有潛在困擾或危險的刺激。
5. 她的嗅覺和味覺是高度發展的，當她聞薄荷時，身體動作和吸吮增加。她的嘴唇噘起，當她嚐到酸味時。
6. 藍、綠色物體似乎比其他顏色更能吸引 Kaita 的注意，她對大聲和立即的雜音都會快速地反應，當她聽到別的新生兒哭時，她也會哭，但當聽到自己哭聲的錄音時，就會停止。

新生兒由子宮出來有著更實用的其他生理活動，例如：新生兒（像 Kaita）顯示了許多**反射本能**（reflexes）——對某些刺激會自動產生非學習的、有組織的、非自願的反應。某些反射本能是演練過的，在出生前幾個月就出現了。吸吮反射（sucking reflex）和吞嚥反射（swallowing reflex）讓 Kaita 能立即開始攝取食物；尋乳反射（rooting reflex）則是轉向嘴邊刺激來源的方向（例如輕輕碰觸），也與吃有關，它引導了嬰兒轉向嘴邊潛在的食物來源。

並不是出生時所有的反射都是引導新生兒尋找需要的刺激，像是食物。例如：Kaita 可以咳嗽、打噴嚏和眨眼，這些反射幫助她避開可能潛在有危險或干擾的刺激（第 5 章對反射本能有更多討論）。

Kaita 吸和吞的反射幫助她吸母乳，搭配著新發現的能力去消化營養。新生兒消化系統所產生的胎便，一種墨綠色排泄物是新生兒在胎兒時期的剩餘物。

因為肝——消化系統關鍵元素——最初並不總是有效地工作，大約一半的新生兒有明顯的黃色身體和眼睛。這種顏色的改變是新生兒黃疸（neonatal jaundice），最有可能發生在早產和低重量的新生兒，它並不危險，最常見的治療方法是讓身體放在日光燈下照射，或是注射藥劑。

感官能力：體驗世界

Kaita 出生後，她的父親確信 Kaita 直接看著他。她是真的看著他嗎？

這是個難以回答的問題，原因有數種，第一，當感官專家談到「看」，他們意指視覺感官刺激的感官反應和刺激的解釋兩者（你可回顧心理學中的感官和知覺），我們將在第 5 章進一步討論嬰兒期我們所認為的感官能力。很難指出新生兒特殊的感官技巧，因為新生兒缺乏解釋他們經驗的能力。

我們對新生兒能夠看的問題有一些答案，這與其他感官能力有關，例如：很清楚地，新生兒像 Kaita 可以看到某種程度，雖然他們的視力尚未完全發展，但新生兒會主動注意他們環境中的某些訊息。

例如，新生兒密切注意在視野中資訊較高的感官部分，例如物體在他們環境中與其他極端相反者。進一步而言，嬰兒能區分光量的程度，有證據顯示新生兒有一種尺寸恆存性的感覺，他們似乎知道物體的尺寸是不變的，雖然不同距離所看到的影像有變化（Chien et al., 2006; Slater & Johnson, 1998; Slater, Mattock, & Brown, 1990）。

此外，不僅新生兒寶寶能分辨顏色，似乎也對某一顏色有偏好，例如：他們能區分紅、綠、藍、黃，和他們會花較多的時間注視藍色和綠色物體，說明對這顏色的偏好（Alexander & Hines, 2002; Dobson, 2000; Zemach, Chang, & Teller, 2007）。

新生兒也能清楚地聽。他們對某種聲音做出反應，顯示對大聲、立即噪音有反應，他們也顯示出對某些聲音的熟悉。例如：一位正在哭的寶寶聽到其他寶寶的哭聲會繼續哭，另一方面，假如寶寶聽到自己哭聲的錄音，他很可能會停止哭，就像是認出相似的聲音（Dondi, Simion, & Caltran, 1999; Fernald, 2001）。

至於視覺、聽力則不如日後來得好。聽力系統尚未完全發展，液體仍在中耳中，必須流乾淨才能完全聽清楚。除了視覺和聽覺外，新生兒的其他感官也有相當的功能，例如他們對刺激的反應，像是梳頭髮；成人無法感覺微弱的風，他們也能感覺到。

嗅覺和味覺的感覺也完全發展了。當薄荷味道放在靠近他鼻子處時，新生兒吸吮和其他身體活動會增加；當酸的味道放在他們嘴唇上，他們會扭動嘴唇；他們對其他味道，也會有適當的臉部表情。這種發現清楚指出觸覺、嗅覺、味覺不僅在出生時就擁有，而且還相當複雜（Armstrong et al., 2007; Cohen & Cashon, 2003）。

像Kaita這樣新生兒的複雜感官系統並不令人意外，畢竟一般新生兒已有九個月的時間準備來面對外在世界。我們在第 2 章曾討論，人類感官系統早在出生時就開始發展了，更進一步而言，通過產道的經歷更加強了寶寶的感官知覺，準備他們面對第一次的外在世界。

早期的學習能力

當雷聲剛開始時，1 個月大的Michael Samedi在車中與家人在一起。這風雨很快變得有破壞性，大聲打雷後接著是閃光，Michael受到干擾而開始哭泣。每打一次雷，他的哭聲就更大聲。不幸的是，不只是雷聲增加了 Michael 的焦慮，光是閃電就讓他害怕地大哭。事實上，甚至當 Michael 長大成人，他仍對閃光的影像感覺胸緊和胃部翻騰。

古典制約

Michael 害怕的來源是古典制約，這是一種學習的基礎形式，最初是由 Ivan Pavlov 所提出（在第 2 章中提過）。在**古典制約**（classical conditioning）中，有機體學習以一種特殊方式對中性刺激反應，這種刺激正常是不會引起反應的。Pavlov 發現重複地搭配兩種刺激，例如鈴聲和肉的出現，讓飢餓的狗學習不僅肉出現時有反應（這案例是以唾液的反應），而且當鈴聲響起，而肉沒出現時也有反應（Pavlov, 1927）。

古典制約的重點特徵在於刺激的代替品，將不會造成其他種反應的刺激，搭配能引發反應的刺激，重複一起呈現兩種刺激，造成第二種刺激取代第一種刺激。

一個最早期古典制約力量形塑人類情緒的例子是一個 11 個月大嬰兒的案例，研究者稱為「小 Albert」（Watson & Rayner, 1920）。雖然他最初是喜歡有毛的動物，而且顯示不怕老鼠，但每次當他與一隻可愛、無害的白老鼠玩時，就會有大的噪音響起，所以小 Albert 在實驗進行中學習到害怕老鼠。事實上，這種害怕轉移到其他毛絨絨的物品，包括兔子，甚至是聖誕老人的鬍子（這種實驗在今日是不道德的，也禁止執行）。

嬰兒透過古典制約是能夠學習的，例如：出生 1 至 2 天的新生兒，在給一滴糖水前觸碰頭部，立即就學會轉他的頭部。顯然，古典制約是與生俱來的（Blass, Ganchrow, & Steiner, 1984; Dominguez, Lopez, & Molina, 1999）。

操作制約

古典制約並非嬰兒學習的唯一機制，他們也學習**操作制約**（operant conditioning）。一如第 2 章所提，操作制約是一種學習，一種自動的反應會依據正面或負面結果而得到加強或減弱。在操作制約中，嬰兒學習在他們的環境中特意地反應，以得到想要的結果。嬰兒學習某種方式的哭，才會得到父母立即的注意力就是操作制約。

像古典制約一般，操作制約功能在生命最初就有。例如：研究者發現新生兒已透過操作制約學習吸奶，當吸奶時允許他們能繼續聽母親念故事或是聽音樂（DeCasper & Fifer, 1980; Lipsitt, 1986b）。

習慣化

也許最原始的學習方式是習慣化現象的表達。**習慣化**（habituation）是指同樣刺激重複出現之後，對此刺激的反應就會減少。

習慣化發生在每一個感官系統，研究者以不同的方式研究。一種是檢視吸吮的改變，當新的刺激出現時會暫時停止。這種反應並不像是當和你共進晚餐的人做了一個有趣的敘述，她想要特別給予注意，因此放下了刀叉。別的習慣化測量包括心率的改變、呼吸的改變，以及嬰兒注視某種刺激的時間長度（Brune & Woodward, 2007; Colombo & Mitchell, 2009; Farroni et al., 2007; Schöner & Thelen, 2006）。

習慣化的發展與身體和認知成熟有關。習慣化在出生時就出現，並於嬰兒的前 12 週變得越來越明顯。有關難以習慣化代表著有發展的問題，例如智能不足（Moon, 2002）。三種基本學習歷程：古典制約、操作制約和習慣化，都在表 4-5 中有摘要。

表 4-5 嬰兒學習：一些基本歷程

種類	描述	案例
古典制約	在一種情況下，有機體學習對一種中性刺激做特殊反應，平時是不會有此種反應。	當母親把她抱起時，飢餓的寶寶就不哭了，因為她學習到被抱起來與餵食有相關性。
操作制約	一種學習到的自動反應，受到正向結果或負面結果而加強或減弱。	嬰兒學習到對父母微笑得到正向注意，就會常常微笑。
習慣化	同樣刺激重複出現之後，對此刺激的反應就會減少。	寶寶第一眼看見一個新玩具會顯得有趣和驚喜，但是看了這玩具多次之後，就不感興趣了。

社會能力：對別人的反應

Kaita 一出生不久，她的哥哥對著她嘴張開著假裝驚訝。Kaita 母親驚訝地看到 Kaita 模仿這種表情，她張開她的嘴，就像感到驚訝。

當研究者第一次發現新生兒有能力模仿其他人的行為時也感到驚奇，雖然嬰兒已具備能產生與基本情緒有關的面部表情的所有肌肉，但是這些表情的出現大多是隨機的。

在 1970 年代後期開始，研究者開始建議不同的結論，例如：發展研究者發現當有成人行為的榜樣時，嬰兒已能自然模仿，例如張嘴或伸舌頭，新生兒看似模仿這些行為（Meltzoff & Moore, 1977, 2002; Nagy, 2006）。

發展心理學家一系列的研究產生更多驚人的發現，Tiffany Field 和她的同儕（Field, 1982; Field & Walden, 1982; Field et al., 1984）表示嬰兒能從基本臉部表情中區別快樂、悲傷和驚喜，他們提供給嬰兒成人快樂、悲傷或驚喜面部表情的榜樣，結果指出新生兒相當正確地表現了成人表情的模仿。

接著的研究似乎指出了一種不同的結論，有別的研究者發現，一致性的證明這僅是一種單一的模仿動作：伸出舌頭。這種反應似乎在約 2 個月大時消失。因為模仿似乎不可能只限制在一種單一的動作，且只出現幾個月，所以一些研究者開始質疑早期的發現。事實上，一些研究建議伸舌頭並非模仿而來，僅是一種探索行為（Anisfeld, 1996; Bjorklund, 1997; Jones, 2006, 2007; Tissaw, 2007）。

爭議仍在於真正的模仿何時開始，雖然它似乎是清楚的，生命在早期就開始某些模仿的形式。這種模仿技巧是重要的，因為與別人有效的互動依賴於有能力對別人做適當的反應，以及了解別人情緒狀況的意義。結果新生兒的模仿能力提供了他們在生命後來社會互動的重要基礎（Heimann, 2001; Legerstee & Markova, 2008; Meltzoff, 2002; Rogers & Williams, 2006; Zeedyk & Heimann, 2006）。

許多新生兒行為的不同方面也作為社會互動的正式形式，隨著他們的成長而發展（如表 4-6 所示）。新生兒與母親的某些特徵，幫助兒童和父母之間產

表 4-6 促進足月新生兒與父母互動的因素

足月新生兒	父母
有組織的狀況	協助規範嬰兒狀況
對某些刺激有系統地參加	提供這些刺激
可解說行為是某特殊溝通的企圖	尋找溝通的企圖
有系統地對父母行為作反應	想影響新生兒，感覺有效能
以短暫、可預測的方式行動	對新生兒節奏的行動調整
適應父母的行為，也從中學習	重複且可預測的行動

資料來源：Eckerman & Oehler (1992).

生一種社會關係（Eckermann & Oehler, 1992）。

例如，新生兒透過**清醒狀態**（states of arousal）的循環，不同程度的睡眠和清醒，由熟睡到躁動。雖然這些循環在出生後立即被干擾，他們很快地變得更有規則性。照顧者的參與是當他們尋找幫助嬰兒由一種狀況到另一狀況的轉變，例如：一位父親規律地搖晃他正在哭的女兒，在努力穩定她參與共同的活動，造成未來不同的社會互動。同時，新生兒傾向對母親的聲音有特殊的注意力。父母和其他人在與嬰兒談話時會調整聲音，使用與年長兒童和成人不同的聲調和節奏（Barr, 2011; De Casper & Fifer, 1980; Kisilevsky et al., 2003; Newman & Hussain, 2006; Smith & Trainor, 2008; Trainor, Austin, & Desjardins, 2000）。

新生兒社會互動能力和反應的最後結果是由父母而來，是鋪陳未來社會互動的方法。就像新生兒顯示出明顯的身體和知覺層次技能，它的社會能力並不簡單。

個案研究 沒有地方像家？

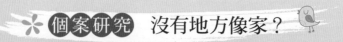

James Calder 和 Roberta Calder 對於第一個孩子出生的方式無法達到共識。James 偏好自然的、助產士主導的、在家的生產。他第一任太太和他所生的孩子是在醫院出生，他記得整個經驗是非人性、過度管理、過分機械化，他仍然可想到他第一任太太恐懼、迷惘的面孔，面對一打以上忙亂的人把她當作被動的參與者，但這其實是她生命中重要的一天。如果可能，他想讓Roberta避開這種經驗。事實上，每天在世界各地都有寶寶在家中或戶外出生，通常是沒有醫生的介入，為什麼這次生產要不同？

相反地，Roberta想在醫院中生產，她同意由助產士接生的觀點，也希望生產經驗盡可能自然，但是她知道太多的婦女試著在家生產，結果還是需要有醫院人事和設備的支持。她知道有很多案例被延誤或被拒絕麻醉、緊急送到急診室做沒有計畫的手術生產、新生兒心跳突然中止，以及需要婦產科醫師團隊的介入，這些故事讓她對在家生產並不完全地舒服。Calder夫婦想要去了解和配合，但兩人對生產要如何進行也有自己清楚的觀點。

1. Roberta 建議的哪些觀點可以幫助 James 克服他對醫院生產的厭惡經驗？醫院的經驗可以更人性和自然嗎？
2. James 可以提出哪些意見去面對 Roberta 害怕在家生產？有哪些方法可以讓在家生產如同醫院生產般安全？
3. 假如你被要求給 Roberta 和 James 建議，你會問他們什麼問題？
4. Roberta 和 James 似乎僵執於在家或在醫院生產的問題，對這夫婦所關切的問題是否有其他選擇？這些選擇是什麼，他們又如何面對這些關心的議題？
5. 假如你發現Roberta的母親和姊姊都經歷過漫長又痛苦的生產，最後必須用剖腹生產，你的建議會改變嗎？為什麼會又為什麼不會？

結語

本章包含了驚喜的、強烈的生產歷程，父母有許多的生產選擇，這些選擇需要考量在生產歷程中可能經歷到的困難。對寶寶太早或太晚出生的不同治療和介入已有明顯的進度，我們探討了死胎和嬰兒死亡的主題，也討論了新生兒驚人的能力和他們早期社會能力的發展。

我們回到 Tamara Dixon 早產兒的案例，以你對這些議題的了解，回答下列問題。

1. Tamara 早產了三個月，她能存活下來為什麼是奇蹟？你可以用「嬰兒生存年齡」來討論。
2. Tamara 因為早產，在她一出生立刻會面臨哪些危險？哪些危險會延續到她的童年？
3. Tamara 一出生就面對危險，是因為她早產嗎？哪些危險可能在她兒童期持續有危險？
4. 哪些倫理的考量會影響到為了早產寶寶的高花費的醫療介入之決策的合理性？誰來支付這些開銷？

回顧

1 正常生產過程是什麼？

- 第一產程，每隔 8 到 10 分鐘發生宮縮，漸漸增加頻率、長度和強度，直到母親子宮頸擴張。第二產程持續大約 90 分鐘，寶寶開始向子宮頸和產道移動，最後離開母體。第三產程，持續僅有幾分鐘，胎盤和臍帶與母親分離。
- 胎兒出生後，通常會被檢查是否有任何不正常狀況，再洗澡並交給母親和父親。
- 未來父母有不同的選擇，包括生產方式、醫療照顧和是否使用減痛藥物，有時藥物介入是必需的，例如剖腹產。

2 另類生產歷程有哪些？

- 有拉梅茲，利用呼吸技巧和放鬆訓練；Bradley 方法，又稱丈夫做教練生產，它是依據盡可能自然生產的原則；和催眠生產，這是一種技術，是生產時一種自我催眠的形式。

3 生產時會有哪些併發症？它們的起因、影響和治療是什麼？

- 早產兒或是嬰兒在懷孕少於 38 週出生，通常都體重低也容易受到感染，呼吸窘迫症候群和對環境刺激的高度敏感。他們在往後的生活中甚至出現負面影響，包括發展遲緩、學習困難、行為障礙、低於平均的IQ和身體協調問題。

- 極低體重嬰兒是特別危險的，因為他們的器官發展不成熟。醫療的進步已能促成受孕後 22 週嬰兒的存活。
- 過熟嬰兒在母親肚子內超過時間也有風險，醫生用催生或是剖腹生產來解決這種問題。剖腹生產的操作時機是當胎兒有危險、胎位不正，或是無法通過產道時。

4 在哪些狀況中，剖腹生產是必要的？

- 剖腹生產（有時叫 c-section），胎兒是用開刀取出，不是透過產道而生出。
- 當胎兒顯示某種危險，常常要用剖腹生產。

5 產後憂鬱症是什麼？

- 產後憂鬱是一種持續、深度悲傷的感覺，影響了 10%的新手母親。許多案例中，這對母親和孩子的影響是危險的，此時可用積極的治療。
- 對某些母親，憂鬱的出現完全出乎意料；對某些人，憂鬱可能是荷爾蒙產生的失調。

6 新生兒有何能力？

- 人類新生兒很快地用肺來呼吸，他們具備反射能力來幫助他們吃、吞嚥、找食物和避免不愉快的刺激，他們的感官能力也是複雜的。
- 從一出生，嬰兒透過習慣化、古典制約和操作制約而學習。新生兒可模仿別人的行為，這種能力可幫助他們的社會關係，和促進社會能力的發展。

7 新生兒如何對其他人做出反應？

- 研究者發現新生兒有能力透過臉部表情來模仿別人的行為，新生兒能區分快樂、悲傷和驚奇的臉部表情。
- 新生兒與父母主動的某些特徵幫助了父母和子女之間的社會互動，以及與其他人的社會互動。

關鍵詞

- 新生兒（neonate）：新生兒（newborns）的另一名詞。
- 會陰切開術（episiotomy）：切口有時用來增加產道開的尺寸，允許嬰兒通過而生出來。
- Apgar 量表（Apgar scale）：一種標準測量系統，用來評估新生兒良好健康的指標。
- 生產時缺氧（anoxia）：在生產過程中嬰兒有幾分鐘的缺氧，因而造成腦傷。
- 依附情感（bonding）：出生時刻父母與嬰兒之間親密的身體和情緒接觸，一些人認為這會影響之後良好關係的建立。
- 早產兒（preterm infants）：在懷孕後 38 週內生下的嬰兒。
- 低體重嬰兒（low-birthweight infants）：嬰兒出生時體重低於 2,500 公克（大約 5.5 磅）。
- 小於妊娠年齡嬰兒（small-for-gestational-age infants）：嬰兒因為發展延遲，重量只有相同妊娠年齡的嬰兒平均重量的 90%。
- 極低體重嬰兒（very-low-birthweight infants）：嬰兒出生重量低於 1,250 公克（大約 2.25 磅），或是不論重量，嬰兒只在子宮裡停留不到 30 週。
- 過熟嬰兒（postmature infants）：嬰兒在母親預產期兩週後仍未出生。
- 剖腹生產（cesarean delivery）：嬰兒是以手術方式移出子宮，而不是經過產道。
- 胎兒監視器（fetal monitor）：在生產時測量胎兒心跳的儀器。
- 死胎（stillbirth）：嬰兒出生時已無生命跡象，發生率少於 1%。
- 嬰兒死亡率（infant mortalily）：嬰兒出生一年內的死亡率。
- 反射本能（reflexes）：對某些刺激會自動產生非學習的、有組織的、非自願的反應。
- 古典制約（classical conditioning）：一種學習歷程，將原本不會產生反應的中性刺激和特定的心理或心情反應做連結。

- 操作制約（operant conditioning）：一種學習形式，一種自動的反應會依據正面或負面結果而得到加強或減弱。
- 習慣化（habituation）：同樣刺激重複出現之後，對此刺激的反應就會減少。
- 清醒狀態（states of arousal）：不同程度的睡眠與清醒，由熟睡到躁動。

5

Chapter

嬰兒期的身體發展

張玲芬 譯

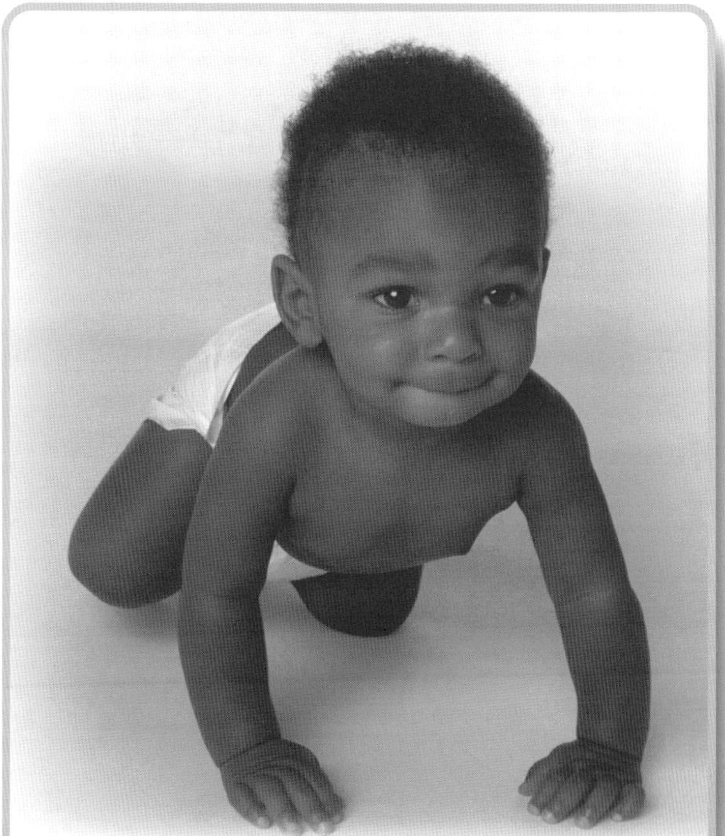

學習目標

1 人類身體和神經系統是如何發展的？
2 環境會影響到發展模式嗎？
3 嬰兒期達成了哪些發展任務？
4 營養如何影響身體發展？
5 何時可以開始進食固體食物？
6 嬰兒具備哪些感官能力？
7 嬰兒對痛覺和觸覺有多敏感？

序言 等待 Allan 的第一步

Allan 的父母開始焦慮，他們的孩子已經 13 個月了，還無法走出他的第一步。明顯地，他就要接近了。大部分時候，Allan 可以不需要幫助就穩定地站立。扶著椅子和桌子邊，他能用他的方法在房間內到處逛，但是 Allan 還是沒辦法自行走路。

Allan 的哥哥 Todd 在 10 個月大時就已經會走路，Allan 父母在網路上讀到兒童在 9.8 個月，甚至 6 個月走路的故事，那麼為什麼 Allan 還是無法自行走路？

這種期望正在發展中。每當 Allan 的父親與 Allan 在一起時，他都準備好相機，希望記錄 Allan 的里程碑，Allan 的母親也經常更新家庭部落格。

一天下午，Allan 離開一把椅子，蹣跚地走一步，接著又另外一步，他通過房間走到對面的走廊，他邊走邊快樂地笑，Allan 的父母幸運地見證了這事件，他們相當開心。

展望未來

Allan 的父母對他們兒子第一步的反應，和他們本身對這第一步的歡欣是典型的。父母對自己孩子的行為放大檢視，他們擔憂潛在的不正常（依據紀錄，13 個月大能走路是與健康發展完全一致的），並慶祝的重要里程碑。本章，我們討論嬰兒期所發生的驚人的身體發展，這段時期由出生開始持續到第二年生日。我們首先討論嬰兒期的生長腳步，注意到身高和體重明顯的改變，還有神經系統，這是較不明顯的改變，我們也看到嬰兒如何快速地發展，他們增加了像是睡眠、飲食和參與世界這類基本活動的穩定模式。

我們的討論再轉向嬰兒驚人的動作發展技巧，讓嬰兒翻身、走出第一步、從地上撿起餅乾碎片，這些技巧最後會形成之後動作的基礎，甚至更複雜的行為。我們也討論某些生理技巧發展的自然性和時間點、看是否他們的發展可以加速，以及思考早期營養對發展的重要性。

最後，我們探索嬰兒感官如何發展。我們檢視感官系統，如聽力和視力是如何運作的、嬰兒又如何透過他們的感覺器官，將原始資料分類後再轉換成有意義的資訊。

成長和穩定性

1 人類身體和神經系統是如何發展的？
2 環境會影響到發展模式嗎？

新生兒平均體重正好超過七磅，低於感恩節火雞的重量，他的身高約 20 英寸，比一條法國麵包短。他是無助的，假如讓他獨立生活，他是無法生存的。

幾年之後，故事截然不同，寶寶變得更大，他們是動態的，他們變得越來越獨立。這種成長是如何發生的呢？我們回答這問題時，可以先描述在生命最初兩年所發生的體重和身高的改變，然後檢視成長背後和引導成長的一些原則。

身體成長：嬰兒快速的精進

嬰兒在他們生命的最初兩年以快速的步伐成長（如圖 5-1 所示）。當 5 個月大時，平均的嬰兒出生重量加倍成長到約 15 磅，在第一次生日時，寶寶的重量以三倍成長到約22磅，雖然體重增加的步伐在第二年緩慢下來，但它仍然持續增加，在他 2 歲結束時，幼兒的重量約是出生時的四倍。當然，嬰兒中有著許多的差異。在寶寶的第一年中，定期至小兒科診所測量身高、體重，提供偵查發展問題的一種方式。

嬰兒體重的增加配合著身高的增加。在第一年尾，一般寶寶成長約1英尺，大約30英寸高，到他們的第二年生日，幼兒平均高度是 3 英尺。

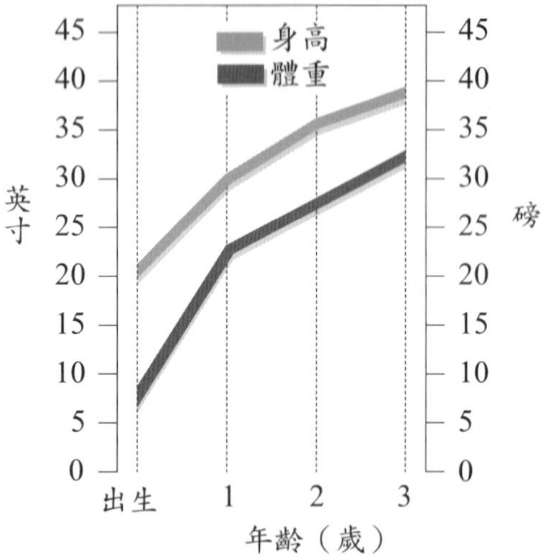

圖 5-1 身高和體重的成長

雖然第一年身高和體重增加最多，但幼兒仍持續在嬰兒期和學步階段成長。

資料來源：Cratty (1979).

嬰兒身體並非所有部位都是以同一比例成長，如我們在第 2 章所看到，在出生時，頭部占新生兒整個身體尺寸的四分之一，在生命的最初二年，身體的其他部位開始趕上，在 2 歲時，寶寶的頭僅有身體長度的五分之一，一直到成人時，頭僅占身體長度的八分之一（如圖 5-2 所示）。

在體重和身高上，也有性別和種族的不同。女孩通常比男孩較矮、較輕，這些差異在兒童期持續。另外，亞洲嬰兒傾向比北美白人嬰兒較小，美國非洲裔嬰兒又比北美白人嬰兒較大。

成長的四原則

嬰兒出生時不成比例的大頭是四種原則（如表 5-1 所示）之一的一個例子。

- **頭尾原則**（cephalocaudal principle）：成長是跟隨著一種方向和模式，從頭和上半身開始，再進行到身體其餘部位，依據這種原則，我們先發展了視覺能力（在頭部），然後才精通走路能力（接近身體的尾部）。
- **軀幹到四肢原則**（proximodistal principle）：發展是由身體中心向外進行。應

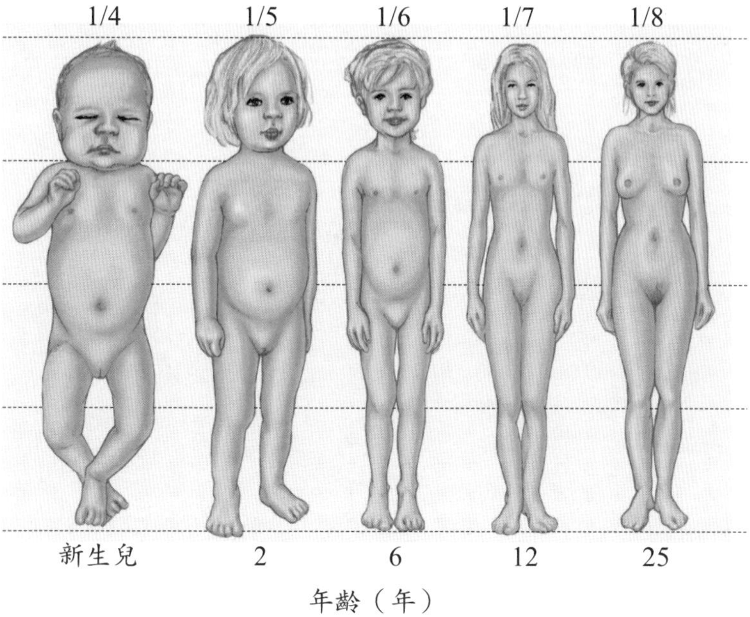

圖 5-2 比率的減少

出生時，頭部占新生兒身體的四分之一；成人時，頭部僅是身體尺寸的八分之一。為什麼胎兒的頭那麼大？

表 5-1 監控成長的主要原則

頭尾原則	軀幹到四肢原則	階層統整原則	獨立系統原則
由頭和上身開始到身體其他部位的一種發展形式。	發展由身體中心向外的一種發展形式。	簡單技能分開且獨立地發展，之後會整合成更複雜的技能。	不同身體系統的發展程度不同。

用這種原則，身體軀幹是在腿與手臂四肢之前發展。能力的發展利用不同的身體部位，也遵循軀幹到四肢原則，例如：有效的手臂運用是接著在手應用的能力之後。

- **階層統整原則**（principle of hierarchical integration）：一般簡單的技能是分別和獨立發展的，因此，用手抓握某些東西的複雜技能要到嬰兒學習如何控制和統整個別手指的動作之後才會精通。

- **獨立系統原則**（principle of the independence of systems）：不同身體系統以不同的速率在成長，例如：身體尺寸、神經系統和性成熟的成長模式是相當不同的。

神經系統和大腦：發展的基礎

當 Rina 出生時，她是她父母朋友圈中的第一個寶寶，這些年輕的成人驚喜地看著嬰兒，對每一個噴嚏、微笑和啼哭都喔呀和唉呀，試著猜它們的意義。不論 Rina 經歷何種感覺、動作和思考，它們都是由相同複雜的網絡所帶來的，也就是嬰兒的神經系統。神經系統組合成腦，由神經元延伸到整個身體。

神經元（neurons）是神經系統的基本細胞，圖 5-3 顯示出成人神經元的結構。就像身體中的所有細胞，神經元有含有神經纖維的細胞體，但又不像其他細胞，神經元有著特殊能力：它們可以與其他細胞相溝通，在尾部有一組纖維，叫作樹突（dendrites）。樹突由其他細胞接收訊息。在另一尾端，神經元有一種延長的軸突（axon），是神經元的一部分，把訊息傳送給其他神經元。神經元並不實際碰觸彼此，它們是藉著化學傳送者——神經傳達者（neurotransmitters）——去與其他神經元溝通，它們透過神經元之間的小裂縫傳達，叫作**突觸**（synapses）。

雖然估計數有差異，嬰兒生下來就有 1,000 至 2,000 億個神經元。為了要達到這個數字，在出生前神經元就已經以驚奇的倍數增加，事實上，在胎兒發展的某階段，細胞每分鐘分裂創造了約 250,000 個神經元。

出生時，大部分在嬰兒腦部的神經元與其他神經元很少有連結。在生命的頭 2 年，寶寶腦部建立了數十億神經元的新連結，神經網絡變得更加複雜，如圖 5-4 所示。一生中神經連結的複雜性是持續增加的，事實上，成人一個單一的神經元可能會與身體其他部位或其他神經元有至少 5,000 個連結。

突觸的修剪

寶寶生了比他們實際所需還要多的神經元。此外，突觸隨著我們生活經驗的改變，都在一生歷程中持續的形成，它形成額外的神經元和突觸的連結時，

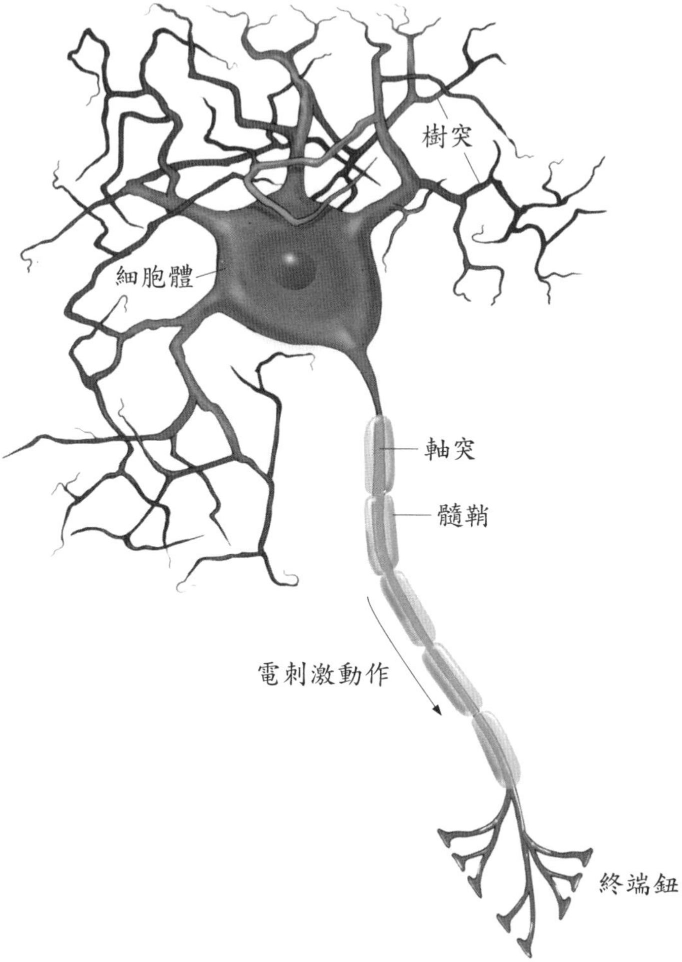

圖 5-3 神經元

神經系統的基本元素，神經元由許多元素組成。

資料來源：Van de Graaff (2000).

哪些事情會發生呢？

像農夫一樣，為了要加強果樹的生命力，所以會修剪不需要的樹枝，而腦部為了加強某種能力，也會「修剪掉」不需要的神經元。在嬰兒經驗世界時，沒做連結的神經元就會變成不需要的，它們最後會死掉，以增加神經系統的效率。

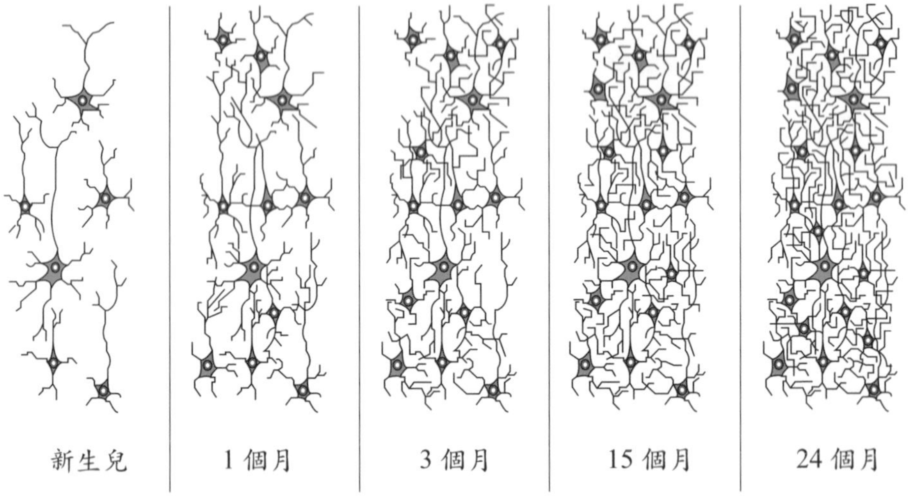

圖 5-4 神經元網絡

生命的最初兩年，神經元網絡變得越來越複雜並互相連結。為什麼這些連結是重要的？

資料來源：Conel (1930/1963).

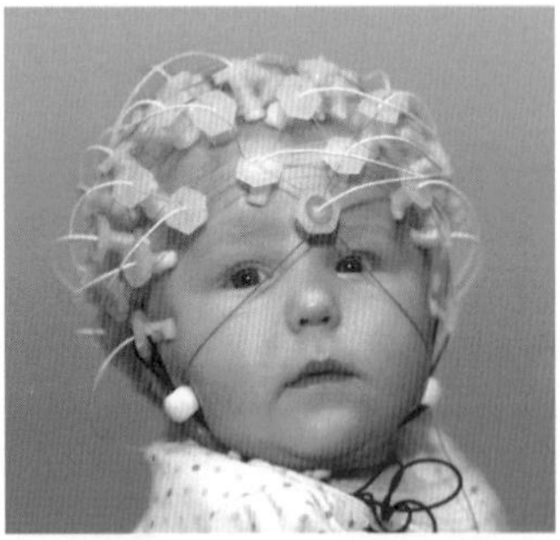

當不需要的神經元減少時，其餘神經元則在寶寶經驗中依據它們用或不用而造成延伸或刪除。假如寶寶的經驗沒刺激到某神經的連結，就像不用的神經元一樣，就會被刪除，這過程就叫做突觸修剪。突觸修剪會建立神經元與其他神經元更多精細的溝通，不像其他方面的生長，神經系統的發展是透過失去不用的細胞來做更有效率的執行（Iglesias et al., 2005; Johnson, 1998; Mimura, Kimoto, & Okada, 2003）。

出生後，神經元的尺寸持續增加，再加上以樹狀體成長，神經傳達歷程由髓鞘（myelin）所包裹，這種脂肪物質，就像電線上的絕緣，提供神經刺激傳遞的保護與速度。所以，既使有許多神經元會遺失，但留下的，就增加了尺寸和複雜性，貢獻了腦部驚人的成長。寶寶的腦部在生命的最初兩年，重量就增加了三倍，在 2 歲時，它是成人腦容量和尺寸的四分之三。

當它們成長時，神經元也重新定位自己，以功能性做安排。某些移入**大腦皮質**（cerebral cortex）——腦的表層，其餘的移入皮質下層（subcortical levels），它是在大腦皮質的下一層。腦皮質下層是管理基本活動，例如呼吸和心跳，在出生時已完全完成。隨著時間，腦皮質下層的細胞就負責高層次歷程，例如思考和推理，變得更進一步發展和相互連結。

例如突觸和髓硝化在3至4個月時經歷了在皮質下聽力和視力區的成長（叫作聽覺皮質和視覺皮質），這種成長與聽力和視力技能快速增加相配合。類似的，皮質區與行動快速移動有關，也可改善肢體動作。

雖然腦部由頭顱骨保護，但對某種形式的傷害也很敏感，一種特別令人悲痛的傷害是由某種兒童虐待所造成，叫作嬰兒搖晃症候群——嬰兒照顧者因為寶寶啼哭而衝動地搖晃嬰兒。搖晃會導致腦骨內腦的轉動，引起血管爆裂，損傷神經元的銜接，結果造成許多醫療問題、長期生理和學習障礙，甚至導致死亡（Bell, Shouldice, & Levin, 2011; Jayawant & Parr, 2007; Runyan, 2008）。

環境對腦部發展的影響

腦部發展是自然發生，因為基因已決定了模式，但也強烈受到環境的影響。事實上，大腦的**可塑性**（plasticity）——發展結構或行為是由經驗來修正——也對腦部相對地有幫助。

在生命的最初幾年，腦的適應性是很好的。因為腦的許多方面尚未專注在特別任務上，假如一個區域受傷，其他區域可以取代受傷的區域，造成腦部受傷的嬰兒比經歷同樣傷害的成人影響較少以及較易恢復，顯示其高度的可塑性（Mercado, 2009; Stiles, Moses, & Paul, 2006; Vanlierde, Renier, & DeVolder, 2008）。

進一步而言，嬰兒的感官經驗影響了個別神經的尺寸和它們互相連結的結構。弱勢幼兒比較在富裕環境長大的幼兒也顯示出腦部結構和重量的不同（Cicchetti, 2003; Cirulli, Berry, & Alleva, 2003; Couperus & Nelson, 2006）。

以非人類所做的研究有助於顯示出大腦可塑性的本質。研究比較在充滿視覺刺激環境的老鼠與在無趣籠子中的老鼠間的可塑性。結果顯示出生長在豐富環境的老鼠，其腦視覺部分是較厚實和較重的（Black & Greenough, 1986; Cynader, 2000; Degroot, Wolff, & Nomikos, 2005）。

相對地，有某些限制的環境對腦的發展可能會有傷害。在一個研究中，小貓戴著限制了牠們視力的眼鏡，該眼鏡只能看垂直線（Hirsch & Spinelli, 1970）。當貓長大後，再移開眼鏡，雖然牠們能看完美的垂直線，卻無法看到水平線。類似的情形，在生命的早期，小貓戴了不能看垂直線的眼鏡，在長大後就無法有效地看到垂直線，儘管牠們對水平線的視力是正確的。

另一方面，讓生活在正常環境中年長的貓戴上上述有限制的眼鏡，當眼鏡移除後，不會有上述的結果。結論是：視覺發展是有敏感期的。如第 1 章所述，**敏感期**（sensitive period）是一段特殊但有限制的時間，通常是在有機體生命的早期，在敏感期特別容易受到環境的影響。敏感期可能與行為有關，例如視力發展；或與身體結構發展有關，例如腦部的結構（Uylings, 2006）。

敏感期的存在提出許多重要的議題，嬰兒如果不在敏感期受到某種程度的環境刺激，嬰兒發展能力就會受損傷或失敗且無法修復。如果這是真實的，要提供這些孩子成功的未來，介入就會是特別的挑戰（Gottlieb & Blair, 2004; Zeanah, 2009）。

相反的問題也出現了：在敏感期，不尋常的高度刺激比一般程度刺激更能促進發展嗎？

這種問題沒有簡單的答案。決定性之異常匱乏或豐富的環境是如何影響到後來的發展，發展研究者企圖找出更能促進幼兒發展的方式。

同時，許多發展學者提出許多簡單方式讓父母和照顧者可以提供刺激的環境來鼓勵健康的腦部成長。擁抱、對話、唱歌和寶寶遊戲都能幫助豐富他們的環境。此外，抱著孩子讀書給他聽是重要的，同時也讓多重感官參與，包括視覺、聽覺和觸覺（Garlick, 2003; Lafuente et al., 1997）。

整合身體系統：嬰兒的生命週期

當你有機會聽到父母討論他們的新生兒時，就有機會聽到一種或數種的話題。在生命的第一天，嬰兒身體的節奏——清醒、吃、睡和洗澡，常在不同時間掌控著幼兒的行為。

最基本的活動是被不同身體系統所掌控，雖然個體每種行為模式都可能有效地執行功能，但嬰兒需花時間努力整合不同的行為。事實上，新生兒主要任務之一就是幫助單獨的行為能和諧地運作，例如幫助他能夠整晚睡覺（Ingersoll & Thoman, 1999; Waterhouse & DeCoursey, 2004）。

節奏和狀態

透過不同**節奏**（rhythms）的發展是整合行為的重要方式之一。節奏是行為重複、循環的模式。某些節奏是立即顯示，例如由清醒到睡覺的改變；其他較不明顯，但仍是可以注意到的，例如呼吸和吸吮模式；還有其他節奏可能需要小心的觀察才能注意到。

例如新生兒有段時間會每分鐘規則性地踢腿。雖然某些節奏在出生後就很明顯，但其他的則要到第一年當神經系統的神經元變得更加整合才會慢慢出現（Groome et al., 1997; Thelen & Bates, 2003）。

主要的身體節奏之一就是嬰兒的**狀態**（state），它是對內在、外在兩者刺激呈現所理解的程度。一如表 5-2 所看到，這種狀態包括不同程度的清醒行為，例如警覺、哭鬧和不同程度的睡覺。每個在狀態內的改變都帶來嬰兒注意力專注所需要的刺激量（Balaban, Snidman, & Kagan, 1997; Diambra & Menna-Barretio, 2004）。

嬰兒大腦電波的改變是由某些不同狀態的嬰兒經驗而產生，這些改變反映了電力腦波（brain waves）的不同模式，大腦電波可以用腦電波儀（electroencephalogram, EEG）測量出來。在出生前三個月，腦波模式相當不規則，當嬰兒 3 個月時，更成熟的模式出現，腦波變得更規則（Burdjalov, Baumgart, & Spitzer, 2003; Thordstein et al., 2006）。

睡眠：是做夢的時候？

在嬰兒期的一開始，占據寶寶時間的主要狀態是睡覺，此時對勞累父母是個紓解的時候，對照顧者而言，是個喘息的時候。平均而言，新生兒一天睡約 16 到 17 小時，但個別差異很大，有些孩子的睡眠會超過 20 小時，有些只睡 10 小時（Buysse, 2005; Murray, 2011; Tikotzky & Sadeh, 2009）。

表 5-2 主要的行為狀態

狀態	特徵	獨自在狀態中的時間百分比
醒的狀態		
警覺	專注或搜尋中，嬰兒眼睛是張開和閃亮的。	6.7
非警覺的甦醒	眼睛常睜開，但不聚焦和無神，高度肢體活動。	2.8
吵鬧	低程度持續或間歇的吵鬧。	1.8
哭	以單一或____強烈的聲音。	1.7
睡覺和醒時之間的轉換狀態		
打瞌睡	嬰兒眼皮沉重，慢慢張開與關閉。低程度肢體活動。	4.4
發呆	張開眼，但眼睛不動，介於清醒和打瞌睡之間。低程度的活動。	1.0
睡醒的狀態	清醒和睡眠的行為表現，一般性的行為活動，眼睛可能閉著，或是快速地張眼與閉眼。寶寶清醒時發生的狀況。	1.3
睡眠狀態		
活動睡眠	閉眼，均衡呼吸，眼球快速移動的動作。其他行為：微笑、皺眉、怪臉、苦相、吸吮、啜泣。	50.3
靜態睡眠	閉眼，呼吸規則和緩慢。活動行為受限於偶爾的警動、哭訴或節奏性動嘴。	28.1
睡眠狀態轉換		
活動—靜態的睡眠轉換	介於活動睡眠和靜態睡眠之間的狀態，眼睛閉起來，肢體活動少，嬰兒顯示出活動睡眠和靜態睡眠的混合行為表現。	

資料來源：Adapted from Thoman & Whitney (1990).

嬰兒睡得很多，但是你可能不希望「睡得像寶寶」。通常，嬰兒會睡兩小時後醒來一陣子。因此，嬰兒——包括他們缺少睡眠的父母——的睡眠是和世界其他人不同步的（Burnham et al., 2002; Groome et al., 1997）。大多數寶寶出生前幾個月都不是一覺到天明的，父母的睡眠也會被打斷，有時是一晚數次，都是因為嬰兒想喝奶或想抱抱。

幸運的是嬰兒漸漸進入一種比較像是成人的模式，一週之後，寶寶在晚上要睡得更久，在白天清醒的時間也越長。到 16 週大時，嬰兒開始晚上可連續睡六小時，白天睡眠就是規則的休息模式，大部分嬰兒在 1 歲時已能睡整晚，每天的睡眠時數已減少到 15 小時（Mao, 2004; Sankupellay et al., 2011; Thoman & Whitney, 1989）。

藏在嬰兒安靜睡眠之後是另一種循環的模式。在睡眠階段，嬰兒心跳增加，變得不規則，血壓升高，他們開始快速呼吸（Montgomery-Downs & Thomas, 1998）。有時，他們閉著的眼球也會有來回移動的形式，就像是在看一部動作片一般。這時期活動睡眠與年長幼兒及成人和做夢相關的**快速動眼睡眠**〔rapid eye movement (REM) sleep〕是相似的，但不是完全一樣。

最初，這種活動、快速眼球移動般的睡眠占嬰兒睡眠的一半，與成人比較，腦波般的睡眠只占成人睡眠的 20%（如圖 5-5 所示）。活動睡眠的量快速減少，在 6 個月時，只占三分之一的睡眠時間（Burnham et al., 2002; Coons & Guilleminault, 1982; Staunton, 2005）。

活動睡眠時段的出現類似於成人 REM 的睡眠，也引發了有趣的問題，嬰兒在這階段是否會做夢，沒人知道答案，雖然它似乎是不可能的。第一，幼兒因經驗有限，所以沒有很多夢；第二，嬰兒睡眠的腦波與成人的在質方面有所不同。直到 3 或 4 個月大，腦波模式才會與做夢的成人相似，結論是嬰兒在睡眠中不會做夢，或是至少不會像成人一樣（McCall, 1979; Parmelee & Sigman, 1983; Zampi, Fagioli, & Salzarulo, 2002）。

然而，嬰兒快速動眼睡眠的功能是什麼？雖然我們尚不確切知道，某些研究者認為它提供了刺激腦本身的工具，一種叫作自體刺激（autostimulation）的歷程（Roffwarg, Muzio, & Dement, 1966）。神經系統的刺激在嬰兒期特別重要，特別是他們大部分時間在睡覺，相對地清醒的時間很少。

嬰兒睡眠週期似乎大都是基因因素所先規劃的，但是環境影響也扮演著部分角色，例如：嬰兒環境中長期和短期的壓力（例如熱浪來襲）會影響他們的睡眠模式（Goodlin-Jones, Burnham, & Anders, 2000; Halpern, MacLean, & Baumeister, 1995）。

文化因素也影響了嬰兒的睡眠模式，例如非洲 Kipsigis 的嬰兒晚上與母親

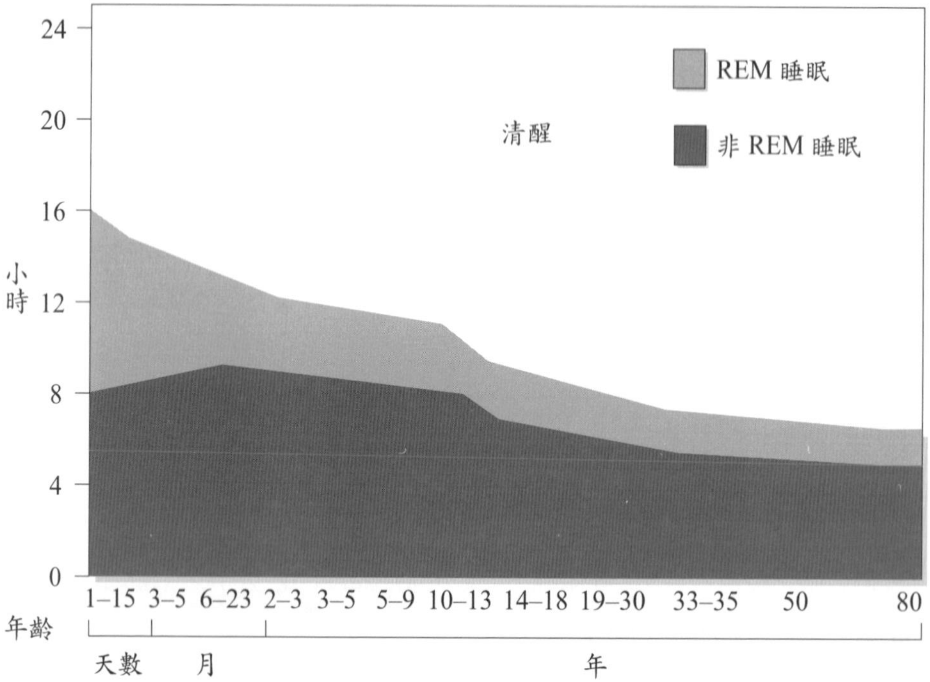

圖 5-5 生命週期的快速動眼睡眠

隨著年齡增長，快速動眼睡眠比例增加，非快速動眼睡眠比例減少，睡眠量也隨著年齡而減少。

資料來源：Adapted from Roffwarg, Muzio, & Dement (1966).

睡，他們隨時醒來都可餵奶，白天因為母親在工作所以被綁在母親的背上，也因為他們常出外行動，Kipsigis 的嬰兒比西方的嬰兒較晚才能整夜睡覺。在生命的最初 8 個月，他們的睡眠很少一次超過 3 小時，而美國的嬰兒可以睡 8 小時（Anders & Taylor, 1994; Gerard, Harris, & Thach, 2002; Super & Harkness, 1982）。

嬰兒猝死症：無預警的殺手

很少百分比的嬰兒，睡眠的節奏會被死亡所干擾。**嬰兒猝死症**（sudden infant death syndrome, SIDS）是一種病症，導致似乎健康的嬰兒在睡眠中死去——放在床上小睡或是晚上睡覺，嬰兒就不再醒過來。

在美國，一年中 1,000 個嬰兒就有一個嬰兒猝死症。雖然它似乎是在睡眠中正常呼吸的形式被中斷了，但科學家還是無法找到發生的原因。很清楚地，嬰兒並不是窒息或噎死，他們是停止了呼吸而安靜地死去。

尚未發現可信的工具來預防這個問題，美國小兒科醫師學會建議寶寶面朝上以背躺著，而不是側躺或腹部向下趴著，這叫作以背仰睡（back-to-sleep）指南。他們也建議父母考慮在寶寶睡眠時和小睡時，讓他吸奶嘴（Task Force on Sudden Infant Death Syndrome, 2005; Senter et al., 2011）。

自從這些指南提出後，嬰兒猝死症死亡率已明顯減少（如圖 5-6 所示），但 1 歲前 SIDS 死亡率仍是領先（Blair et al., 2006; Daley, 2004; Eastman, 2003）。

某些嬰兒比其他嬰兒更有嬰兒猝死症的風險，例如：非裔美籍男孩風險最大，低出生體重和 Apgar 評分表的低分數也與嬰兒猝死症有關，母親在懷孕時抽菸也是個風險。某些證據指出腦部缺陷影響呼吸也會造成嬰兒猝死症。在少

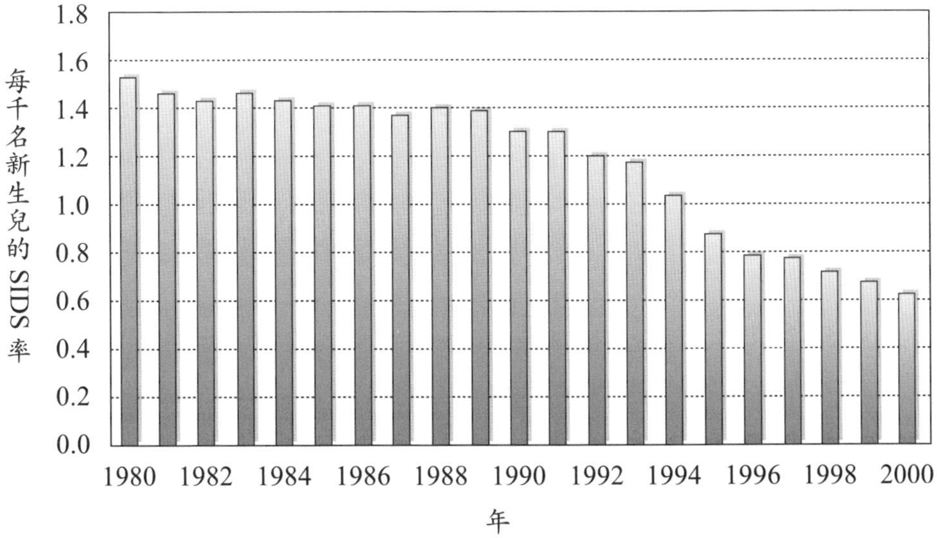

圖 5-6 嬰兒猝死症減少率

美國嬰兒猝死症率已銳減，因為父母變得更加有資訊，以及讓寶寶仰睡，而不再是趴睡。

資料來源：American SIDS Institute, based on data from the Center for Disease Control and the National Center for Health Statistics (2004).

數的例子，兒童虐待可能是實際原因。但仍沒有清楚的因素，來解釋為什麼某些嬰兒死於這個問題。嬰兒猝死症發生在任何種族和任何社經地位的孩子身上，嬰兒並沒有明顯的健康問題（Howard, Kirkwod, & Latinovic, 2007; Richardson, Walker, & Horne, 2009）。

許多假設提出為什麼嬰兒死於嬰兒猝死症，包括以下的問題，如尚未診斷出的睡眠障礙、窒息狀態、營養不良、反射問題、尚未診斷出的疾病。實際嬰兒猝死症的原因仍是難以理解（Kinney & Thach, 2009; Lipsitt, 2003; Machaalani & Waters, 2008; Mitchell, 2009）。

因為父母嬰兒猝死症沒有心理準備，所以這樣的事件有著特別的破壞性，父母會感覺罪惡感，自責是他們的疏忽而造成了幼兒的死亡。這種罪惡感是不正確的，因為嬰兒猝死症尚無法找出預防的方式（Krueger, 2006）。

肢體發展

3 嬰兒期達成了哪些發展任務？
4 營養如何影響身體發展？
5 何時可以開始進食固體食物？

假如一位基因工程師僱用你重新設計新生兒，要求你以新的、更能活動的新生兒取代現代版，為了執行這個工作，你可能會考慮的第一個改變是需要改變寶寶的身體型態和組合（幸運的這只是幻想）。

新生寶寶的體型和比例並不容易活動，他們頭太大、又重，嬰兒沒力氣抬起頭，因為四肢比其他身體部位要短，他們的動作是受限的，身體主要是脂肪，肌肉量有限，造成他們缺乏力量。

幸運的是嬰兒很快就開始發展出驚人的活動力。事實上，在出生時，他們有天生的反射行為，在最初兩年，他們肢體動作的範圍快速地成長。

反射本能：我們天生的生理技能

當 Christina 的父親把手指放在才 3 天大的 Christina 掌中，她會有握成小拳頭、抓住手指的反應。當父親將手指向上移動，Christina 會抓得很緊，好像父親能將她完全由嬰兒床上拉起來。

基本生理反射

Christina 的父親是對的：他是可能以這種方式拉起 Christina。她能抓握的原因是由嬰兒出生就具有的 12 種反射作用之一所啟動。**反射**（reflexes）是在某些刺激出現時會產生非學習的、有組織的、非自願的反應。新生兒進入世界就有一組反射行為模式幫助他們適應新環境，也有保護他們的作用。

一如我們在表 5-3 所看到的，許多反射代表了生存價值的行為，幫助確認

表 5-3 嬰兒的某些基本生理反射

反射	消失的大約年齡	描述	可能的功能
尋乳反射	3 週	新生兒傾向把頭轉向碰他嘴部的事物。	進食
踏步反射	2 個月	當被直舉起來時，用腳碰地雙腿的動作。	準備嬰兒獨立動作
游泳反射	4-6 個月	當寶寶在水中面向下時，傾向滑動和踢動的游泳動作。	避免危險
莫洛反射	6 個月	當支持頭部時，促使頭立即移動。嬰兒手臂強力推動，似乎是在抓東西。	如靈長類的預防跌倒
巴賓斯基反射	8-12 個月	嬰兒腳掌外圍受到碰觸而張開腳趾頭。	未知
驚嚇反射	以不同形式保留	嬰兒對突來噪音的反應，揮動雙臂、彎曲背部和張開手指。	保護
眨眼反射	保留	當暴露到直接光線下，眼睛快速開與閉。	保護眼睛，免於直射的光線
吸吮反射	保留	嬰兒傾向吸吮碰到唇邊的物品。	進食
作嘔反射	保留	嬰兒去清理喉嚨的反射。	避免噎食

嬰兒的健康，例如游泳的反射讓寶寶在水中臉朝下就能做出游泳的動作，這種行為明顯的結果就是幫助寶寶能夠由危險中逃生，直到照顧者來搶救。同樣地，眨眼（eye blink）反射似乎就是設計來保護眼睛，免於直接光照而傷害了眼球。

既然許多反射有保護價值，我們能在整個人生都保留它們似乎是有益處的。事實上，某些反射是保留的，例如眨眼就是一生中所留下來的反射。另外，少數反射例如游泳反射，在幾個月後就消失了。為什麼會如此？

研究者聚焦在發展進化的解釋，歸因於漸漸消失的反射是為了增加了對行為的自主性控制，這些都在促成嬰兒更能控制他們的肌肉。再加上反射形成未來的基礎、更複雜的行為，直到這些重要行為學得更好（Lipsitt, 2003; Myklebust & Gottlieb, 1993）。

反射可能刺激了部分的腦部去對更複雜的行為負起責任，幫助他們發展。例如某些研究者主張踏步的反射能幫助腦皮質以後發展出走路的動作。發展心理學家 Philip R. Zelazo 和他的同事做了一個研究，他們提供 2 週大的嬰兒持續六週、每次三分鐘的四階段的走路練習，結果顯示有走路練習的幼兒比沒練習的幼兒早幾個月就能走路而且不需要協助。Zelazo 提出訓練造成踏步反射的刺激，也牽引了腦皮質的刺激，準備為嬰兒提早獨立動作做準備（Zelazo, 1998; Zelazo et al., 1993）。

父母是否要努力刺激他們嬰兒的反射？可能不需要。雖然證據顯示加強練習會造成某些肢體活動較早出現，但並無證據指出練習過的嬰兒會比未練習嬰兒表現的品質更好。甚至早期所發現的受益，在成人後並沒有在肢體技能上更流暢。

事實上，結構性的練習害處多於益處，依據美國小兒科醫師學會，結構性練習會造成嬰兒肌肉的拉傷、骨裂和四肢錯位，影響的結果，比練習而來的益處還更重要（American Academy of Pediatrics, 1988）。

種族和文化在生理反射上的差異與相似

雖然生理反射是由基因所決定，但表現方式則有文化上的不同，例如：莫洛反射（Moro reflex），當支持頸頭突然被移開時就會促發這反射，包括嬰兒手臂向外突然伸出，似乎是要抓住東西的樣子。大部分科學家覺得莫洛反射代表人類遺傳到非人類祖先的一種遺留下來的反應，莫洛反射對猴子的寶寶是一種很有用的行為，牠可附在母親背上隨著牠走動，假如牠們沒抓握好，就會跌倒，除非牠們能用莫洛相似的反射快速抓住母親的毛（Prechtl, 1982; Zaferiou, 2004）。

莫洛反射在所有的人類都可發現，但在不同的幼兒，所表現的強度也不同，某些反映了文化和種族的差異（Freedman, 1979）。例如白人嬰兒顯示出對情境中的聲響而產生莫洛反射的反應，他們不僅是揮動他們的手臂，而且哭著，並以焦慮的態度反應。相反地，Navajo 寶寶對相同情境的反應就比較安靜，他們手臂不會揮動，也很少哭。

某些案例中，反射可幫助小兒科醫師做為診斷工具，因為反射會在規則的時間點出現和消失，它們的缺席或出現在嬰兒期某一時間點提供了診斷的線索，某些東西可能在嬰兒發展中是不正常的（甚至成人，醫生也將反射包含在他們的診斷技巧中，任何人都知道醫生用橡皮槌子來敲膝蓋，檢視是否小腿會向前踢動）。

在人類的歷史中，反射進化是因為它們有生存的價值。例如：吸吮反射自動幫助嬰兒獲得營養，尋乳反射幫助嬰兒找到了奶頭，此外，某些反射也是一種社會功能，促進照顧與營養。例如：Christina的父親發現把手指放在Christina的手掌中，她會把他的手指緊握。他並不在乎 Christina 只是用天生的反射做簡單的反應，他更可能觀察他女兒對他的反應動作，做為她增加興趣和感情的信號。一如我們將會在第 6 章看到，當我們討論嬰兒的社會和人格發展時，這種明顯的反應能夠幫助加強嬰兒與照顧者之間的社會關係成長。

嬰兒期的動作發展：生理發展的指標

在嬰兒期，沒有任何生理改變比動作技能的增加更明顯和熱烈地被期望，大部分父母能記得他們對孩子的第一步是驕傲的和驚奇的，他由無助的嬰兒所做的快速改變，從不會翻身到能夠在這世界中做出有效的行為動作。

大肌肉動作技能

雖然新生兒的肢體動作還不太複雜，至少與將出現的成就比較，嬰兒仍能完成某些動作。例如：當以腹部躺著時，寶寶的手臂和腿擺動，也試著把有重量的頭抬起來。當他們力量增加了，他們就能努力對他們躺著的位子對抗，推動身體到不同的方向。他們常會向後移動，而不是向前移動，在 6 個月時，他們變得更能向某一特定方向移動。這些努力是爬動的前奏，寶寶協調他們的手臂和腿向前推動。爬的動作出現約在 8 至 10 個月。圖 5-7 提供了正常動作發展的某些里程碑。

之後的走路約在 9 個月，大部分的嬰兒能以家具來支撐著走路，在生命第一年尾，一半的嬰兒都能走得很好。

在此時，嬰兒也學習到處移動，他們將維持靜止不動的坐姿表現的更完美。最初，寶寶如果沒有支撐是無法坐直的，但他們很快就熟練了這種能力，在 6 個月時他們已能不用支撐就坐好。

精細動作技能

當嬰兒能做出完美的大肌肉動作，例如坐直和走路，他們也精進了他們的精細動作。例如 3 個月時，嬰兒四肢協調的活動已經出現。

雖然嬰兒一出生就有此種拿東西的基本能力，但這種能力不複雜也不準確，它在大約 4 週時就會消失。在 4 個月時，一種不同的較準確的拿東西形式再度出現，當嬰兒伸出手後，要花一段時間練習才會成功地協調抓握，在短時間內，他們就能夠伸手和抓握有興趣的物品（Claxton, Keen, & McCarty, 2003; Claxton, McCarty, & Keen, 2009; Daum, Prinz, & Ashersleben, 2011）。

複雜的精細動作持續地成長，11 個月時，嬰兒已能夠拾起地上小如彈珠的物品。照顧者必須注意，因為下一步他們就會把這種東西放入嘴巴內。當幼兒 2 歲時，已能小心地拿杯子靠近嘴邊喝，而且不會灑出。

抓握，就像其他動作進化，由簡單技能組合成更複雜的，遵循著一種有順序的發展模式。例如嬰兒一開始用整隻手撿起東西，等他們長大一點，就會用

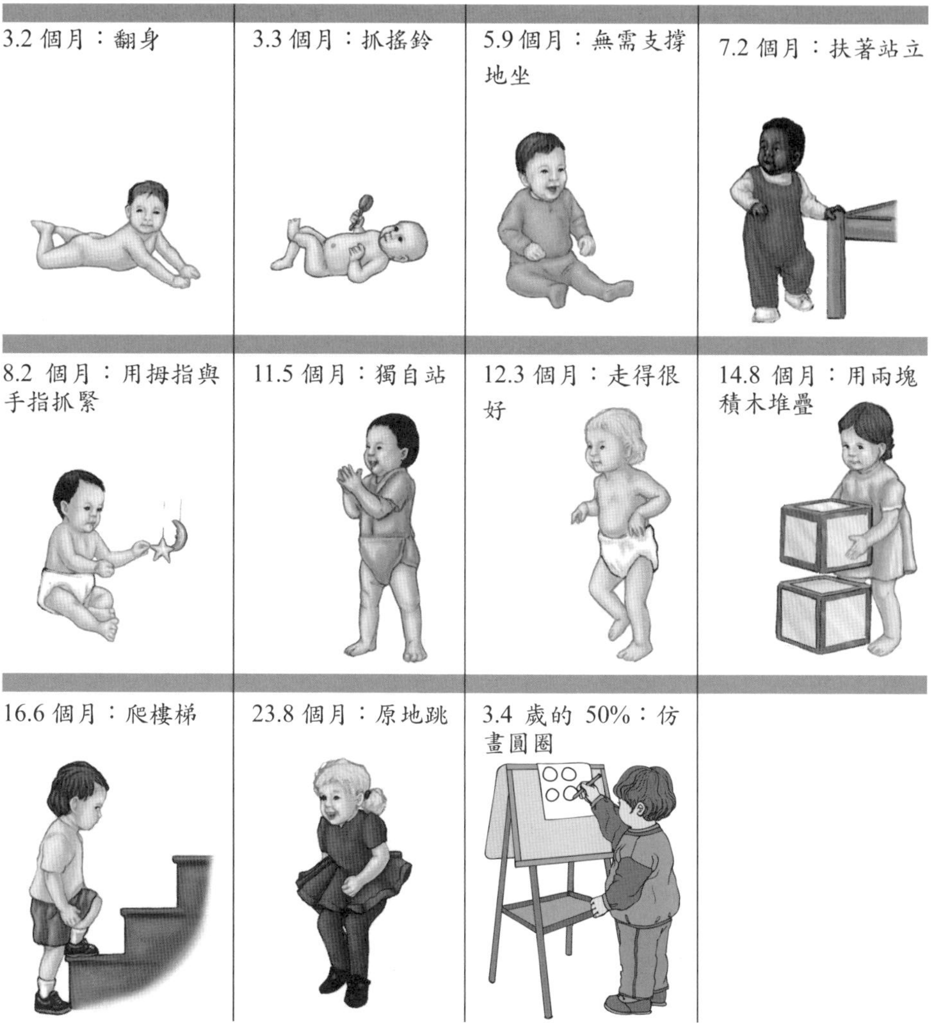

圖 5-7 動作發展里程碑

50%的幼兒能夠在圖中指出的年齡表現每一項技能；然而每一項技能的特殊時間也有很廣泛的差異。例如在 11.1 個月有四分之一的幼兒能夠走得很好；在 14.9 個月時，90%的幼兒能走得很好。如此平均標桿的知識對父母是幫助還是傷害呢？

資料來源：Adapted from Frankenburg et al (1992).

指尖抓握（pincer grasp），也就是拇指和食指相碰，形成一個圓圈，這種指尖抓握允許了更準確的動作控制（Barret & Needham, 2008）。

動力系統理論：動作發展是如何協調的

雖然很容易就認為動作發展是一系列的個別動作成就，事實上，這些技能並非單一的發展，每一項技巧（拿湯匙到嘴邊的能力）都是在其他動作能力的脈絡中進化（例如一開始伸出去和拿起湯匙的能力）。當動作技能發展時，非肢體技能也是如此，例如視覺能力。

發展學者 Esther Thelen 創造了一種創新理論，來解釋動作技能如何發展和協調。**動力系統理論**（dynamic systems theory）描述動作行為是如何組成的。藉著「組合」，Thelen 是要協調在兒童身上所發展的多種技能。是如何協調幼兒發展多元的技能，由嬰兒的肌肉發展、知覺能力和覺知系統、動機去執行某種肢體活動和環境中的支持（Gershkoff-Stowe & Thelen , 2004; Thelen & Bates, 2003; Thelen & Smith, 2006）。

依據動力系統理論，一種特別面向的動作發展，例如開始爬行，並不是依賴腦部發出「爬的計畫」就允許肌肉推動向前爬，其實爬行需要肌肉協調、知覺、認知和動機。這理論強調兒童如何做探索活動，他們與環境互動中產生了新的挑戰，引導了他們在動作技能的進步（Corbetta & Snapp-Childs, 2009）。

動力系統理論的價值在於它強調嬰兒在重要動作發展的進步中本身的動機（一種認知狀態）。例如嬰兒需要有動機去拿無法伸手拿到的東西，因此必須發展爬行的技能。這種理論也幫助解釋不同幼兒在肢體能力顯現中的個別差異。

發展常模：個體與團體做比較

我們所討論有關肢體發展里程碑的時間點是依據常模。**常模**（norms）代表同齡中大型取樣的平均表現。他們讓某一位孩子的某種行為與常模樣本中孩子平均的表現做比較。

例如：最常用來決定嬰兒正常的標準技術是**布列茲頓新生兒行為量表**（Brazelton Neonatal Behavior Assessment Scale, NBAS），此量表設計的目的是評量嬰兒對環境的反應。

布列茲頓新生兒行為量表提供了傳統 Apgar 測驗（第 4 章曾討論過）的互補工具，Apgar 量表是在一出生就立即施測。而布列茲頓新生兒行為量表執行需要 30 分鐘，包括 27 種反應的分類，構成嬰兒行為的四種面向：與別人互動（例如警覺和逗人喜愛）、動作行為、生理控制（例如在生氣後被安撫的能力），和對壓力的反應（Brazelton, 1973, 1990; Canals, Fernandez-Ballart, & Esparo, 2003; Davis & Emory, 1995）。

雖然量表提供了常模，例如用來對不同行為和技能時間點做出廣泛類化，但必須小心解釋。因為常模是平均數，它們掩蓋了當幼兒獲得不同發展時的個別差異，例如：某些小孩可能超過常模，其他正常的幼兒可能有點落後常模。常模也可能會隱藏了事實，每個幼兒在不同行為達成的順序可能會不同（Boatella-Costa et al., 2007）。

常模只有在其資料是根據大量的、不同種族、不同文化背景之幼兒樣本才有用。不幸的是，許多常模傳統上是偏向依賴中、高社經水準和白人嬰兒為主要樣本，原因在於研究大多是在大學校園中執行，用的則是研究生和教職員的幼兒。

如果不同文化、種族、社會團體之幼兒發展沒有差異性的存在，那麼此種研究上的限制就不要緊，但是它們確實有不同。例如：非裔美國人寶寶在嬰兒期顯示的動作發展比白人寶寶更快，重要的是文化因素造成了明顯的差異（Gartstein et al., 2003; deOnis et al., 2007; Wu et al., 2008）。

發展的多元性與你的生活
動作發展文化的面向

Ache 人居住在南美熱帶雨林中，嬰兒在早期就受到生理的限制。因為 Ache 人住在熱帶雨林窄小的空間。嬰兒頭幾年的生命直接與母親有身體接觸，即使當他們不和母親有身體接觸時，他們也只被允許在幾英尺之內探索。

＊　＊　＊

Kipsigis人的嬰兒，居住在肯亞的鄉間，開放的環境形成相當不同的成長方式。他們的生活充滿了活動和練習，父母在嬰兒才幾天大時就教他們的幼兒坐、站、走。例如：很小的嬰兒就放在地上的淺洞中，設計了讓他們直立的位置。父母在嬰兒 8 週時，就開始教他們走路，嬰兒被扶著以雙腳觸地，被推著向前走。

明顯地，這兩種社會中的嬰兒被引導了不同的生活（Kaplan & Dove, 1987; Super, 1976）。但是Ache嬰兒缺乏早期肢體動作和Kipsigis鼓勵肢體動作的努力真的會造成不同影響嗎？

答案是：是與不是。因為Ache嬰兒與Kipsigis嬰兒和西方社會養大的幼兒比較，Ache嬰兒傾向肢體動作的發展遲緩。雖然他們的社會能力沒有差異，但 Ache 幼兒傾向在 23 個月時開始走路，比美國一般幼兒慢了約一年。相對地，Kipsigis幼兒被鼓勵肢體的發展，平均就比美國幼兒較早幾週可以坐及走路。

長期而言，Ache、Kipsigis的幼兒和西方幼兒肢體動作發展的差異會消失，在幼兒後期約6歲時，Ache、Kipsigis和西方幼兒在整體肢體技能上並沒有差異的證據。

當我們檢視 Ache、Kipsigis 的寶寶不同時段的動作技能表現時，部分是受父母對什麼是某些技能出現之「適當」時間表的期望所影響的。例如：研究檢視住在英國一個單一城市嬰兒的動作技能，母親種族不同所造成的影響。在這研究中，首先評估英國、牙買加和印度母親對她們嬰兒動作技能幾種指標的期望，結果發現牙買加母親期望嬰兒坐和走明顯早於英國和印度母親，而且幼兒實際出現這些肢體動作的時間與她們的期望一致。牙買加嬰兒較早精熟某種動作技能是靠他們父母對幼兒的練習，例如牙買加母親在嬰兒早期就讓寶寶練習走路（Hopkins & Westra, 1989, 1990）。

總之，文化因素幫助決定了某些動作技能的出現。在某些文化裡，父母期待寶寶精熟某些技能，他們從年幼起就被教導這技能，他們也就可能比其他文化沒有這樣期望和訓練的寶寶較早熟練這些技能。較大的問題是：是否較早出現在某些文化的動作技能會對這動作技能有持續性的影響？對這項爭議尚無解。

一件清楚的事情是，對於一種技能可以多早展現出來，仍是有某種限制的。不管在任何文化中，給予多少的鼓勵與練習，生理上不可能讓一個月的嬰兒站起來走路。父母熱心於加速嬰兒動作的發展，需注意不要有過度的野心目標。事實上，他們需要自問：嬰兒比他的同伴更早幾週擁有一種動作技能是否會有什麼影響？

最合理的回答是「不會」。雖然有些父母以自己孩子能比別的寶寶早走路引以為傲（一如某些父母會關心幾週的延遲），長期而言，活動的時間點可能並不會造成差異性。

嬰兒期的營養：動作發展的燃料

Rosa 嘆著氣，再次坐下餵奶，她今天每小時都在餵 5 週大的 Juan，他好像還是很餓。有些日子，似乎她所做的就是餵奶給寶寶，她認為「他一定是正在成長大階段」，她坐在喜愛的搖椅上，把寶寶抱近乳頭。

這種快速的嬰兒期生理成長是以嬰兒所接受的營養做為燃料，沒有適當的營養，嬰兒不可能達到他們生理的潛能，他們的認知和社會互動可能會受到影響（Costello, Compton, & Keeler, 2003; Gregory, 2005; Tanner & Finn-Stevenson, 2002）。

雖然適當的營養有著很大的個別差異——嬰兒生長率、身體組成、代謝和活動程度不同——卻仍有某些廣泛的指標。一般而言，嬰兒每磅體重每日需要消耗 50 卡路里，這種分配是成人建議卡路里的兩倍（Dietz & Stern, 1999; Skinner et al., 2004）。

嬰兒並不需要計算卡路里，大部分嬰兒十分有效地規定自己的攝取熱量。假如他們被允許消耗他們所需要的，不被強迫多吃，他們就會很好。

營養不良

營養不良（malnutrition）是一種營養不適量和不平衡的狀態，會造成許多結果，沒有一種結果是好的。例如：許多居住在開發中國家的幼兒比起居住在工業化、富裕國家的幼兒有較多的營養不良。營養不良的幼兒在某些國家中影響到 6 個月的幼兒就出現較遲緩的成長率。等他們到 2 歲時，他們的身高只有工業化國家幼兒身高的 95%。

嬰兒期長期營養不良的孩子，在後來 IQ 測驗分數比較低，在學校表現也不好，這種影響甚至持續到兒童營養已經改善之後（Grantham-McGregor, Ani, & Fernald, 2001; Ratanachu-Ek, 2003）。

在低開發國家中營養不良是最大問題，大約 10%的嬰兒有嚴重的營養不良。在某些國家問題特別嚴重，例如 37%的北韓兒童長期營養不足，受到中等到嚴重營養不良的影響（World Food Programme, 2008）（如圖 5-8 所示）。

營養不良的問題不只限於開發中國家，美國就有 1,300 萬兒童——17%——

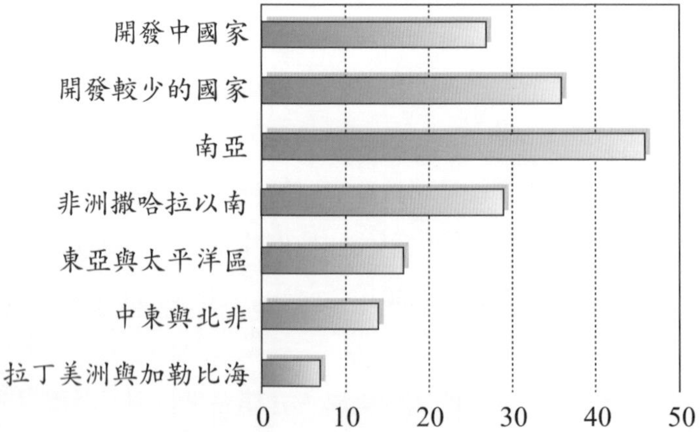

圖 5-8 體重不足兒童

5 歲以下中度或重度體重不足兒童的百分比。

資料來源：UNICEF (2006).

居住在貧困中，造成營養不良的風險。事實上，兒童居住在低收入家庭的比例從 2000 年以來就在增加。整體而言，約 20%有 3 歲和 3 歲以下幼兒的家庭處於貧困，有 44%被列為低收入戶。如圖 5-9，貧困率在拉丁裔、非裔美國人和美國印地安人家庭中比較多（Douglas-Hall & Chau, 2007; Duncan & Brooks-Gunn, 2000）。

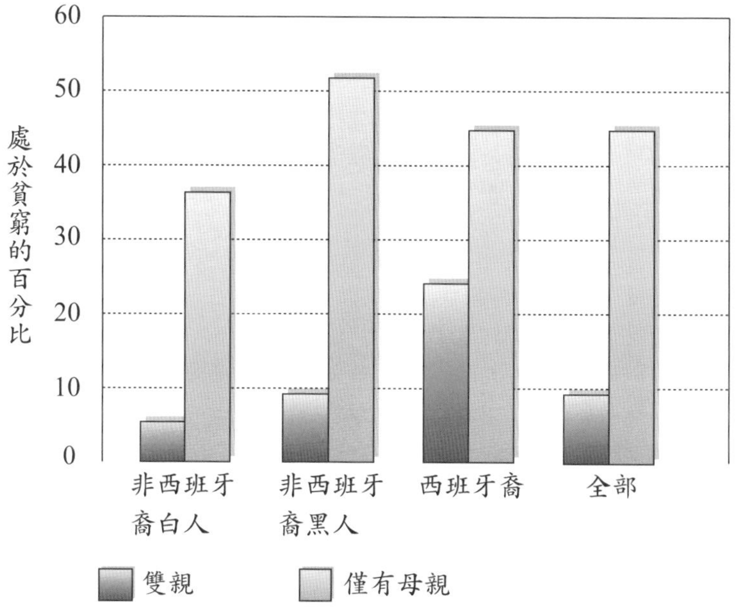

圖 5-9 處於貧窮中的兒童

3 歲以下處於貧窮的幼兒在少數民族中特別高（圖中只顯示單親母親，而不是父親，因為 97% 3 歲以下單親的幼兒是與母親同住，只有 3% 與父親同住。

資料來源：National Center for Children in Poverty at the Joseph L. Mailman School of Public Health of Columbia University (2007).

社福計畫之下極少讓兒童變得嚴重的營養不良，但這些孩子較易營養不足（undernutrition），營養有些不適當。事實上，某些調查發現 1 至 5 歲的美國兒童有四分之一的飲食低於營養專家推薦的最低卡路里飲食。雖然影響並不像營養不良一樣嚴重，但營養不足也有長期影響，例如輕度和中度營養不足會影響到之後的認知發展（Pollitt et al., 1996; Tanner & Finn-Stevenson, 2002）。

嬰兒期嚴重的營養不良可能造成嚴重的障礙。在第一年營養不良會造成消瘦症（marasmus），一種在嬰兒時就停止成長的疾病。消瘦症起因於嚴重的蛋白質和卡路里不足，造成身體內耗，最後造成死亡。年長的兒童易得到惡性營養不良病（kwashiorkor），是一種讓小孩的胃、四肢和臉水腫的一種疾病。對觀察者而言，小孩有惡性營養不良症，其實是肥胖。但這是一種幻覺，孩子的身體事實上是在掙扎著運用少數可用的營養來存活（Douglass & McGadney-Douglass, 2008）。

有一些案例中，嬰兒明明接受了足夠的營養，但卻像是缺乏食物。看起來就像是得了消瘦症，他們發展不良，無精打采。這真正的原因是情緒，他們缺少足夠的愛和情緒的支持。這種例子又稱作**非器質性生長遲緩**（nonorganic failure to thrive），孩子停止成長不是生物原因，而是缺乏父母的注意和刺激，通常是在 18 個月時發生，非器質性未能茁壯成長可以透過密集的父母訓練而扭轉，或是藉由安置孩子到領養家庭，讓他們能受到情緒的支持。

肥胖症

嬰兒時營養不良，清楚地對嬰兒有潛在的不幸後果，然而肥胖的影響卻比較不清楚，肥胖的定義是重量超過同樣身高者平均重量的 20%。雖然嬰兒期肥胖與青少年期肥胖沒有清楚的相關，一些研究提出嬰兒期過度餵食會創造出過多的肥胖細胞，可能一生中都留在人體內，容易造成一個人的過重。事實上，嬰兒期重量與 6 歲的重量有關，其他研究顯示 6 歲後肥胖與成人肥胖有關，過重的寶寶最終可能發現與成人體重問題有相關，然而還是無法找到過重寶寶和過重成人之間的清楚連結（Adair, 2008; Dennison et al., 2006; Stettler, 2007; Toschke et al., 2004）。

雖然嬰兒肥胖和成人肥胖相關的證據尚未定論，但社會上認為「胖寶寶是健康寶寶」並不一定是正確的，既然缺乏對嬰兒肥胖的清楚認識，父母應該不要專注在寶寶的體重，而是著重在提供適當的營養。但是什麼才是適當的營養？也許最大的問題圍繞著嬰兒應該餵母乳或商業食品，包含加入維他命的牛乳。

母親餵乳或奶瓶餵乳

50 年前，假如母親問小兒科醫師餵母乳或奶瓶哪一個較好，她會接收到簡單又清楚的回答：瓶餵是較好的方法。1940 年代開始，幼兒照顧專家一般的信念認為餵母乳是過時的方法，也對幼兒有不必要的風險。

奶瓶餵奶的爭議是，父母可以追蹤他們寶寶喝了多少奶，也可確認寶寶接受到足夠的營養。相對地，餵母乳的母親就無法確認她們的嬰兒喝了多少母乳。用奶瓶可幫助母親安排餵奶的時間表，每四小時一次，每次依據推薦的方式進行。

然而在今日，同一問題母親會得到不同答案。兒童照顧專家認為：人生的最初 12 個月，母乳是最好的食物。母乳不但含有成長需要的營養素，也對兒童期疾病提供了某些程度的免疫作用，例如呼吸器官疾病、耳朵感染、拉肚子和過敏。母乳比牛乳或配方乳更易消化，它是乾淨的、溫暖的、方便母親取用的，甚至某些證明提出餵母乳可能增強認知發長，讓成人期時有較高的智商。

餵母乳也提供了母親和孩子之間的情感連結，大部分的母親提出餵母乳的經驗，提升了對她們嬰兒親密和健康的感情。也許是因為母親腦內有腦內啡，被餵母乳的孩子對他們母親在餵奶時的碰觸和注視也有著更多的反應，他們被此經驗所平靜和撫慰，此種相互的反應可造成健康的社會發展（Gerrish & Mennella, 2000; Zanardo et al., 2001）。

餵母乳對母親健康也有幫助，例如：研究提出餵母乳的母親得卵巢癌和更年期前的乳癌的可能性較低。更進一步而言，餵母乳所產生的荷爾蒙幫助產後婦女的子宮恢復，讓她們的身體更快回到產前的狀態，這種荷爾蒙也能抑制排卵，減少懷孕的機會（Kim et al., 2007; Ma et al., 2006; Pearson, Lightman, & Evans, 2011）。

餵母乳並非是所有嬰兒營養和健康的萬靈丹，上百萬由配方奶餵食長大的人也不該擔心他們是否有無法修補的傷害（最近研究指出嬰兒餵用加強配方的配方奶者，顯示出比餵食傳統配方好的幼兒有更好的認知發展），但它持續的澄清了提倡用母乳團體所提出之流行標語是正對目標的：「乳房是最好的」

（Auestad et al., 2003; Birch et al, 2000; Rabin, 2006）（請見「從研究到實務」專欄）。

從研究到實務 當牛奶不是牛奶

Jackson Hill 的父母住在舊金山外的矽谷，當 Jackson 作體檢時，小兒科醫生被他的外表嚇到，他的肌肉無力，體重和成長都沒有增加，而且肚子腫脹。他似乎無精打采且有生命危險。

診斷：消瘦症，由嚴重營養不良所引起的狀況。

為什麼這種通常與飢餓、天然災害、貧窮和教育水準低的父母有關的疾病，會發生在高等教育、又富裕之父母所養育的孩子身上？

消瘦症在孩子身上所引發的症狀例如發展遲緩、腫脹的腳和肚子、無精打采、皮膚改變和掉牙齒。另一種營養不良的疾病「佝僂症」（rickets）會出現幼兒爬和走的能力延後、虛弱的骨頭和特殊的碗狀彎腿。消瘦症和佝僂症在美國極稀少，但是這兩種病症偶爾會在表面上似乎營養良好和被妥善照顧的嬰兒身上見到。罪魁禍首就是對基本食物元素——牛奶——的誤解（Fortunato & Scheimann, 2008; Wagner, Greer et al., 2008）。

因為嬰兒從非常受限的資源中獲取他們的營養，重點就在於這些資源有完整的營養。雖然專家認為嬰兒營養的第一選擇就是母乳，還是有很多父母選擇用牛奶或配方奶來餵他們的嬰兒。

但是當美國人對健康意識越來越重視時，牛奶的替代品變得更流行。米奶和豆奶看起來、嚐起來像牛奶，但是實際是蔬菜產品，常被用在素食者或是對牛奶過敏的人，雖然它們叫做奶，但它們並不等同於加強的牛奶，可能營養上也不適合嬰兒。

米奶即使加強了維生素和礦物質，但蛋白質含量是很低的，嬰兒只餵食米奶可能產生蛋白質缺乏，最後產生消瘦症狀。豆奶包括足夠的蛋白質，也用在配方奶中，但豆奶加強品因牌子不同而有差異，某些牌子未加維他命 D，嬰兒若只喝這種豆奶會產生佝僂症症狀（Carmichael, 2006）。

用一種完整又豐富的豆奶來餵食，可能對嬰兒並不是最好的選擇。美國小兒科醫師學會提出豆奶是受歡迎的（占美國配方奶售出率的 20%），喜好豆奶勝於配方奶的理由很少。與一般理念相左的是，以豆類為基礎的配方奶對有腹絞痛和挑剔的嬰兒是較難忍受的（Bhatia, Greer, & the Committee on Nutrition, 2008）。

■ 在何種情況下，米奶或豆奶對嬰兒是適當的？

■ 如何做才更能夠告知父母嬰兒適當的餵食方法？

固體食物：何時吃和吃什麼？

雖然小兒科醫師同意母乳是最理想的最初嬰兒食物，但在某一時間點，嬰兒需要母乳營養之外的更多營養。美國小兒科醫師學會和家庭醫師學會提出，雖然寶寶 9 至 12 個月才需要固體食物，不過寶寶可在約 6 個月時就開始接觸固體食物（American Academy of Family Physicians, 1997; American Academy of Pediatrics, 1997）。

固體食物以漸進方式加入嬰兒食物中，一次一種，要觀察嬰幼兒對這食物的喜愛或是過敏。最常見的是從麥片先開始，接著是水果，蔬菜和其他食物再其次，每個嬰兒的順序也會有明顯的不同。

斷奶（漸漸終止餵奶）時間會有很大的差異性，在開發中國家例如美國，斷奶常早在 3 或 4 個月；另外，也有母親持續餵奶到 2 至 3 歲。美國小兒科學會推薦嬰兒餵奶到 12 個月大（American Academy of Pediatrics, 1997; Sloan et al., 2008）。

感官的發展

6 嬰兒具備哪些感官能力？

7 嬰兒對痛覺和觸覺有多敏感？

心理學創立者之一的 Williams James 認為嬰兒世界是「繁榮的、嗡嗡聲的混亂」（James, 1890/1950）。他是對的嗎？

在這案例中，James的智慧讓他失敗了。新生兒的感官世界確實缺少成人能分辨的清晰度和穩定性，但是嬰兒對環境接受和感覺能力的發展，也是一日接一日地增加了理解。事實上，寶寶在充滿愉悅的環境中表現了茁壯的成長。

造成嬰兒了解周遭世界的過程基礎是感官與知覺。**感官**（sensation）是感覺器官的生理刺激，**知覺**（perception）是感覺器官和腦分類、解釋、分析、統整刺激的心智歷程。

研究嬰兒在感官和知覺領域的能力挑戰了研究者的智慧，研究者已經發展出許多程序來了解不同領域的感官和知覺。

視知覺：看世界

從 Lee Eng 一出生，每個看到他的人都覺得 Lee 在專心的注視著自己，他的眼神似乎與拜訪著有接觸。

Lee 的視力如何，他能準確地認識環境嗎？依據某些估計，新生兒視覺距離是 20/200 到 20/600，這意思是嬰兒僅能準確看到 20 英尺內的事物，正常視力的成人卻能由 200 英尺到 600 英尺看到與嬰兒相似的準確度（Haigth, 1991）。

這個數字指出嬰兒的遠視力只是一般成人的十分之一到三分之一，這實際上並不壞，新生兒視力與許多戴眼鏡或隱形眼鏡成人的非矯正視力是相同的度數（取下你的眼鏡或隱形眼鏡，就可感覺嬰兒所看到的世界）。進一步而言，嬰兒的視力越來越準確，在 6 個月時，嬰兒平均視力已經是 20/20，與一般成人的視力是相同的（Aslin, 1987; Cavallini et al., 2002）。

其他視覺能力也快速地成長，例如雙眼視力（binocular vision）能組合兩隻眼的影像來看深度和動作，約在 14 週就能達到。在 14 週之前，嬰兒不會整合兩眼的資訊。

深度知覺是特別有用的能力，幫助寶寶知道高度和避免跌倒。在一項古典研究中，發展心理學家 Eleanor Gibson 與 Richard Walk（1960）將幼兒放在一片玻璃板上，一半玻璃板的下面有棋盤格式，它讓幼兒感覺是在一種穩定的地板上面，但是在中間卻降下去幾英尺，形成明顯的「視覺懸崖」。Gibson 和 Walk 所問的問題是，當寶寶被媽媽呼喚時，他是否會願意爬過懸崖（如圖 5-10 所示）。

結果是清楚的，在此研究中大部分 6 至 14 個月的寶寶不會被哄到去爬明顯的懸崖，可見在這個年齡深度知覺已經發展了。另外，實驗並沒有指出深度知覺何時產生，因為只有會爬的幼兒做此測驗。但是其他實驗把 2 至 3 個月的嬰兒以肚子平躺的方式放在地板和視覺懸崖上，嬰兒在這兩種位置出現了不同的心跳速度（Campos, Langer, & Krowitz, 1970）。

重要的是仍然要思考這種發現並沒有讓我們知道嬰兒是否是對深度本身有反應，或是當他們由缺乏深度感到有深度，所以僅針對視覺刺激所做的改變。

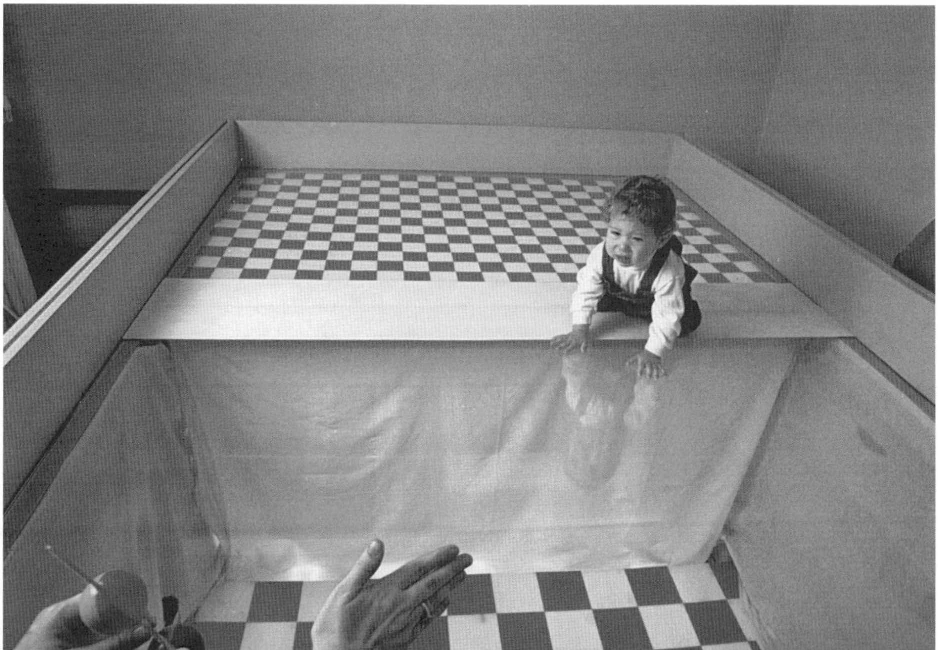

圖 5-10 視覺懸崖

視覺懸崖的實驗檢視嬰兒的深度知覺，大部分無法說服 6 到 14 個月大的嬰兒爬過懸崖，明顯是對模型區域下降幾英尺事實的反應。

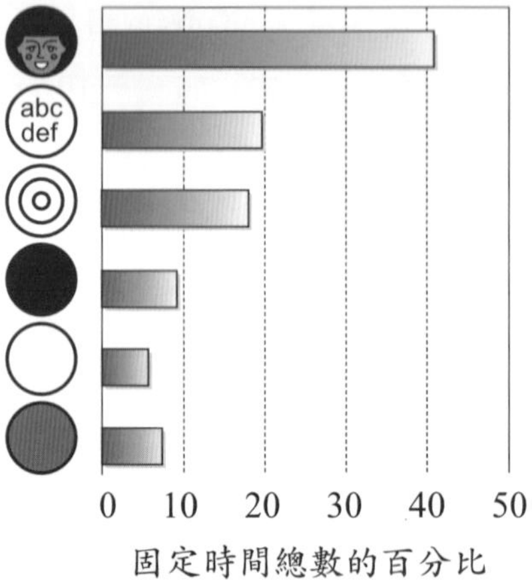

圖 5-11 偏好的複雜性

在典型的研究中，研究者 Robert Fantz 發現 2 和 3 個月大之嬰兒偏好看更複雜的刺激甚於簡單的刺激。

資料來源：Adapted form Fantz (1961).

嬰兒從出生就顯示出清楚的視覺喜好。若給予選擇，嬰兒會一致性地喜歡看有花樣的刺激勝於簡單的刺激（如圖 5-11 所示）。我們如何知道的呢？發展心理學家 Robert Fantz（1963）創造了一種古典測驗，他布置了一間小房間，嬰兒可以背躺著看上面的多對刺激，Fantz 可以由觀察他們眼球中的刺激倒影決定嬰兒正在看哪一個刺激。

Fantz 的工作推動了嬰兒喜好的大量研究，大部分的關鍵結論是：嬰兒基因上就設定了對某種刺激的偏好。例如：出生才幾分鐘就顯示出對於不同刺激的某些顏色、形狀、結構有偏好，他們偏好弧形勝於直線、三度空間勝於二度空間的圖形、人的臉勝於非人的臉。這種能力可能是腦中高度專業的細胞對某些樣式、方位、形狀和移動方向刺激的反應（Gliga et al., 2009; Hubel & Wiesel, 1979, 2004; Kellman & Arterberry, 2006）。

基因並不是嬰兒視覺偏好的唯一決定者。出生才幾個小時的嬰兒已經學會偏愛他們自己母親的臉勝於他人的臉，相似地，6 到 9 個月大的嬰兒變得更傾向於辨識人類的臉，卻對其他物種減少了辨識的能力（如圖 5-12 所示）。他們也會分辨男生、女生的臉，這種發現提供了另一項清楚的證據，遺傳和環境的經驗如何交織在一起來決定嬰兒的能力（Quinn et al., 2008; Ramsey-Rennels & Langlois, 2006; Valenti, 2006）。

聽知覺：有聲世界

母親的催眠曲是怎麼幫助安撫哭鬧寶寶的？當我們檢視嬰兒在聽覺感官和知覺的能力時，某些線索會出現。

圖 5-12 區分臉孔

用臉孔來做研究發現，6 個月大之嬰兒區分人類或猴子一樣好，9 個月大嬰兒比較不能區分猴子臉的差異。

資料來源：Pascalis de Haan & Nelson (2002, p. 1322).

嬰兒出生時（甚至出生前）就能聽，一如第 2 章所提到，聽的能力在胎兒時就開始，甚至在肚子內，胎兒會對外界母親的聲音有反應。進一步而言，嬰兒出生就對特殊聲音組合有偏好（Fujioka, Mourad, & Trainor, 2011; Schellenberg & Trehub, 1996; Trehub, 2003）。

因為嬰兒在出生前就已經練習聽，故而不必驚訝他們一出生就有合理的好聽力知覺。事實上，嬰兒實際上對非常高和非常低的頻率比成人更敏感，這種敏感性在最初兩年似乎會增加。另外，嬰孩最初比起成人對中等頻率較不敏感，最後他們對中等音頻的聽力會改進（Fenwick & Morrongiello, 1991; Fernald, 2001; Werner & Marean, 1996）。

我們還不清楚是什麼導致了嬰兒時期對中等音頻敏感度的改進，雖然它有可能與神經系統的成熟有關。更疑惑的是為什麼嬰兒期之後，他們能聽非常高和低音頻的能力慢慢地減弱，一種解釋可能是暴露在高度的雜音中，消弱了對極端音感的能力（Stewart, Scherer, & Lehman, 2003; Trehub et al., 1988, 1989）。

除了偵查聲音外，為了要有效地聽聲音，嬰兒需要許多其他能力。例如：聲音的定位（sound localization）允許我們指出聲音發出的方向。和成人比起來，嬰兒在這種任務中有輕微的障礙，因為有效的聲音定位需要聲音到達兩耳的時間稍微有差異，我們先聽到右耳告訴我們聲音來源是在右邊。因為嬰兒的頭比成人的小，聲音到達兩耳的時間比起成人差異更少，因此他們難以決定聲音來源的方向。

不顧較小的頭所帶來的限制，嬰兒在出生時聲音定位能力實際上還好，在 1 歲時他們已達到成人的程度。有趣的是他們的進步是不穩定的，雖然我們不知道為什麼，但研究顯示聲音定位的準確度在出生到 2 個月之間其實是減少的，然後之後又開始增加（Clifton, 1992; Fenwick & Morrongiello, 1998; Litovsky & Ashmead, 1997）。

嬰兒能很好地分辨不同的聲音組群是依據它們的模式和其他聽覺特徵。例如：6 個月的嬰兒就能察覺到六種音樂旋律中的單一音符，他們也對音階和旋律的變化有反應。總之，他們是用敏銳的耳朵在聽他們母親和父親唱給他們的催眠曲（Masataka, 2006; Phillips-Silver & Trainor, 2005; Trehub & Hannon, 2009）。

甚至更重要的是他們在世界中最終的成功，幼兒要能夠對他們未來語文理解所需要的做好精細分辨能力（Bijeljac-Babic, Bertoncini, & Mehler, 1993; Gervain et al., 2008）。例如：一項研究中，以 1 至 5 個月的一組嬰兒吸母乳，每次吸時，就啟動錄音的人聲「ba」（Eimas et al., 1971）。最初由於他們對聲音的興趣，使他們努力地吸。很快地他們適應了聲音，就開始吸得越來越無力（這就是第 4 章所提到的習慣化）。另外，當實驗者改變聲音成為「pa」時，嬰兒又再次顯示興趣和更努力的吸。明顯的結論：嬰兒 1 個月大時就能分辨兩種相似的聲音（Miller & Eimas, 1995）。

更奇特的是，嬰兒能分辨一種語文和另一種語文的不同。到 4.5 個月時，嬰兒能分辨自己的名字、相似發音的單字。到 5 個月時，他們能分辨英文和西班牙文的不同，即使這兩種語文有相似的語式、音節數和朗讀的速度。一些證據指出，2 天大的嬰兒就偏好他周遭人們所講的語言甚於其他語言（Kuhl, 2006; Mandel, Jusczyk, & Pisoni, 1995; Rivera-Gaxiola, Silva-Pereyra, & Kuhl, 2005）。

既然嬰兒有分辨不同語言的能力，微小如兩個子音之間的不同，就不驚訝嬰兒會以聲音來分辨人。事實上，他們從小就顯示對某些聲音勝於其他聲音的清楚偏好。例如：一個實驗中，當新生兒在吸母乳時，就打開某人念故事的錄音，當聲音是母親的聲音時，嬰兒吸的時間明顯會比聽到陌生人聲音時吸得更久（DeCasper & Fifer, 1980; Fifer, 1987）。

這種偏好為何產生？一種假設是胎兒期暴露在母親聲音中是關鍵。支持這種推測的研究者指出新生兒並沒顯示出偏好父親聲音甚於其他聲音。進一步而言，新生兒偏好聆聽母親在他出生前所唱的音律，甚於出生前未唱過的音律。似乎是胎兒期暴露在他們母親的聲音中——雖然胎兒當時是被包裹在肚子中的液體環境——有助於形塑嬰兒的聽力偏好（DeCasper & Prescott, 1984; Kisilevsky et al., 2009; Rosen & Iverson, 2007; Vouloumanous & Werker, 2007）。

嗅覺和味覺

當聞到一顆腐爛的蛋時，嬰兒會有什麼反應？一如成人會做的，扭扭鼻子看起來不高興。不過香蕉和奶油味會讓嬰兒產生愉快的反應（Pomares, Schirrer, & Abadie, 2002; Steiner, 1979）。

甚至非常小的嬰兒，嗅覺已經發展得很好，至少 12 至 18 天大的寶寶就能以嗅覺分辨出他們的母親。例如：一項實驗讓嬰兒嗅成人前一晚放在腋下的紗布，餵母乳的嬰兒能夠分辨他們母親的味道與別人不同。相對地，用奶瓶餵奶的嬰兒就無法分辨出自己的母親。更重要的，餵母奶和奶瓶的嬰兒都無法以味道來分辨自己的父親（Allam, Marlier, & Schaal, 2006; Mizuno & Ueda, 2004; Porter, Bologh, & Malkin, 1988）。

嬰兒似乎天生喜愛甜食，當他們嚐到苦的東西時，他們會由不同的臉部表情顯示出來。當甜的液體放在小嬰兒舌頭上，他們會微笑。假如瓶中液體是甜的，他們也會更努力地吸食。因為母奶有甜味，可能這種偏好是我們進化遺傳的一部分，它保留下來是因為它提供了生存的益處。偏好甜食的嬰兒，可能比不偏好甜食者更能消化足夠的營養而生存（Porges & Lipsitt, 1993; Rosenstein & Oster, 1988; Steiner, 1979）。

嬰兒對口味的偏好是受到他在肚子中時母親飲食的影響，例如：一項研究發現婦女在懷孕時喝紅蘿蔔汁，嬰兒出生後也偏愛紅蘿蔔口味（Mennella, 2000）。

對痛和碰觸的敏感性

當 Eli Rosenblatt 8 天大時，他參與了古老猶太人割包皮的儀式，當他躺在父親的手臂中，他陰莖的外皮被移除了。Eli 的尖叫聲對父母而言似乎是痛苦的，不過他很快就安靜下來，睡著了。其他參與這儀式的人都告訴他父母，以 Eli 的年齡，他並不是和成人一樣真正經歷到痛。

Eli 親人說幼小嬰兒並沒有痛的經驗是正確的嗎？在過去，很多醫學實務工作者會同意。事實上，因為他們認為嬰兒並不會經歷有困擾的痛，許多醫師實行例行醫療手術時，甚至某種開刀形式時，不用止痛劑或麻醉，他們的爭議是用麻醉的風險大於幼小嬰兒的疼痛經驗。

嬰兒痛的現代觀

今日，廣泛的知識是嬰兒一出生就有經歷痛的能力。明顯地，沒有人可以確定幼兒經歷的痛感是否與成人的痛感相同，我們更無法說是否一位成人朋友所經歷的頭痛會比我們的頭痛更嚴重或比較不嚴重。

我們確實知道的是痛會引起嬰兒難受，他們心跳加快、流汗、有不舒服的表情。當他們受傷時，哭聲也變得強烈（Kohut & Pillai Riddell, 2008; Simons et al., 2003; Warnock & Sandrin, 2004）。

對痛的反應顯示出發展的進步。例如：取新生兒的腳後跟血作化驗，會有痛苦的反應，但他要花幾秒鐘才會有反應出現。相對地，僅僅幾個月之後，同樣過程帶來更立即的反應。有可能在嬰兒時延後的反應是因為在新生兒比較未發展的神經系統中資訊傳導相對較慢所造成（Anand & Hickey, 1992; Axiz, Bonichini, & Benini, 1995; Puchalsi & Hummel, 2002）。

以老鼠做的研究建議，嬰兒暴露在疼痛中，有可能導致神經系統的永久重創，造成成年後對痛比較敏感。這種發現指出必須接受強烈、痛苦的醫療和測驗的嬰兒，長大後可能對痛會有非比尋常的敏感性（Ozawa et al., 2011; Ruda et al., 2000; Taddio, Shah, & Gilbert-MacLeod, 2002）。

針對更多的支持認為嬰兒經歷痛會有長久影響的概念，醫學專家現在贊同幼小嬰兒手術時應該使用止痛藥，依據美國小兒科醫師學會，他們認為止痛藥對大部分類型的嬰兒外科手術是適用的，包括割包皮（Sato et al., 2007; Urso, 2007; Yamada et al., 2008）。

對碰觸的反應

很清楚的，不用針刺就會得到嬰兒的注意力。即使最幼小嬰兒對輕柔碰觸的反應，例如輕柔的照顧，也可安撫哭鬧的嬰兒（Hertenstein, 2002; Hertenstein & Campos, 2001）。

碰觸在新生兒中是最高度發展的感官系統之一，也是最早發展的。證據指出受孕 32 週，整個身體對碰觸是敏感的。更進一步而言，許多出生時的基本反射，例如尋乳反射，需要碰觸敏感性去操作：嬰兒要能感覺嘴角的碰觸，才會自動找奶頭去吸吮（Haith, 1986）。

嬰兒在碰觸領域的能力，對他們探索世界的努力特別有幫助。許多理論學家建議兒童獲得周遭世界資訊的方法之一是透過碰觸。在 6 個月時，嬰兒傾向把幾乎任何物品都放入嘴中，明顯的是他們用嘴去做感官反應來感受它的形狀（Ruff, 1989）。

此外，碰觸對有機體未來的發展也扮演著重要角色，它能引動複雜的化學反應，幫助嬰兒努力地求生存，例如輕柔的按摩刺激，可使嬰兒腦部產生某些化學物質以促使成長（Diego, Field, & Hernandez-Reif, 2008, 2009; Field, Hernandez-Reif, & Diego, 2006）。

多重模式知覺：組合個人的感官資訊

當 Eric Pettigrew 在 7 個月大時，他祖母送他一個會發出短促吱吱聲的塑膠娃娃，他一看到，就伸手把娃娃抓到手中，聽吱吱聲，他似乎很喜歡這禮物。

考慮 Eric 對娃娃的感官反應是聚焦在每一個特別感官：Eric 看娃娃是什麼？在他手中感覺如何？它的聲音像什麼？事實上，這種方法主要是研究嬰兒的感覺和知覺。再讓我們考慮另一種方法：我們可檢視不同的反應如何彼此統整，我們可以考慮這些反應如何一起工作和組合，造成 Eric 最終的行動。這種**知覺的多重模式**（multimodal approach to perception）是思考如何協調與統整不同個別感官系統所蒐集的資訊。

雖然多重模式方法是相對較新的創新，用來研究嬰兒的感官世界，它引起了一些有關感官和知覺發展的基本議題。例如：某些研究者爭議在嬰兒期感官最初是彼此整合的，其他人則認為嬰兒感官系統最初是分開的，腦部的發展導致整合的增加（De Gelder, 2000; Flom & Bahrick, 2007; Lewkowicz, 2002）。

在嬰兒年幼時，顯示出能夠將透過某一感官途徑所得到的學習與他們從別的感官所學的做連結。例如：1 個月大的嬰兒能用視覺認出他曾經放入嘴巴裡的物品，但以前從來沒有看過的物品（Meltzoff, 1981; Steri & Spelke, 1988）。嬰兒在出生 1 個月時不同感官之間已經可以彼此互動了。

在多重知覺模式的櫥窗中，顯示了嬰兒複雜的知覺能力在嬰兒期是持續成長的，這種知覺的成長被**提供行動**（affordances）所幫助，這是一種現有情境和刺激所提供的選擇。例如：嬰兒學會向下走陡峭斜坡是有可能跌倒的——斜坡造成可能的跌倒。這種知識對嬰兒由爬轉換到走是重要的。相似的情況，嬰兒學會某種形狀的物品如果沒正確地抓好就會滑出他們手中，例如：Eric 正在學他的玩具也有許多支持行動：他可抓它、擠它、聽它吱吱叫，假如正在長牙，還可舒服地咬它（Flom & Bahrick, 2007; Wilcox et al., 2007）。

你是一個明智的兒童發展消費者嗎？

練習你嬰兒的身體和感官

回憶文化期望和環境如何影響不同生理里程碑的年齡，例如寶寶的第一步，雖然大部分專家企圖加速生理和感官知覺的發展，但都只導致很小的益處。父母應確認他們的嬰兒接受了足夠的生理和感官刺激，有許多特定的方式來達成這個目標：

- 不同方式抱寶寶——後背或前背，或是像足球般抱寶寶，讓頭在一隻手臂中，腿躺在另一手臂上。這樣會讓幼兒從許多不同的角度觀看世界。
- 讓嬰兒探索世界，別限制他們在一固定的環境太久。先移開危險物品，讓環境是「保護幼兒安全的」。
- 參與「翻滾」遊戲。摔角、跳舞和在地板上滾動——如果不是暴力——這些活動是有趣的，就可刺激較年長嬰兒的肢體和感官系統。
- 讓寶寶接觸他們的食物，甚至玩食物。嬰兒期不用太早教導桌上禮節。
- 提供刺激感覺的玩具，特別是一次可刺激一個以上的感官。例如亮麗的顏色、有質感、可移的玩具是讓幼兒樂在其中的，又能形塑幼兒的感官。

個案研究　一次走一步

當 Lila Jackson 和她 6 個月大的兒子 Danny 搬到亞特蘭大時，她很高興地發現了一個母親與寶寶團體。團體中的婦女是友善的，Lila 喜歡其他新手母親和同年齡幼兒的氣氛。

但是她被許多媽媽中的競爭暗流所困擾，每次聚會時，有一位婦女特別誇讚她女兒的最新戰果，小 Cora 在 6 個月就開始爬行了；在 8 個月，她就整個房間到處爬動；10 個月時，她就能利用家具的支持而開始有獨立的第一步。

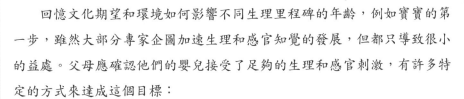

Lila 開始擔憂，Danny 在 10 個月才剛開始爬行，他掙扎著扶著東西站起來，但接著就倒了下去。Lila 懷疑他是否真的會走路，她擔心 Danny 和 Cora 之間似乎存在的發展差距，其實是嚴重的錯誤。

Lila 後來讀到一項研究，指出幼兒在嬰兒早期有規則的練習，就會比其他幼兒較早走路，雖然 Danny 已經超過了研究中的年齡，Lila 還是開始了練習走路的嚴格計畫。扶著 Danny 的手，她帶著 Danny 每日三次，總共 45 分鐘，每次他鬆懈時就糾正他。在一週練習後，當 Lila 去握 Danny 的手時，Danny開始哭了，他躺在地上拒絕站起來，Lila嚇到了，停止了練習。

1. 你認為 Lila 關心 Danny 的發展是公平的嗎？理由為何？
2. 你可以告訴 Lila 有關嬰兒期正常生理發展的範疇，讓她消除害怕嗎？
3. 你認為為什麼 Lila 每日規則的走路練習計畫，無法達到她的期望？
4. Lila 可以做哪些支持 Danny 大動作發展的活動，而不會引起 Danny 的壓力？
5. 拿別的幼兒的發展來與自己的相比較，會有哪些不利之處？當下次她朋友的意見開始引起 Lila 擔心時，她可以對自己說些什麼？

結語

本章中，我們討論了嬰兒生理發展的步驟、比較不明顯的腦和神經系統的發展，和嬰兒模式與狀態的規則性。

其次我們檢視了肢體發展、生理反射的發展和應用、環境影響動作發展的形式和步驟的角色，還有營養的重要性。

我們以感官的檢視，以及嬰兒整合多重感官資料的能力，做為本章的結束。

回到本章序言，有關 Allan 的第一次走路，並回答以下問題。

1. 哪種原則或是成長原則（即頭尾原則、軀幹到四肢原則、階層統整原則、獨立系統原則）負責 Allan 第一次走路的生理活動進度？
2. Allan 父母擔心 Allan 的第一次走路比「一般進度慢」，對嗎？你會跟他們說什麼？或是如何對其他類似情況的父母作說明？

3. Todd 在 10 個月就會走路，比他弟弟早了三個月，對這兩兄弟的生理或認知能力做比較，這事實有任何意涵嗎？為什麼？
4. 你認為 Todd 和 Allan 周遭環境的改變可能造成他們「第一次走路」的時間不同嗎？假如你研究這問題，你會檢視哪些環境因素？
5. 為什麼Allan父母對他的成就——其實只是一種例行事件和一般都會發生的現象——感到高興和驕傲？哪些美國文化中的文化因素使得「第一次走路」成了如此明顯的里程碑？

回顧

1 人類身體和神經系統是如何發展的？

- 嬰兒在身高和重量上快速成長，特別是在人生的最初兩年期間。
- 管控人類成長的主要原則包括頭尾原則、軀幹到四肢原則、階層統整原則和獨立系統原則。
- 神經系統有大量的神經元，超過一位成人所需要的。為了讓神經元生存和變得有用處，它們必須依據嬰兒對世界的經驗而與其他神經元形成連結。當嬰兒成長時，「多餘的」連結和不用的神經元就會被消除。

2 環境會影響到發展模式嗎？

- 腦的發展多數由基因先決定，也有強烈可塑性的元素，較易受到環境的影響。
- 發展的許多方面是在敏感期發生，那時有機體特別容易受到環境的影響。

3 嬰兒期達成了哪些發展任務？

- 嬰兒最初的任務之一就是節奏的發展，即以循環模式整合個別行為。一個重要的嬰兒期節奏就是對刺激表現所知道的程度。
- 反射是對刺激非學習的、自動的反應，幫助新生兒生存和保護自己。某些反射的價值是未來的基礎，才會有更多意識的行為。
- 正常的兒童大動作和精細動作技能的發展是以一種一致性的時間表進行，伴隨著某些個別和文化的變數。

4 營養如何影響身體發展？

- 適當的營養對生理發展是重要的，營養不良和營養不足都會影響生理方面的發展，也可能影響智力和學校表現。
- 母奶比奶瓶餵配方奶更有獨特的效益，包括母乳內營養的完整性、對某些兒童疾病的免疫程度、容易消化，再加上餵母乳對母子都提供了明顯的生理和情緒效益。

5 何時可以開始進食固體食物？

- 固體食物可漸進式地放入嬰兒的飲食中，一次一點，允許我們察覺孩子的食物喜好和是否有食物過敏。
- 美國小兒科醫師學會和美國家庭醫師學會建議嬰兒可在約 6 個月時開始固體食物。

6 嬰兒具備哪些感官能力？

- 感官是感覺器官的刺激，不同於知覺，是對感受到刺激的解釋和統整。
- 嬰兒視覺和聽覺發展得相當完整，嗅覺和味覺的感覺也是如此，嬰兒用這些高度發展的感官去探索和經驗世界。此外，觸覺在個體未來發展中扮演著重要的角色，這些知識現在才被人們理解。

7 嬰兒對痛覺和觸覺有多敏感？

- 大家已經知道嬰兒一出生就具有經驗痛的能力，觸覺是新生兒最高度發展感官系統的其中一項，它也是最早發展的。

關鍵詞

- 頭尾原則（cephalocaudal principle）：成長隨著一種模式的原則，即由頭和上半身開始，再進行到身體其餘部位。
- 軀幹到四肢原則（proximodistal principle）：發展原則，由身體的中心向外進行。
- 階層統整原則（principle of hierarchical integration）：簡單的技能是分別和獨力發展的，之後再整合成複雜技能的原則。

- 獨立系統原則（principle of the independence of systems）：不同身體系統以不同的速率成長。
- 神經元（neuron）：神經系統的基本細胞。
- 突觸（synapse）：神經元之間銜接的空間，透過這空間讓神經元能彼此溝通。
- 髓鞘（myelin）：一種脂肪物質，幫助神經元孤立，提供神經刺激傳遞的保護與速度。
- 大腦皮質（cerebral cortex）：腦的表層。
- 可塑性（plasticity）：發展結構或行為是由經驗來修正。
- 敏感期（sensitive period）：一段特殊但有限制的時間，通常是在有機體生命的早期，在這階段生命體特別容易受到環境的影響。
- 節奏（rhythms）：行為重複、循環的模式。
- 狀態（state）：嬰兒對內在、外在兩者刺激呈現所理解的程度。
- 快速動眼睡眠〔rapid eye movement (REM) sleep〕：成人和較年長之兒童在睡覺時有關做夢的時候。
- 嬰兒猝死症（sudden infant death syndrome, SIDS）：看起來健康的嬰兒，在一種無法解釋的狀況下死亡。
- 反射（reflexes）：在某些刺激出現時會產生非學習的、有組織的、非自願的反應。
- 動力系統理論（dynamic systems theory）：動作行為如何發展和協調的理論。
- 常模（norms）：同齡中大型取樣的平均表現。
- 布列茲頓新生兒行為量表（Brazelton Neonatal Behavioral Assessment Scale, NBAS）：一種測驗，設計來評量嬰兒的神經和行為對環境的反應。
- 非器質性生長遲緩（nonorganic failure to thrive）：由於父母的不適當照顧，刺激與注意力缺乏，導致嬰兒停止成長的障礙。
- 感官（sensation）：感覺器官的生理刺激。
- 知覺（perception）：是感覺器官和腦分類、解釋、分析、統整刺激的心智歷程。

- 知覺的多重模式（multimodal approach to perception）：思考如何協調與統整不同個別感官系統所蒐集的資訊。
- 提供行動（affordances）：某一種情況或刺激所提供的可能行動。

6

Chapter

嬰兒期的認知發展

丘嘉慧 譯

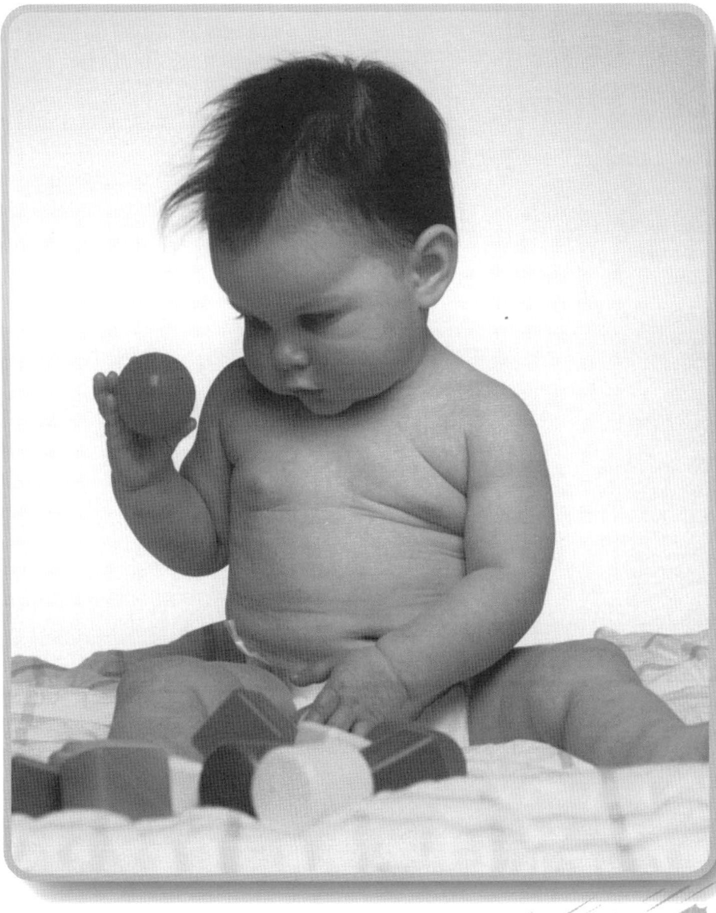

學習目標

1 Piaget 認知發展理論的基本特徵為何？
2 後續研究對 Piaget 理論的支持及挑戰？
3 嬰兒如何處理訊息？
4 嬰兒的記憶能力是什麼？
5 嬰兒的智力如何測量？
6 兒童學習使用語言的歷程為何？
7 兒童如何影響成人的語言？

序言 該看電視嗎？

從重要方面來看，2 歲的 Anika Schwartz 和她 10 個月大的弟弟 Tim 是典型的美國兒童。Anika 每天花二個小時看電視，而 Tim 則花一個小時坐在電視機前，這是分屬他們各自年齡觀看電視的國家平均時數。他們目前最愛看的是「第一寶貝」（BabyFirstTV）——一個完全針對 6 個月至 3 歲幼兒的電視網。

Tanya Schwartz 對她孩子的偏好感到開心。電視網節目，例如：「數字時間」（Numbers Time）及「形狀及大小」（Shapes & Sizes），其特色是透過彩色特徵及與兒童互動的動畫，教導數學及語言的基本概念。「在我看來，學習永遠不嫌早」Schwartz 說。「我的孩子喜愛看電視，而且我能做家事，還能知道他們正在提早學習數學、閱讀及其他生活所需的技能」。

展望未來

嬰兒真的能藉由觀看教育類的媒體而成為「嬰兒愛因斯坦」嗎？跟 Tim 一樣 10 個月大的嬰兒實際能獲取什麼概念呢？以及什麼樣的智力能力在那個年齡還未發展出來？嬰兒的認知發展真能透過智能上的刺激而累加嗎？或是即使父

母用盡最大的努力來加速也無法改變發展的時間表？

本章中，我們以在生命開展第一年期間的認知發展來闡述這些和相關問題。我們探究發展研究學者著重在尋求了解嬰兒如何發展他們對世界的知識及理解的論述。首先討論瑞士發展心理學家 Piaget 的論述，其所提出的發展階段論在促進相當多認知發展論著上具有高度的影響性。我們分別從限制及貢獻來看這位重要的發展專家。

然後我們陳述較現代的認知發展觀點，探討訊息處理觀點以了解認知發展如何發生。在思考學習是如何發生後，我們探究嬰兒的記憶及他們處理、儲存及提取訊息的方式。接著討論發生在嬰兒時期事件記憶有關的爭議性議題，以及闡述智能上的個別差異。

最後，我們探討語言——讓嬰兒能與他人溝通的認知技能。我們以語言前期的口說語言來看語言的起源，並從嬰兒說出第一個字詞到片語及句子的進展來描繪語言技能發展的各個里程碑。我們也看成人對嬰兒的溝通方式特徵，這些特徵是跨不同文化間都令人驚訝地相似。

Piaget 取向的認知發展

1 Piaget 認知發展理論的基本特徵為何？
2 後續研究對 Piaget 理論的支持及挑戰？

> Olivia 的爸爸正在收拾在她的高腳椅底下周圍的髒亂——今天的第三次。對他而言，14 個月大的 Olivia 喜歡從高腳椅上往下丟食物，她也丟下玩具、湯匙、任何東西，似乎只是想看物體如何摔落在地板上。她幾乎是在做實驗，看看她丟下每種不同的東西所產生的噪音類別及散落的程度。

瑞士心理學家 Jean Piaget（1896-1980）可能會說，在理論上，Olivia 的爸爸是對的，Olivia 正在執行自己一系列的實驗以了解更多有關她的世界的運作情

Jean Piaget

況。Piaget 對嬰兒理解方式的觀點可用一個簡單的方程式來概述：行動 = 知識。

Piaget 認為嬰兒無法藉由其他人傳達事實而學得知識，也無法透過感覺和知覺學得知識。Piaget 另外提出的論點是，知識是直接來自運動行為的產物。雖然他的許多基本說明及論點已經受到後續研究的質疑（我們將在稍後討論），但嬰兒藉由做中學為主要方法之觀點依然是不容置疑的（Bullinger, 1997; Piaget, 1952, 1962, 1983）。

Piaget 理論的重要論點

如我們先前在第 2 章所提，Piaget 的理論是以發展的階段取向為根基。他認為所有的兒童都要經歷一連串、從出生到青少年的固定順序且一致的四個階段：感覺動作期、前運思期、具體運思期及形式運思期。他也建議，從一個階段移至下一個階段的發生，是當兒童的生理成熟達到適當層次及接觸到相關的經驗。一般認為，兒童沒有這樣的經驗就無法達成他們的認知潛能。一些認知取向著重在兒童有關世界知識「內容」的改變，但是 Piaget 認為重要的是也要考量兒童從一個階段前進至另一階段的知識和理解的「質」的改變。

舉例來說，隨著他們的認知發展，嬰兒經驗到他們對世界上什麼能發生或什麼不能發生所理解到的改變。試想一位參與實驗的嬰兒，讓他藉由鏡子同時看到三個媽媽。若是一位 3 個月大的嬰兒，將會開心地和每一個媽媽的影像互動，然而若是 5 個月大時，嬰兒對看到多個媽媽就會感到十分焦慮。顯然地，那時的嬰兒已經了解他只有一個媽媽，同時看到三個媽媽會讓他十分擔憂（Bower, 1977）。對 Piaget 來說，如此的反應說明嬰兒正開始精熟有關世界運作的原則，顯示他開始建構一個他之前沒有兩個媽媽的心智觀念。

Piaget 相信我們理解世界方式的基本建構方式是心智結構，稱為**基模**（schemes），即有組織的運作模式，會隨著心智發展而適應及改變。首先，基模與身體的或感覺動作的活動有關，例如拾起或伸手拿玩具。隨著兒童發展，他們的基模進展為心智層次，反映思想。基模和電腦軟體相似：它們導引和決定來自外在環境的資料，例如新事件或物體，如何被考量和處理（Achenbach, 1992; Rakison & Oakes, 2003）。

舉例來說，如果你給嬰兒一本新的布書，他將會碰觸它、嚐它，也許試著撕扯它或是在地上敲擊它。對Piaget來說，每一個動作都可能代表著一個基模，而且這些動作也是嬰兒獲取新物體的知識和理解的方式。另一方面，成人會使用不同的基模面對這本書，而不是拿起它並且把它放入嘴裡，或將它往地上撞擊，他們很可能被書本內頁的文字所吸引，透過文字的意義來理解這本書——以一個非常不同的方法。

Piaget 提出構成兒童基模成長的兩個原則：同化及調適。**同化**（assimilation）是人們藉由自己目前的認知發展階段及思考方式來理解一個經驗的過程。而同化的發生是在當一個刺激或事件出現，被察覺到後而能依照現存思維模式被理解。舉例來說，嬰兒試著以相同方式吸吮任何玩具，就是將這物體同化至她既有的吸吮基模中。同樣地，幼兒在動物園裡見到飛鼠並稱牠為「鳥」，就是將這飛鼠同化到他既有的鳥的基模。

相對地，當我們改變我們既有的思考、理解或行為表現的方式，以回應所遇到的新刺激或事件，即是**調適**（accommodation）的發生。例如：當兒童看見了一隻飛鼠並稱之為「有尾巴的鳥」，他就正開始調適新知識，修正他的鳥的基模。

Piaget相信最早的基模主要受限於我們出生都有的反射本能，例如吸吮及生長。嬰兒幾乎是立即地開始修正這些簡單的早期基模，透過同化和調適的歷程，以回應他們對環境的探索。隨著嬰兒肢體動作能力越進步，基模很快地變得越複雜——對 Piaget 而言，代表著較高等認知發展的潛能。因為 Piaget 感覺動作的發展階段開始於出生，持續直到兒童大約 2 歲時，所以我們在此詳細地探討（在後續的章節中，我們將討論後期階段的發展）。

感覺動作期：認知發展的六個次階段

Piaget 認為**感覺動作期**（sensorimotor stage）是認知發展的最初重要階段，可以分成六個次階段。表 6-1 概述了六個次階段。要注意的是，雖然這些感覺動作期的特定次階段可能剛開始以極大的規律性展開，就好像嬰兒達到了一個特定的年齡，即能順利進展到下一個次階段，但實際上的認知發展稍有不同。首先，嬰兒實際達到一個特定階段的年齡會因人而異。一個階段的確切時間反映著嬰兒身體的成熟度與此兒童生長的社會環境特質間的相互影響。因此，雖然 Piaget 主張次階段的順序不會因不同的兒童而改變，但他承認時間可以和確實會有一些程度上的不同。

此似乎意味著 Piaget 將發展視為是漸進的歷程而不是不同階段的觀點。一個次階段的嬰兒不會在睡了一晚後，隔天早上醒來就進階到下一個次階段。相反地，當兒童進步至下一個認知發展階段時，那是一個相當漸進及穩定的行為改變。嬰兒也會經歷過渡期，他們的一些行為特徵反映出下一個較高層次階段，而另一些行為特徵則顯示他們目前的階段（如圖 6-1 所示）。

次階段一：簡單的反射本能

感覺動作期的第一個次階段為「次階段一：簡單的反射本能」，在出生後的第一個月完成。在這期間，各種不同的天生反射動作（在第 4 及第 5 章中說明）為嬰兒身體及認知生活中的重心，決定了其與世界互動的本質，例如：吸吮反射動作使得嬰兒會吸吮放在他嘴唇上的任何東西。根據Piaget，這個吸吮行為提供新生兒有關物體的訊息——這訊息是為了下一個次階段而準備的。

同時，一些反射本能開始調適嬰兒有關世界本質的經驗，舉例來說，喝母奶但也接受奶瓶的嬰兒，可能根據乳房或奶瓶上的奶頭，而開始改變他吸吮的方式。

次階段二：最初的習慣及初級循環反應

「次階段二：最初的習慣及初級循環反應」是感覺動作期的第二個次階段，

表 6-1 Piaget 感覺動作期的六個次階段

次階段	年齡	說明	例子
次階段一：簡單的反射本能	在出生後的第 1 個月	在這期間，不同的反射動作支配著嬰兒與他認知生活中心的世界互動。	吸吮反射動作使得嬰兒會吸吮放在他嘴唇上的任何東西。
次階段二：最初的習慣及初級循環反應	從 1 至 4 個月	在這年齡，嬰兒開始將個別的動作調節成為單一、整合的活動。	嬰兒可能會結合抓握一個物體並吸吮它，或是觸摸到某個東西並凝視它。
次階段三：次級循環反應	從 4 至 8 個月	在這期間，嬰兒的重大進展在他們的認知視野超越了自己本身，而開始被外在世界所影響。	嬰兒重複拿起嬰兒床裡的搖鈴玩具，然後以各種方式搖動這玩具看看聲音如何變化，展現了他具有修正對於搖動搖鈴玩具的認知基模的能力。
次階段四：協調次級反應	從 8 至 12 個月	在這階段，嬰兒開始使用較多的計算方式來產生事件，協調數個基模產生單一行為。在這階段他們發展出物體恆存。	嬰兒會推開一個玩具以拿到另一個橫躺、露出部分且被壓在下方的玩具。
次階段五：第三級循環反應	從 12 至 18 個月	在這年齡，嬰兒發展出 Piaget 所認為的謹慎思考可帶來滿意結果的行為變化，而不是單純重複有趣的活動，嬰兒會進行小型的實驗來觀察結果。	嬰兒重複扔下玩具，變化不同位置扔下玩具，仔細觀察每一次玩具掉落在哪裡。
次階段六：思考開始	從 18 個月至 2 歲	次階段六主要的成果是具有心智表徵或符號思考。Piaget 認為這階段的嬰兒能想像他們並未看見的物體。	他們甚至能在腦袋裡描繪物體沒被看見的路徑，以至於如果一顆球滾到某個家具下，他們可以推估球可能會在家具的另一邊出現。

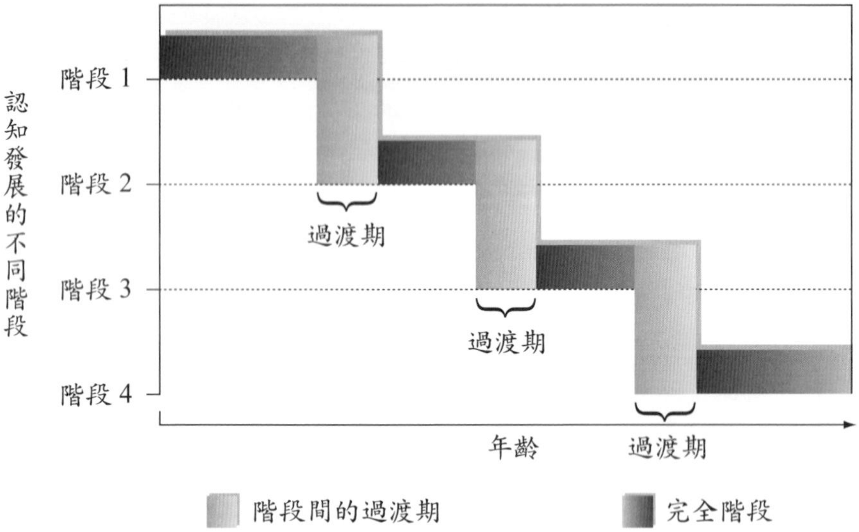

圖 6-1 過渡期

嬰兒不會突然從一個認知發展階段改變至下一個，相反地，Piaget認為有一個過渡期，期間，一些行為顯示在一個階段，而另一些行為顯示在較高層次階段。這個漸進主義的論點是否違背了 Piaget 階段論的詮釋？

發生在 1 至 4 個月大時。在這期間，嬰兒開始將個別的動作調節成為單一、整合的活動，例如：嬰兒可能會結合抓握一個物體並吸吮它，或是觸摸到某個東西並凝視它。

如果一個活動引起了嬰兒的興趣，他會不斷重複，只為了持續體驗這個活動。Olivia 在高腳椅上進行的地心引力「實驗」就是這個例子。變換動作事件的重複有助於嬰兒開始透過所謂的「循環反應」歷程建構認知基模。「初級循環反應」是反映了嬰兒一再重複有興趣的或有樂趣的動作，單單只是為了做這些動作的趣味。Piaget 認為這些基模是初級的，因為他們所涉入的這些活動只集中在嬰兒自己的身體。因此，當嬰兒最初將大拇指放入嘴裡並開始吸吮，這只是單純的偶發事件，然而在之後他重複吸吮大拇指時，表示為初級循環反應，因為吸吮的感受是愉悅的，所以他重複表現這個動作。

次階段三：次級循環反應

「次階段三：次級循環反應」較有目的性。根據 Piaget 的論點，嬰兒期的第三個認知發展階段出現在 4 至 8 個月，在這期間，嬰兒開始被外在世界所影響，例如：如果這些有樂趣的事件在偶發的活動中發生，嬰兒立即試圖在他們的環境中重複這些事件。一個嬰兒重複拿起嬰兒床裡的搖鈴玩具，然後以各種方式搖動這玩具看看聲音如何變化，展現了他具有修正對於搖動搖鈴玩具的認知基模的能力。她正在進行的是 Piaget 所說的次級循環反應。

「次級循環反應」是有關重複一個動作以帶來想得到結果的基模。初級循環反應及次級循環反應間最主要的差別，在於嬰兒的活動只集中在嬰兒和他自己本身的身體（初級循環反應），或涉及有關外在世界的行為（次級循環反應）。

在次階段三期間，當嬰兒逐漸注意到如果他們發出聲音，身旁的其他人會用自己的聲音回應，他們的發聲會大大增加。同樣地，嬰兒開始模仿其他人所發出的聲音。發出聲音成為一個次級循環反應，最終有助於語言發展及社會關係的形成。

次階段四：協調次級反應

「次階段四：協調次級反應」是重要躍進之一，從大約 8 個月持續到 12 個月。在這階段之前，行為是直接表現在物體上，當某些事情碰巧發生而引起嬰兒的興趣，他嘗試使用單一的基模重複這事件。然而，在次階段四，嬰兒開始使用**目標導向行為**（goal-directed behavior），結合並協調數個基模以產生一個能解決問題的單一行為。舉例來說，他們會推開一個玩具以拿到另一個橫躺、露出部分且被壓在下方的玩具。他們也開始預期即將發生的事件，例如：Piaget 述說他 8 個月大的兒子 Laurent「能藉由空氣所引起的特定聲音來辨識到餵奶即將結束，因此他吐出他的奶瓶而不願意持續喝完最後一滴奶……」（Piaget, 1952, pp. 248-249）。

嬰兒目的性的新發現、他們會使用方法以達到目的的能力及期望未來狀況的技能，部分表現要歸功於在次階段四出現的物體恆存的發展結果。**物體恆存**（object permanence）是指理解人和物體即使無法被看見仍依然存在。雖然這是一個簡單的原則，但它的精熟具有意義深重的結果。

試著想想，例如 7 個月大的 Chu，他還沒有學會物體恆存的概念。Chu 的爸爸在他面前搖著手搖鈴，然後把手搖鈴藏在毛毯底下。對還沒有精熟物體恆存概念的 Chu 來說，這個手搖鈴就不存在了，他不會花任何力氣去尋找它。

幾個月後，當他的進入次階段四，故事就會截然不同（如圖 6-2 所示）。這次，只要他的爸爸一把手搖鈴放到毛毯底下，Chu 就立即試著移開遮蓋物，熱衷搜尋到手搖鈴。Chu 已經清楚知道，縱使物體沒被看見但它仍持續存在。對已能理解物體恆存概念的嬰兒來說，眼睛沒看見的顯然不代表沒記在心上。

物體恆存的習得，其範圍不僅是對無生命的物體，也針對人。它給予 Chu 安全感，爸媽即使已經離開這個房間，他們依然存在。這個覺察可能是社會依附之發展的重要條件（我們會在第 7 章討論）。物體恆存的辨識也提供嬰兒成

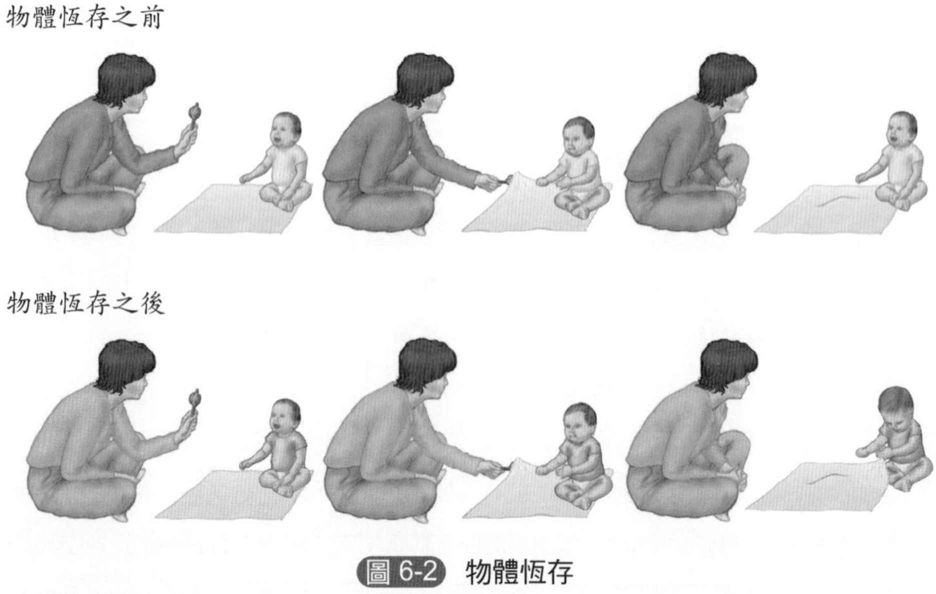

圖 6-2 物體恆存

在嬰兒了解物體恆存概念之前，他不會尋找在他眼前被藏起來的物品。但幾個月之後，他就會搜尋這物品，圖片說明他獲得了物體恆存的概念。為什麼物體恆存的概念對照顧者來說是重要的呢？

長的自信：當他們明白一個物體被拿走，不是不再存在而僅是在其他某處，他們唯一過於人性的反應可能是要它回來——而且是馬上。

雖然物體恆存的理解出現在次階段四，但僅是初步的理解。這概念需要花些時間才能完全理解，因此，嬰兒在持續幾個月中會表現出與物體恆存有關的錯誤類型。舉例來說，當玩具從第一張藏的毛毯下換到第二張毛毯下時，他們往往會被戲弄。在尋找出玩具方面，次階段四的嬰兒最常轉向第一個藏玩具的地方，而忽略了目前玩具所在的第二張毛毯——即使清楚地看到藏玩具的過程。

次階段五：第三級循環反應

大約 12 個月到 18 個月時，嬰兒會處於「次階段五：第三級循環反應」。如這階段的名稱所言，在這期間的嬰兒發展出 Piaget 所指稱的第三級循環反應——與謹慎思考可帶來滿意結果的行為變化有關的基模。嬰兒不像在次級循環反應中單純地重複有趣的活動，而是進行小型的實驗來觀察結果。

舉例來說，Piaget 觀察他的兒子 Laurent 重複地扔下玩具天鵝、變化不同位置扔下玩具、仔細觀察每一次玩具掉落在哪裡。與每一次只是單純重複動作不同（像在次級循環反應），Laurent 在這情況中做修正並學習其帶來的結果。你可以回想在第 2 章研究方法中我們做的討論，這行為表現出科學方法的要件：研究者在實驗室裡改變一個情況以了解改變的效果。對次階段五的嬰兒而言，他們的研究室就是世界，並且不疾不徐地用所有的時間進行著一個又一個小實驗。先前提過喜歡從高腳椅上扔下東西的 Olivia 是另一個小小行動科學家。

在次階段五中，最引人注目的嬰兒行為是他們對不被預期事件的興趣。未預料到的事件不僅被認為有趣，還被視為是對某些事物的預期及理解。嬰兒的探索可以產生新的技能，有些還可能會導致一定程度的混亂，就像 Olivia 的爸爸在清掃高腳椅周圍時的體認。

次階段六：思考開始

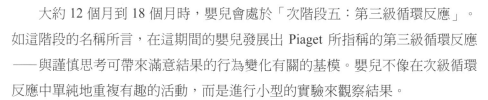

感覺動作期的最後階段是「次階段六：思考開始」，從 18 個月持續到 2 歲。次階段六最主要的成果是擁有心智表徵的能力。**心智表徵**（mental representation）是一種對過去事件或物體的內在心像。Piaget 認為這階段的嬰兒能想像他們並未看見的物體，他們甚至能在腦袋裡描繪物體沒被看見的路徑，以至於如果球滾到家具下，他們可以推估出球可能會在家具的另一邊出現。

因為幼兒的新能力產生了物體的內在表徵，他們對因果關係的理解也變得更熟練，例如：思考 Piaget 對他兒子 Laurent 努力打開花園大門的描述：

> Laurent 試著打開花園大門但卻無法推動它，因為大門被一件家具所阻擋。他無法從外觀或是聲響上解釋門無法打開的原因，但是在試著出力推門之後，他似乎突然理解了。他繞著牆走到門的另一邊，移動讓門堅固不動的扶手椅，然後用一個勝利的表情打開它（Piaget, 1954, p. 296）。

心智表徵的獲得也促成另一項重要的發展：假裝的能力。使用 Piaget 所提及的**延宕模仿**（deferred imitation）的能力，即兒童模仿出先前曾看過，但眼前不再看到的他人行為，因此，在兒童親眼目睹這些實際場景很久之後，他們還能假裝他們正在開車、餵娃娃或煮晚餐。對 Piaget 而言，延宕模仿提供了兒童形成內在心智表徵的明顯證據。

褒貶 Piaget：支持及質疑

大部分發展研究者很可能同意，在許多重要方面，Piaget 對嬰兒期的認知發展如何進行的論點十分正確（Harris, 1987; Marcovitch, Zelazo, & Schmuckler, 2003）。然而，也有對理論的正確性和其中許多特定論點有不一致的意見。

讓我們從 Piaget 取向明顯正確的方面開始說起。Piaget 是一位專精的兒童行為報告者，他對於嬰兒時期成長的描繪是他觀察能力的重要貢獻。此外，許多研究支持 Piaget 所認為兒童藉由操弄環境中物體而學習到世界的觀點。最後，Piaget 描繪出認知發展順序的輪廓及發生在嬰兒時期所提升的認知能力，大體上都是正確的（Gratch & Schatz, 1987; Kail, 2004）。

另一方面，在 Piaget 完成他的先導論著的數十年後，這理論的特定觀點也受到越來越多的檢驗和批評。舉例來說，一些研究者質疑構成 Piaget 理論基礎的階段概念。如我們先前所提，雖然Piaget認為兒童在階段間的轉變是漸進的，但批評者卻主張發展是以更為連續的方式進行，而不是在一個階段結束、另一個階段開始時出現能力大躍進，進步是以一個能力接著一個能力的方式，逐步提升和循序漸進成長的。

例如，發展研究者 Robert Siegler 主張，認知發展不是以階段而是以「波動」的方式進行。他認為，兒童不會在一日停止使用一種思考方式而採用下一個新的方式，相反地，兒童是使用一種潮起潮落的認知方式來理解世界。一天，兒童可能使用一種形式的認知策略，但另一天可能選擇較退步的策略——在一段期間來回移動。雖然一個策略可能在特定年齡時最常被使用，但兒童仍然可能使用其他的思考方式，因此 Siegler 認為認知發展是不斷變動的（Opfer & Siegler, 2007; Siegler, 2003, 2007）。

其他批評者質疑 Piaget 有關認知發展是以動作活動為根基的觀點。他們認為 Piaget 低估了嬰兒在非常早期即出現的感覺及知覺系統的重要性——Piaget 不太認識的系統，因為近來有許多研究已發現嬰兒是如何熟練地表現這系統。有關兒童出生即沒有手臂及腿的研究（因為他們的媽媽在懷孕期間不知情地服用了導致畸形的藥物，如第 3 章所述）發現，儘管他們缺乏了肢體活動的練習，這樣的兒童仍表現出正常的認知發展，進一步的證據顯示，Piaget 過於誇大動作發展與認知發展間的連結關係（Butterworth, 1994; Decarrie, 1969）。

為了支持他們的觀點，Piaget 的批評者也指出，近來的研究對 Piaget 認為接近 1 歲的嬰兒才能掌握物體恆存概念的論點提出質疑，例如：一些研究提出年幼的嬰兒表現出無法理解物體恆存概念，是因為測驗技術未能測量到他們真正的能力（Baillargeon, 2004, 2008; Vallotton, 2011; Walden et al., 2007）。

根據研究者 Renée Baillargeon，3.5 個月大的嬰兒至少可以理解部分的物體恆存概念。她提出說明，年幼嬰兒不會尋找藏在毛毯下的手搖鈴，是因為他們沒有足夠的動作技能來搜尋，而不是因為他們不了解這個手搖鈴依然存在。同樣地，年幼嬰兒表現出無法理解物體恆存可能反映嬰兒記憶的不足，而不是缺乏理解這個概念：年幼嬰兒的記憶可能不足以輕易回憶出先前玩具藏匿的地方

（Hespos & Baillargeon, 2008）。

Baillargeon 進行了精心設計的實驗以驗證嬰兒早期理解物體恆存的能力，例如：在她的違反預期（violation-of-expectation）的研究中，她讓嬰兒重複接觸一個物理事件，然後觀察嬰兒對這物理上不可能發生的事件變化情況的反應。結果發現 3.5 個月大的嬰兒即對不可能發生的事件表現出強烈的生理反應，表示他們比 Piaget 所能察覺到的還要早擁有部分物體恆存概念（Luo, Kaufman, & Baillargeon, 2009; Ruffman, Slade, & Redman, 2006; Wang, Baillargeon, & Paterson, 2005）。

其他行為類型同樣出現得比 Piaget 所說的早，例如：如我們在第 4 章所討論過的，出生後數小時的新生兒模仿成人基本臉部表情的回憶能力。這個能力在如此早期出現，反駁了 Piaget 所認為嬰兒只能使用他們可以清楚看到的身體部位——如他們手和腳，模仿他們看到的他人行為。事實上，臉部的模仿顯示人們可能出生即具有基本的、先天的模仿他人行為的能力，一種取決於某種環境經驗類型的能力，而不是 Piaget 相信的在嬰兒後期才發展出來的能力（Legerstee & Markova, 2008; Meltzoff & Moore, 2002; Vanvuchelen, Roeyers, & De Weerdt, 2011）。

Piaget 的研究也說明來自已開發、西方國家的兒童優於非西方文化的兒童。例如：一些證據顯示非西方文化兒童的認知技能發展的時間表和生活在歐洲及美洲的兒童不同。舉例來說，生長在非洲象牙海岸的嬰兒達到感覺動作期的各次階段的年齡早於生長在法國的嬰兒（Dasen et al., 1978; Mistry & Saraswathi, 2003; Rogoff & Chavajay, 1995）。

儘管 Piaget 的感覺動作期論點有這些問題，大部分激昂的批評家仍同意他提供了我們嬰兒時期認知發展概括性輪廓的專業說明。他的缺失似乎是低估了年幼嬰兒的能力及聲稱感覺動作是以一致、固定不變形式的發展。儘管許多當代的發展研究者已經轉移至我們接下來討論的比較新進的訊息處理取向，他的影響仍然很大，Piaget 依然是發展領域的傑出和開創人物（Fischer & Hencke, 1996; Kail, 2004; Maynard, 2008; Roth, Slone, & Dar, 2000）。

訊息處理取向的認知發展

3 嬰兒如何處理訊息？
4 嬰兒的記憶能力是什麼？
5 嬰兒的智力如何測量？

當她的哥哥Marcus站在嬰兒床邊，拿起一個娃娃，並藉由牙齒發出口哨音，3 個月大的Amber Nordstrom發出微笑。事實上，Amber似乎從未厭煩 Marcus 盡力地逗她笑，而且 Marcus 無論何時出現並單純地拿起娃娃，她的嘴角很快地揚起微笑。

顯然地，Amber記得Marcus及他的幽默方式。但是她如何記得他呢？而且Amber 可以記得多少其他的呢？

為了能回答這些問題，我們需要偏離 Piaget 為我們所奠立的方向，而不是如 Piaget 尋求的所有嬰兒都同樣經歷的認知發展里程碑。我們必須考量個別嬰兒學習和使用他們所接觸到訊息的特定過程。然後我們比較不需要關注嬰兒心智生活的質的改變，而需要多思考他們量的能力。

訊息處理取向（information-processing approaches）的認知發展是在尋找及確認個體接收、使用及儲存訊息的方式。根據這取向，嬰兒組織及操弄訊息能力的量的改變代表著認知發展的標誌。

根據此觀點，認知成長的特徵是處理訊息的熟練、速度及容量提升。先前，我們將 Piaget 的基模概念與指引電腦如何處理來自世界資料的電腦軟體相比。我們可以比較訊息處理觀點的認知成長與來自使用較有效的程式所導致訊息處理的速度及熟練提升的進步。訊息處理取向關注人們解決問題時所使用「心智計畫」的類型（Cohen & Cashon, 2003; Reyna, 1997; Siegler, 1998）。

登錄、儲存及提取：訊息處理的基礎

訊息處理有三個面向：登錄、儲存及提取（如圖 6-3 所示）。登錄是指訊息初始被以可用的形式轉錄至記憶的歷程。嬰兒及兒童——甚至所有人們——接觸到大量的訊息，如果他們試著處理所有的訊息，他們將會被淹沒。因此，他們需要有選擇性地登錄，挑選他們注意到的訊息。

圖 6-3 訊息處理

訊息被登錄、儲存和提取的歷程。

縱使一個人以適當的方式登錄最初接觸到的訊息，也無法保證他能在後來使用它。訊息也必須適當地被儲存在記憶中。儲存是指資料進入記憶的安置。最後，能在未來成功地使用這資料取決於提取過程。提取是尋找儲存在記憶中的資料、並能覺察到並使用的過程。

我們此處可以再使用跟電腦的比較。訊息處理取向主張登錄、儲存及提取的過程就像是電腦的不同部件。登錄可被視為是電腦的鍵盤，透過其輸入訊息；儲存是電腦的硬碟，可以儲存訊息；而提取可比作是電腦觸接訊息以呈現在螢幕上的軟體。唯有當三個歷程都運作——登錄、儲存及提取，訊息才能被處理。

自動化

在一些案例中，登錄、儲存及提取是相當自動化的，而有些卻是深思熟慮的。自動化是指一個活動需要投入注意力的程度。需要投入相對少注意力的歷程即是自動化；需要投入大量注意力的歷程是為控制式的，例如：一些活動如走路、用叉子吃東西或閱讀，對你來說應該是自動化的，但是先決條件是它們需要你全部的注意力。

在兒童開始面對世界時，自動化心智歷程藉由使兒童輕鬆地和自動地以特定方式處理訊息來幫助他們，例如：大約 5 歲時，兒童自動以頻率來登錄訊息。在沒有投注很多注意力在數算或清點的情況下，他們會察覺他們多常和不同的人相遇，使他們藉以區分出熟識和不熟識的人（Hasher & Zacks, 1984）。

甚至在沒有意圖和察覺的情況下，嬰兒和兒童發展出「不同的刺激多常同時一起出現」的概念。這使得他們發展出對「概念」的理解，即共享相同特徵的物體、事件或人的分類。例如：藉由「四條腿、一個搖擺的尾巴和吠叫常常被發現是在一起」的訊息登錄，我們在生活中很早就學會「狗」的概念。兒童——和成人——幾乎不會察覺到他們是如何學得這些概念，所以他們常常無法清楚表達出一個概念（例如狗）和另一個概念（例如貓）特徵的區別。學習反而傾向是自動發生的。

一些我們自動學會的事情是出乎意料地複雜。舉例來說，嬰兒有能力了解困難的統計形式及關係；越來越多研究結果一致，嬰兒的數學技能出乎意料地好。5 個月大的嬰兒能夠計算簡單加法和減法問題的結果。在發展心理學家 Karen Wynn 的研究中，一開始展示一個物體——四英寸高的米老鼠塑像——給嬰兒看（如圖 6-4 所示），然後一個布幕升上來，擋住了塑像。接著，實驗者展示第二個外表一致的米老鼠，並把它放置在相同的布幕後面（Wynn, 1992, 1995, 2000）。

最後，根據實驗的情況，兩種結果中的一種出現。在正確加法的情況中，布幕降下來出現兩個塑像（等同於 1＋1＝2），而在不正確加法的情況中，布幕降下來時只出現一個塑像（等同於 1＋1＝1）。

因為與預期情況相比，嬰兒對不預期發生的情況注視的時間較長，所以研究者調查在不同情況下嬰兒注視的模式。在支持嬰兒能夠分辨出正確加法和不正確加法情況的想法下，實驗中的嬰兒對不正確結果的注視時間長於正確結果，代表他們期待不同的雕像數目。在相似的程序中，嬰兒也對不正確減法問題的注視時間長於正確的。結論是：嬰兒已有基本的數學技能，使得他們能理解量的正確與否。

嬰兒基本數學技能的存在也受到「非人類天生具有某些基本數字能力」的

圖 6-4 米老鼠數學

研究者 Karen Wynn 發現像 Michelle Follet 這樣的 5 個月大嬰兒會依著他們所見到的米老鼠雕像數量表示正確或不正確的加法而反應。你認為這是人類特有的能力嗎？教育家何如何解釋這能力的獨特性？

研究結果所支持。即使是剛孵出的小雞也展現一些計數能力（Rugani, 2009）。

越來越多研究結果顯示嬰兒擁有天生理解基本數學運算及統計形式的能力。這天生的能力可能成為往後學習較複雜數學及統計的基礎（Gelman & Gallistel, 2004; McCrink & Wynn, 2004, 2007, 2009; van Marle & Wynn, 2006, 2009）。

我們現在來談談訊息處理有關記憶及智力的個別差異的幾個面向。

嬰兒時期的記憶：他們必須記得這些……

Simona Young 在嬰兒期幾乎沒有和人接觸過。每天長達 20 小時，她單獨待在一間骯髒的羅馬尼亞孤兒院的嬰兒床裡。冷冷的奶瓶靠在她小小身軀上，那是她獲取營養的來源。她前後搖擺，幾乎沒有任何柔順撫摸或聽到安慰言語的氣氛。獨自在單調乏味的環境中，她連續地前後搖擺。

然而 Simona 的故事有個美好的結局。當她 2 歲時被一對加拿大夫婦收養之後，Simona 現在的生活充滿著童年時期的朋友、同學，尤其是充滿愛的家庭的日常活動。事實上，現在 6 歲的她幾乎無法記起在孤兒院裡的悲慘生活，就好像她已經完全忘了過去（Blakeslee, 1995, p. C1）。

Simona 怎麼可能真的記不起嬰兒時期的任何事？如果她能夠回憶起她 2 歲的生活，她能記得多正確？為了能回答這問題，我們需要思考嬰兒時期記憶存在的特質。

嬰兒期的記憶力

無庸置疑，嬰兒具有**記憶**（memory）能力，是訊息開始被轉錄、儲存和提取的歷程。如我們所知，嬰兒可以區分新的和舊的刺激，暗示著舊刺激必定存在記憶中。除非嬰兒具有一些原始刺激的記憶，才有可能讓他們辨認出新刺激跟先前看到的那個不一樣。

然而，嬰兒辨認新、舊刺激的能力無法讓我們知道年齡如何為記憶能力及它的基本本質帶來改變。嬰兒的記憶能力能隨著年齡的增加而提升嗎？答案顯然是肯定的。在一個研究中，嬰兒被教導他們可以藉由踢腿而轉動掛在嬰兒床上方的音樂轉鈴（如圖 6-5 所示）。只要花幾天就能讓 2 個月大的嬰兒忘記他們的練習，但是 6 個月大的嬰兒可以記

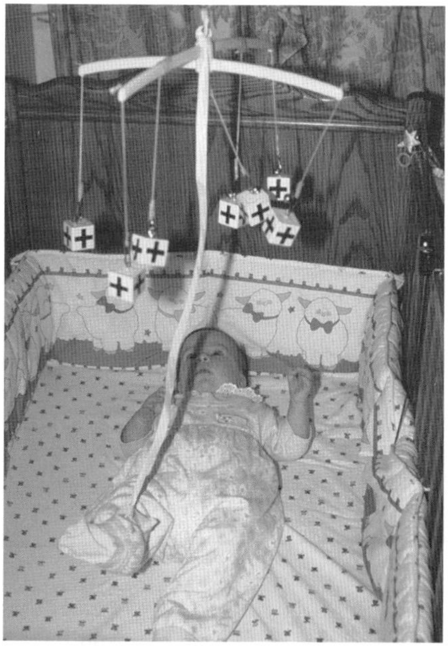

圖 6-5 記憶的早期特徵

當他們接觸到早期記憶的提醒物時，已經知道轉動音樂轉鈴和踢腿間連結關係的嬰兒展現出令人驚訝的回憶能力。

得三個星期（Rose et al., 2011; Rovee-Collier, 1993, 1999）。

而在之後給予踢腿和轉動音樂轉鈴之間連結的提醒，嬰兒能表現出記憶持續存在更長的時間。嬰兒只接受二次訓練課程，每次課程持續九分鐘，仍可以在一週後回憶出來，即當一被放置在有音樂轉鈴的嬰兒床上，他們就開始踢腿。不過二週後，他們就不花力氣踢腿，顯示他們已經完全忘記。

但是他們還不會：當嬰兒看到提醒物——轉動中的音樂轉鈴——他們的記憶明顯地再被激發。事實上，只要有進一步的提示，嬰兒可能跟隨著提示而記得這個連結。其他證據確認這結果，顯示線索能再激發一開始像是被遺忘的記憶。嬰兒的年齡越大，提示越有效（Bearce & Rovee-Collier, 2006; DeFrancisco & Rovee-Collier, 2008; Sullivan, Rovee-Collier, & Tynes, 1979）。

嬰兒記憶的本質上與年紀較大的兒童和成人有不同嗎？縱使被處理的訊息種類改變和可能運作在大腦的不同部位，研究者大致相信一生中的訊息處理都相似。根據記憶專家 Carolyn Rovee-Collier 所言，雖然無論什麼年齡，人們都會逐漸遺失記憶，就好像嬰兒般，但只要提供提醒物就可能重新想起它們。此外，記憶被提取的次數越多，記憶就會變得越持久（Hsu & Rovee-Collier, 2006; Turati, 2008; Zosh, Halberda, & Feigenson, 2011）。

記憶的持續

雖然一生中的記憶保留和回憶的基礎歷程都相似，但隨著嬰兒的發展，訊息儲存和回憶的量確實有明顯的不同。年齡較大的嬰兒越能迅速提取訊息，他們也可以記得比較久。但是能記多久呢？例如，嬰兒長大後還能夠回憶出嬰兒時期的記憶嗎？

研究者對哪個年齡的記憶可以被提取有不一致的意見。雖然早期研究支持**嬰兒失憶症**（infantile amnesia）的論點，即喪失 3 歲前所經歷過之經驗的記憶，但更近的研究顯示嬰兒確實能保留記憶，例如：Nancy Myers 和她的同事進行了一個實驗，他們展示一個不尋常的事件系列，如：間歇性的一明一暗、不尋常的聲音給 6 個月大的嬰兒看或聽，之後，在兒童 1 歲半及 2 歲半時進行測驗，結果發現他們還有一些先前的記憶。其他研究顯示嬰兒表現出他們記得只見過一次的行為和情況（Howe, Courage, & Edison, 2004; Myers, Clifton, & Clarkson, 1987; Neisser, 2004）。

此發現與大腦中記憶的生理軌跡是永久的證據一致，顯示記憶——即使從嬰兒時期——可能是持久的。然而，記憶可能不容易或精準地被提取。舉例來說，記憶容易受到其他較新的訊息干擾，這些其他較新的訊息可能取代或阻擋舊訊息，因而妨礙它的回憶。

嬰兒記得少是因為語言決定了早期生活記憶可以被回憶的方式，年齡較大的兒童及成人只能使用他們在事件發生當下所能使用的詞彙來報告記憶，然後記憶被儲存。因為他們的詞彙在開始儲存時可能相當受限，所以無法在後來的生活中描述這事件，縱使它確實存在於他們的記憶中（Bauer et al., 2000; Heimann et al., 2006; Simcock & Hayne, 2002）。

嬰兒時期所形成的記憶要好到什麼程度才可以保留到成人期，這問題仍未有完整的答案。雖然如果給予重複的提醒，嬰兒的記憶可能會非常詳細和能夠持久，但這些存在一生期間記憶的正確性仍不清楚。事實上，如果人們在最初形成記憶後跟隨著接觸到相關但卻矛盾的訊息，早期的記憶容易成為錯誤記憶。新訊息不僅可能損害原本資料的回憶，新的資料也可能不慎混入原始的記憶中，因而降低了它的正確性（Bauer, 1996; Cordon et al., 2004; DuBreuil, Garry, & Loftus, 1998）。

總而言之，雖然至少在理論上顯示可能完整保留非常年幼的記憶——如果接續的經驗沒有干擾他們的記憶——但大部分的情況下，嬰兒期的個人記憶無法持續到成人期。目前研究的發現顯示，在 18 到 24 個月時的個人經驗記憶似乎變得不精準（Bauer, 2007; Howe, 2003; Howe et al., 2004）。

記憶的認知神經科學

大部分令人興奮的記憶發展研究中，一些研究探討記憶的神經基礎。因著大腦掃描技術的進步，加上成人腦傷研究可知，長期記憶裡有兩個分離的系統。這兩個系統稱為外顯記憶及內隱記憶，保留不同種類的訊息。

外顯記憶是有意識的記憶，可以有意圖地被回憶出來。當我們試著回憶出一個名字或電話號碼，我們正在使用外顯記憶。相較之下，內隱記憶是我們無法在意識上覺察到，但卻能影響表現及行為的記憶。內隱記憶包含著我們不需要有意識地花費認知心力去記憶的肢體動作技能、習慣及行動，例如：如何騎腳踏車或是爬階梯。

外顯及內隱記憶出現的速率不同，並涉及不同的大腦部位。最早的記憶似乎是內隱的，它們牽涉到小腦及腦幹。外顯記憶的初始則與海馬迴有關，然而真正的外顯記憶直到半歲之後才出現。當外顯記憶確實出現時，它所涉及的大腦皮質區域的數量增加（Bauer, 2004, 2007; Squire & Knowlton, 2005）。

智力的個別差異：一個嬰兒比另一個嬰兒聰明嗎？

Maddy Rodriguez 有著無窮的好奇心和精力。在 6 個月大時，如果她沒能拿到玩具就會大哭。當她看到鏡子裡的自己時，她通常發出咯咯聲，似乎覺得十分有趣。

* * *

6 個月大的 Jared Lynch 比 Maddy 羞怯許多，當一顆球滾出他所能拿到的範圍，他似乎不在意，立即失去對這球的興趣。而且，不像 Maddy，當看到鏡中的自己時，他幾乎忽略這影像。

一個曾花時間觀察超過一個嬰兒的人可以告訴你，不是所有的嬰兒都一樣。有些充滿精力和活力，很明顯地在展現天生的好奇心，相形之下，有些則似乎對他們四周環境缺乏興趣。這意味著嬰兒在智力上會有差異嗎？

要回答有關嬰兒他們根本的智力如何不同和差異程度如何的問題並不容易。雖然已經清楚知道不同的嬰兒明顯表現出不同行為，但單單哪種行為可能和認知能力有關的議題就是複雜的。有趣的是，嬰兒間個別差異的探究最初是採用發展專家了解認知發展的方法，然而這樣的議題依然是這領域中的重要焦點。

嬰兒智力是什麼？

在我們闡述嬰兒的智力是否不同，和可能如何不同之前，我們需要思考「智力」這個詞的意義。教育學家、心理學家和其他發展學家對智力行為，甚至是成人的智力行為，一般性定義仍未能意見一致。這是在學校努力就可以做得好的能力嗎？精通商業談判嗎？就好像南太平洋的人們所表現在變化萬千的海洋上航行的能力，但他們沒有西方航海技術的知識？

定義和測量嬰兒的智力甚至比測量成人的還困難。我們能把它作為透過古典或操作制約學習新任務速度的基礎嗎？一個嬰兒能多快變得習慣一個新刺激呢？在這年齡的嬰兒學會了爬行或走路？縱使我們能藉由嬰兒時期的智力來確認各別嬰兒相互差異的特定行為，我們還需要闡述一個較深層和可能較重要的議題：嬰兒智力的測量跟最終的成人智力間相關程度如何？

無疑地，此類問題並不單純，並且沒有單純的答案已經被發現。然而發展學家想出幾種方法（摘要在表 6-2 中），以說明嬰兒時期智力個別差異的本質。

表 6-2　察覺嬰兒時期智力差異所使用的方法

發展商數	由 Arnold Gesell 所形成，發展商數是指一個整體的發展分數，與四個範疇的表現有關：動作技能（平衡和坐下）、語言使用、適應行為（機警及探索）及個人社交行為。
貝萊嬰兒發展量表	由 Nancy Bayley 所發展，貝萊嬰兒發展量表評量 2 至 42 個月大的嬰兒發展。貝萊量表關注兩個方面：心智的（感覺、知覺、記憶、學習、問題解決及語言）及動作能力（精細及大肢體動作技能）。
視覺—再認記憶測量	視覺—再認記憶的測量（一個過去曾經見過的刺激的記憶及再認）也和智力有關。一個嬰兒能夠越快從記憶中提取一個刺激的表徵，這個嬰兒可能越能有效率地處理訊息。

發展量表

發展心理學家 Arnold Gesell 發展了最早的嬰兒發展測量，能夠區別正常發展及非典型發展的嬰兒（Gesell, 1946）。Gesell 依據他的量表檢驗了數百名嬰兒。他比較這些嬰兒在不同年齡的表現，以了解什麼行為在一個特定年齡上最常見，如果嬰兒不同於其他同年齡嬰兒的表現，他會被認為是發展遲緩或超前。

跟隨尋求透過特定分數（已知的智力商數，或稱IQ的分數）以量化智力的研究者引導，Gesell（1946）研發了一個發展商數，或稱DQ。**發展商數**（developmental quotient）是指一個整體的發展分數，與四個範疇的表現有關：動作技能（例如平衡和坐下）、語言使用、適應行為（例如機警及探索）及個人社交（例如能合宜的自己吃飯和穿衣）。

後來的研究者創造了其他的發展量表。舉例來說，Nancy Bayley 開發了一個最廣為使用的嬰兒量表。**貝萊嬰兒發展量表**（Bayley Scales of Infant Development）評量 2 至 42 個月大嬰兒的發展。貝萊量表關注兩個方面：心智能力及動作能力。心智量表測量感覺、知覺、記憶、學習、問題解決及語言），而動作能力量表評量精細及大肢體動作技能（如表 6-3 所示）。如同 Gesell 的方法，Bayley 產生了一個 DQ。一個兒童的分數在平均層次——表示對其他同年齡兒童來說的平均表現——分數為 100（Bayley, 1969; Black & Matula, 1999; Gagnon & Nagle, 2000; Lynn, 2009）。

像是 Gesell 及 Bayley 所採取的這些方法的優點是，它們對嬰兒目前發展的層次，提供了一個簡要的描述。利用這些量表，我們可以用客觀的方法來分辨一個特定的嬰兒是否落後或超前其同年齡同儕。它們在辨認出大大落後他們同儕的嬰兒上非常有用，這樣的嬰兒需要受到立即的特別關注（Aylward & Verhulst, 2000; Culbertson & Gyurke, 1990）。

這些量表不能用來預測兒童未來的發展過程。一個兒童在 1 歲時被這些量表評量為發展相對較慢，並不必然在 5 歲、12 歲或 25 歲的發展也慢。大部分在嬰兒時期的行為評量結果與後來的成人智力間的關聯很低（Molfese & Acheson, 1997; Murray et al., 2007）。

訊息處理取向中智力的個別差異

當我們在日常生活中談論到智力，常常用誰是「快的」、誰是「慢的」來區分個體差異。事實上，根據處理訊息速度的研究，這樣的說法是有幾分真實

表 6-3 貝萊嬰兒發展量表的例題

年齡	心智量表	動作量表
2 個月	轉頭朝向聲音 對面孔的消失有反應	保持頭部直立／維持穩定 15 秒 靠著支撐物坐著
6 個月	使用把手舉起杯子 看書裡的圖像	自己坐 30 秒 用手抓握腳
12 個月	疊起兩個立方體的塔 書本的翻頁	在幫助下行走 握住筆桿的中間
17 至 19 個月	模仿蠟筆線條 辨認照片中的物品	以右腳單獨站立 在幫助下走上樓梯
23 至 25 個月	配對圖片 模仿 1 個 2 個字詞的句子	用繩子串 3 顆串珠 跳躍的距離為 4 英寸
38 至 42 個月	念出 4 個顏色名稱 使用過去式 辨別性別	模仿轉圈圈 單腳跳 2 次 雙腳交替走下樓梯

資料來源：Bayley (1993).

性。當代探究嬰兒智力的方法顯示，嬰兒處理訊息的速度可能與之後成人時期透過 IQ 測驗所量到的智力非常有關（Rose & Feldman, 1997; Sigman, Cohen, & Beckwith, 1997）。

我們如何能分辨一個嬰兒處理訊息的速度是快、還是慢？大部分的研究者使用習慣化測驗。能有效處理訊息的嬰兒應該對刺激的學習較快。因此，我們將期待他們的注意力會從已知的刺激很快地轉開，比那些處理訊息較慢的嬰兒還快，因而產生習慣化的現象。同樣地，視覺一再認記憶的測量，是指對過去曾見過的刺激的記憶及再認，也與 IQ 有關。一個嬰兒能越快從記憶中提取一個刺激的表徵，可推測這嬰兒的訊息處理較有效（Robinson & Pascalis, 2005; Rose, Jankowski, & Feldman, 2002）。

運用訊息處理架構的研究清楚發現，處理訊息效率與認知能力間的關係。測量嬰兒對先前見過的刺激多快失去興趣及他們對新刺激的反應，這些都適度地與後來測量到的智力有關。從出生到 6 個月期間，能有效處理訊息的嬰兒，傾向在 2 歲到 12 歲時有較高的智力分數，也在其他認知能力上有較高的測量分數（Domsch, Lohaus, & Thomas, 2009; Fagan, Holland, & Wheeler, 2007; Rose, Feldman, & Jankowski, 2009）。

其他研究顯示，與知覺的多重模式方法（在第 5 章討論過）相關的能力可能提供之後智力的線索，例如：對先前經由單一感官所經驗過的刺激，而能使用其他感官辨識這刺激的能力（稱為跨模式傳遞）與智力有關。嬰兒能夠藉由視覺再認出一個他先前只有碰觸過卻沒見過的螺絲起子，就是展現跨模式傳遞。研究發現 1 歲嬰兒所展現的跨模式傳遞程度——需要高層次的抽象思考——和數年後的智力分數有關（Nakato et al., 2011; Rose, Feldman, & Jankowski, 1999, 2004）。

雖然嬰兒時期訊息處理的效率及跨模式傳遞能力適度地和後來的 IQ 分數有關，但是我們需要記住兩個限制。第一，縱使早期的訊息處理能力和後來的 IQ 測量有關，但兩者之間只有適度的關聯強度。其他因素，例如：環境刺激的程度，也在幫助形成成人智力上占有重要的地位。因此，我們不應該假設智力某種程度會永久地固定在嬰兒時期。

第二，也許甚至更重要，經由傳統 IQ 測驗所測量到的智力與特定類型的智力有關，是一種強調影響學業成功的能力，但並非是藝術的或專業的能力。結果，預測一位兒童在往後一生中的 IQ 測驗上表現好不等同於預測這位兒童在往後一生中的成功。

儘管這些限制，最近發現處理訊息的效率與往後 IQ 分數的關聯，確實顯示一些認知發展橫跨一生的一致性，而在早期所依賴的量表，如貝萊量表，產生只有短暫連續性的誤解，較新的訊息處理取向提出，從嬰兒時期到生命中往後階段的認知發展，是以一個較有次序及連續性的方式展開。

評估訊息處理取向

訊息處理取向對嬰兒時期認知發展的觀點非常不同於 Piaget 的觀點。訊息處理取向關注量的改變，不是如 Piaget 所強調，發生在嬰兒能力上的質的改變的廣義解釋。Piaget 認為認知成長可說是以突然迸出的方式發生；訊息處理取向則認為是較漸進和一步一步的成長（思考一位田徑賽跑者跳躍跨欄和一位緩慢但穩定的馬拉松跑者間的不同）。

因為訊息處理取向的研究者藉由一組個別技能來考量認知發展，他們測量認知能力的方法時常比 Piaget 擁護者所使用的方法還要精準，例如：處理速度和記憶的回憶。然而這些個別測量的高精準性使得要獲得認知發展本質的整體覺察較困難，有些認知發展本質是 Piaget 專精的。訊息處理取向較關注的就好像是認知發展的一塊塊拼圖，而 Piaget 學派則是較關心認知發展的整體拼圖（Kagan, 2008; Minagawa-Kawai et al., 2011; Quinn, 2008）。

Piaget 學派及訊息處理取向兩者最終都主要是在說明嬰兒時期的認知發展。再加上在大腦生物化學的進步及影響學習及認知的社會因素的考量，幫助我們描繪出認知發展的全貌（請見「從研究到實務」專欄）。

從研究到實務 為什麼正式教育對嬰兒沒有影響

11 個月大的 Jetta 有著一雙大眼睛和幾顆潔白的牙齒——和一根已經可以操作電子遊樂器的食指。

「我們擁有具有教育性的電子產品——『跳跳蛙』、『小小愛因斯坦』，一切事物。」她的媽媽 Naira Soibatian 說。「她有一台 HP 筆記型電腦，比我的還大台。我知道一本寶寶成長紀錄的書上非常明確地說，這是浪費錢的。但是只有一件事比有小孩還要好，那就是有一個聰明的小孩。在一天結束時，它可以傷害什麼呢？她學習事物，並且她喜歡它們。」（Lewin, 2005, p. A1）。

Naira Soibatian 的哲學觀捕捉了許多父母的情緒，他們相信讓孩子接觸教育性玩具及媒體對他們孩子的認知成長有助益。想要幫助他們的孩子快速學習的父母發現，能做到這樣的產品及服務不虞匱乏。教育性的節目如「小小愛因斯坦」及「聰明寶貝」都承諾能刺激幼兒的心智。市場上銷售的各種嬰兒玩具都宣稱能提升認知發展。而且父母有時試著實施自己設計的系統性的學習活動，例如：閃卡，讓他們的孩子聰明點（Barnes, 2011; Interlandi, 2007）。

但是這些策略真的有效嗎？證據顯示無效，並且發現在某些情況下使用它們，甚至可能適得其反而阻礙學習。這問題根源來自於錯誤假設，即嬰兒學習年齡較大兒童的表現方式——他們能從有特定目標的系統性活動中獲益。研究顯示這個方法與嬰兒理解他們世界的方法不一致。然而較大年齡的兒童和成人以目標導向的方法獲取訊息，尋求已知問題的解決方法，嬰兒只是以一個沒有計畫的方式探索他們的生活周遭。有系統的學習經驗不能解釋這種獨特的嬰兒觀點（Barr et al., 2010; Zimmerman, Christakis, & Meltzoff, 2007）。

這不是說設想好的節目和玩具沒有一些助益。舉例來說，在一個研究中，嬰兒和父母一同觀看說明物體、動作及參與活動的教育性節目。觀看完這節目後，父母更常參與孩子，並以較正向的方式參與（Pempek et al., 2011）。

然而鮮少證據顯示，教育性節目真能讓兒童變得更聰明。事實上，由於訴訟，配銷「小小愛因斯坦」節目影片的華德迪士尼公司退款給數百萬購買「小小愛因斯坦」節目影片的父母，根據研究顯示，教育性媒體不僅對提升認知發展沒有效果，還可能會損害認知發展，例如：一個研究顯示，與沒觀看這樣媒體的嬰兒相比，觀看教育性節目及 DVD 的 7 至 16 個月大的嬰兒確實展現較差的語言發展、認識較少的詞彙及片語（Barnes, 2011; Richert et al., 2010; Robb, Richert, & Wartella, 2009; Roseberry et al., 2009）。

■ 儘管缺乏科學性研究支持它的使用，你認為給嬰兒購買教育性的玩具及媒體值得嘗試嗎？為什麼？在什麼樣的情況下它的使用可能產生不良影響？
■ 為什麼你認為一般父母似乎不關心有關嬰兒的教育性玩具及媒體有效性的科學證據？

語言的起源

6 兒童學習使用語言的歷程為何？

7 兒童如何影響成人的語言？

Vicki 及 Dominic 進行一場友誼賽，比較他們的孩子 Maura 第一個詞是叫誰。「叫媽媽，」在把 Maura 抱給 Dominic 換尿布之前，Vicki 溫柔輕聲地說。露齒微笑，他抱過她並且哄著說，「不，叫爸爸。」父母兩人最後輸了——也贏了——當時 Maura 說的第一個詞聽起來很像「巴巴」，而且似乎是與她的奶瓶有關。

媽媽、不、餅乾、爸、啾。大部分父母能記得他們孩子的第一個詞，此事不足為奇。這是令人興奮的時刻，這技能的出現可以說是人類特有的。

但是這些最初的字詞只是最先和最明顯的語言表現形式。許多個月之前，嬰兒開始了解別人所使用的語言，以了解他們周遭的世界。語言能力是如何發展的呢？語言發展有什麼模式和次序？以及語言的使用如何改變嬰兒及他們父母的認知世界？當我們闡述出生後第一年的語言發展，我們思考這些問題及其他的問題。

語言的基礎：從聲音到符號

語言（language），即符號的系統化、意義化的排列，提供了互動溝通的基礎。但是它的功用確實超過這基礎：它緊緊聯繫著我們思考和理解這世界的方式。它讓我們能仔細思考人和物，並能傳達我們的想法給他人。

語言有幾種形式上的特徵，是必須掌握的語言能力。這些特徵包括：

- 語音：語音是指語言基本的音，稱為音素，可以讓我們組合而產生字詞及句子。舉例來說，在「mat」裡的「a」及「mate」裡的「a」代表兩種英文裡不同的音素。雖然英文只利用 40 個音素創造出語言裡的每一個字詞，其他的語言還有多達 85 個音素——有些少到 15 個（Akmajian, Demers, & Harnish, 1984）。

- 詞素：一個詞素是語言中有意義的最小單位，有些詞素是完整的詞，有些則是在解釋一個詞時所需要的添加訊息，例如：結尾的「-s」是複數的意思及「-ed」是過去式。
- 語意：語意是決定字詞及句子意義的的規則。當兒童的語意知識發展出來，他們就能理解這兩個句子間細微的不同：「Ellie 被球打到」（是為什麼 Ellie 不接球問題的答案）「球打到 Ellie」（用來報告目前的狀況）。

在考量語言發展方面，我們需要區分語言的理解（對口語的理解）及語言的產出（使用語言溝通）之間的差異。這兩者間關係的基本原則是：理解在產出之前。一個 18 個月大的嬰兒可能理解一系列複雜的指示（「從地上撿起你的外套，並且把它放在壁爐旁邊的椅子上」），但是說話時他自己還不能串起兩個以上的字。整個嬰兒時期，語言的理解力都勝過產出能力，例如：在嬰兒時期，字詞的理解以一個月 22 個新詞的速度增長，而一旦開始說話，字詞的產出則為一個月大約 9 個新詞的增加速度（Minagawa-Kawai et al., 2011; Rescorla, Alley, & Christine, 2001; Tincoff & Jusczyk, 1999）（如圖 6-6 所示）。

早期發音及溝通

花 24 小時跟一個年齡非常小的嬰兒在一起，你將會聽到各式各樣的聲音：咕咕聲、哭聲、咯咯聲、低語聲和各種其他類型的喧鬧聲。這些聲音雖然本身沒有意義，卻在語言發展中占重要角色，為真正的語言而鋪路（Bloom, 1993; O' Grady & Aitchison, 2005）。

語言前期的溝通是指透過聲音、臉部表情、手勢、模仿及其他非語言方式的溝通。當一個爸爸用自己的「啊」回應他女兒所發出的「啊」，然後女兒重複發出這個音，爸爸再回應一次，他們正在進行語言前期的溝通。明顯地，這個「啊」的音沒有特定的意義。然而這個重複像是交換意見的對談，教導嬰兒學習有關溝通的輪流及來回往復的事（Reddy, 1999）。

最明顯的語言前期溝通的表現是牙牙學語。**牙牙學語**（babbling）是指發出

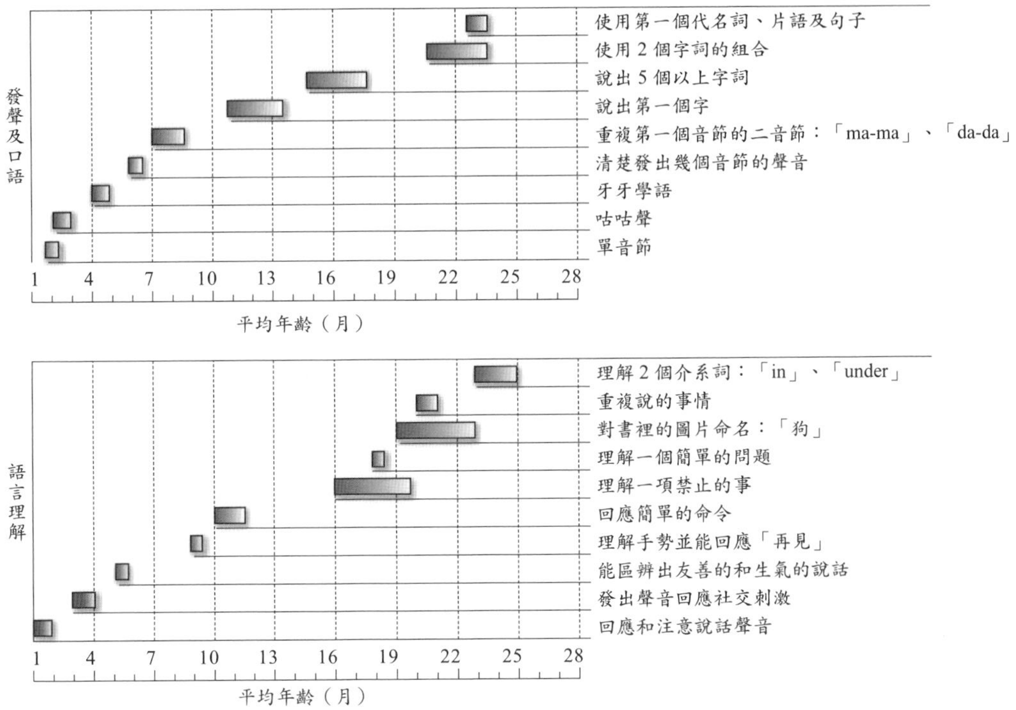

圖 6-6 理解在發生之前

整個嬰兒期，口語的理解都在口語發生之前。

資料來源：Adapted from Bornstein & Lamb (1992a).

像說話但沒有意義的聲音，開始於 2 或 3 個月大，並持續到 1 歲左右。當嬰兒牙牙學語時，他們會不斷重複相同的母音，從高到低地改變音調（例如以不同音調重複念「咿－咿－咿」）。5 個月大以後，牙牙學語的聲音開始擴展，反映子音的加入（例如「逼－逼－逼－逼」）。

牙牙學語是全世界一致的現象，遍及所有文化都以相同的方式完成。當嬰兒進入牙牙學語期，他們自發產生的所有音都可在每一種語言中找到，不單只是他們聽到周圍人們所講的語言。

甚至是耳聾的兒童也會表現出他們自己的牙牙學語。無法聽到聲音及接觸手語的嬰兒，會使用他們的手取代聲音表現牙牙學語，而且他們手勢的牙牙語可類比於說話兒童言語上的牙牙語。此外，如圖 6-7 所示，在手勢產出時所激

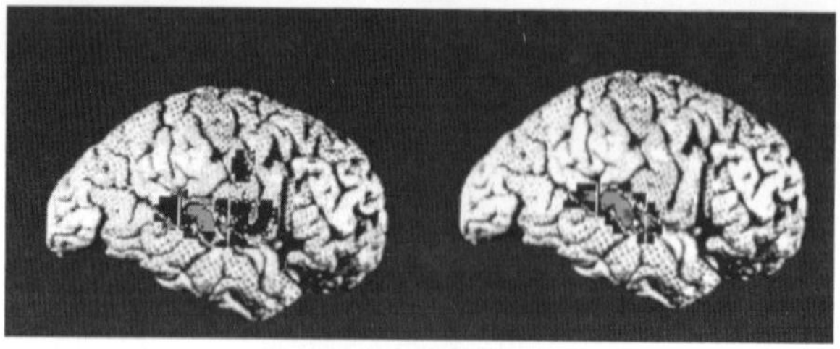

圖 6-7 布羅卡區

被稱為布羅卡區的大腦區域，在說話時會激發的情況（左邊）與產生手勢時的激發情況（右邊）相似。

發的大腦區域與口語產出時激發的區域相似，由此顯示口說語言可能由手勢語言發展而來（Gentilucci & Corballis, 2006; Holowaka & Petitto, 2002; Kita & Özyürek, 2004; Senghas, Petitto, Holowka, & Sergio, 2004）。

一般牙牙學語是依著從簡單到較複雜聲音的發展，雖然接觸到特定語言的聲音似乎不會影響初期的牙牙學語，但最終經驗確實會造成差異。6 個月大以前，牙牙語反映嬰兒所接觸到的語言的聲音（Blake & deBoysson-Bardies, 1992）。這差異是如此明顯，以至於未受訓練的聽者也能區分出生長在說法文、阿拉伯語或廣東語文化中的兒童牙牙語的不同。此外，嬰兒開始回歸到自己語言的速度和往後語言發展的速度有關（Oller et al., 1997; Tsao, Liu, & Kuhl, 2004; Whalen, Levitt, & Goldstein, 2007）。

還有其他語言前期說話能力的徵兆，例如：想想看 5 個月大的 Marta，她仔細查看她的紅球剛剛超出她可及之範圍，在伸出手後發現她沒辦法拿到它，就生氣地哭了，爸媽便察覺到她有事不順心，而她的媽媽把球拿給她。溝通已經發生了。

四個月之後，當 Marta 面對相同情況時，她不再困擾於伸手拿球，並且也沒有生氣的反應。相反地，她往球的方向伸出手臂，是有著試圖吸引媽媽目光的重要目的。當她的媽媽看到這行為，她了解 Marta 想要什麼。明顯地，Marta 的溝通能力——雖然只是語言前期——已有了跳躍式的發展。

即使這些語言前期的技能在短短幾個月內被取代，當手勢給予了一個新的溝通技巧的方法：產出一個真的字詞。Marta 的爸媽清楚聽到她說「球」。

第一個字詞

當媽媽和爸爸第一次聽到他們的孩子說出「媽媽」或「答答」，或甚至是「爸爸」（Maura 的第一個字詞，這個小孩在本節前面描述過），除了高興之外沒有其他的。但是當他們發現相同的聲音被用來要求餅乾、娃娃、球和一張破的舊毛毯，他們最初的熱情可能被澆熄一點。

通常嬰兒說出第一個字詞大約在 10 至 14 個月大時，但是也可能早在 9 個月大時發生。語言學家在如何辨認真正講出的第一個字詞上有不同的意見。一些語言學家說是當一個嬰兒清楚理解一個字詞並且能說出接近成人說這個字的音時，例如：一個孩子在他有任何需要的時候使用「媽媽」。另一些語言學家對第一個字詞使用比較嚴格的標準，他們限定「第一個字詞」為兒童針對一個人、事件或物品有一個清楚且一致的名稱。以這個觀點來看，只有被一致的使用在不同情境下，做不同事情的同一個人，而不會用來指稱其他人，「媽媽」才被認為是第一個字詞（Hollich et al., 2000; Masataka, 2003）。

雖然對於何時我們可以說出第一個字詞仍有不一致的意見，但沒有一個人可以質疑，一旦嬰兒開始產出字詞，他將以極快的速度增加詞彙量。15 個月大以前，兒童平均有 10 個字詞的詞彙量，大約在 18 個月大時結束，詞彙量有系統地逐步增加。一旦這情況出現，突然的詞彙爆發就會發生。只在短短的期間內——大概在 16 個月及 24 個月之間的幾週——出現語言爆發，在這期間，兒童的詞彙一般會從 50 個增加到 400 個（Gleitman & Landau, 1994; McMurray, Aslin, & Toscano, 2009; Nazzi & Bertoncini, 2003）。

如表 6-4 中所見，兒童早期詞彙中的第一個字詞一般與物和事有關，有生命和無生命都有。大多時候他們提到不斷出現和消失的人物或物品（「媽媽」）、動物（「小貓」），或臨時狀態（「濕的」）。這些第一個字詞時常是**單詞句**（holophrases），即說出一個詞，這個詞代表整句話，其意思取決於被使用的特定情境。舉例來說，小孩可能使用「媽」這個詞代表「我想被媽媽抱起」，或「我想要吃東西，媽」，或「媽媽在哪裡」，是指哪種意思則視當時的情況而定（Dromi, 1987; O'Grady & Aitchison, 2005）。

表 6-4 前 50 名：兒童理解及說出的第一個字詞

	理解百分比	產出百分比
1. 名義的（有關「事情」的字詞）	56	61
特定的（人物、動物、物品）	17	11
一般的（有關一個類別的所有成員）	39	50
有生命的（物品）	9	13
無生命的（物品）	30	37
代名詞（如，這個、那個、他們）	1	2
2. 動作詞	36	19
社交動作遊戲（如，躲貓貓）	15	11
事件（如，「吃」）	1	NA
表示位置（在特定的位置找出或放置某物）	5	1
一般動作及約束（如，「不要碰」）	15	6
3. 修飾語詞	3	10
狀態（如，「都不見了」）	2	4
屬性（如，「大」）	1	3
位置（如，「外面」）	0	2
所有權（如，「我的」）	1	1
4. 個人—社交	5	10
聲明（如，「是」）	2	9
社會表現（如，「再見」）	4	1

註：百分比指的是在他們前 50 個字詞中包含這類字詞的兒童。
資料來源：Adapted from Benedict (1979).

文化會影響說出第一個字詞的類型，例如：說英文的北美嬰兒一開始較傾向使用名詞，不同的是，說華語的中國嬰兒則使用的動詞比名詞多。另一方面，在 20 個月大之前，在口說字詞的類型上有著令人驚訝的跨文化間相似性，例如：比較阿根廷、比利時、法國、以色列、義大利及韓國的 20 個月大嬰兒，發現每個文化兒童的詞彙包含名詞的比例高於其他類別的字詞（Bornstein, Cote, & Maital, 2004; Tardif, 1996）。

第一個句子

當Aaron在19個月大時，他聽到背後媽媽即將到來的腳步聲，就如她每天晚餐前做的，Aaron轉頭跟爸爸清楚地說「媽媽來了」。在將這兩個字詞串在一起方面，Aaron在語言發展上前進了很大一步。

大約在18個月左右時，出現的詞彙爆發性增加，伴隨著另外的發展成就：個別字詞連結成傳達想法的句子。雖然在兒童第一次創造出雙字詞片語的時間仍有許多變異，但一般來說，大約是在他們說第一個字詞後的8至12個月。

組合雙字詞的語言進步是重要的，因為這聯合不僅提供對環境事物的標記，還說明它們之間的關係。舉例來說，這組合可能表示有關所有權的事（「媽媽鑰匙」），或一再發生的事件（「狗狗叫」）。有趣的是，大部分早期的句子不表示請求或甚至不一定需要回應，相反地，這些句子往往只是有關兒童周遭發生事件的意見和看法（Halliday, 1975; O'Grady & Aichison, 2005）。

使用雙字詞組合的2歲幼兒傾向使用特定的句子，此句子與成人句子的建構方式相似，例如：典型的英文句子遵循著句子先有主詞，然後動詞，之後為受詞（「約書亞丟球」）的一個模式。兒童的口語最常使用類似的順序，雖然並非所有的字詞一開始都包含在內，因此，兒童可能說「約書亞丟」或「約書亞球」來表示相同的想法。重要的是，這順序通常不是「丟約書亞」或「球約書亞」，而是英文慣用的順序，讓這話語可以讓說英文的人較容易理解（Brown, 1973; Hirsh-Pasek & Michnick-Golinkoff, 1995; Masataka, 2003）。

雖然雙字詞句子的創造代表著進步，但兒童所使用的語言仍然一點也不像成人。如我們所知，2歲兒童易於省去對訊息不重要的字詞，就好像我們寫按字數付錢的電報的方式一樣。基於這個理由，他們的對話常被稱為**電報式語言**（telegraphic speech）。使用電報式語言的兒童可能說「我給看書」，而不是說「我給你看了這本書」，而「我正在畫一隻狗」可能變為「畫狗」（如表6-5所示）。

早期語言還有其他跟成人使用語言不同的特徵，例如：想想Sarah，她把睡覺的毛毯稱為「毯毯」。她的阿姨Ethel給她一條新的毛毯時，Sarah拒絕這件

表 6-5 兒童句子的模仿顯示電報式語言的減少

	Eve 25.5 個月大	Adam 28.5 個月大	Helen 30 個月大	Ian 31.5 個月大	Jimmy 32 個月大	June 35.5 個月大
I showed you the book. 我給你看了這本書。	I show book. 我給看書。	(I show) book. （我給看）書。	C	I show you the book. 我給你看這本書。	C	Show you the book. 給你看這書。
I am very tall. 我很高。	(My) tall. （我的）高。	I (very) tall. 我（很）高。	I very tall. 我很高。	I'm very tall. 我很高。	Very tall. 很高。	I very tall. 我很高。
It goes in a big box. 它在一個大盒子裡。	Big box. 大盒子。	Big box. 大盒子。	In big box. 在大盒子裡。	It goes in the box. 它在這盒子裡。	C	C
I am drawing a dog. 我正在畫一隻狗。	Drawing dog. 畫狗。	I draw dog. 我畫狗。	I drawing dog. 我在畫狗。	Dog. 狗。	C	C
I will read the book. 我要讀這本書。	Read book. 讀書。	I will read book. 我要讀書。	I read the book. 我讀這本書。	I read the book. 我讀這本書。	C	C
I can see a cow. 我可以看見一隻牛。	See cow. 看牛。	I want see cow. 我想看牛。	C	Cow. 牛。	C	C
I will do that again. 我會再做一遍。	Do-again. 再做一次。	I will that again. 我會再那個。	I do that. 我做那個。	I again. 我再一遍。	C	C

註：C＝正確模仿。
資料來源：Adapted from R. Brown & Fraser (1963).

新的為「毯毯」，限定這個詞只用在她原來的毛毯。

Sarah不能將「毯毯」這個詞概括地泛稱到一般的毛毯上，這是**過度的語意侷限**（underextension）的例子，過度限制詞彙的使用，常出現在兒童剛熟悉口語時。當語言初學者認為一個字詞指稱一個概念的特定例子，而不是這個概念裡的所有例子，就是過度語意侷限的發生（Caplan & Barr, 1989; Masataka,

2003）。

當像Sarah這樣的嬰兒成長而較善用語言時，有時相反的情況就會發生，**過度的語意延伸**（overextension），是指過度概括使用詞彙，過度類化詞彙的意義。舉例來說，當Sarah稱公車、卡車、牽引機為車子時，她就是犯了過度語意延伸的錯──假設任何有輪子的物品必定是車子。雖然過度語意延伸反映了說話上的錯誤，但也顯示在兒童思考歷程中的進步：兒童即將開始整體的心智範疇和概念的發展（Johnson & Eilers, 1998; McDonough, 2002）。

嬰兒也在他們使用語言的形式上展現個別差異，例如：一些嬰兒使用**指示形式**（referential style），指語言主要是用來標示物品的語言形式。另一些則傾向使用**表達形式**（expressive style），即語言主要是用來表達自己和他人感覺和需求的語言形式（Bates et al., 1994; Bornstein, 2000; Nelson, 1996）。

在某種程度上，語言形式反映了文化因素。舉例來說，在美國的媽媽比日本媽媽還常標記物品，鼓勵較多語言上的指示形式；相對地，在日本的媽媽比較傾向談論社會互動，鼓勵較多的表達形式（Fernald & Morikawa, 1993）。

語言發展的起源

學前時期的語言發展往前邁進一大步，因此產生了一個根本性的問題：語言的精熟是如何發生的？語言學家對這個問題的回答非常分歧。

學習理論取向：語言是一種學到的技能

語言發展的一個觀點強調學習的基本原則。**學習理論取向**（learning theory approach）認為語言習得遵循增強及制約的基本定律（在第 1 章討論過）（Skinner, 1957），例如：說出「巴」這個字詞的兒童可能被她的爸爸擁抱和稱讚，爸爸很快做出孩子在叫他的這個結論，這反應增強了兒童，她就比較有可能重複這個字詞。總而言之，學習理論對語言習得的觀點認為，因為發出近似語言的聲音而受到獎賞，藉此學習說話。透過塑造的過程，語言變得越來越近似成人的語言。

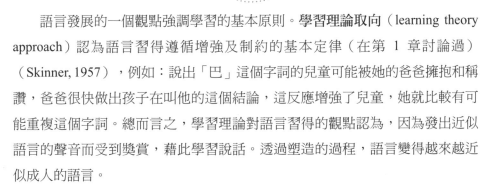

然而學習理論取向有個問題，它好像不足以解釋兒童如何很容易就習得語

言的規則，例如：當幼兒說錯時仍被增強。如果他們說「為什麼不狗吃？」或兒童較正確地敘說這個問題（「為什麼狗不吃？」），爸媽都可能給予相似的回應。兩種問題的類型能被正確地理解，並且引起相同的反應。無論是正確或不正確的文法都被給予增強。在這樣的情況下，學習理論難以解釋兒童如何正確地學習口說語言。

兒童也能超越他們所聽到的特定話語，而產生新的片語、句子和句法結構，一種學習理論也無法解釋的能力。此外，兒童能應用語言規則到無意義字詞上。在一個研究中，4 歲兒童在句子「熊正在 pilking 馬」裡聽到無意義動詞「to pilk」，之後，被問到這馬發生什麼事，他們會把此無意義動詞以正確時態和語態來回應：他正被熊 pilked。

先天論取向：語言是一種先天的技能

學習理論取向概念上的困境導致發展了另一種由 Noam Chomsky 所提倡的先天論取向（1968, 1978, 1991, 1999, 2005）。**先天論取向**（nativist approach）主張語言發展受先天基因決定的內在機制所導引。根據 Chomsky，人們出生即擁有一個使用語言的內在能力，它或多或少是因為成熟而自動出現。

Chomsky 分析了不同語言而提出全世界的語言共有一個相似的基本結構，他稱為**普遍語法**（universal grammar）。根據這觀點，人類大腦與一個稱為**語言習得裝置**（language-acquisition device, LAD）的神經系統所連結，不但允許語言結構的理解，也提供一組策略和技術以學習兒童接觸到語言的特有特性。根據此觀點，語言為人類所獨有，藉由基因的傾向使得能理解又能產出字詞和句子變成可能（Hauser, Chomsky, & Fitch, 2002; Lidz & Gleitman, 2004; Stromswold, 2006）。

對 Chomsky 先天論取向的支持來自辨識出有關語言產生的特殊基因。進一步的支持則來自研究結果發現嬰兒語言處理所涉及的大腦與成人口語處理時所涉及的相似，顯示語言的演化基礎（如圖 6-8 所示）（Dehaene-Lambertz, Hertz-Pannier, & Dubois, 2006; Monaco, 2005; Wade, 2001）。

語言是天生的能力，和語言為人類所獨有的觀點也有它的批評，例如：一些研究者認為某些靈長類動物至少能學語言的基礎知識，使得人類語言能力的獨特性受到懷疑。其他人則指出雖然人類可能是基因上已預備好使用語言，但語言的使用仍需要有意義的社會經驗才能有效地使用（Goldberg, 2004; MacWhinney, 1991; Savage-Rumbaugh et al., 1993）。

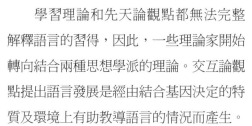

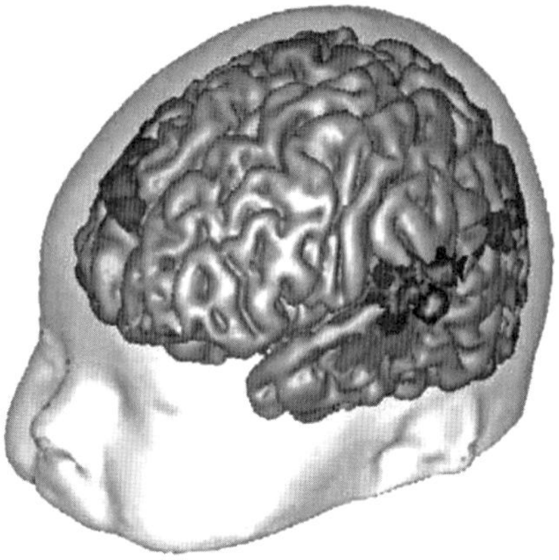

圖 6-8 嬰兒的語言處理
3 個月大嬰兒的 fMRI（功能性核磁共振造影）顯示語言處理活動與成人的相似，代表可能有語言的演化基礎。
資料來源：Dehaene-Lambertz, Hertz-Pannier, & Dubois (2006).

交互論取向

學習理論和先天論觀點都無法完整解釋語言的習得，因此，一些理論家開始轉向結合兩種思想學派的理論。交互論觀點提出語言發展是經由結合基因決定的特質及環境上有助教導語言的情況而產生。

這交互論觀點相信先天因素塑造語言發展概括的輪廓，也主張語言發展的特定方向受到兒童接觸到的語言和以特定方式使用語言而獲得增強的影響。社會因素被認為是發展的關鍵，因為是社會及文化中的成員身分及與他人互動的動機，導致語言的使用及語言技巧的成長（Dixon, 2004; Yang, 2006）。

正如學習理論和先天論立場的一些方面受到支持，交互觀點也獲得一些支持。目前我們不知道哪個立場最終能提供最佳的解釋，更有可能的是，不同因素在兒童時期的不同時間上扮演不同的角色，語言習得的完整說明還有待發現。

跟兒童說話：嬰兒導向語言

大聲念出下面的句子：你喜歡蘋果泥嗎？

現在假裝你正要問一個嬰兒這相同的問題，用你要說給幼兒聽的方式說它。

當你轉換這句子給嬰兒時有幾件事可能發生。首先，字詞可能被轉換，所以你可能這樣說：「寶貝喜歡吃蘋果泥嗎？」同時，你說話的語調可能會提高

（你平常的語調很可能是平的），而且你可能會一字一字地慢慢說。

嬰兒導向語言

你的語言轉變是因為你使用**嬰兒導向語言**（infant-directed speech），一種特別針對嬰兒的說話風格，這種說話形式經常被稱為媽媽語，因為它被認為僅適用於媽媽。然而這個假定是錯的，現在比較常使用中性的語詞「嬰兒導向語言」。

嬰兒導向語言具有短的、簡單的特徵，音調變得較高，音頻範圍增加，語調也較多變化。字詞重複及主題限定在可以被嬰兒理解的項目，例如嬰兒環境中的具體物體（不只嬰兒是一個言語的特定形式的接收者，當我們跟外國人說話時，我們也會改變說話的方式）（Schachner & Hannon, 2011; Soderstrom, 2007; Uther, Knoll, & Burnham, 2007）。

有時嬰兒導向語言包含有趣、甚至不是字詞的聲音，模仿語言前期嬰兒的語言。在其他情況下，它幾乎沒有正式的組織結構，但是和嬰兒所使用的電報式語言類別相似，就好像他們發展出自己的語言能力。

當兒童年齡大一點，嬰兒導向語言會改變。大約在第一年結束時，嬰兒導向語言呈現較多成人般的特質。句子變得較長及較複雜，雖然仍然謹慎、慢慢地說每個字詞，音調也被用來將注意力集中在特別重要的字詞上（Kitamura & Lam, 2009; Soderstrom et al., 2008）。

嬰兒導向語言在嬰兒語言的習得上扮演重要角色。如同接下來要討論的，雖然存在著文化差異，但嬰兒導向語言發生在世界各地。新生兒喜歡這種語言勝過正式的語言，事實顯示他們可能特別容易接受嬰兒導向語言。此外，一些研究顯示在早期生活中接觸大量嬰兒導向語言的嬰兒，似乎較早開始使用字詞和表現出其他形式的語言能力（Matsuda et al., 2011; Soderstrom, 2007; Werker et al., 2007）。

發展的多元性與你的生活

所有文化中的嬰兒導向語言都相似嗎？

美國、瑞典、俄羅斯的媽媽都使用相同的方式跟他們的嬰兒說話嗎？

在某些方面，他們確實是如此。雖然這些字本身有跨語言上的不同，但這些字講給嬰兒聽的方式十分相似。根據越來越多的研究，在嬰兒導向語言本質上存在著跨文化的基本相似性（Rabain-Jamin & Sabeau-Jouannet, 1997; Schachner & Hannon, 2011; Werker et al., 2007）。

舉例來說，比較表 6-6 中英語及西班牙語中的嬰兒導向語言之主要特徵。在十個最常見的特徵中，有六個是兩種語言都共有的：誇張的語調、高音調、延長母音、重複、壓低音量及強調教育性的（即特別強調某個關鍵詞，如在「不，那是一顆球」的句子中強調「球」這個字）（Blount, 1982）。同樣地，儘管語言上發音不同，當以相似的方式與嬰兒說話時，在美國、瑞典及俄羅斯的媽媽都會誇大及拉長「ee」、「ah」、「oh」這三個母音的發音（Kuhl et al., 1997）。

表 6-6 最常見的嬰兒導向語言特徵

英語	西班牙語
1. 誇張的語調	1. 誇張的語調
2. 氣音	2. 重複
3. 高音調	3. 高音調
4. 重複	4. 教育性的
5. 壓低音量	5. 注意專注的
6. 延長母音	6. 壓低音量
7. 低嘎音	7. 提高音量
8. 教育性的	8. 延長母音
9. 拉長音	9. 節奏快
10. 假音	10. 人稱代名詞替代

資料來源：Adapted from Blount (1982).

即使是耳聾的媽媽也使用一種嬰兒導向語言。當跟她們的孩子溝通時，耳聾媽媽比手語的速度顯著慢於跟成人溝通時的速度。而且她們也常重複比手語（Masataka, 1996, 1998, 2000; Swanson, Leonard, & Gandour, 1992）。

事實上，嬰兒導向語言的跨文化相似程度是如此大，以至於它們在語言上出現特有的特定互動形式。舉例來說，比較講美語、德語及華語的人，結果發現在每一個語言中，媽媽為了引起嬰兒的注意或是產生回應而提高音調，而當她想試著讓嬰兒平靜下來時，則會降低音調（Papousek & Papousek, 1991）。

為什麼我們發現不同文化間如此的共同性？一個假設是嬰兒導向語言的特徵激發了嬰兒的先天反應。正如我們已經指出的，嬰兒似乎喜歡嬰兒導向語言勝於成人導向語言，顯示他們的覺知系統可能對這樣的特徵較有反應。另一個解釋是，嬰兒導向語言幫助語言發展，在嬰兒發展出理解字詞意義的能力前，提供作為口語意義的線索（Falk, 2004; Kuhl et al., 1997; Trainor & Desjardins, 2002）。

儘管跨不同語言的嬰兒導向語言形式具有相似性，在嬰兒從父母那裡聽到語言的數量尚存在著一些重要的文化差異，例如：雖然肯亞的基西（Gusii）以一種極端親密身體的方式照顧他們的嬰兒，但他們對嬰兒說話次數少於美國父母（LeVine, 1994）。

也有一些與在美國的文化因素有關的風格差異存在，重要因素可能是性別。

性別差異

對女孩來說，鳥是「鳥鳥」、被子是「被被」、狗是「狗狗」。而對男孩來說，鳥是「鳥」、被子是「被子」、狗是「狗」。

至少那是男孩和女孩的父母所想的，他們對兒子和女兒使用的語言。根據發展心理學家 Jean Berko Gleason 所實施的研究得知，事實上從出生那一刻，父母對他們孩子所使用的語言就會依據孩子的性別而有不同（Gleason et al., 1994; Gleason & Ely, 2002）。

Gleason 發現 32 個月大以前，女孩聽到親暱的詞（如「貓咪」或「娃娃」，而不是「貓」或「洋娃娃」）是男孩聽到的兩倍多。雖然隨著年齡的增加，這暱稱的使用會減少，但與男孩相比，他們仍會對女孩用較高的語調說話（如圖 6-9 所示）。

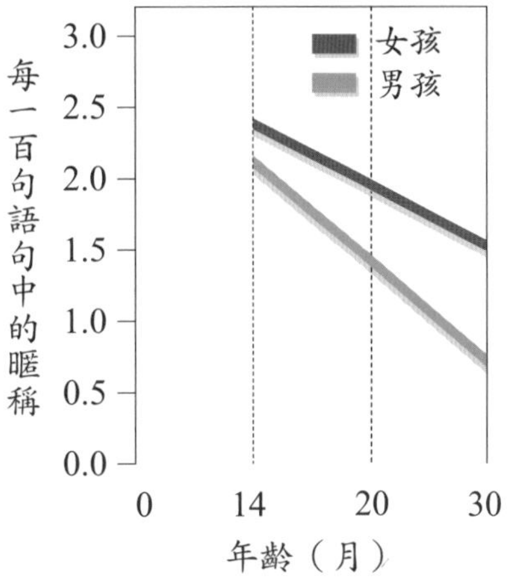

圖 6-9 遞減的暱稱

不管對男嬰兒和女嬰兒，暱稱的使用都會隨著年齡遞減，但它們仍持續較多被使用在對女嬰兒的語言中。你認為這件事的文化意義是什麼？

資料來源：Gleason et al (1991).

父母也傾向依性別不同而對兒童的需求採取不同回應，例如：當媽媽要拒絕孩子的要求時，她很可能以堅決的「不」來回應男孩，但是對女孩就會提供轉移注意的回應以減輕難過（「為什麼妳不做這個來代替呢？」）或使用某種方式減少直接拒絕。因此，男孩容易聽到較堅決、清楚的語言，而女孩接觸到較多的溫暖言詞，通常指內在情緒狀態（Perlmann & Gleason, 1990）。

在嬰兒期對男孩及女孩的語言差異，是否會影響他們成為成人時的行為？沒有直接證據明確地支持這樣的連結，但成年男性及女性確實使用不同的語言類別，例如：成年女性比男性傾向使用較多試探性、較不肯定的語言，如「也許我們應該試著去看電影」。雖然我們不知道這些差異是否反映出早期語言經驗，如此的發現確實是耐人尋味的（Hartshorne & Ullman, 2006; Plante et al., 2006; Tenenbaum & Leaper, 2003）。

你是一個明智的兒童發展消費者時？

你能做什麼以促進嬰兒認知發展？

所有父母都希望自己的孩子充分發揮認知潛能，但是有時努力達到這目標要採取異乎平常的路徑。舉例來說，一些父母花費數百美元報名例如主題為「如何倍增你的孩子的智能」的工作坊，和買例如主題為「如何教你的孩子閱讀」的書（Doman & Doman, 2002）。

做這樣的努力至今成功過嗎？雖然一些父母發誓確實有效，但沒有科學支持此項計畫是有效的，例如：儘管嬰兒具備許多認知技能，但事實上沒有一個嬰兒會閱讀。此外，倍增嬰兒的智能是不可能的，而且像美國小兒科醫學會和美國神經學會這樣的組織已經譴責宣稱這樣做的計畫。

但另一方面，有些事情可以做以促進嬰兒的認知發展。根據兒童發展研究者的發現，提出下列建議以提供起點（Cabrera, Shannon, & Tamis-LeMonda, 2007; Gopnik, Meltzoff, & Kuhl, 2000）。

- 提供嬰兒探索世界的機會。如 Piaget 所建議，兒童藉由操作來學習，所以他們需要機會去探索和調查他們周遭的環境。
- 以語言或非語言的層次回應嬰兒，試著與嬰兒對話，而不是演講。問問題、聽他們的回應及進一步溝通（Merlo, Bowman, & Barnett, 2007）。
- 幫助嬰兒準備好。雖然他們可能不理解你說的意思，他們會對你的聲調和互動中的親密感有所回應。親子共讀也與往後讀寫能力及開始建立終身的閱讀習慣有關。美國小兒科醫學會建議可以在孩子 6 個月大時開始每天親子共讀（American Academy of Pediatrics, 1997; Holland, 2008; Robb, Richert, & Wartella, 2009）。
- 記住，你不需要與嬰兒一天相處 24 小時，因為嬰兒需要有自己探索世界的時間，父母和其他照顧者需要暫停嬰兒照顧活動。
- 不要催促嬰兒和期望太多太快。你的目標不應該是創造天才，而是提供一個溫暖、豐富的環境，讓嬰兒發揮他的潛能。

個案研究 Deedio 之謎

跟大部分父母一樣，當 10 個月大的女兒 Lisa 說出她的第一個字詞時，Karen Muller 感到興奮。她特別高興的是，這個詞是「媽媽」。在接下來的三個月中，Lisa 多增加了新的詞彙：小貓、瓶瓶（奶瓶）、巴巴（爸爸）、嗨、餅乾和公車。

Karen 熱切地等待 Lisa 開始組合字詞，但是嬰兒似乎滿足於她的單字詞表達。之後，大約 15 個月時，Lisa 增加了一些令人驚訝的新字詞：Mammia、Daddio、Meemia 及 Deedio。Karen 明白 Mammia 和 Daddio 是指她及 Lisa 的爸爸。她想 Meemia 可能是指 Lisa 自己，但是新的「想像」標示讓她困惑了，「Deedio」完全是個謎。而且 Lisa 沒有將這些新字詞直接使用在他們所命名的人物上，卻看似是用抽象的方式來使用，例如：當看不到她的爸爸時，她說「Daddio」。

Lisa 的新字詞持續是個謎，直到大約 18 個月大時，當她和 Karen 準備好要去公園時，Lisa 指著她自己的鞋子然後說「Meemia」，接著指著她哥哥的鞋子然後說「Deedio」。Karen 立即明白兩件事：Deedio 是 Lisa 的哥哥 David；「ia」及「io」結尾是用在家人和自己親密的名稱上象徵所有權。

在接下來的一個月，Karen 仔細聆聽 Lisa 何時使用這些字詞。當爸爸被看見時，爸爸仍然是巴巴，但是 Lisa 開始使用雙字詞句子，說的話像：「Daddio 外套」和「Meemia 寶貝」（對她的洋娃娃）。Deedio 之謎已經圓滿解決。

1. 你如何跟 Karen 解釋，當 Lisa 開始使用 Mammia、Daddio、Meemia 及 Deedio 時，認知發展可能正在發生，雖然開始只是單字詞的話語？
2. 你認為 Lisa 開始使用 Mammia、Daddio、Meemia 及 Deedio，可以被認為是電報式語言嗎？為什麼是或為什麼不是？
3. 在嬰兒開始使用雙字詞句子前，Karen 可能如何研究 Lisa 使用像是

Mammia 及 Deedio 字詞的意義？

4. 你認為嬰兒曾說過無意義的字詞，或這每一個字詞對嬰兒來說都有具體的意義嗎？藉由我們所知道有關嬰兒語言習得的部分來說明你的想法。
5. 父母如何影響嬰兒的語言發展？父母哪方面的影響是有限制的？

結語

本章，我們從 Piaget 到訊息處理理論的觀點來看嬰兒的認知發展。我們探討嬰兒的學習、記憶和智能，在本章的最後我們討論了語言。

在下一章繼續討論社會及人格發展之前，再回到本章的序言，有關 Anika 及 Tim Schwartz 明顯熱衷於收看教育性電視節目「第一寶貝」，並且回答下列問題。

1. Tanya Schwartz 以為她的兒子 Tim「喜愛觀賞」教育性電視節目只是因為喜歡花時間在電視機前面，這樣的假定是對的嗎？
2. 如果有一個最低的刺激量是嬰兒認知發展所必需的，這必需的意思是若有額外的刺激將會加速發展過程嗎？
3. 如果 Tanya Schwartz 過度依賴「第一寶貝」讓 Tim 有事做，她可能在哪些方面不知不覺地正在限定 Tim 的認知發展？
4. Tanya Schwartz 宣稱「第一寶貝」對 Tim 的益處，聽起來是真的嗎？或是它們好像被誇大了？Tim 真正的智力能力如何能被較準確地評量？

回顧

1 Piaget 認知發展理論的基本特徵為何？

- Piaget 的階段論主張兒童以一個固定順序歷經認知發展階段，改變的發生不僅在嬰兒的知識量，還包括知識的品質。
- 根據 Piaget，當兒童在一個適當的成熟水準並接觸到相關類型的經驗時，所有兒童都會漸進經歷四個主要的認知發展階段（感覺動作、前運思、具體運思及形式運思）及它們不同的次階段。

- 在感覺動作期間（出生到大約 2 歲），隨著它的六個次階段，嬰兒從使用簡單的反射動作，經由重複和整合行為的發展，而逐漸增加複雜性而具有從行動中產生有目的效果的能力。
- 在感覺動作期第六個次階段結束之前，嬰兒正在開始進行符號的思考。

2 後續研究對 Piaget 理論的支持及挑戰？

- Piaget 是一位專精的兒童行為報告者，他對於嬰兒時期成長的描繪是來自他觀察能力的重要貢獻。
- 然而後來研究已經挑戰來自 Piaget 理論基礎的階段概念，顯現發展是以一個較連續的方式進行。

3 嬰兒如何處理訊息？

- 訊息處理取向所進行的認知發展研究，在尋找了解個別嬰兒如何接收、組織、儲存及提取訊息的方法。
- 訊息處理取向與 Piaget 不同的地方是，它們考量兒童處理訊息能力在量方面的改變。

4 嬰兒的記憶能力是什麼？

- 嬰兒從他們出生頭幾天即擁有記憶能力，雖然嬰兒記憶的精準性仍是個見仁見智的問題。
- 雖然至少在理論上，非常年幼的嬰兒即有可能保留完整的記憶，如果接續的經驗不干擾他們的記憶的話，但在大部分的案例中，嬰兒時期的個人記憶不會持續到成人時期。
- 目前的發現顯示，在 18 到 24 個月大之前個人經驗的記憶似乎變得不準確。

5 嬰兒的智力如何測量？

- 傳統的嬰兒智力測量著重在大多數兒童在特定年齡被觀察到的平均行為，例如：Gesell 的發展商數及貝萊嬰兒發展量表。
- 訊息處理取向的智力評量是根據嬰兒處理速度及品質的差異來評斷。

6 兒童學習使用語言的歷程為何？

- 語言前期的溝通包括透過聲音、手勢、臉部表情、模仿及其他非語言方式來表達想法及狀態。
- 嬰兒說出他們的第一個字詞一般是在 10 至 14 個月大時。大約在 18 個月大時，幼兒開始能將字詞連結成傳達單一想法的簡單句子。剛開始說話的特徵是使用單詞句、電報式語言、過度的語意侷限及過度的語意延伸。
- 學習理論取向對語言習得的假設為成人和兒童使用基本的行為過程，如制約、增強及塑造來學習語言。
- 相對地，由 Noam Chomsky 所提出的先天論取向，主張人們在基因上被賦予一個語言習得裝置，讓他們能夠偵測和使用所有語言皆全體一致的語法規則。

7 兒童如何影響成人的語言？

- 成人語言受到要對話之兒童的影響。嬰兒導向語言所具有的特點，令人驚訝的是跨文化間沒有差異，可以吸引嬰兒且對語言發展有助益。
- 成人語言也會依要對話之兒童的性別而有差異，這可能在往後生活中出現影響。

關鍵詞

- 基模（scheme）：有組織的心智結構及模式。
- 同化（assimilation）：人們藉由他們目前的認知發展階段及思考方式理解一個經驗的過程。
- 調適（accommodation）：改變既有的思考方式以適應新的刺激或事件。
- 感覺動作期〔sensorimotor stage (of cognitive development)〕：Piaget 論點中最初的主要認知發展階段，此階段可以分成六個次階段。
- 目標導向行為（goal-directed behavior）：結合並協調數個基模以產生一個能解決問題的單一行為。
- 物體恆存（object permanence）：理解人和物體即使無法被看見仍依然存在。

- 心智表徵（mental representation）：對過去事件或物體的內在心像。
- 延宕模仿（deferred imitation）：兒童模仿出先前曾看過，但眼前不再看到的他人行為。
- 訊息處理取向（information-processing approaches）：此模式在尋找及確認個體接收、使用及儲存訊息的方式。
- 記憶（memory）：訊息開始被轉錄、儲存和提取的歷程。
- 嬰兒失憶症（infantile amnesia）：喪失 3 歲前所經歷過之經驗的記憶。
- 發展商數（developmental quotient）：一個整體的發展分數，與四個範疇的表現有關：動作技能、語言使用、適應行為及個人社交。
- 貝萊嬰兒發展量表（Bayley Scales of Infant Development）：評量 2 至 42 個月大嬰兒發展的量表。
- 語言（language）：符號的系統化、意義化的排列，提供了互動溝通的基礎。
- 牙牙學語（babbling）：發出像說話但沒有意義的聲音。
- 單詞句（holophrases）：說出一個詞，這個詞代表整句話，其意思取決於被使用的特定情境。
- 電報式語言（telegraphic speech）：省去對訊息不重要詞彙的語言。
- 過度的語意侷限（underextension）：過度限制詞彙的使用，常出現在兒童剛熟悉口語時。
- 過度的語意延伸（overextension）：過度概括使用詞彙，過度類化詞彙的意義。
- 指示形式（referential style）：語言主要是用來標示物品的語言形式。
- 表達形式（expressive style）：語言主要是用來表達自己和他人感覺和需求的語言形式。
- 學習理論取向（learning theory approach）：此理論主張語言習得遵循增強及制約的基本定律。
- 先天論取向（nativist approach）：此理論主張語言發展受先天基因決定的內在機制所導引。
- 普遍語法（universal grammar）：Noam Chomsky 的理論，提出全世界的語言

共有一個相似的基本結構。

- 語言習得裝置（language-acquisition device, LAD）：一個被假定在處理語言理解的大腦神經系統。
- 嬰兒導向語言（infant-directed speech）：與嬰兒說話的一種形式，具有短的簡單句的特徵。

7

Chapter

嬰兒期的社會與人格發展

梁珀華 譯

學習目標

1 嬰兒會有情緒經驗嗎？
2 嬰兒如何發展自我感覺？
3 嬰兒具有何種心智狀態？
4 什麼是嬰兒時期的依附行為，它又如何影響個體日後的社會能力？
5 孩子與父親、母親之間的依附行為是否有差異？
6 父母之外的人在孩子的社會發展扮演何種角色？
7 嬰兒與其他孩子間的社交狀況如何？
8 個體差異如何形成嬰兒間的差異？
9 非父母托育如何影響嬰兒？

序言 魔鬼氈事件

這個問題第一次發生在 3 月刮風的日子，托嬰中心裡一個 10 個月大的孩子，Russell Ruud，在無關乎禮儀的情況下，學會將他冬天帽子的下巴魔鬼氈打開。當他激動時，他就會將帽子脫掉，似乎無視於可能發生的健康問題。

然而，對於托嬰中心裡懊惱的老師們與孩子的父母，這才是真正困難的開始。因為很快地，其他孩子也開始模仿他，並隨意取下自己的帽子。

Russell 的媽媽意識到了托嬰中心裡的混亂與 Russell 的行為帶給其他父母的困擾，她無辜地說：「我從沒有教 Russell 如何解開帽子的魔鬼氈。」Russell 的媽媽 Judith Ruud，是美國華盛頓特區國會預算辦公室的經濟學家，「他從錯誤與嘗試中學習到如何打開魔鬼氈，而其他孩子則在某一天他們即將外出穿衣服時看到他做了這個行為」（Goleman, 1993, C10）。

雖然當時找藉口為時已晚，但是，Russell 似乎是個非常棒的老師，因為要孩子的帽子好好地戴在他們的頭上不是個簡單的任務。更不祥的想法是，如果孩子能夠解開他們帽子的魔鬼氈，他們是不是很快就能學會解開鞋子上的魔鬼氈，並能把鞋子脫掉？

展望未來

嬰兒們就如同 Russell 一樣，他們在非常年幼的時候就具有社交性。上述的軼事紀錄使我們看到孩子去托嬰中心的好處，因此，有些研究也顯示，經由與其他更具經驗的嬰兒的互動，嬰兒可以習得新的技巧與能力。如同接下來本章內容所要探究的，嬰兒具有驚人的同儕學習能力，他們與他人的互動對於他們在社會情緒的發展扮演重要角色。

本章將探討嬰兒時期的社會與人格發展，我們將先探討嬰兒的情緒經驗、嬰兒如何感受情緒，以及如何解讀他人情緒。我們也將探究他人的回應如何形塑嬰兒的情緒反應，以及嬰兒如何看待自己與他人的心智狀態。

接下來我們將探討嬰兒的社會關係與依附的連結，以及嬰兒與家庭成員和同儕的互動方式。

最後，我們將涵蓋區辨嬰兒個體差異的特性，並討論人們對待不同性別嬰兒的差異，以及幼兒早期家庭生活的本質與差異。本章最後將討論今日日益增加的幼兒托育選擇——托嬰中心的優缺點。

社交性的形成

1 嬰兒會有情緒經驗嗎？
2 嬰兒如何發展自我感覺？
3 嬰兒具有何種心智狀態？

當 Germaine 捕捉到媽媽的一瞥時，他會微笑。當 Tawanda 的媽媽把她正在玩的湯匙拿走時，她會生氣。當 Sydney 聽到飛機從頭上飛過發出巨大聲響時，會板著臉。

一抹微笑、生氣的表情、板著臉，這些情緒都會直接反應在嬰兒的臉上。然而，嬰兒的情緒經驗是否與成人相似？嬰兒何時能夠理解他人的情緒經驗？以及嬰兒如何經由其他人的情緒反應來了解自己所處的情境？當我們要了解嬰兒的社會情緒發展時就必須考量上述問題。

嬰兒期的情緒：嬰兒是否會有情緒高潮與低潮？

花時間與嬰兒相處過的人都知道，似乎可以從嬰兒的臉部表情來得知他們的情緒狀態。當我們看到他們處於快樂的情境時，他們似乎在微笑。當我們認為他們受到挫折時，他們會有憤怒的表情。而我們猜想他們不高興的時候，他們會有悲傷的表情。

這些基本的情緒表達在不同的文化中都呈現出極大的相似性。我們所看到的嬰兒，不論身處在印度、美國或是新幾內亞的叢林之中，他們的情緒表達都是相同的（如圖 7-1 所示）。更進一步來說，這些非語言的情緒表達，稱為非語言編碼（nonverbal encoding），在不同的年齡群中都是一致的。這樣的一致性讓研究者認為人們天生具有表達基本情緒的能力（Ackerman & Izard, 2004; Scharfe, 2000; Sullivan & Lewis, 2003）。

嬰兒情緒表達的範圍極大。一個有關母親發現孩子非語言行為的研究指出，幾乎所有參與研究的母親都指出，自己的孩子在 1 個月大的時候就能夠表現出興趣與歡樂的感覺。此外，有 84%的母親指出她們的孩子能夠表現出憤怒，而表達出恐懼的有 58%，表達出悲傷的則有 34%。而有研究使用心理學家 Carroll Izard 所發展出來的「臉部表情最大化辨識編碼系統」（Maximally Discriminative Facial Movement Coding System, MAX）也發現，嬰兒在剛出生時就能表達出興趣、懊惱與嫌惡，而其他的情緒也在之後的幾個月內陸續出現（如圖 7-2 所示）（Benson, 2003; Izard, 1982; Sroufe, 1996）。

雖然表現出類似的情緒反應類型，但是嬰兒間的情緒表達程度卻是具有差異的。即使在嬰兒時期，不同文化的嬰兒就有相當不同程度的情緒表達，例如：11 個月大的華人嬰兒，就比歐洲、美國與日本的同年齡嬰兒具有較少的情緒表達（Camras, Meng, & Ujiie, 2002; Camras et al., 2007; Eisenberg et al., 2000; Nakato

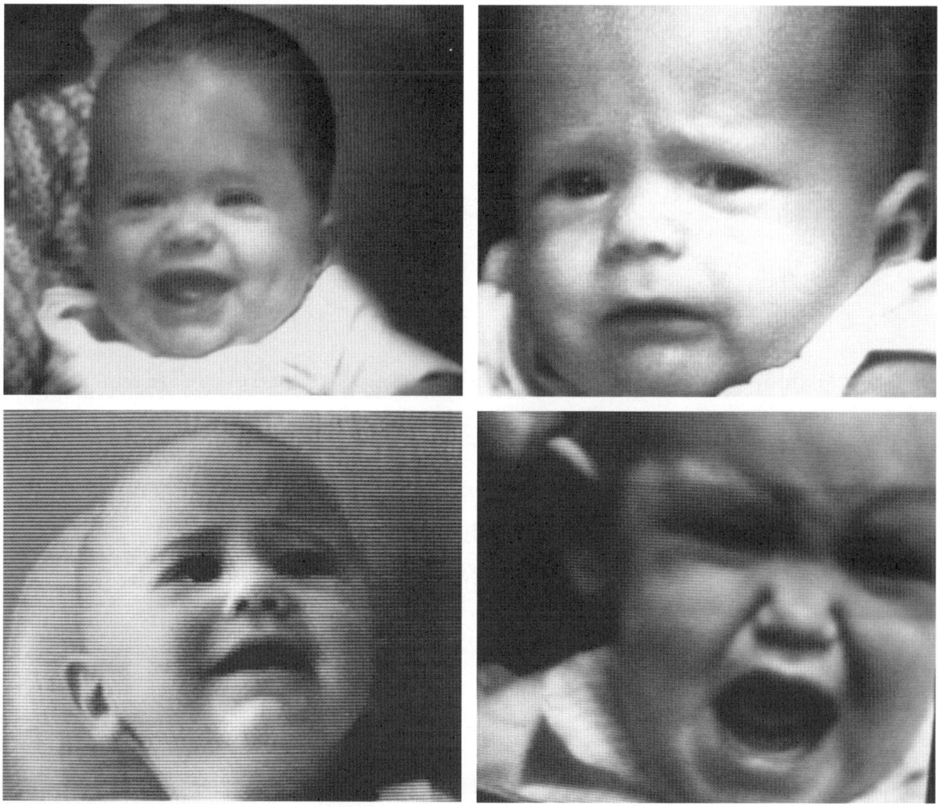

圖 7-1 臉部表達的共通性

在不同的文化中，嬰兒表現出相似的基本情緒表達。你認為這樣的情緒表達是否與其他動物相似？

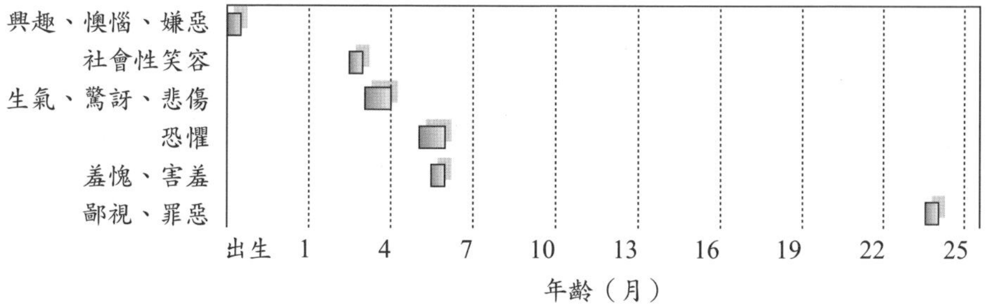

圖 7-2 情緒表達的萌發

情緒表達大約於這些時間點開始出現，但要記住這些在嬰兒出生幾週之後所出現的情緒表達，並不一定反映其特定的內在感覺。

et al., 2011b）。

經驗情緒

當嬰兒能以一致的、穩定的非語言方式表達情緒時，是否表示他們真的在經驗情緒，如果他們真的在經驗情緒，此種經驗是否與成人類似？

雖然嬰兒非語言表達的方式與成人類似，但並不表示他們真正的情緒經驗是完全相同的。事實上，如果這些情緒表達是與生俱來的，這些臉部表情的顯現並不一定會伴隨對於自身情緒經驗的覺察。那麼，非語言的表達對於年幼的嬰兒來說有可能是非情緒性的，並不涉及任何情緒，就像醫生敲打你的膝蓋時，它會本能地抽搐移動（Soussignan et al., 1997）。

然而，多數的發展學家並不認為如此，他們爭辯嬰兒的非語言表達代表其真正的情緒經驗。事實上，情緒表達不僅反映了嬰兒的情緒經驗，也幫助他們調適情緒。

目前我們似乎可以很清楚地了解嬰兒有與生俱來的情緒表達能力，可以反映基本的情緒狀態，例如：快樂與悲傷。當嬰兒與兒童漸漸長大時，他們會擴展與修正這些基本的表達能力，並且更有能力控制自身非語言的行為表達能力，例如：他們最終會學會在適當的時候微笑，並找到適合自己的表達方式。更進一步來說，除了表達更為多元的情緒，隨著孩子的發展，他們也經驗更為廣泛的情緒（Buss & Kiel, 2004; Hunnius et al., 2011; Izard et al., 2003）。

總之，雖然嬰兒在剛出生時的情緒經驗相當有限，但是，他們的確經驗不同的情緒。當嬰兒的年紀漸長時，他們也同時表現與經驗更為廣泛且複雜的情緒（Buss & Goldsmith, 1998; Buss & Kiel, 2004; Camras, Malatesta, & Izard, 1991; Izard et al., 2003）（請參考「從研究到實務」專欄）。

隨著嬰兒的腦部發展日趨複雜，他們的情緒狀態也隨之進化。在嬰兒剛出生 3 個月大，他們的大腦皮質開始運作時，對於情緒的區辨能力也隨之產生。在嬰兒 9 或 10 個月大的時候，他們的大腦邊緣系統（情緒反應功能區）開始成長，並與大腦額葉共同運作，幫助嬰兒形成更為廣泛的情緒反應（Davidson, 2003; Schore, 2003; Swain et al., 2007）。

從研究到實務 嬰兒是否有嫉妒經驗？

Victoria Bateman 是一個可愛的、金髮藍眼的孩子，就像一般 6 個月大的嬰兒。但是她最近正要參加一項研究計畫的實驗，實驗目的在於探究她是否存在父母未曾見過的另一面。

在此次研究中，Victoria 先在一旁觀看實驗人員：發展心理學家 Sybil Hart 與她的母親對話，告訴 Victoria 的母親忽略她的存在。剛開始時，Victoria 看起來有一點無聊，並沒有不耐煩。但是，當 Hart 離開房間，拿了一個真人尺寸的娃娃回來房間後，她將真人娃娃放在 Victoria 母親的腿上，並叫 Victoria 的媽媽繼續忽略她且擁抱娃娃。

這時 Victoria 有了反應，她開始燦爛地微笑，並試圖吸引她母親的注意，但是當她的媽媽繼續忽略她，並將注意力放在娃娃的身上時，Victoria 開始失控，大聲地哭喊踢叫到臉色變紅（Wingert & Brant, 2005）。

這樣的情節不斷地在 Hart 的研究中出現，以探究嬰兒對於母親忽略的反應。從上述的狀況似乎顯示了 Victoria 的忌妒反應與 Hart 的解讀吻合。Hart 的研究顯示 6 個月大的嬰兒似乎就有忌妒經驗，而這樣的研究結果與傳統認為忌妒會發生在較年長孩子的看法牴觸。從 Hart 的研究中顯示，當媽媽抱著真人娃娃玩的時候，她們的嬰兒會表現出很廣泛的不良行為。更進一步來說，當嬰兒的媽媽與其他嬰兒互動時，他們所表現出來的苦惱會比媽媽與其他成人互動還來得激烈（Hart, 2010; Hart & Carrington, 2002）。

因為嬰兒對於娃娃所表現出的苦惱強度以及嬰兒對於母親忽略反應的其他行為類型，讓 Hart 推論嬰兒的行為是忌妒。然而，所有嬰兒並未表現出一致的忌妒行為或表達。最年幼的嬰兒常見的是悲傷的臉部表情，其他行為則有極大的個別差異，包括：哭泣、哀嚎、搖擺身體與抱住自己。但是，Hart 的研究結果可以有多重的解讀，因為，在她研究中的嬰兒反應是較基本的情緒，例如：悲傷或憤怒（Hart et al., 1998; Lemerise & Dodge, 2008）。

可以確定的是，有關 Hart 的研究尚須更進一步的探究，以釐清嬰兒苦惱反應的本質及此種反應是否真的是忌妒的一種表達形式。然而，有越來越多的研究亦證實相似的結果，也就是嬰兒能夠表達很多複雜的情緒，遠超出我們之前的想像（Carver & Cornew, 2009; Hart et al., 2004）。

- 有關嬰兒忌妒的經驗，你是否能夠想出其他可能的結論？
- 你認為上述研究所使用的實驗方法是否有道德上的問題？

陌生人焦慮與分離焦慮

Erika的媽媽想著：「她以前是一個多麼友善的孩子，不論遇到誰，她總是開朗地笑著。但就在她快要 7 個月大時，她看到陌生人時就像看到鬼一樣，眉頭皺起，不是把頭轉開，就是以猜疑的眼光瞪著他們。而且她不願意跟不認識的人離開，就像是變了一個人似的。」

事實上，發生在 Erika 身上的事極為常見。嬰兒通常在快 1 歲時發展陌生人焦慮與分離焦慮。**陌生人焦慮**（stranger anxiety）指的是當嬰兒面對不熟悉的人時所表現出來的一種警覺與憂慮。此種焦慮通常發生在嬰兒 6 個月大之後。

為什麼會有陌生人焦慮？其原因同樣也是因為腦部發展與其日益增進的認知能力。當嬰兒的記憶能力發展時，他們就有能力去區分認識與不認識的人。更進一步來說，在嬰兒 6 個月到 9 個月大的時候，他們開始嘗試去理解自己所處的世界，試著去期待並預期事件的發生。如果有非預期的事情發生，例如：不認識的人出現，他們就會有恐懼的反應。這就像是嬰兒產生了疑問卻無法解答（Volker, 2007）。

雖然對於 6 個月大以後的嬰兒來說，陌生人焦慮是常見的情況，但發生在不同的嬰兒身上卻是有差異的。比起較少接觸陌生人的嬰兒來說，常接觸陌生人的嬰兒通常會表現出較少的焦慮。更進一步來說，不是所有的陌生人都會引起相同的反應。舉例來說，比起陌生男性，嬰兒會對陌生女性表現出較少的焦慮。此外，也許因為孩子的身材比例較不具威脅性，所以，嬰兒對於陌生孩子的反應比對陌生成人的反應更為正向（Murray et al., 2007; Murray et al., 2008;

Swingler, Sweet, & Carver, 2007）。

分離焦慮（separation anxiety）是當嬰兒與主要照顧者分離時所表現出來的焦慮反應。分離焦慮亦具有跨文化的共通性，通常開始於嬰兒 7 個月或 8 個月大時（如圖 7-3 所示）。此種焦慮通常會在嬰兒 14 個月大時達到顛峰，之後會逐漸下降。產生分離焦慮的原因與陌生人焦慮的原因大致相同。嬰兒日益成長的認知能力讓他們提出合理的疑問，但是也許因為年紀尚小所以無法理解問題的答案，例如：「為什麼我的媽媽要離開？」「她要到哪裡去？」「她什麼時候會回來？」

陌生人焦慮與分離焦慮的產生代表了嬰兒重要的社會能力發展，此種現象反映了嬰兒認知發展的進步，以及成長中的嬰兒與其照顧者間的社會情緒連結。而此種連結我們將在本章後面的社會關係中探討。

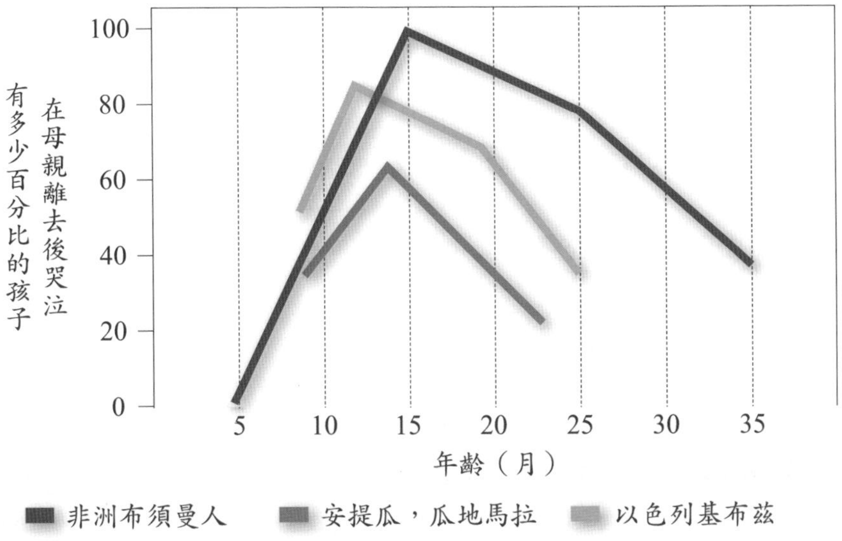

圖 7-3 分離焦慮

分離焦慮是當嬰兒與主要照顧者分離時所表現出來的焦慮反應。分離焦慮亦具有跨文化的共通性，通常開始於嬰兒 7 個月或 8 個月大時，通常會在嬰兒 14 個月大時達到顛峰，之後會逐漸下降。此種分離焦慮對於人類的生存是否有意義呢？

資料來源：Kagan, Kearsley, & Zelazo (1978).

微笑

當 Luz 在搖籃中睡覺時，她的媽媽和爸爸發現她臉上出現了最美麗的一抹微笑。她的父母因此認為 Luz 有一個好夢，他們的想法正確嗎？

也許不是正確的。雖然沒有人能夠完全確定，但是最早出現在嬰兒臉上的微笑也許不具任何意義。在 6 週到 9 週大的時候，嬰兒看到令他們愉悅的刺激時就會開始微笑，例如：玩具、會移動的物體，與父母（人們）的喜悅。嬰兒可能因為看到使他們覺得愉悅的事物而開始微笑，因此剛開始的微笑較不具區辨性。然而，當他們逐漸長大時，他們的微笑就較具選擇性。

當嬰兒對人而非物體微笑時，那麼，他的微笑就是**社會性微笑**（social smile）。當嬰兒逐漸長大時，他們的社會性微笑就會針對受歡迎的人物，而不是針對每一個人。在 18 個月大時，嬰兒會較常對母親或照顧者展現社會性微笑，較少對其他物體微笑。然而，如果成人不回應嬰兒的微笑，他們的微笑就會減少。簡單來說，在 2 歲大的時候，嬰兒就會利用社會性微笑來表達他們的正向情緒，並且對於他人的情緒性表達也會較為敏感（Bigelow & Rochat, 2006; Carver, Dawson, & Panagiotides, 2003; Fogel et al., 2006）。

解讀他人的臉部表情與語言表達

在第 4 章裡，我們討論了新生兒能夠在出生後幾分鐘之內模仿成人臉部表情的可能性。雖然此模仿能力並不代表他們可以了解他人臉部表情的意義，但是此種模仿能力的確是嬰兒即將萌發的非語言解碼能力的基礎。而此種能力可以讓嬰兒解讀他人的臉部表情和語言表達所傳遞的情緒。舉例來說，嬰兒可以據此分辨照顧者是否高興看到他們或是捕捉他人臉上的恐懼和憂慮（Flom & Johnson, 2011; Hernandez-Reif et al., 2006; Striano & Vaish, 2006）。

嬰兒辨識他人語言表達的能力發展似乎比他們辨識臉部表情要來得早。雖然相對而言有較少關於嬰兒辨識他人語言表達的研究，但是嬰兒似乎在 5 個月大的時候就能夠辨識愉快與悲傷的聲音（Montague & Walker-Andrews, 2002; Soken & Pick, 1999）。

目前科學家對於嬰兒非語言的臉部表情辨識能力的發展順序（sequence）所知較多。在剛出生的第 6 週到第 8 週，嬰兒的視覺辨識能力尚有侷限，以至於他們無法集中大量的注意力在其他人的臉部表情。但他們隨即能夠辨識不同的臉部情緒表達，並且似乎能夠對於不同情緒表達強度的臉部表情給予回應。他們也能夠回應不尋常的臉部表情。舉例來說，當嬰兒的母親面無表情時，他們就會有苦惱的反應（Adamson & Frick, 2003; Bertin & Striano, 2006; Farroni et al., 2007）。

在嬰兒 4 個月大時，他們已經開始了解隱藏在他人臉部表情和語言表達背後的情緒。為什麼我們會知道這種現象？一個重要的線索來自於一項有關 7 個月大嬰兒的研究。在此研究中，當嬰兒看到歡樂與悲傷的表情時，就會同時聽到代表歡樂的聲音（上揚的音調）或悲傷的聲音（下降的音調）。而當嬰兒聽到的音調與他們所看到的臉部表情吻合時，他們就會有較集中的注意力。因此，研究建議嬰兒應該對於他人臉部表情與聲調所代表情緒意義具有基本的了解（Grossmann, Striano, & Friederici, 2006; Kahana-Kalman & Walker-Andrews, 2001; Kochanska & Aksan, 2004）。

總之，嬰兒從很早就開始學習表達與解讀情緒，並且學習自己的情緒對他人所造成的影響。此種能力不僅幫助嬰兒去體驗自身的情緒，同時，接下來我們也將提到，嬰兒如何運用對他人情緒來了解混沌不明的社會情境（Buss & Kiel, 2004）。

社會參照：感覺他人的情緒

23 個月大的 Stephania 看到她的哥哥 Eric 和朋友吵得很兇，並且扭打在一起。Stephania 因為不確定發生了什麼事，就瞄了媽媽一眼，而媽媽知道 Eric 跟朋友只是在玩，所以臉上掛著一抹微笑。當 Stephania 看到媽媽的表情反應，她也學媽媽一樣微笑。

就像 Stephania 一樣，我們也常身處於不確定的環境中。在這樣的情況中，我們也常轉身去看其他人的反應。這種依賴他人反應來決定自己的適當反應就是社會參照。

社會參照（social referencing）指的是刻意藉由蒐集他人感覺的訊息來了解不確定的情境與事件。就如同 Stephania 一樣，我們常利用社會參照來釐清情境的意義，並降低我們對於正在發生事件的不確定感。

社會參照第一次發生在嬰兒 8 或 9 個月大的時候。它是一種非常複雜的社會能力。嬰兒需要靠這樣的能力來了解他人行為的重要性，以決定自己的臉部表情，並理解這些行為在某些特定情境之下的意義（Carver & Vaccaro, 2007; de Rosnay et al.. 2006; Stenberg, 2009）。

就像 Stephania 注意到她媽媽的微笑一樣，嬰兒常會利用臉部表情來當作社會參照。舉例來說，在一個研究中，當給嬰兒一個不尋常的玩具時，他們會藉由媽媽的臉部表情來決定玩這個玩具的時間。當媽媽表現出嫌惡的表情，他們玩玩具的時間就會比媽媽表現出愉悅表情的嬰兒們來得少。而且，即使之後給他們其他玩具，而他們的媽媽也維持中立的表情，他們對於玩玩具也會表現出遲疑的態度，這顯示出媽媽的態度也許具有持續性的效果（Hertenstein & Campos, 2004; Hornik & Gunnar, 1988）。

社會參照的兩種解釋

雖然研究者已經確定社會參照的能力在年幼的時候就開始發展，但是對於它的運作方式尚不清楚。也許是藉由觀察他人的臉部表情來了解其所代表的情緒。也就是說，當嬰兒看到他人露出悲傷的表情時，會感到悲傷，並影響了他的行為。另一方面來說，也許是看到了他人臉部表情所得到的訊息。在這樣的情況下，嬰兒並未經驗與他人臉部表情相近的情緒，而只是單純地運用臉部表情所得到的訊息來表現行為。

上述兩種解釋方式都有相關的研究證實，所以我們尚不清楚哪一種解釋是正確的。目前我們已知的是社會參照最容易在混沌不明的情境中產生。更進一步來說，當嬰兒到了可以使用社會參照的年紀，而他們卻從父親與母親身上得到了衝突的非語言訊息時，他們會顯得相當苦惱，例如：當嬰兒打翻牛奶而惹得母親不快，爺爺卻因為看到他的可愛行為而微笑時，此時這個嬰兒就接收到了兩種衝突的訊息，而此種矛盾的訊息對於嬰兒來說是一種壓力來源（Stenberg, 2003; Vaish & Striano, 2004）。

自我的發展：嬰兒知道自己是誰嗎？

Elysa 是 8 個月大的孩子。當她爬過掛在她爸媽臥房牆上的穿衣鏡時，她幾乎沒有注意到鏡子中的自己。另一方面，她快 2 歲大的表姊 Brianna 在經過鏡子、看到鏡中自己的影子時笑了出來，並且盯著鏡子看，然後把自己額頭上的果凍擦掉。

也許你也曾經有過經過鏡子、瞄到鏡中的自己頭髮亂了的經驗。也許你的反應是將亂了的頭髮撥好。然而，你的反應不只是表示你關心自己的外表，它所隱含的意義是你具有自我覺知，能夠覺察與知道，對於他人而言，你是獨立的社會個體，所以，你希望以一個美好的形象存在於世界。

我們並非生來就知道自己是獨立於他人與廣大的世界。年幼的嬰兒並不知道他們是獨立的個體，所以他們無法辨識照片或鏡子中的自己。對於自己的了解，也就是**自我覺察**（self-awareness），開始於 12 個月大的時候。這樣的結果是從一個簡單但巧妙的實驗技巧中得知。嬰兒的鼻子被暗中拍上紅色的粉，並安排坐在鏡子前面。如果嬰兒摸他們的鼻子並試圖把粉擦掉，我們就知道他們至少覺察到自己的外表了。對於嬰兒來說，這樣的自我覺察是了解自己是獨立個體的第一步。舉例來說，上述所舉 Brianna 將自己額頭上的果凍擦掉的例子，就是她對於自身獨立性的覺察（Asendorpf, Warkentin, & Baudonniere, 1996; Rochat, 2004）。

雖然有些 12 個月大的嬰兒看到鼻子上的紅粉會嚇一跳，但是，大多數的嬰兒要到 17 個月到 24 個月大的時候才會有反應。也是大約到了這樣的年紀，孩子才會覺察到自己的能力。舉例來說，如果實驗人員要求參與實驗研究的 23 個月到 25 個月大的嬰兒模仿有關玩具的一系列複雜的行為，有時他們就開始哭了起來，雖然他們能夠輕易完成較簡單的行為。這樣的反應顯示了他們知道自己缺乏完成複雜任務的能力，並對這樣的情況不開心。而此種反應也是自我覺察能力的清楚指標（Asendorpf, 2002; Legerstee, 1998）。

孩子的文化教養也影響了自我肯定的發展。舉例來說，在強調自主性與獨立性的父母教養方式下成長的希臘孩子，在自我肯定的發展就比非洲喀麥隆的孩子來得早。在喀麥隆的文化中，父母教養重視身體接觸與溫暖，所以父母與嬰兒間的相互依存度高，最後造成自我肯定的發展較慢（Keller et al., 2004; Keller, Voelker, & Yovsi, 2005）。

一般而言，西方文化中成長的嬰兒，在 18 個月至 24 個月大的時候，就能夠發展出對於自己生理特徵與能力的覺察力，並且知道自己的外表是穩定長久不變的。雖然不確定此種覺察能力擴展的程度，但是，就如同我們接下來要探究的，有越來越多的證據顯示，嬰兒不僅對於自己有著基本的了解，他們也會開始了解心智如何運作，這就是所謂的「心智理論」（Lewis & Carmody, 2008; Lewis & Ramsay, 2004; Nielsen, Dissanayake, & Kashima, 2003）。

心智理論：嬰兒對於自己與他人心智狀態的觀點

嬰兒對於思考的想法是什麼？根據發展學家 John Flavell 的說法，嬰兒從很年幼的時候就開始了解自己與他人的心智運作。Flavell 探究嬰兒的**心智理論**（theory of mind），即是他們對於心智運作與其如何影響行為的知識與信念。心智理論即是孩子如何解釋他人思考的依據。

舉例來說，就如我們在第 5 章所提到的，嬰兒期認知方面的進展使得年齡較大的嬰兒能夠分辨人們與其他物體。他們學習到其他的人們是與自己相容的個體，能夠主宰自己行為，並能夠回應嬰兒的需求，例如：18 個月大的 Chris 就知道他能要求父親給他多一點果汁（Luyten, 2011; Poulin-Dubois, 1999; Rochat, 1999, 2004）。

此外，孩子了解意圖與因果關係的能力也是在嬰兒時期發展。他們開始了解到他人的行為具有特定的意義，而人們所投入的活動都是為了完成特定的目標，與其他無生命的物體不同，例如：當孩子看到爸爸在廚房做三明治時，他會知道爸爸的目標是什麼；而當他只是把車子停在車道時，是沒有任何特定目的的（Ahn, Gelman, & Amsterlaw, 2000; Wellman et al., 2008; Zimmer, 2003）。

另一個嬰兒心智活動成長的證據是，在 2 歲的時候，嬰兒就會開始展現同理心。**同理心**（empathy）是對於他人感覺的情緒同理反應。在 24 個月大的時候，嬰兒有時會安撫或關心別人。他們必須覺察到他人的情緒狀態才能做到。舉例來說，就如我們在第 5 章所提到的，1 歲的孩子能夠藉由觀察電視上女演員的演出來了解有關情緒的暗示（Gauthier, 2003; Liew et al., 2011; Mumm & Fernald, 2003）。

更進一步來說，嬰兒在 2 歲的時候就會開始使用欺騙的手法，也就是所謂的「假裝」來捉弄他人。當孩子在玩假裝遊戲使用瞎話的時候，就已經覺察到他人對於這個世界的信念是可以被操控的。簡單來說，在嬰兒期的後期，孩子已發展出個人基本的心智理論，並能幫助孩子了解他人的行為，以及自己行為的後果（Caron, 2009; van der Mark et al., 2002）。

關係的形成

4 什麼是嬰兒時期的依附行為，它又如何影響個體日後的社會能力？
5 孩子與父親、母親之間的依附行為是否有差異？
6 父母之外的人在孩子的社會發展扮演何種角色？
7 嬰兒與其他孩子間的社交狀況如何？

（從醫院）回家的途中，Louis Moore 成為注意的焦點。當他的父親帶著 5 歲的 Martha 與 3 歲的 Tom 來到醫院看剛從媽媽肚子裡生出來的 Louis 時，Martha 擠上前去看「她的」嬰兒，而忽略了媽媽。Tom 則在醫院的接待大廳緊緊靠著他母親的膝蓋。

當醫院裡的護士將嬰兒送到車子時……這兩個孩子立刻爬過椅子，擠向媽媽和嬰兒。這兩個孩子同時將臉湊到嬰兒的臉旁，並且拍拍他的臉跟他說話。沒有多久，他們就因為弟弟而大聲爭吵起來了，爭吵聲與推撞使Louis不舒服，他便哭了起來，他的哭嚎聲就像是吵鬧車中的一聲獵槍爆炸，兩個孩子立刻安靜下來，並以敬畏的表情看著這個嬰兒。他持續的哭嚎聲淹沒了他們的爭吵，在他們的眼裡，這個嬰兒已經成功地捍衛自己。當 Martha 看到媽媽試著要去安撫 Louis 時，她的嘴唇鼓起，學著媽媽發出輕柔的咕咕聲。Tom 則更靠向媽媽，把大拇指放入嘴巴，閉起眼睛想要平息這騷動（Brazelton, 1983, p. 48）。

新生兒的降臨常為家庭帶來戲劇性的改變。不論家庭成員有多期待這孩子，新生嬰兒都會使得家庭內成員所扮演的角色有著巨大的轉變。母親與父親必須與他們的嬰兒開始建立關係，而家中原有的大孩子則必須適應他們的新弟弟或妹妹，並與他們建立連結。

雖然嬰兒期的社會發展過程既不簡單，也不會自然發生，但是卻是關鍵的：它是嬰兒與他們的父母、手足、家庭以及他人間的連結過程，也是一生社會關係的基礎。

依附：社會性連結的形成

在嬰兒時期發生的最重要的社會發展就是依附行為的形成。**依附**（attachment）是孩子與其特定、獨特個體間所形成的正向情緒連結。當孩子與某特定對象發展出依附關係，當他們苦惱時，只要跟這個人在一起就會感到愉悅與安慰。我們在嬰兒時期的依附關係會影響日後一生當中與其他人的關係（Hofer, 2006; Waters, 2005）。

為了了解依附行為，最早期的研究人員研究動物世界中，父母與孩子連結關係的形成。舉例來說，生態學家 Konrad Lorenz（1965）觀察天生具有跟隨母親特性的新生雛鵝，對剛出生之後所接觸的移動物體的反應。Lorenz 發現使用孵卵器且在剛出生之後就看到他的雛鵝，會把他當作母親，時時刻刻跟在他的後面。就如我們在第 4 章所提及，他將這個過程稱之為「銘印」（imprinting）：也就是在關鍵期所發生的行為，與雛鵝剛出生後所看到的第一個會移動物體間的依附行為有關。

Lorenz 的研究結果發現依附行為奠基於生物基礎，其他學者也同意此觀點，例如：Freud 指出依附行為根植於母親對於孩子口腔慾望的滿足。

圖 7-4 猴子媽媽的重要性

Harlow 的研究顯示，比起提供食物的金屬線圈做成的「猴子」，小猴子更喜歡溫暖柔軟的「媽媽」。

然而，後來發現食物以及其他生理需求的重要性也許不像 Freud 與其他學者一開始所想的。心理學家 Harry Harlow 曾在一個研究中給出生不久的猴子兩個選擇：依偎著提供食物的金屬線圈做成的「猴子」，或是沒有提供食物的柔軟毛巾布做成的猴子（如圖 7-4 所示）。這些小猴子的選擇非常清楚：雖然牠們偶爾會到金屬線圈猴子旁邊尋求食物，但是，牠們花大部分的時間抱住布猴子。因此 Harlow 指出，小猴子選擇毛巾布猴子的原因是因為溫暖的布猴子提供的是接觸的舒適感（Blum, 2002; Harlow & Zimmerman, 1959）。

Harlow 的研究顯示食物是依附行為的基礎，因此，小猴子對於柔軟的布「媽媽」的偏好是出生後一段時間才發展出來的。而這些研究發現與第 3 章的研究一致，支持人類母親與嬰兒間的連結關鍵期是在一出生就開始的說法。

由英國精神科醫師 John Bowlby（1951, 2007）所進行的最早關於人類依附行為的研究，迄今仍有重要的影響力。在 Bowlby 的研究中，依附行為主要奠基於嬰兒的安全需求，也就是先天基因所決定的趨避敵人的動機。當嬰兒在發展成長的過程中，他們開始學會自己的安全最好由特定的人來保護。因此，這樣的認知最後會導致他們會與某個人，通常是母親，發展特殊的關係。Bowlby 認為嬰兒與主要照顧者的關係，通常是與他人（包含父親）的連結關係不同。但是，我們稍後會討論到，這樣的說法並不為大家所同意。

根據Bowlby的理論，依附行為是孩子安全感的來源。當孩子變得更獨立的時候，他們就可以逐漸飛離自己的安全堡壘。

Ainsworth 陌生情境與依附行為的類型

發展心理學家 Mary Ainsworth 根據 Bowlby 的理論發展出一套廣為應用的實驗程序來評估依附行為（Ainsworth et al., 1978）。**Ainsworth 陌生情境**（Ainsworth Strange Situation）包含了事先設計的一套具有步驟性的實驗程序，可以用來測驗孩子與母親間依附關係的強度。而陌生情境依循以下八個步驟：(1)母親與孩子進入一個不熟悉的房間裡面；(2)母親坐下來讓孩子自由探索；(3)一個陌生成人進入房間，先與母親接觸，再與孩子接觸；(4)母親離開房間，留下孩子單獨與陌生人一起；(5)母親返回房間安撫孩子，陌生人則離開房間；(6)母親再度離開房間，留孩子單獨一個人在房間；(7)陌生人返回房間；(8)母親回到房間，而陌生人離去（Ainsworth et al., 1978）。

嬰兒們對於陌生情境的反應會因為他們與母親之間依附關係的本質而有相當大的差異。通常 1 歲大的孩子會表現出下列四種反應中的一種——安全依附（securely attached）、逃避（avoidant）、矛盾（ambivalent）與紊亂迷惑（disorganized-disoriented）（如表 7-1 所示）。**安全依附型**（secure attachment pattern）的孩子就如同 Bowlby 所描述的，將母親視為安全感的來源。當母親在一旁陪伴時，這些孩子表現得似乎很輕鬆，他們能夠獨立探索環境，偶爾會靠近母親；雖然母親離開時，孩子可能會感到焦慮，但會在母親返回後立刻投入她的懷抱。大多數北美洲的孩子，約有三分之二，都是屬於安全依附型的孩子。

相反地，**逃避依附型**（avoidant attachment pattern）的孩子當母親在一旁陪伴時，並未尋求母親的慰藉，母親離去後也通常沒有焦慮的反應。但是，當母親離開後再度返回時，孩子似乎刻意逃避母親，對於母親的行為漠不關心。約有 20%的 1 歲孩童屬於逃避依附型。

矛盾依附型（ambivalent attachment pattern）的孩子對於母親產生正面與負面的混合反應。在剛開始時，矛盾依附型的孩子會緊緊依偎在母親的身邊，很

表 7-1 嬰兒依附行為的分類

類型	分類標準			
	與照顧者間的親密程度	與照顧者間的接觸程度	逃避與照顧者間的親密程度	抗拒與照顧者間的接觸程度
逃避	低	低	高	低
安全	高	高（焦慮表現時）	低	低
矛盾	高	高（分離前）	低	高
紊亂迷惑	不一致	不一致	不一致	不一致

資料來源：E. Walters (1963).

難獨立探索環境。在母親離開前就表現出緊張焦慮。當母親真的離開時，孩子表現出極大的焦慮反應，但在母親返回後，孩子可能會立刻投向母親的懷抱，但同時也會對母親又踢又打，表現出他們的憤怒，大約 10～15%的 1 歲幼兒屬於這樣的類型（Cassidy & Berlin, 1994）。

雖然 Ainsworth 指出了三種依附類型，但是最近又新增了第四種類型：**紊亂迷惑依附型**（disorganized-disoriented attachment pattern）。紊亂迷惑依附型的孩子對於母親產生不一致、相互矛盾與困惑的行為反應，母親離開返回後，孩子會跑向母親，但卻不注視母親，或是剛開始冷靜之後卻又忽然變成生氣的哭泣，是屬於沒有安全感的依附類型。約有 5%到 10%的孩子是屬於此種類型（Bernier & Meins, 2008; Cole, 2005; Mayseless, 1996）。

一個孩子的依附類型不可小覷，因為嬰兒與母親間的依附品質會於日後人生的關係發展有著重要的影響。舉例來說，與逃避依附型或矛盾依附型的男孩相比，有著安全依附行為的 1 歲男孩，在長大之後會有較少的心理困擾。同樣地，安全依附型的嬰兒長大後，會較具有正向的社會情緒發展，而他人對他們的評價也較正向。成人的感情關係也與嬰兒期的依附類型有關（MacDonald et al., 2008; Mikulincer & Shaver, 2005; Simpson et al., 2007）。

但是，我們也無法斷言非安全依附型的孩子就一定會在日後的人生遭遇到困境，也無法確定有著安全依附行為的 1 歲孩子以後的人生一定會適應良好。有些研究就發現由陌生情境所評估出來的逃避依附型與矛盾依附型的孩子也能夠適應得很好（Fraley & Spieker, 2003; Lewis, Feiring, & Rosenthal, 2000; Weinfield, Sroufe, & Egeland, 2000）。

如果依附行為的發展遭到嚴重的破壞，孩子可能面臨反應式依附失調（Reactive Attachment Disorder），一種與他人形成依附關係時的嚴重問題所形成的心理問題。在幼兒時期，可能產生的問題是餵食困難、對於他人的社交行為反應遲鈍，以及無法成就事業。反應式依附失調很少見，通常是孩子受到虐待或忽略的結果（Hardy, 2007; Hornor, 2008; Puckering et al., 2011; Schechter & Wilheim, 2009）。

依附的發生：母親與父親的角色

5 個月大的 Annie 嚎啕大哭，她的母親走進房間，溫柔地將她從嬰兒床中抱起。當母親搖著她並輕柔地跟她說話，她的哭聲漸漸平息，並依偎在母親的臂彎。但是，當她的母親將她放回嬰兒床內時，Annie 再度哭泣，使得她的母親必須再將她抱出來。

這樣的場景對於父母親而言並不陌生。嬰兒哭泣時，父母會有所回應，嬰兒再度反應。這樣看似無關緊要的情節在嬰兒與父母每天的生活中上演，形塑了孩子、父母與其所處社會間的關係發展。我們將探究嬰兒與主要照顧者在嬰兒依附關係發展中所扮演的角色。

母親與依附

對於嬰兒需求的敏感回應是母親與安全依附型嬰兒的特徵。通常這樣的母親能夠覺察到孩子的情緒，當她與孩子互動時也會考慮孩子的感覺。她與孩子面對面互動時也會根據孩子的需求餵食，並且對她的孩子表達溫暖與關懷（McElwain & Booth-LaForce, 2006; Priddis & Howieson, 2009; Thompson, Easterbrooks, & Padilla-Walker, 2003）。

安全依附型的孩子與不安全依附型的孩子的差別並不只是在於母親是否回

應他們。安全依附型嬰兒的母親常給予他們適當的回應。事實上，已有研究顯示，過度反應與回應不足的母親都容易教養出不安全依附型的孩子。相反地，如果母親與嬰兒有協調的互動（interactional synchrony），也就是照顧者能夠適當地回應嬰兒，使兩人的情緒狀態一致，則較有可能發展出安全的依附（Hane, Feldstein, & Dernetz, 2003; Kochanskya, 1998）。

研究已證實母親對於嬰兒的敏感度與嬰兒安全依附發展相關，呼應 Ainsworth 有關母親如何回應嬰兒的情緒暗示決定嬰兒依附類型的說法。Ainsworth 認為安全依附型嬰兒的母親能夠快速並正向地回應孩子。舉例來說，Annie 的母親能夠快速回應並安撫她的哭泣。相反地，Ainsworth 指出，不安全依附型嬰兒的母親，常會忽略他們的行為暗示，無法做出相符的回應，並常忽略或拒絕他們的社會能力方面的嘗試，例如：試想如果一個孩子藉由不斷的喊叫或由嬰兒車中回頭或揮手的方式來引起母親的注意，但母親還是繼續聊天，無視於他的存在，這個孩子比起那些母親能夠快速且一致性地回應的孩子，更容易發展出不安全的依附行為（Higley & Dozier, 2009）。

但是，母親要怎麼學習如何回應她的嬰兒？其中一個方式是學習自她的母親。母親通常會依據自己的依附類型來回應她們的嬰兒。因此，家族內不同世代間常會有相似的依附型態（Benoit & Parker, 1994; Peck, 2003）。

然而，重要的是我們要知道母親對於嬰兒的回應有一部分要依靠孩子提供有效暗示的能力。如果孩子的行為未顯露、誤導或模糊不清，母親則很難有效地回應孩子。舉例來說，比起不明顯的行為，如果孩子清楚表現出憤怒、恐懼或不高興，則母親較容易有效地回應。因此，嬰兒所釋放出的訊息也部分決定了母親能否成功地回應嬰兒。

父親與依附

到目前為止，我們很少提及孩子教養中的另一個關鍵人物：父親。事實上，如果你檢視早期關於依附的理論與研究，很少談論到父親與其在嬰兒生活中的貢獻（Tamis-LeMonda & Cabrera, 1999）。

很少提到父親角色的原因有以下兩點。首先，最早提及依附的學者 John

Bowlby 認為母親與孩子間的關係相當特殊。他相信母親在先天的生理因素上即具有提供孩子營養的獨特能力，而這種餵哺的能力進而影響了母親與孩子間特殊關係的發展。第二點，依附行為的早期研究深受當時社會傳統觀點的影響，將母親自然地視為孩子的主要照顧者，而父親則是在外工作負責家計的角色。

而有許多原因造成了此種觀點的式微。其一是社會價值觀的轉變，使得父親在孩子教養上扮演更積極的角色。更重要的是，研究發現讓我們更清楚地了解到，是社會的價值觀讓父親在孩子的教養上淪為次要的角色，因為有些嬰兒的確最早與其父親形成主要關係（Brown et al., 2007; Diener et al., 2008; Music, 2011）。

此外，也有越來越多的研究顯示父親的關懷、溫暖、支持與鼓勵對於孩子的社會情緒發展非常重要。事實上，有些心理上的失調，例如：藥物濫用與沮喪，都發現與父親行為的關聯性高於母親（Parke, 2004; Roelofs et al., 2006; Veneziano, 2003）。

當嬰兒長大的時候，他們社會連結對象會擴展至父母之外。舉例來說，有研究發現，雖然大多數的嬰兒會最先與一個特定對象形成主要關係，但是，約有三分之一的嬰兒會有多重的關係，也很難斷定哪一個是主要的關係。更進一步來說，等到嬰兒 18 個月大的時候，大多數都有多重的關係。總之，嬰兒不僅與其母親發展依附關係，也會與其他人發展關係（Booth, Kelly, & Spieker, 2003; Seibert & Kerns, 2009; Silverstein & Auerbach, 1999）。

母親的依附與父親的依附是否有差異？

雖然嬰兒有能力與母親、父親以及其他人形成依附關係，但是，嬰兒與母親，以及嬰兒與父親、其他人間的依附關係本質上是不同的。舉例來說，當處於不尋常的壓力之下，大多數的嬰兒較喜歡讓母親安撫他們，而不是父親（Schoppe-Sullivan et al., 2006; Thompson, Easterbrooks, & Padilla-Walker, 2003）。

母親依附與父親依附的品質差異在於他們與孩子互動方式的不同。母親通常會花較多時間來餵哺與保育孩子，相反地，父親會花較多的時間與孩子玩。幾乎所有的父親都會一起幫忙照顧孩子。調查發現，有 95%的父親每天都會幫忙照顧孩子，但是，平均而言，他們付出的比母親少。舉例來說，有 30%的父親每天花三小時以上的時間照顧孩子，但是，卻有 74%的職業婦女每天花相同的時間照顧孩子（Grych & Clark, 1999; Kazura, 2000; Whelan & Lally, 2002）。

而父親與孩子遊戲的方式跟母親也大不相同。父親通常喜歡與孩子進行較多體能的粗暴遊戲（rough-and-tumble activities），相反地，母親喜歡與孩子玩傳統遊戲例如躲貓貓或較多語言元素的遊戲（Paquette, Carbonneau, & Dubeau, 2003）。

父親以及母親與孩子遊戲方式的差異也存在於美國少數族群、以父親為主要照顧者的家庭中。而這樣的差異也存在於不同的文化中，例如澳洲、以色列、印度、日本以及墨西哥，甚至遠在非洲中部的阿卡‧俾格米人部落中的父親，雖然與孩子相處的時間皆不相同，但是與孩子遊戲的時間都遠超過托育的時間。舉例來說，阿卡部落中的父親花在照顧孩子的時間是其他國家父親的五倍之多（Bronstein, 1999; Hewlett & Lamb, 2002; Roopnarine, 1992）。

這些在不同社會中關於孩子教養的相同與相異點，使我們不禁要問：文化如何影響依附關係？

發展的多元性與你的生活

不同文化中的依附關係是否具有差異？

John Bowlby 對於其他年幼動物尋求安全感的生物基礎的觀察形成他對依附關係的觀點，並且認為依附的尋求具有生物上的共通性，因此，不只存在於動物界中，也出現於不同文化的人類族群之中。

然而，研究已顯示人類的依附行為並不是如 Bowlby 所預測的具有文化上的共通性。某些特定的依附類型似乎較可能存在於某些特定文化的嬰兒中。舉例來說，有關德國嬰兒的研究顯示，大部分的嬰兒屬於逃避型。其他在以色列與日本的研究結果也顯示，這兩個國家的安全依附型的嬰兒比例比美國少。最後，有關中國與加拿大孩子的比較顯示，比起加拿大的孩子，中國的孩子在陌生情境之中更為壓抑（Chen et al., 1998; Grossmann et al., 1982; Rothbaum et al., 2000; Takahashi, 1986）。

這樣的研究結果是否建議我們必須捨棄依附關係是具有生物共通性的概念？並不一定。因為Bowlby有關依附行為具有共通性的論點可能過於強烈，而大部分使用Ainsworth陌生情境所獲得的研究資料可能不適用非西方文化。舉例來說，日本的父母親常避免與嬰兒分離與焦慮，也沒有如西方社會中的父母一樣鼓勵孩子獨立。相較之下，日本嬰兒較缺乏分離的經驗，所以，當嬰兒被放在陌生的情境之中就會經歷不尋常的焦慮，也使得日本嬰兒看起來的行為屬於較不安全依附。如果在之後使用其他的依附關係評估標準來觀察，可能會有較多的日本嬰兒被歸類為安全依附類型（Dennis, Cole, & Zahn-Waxler, 2002; Nakagawa, Lamb, & Miyaki, 1992; Vereijken et al., 1997）。

依附行為目前被視為易受文化價值觀與期望的影響。跨文化與文化內的差異對依附的影響反映在依附評估工具的內容與不同文化的期望。有些發展學者認為依附行為有共通性，但是唯一的差異在於社會的照顧者在教養孩子的過程中強調獨立性的程度。安全依附，就如同西方文化取向的陌生情境所定義的，可能是某些重視獨立性的文化中最早被強調的，但是，在某些認為獨立性不那麼重要的文化裡，安全依附的行為可能會延遲（Rothbaum et al., 2000; Rothbaum, Rosen, & Ujiie, 2002）。

嬰兒的互動：發展可行的關係

有關依附的研究很清楚地顯示嬰兒可能發展多重的依附關係。而且，隨著時間的流逝，嬰兒的主要依附對象也有可能改變。這些依附行為的變化強調了關係的發展是一個持續存在的歷程，不僅止於嬰兒時期，也貫穿了我們的一生。

嬰兒時期的關係發展存在哪些歷程？其中一個答案來自於檢視父母如何與他們的孩子互動。就一方面來說，父母與所有的成人似乎在先天的基因中就存在對於嬰兒的敏感度。腦部掃描的技術已經發現嬰兒（非成人）的臉部表情能在七分之一秒內驅動腦內的一個特殊構造：梭狀迴（fusiform gyrus）。而此種反應可能有助於釋放關心的行為並啟動社會互動（Kassuba et al., 2011; Kringelbach et al., 2008; Zebrowitz et al., 2009）。

此外，研究已經發現，幾乎在所有的文化之中，母親與其嬰兒的互動方式相當典型。她們常會以誇張的臉部表情與聲音表達，與嬰兒導向語言的表達方式來與嬰兒說話（就如我們在第 6 章所討論的）。同樣地，她們也常以重複的獨特聲音與動作來模仿嬰兒的行為。而一些母親與嬰兒間的遊戲，例如：躲貓貓與手指謠，也幾乎是全球共通的（Harrist & Waugh, 2002; Kochanska, 1997, 2002）。

更進一步來說，根據**相互調適模式**（mutual regulation model），嬰兒與父母間也就是藉由這些互動來溝通彼此的情緒狀態，並能夠適當地回應彼此。舉例來說，在父母與嬰兒的躲貓貓遊戲中，雙方共同參與在輪流的遊戲之中，當一方完成活動之後，另一方才會開始回應。因此，在 3 個月大的時候，嬰兒與他們的母親對彼此的影響是相似的。有趣的是，雖然在嬰兒 6 個月大的時候，嬰兒對於輪流的掌控程度較大，但是，在嬰兒 9 個月大的時候，母親與嬰兒雙方對彼此的影響力就又變成幾乎是對等的情況（Tronick, 2003）。

嬰兒與父母互動的其中一種方式就是臉部表情。在本章前面所提到的，即使是年幼的幼兒也能夠了解與解讀他們照顧者的臉部表達，並能有所回應。

舉例來說，一個嬰兒的母親在實驗中表現出僵硬不動的臉部表情，而這個嬰兒則發出了不同的聲音，表現出不同的姿勢與表情來回應此種令人困惑的情境，並希望能引發她母親新的回應。當母親看起來快樂時，她們的嬰兒通常也會表現得較快樂，注視母親的時間也較久。另一方面來說，當母親表現出不快樂的表情，她們的嬰兒常會以悲傷的表情回應，並且把頭轉開（Crockenberg & Leerkes, 2003; Reissland & Shepherd, 2006; Yato et al., 2008）。

簡單來說，嬰兒依附的發展不僅代表對於周遭人們行為的回應，而是一種**交互社會化**（reciprocal socialization）的歷程，在此歷程中，嬰兒的行為邀請父母與其他照顧者更進一步的反應，而照顧者的行為也會引發孩子的回應，因此就形成了一個循環。記得在前面所提到的 Annie，當她的母親抱起她，又將她放回嬰兒床後，她又繼續哭泣，最後，這種父母與孩子間的行為與回應則強化了依附。當嬰兒與照顧者溝通與回應彼此的需求時，就會塑造與強化雙方之間的連結。圖 7-5 歸納了嬰兒與照顧者間的互動程序（Kochanska & Aksan, 2004; Spinrad & Stifter, 2006）。

嬰兒與同儕的社交：嬰兒間的互動

嬰兒與其他孩子間的社交性如何？雖然傳統上認為他們並未形成所謂的「友誼」，但是，嬰兒從年幼起，即能正向回應同儕的存在，並能投入社會互動的

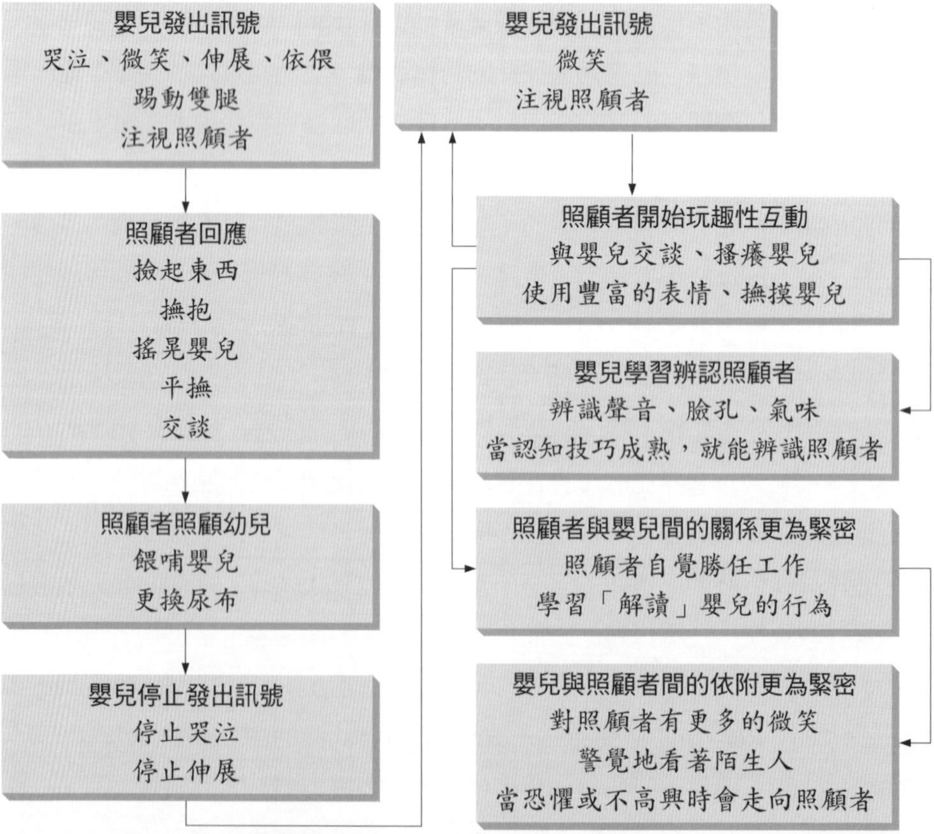

圖 7-5 嬰兒－照顧者間的互動程序

嬰兒與照顧者間的行為與回應以複雜的方式影響彼此。你認為成人與成人之間是否也有類似的互動型態？

資料來源：Adapted from Bell & Ainsworth (1972); Tomlinson-Keasey (1985).

雛型。

嬰兒的社交性表現在許多方面。從出生的頭幾個月起，他們就能夠微笑，在看到同儕時也會發出聲音。他們在看到同儕時比起看到不會動的物體時會表現出較多的興趣，也會比看到鏡中的自己時表現出更多的注意力。比起不熟悉的人，他們也比較喜歡看到熟悉的同伴。舉例來說，有關雙胞胎的研究顯示，雙胞胎們彼此的社會互動比起不熟悉的嬰兒要來得頻繁（Eid et al., 2003）。

嬰兒的社交層次通常隨著年紀的增長而提高。9 到 12 個月大的幼兒通常會彼此展示與接受玩具，尤其當他們熟識時。他們也常玩社會遊戲，例如：躲貓貓與追逐的遊戲。這樣行為的重要性在於為他們未來的社會互動提供了基礎。而此種社會互動包含了試圖引發他人的反應，並回應他人的反應。而這些社會互動直到他們長大成人時都是重要且要持續學習的。舉例來說，當有人說：「嗨！你好嗎？」可能是要引起他人可以回應的反應（Eckerman & Peterman, 2001; Endo, 1992）。

最後，當嬰兒逐漸長大時，他們開始模仿彼此。這樣的模仿提供一種社會功能，並且是一種強而有力的教學工具。舉例來說，序言中所提有關 Russell Ruud 的故事，他在托嬰中心裡其他孩子面前解開他帽子上的魔鬼氈，也使得其他孩子跟著模仿他的行為（Jones, 2007）。

根據美國華盛頓大學發展心理學家 Andrew Meltzoff 教授的說法，Russell 這種訊息的能力只是所謂「專家」孩子如何教導其他孩子技能與訊息的其中一個例子。根據 Meltzoff 與他同僚的研究，孩子從「專家」所學習到的能力能夠持續並且在日後以極驚人的方式被使用。這種經由看見而學習的能力開始得很早。最近的研究顯示，即使只有 7 週大的嬰兒都能夠將他們之前所看到的行為模仿出來，例如：一個成人將舌頭伸出嘴巴（Barr & Hayne, 1999; Meltzoff, 2002; Meltzoff & Moore, 1994, 1999）。

對於一些發展學家來說，幼兒對於模仿所展現出的能力顯示模仿的能力可能是與生俱來的。為了支持這樣的論點，研究已經指出大腦內某些神經元似乎與此種天生的模仿能力有關。鏡像神經元（mirror neurons）不僅是能讓一個人執行某種特定行為，也可以讓人只是觀察到他人行為便能做出相同行為的神經元（Falck-Ytter, 2006; Lepage & Théret, 2007）。

舉例來說，有關大腦功能的研究顯示，當一個人執行某個特定任務或是觀察到其他人執行同樣任務的時候，大腦額下迴（inferior frontal gyrus）部分會活躍。鏡像神經元可能會幫助嬰兒了解他人的行為，並發展心智理論。鏡像神經元的功能障礙可能與孩子心智理論的發展失調，以及與重大情緒和語言功能失調的自閉症有關（Kilner, Friston, & Frith, 2007; Martineau et al., 2008; Welsh et al., 2009）。

「經由接觸其他幼兒，嬰兒學習新的行為、技巧與能力」的想法有許多意涵。其中之一即是社會互動不只使嬰兒得到社交的幫助，可能也有助於嬰兒未來的認知發展。更重要的是，這些研究發現說明了嬰兒可能因為上托嬰中心而受益（這個議題會在本章後面討論）。雖然我們還不能確定，但是，嬰兒在團體的托育環境中從同儕身上所學習到的可能具有長期的益處。

嬰兒間的差異

8 個體差異如何形成嬰兒間的差異？

9 非父母托育如何影響嬰兒？

Lincoln 的父母都同意他是個難帶的孩子，因為他們似乎很難讓他在夜裡入睡。他的嬰兒床靠近窗戶，正對著吵雜的街道，只要一點噪音就會使他哭泣。更糟糕的是，一旦他開始哭泣，就似乎永遠無法使他安靜下來。有一天，當他的母親 Aisha 跟她的婆婆 Mary 抱怨當 Lincoln 的媽媽很難為時，Mary 回想起她自己的兒子，Lincoln 的爸爸 Malcom 小時候也是這樣。「他是我的第一個孩子，我以為所有的孩子都是如此。所以，我們試了不同的方法來使他安靜下來，我記得我們把嬰兒床放在家裡的每一個角落，直到發現可以讓他安靜下來的地方，所以，他睡在走道上好長一段時間。然後，他的妹妹 Maleah 出生了，她是如此的安靜，所以，我都不知道該如何打發我多餘的時間！」

就如同 Lincoln 家的故事，即使在同一個家庭中，嬰兒往往都不相同。事實上，有些差異在出生的時候就已經存在了。這些嬰兒間的差異包括人格與氣質，以及他們的性別、家庭特質與被教養的方式所帶來的差異。

人格發展：使嬰兒獨特的特質

人格（personality）的起源是從嬰兒時期開始，是使一個人不同於其他人的持久性特質的總和。從出生起，嬰兒就開始展現出獨特、穩定的特質與行為，最終使得他們發展成為特別的個體（Caspi, 2000; Kagan, 2000; Shiner, Masten, & Roberts, 2003）。

根據我們在第 1 章所提及的心理學家 Erik Erikson 有關人格發展的說法，嬰兒的早期經驗將會形塑他們日後的一項重要的人格發展：他們會被信任或不信任。

Erikson 的心理社會發展理論（Erikson's theory of psychosocial development）探究個體如何了解自己與他人的意義，以及自己與他人行為的意義（Erikson, 1963）。這個理論強調發展貫穿人的一生，並可區分為八個階段，第一個階段發生在嬰兒時期。

根據 Erikson 的理論，在出生後的 18 個月，是屬於**信任與不信任階段**（trust-versus-mistrust stage），在這個階段，嬰兒會發展信任與不信任的感覺，主要視其照顧者對他的需求滿足程度而定。在上述的例子之中，Mary 對於 Malcom 需求的注意，也許幫助了他發展生存於世界之中的基本信任感。Erikson 認為嬰兒如果有能力去發展信任感，他們將能擁有希望，而這將使他們覺得自己的需求被滿足。從另一方面來說，不信任感造成嬰兒將世界視為嚴苛與不友善的，所以他們日後的人生可能難以建立親密關係。

在嬰兒時期結束的時候，孩子進入了**自主與羞愧懷疑階段**（autonomy-versus-shame-and-doubt stage），這個階段從孩子 18 個月大持續到 3 歲。在這個階段，如果父母鼓勵孩子在安全的空間裡探索與給予自由，孩子會發展獨立性與自主性。然而，如果孩子被限制與過度保護，他們將會覺得羞愧、自我懷疑以及覺得不快樂。

Erikson 認為嬰兒的人格主要由其經驗形塑而成。但是，我們在之後會提到，其他的發展心理學家強調在嬰兒期之前，在剛出生時即表現出來的行為一致性。這些一致性通常被視為大部分由先天基因所決定，是人格的來源。

氣質：嬰兒行為的穩定性

Sarah 的父母以為她有什麼問題，因為她不像她的哥哥 Josh，從嬰兒時期就非常好動，似乎沒有安靜下來的一刻，相較之下，她的表現淡定很多。她的睡眠時間長，偶爾激動時，也很容易被安撫，是什麼原因使她如此淡定？

最可能的答案是：Sarah 和 Josh 間的差異反映了他們先天氣質上的差異。就如同我們在第 3 章所討論的，**氣質**（temperament）包含了知覺與情緒的型態，是一個人一致與持久性的特質（Kochanska, & Aksan, 2004; Rothbart, 2007）。

氣質指的是孩子「如何」表現他們的行為，也就是與他們做「什麼」或是「為什麼」要這麼做相反。嬰兒從出生起就會展現出基本的氣質差異，大都由於先天基因的因素，而此種氣質大部分會穩定地持續到青春期。另一方面來說，氣質並非是固定不變的：孩子的教養方式對孩子的氣質影響很大。事實上，有些孩子的氣質在不同年齡的表現具有差異（McCrae et al., 2000; Rothbart & Derryberry, 2002; Werner et al., 2007）。

氣質反映在行為的不同層面。其中一個主要的層面就是活動程度（activity level），也就是整體的肢體移動程度。有些嬰兒（例如前面所提到的 Sarah 和 Maleah）較為淡定，他們的肢體移動也較為緩慢與從容。相反地其他嬰兒（例如 Josh）的活動程度就比較高，並且伴隨強而有力與煩躁不安的手臂與腳的移動。

氣質的另一個重要層面是嬰兒情緒的特性與品質，特別是一個孩子的敏感程度（irritability）。如同前面所提到的 Lincoln 的例子，有些孩子就是容易被干擾，且容易哭泣；有些孩子就比較隨和。敏感的孩子容易小題大作，並且容易生氣。當他們開始哭泣之後就不太容易平撫。這樣的敏感度相對而言是較穩定的：嬰兒在出生時是敏感的，並且持續到 1 歲，即使到 2 歲時，比起其他出生時不敏感的幼兒，他們還是會較易怒（Worobey & Bajda, 1989）（其他有關氣質的幾個層面請參考表 7-2）。

表 7-2 氣質的不同層面

層面	定義
活動程度	活躍時間到不活躍時間的比例
靠近－退卻	接觸新的人或物的反應，視孩子接受新的情境或退卻而定
適應力	孩子能夠適應環境改變的容易程度
情緒品質	友善、歡樂、愉悅行為與不愉快、不友善行為的對比程度
注意力與堅持度	孩子投入活動的時間與分心的程度
分心的程度	環境的刺激改變行為的程度
規律性	飢餓、排泄、睡覺與清醒等基本功能的規律性
反應強度	孩子的活躍與反應程度
反應閾	刺激引發反應的程度

資料來源：Thomas, Chess, & Birch (1968).

氣質的類型：好帶型、難纏型，與慢熟型嬰兒

因為氣質能夠從很多不同的層面視之，有些研究者試圖找出可以描述孩子整體行為的寬廣定義。根據 Alexander Thomas 與 Stella Chess 針對嬰兒所進行的大規模的紐約縱貫研究（New York Longitudinal Study）（Thomas & Chess, 1980），嬰兒可以區分為以下幾種類型：

- 好帶型嬰兒。**好帶型嬰兒**（easy babies）擁有正向的特質，他們身體的功能規律，適應能力強。他們通常很開朗，對於新的情境感到好奇，屬於低度或中度的情緒強度。這類的嬰兒約占 40%（是人數最多的一群）。
- 難纏型嬰兒。**難纏型嬰兒**（difficult babies）有較多負面的情緒，對於新情境的適應較慢，當面對一個新的情境時，他們常常會退卻。約有 10%的嬰兒屬於這一類型。
- 慢熟型嬰兒。**慢熟型嬰兒**（slow-to-warm babies）較不活躍，對於環境的反應較為冷靜，他們的情緒常是負面的，且常從新的情境中退卻，適應力也較差。約有 15%的嬰兒屬於這種類型。

至於其他 35%的嬰兒無法被歸類，因為這些嬰兒的特質是屬於混合型的。舉例來說，有一個嬰兒也許心情是開朗的，但對於新情境的反應是負面的，或

是有的嬰兒氣質摻雜了上述三種類型的部分特質。

氣質的作用：氣質是否重要？

當研究發現氣質是相對穩定的特質時，有一個明顯的問題浮現：是否某一種特定的氣質是有益的？答案似乎是沒有任何一種氣質是絕對的好或是壞。而且，孩子長期的適應能力取決於其氣質的**適合度**（goodness-of-fit），並且能在環境的特性與需求中找到自己。例如：低活動程度與敏感度的孩子可能在允許獨自探索與能夠主控自己行為的環境中表現得很好，但是，高活動程度與敏感度的孩子可能在指導性高的環境中表現得最好，因為他們可以將能量運用在某一個特定的方向（Schoppe-Sullivan et al., 2007; Strelau, 1998; Thomas & Chess, 1980）。因此，前面所提到的祖母 Mary 的例子中，她為自己的兒子 Malcom 找到適應環境的方法。Malcom 與 Aisha 也許也需要幫他們的兒子 Lincoln 做同樣的事。

有些研究指出某些氣質通常具有較佳的適應力。舉例來說，難纏型的幼兒在就學年齡時通常比好帶型的幼兒容易出現問題行為。但並不是所有難纏型幼兒都會有問題，關鍵因素似乎是父母對於孩子難纏行為的反應方式。如果他們的父母以憤怒和不一致的方式來回應他們的孩子，則會逐漸激起孩子的問題行為，最終使得孩子更容易經歷行為方面的問題。從另一方面來說，父母如果表現出溫暖與一致性的回應方式，較可能避免他們的孩子以後出現問題（Canals, Hernández-Martínez, & Fernández-Ballart, 2011; Pauli-Pott, Mertesacker, & Bade, 2003; Teerikangas et al., 1998; Thomas, Chess, & Birch, 1968）。

更進一步來說，氣質以及嬰兒與其成人照顧者間的依附關係間的關聯性似乎是最弱的，例如：嬰兒以非語言方式表達情緒的方式有極大的差異。有些嬰兒是「撲克臉」，情緒的表達很少；而有些嬰兒的反應很容易被解讀。表達能力較佳的嬰兒可能提供較多可分辨的提示，能夠使照顧者有效地回應他們的需求，並有助於依附（Feldman & Rimé, 1991; Laible, Panfile, & Makariev, 2008; Meritesacker, Bade, & Haverkock, 2004）。

文化差異對於某一特定的氣質也有顯著的影響。舉例來說，在西方文化中被描述為「難纏」的特質，在東非馬賽文化中似乎是一大優點。理由是什麼呢？因為那裡的母親只有當嬰兒哭鬧時才會餵他們奶喝。因此，較敏感難纏的孩子會比淡定好帶的孩子得到較多的照顧，特別是當環境惡劣的時候，例如：乾旱期間，對於難纏的孩子也許會較有利（deVries, 1984; Gartstein et al., 2007）。

氣質的生物學基礎

近年有關氣質的研究源自我們在第 3 章所提及的行為遺傳學的架構。從此觀點來看，氣質的特性可以視為遺傳的特質，相當穩定地從童年時期貫穿整個人生。這些特質可以被視為人格的核心，並在未來的發展中扮演重要角色（Sheese et al., 2009）。

舉例來說，人類生理反應的特性是用激烈的動作與肌肉活動來回應新奇的刺激，而這種激烈的反應被稱之為陌生抑制（inhibition to the unfamiliar），常以害羞的方式顯現。

陌生抑制的一個明顯的生物學基礎在於新奇的刺激會使心跳加快、血壓升高、瞳孔放大，以及大腦的邊緣系統產生高度興奮。舉例來說，在 2 歲時被歸類為壓抑類型的人，長大後看到不熟悉的臉孔時，大腦的杏仁核也會有高程度的反應。這種害羞情況與生理型態的關聯性似乎從童年時期持續到成人時期（Arcus, 2001; Kagan et al., 2007; Propper & Moore, 2006; Schwartz et al., 2003）。

嬰兒時期對於不熟悉情境的高反應程度也與成人時期容易感到沮喪以及焦慮症狀有關。更進一步來說，當高反應程度的嬰兒長大後，他們的前額葉皮質通常比起反應程度較低的嬰兒要來得厚，因為前額葉皮質靠近杏仁核（杏仁核控制情緒反應）與海馬迴（控制恐懼反應）。因此，前額葉皮質的差異也許有助於解釋高沮喪程度與焦慮症狀的原因（Schwartz, 2008; Schwartz & Rauch, 2004）。

性別：為什麼男孩穿藍色，女孩穿粉紅色？

「他是男孩。」「她是女孩。」

孩子剛出生後首先聽到的可能是上述兩句話。從出生那一刻起，男孩和女孩就被以不同的方式對待。他們的父母說出不同的出生宣言，孩子被穿上不同顏色的衣服，並用不同顏色的包巾。他們也被給予不同的玩具（Bridges, 1993; Coltrane & Adams, 1997; Serbin, Poulin-Dubois & Colburne, 2001）。

父母和男孩或女孩的遊戲方式也不一樣：從出生開始，父親與兒子的互動就會比女兒多，而母親則是與女兒的互動較多。因為就如同我們在本章前面所提到的，母親與父親和孩子遊戲的方式並不相同（父親常喜歡玩較多肢體動作與粗暴的活動，而母親喜歡玩像躲貓貓這一類的傳統遊戲）。男嬰和女嬰與他們父母所進行活動的風格與互動有很明顯的不同（Clearfield & Nelson, 2006; Laflamme, Pomerleau, & Malcuit, 2002; Parke, 2007）。

而男孩和女孩所表現出來的行為也被成人以不同的方式來解讀。舉例來說，當研究者請成人看有關嬰兒的影片時（片中的嬰兒可能叫做「John」或「Mary」），通常成人會把名字叫John的孩子形容成富冒險性的與好奇的，而名字叫做 Mary 的孩子則被形容為膽小緊張，雖然在做同樣的行為（Condry & Condry, 1976）。很明顯地，成人透過性別的眼光來看孩子的行為。**性別**（gender）指的是身為男性或是女性的知覺。「性別」一詞常與「性」（sex）一字混淆，以為兩個字詞代表的是同樣的意義，但是其實不然。性通常指的是有關性的生理剖析與行為，而性別指的是對於男性或是女性的社會知覺。所有的文化都將性別區分為男性與女性，但是，這兩個性別角色的差異在不同的文化中卻有極大的差異。

性別差異

即使多數人同意男孩和女孩會因其性別而經歷到些許不同的世界，但是，對於造成性別角色差異原因的看法仍存在相當大的歧異。有些性別差異在剛出生時就很明顯，例如：男嬰比女嬰要來得活躍且易怒。男嬰的睡眠比起女嬰要來得易受干擾。雖然男嬰和女嬰在哭泣的時間上沒有很明顯的性別差異，但是男嬰較愛扮鬼臉。雖然研究結果不一致，但也有部分研究指出初生男嬰比初生女嬰更敏感（Eaton & Enns, 1986; Guinsburg et al., 2000; Losonczy-Marshall, 2008）。

然而，男嬰與女嬰之間的差異通常很少。事實上，嬰兒大多很相似，所以成人很難分辨一個嬰兒是男孩還是女孩，就像「John」與「Mary」的影片研究所顯示的結果。更進一步來說，重要的是，男孩之間的差異與女孩間的差異，平均來說，要比男孩與女孩之間的差異要來得大（Crawford & Unger, 2004）。

性別角色

當孩子長大，性別差異會較明顯，並且容易受到社會所設定的性別角色的影響，例如：在 1 歲大的時候，嬰兒就能夠被分辨是男生還是女生。在這個年紀，女孩喜歡玩娃娃和填充玩具；而男孩喜歡積木和卡車。當然，通常他們並沒有其他的選擇，因為這是他們的父母或其他成人所提供給他們的玩具（Alexander, Wilcox, & Woods, 2009; Cherney, Kelly-Vance, & Glover, 2003）。

孩子對於某一類玩具的喜好常受到父母的影響。然而，通常男孩的父母比女孩的父母關心孩子的玩具選擇。男孩受到較多社會規範下適合男孩的玩具的影響，而且，這種影響會隨著年齡的增加而變大。在另一方面來說，女孩玩卡車比男生玩娃娃受到較少的關注；女孩玩被視為「男人婆」的玩具所受到的排斥要比男孩玩「娘娘腔」的玩具來得少（Hill & Flom, 2007; Martin, Ruble, & Szkrybalo, 2002; Schmalz & Kerstetter, 2006）。

當 2 歲時，男孩會比女孩更為獨立且較不順從，這樣的行為大部分是因為父母對於他們之前行為的反應。舉例來說，當孩子跨出他們的第一步時，父母會因為孩子的性別而對他們做出不一樣的反應：男孩會較被鼓勵走出去探索世界，而女孩則被緊抱在懷中。因此，到 2 歲時，女孩表現出較少的獨立性與較多的順從性也就不令人驚訝了（Kuczynski & Kochanska, 1990; Poulin-Dubois, Serbin, & Eichstedt, 2002）。

然而，社會的鼓勵與影響並不能完全解釋男孩與女孩行為上的差異。舉例來說，就如同我們將在第 10 章所討論的，有一個研究檢視一群在出生前即接觸高濃度雄激素（androgen，一種男性荷爾蒙）的女孩，因為她們的母親在懷孕時不智地服用了一種含有荷爾蒙的藥物。之後發現這群女孩較喜歡玩「男生的玩具」（例如：車子），較不會玩「女生的玩具」（例如：洋娃娃）。雖然這樣的研究結果也可能有其他的原因：一個人會有很多不同的自己，但是，有一個可能性是接觸男性荷爾蒙使這群女孩的腦部發展改變了，因此，使她們選擇了可以展現她們自己所偏好的技能的玩具（Levine et at., 1999; Mealey, 2000; Servin et al., 2003）。

總之，男孩與女孩行為上的差異從嬰兒時期就開始了，並持續到童年時期（以及之後的時期）——這些我們都將在以後的章節中討論。雖然性別差異有著複雜的原因，包含了天生的與生物的相關因素，以及環境因素等綜合影響，但是，它們在嬰兒的社會情緒發展上扮演了深遠的角色。

21 世紀的家庭生活

當我們回顧 1950 年代的電視節目時，可以發現當時對於家庭的描述在現在看來顯得非常古板有趣：母親與父親結婚多年，而他們漂亮的孩子使他們的世界看來似乎很完美。

就如同我們在第 1 章所討論的，即使在 1950 年代，這種對於家庭生活的看法也是過度浪漫與不切實際的。然而，今日看來，這樣的觀點並不正確，僅能代表美國的少數家庭。以下所述是真實情況的呈現：

- 在過去 30 年來，單親家庭的數量已經大幅增加，而雙親家庭的數量也已經在下降中，在 1980 年約有四分之三的 0 至 17 歲的孩子與父母住在一起，目前已下降到約三分之二。幾乎有四分之一的孩子與母親同住，有 4%的孩子與父親同住，而有 4%的孩子不是與其父親或母親同住（Childstats.gov, 2009; U.S. Bureau of the Census, 2000）。
- 家庭的人數也正在減少中。今日，平均每戶家庭只有 2.6 個人，在 1980 年的平均值是 2.8。而居住在非家庭（沒有親屬關係）中的人數約有 3,000 萬人。
- 雖然年輕人的生育比例在過去五年間已大幅下滑，但是仍有 50 萬的青少年懷孕生子，其中大部分並未結婚。
- 有一半以上撫養嬰兒的母親出外工作。
- 在美國，有三分之一的孩子屬於低收入家庭。非洲裔、拉丁裔與單親家庭的低收入家庭比例更高。比起較大的孩子、成人或老人，有越來越多 3 歲以下的孩子生活在貧窮之中。更進一步來說，出生在低收入家庭孩子的比例經過 10 年的逐年下降趨勢之後，在 2000 年開始攀升（Federal Interagency Forum on

Child and Family Statistics, 2003; National Center for Children in Poverty, 2005）。

至少這些統計數字指出了許多嬰兒的撫養環境存在許多壓力。這些壓力使得撫養孩子變得非常艱辛——即使在最好的家庭環境中，要養育一個孩子也是不容易的。

就另一方面來說，社會也在適應21世紀家庭生活的新的現實。有許多種社會支持資源提供給嬰兒的父母，社會也因而衍生了新的機構來幫助他們托育，其中一個例子就是我們接下來要討論的，有越來越多的幼兒托育安排可以協助外出工作的父母。

嬰兒托育如何影響嬰兒日後的發展？

> 我的兩個孩子大部分的歲月都在托嬰中心度過，使我非常擔心。我的女兒在學步兒時期曾經短暫待過的那家怪異的托嬰中心是否會對她造成無法挽回的傷害？我的兒子不喜歡的那家幼兒園是否對他造成無可挽回的傷害（Shellenbarger, 2003, p. Dl）？

每天，父母都會問自己類似的問題。有關托育如何影響嬰兒日後發展對於父母而言是一個迫切的議題，因為很多父母由於經濟壓力或是工作考量而必須每天將孩子交給他人托育一些時間。事實上，幾乎有三分之二4個月大到3歲的孩子是由非父母照顧的。整體來說，有超過80%的嬰兒在他們出生的第一年有些時間是交給父母以外的其他人帶大的。而這些嬰兒中的多數是在4個月大之前就待在托嬰中心約每週30小時（Federal Interagency Forum on Child and Family Statistics, 2003; NICHD, 2006; Zmiri et al., 2011）（也可以參考圖7-6）。而這些托育如何影響嬰兒日後的發展？

雖然答案已被廣泛地確認，但是曾經進行過的最長期間檢視兒童托育的研究計畫「幼兒托育與少年發展研究」（Study of Early Child Care and Youth Development）的最新研究結果顯示，長期待在幼兒托育中心可能會有預期之外的效果。

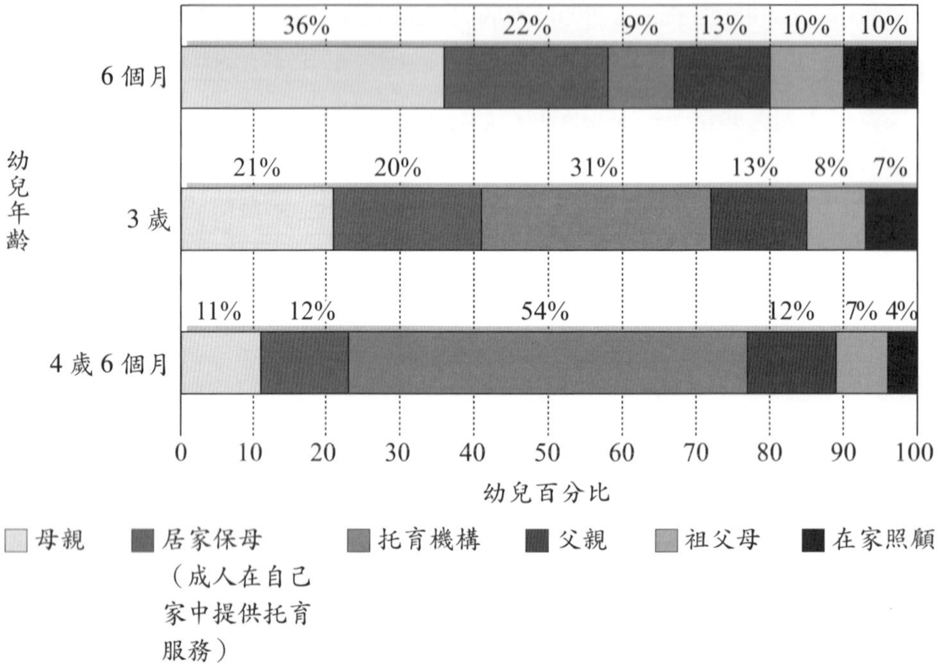

圖 7-6 幼兒在哪裡托育？

根據美國國家兒童健康和人類發展研究所（National Institute of Child Health and Human Development）的主要研究，幼兒年齡越大，待在家庭以外的托育機構時間就越長。

資料來源：NICHD (2006).

首先是好的一面。根據大部分的研究結果顯示，家庭之外的高品質兒童托育與家庭中的托育在各方面的差異極小，甚至可能提升兒童在某些層面的發展。舉例來說，研究發現在高品質托嬰中心中的孩子與其父母間的依附連結，跟單獨由父母照顧的孩子相比，只有極小或根本沒有差異（NICHD Early Child Care Research Network, 1997, 1999, 2001; Vandell et al., 2005）。

家庭以外的兒童托育除了有直接的好處之外，也有間接的好處。舉例來說，低收入的家庭或是單親媽媽的孩子可以在托育中心得到教育與社會經驗，而父母外出工作也會有較高的家庭收入（Dearing, McCartney, & Taylor, 2009; Love et al., 2003; NICHD Early Child Care Research Network, 2003）。

更進一步來說，參與早期啟蒙（Early Head Start，是為高風險嬰兒與學步兒提供高品質托育中心的方案）的孩子，比起未參與該方案的貧窮孩子來說，在問題解決能力的表現較好，也有較佳的注意力集中與語言表達能力。此外，他們的家長（也共同參與該方案）也從他們的參與之中獲益。這些家長與孩子的談話與閱讀增加，也較少處罰孩子。而當孩子受到良好的、有回應的托育照顧，也會與其他的孩子玩得較好（Fuhs & Day, 2011; Loeb et al., 2004; Maccoby & Lewis, 2003; NICHD Early Child Care Research Network, 2001）。

而另一方面來說，有些研究顯示孩子進入家庭以外的托育機構的效果就沒有那麼正面。如果嬰兒進入一個低品質的托育機構、同時有多種托育安排，或是他們的母親較不敏感或較無回應，他們就會比較沒有安全感。此外，孩子如果較長時間待在家庭以外的托育情況，通常會有較低的獨立性，並且較無有效的時間管理技巧（Vandell et al., 2005）。

最新的研究顯示，如果學齡前兒童每星期花 10 個小時或更多時間待在團體的托育環境中一年或一年以上，他們在課堂上破壞行為的比例會增加，而這樣的情況會延續到國小六年級。雖然這種破壞行為增加的比例不是很明確，但是，確定的是，經由教師所進行的標準化問題行為評估結果是，每增加一年待在此種環境會增加 1%的可能性（Belsky et al., 2007）。

總之，大量的研究發現進入團體的兒童托育環境的正負面影響並不是絕對的正面或負面。然而，清楚的是兒童托育的品質是最重要的。最終需要更多的研究去探究是哪些社會階層的人需要兒童托育的服務，以及他們是如何使用此種托育服務，以充分釐清托育的效果（Belsky, 2006, 2009; deSchipper et al., 2006; Marshall, 2004; NICHD Early Child Care Research Network, 2005）。

你是一個明智的兒童發展消費者嗎？
選擇適當的嬰兒托育人員

在托嬰中心的相關研究中，有一項關於托嬰中心成效的明確結論——如果嬰兒托育品質高的話，嬰兒將能受益於同儕學習、較佳的社會技巧與獨立性。但是，高品質與低品質的托育中心的差異為何？美國心理協會建議父母選擇托育機構時可以考慮下列問題（Committee on Children, Youth and Families, 1994; deSchipper et al., 2006; Love et al., 2003; Zigler & Styfco, 1994）：

- 是否有足夠的托育人員？較佳的比例是一位成人照顧三名嬰兒，而一比四的比例也是適當的。
- 幼兒人數是否適當？即使有數位托育人員，但是嬰兒人數不宜超過八個。
- 托育機構是否符合政府的規定，是否立案？
- 托育人員是否喜愛他們的工作？他們的工作動機為何？兒童托育工作是他們的職業或僅僅是臨時工作？他們是否具有經驗？他們樂在工作或只是為了賺錢？
- 托育人員如何與幼兒互動？他們是否與幼兒玩遊戲、傾聽、交談，並注意幼兒的狀況？他們是否真正關心幼兒，而不是敷衍了事？電視是否一直開著？
- 幼兒是否安全並整潔？托育環境是否能讓幼兒安全地活動？設備與家具是否維護良好？托育人員是否保持高度乾淨？換完幼兒的尿布之後，托育人員是否會洗手？
- 托育人員是否受過專業訓練？他們是否具有基本的嬰兒發展專業知識，了解正常幼兒的發展歷程？他們對於幼兒偏離正常發展的徵兆是否有警覺？
- 最後，托育環境是否快樂愉悦？幼兒托育不僅是看護幼兒，當幼兒身處於托育機構時，那裡就是幼兒的世界之所在。你應該對於兒童托育機構能夠適當地對待幼兒具有全然的信心。

除了上述的問題之外，你也可以查詢美國幼教協會來獲得你居住區域的相關機構與資源，查詢網址：http://www.naeyc.org，電話：（800）424-2460。

個案研究 不同的氣質

Elena Ross 與她的先生 Hwang Chen 很高興能夠恢復他們有小孩前、於星期日到外面餐廳吃早午餐的習慣。因為 Elena 的一個朋友剛搬回他們那個區域，並且提議幫他們照顧 8 個月大的女兒 Hannah，而下一個星期，他們可以幫忙照顧她 2 歲的兒子 Greg。

Greg 很好照顧。他問了一些有趣的問題，並在 Hannah 身邊玩，常使得 Hannah 哈哈大笑。Elena 和 Hwang 很開心，期待即將到來的星期天，可以看報紙以及在他們最愛的餐廳中閒聊蛋捲。

但是，當第一個星期天 Elena 把 Hannah 放到她朋友的手臂上時，Hannah 的臉皺起來，Elena 看到孩子先露出驚愕的表情，然後開始啜泣，最後變成嚎啕大哭。Elena 的朋友抱著 Hannah 微笑，並發出咕咕聲來安慰含淚的 Hannah，但是，Hannah 哭得更大聲了，最後，Elena 把她的女兒抱到安靜的房間餵奶，Hannah 立刻安靜下來，並且露出滿足的表情。但是，當 Elena 再把 Hannah 交給她朋友時，孩子又開始哭鬧了起來，她的朋友建議：「就離開吧，妳走了以後她就會安靜下來了。」最後，Hwang 也說：「她一定會安靜下來的。」所以，Elena 就聽從建議離開了。但是，當他們在兩個小時後回來的時候，Hannah 還在嚎啕大哭，雖然 Elena 的朋友很高興地跟她打招呼，但是，看起來已經精疲力盡。

Hannah 的父母又試了兩次將她留給的朋友，但是，Hannah 每次都會哭泣，直到媽媽回來才會破涕為笑。所以，Hannah 的父母決定放棄週日的安排，週日的早午餐也就成泡影了。

1. Elena 在第一個星期日早上帶 Hannah 去給朋友照顧之前，是否可以先做哪些事來使 Hannah 在朋友家愉快些？
2. 從嬰兒社會發展的角度，你要如何解釋 Hannah 在 Elena 面前突然爆發的情緒失控狀況？
3. 當 Hannah 的媽媽把她放到朋友的手臂上時，Hannah 的腦海中會浮現什麼想法與疑問？
4. 你會建議 Elena 在 Hannah 大一點的時候再把她給其他人照顧嗎？為什麼或為什麼不？
5. 不是所有的幼兒在看到陌生人或與母親分離時，都會出現像 Hannah 一樣的情緒激動的反應，是否不同的分離行為與幼兒環境的差異有關，例如：不同的父母教養風格？為什麼或為什麼不？

結語

嬰兒發展成為社會個體的歷程既漫長又顛簸，本章內容提及嬰兒很早就能夠以社會參照的方式來進行情緒的解碼與編碼，並能夠發展出「心智理論」。本章也討論了嬰兒所表現出來之依附類型的長遠影響，以及如何形塑父母與孩子的互動，和孩子的未來。除了檢視 Erik Erikson 的心理社會發展理論，有關氣質以及性別差異的本質與成因也在本章討論的範圍，並以嬰兒托育選擇作為本章的結尾。

回顧本章序言有關 Russell Ruud 的魔鬼氈事件，並回答下列問題。

1. Russell 與其同儕間所發生的事件是否與自我覺察有關？為什麼或為什麼不？
2. 你認為社會參照在這起事件中所扮演的角色為何？如果 Russell 的照顧者給予負面的反應，是否能夠阻止其他孩子模仿 Russell？
3. 這個故事與嬰兒的社交性有何關聯？
4. 根據這起事件，我們是否能夠斷言 Russell 的人格？為什麼或為什麼不？
5. 如果 Russell 是女生，他的照顧者對於他的行為是否會有不一樣的反應？他的同儕對於他行為的反應是否會有不同？為什麼或為什麼不？

回顧

1 嬰兒會有情緒經驗嗎？

• 嬰兒具有多樣的臉部表情，這些表情在不同的文化中都呈現出極大的相似性，並且反映出基本的情緒狀態。

- 在 1 歲之前，嬰兒通常會發展出陌生人焦慮，也就是對於陌生人的憂慮，以及分離焦慮，也就是主要照顧者離去之後所產生的焦慮。
- 嬰兒在年幼時就發展了非語言解碼的能力：根據他人的臉部表情與語言表達來判斷其情緒狀態。
- 藉由社會參照的方式，嬰兒從 8 或 9 個月大的時候就能夠利用他人的表達來釐清模糊的情境並學習適當的反應。

2 嬰兒如何發展自我感覺？

- 在 18 個月到 24 個月大的時候，嬰兒就能夠發展出對於自己生理特徵與能力的覺察力，並且知道自己的外表是穩定長久不變的。

3 嬰兒具有何種心智狀態？

- 嬰兒在 12 個月大的時候開始發展自我覺察能力。
- 他們也開始發展心智理論：關於他們與他人如何思考的知識與信念。

4 什麼是嬰兒時期的依附行為，它又如何影響個體日後的社會能力？

- 依附是嬰兒與一個或多個重要的人之間所形成的強烈、正向的情緒連結，也是一個人能夠發展社會關係的關鍵因素。
- 嬰兒表現出下列四種主要依附類型中的一種：安全依附、逃避依附、矛盾依附，與紊亂迷惑依附。研究指出，嬰兒的依附類型與其長大成人後的社會情緒能力相關。

5 孩子與父親、母親之間的依附行為是否有差異？

- 雖然嬰兒有能力與母親、父親以及其他人形成依附關係，但是，嬰兒與母親所形成的依附關係相較於與父親所形成的依附關係並不完全相同。
- 舉例來說，當處於不尋常的壓力之下，大多數的嬰兒較喜歡讓母親安撫他們，而不是父親。

6 父母之外的人在孩子的社會發展扮演何種角色？

- 對於嬰兒的社會發展而言，母親與他們的互動非常重要。母親若能夠有效地回應他們的需求，似乎有助於嬰兒發展安全的依附行為。
- 經由相互的社會化歷程，當嬰兒與照顧者互動並影響彼此的行為時，就會強化雙方之間的關係。

7 嬰兒與其他孩子間的社交狀況如何？

- 當出生幾個月大的時候，嬰兒在注視同儕時就會微笑、大笑並發出聲音。
- 嬰兒在看到同儕時比起看到不會動的物體時會表現出較多的興趣，他們在看到同儕時也會比看到鏡中的自己還表現出更多的注意力。

8 個體差異如何形成嬰兒間的差異？

- 人格的起源是從嬰兒時期開始，是使一個人不同於其他人的持久性特質的總和。
- 氣質包含嬰兒情緒激動的持續程度，氣質的差異可以廣義區分為以下類型：好帶型、難纏型，與慢熟型嬰兒。
- 當嬰兒長大時，性別的差異變得更加明顯，主要理由是環境的因素。因為父母期望與行為而使得差異變大。

9 非父母托育如何影響嬰兒？

- 兒童托育係因為家庭本質的改變而興起，高品質的兒童托育促進社會互動與合作，有助於幼兒的社會發展。

關鍵詞

- 陌生人焦慮（stranger anxiety）：當嬰兒面對不熟悉的人時所表現出來的一種警覺與憂慮。
- 分離焦慮（separation anxiety）：當嬰兒與主要照顧者分離時所表現出來的焦慮反應。
- 社會性微笑（social smile）：對其他人所展現出來的笑容。
- 社會參照（social referencing）：刻意藉由蒐集他人感覺的訊息來了解不確定的情境與事件。
- 自我覺察（self-awareness）：對於自己的了解。
- 心智理論（theory of mind）：對於心智運作與其如何影響行為的知識與信念。
- 同理心（empathy）：對於他人感覺的情緒同理反應。

- 依附（attachment）：孩子與特定成人間所發展出來的正向情緒關係。
- Ainsworth 陌生情境（Ainsworth Strange Situation）：事先設計的一套具有步驟性的實驗程序，可以用來測驗孩子與母親間依附關係的強度。
- 安全依附型（secure attachment pattern）：當母親在一旁陪伴時，孩子將母親視為安全感的來源；而母親離開時，孩子會感到焦慮，並在母親返回後立刻投入她的懷抱。
- 逃避依附型（avoidant attachment pattern）：當母親在一旁陪伴時，孩子並未尋求母親的慰藉；但是當母親離開後再度返回時，孩子似乎刻意逃避母親，並對她的行為感覺憤怒。
- 矛盾依附型（ambivalent attachment pattern）：孩子對於母親產生正面與負面的混合反應，當母親離開時，孩子顯示出極大的焦慮反應，但在母親返回後，孩子可能會立刻投入母親的懷抱，但同時也會對母親表現出踢、打的行為。
- 紊亂迷惑依附型（disorganized-disoriented attachment pattern）：孩子對於母親產生不一致與相互矛盾的行為反應，例如：母親離開返回後，孩子會靠近母親，但卻不注視母親；是屬於沒有安全感的依附類型。
- 相互調適模式（mutual regulation model）：嬰兒與父母學習溝通彼此的情緒狀態，並能夠適當地回應彼此。
- 交互社會化（reciprocal socialization）：嬰兒的行為引起父母與其他照顧者更進一步的反應，而照顧者又從嬰兒那得到更進一步的回應。
- 人格（personality）：一個人不同於其他人的持久性特質的總和。
- Erikson 的心理社會發展理論（Erikson's theory of psychosocial development）：這個理論探究個體如何了解自己與他人的意義，以及自己與他人行為的意義。
- 信任與不信任階段（trust-versus-mistrust stage）：根據 Erikson 的理論，在這個階段，嬰兒會發展信任與不信任的感覺，主要視其照顧者對他的需求滿足程度而定。
- 自主與羞愧懷疑階段（autonomy-versus-shame-and-doubt stage）：根據 Erikson 的理論，這個階段從孩子 18 個月大持續到 3 歲。在這個階段，如果父母鼓勵孩子自由地探索，孩子會發展獨立性與自主性，如果孩子被限制與過度保護，他們將會覺得羞愧以及自我懷疑。

- 氣質（temperament）：知覺與情緒的型態，是一個人一致與持久性的特質。
- 好帶型嬰兒（easy babies）：擁有正向特質的嬰兒，他們身體的功能規律，適應能力強。
- 難纏型嬰兒（difficult babies）：有較多負面情緒的嬰兒，對於新情境的適應較慢，當面對一個新的情境時，他們常常會退卻。
- 慢熟型嬰兒（slow-to-warm babies）：是屬於較不活躍的嬰兒，對於環境的反應較為冷靜，他們的情緒常是負面的，且常從新的情境中退卻，適應力也較差。
- 適合度（goodness-of-fit）：發展取決於孩子的氣質以及被扶養環境的特性、需求間的契合程度。
- 性別（gender）：身為男性或是女性的知覺。

8

Chapter

學前階段幼兒的身體發展

蘇慧菁 譯

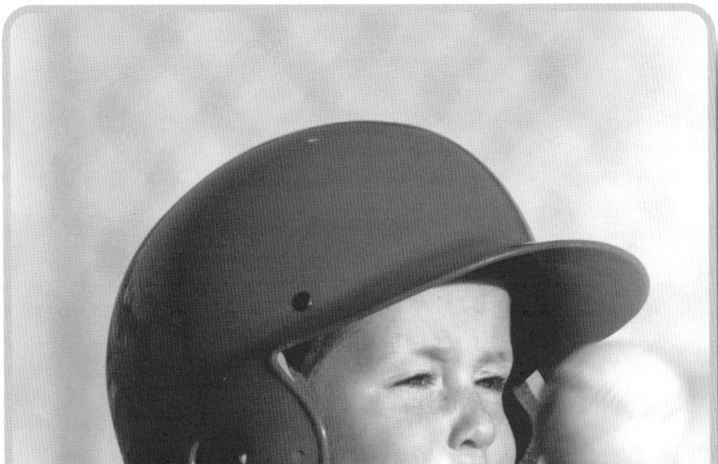

學習目標

1 學前階段的幼兒身體和大腦會發生哪些變化？
2 學前階段的幼兒如何發展各種感官能力？
3 學前階段的幼兒有哪些不同的睡眠模式？
4 學前階段的幼兒有哪些營養需求？什麼是引發兒童肥胖的原因？
5 學前階段的幼兒會經歷哪些健康和保健的威脅？
6 虐待兒童與心理虐待的形式有哪些？導致這些虐待情形發生的原因為何？
7 學前階段幼兒的粗動作與精細動作技能是如何發展的？
8 學前階段的幼兒如何發展其優勢手（慣用手）和藝術領域的表現？

序言 調皮的 William

William 在幼兒園以愛惡作劇出名，今年 3 歲，擁有一頭紅髮、眼神晶亮，時時刻刻都在找新點子，讓自己和同學開懷大笑。因此，老師們給他取了個「調皮 William」的綽號。

某天下午，William 又突發奇想，利用午睡的時候，在沉睡的同學旁邊遊走，想找找有沒有更有趣的點子來玩一玩。趁老師一個不注意，William 很順利地溜進教室後面的房間，他拉開抽屜很高興發現裡面有一個特百惠（Tupperware®）的盒子，裡面裝滿了餅乾——那是幼兒午睡後將享用的點心。經過幾番嘗試，William 終於打開了盒蓋，吃了幾片餅乾。

為了看看是否能再找到其他寶藏，William 又拉開了另一個抽屜。這一次，他打開一個鞋盒，發現裡面裝了許多好玩的麥克筆和蠟筆。當老師終於找到 William 時，他的臉上沾滿餅乾屑，自己正興高采烈地把抽屜和全身畫得到處都是。

展望未來

我們很難想像三年前的William頭頸部都尚無法抬起來，而現在的他已能隨心所欲地活動，例如推家具、開罐、旋轉門把和爬到椅子上等。其實孩子活動能力的進步對父母是一種挑戰，因為他們必須隨時提高警覺，預防孩子身體受到傷害，這也成為學前幼兒身體健康最大的威脅（想想看，如果William看到的是一個裝滿剪刀的鞋盒，後果會如何）。

對幼兒而言，學前階段是一段興奮的歲月，在某種意義上，是一段準備期：亦即期待幼兒做好準備可以開始接受正規教育的準備期，之後，國家社會才能經由正規教育開始啟動將知識工具傳遞給新一代的歷程。

但是，把所謂「學前階段」的名稱做過多字面的解讀，是不正確的。3歲至6歲期間不只是兒童生命的一個中途站，等待開始下一個重要人生教育歷程的短暫時期。相反地，在這期間，學前幼兒面臨一個巨大改變與成長，幼兒在身體、智力與社會能力的發展，都在無比快速的情況下進行著。

本章將聚焦於這段期間，發生在幼兒身體方面的改變。先思考在這一段期間幼兒生長的本質，再討論幼兒體重與身高的快速改變，以及頭腦和腦神經網絡的成長變化。也會探討一些有關性別與文化如何影響幼兒腦部功能的有趣研究及發現。

接下來，把重點放在學前幼兒身體的健康及保健議題上。在討論學前幼兒的營養需求之後，我們要檢視這些幼兒面臨的疾病與受傷的風險，也會關注一些幼兒生命中較嚴酷的部分，亦即虐待兒童與對心理的虐待。

本章以討論學前幼兒粗動作與精細動作技能的發展作為結束，仔細觀察學前幼兒運動肌肉發展的顯著變化，以及了解這些變化會幫助幼兒順利達到哪些目標。探討慣用右或左手的習性對學前幼兒產生的影響，同時也會探討學前幼兒如何發展藝術方面的能力。

身體的發育

1 學前階段的幼兒身體和大腦會發生哪些變化？
2 學前階段的幼兒如何發展各種感官能力？
3 學前階段的幼兒有哪些不同的睡眠模式？

在 Cushman Hill 幼兒園，有一天，天氣不像春天那麼清冷，反而令人感到異常溫暖，那是經過漫長冬天後的第一個好天氣。Mary Scott 班上的小朋友，第一次能快樂地把大衣留在教室裡，興奮地在室外遊玩享受春天的到來。Jessie 和 Germaine 玩鬼捉人的遊戲；而 Sarah 和 Molly 爬上溜滑梯；Graig 和 Marta 互相追逐玩耍，而 Jesse 和 Bernstein 在歡笑聲中玩青蛙跳般的跨背遊戲。Virginia 和 Ollie 兩人面對面地坐在蹺蹺板上，將蹺蹺板非常用力地碰撞地面，可能有摔下來的危險。Erik、Jim、Scott 和 Paul 則興高采烈地在運動場周邊賽跑。

很難想像，現在看起來那麼精力充沛又好動的兒童，在幾年前，卻是連爬或走路都不會。仔細觀察他們在身體的尺寸、體型、體能方面所發生的變化，明顯地可看出這些兒童在身體的發育已有長足的進步。

成長的身體

在美國，2 歲左右的兒童平均體重大約在 25 到 30 磅之間，身高則接近 36 英寸，大約是成年人平均身高的一半。兒童在學前階段持續不斷地生長，到了 6 歲時，他們的體重平均已達到 46 磅，身高也長到 46 英寸（如圖 8-1 所示）。

身高與體重的個別差異

這些平均值的數字，其實掩蓋了不同幼兒在身高與體重存在的個別差異，例如有 10%的 6 歲兒童，他們的體重是 55 磅或更重，另外有 10%的兒童體重只

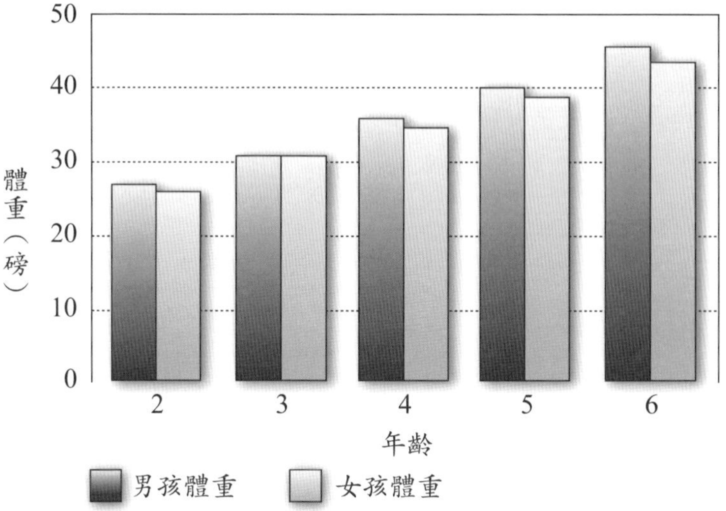

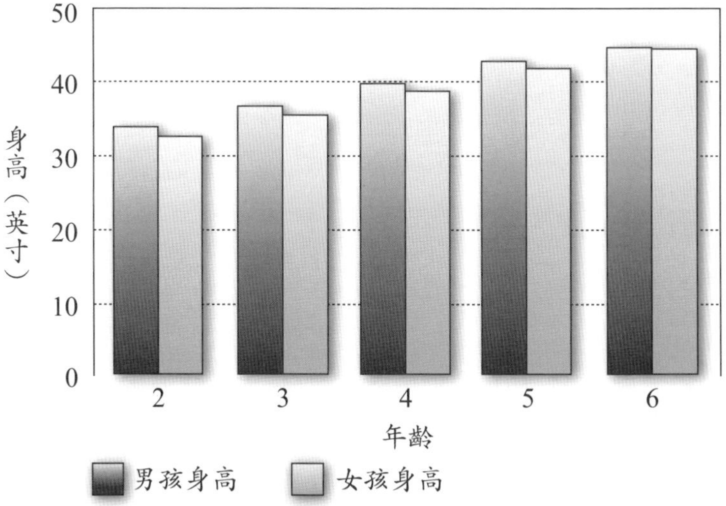

圖 8-1 身高與體重的增加

學前幼兒身高與體重不斷地增加。本圖表示男孩與女孩各年齡層的中位數點，在各類別中有一半的兒童超過或低於這個數值。

資料來源：National Center for Health Statistics (2000).

有 36 磅，甚至更輕。進一步而言，男孩與女孩身高與體重的平均差異到了學前階段會繼續擴大。雖然 2 歲時，男孩與女孩的差異比較小，但是就讀幼兒園以後，男孩就開始快速成長，一般來說，男孩會長得比女孩高，也比較重。

全球經濟發展也會影響這些平均值。經濟上已開發國家的兒童與開發中國家的兒童，在身高與體重存在很大的差異。已開發國家的兒童擁有較好的營養與醫療照顧，使孩子的成長有顯著差異，例如：一般 4 歲的瑞典兒童的身高通常會與 6 歲的孟加拉兒童一樣高（Leathers & Foster, 2004; United Nations, 1991）。

美國兒童身高與體重的差異也反映了其國內經濟的因素，舉例來說，與生長在富裕家庭的兒童比較，生長在貧窮水準以下家庭的兒童更有可能長得異常矮小（Barrett & Frank, 1987; Ogden et al., 2002）。

體型與構造的變化

如果比較 2 歲與 6 歲兒童的身體，我們會發現他們的身體不只在身高與體重不同，連體型都長得不太一樣。學前階段的男孩與女孩，體型不再是圓圓、胖胖的，會變得較為細長苗條，因為他們已消耗一部分嬰兒時期的脂肪，所以，以往大腹便便的外表就看不到了。此外，學前階段兒童的手臂與腿也變長了，頭部與身體的構造及比例也更像成人。其實，兒童到了 6 歲，他們身體的構造及五官比例已與成人差不多。

我們看到的學前幼兒在體型、體重與外表等的改變，只是冰山的一角。事實上，在兒童身體內部也發生其他變化。隨著肌肉大小尺寸增加，骨骼變得更堅硬，兒童就變得更強壯。感覺器官也持續發育，例如：耳咽管具有將聲音從外耳傳進內耳的功能，學前幼兒的耳咽管位置，已從剛出生時幾乎與地面平行的角度，移到不同的角度。經歷這些改變，學前幼兒發生耳朵痛的頻率有時會增加。

腦的生長發育

幼兒腦部的發育比身體其他任何一個器官都要快速，若能攝取適當的營養，2 歲幼兒腦的大小和重量大約是成人的四分之三，到了 5 歲時，腦的重量就達到成人平均重量的 90%。相較之下，5 歲幼兒的平均體重只達到成人平均體重的 30%（House, 2007; Nihart, 1993; Schuster & Ashburn, 1986）。

為什麼幼兒腦的生長會那麼快速？原因之一就是細胞間的連結數量增加，這一點在第 5 章已有詳細的說明。這些細胞間的連結，讓神經元之間建立更複雜的溝通管道，讓幼兒的認知技能得以快速成長，這部分將在本章後段再詳加討論。另外，包覆部分神經元、具有保護隔離功能的髓鞘（myelin）含量也有增加，導致神經細胞傳遞的電子脈衝（electrical impulses）速度加快，也增加了腦的重量。幼兒腦的快速增長，不但促進其認知能力，同時有助於精細與粗動作的發展（Dalton & Bergenn, 2007）。

到了幼兒學前階段快要結束時，腦的部分組織已產生顯著的成長，例如連結腦兩半球的神經纖維束，即胼胝體（corpus callosum），會增厚、生長達到 8 億條纖維，進一步協調左右半腦間的運作。

相較之下，營養不良的幼兒則會產生腦部發展遲緩的現象，例如：嚴重營養不良的孩子其產生保護神經元的髓鞘也會比較少（Hazin, Alves, & Rodrigues Falbo, 2007）。

腦的單側化發展（優勢腦的發展）

學前幼兒，左、右半腦開始產生專門的分化，衍生出**優勢腦**（或腦側化，lateralization），亦即大腦執行某項功能的位置偏於某一半球。

一般而言，左半腦主要掌控有關語言方面的功能，如：說話、閱讀、思考和推理等。右半腦則擅長於非語言領域，如：理解空間關係、模組的認知能力、繪圖、音樂以及情緒表達等（Koivisto & Revonsuo, 2003; Pollak, Holt, & Wismer Fries, 2004; Watling & Bourne, 2007）（如圖 8-2 所示）。

左、右兩個半腦開始以稍微不同的方式處理資訊，左半腦會將資訊以逐條方式考量，一次一個訊息，但是，右腦卻採取廣泛的方式，從整體的觀點來思考（Ansaldo, Arguin, & Roch-Locours, 2002; Holowka & Petitto, 2002）。

雖然，左、右兩個半腦在某些功能上各有其專長，可是兩者大部分的功能都彼此前後連貫、運作順暢、互相依賴；左、右半腦間的差異很小，在某些功能的專業分化也非絕對。事實上，某一半腦幾乎可以操作另一半腦大部分的工作，例如，右半腦也可以做一些語言處理工作，同時在語言的理解上也扮演很

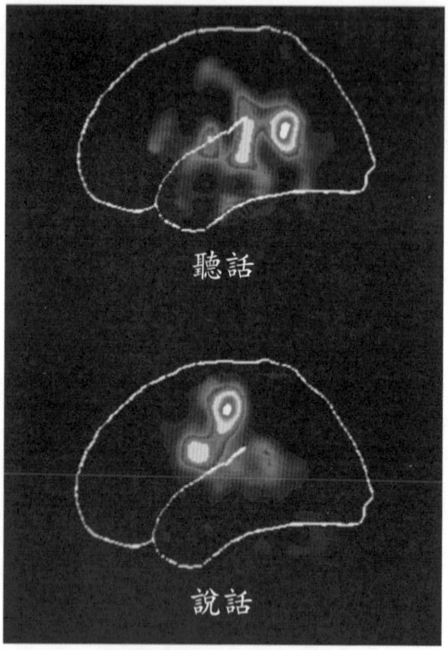

圖 8-2 腦的活動

根據這組腦的正子斷層掃描影像顯示，左或右半腦的活動會因個人從事不同的工作而有所差異。你認為老師該如何運用此新知到他們的教學呢？

重要的角色（Corballis, 2003; Hall, Neal, & Dean, 2008; Rowland & Noble, 2011）。

進一步而言，人腦具有驚人的修復力，如果專門負責處理某一特別類型資訊的某半腦受到損傷，另一半腦就可以立即接棒去做該半腦無法完成的任務，這是人腦具有可塑性的一個例證。另一案例顯示，當幼兒的半腦（專門負責處理語言的部位）受傷而失去語言表達能力時，這種語言的失能常不是永久性的。這種情形發生時，另一半腦會馬上加入工作的行列，對遭受傷害的半腦進行相當程度的補償作用（Elkana et al., 2011; Kolb & Gibb, 2006; Shonen et al., 2005）。

另外，腦的單側化發展有個別差異，例如有 10%慣用左手的人，或能靈活使用雙手的人，他們的語言功能中樞位於右半腦，或是他們的腦部沒有發現特別的語言中心（Compton & Weissman, 2002; Isaacs et al., 2006）。更令人好奇的是，腦的單側化發展與性別有關，這一點將於下節討論。

發展的多元性與你的生活

腦的結構是否與性別和文化有關？

有關左右腦專業化的研究，最富爭議的發現，就是找到優勢腦的發展與性別、文化有關的證據，例如：從出生的第一年到學前階段的男孩與女孩，均顯示出某半腦的差異與幼兒的低身體反射作用和聽覺資訊處理情形有關。男孩語言的專業化明顯多發生在左腦，而女孩方面，語言的專業化則平均分布在左、右腦。這種差異似乎可以解釋為何女孩在學前階段語言發展比男孩快速的原因（Bourne & Todd, 2004; Grattan et al., 1992; Huster, Westerhausen, & Herrmann, 2011）。

心理學家 Simon Baron-Cohen 認為存在男女腦部的差異，亦可幫助解開令人不解的自閉症謎團，自閉症是一種幼兒因為障礙造成語言能力的缺陷，和與他人溝通困難的情形。Baron-Cohen 認為患有自閉症的兒童（主要是男孩）具有所謂的「極端的男性頭腦」（extreme male brain），這種極端的男性頭腦，雖有解決人際問題的系統，但對於了解情緒和以同理心去體驗別人感受的能力則稍嫌不足。對 Baron-Cohen 來說，他認為擁有極端男性頭腦的人，雖有一些跟正常的男性腦一樣的特性，但某些功能卻超過正常的程度，以至於他們的行為被視為自閉的（Auyeung et al., 2009; Baron-Cohen, 2003, 2005; Stauder, Cornet, & Ponds, 2011）。

雖然 Baron-Cohen 的說法頗具爭議性，但是優勢腦的發展存在性別差異卻是明顯的事實，只是我們仍不了解其程度及發生的原因。有一種解釋認為原因來自遺傳，女性的頭腦和男性的頭腦在遺傳的優勢發展本來就不同，所以思考處理事情的方式也不一樣。這個觀點獲得一些參考文獻的支持，資料指出男性與女性頭腦的結構的確存在些微的差異，例如：女性的胼胝體有部分比例大於男性；此外，研究靈長類、老鼠和倉鼠等物種時，也發現雄性與雌性的頭腦，於大小與結構上的確存在差異（Highley et al., 1999; Matsumoto, 1999; Witelson, 1989）。

我們接受以遺傳的觀點來解釋男女頭腦之間的差異前，還必須考慮另外一個看似合理的解釋，因為女孩在語言技能的發展受到鼓勵的程度遠大於男孩，所以女孩的語言能力較男孩發展得早，例如：在嬰兒期，女孩接受交談的機會也較男孩多（Beal, 1994）。女孩受到如此多高層次的語言刺激，自然較能促進腦部語言特別領域的發展，而這種現象卻不會發生在男孩的腦中。因此，我們認為優勢腦的發展與性別差異有關的現象，其實是由環境因素造成，而不是遺傳因素所引起的。

文化和優勢腦的發展

一個人生長的地方文化是否與優勢腦的發展有關？一些研究結果顯示確實有關，例如，以日文為母語的日本人多在左半腦處理與母音有關的資訊，相較之下，北美、南美洲、歐洲人士以及日裔美國人，學習日文為第二外國語時，則多用右半腦處理母音。

這種在處理母音的文化差異，似乎與日語本身的特性有關，因為日語特別允許只用母音來表現許多複雜的觀念。因此，當年幼時就學習使用日語，會促進此特別類型優勢腦的發展（Hiser & Kobayashi, 2003; Tsunoda, 1985）。

但是，這種解釋仍屬臆測，我們仍不能排除優勢腦的發展受遺傳差異因素的影響。由此可知，要整理出遺傳與環境對優勢腦發展的影響，真是一項艱難的挑戰。

腦的發育與認知發展之關係

神經科學家剛開始了解腦的發育與認知能力發展之間的關係，例如：兒童時期的某一時期，腦會出現不尋常的爆發式成長，這種現象與幼兒認知能力的發展息息相關。腦波的研究發現，1 歲半至 2 歲之間的幼兒會出現不尋常的爆發式腦波活動，而這正是幼兒語言能力發展最快速的時期；腦的其他爆發式活動，也都約發生在認知能力有特別強烈增長的時段（如圖 8-3 所示）（Fischer & Rose, 1995; Mabbott et al., 2006; Westermann et al., 2007）。

其他相關研究結果指出，**髓鞘**（myelin，即包圍部分神經元的保護隔絕物質）的增加，可能與學前幼兒認知能力的成長有關，例如：腦中影響注意力和專注力的髓鞘網狀組成的部位，約在幼兒 5 歲時便建置完成，這與幼兒的入學年齡和注意力廣度的發展有關。學前幼兒記憶能力的改善也可能和髓鞘的形成有關，因為在學前幼兒時期，與記憶有關的海馬迴（即沿側腦室之突起）部位，其中的髓鞘已大致完整成形（Rolls, 2000）。

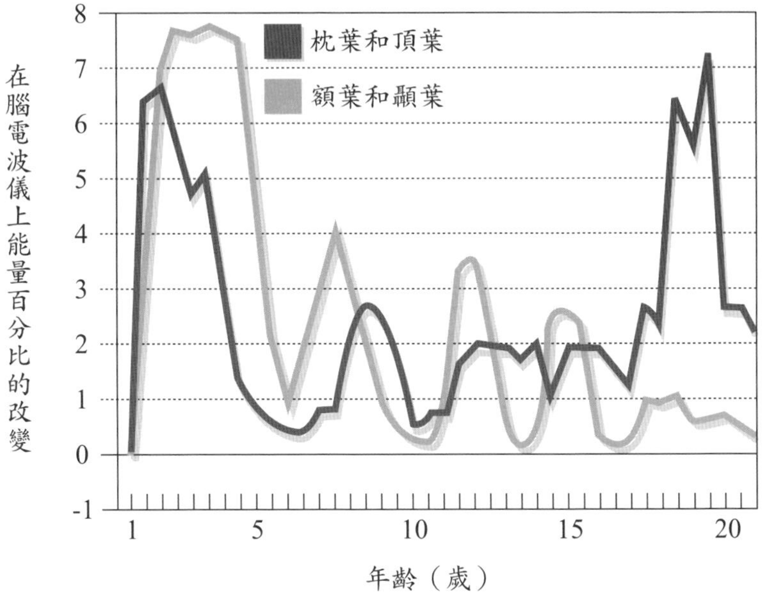

圖 8-3 腦爆發式的成長

研究結果得知，人生在各種不同時期之腦波活動的確與認知能力的發展有關。本圖顯示腦波活動在出生後 18 到 24 個月期間有顯著的增加，而幼兒語言能力在這時期也發展得特別快速。

資料來源：Fischer & Rose (1995).

目前我們還不知道這其中因果關係的方向（究竟是腦部的發展引起了認知能力的增進，還是認知能力的成長刺激了腦部的發展？），但顯而易見的，增加有關腦生理方面的了解，對兒童家長和老師將是相當重要的資訊。

感官的發展

學前幼兒腦部的快速發展，也增進感官的功能，例如：學前幼兒腦部的成熟，使孩子眼睛的轉動和聚焦功能產生較佳的控制。不過，學前幼兒的眼睛仍無法如兒童發展後期那樣活動自如。學前幼兒仍無法準確地瀏覽、閱讀印刷字體小的文本。所以，剛開始學習閱讀的幼兒，常常把注意力集中於文字字首的字母，之後的字母就用猜的方式解讀，以致經常造成錯誤。兒童差不多 6 歲的時候，才能有效地專注和瀏覽文本。然而，即使到了這個階段，兒童仍無法具

圖 8-4 感官的發展

學前幼兒在觀察奇怪的蔬菜—水果—小鳥組合圖時，會把焦點放在構成圖案的組合部分。到了兒童中期，才會開始從整體來解讀這個圖案。

資料來源：Elkind (1978).

備和成人一般水準的閱讀能力（Willows, Kruk, & Corcos, 1993）。

即將入小學的學前幼兒，開始慢慢改變看事物的角度，他們會由注意許多組成的細節，轉變為注意整體，例如：當我們仔細觀察圖 8-4 所呈現奇怪的蔬菜—水果—小鳥組合圖時，大部分的成人會把該圖案認定是一隻鳥，但學前階段兒童反而會從組成的部分來解讀這個圖案（即「胡蘿蔔」、「櫻桃」和「梨子」）。兒童到了約 7、8 歲，即所謂的兒童中期，才會有能力開始從整體的結構和組成的部分兩方面來看這個圖案（即「水果組成的一隻鳥」）。

學前幼兒對目的物的判定，也顯示在理解圖案時兒童眼睛的移動方向（Zaporozhets, 1965）。幼兒 3、4 歲時，會將觀察力專注於觀察物體的內部，專心觀察圖案的內部細節，而多半忽視圖案的周邊部分。對照之下，4 與 5 歲的幼兒才會開始注意圖案的周圍界線，到了 6、7 歲時，他們已學會有系統地觀察周圍界線，而不只是看圖案的內部。這樣一來，兒童對圖案的整體有更多的理解。

視覺當然不是幼兒在學前階段增強發展的唯一感官能力，其他如聽覺敏銳度（auditory acuity）也同時獲得改善。因為幼兒的聽覺在接受學前教育之前，就已經獲得充分的發展，所以其增強的程度就不像視覺發展那麼顯著。

學前幼兒聽覺敏銳度的發展仍有一些缺陷，亦即這階段的幼兒同時聽到很多聲音時，他們無法將某一特別的聲音獨立分離出來（Moores & Meadow-Orlans, 1990）。這個限制也許可以說明，為什麼有些學前幼兒在團體場所（如教室中）

有很多聲音同時出現時，他們很容易分心。

睡眠

有些較活力旺盛的學前幼兒，不管他們如何疲倦，到了晚上，都很難從白天興奮活動的情境放鬆下來，安靜地休息。這種情形可能會使照顧者與幼兒在就寢時發生摩擦，幼兒可能會反對上床睡覺，因為他們需要花一點時間才能進入夢鄉。

雖然多數兒童都能輕易地把心收回來，迷迷糊糊就睡著了，可是對某些兒童而言，睡覺的確是一個問題。有 20%到 30%的學前幼兒要經過一個小時以上難捱的時間才能入睡，還可能在半夜醒來，要求父母來撫慰他們（Morgenthaler et al., 2006）。

大部分的學前幼兒一旦睡著之後，整個晚上都可以沉睡；然而約有 10%到 50%的 3 到 5 歲兒童常會有夢魘，一般而言，男孩發生夢魘的頻率高於女孩。**夢魘**（nightmares）是栩栩如生的惡夢，通常發生於凌晨，偶發性的夢魘我們不必太擔心，但是如果夢魘一再發生，導致兒童在白天精神不佳，這種夢魘可能是發生問題的前兆（Pagel, 2000）。

夜驚（night terrors）會產生劇烈的生理震撼，促使兒童在強烈恐慌中醒過來。從夜驚中醒過來的孩子，較不容易被安撫而平靜下來；他們自己也說不出心神不寧的原因，也沒有辦法回想起曾經做過惡夢，次日早晨他們可能完全不記得發生任何事情了。夜驚發生的頻率遠低於夢魘，約只有 1%至 5%的兒童會發生這種情況（Bootzin et al., 1993）。

健康與保健

4 學前階段的幼兒有哪些營養需求？什麼是引發兒童肥胖的原因？

5 學前階段的幼兒會經歷哪些健康和保健的威脅？

6 虐待兒童與心理虐待的形式有哪些？導致這些虐待情形發生的原因為何？

美國一般兒童在學前幼兒階段最常患的疾病，就是普通感冒所引起的流鼻水，但這已經算是不幸中的大幸了。事實上，美國大部分的兒童在這段期間，都可說是相當健康。威脅兒童健康和保健的主要原因，不是來自疾病，而是由常見的意外事故所造成的傷害。

營養：吃對的食物

因為學前幼兒的生長速度比在嬰兒時期慢，所以學前幼兒需要較少的食物來維持他們的生長。由於對食物需求量改變過於明顯，常使家長擔心孩子是否吃得不夠多。值得慶幸的，其實只要餐點營養充足，兒童都很清楚如何攝取適當的食物。過分焦慮而要求兒童吃超過他們想吃的量時，反而可能導致他們食物攝取量超過適當的標準。

最後，有些兒童的食物攝取量可能高到足以導致肥胖的程度，所謂**肥胖（症）**（obesity）的定義即是指兒童的體重超過同年齡或同身高者平均體重 20% 的現象。年紀較大的學齡前兒童，患有肥胖症的人數，自 1980 年代中期後就有顯著的增加（Canning et al., 2007; Sigmund et al., 2007; Wake et al., 2007）（我們將在第 11 章討論引發肥胖症的原因）。

家長如何在沒有緊張、敵對的狀況下，也能確保子女能夠獲得足夠的營養呢？一個最好的策略，就是要確認兒童能取得多種低脂肪、高營養的食物，尤其是鐵質成分含量較高的食物。因為引起慢性疲勞的缺鐵性貧血症，正是已開發國家（如美國）常發生的營養缺乏問題。含鐵量高的食物包括深綠色蔬菜（如青花菜）、全穀類和一些肉類（Akhtar-Danesh et al., 2011; Brotanek et al., 2007; Grant et al., 2007）。

因學前幼兒如成人一般，不是對所有食物有同等的偏好，所以必須給兒童發展自己天生喜好的食物。事實上，只要整體飲食均衡，就沒有一定要吃某一種食物的絕對必要。鼓勵兒童嘗試新食物的方法，讓他們接觸更多種類的食物，已證實是一種較無壓力且可幫助擴大兒童飲食範圍的方式（Busick et al., 2008; Shapiro, 1997）。

學前幼兒常見的輕微疾病

3 到 5 歲的學前幼兒，平均每年會得到 7 至 10 種感冒或其他呼吸道感染等輕微疾病。雖然，鼻塞和咳嗽是這些疾病的症狀，會造成兒童一些不舒服，但是情況通常都不會太嚴重，這類疾病也只會持續幾天而已（Kalb, 1997）。

事實上，這些常見的輕微疾病有意想不到的好處，亦即不但能幫助兒童增強免疫力，以對抗未來可能遭受更嚴重的疾病，也能幫助兒童的情緒發展。具體而言，有些研究者主張這些輕微的疾病可讓兒童更清楚了解自己的身體，也可讓兒童產生抵抗力，可以更有效地去應付未來可能遭遇的更嚴重疾病。此外，得過這些疾病的兒童，更能體會其他病童的感受，能發展設身處地為別人著想的同理心，使兒童成為更富有同情心的人，成為較好的照顧者（Notaro, Gelman, & Zimmerman, 2002; Raman & Winer, 2002; Williams & Binnie, 2002）。

重大疾病

學前階段的幼兒並非一直是健康的，在疫苗尚未開發、而兒童沒有接受定期接種疫苗的年代，學前階段可說是非常危險的時期。時至今日，在全世界許多地區及美國某些社會經濟狀況較差的社區，這個時期兒童的健康仍然面臨相當高的風險（Ripple & Zigler, 2003）。

為什麼世界上最有錢國家之一的美國，提供給自己兒童的健康照顧會如此不理想？主要原因與美國傳統文化有關，傳統思維認為責任不在政府或他人，父母必須對自己孩子的健康負起完全責任。這意味著經濟因素會使某些兒童無法獲得良好的健康照顧，收入較低的少數族裔成員也較易受到危害（如圖 8-5 所示）。

在其他國家的文化，孩子的養育工作大多認為是一種共同、集體的責任。在美國當局將兒童健康列為優先順位之前，美國兒童照顧的成效將繼續處於落後的狀態（Clinton, 1996）。

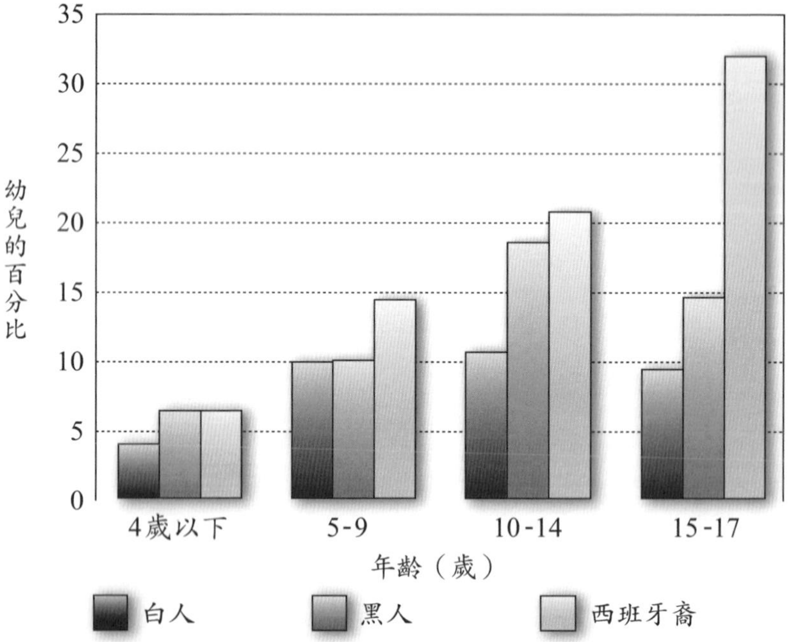

圖 8-5 過去一年都沒有就醫的幼兒

統計各年齡群過去一年都沒有就醫的幼兒人數，黑人與西班牙裔幼兒多於白人幼兒。從社會工作者的觀點而言，你要如何幫助少數族裔的兒童，讓他們獲得較佳的健康照顧呢？

資料來源：Health Resources and Services Administration (2008).

癌症與愛滋病

學前幼兒最常罹患的重大疾病就是癌症，特別是白血病（血癌）。白血病會促使骨髓製造過量的白血球，而引發幼兒嚴重的貧血及面臨死亡的威脅。在 20 年前，被診斷為白血病就等於是宣判死亡，今日，情況已大不相同了。由於醫療技術的進步，有 70%的白血病病童都可以有很好的存活率（Brown et al., 2008; Ford & Martinez-Ramirez, 2006）。

另外，還有一種較令人灰心的兒童疾病就是愛滋病，即後天免疫不全症候群。兒童得到此病後會面臨很多困境，例如，雖然愛滋病幾乎沒有透過人體接觸而傳染的危險，但一般人往往會避開患有愛滋病的兒童。另外，病童的父母本身有可能自己已罹患此病，所以當父母死亡時，常使病童家庭陷入嚴重的混亂場面。以前愛滋病兒童常因產前由母親而感染，現在由於愛滋病的治療選項不斷擴大，從母親垂直感染給孩子的情形已因用藥的增加而減低，兒童感染愛滋病的案例也逐漸減少中（Plowfield, 2007）。

對住院的反應

對因病而必須住院治療的學前幼兒而言，這的確是不舒服的經驗。2 歲到 4 歲大的兒童最常發生的反應是心神不寧，這是因為必須與父母分開所引起的。年紀較大時，學前幼兒的心情可能會變得煩悶，他們傾向把住院這件事解讀為被家人遺棄或拒絕，這些不安有可能引發新的恐懼，如怕黑或畏懼醫護人員等情形（Taylor, 1991）。

醫院對這些小病患心理不安的處理方法，就是讓父母之一陪孩子在病房一段時間，或在某些特殊狀況下，允許父母陪孩子過夜。但是，要紓解兒童的恐懼感，有時不一定要父母在場陪伴，也可以指定一個可靠、懂得照顧孩子的護士或其他照顧者，當作「替代母親」，也可以減低兒童的不安情緒。再者，年紀較大的兒童可以參與決策，決定誰是他們的照顧者，如此一來，亦能減低兒童心理不安的現象（Branstetter, 1969; Runeson, Martenson, & Enskar, 2007）。

情緒方面的疾病

發生學前幼兒身體的疾病，通常是較輕微的問題。然而，近來需要服藥，治療有關如憂鬱症等情緒障礙疾病的兒童有逐漸增加的現象。事實上，使用抗憂鬱症和興奮劑等藥品的情形有明顯的增加（如圖 8-6 所示）。雖然用藥增加的原因目前尚不清楚，但是有些專家相信，這可能是家長和學校老師為了迅速解決兒童行為問題的措施，事實上，兒童的行為問題已成為他們平時就必須面對的難題了（Colino, 2002; Mitchell et al., 2008; Zito, 2002; Zito et al., 2000）。

傷害：安全的遊戲

學前幼兒面對的最大風險，既不是來自疾病，也不是營養問題，而是來自

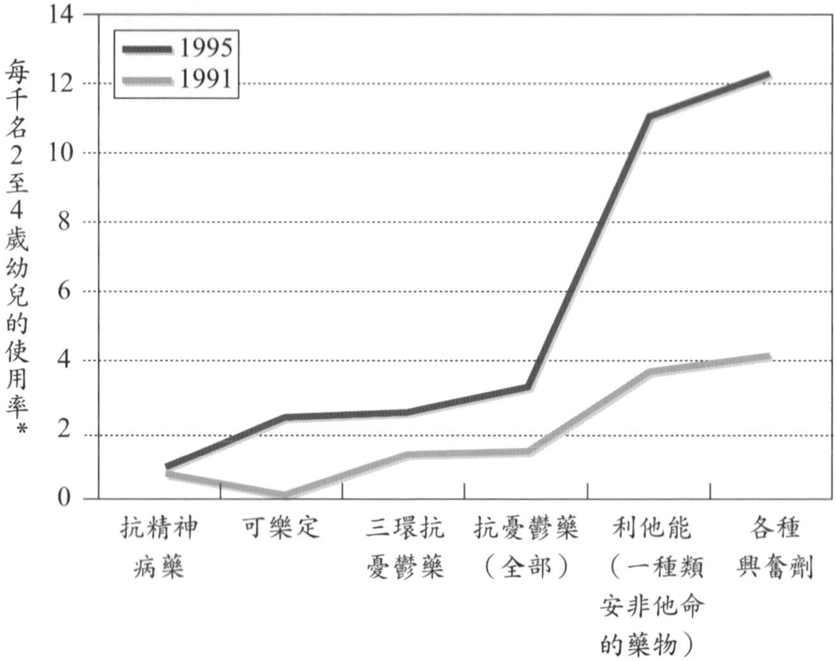

*指參與美國中西部州立醫療補助計畫的兒童。

圖 8-6 服藥以治療行為問題的學前幼兒人數

雖然目前用藥頻率增加的原因不明，但專家相信，藥物被用來當作是解決兒童行為問題的措施，事實上，兒童發展時衍生的行為問題已成為照顧者平時就必須處理的難題了。從教育者的觀點，你如何判斷決定兒童行為問題的嚴重程度？

資料來源：Based on Zito et al (2000).

意外事件。在 10 歲以前，兒童就有兩次面臨死亡的可能，而來自意外傷害的機會大於疾病。事實上，美國兒童在每年約三次的受傷機會中，就有一次必須送醫治療（Field & Behrman, 2003; National Safety Council, 1989）。

學前幼兒大量的身體活動是導致受傷危險的主因，3 歲的幼兒會毫不猶豫地爬上不穩的椅子，去拿自己想要又拿不到的東西；4 歲的幼兒喜歡吊在低的樹幹盪來盪去，用腳上上下下擺盪。這些結合好奇及缺乏判斷力的體能活動正是學前幼兒的特色，也是處於這個時期的幼兒容易受傷的原因（MacInnes & Stone, 2008）。

另外，有些孩子傾向嘗試冒險，所以這些學前幼兒比一般小心謹慎的孩子更容易受傷。一般而言，男生較女孩主動、活躍、更勇於冒險，因此受傷的頻率也較女孩高。不同種族對於行為規範、管教的文化差異也會影響兒童受傷的頻率，如美國亞裔家長管教兒童特別嚴格，因此，發生兒童意外事件的比率較低。經濟因素也扮演一個重要的角色，生長在貧窮市區的兒童比富裕社區的孩子面臨較多的危險因子（譯者註：國情不同，住在市中心反而危險，因多為低社經族群），因此受傷死亡的比率也較生活在富裕社區的兒童高出兩倍之多（Morrongiello & Hogg, 2004; Morrongiello, Klemencic, & Corbett, 2008; Morrongiello, Midgett, & Stanton, 2000）。

學前幼兒面臨危險的類型及範圍非常廣泛，舉凡墜落、暖爐或火災引起的灼傷、於室內浴缸和室外積水的溺水事件，以及於廢棄冰箱內的窒息事件等，汽車意外事故也占幼兒意外傷害的大宗。最後，兒童也會受到有毒物質的傷害，如：家庭中各類清潔劑。

學前幼兒的家長和照顧者可採取若干預防措施來避免傷害的發生，雖然我們認為這些措施沒有一項能比嚴密看管兒童更重要。照顧者可先對兒童的家庭和教室進行「安全檢查」，例如：把電線插座加蓋，將存放有毒物品的櫥櫃上鎖等。坐娃娃車時使用安全坐椅，騎腳踏車時戴安全帽，也有助於意外事故發生時，避免幼兒受到傷害。另外，家長和老師需格外提高警覺，以免幼兒長期暴露在有危險物質的環境中，例如：鉛中毒等（Bull & Durbin, 2008; Morrongiello, Corbett, & Bellissimo, 2008; Morrongiello et al,. 2009）。

鉛中毒的風險

兒童常因接觸家用清潔劑和含鉛油漆等有毒物質而造成傷害，例如：約有1,400 萬美國兒童暴露於含鉛量可能到達中毒程度的環境風險。雖然目前對油漆和汽油中容許的含鉛量已有嚴格的限制，但鉛仍存在於油漆過的牆壁和門窗框架，尤其是老舊的房屋、汽油、陶製品、用鉛焊接的管線，甚至於人工草皮中。兒童生活在汽車和貨車行駛頻繁的空氣汙染地區，也可能會暴露於含鉛量高的環境。美國健康與人類服務部發表聲明指出，鉛中毒是危害 6 歲以下兒童健康最大的威脅（Centers for Disease Control and Prevention, 2011; Hubbs-Tait et al., 2005; Ripple & Zigler, 2003）。

貧窮的兒童特別容易受到鉛中毒威脅，中毒的後果往往也比富裕家庭的孩子更嚴重。生活貧困的兒童常住在有含鉛油漆剝落碎片的破舊房屋內，或住在車輛往返頻繁空氣汙染很嚴重的市區，再加上這些貧窮家庭的經濟狀況較不穩定，也無法提供持續的機會來刺激兒童智力發展，而這些刺激可以克服或補足兒童因中毒所造成的認知問題（Dilworth-Bart & Moore, 2006; Duncan & Brooks-Gunn, 2000; Polivka, 2006）。

些微的鉛含量，都有可能造成兒童永久的傷害。暴露於含鉛的環境已經證實與低智商、口語和聽覺的處理、過動和注意力分散等問題有關。高含鉛量也證實與學齡兒童高度反社會的行為，包括具有攻擊性和不良犯罪行為有關（如圖 8-7 所示）。兒童若暴露於含鉛量更高的環境，則將導致鉛中毒，最後生病與死亡（Brown, 2008; Fraser, Muckle, & Després, 2006; Kincl, Dietrich, & Bhattacharya, 2006; Nigg et al., 2008; Schwartz & Stewart, 2007）。

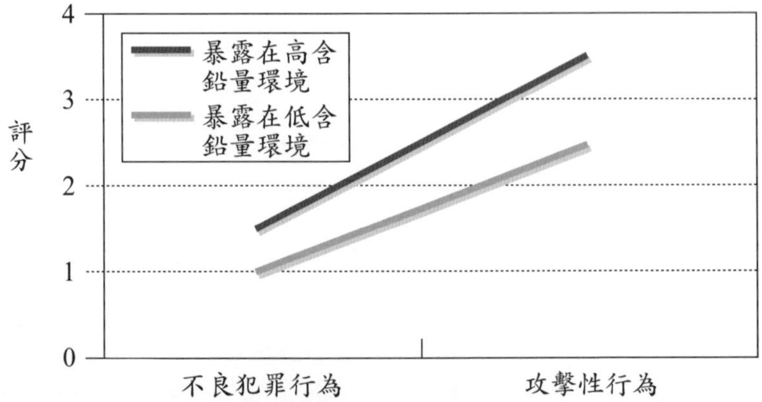

圖 8-7 鉛中毒的結果

高含鉛量已證實與學齡兒童的高度反社會行為包括具有攻擊性與不良犯罪行為有關。社工和醫療保健人員在預防兒童發生鉛中毒的工作方面，能扮演什麼角色呢？

資料來源：Based on Needleman et al (1996).

降低風險

雖然不可能完全避免兒童暴露於危險物質（如：鉛）、意外事故和傷害的環境，但是我們可以降低風險。可以把毒品、藥品、家用清潔劑以及其他有危險的物品，從家中移走或放在櫥櫃內上鎖，家長帶孩子外出坐車時，可幫孩子繫上安全帶。由於溺水事件可能瞬間發生在只有幾英寸的淺水，因此，不能把幼兒獨自留在浴缸裡無人照顧。最後，兒童必須從小被教育一些基本的安全規範。成人必須注意「傷害控管」，不僅是重視預防「意外事故」的發生，因為那只是意味著一個隨機行為，而其中沒有一個人是有過錯的（Schwebel & Gaines, 2007）。

兒童虐待與心理虐待：家庭生活的黑暗面

以下數據的確令人覺得沮喪：美國每天至少有 5 名兒童被他們的父母或照顧者殺死，每年約有 14 萬名兒童遭受身體的傷害，差不多 300 萬名**兒童虐待**（child abuse）受害者經歷身體、心理虐待或忽視。兒童虐待有幾種形式，包括真正的身體虐待到心理的虐待（如圖 8-8 所示）（Herrenkohl & Sousa, 2008; U. S. Department of Health and Human Services, 2007）。

身體虐待

兒童虐待事件可能發生在任何一個家庭，與家長的經濟狀況和社會地位無關，但虐待事件最常發生於充滿壓力環境的家庭，如：貧窮、單親及高於平均水準的婚姻衝突都會助長這種情形發生。繼父虐待繼子的情形多於親生父親虐待自己的孩子，兒童虐待事件也較容易發生在配偶之間經常有暴力紀錄的家庭（Evans, 2004; Herrenkohl et al., 2008; Litrownik, Newton, & Hunter, 2003; Osofsky, 2003）（表 8-1 列出若干虐待的警訊）。

受虐兒童可能較煩躁、拒絕被管教、也不容易快速適應新的情境。他們較容易有頭痛和胃痛、會常尿床，一般而言，心情較不安寧，可能有發展遲緩的現象（Ammerman & Patz, 1996; Haugaard, 2000; Pandey, 2011; Straus & Gelles,

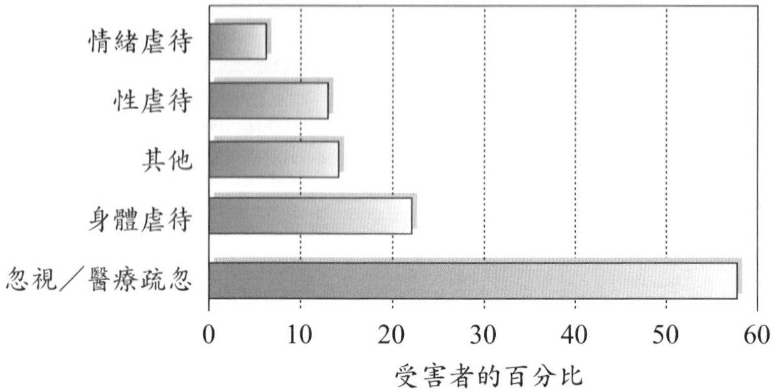

註：由於某些州報告每名受害者超過一種以上的虐待類型，所以百分比的總計可能超過 100%。$N = 572,943$，受害者分布於 31 個州。

圖 8-8 兒童虐待

雖然忽視是最常見的兒童虐待類型。其他虐待形式也相當普遍。兒童的保母、老師、社工人員和醫療保健人員，如何在情況未變嚴重之前，就能辨認出虐童事件？

資料來源：U.S. Department of Health and Human Services (2007).

表 8-1 什麼是虐待兒童的警訊？

由於兒童虐待是一種秘密型的犯罪，所以要辨識出被虐待的受害者困難度特別高。不過，仍能從孩子身上的一些跡象顯示出其是暴力下的受害者（Robbins, 1990）：

- 兒童身上有明顯、無法合理解釋的嚴重受傷
- 咬傷或被勒絞的痕跡
- 香菸引起的灼傷或被浸泡在熱水中的燙傷
- 沒有明顯理由的疼痛感覺
- 害怕家長或照顧者
- 在溫暖的天氣穿著不適宜的衣物（如：長袖上衣、長褲、高領外衣）——可能是為了掩飾在頸部、手腕和腿上的傷痕
- 極端行為——如有高度的攻擊性、非常消極或極端退縮
- 害怕與人身體接觸

如果你懷疑兒童可能是被攻擊的受害者，你有責任立即採取行動。通報管區派出所，或各縣市或州的社會服務部，或撥打 1-800-422-4453 向美國救援兒童專線求救（編按：台灣為撥打 113 全國婦幼保護專線）。也可以通知老師、教會的牧師。千萬要記住，你果斷的行動真的能挽救一條生命。

1990）。

思考有關受虐兒童特性的資訊時，你必須記得一件事，就是把兒童稱為處於受虐的高風險狀態，並不是要這些兒童為受虐事件負責，因為真正犯錯的是虐待他們的家庭成員。根據統計資料顯示，具有這些特徵的兒童，有最高風險成為家庭暴力的受害者。

為什麼會發生兒童身體受虐待的情形呢？大多數的家長當然不會故意去傷害自己的孩子。事實上，很多虐待兒童的家長，事後都表現出不知所措，對自己的行為感到後悔。

兒童虐待發生的原因之一，就是對於允許與不被允許的體罰方式界線不清楚，如「輕輕打或打屁股」（spanking）與「責打」（beating）之間的界線並不很明確，在盛怒的情況下打屁股，情況很容易就攀升到虐待兒童的程度（如「從研究到實務」專欄中指出，幼兒照護專家並不建議使用任何形式的體罰）。

從研究到實務 輕輕打或打屁股：為什麼專家們說「不行」

再一次謝謝你，在課堂上對我們的關愛，也感謝你，當我說謊時，烏青我的屁股。

——Ricky Skaggs

沒有幾個兒童會認同這首鄉村音樂歌手創作「再一次謝謝你」的歌詞，但是大多數的家長會，因為輕輕打或打屁股（Spanking），不但被美國大多數的家長認同，甚至常常被視為是一種必要而值得採用的管教方式。研究指出，4 歲以下孩子的受訪母親，幾乎有一半在前一個禮拜曾打過她們的孩子，有接近 20%的母親相信，對於 1 歲以下的嬰兒打屁股是恰當的行為（Gagné et al., 2007; Simons & Wurtele, 2010; Straus, Gelles, & Steinmetz, 2003）。

這種見解與專家們的看法不同，很多科學證據顯示必須盡可能避免使用輕輕打或打屁股的處罰，雖然體罰可產生立即順從的效果——兒童常會馬上停止導致被挨打的行為——不過日後卻會留下不少嚴重的後遺症，例如：輕輕打或打屁股，與低品質的親子關係、孩子與家長的心理健康不佳，或孩子日後發生較多不良行為及反社會行為有關。被體罰的兒童比很少被體罰的兒童較不易發展自己內心的道德感。體罰會誤導兒童，讓他們以為暴力是一種可以被接受、解決問題的方法，甚至將暴力的攻擊性行為當作一種行為榜樣（Durant, 2008; Gershoff, 2002; Kazdin & Benjet, 2003）。

人種、種族和文化在體罰的內涵與發生扮演著一個關鍵性的角色，例如，非裔美國人與西裔美國人家庭中發生體罰的比率，都較白種美國人與亞裔美國人家庭高（Hawkins et al., 2010）。

奧地利、德國、以色列和瑞典等國家，把對兒童任何形式的體罰，包括輕輕打或打屁股的處罰都認為是違法的行為。在其他國家如中國，對打小孩有很強烈的社會規範，所以輕輕打或打屁股的處罰事件很少發生。在美國，因為對個人自由的尊重，反而助長社會氛圍，認為家庭生活包括對孩子的體罰是一種私密個人的選擇，因而助長體罰事件的發生（Gershoff, 2002; Hawkins et al., 2010; Kim & Hong, 2007）。

雖然一般人對輕輕打或打屁股產生的負面效果有一致的看法，但是，我們也很清楚，並不是所有的體罰都是相同的。儘管兒童發展專家、醫生與其他專家都一致同意，經常使用嚴重而持續性的輕輕打或打屁股會產生最負面的效果，但是有關偶爾發生輕微而非傷害性的輕輕打或打屁股負面效果的研究證據則比較複雜，例如：常輕輕打或打小孩屁股的家長比那些不常打孩子的家長，較少抱孩子、較少念書給孩子聽，也較少跟他們的孩子玩；常打小孩的家長在生理上的反應較不穩定，對壓力的反應也較快。因此，輕輕打或打屁股本身可能不是衍生出負面問題的原因，而是這些家長所做的行為，會對他們造成孩子負面的結果（Benjet & Kazdin, 2003; Durant, 2008; Martorell & Bugental, 2006; McLoyd et al., 2007）。

縱使是輕輕的打屁股，也容易演變成嚴重的體罰行為，其實有些做法會用比打的更有效，能讓孩子順從父母〔如：使用隔離法（time-out）等〕。有關探討輕輕打或打屁股的負面結果和有效的非體罰替代方法，美國小兒科醫學會提出建議，認為輕輕打或打屁股並不是一個合適的管教技術（American Academy of Pediatrics, 1998, 2002; Goullatta & Blau, 2008; Kazdin & Benjet, 2003）。

■ 你想如何教導家長了解有關輕輕打或打屁股的危險性？
■ 是否允許老師或學校主管打孩子屁股的適當情況存在？如果有，那可能是什麼情況？

另一個導致高比率兒童虐待事件發生的因素就是，在西方社會，兒童照護被當作一件私密不對外公開的事；而在其他許多文化，孩子的養育工作則被視為幾個人甚至是整個社會的共同責任。在多數西方文化中，特別是在美國，孩子常在秘密、孤立隔絕的家庭中被扶養長大。照顧孩子被認為是父母的責任，所以當父母教養孩子發生問題或耐性面臨考驗時，別人通常都幫不上忙（Chaffin, 2006; Elliott & Urquiza, 2006）。

有時候，虐童事件的發生是因為家長對某年齡層兒童應該保持安靜與順從的能力抱持過度不切實際的期待所引起的。當孩子的能力無法滿足家長這些不切實際的期待時，就可能導致虐待的行為發生（Peterson, 1994）。

我們發現很多曾經虐待自己孩子的父母，他們自己在孩提時代也是受虐兒。根據**暴力循環假設**（cycle-of-violence hypothesis），曾遭受虐待和被忽視的兒童，長大成人後也容易虐待或忽視自己的孩子（Heyman & Slep, 2002; Miller-Perrin & Perrin, 1999; Widom, 2000）。

依據這個假設，曾被虐待的受害者從孩童時期的經驗得知，暴力是一種恰當且可被接受的管教方式。暴力行為可能會從一代傳到另一代，而每一代都透過參與虐待、家庭暴力的活動，學會了虐待兒童的行為（忽略了學習解決問題所需的技能，並灌輸不必訴諸體罰的訓誡方式）（Blumenthal, 2000; Craig & Sprang, 2007; Ethier, Couture, & Lacharite, 2004）。

事實上，在孩童時期遭受虐待，長大後並非一定會虐待他們自己的孩子，統計資料顯示只有約三分之一受過虐待或忽視的兒童，長大成人後會發生虐待自己的孩子的行為，其餘三分之二曾遭受虐待的兒童，長大後並沒有變成虐待兒童者。由此可見，在孩童時期經歷虐待痛苦，並不能完全解釋成人之後虐待兒童的理由（Cicchetti, 1996; Straus & McCord, 1998）。

心理虐待

兒童也可能因為稍微不恰當的疏失而成為受害者。當父母或其他照顧者傷害兒童的行為、認知、情緒或身體功能時，就是一種**心理虐待**（psychological maltreatment），可以明顯的或忽視不管的方式進行（Arias, 2004; Higgins & McCabe, 2003）。

例如，有的父母的虐待方式可能經由恐嚇、輕視或羞辱，來脅迫和折磨他們的孩子，因此兒童會感到失望或挫折。或者他們會不斷地被提醒自己是父母的負擔，父母可能會告訴他們，但願沒有生過孩子，更希望沒有把孩子生下來。孩子可能會遭受遺棄或死亡恐嚇。在其他的例證中，可以看到年紀較大的兒童有被剝削的情形，他們會被迫去工作，然後把賺的錢交給父母。

其他心理虐待案例，有採取忽視不管的方式。**受忽視的兒童**（child neglect），他們的父母漠視孩子或不回應他們在情感上的需求。在這種情形下，兒童可能會被交付不切實際的責任或讓他們自生自滅。

目前沒人能確實知道每年到底發生多少心理虐待的案件，因為並未將心理虐待事件與其他虐待類型分開統計，而且大部分的心理虐待案件都發生在個人家庭中，並不為人所知。再者，心理虐待通常都不會造成傷痕，不像瘀傷或骨折等身體上的傷害會引起醫生、老師和其他有關當局的關注，因此，許多心理虐待的事件無法被發現。顯而易見地，在嚴重的忽視案件中，兒童未被適當管教或照顧等是最常見的心理虐待方式（Hewitt, 1997）。

心理虐待會造成什麼樣的後果呢？有些兒童能從虐待的折磨中完全恢復過來，長大成為心理健康的成人。但是很遺憾地，我們也看到很多無法平復、傷害後果延續的案例，例如：心理虐待常與低自尊、說謊、偏差行為以及在校低成就等表現有關。極端的案例中，還有可能會發生犯罪、攻擊性行為以及謀殺案件。其他的例子，如受過心理虐待的兒童有的變得憂鬱，甚至自殺（Allen, 2008; Eigsti & Cicchetti, 2004; Koenig, Cicchetti, & Rogosch, 2004）。

心理虐待和身體虐待之所以產生許多負面結果，原因之一乃是受害者的腦部因受虐待而產生永久性變化（如圖 8-9 所示），例如：在兒童時期遭受虐待，可能導致成人時期腦內的杏仁核與海馬迴體積縮小。兒童受虐待產生的害怕和恐懼，也可能使負責調整記憶和情緒作用的腦邊緣系統過度興奮，而發生永久性的變化，導致成人時期產生反社會的行為（Rick & Douglas, 2007; Twardosz & Lutzker, 2009; Watts-English et al., 2006）。

挫折復原力：克服困難

對許多兒童而言，兒童時期是一段辛苦的歷程。根據聯合國兒童基金會的統計資料，世界上約有 10 億兒童，亦即每兩個兒童中就有一個兒童因為戰爭、人類免疫系統不全症病毒（HIV）和愛滋病（AIDS）或貧窮遭受到強烈的剝奪。有超過 6.4 億的兒童生活在泥土地板的房子或非常擁擠的家庭；每天有將近 3 萬

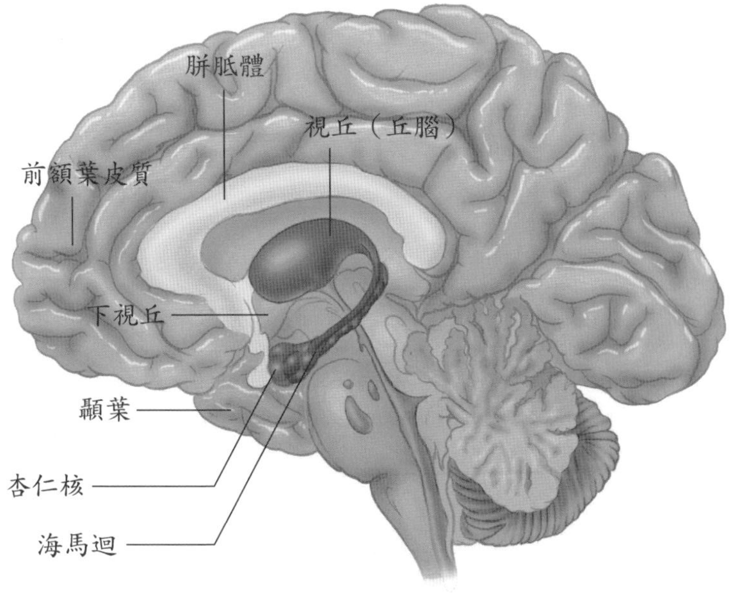

圖 8-9 虐待改變人的腦部

腦的邊緣系統由海馬迴與杏仁核組成，可能因兒童時期遭受虐待而發生永久性的改變。

資料來源：*Scientific American* (2002, p. 71).

名兒童死亡，而死因常常是可以避免的疾病；另外還有 200 萬名兒童，其中大多數是女孩，被捲入商業性的色情行業中（United Nations Children's Fund, 2004）。

但是，並不是所有的兒童都屈服於命運加諸的逆境，事實上，有些兒童雖然遭遇非常的艱難，卻能令人驚奇地度過難關。是什麼力量讓這些兒童可以克服壓力與創傷，而不會造成他們生命的傷痕呢？

這個答案似乎與一般心理學家所說的挫折復原力的品質有關。**挫折復原力**（resilience）是一種兒童能克服使其處於高風險身心傷害之環境的能力，這些狀況如：面對極端的貧窮、產前壓力、家庭處於暴力或其他形式的社會動亂。在某些案例中，有若干因素似乎能降低和幫助兒童完全消除困境對他們的影響，而這些困境對其他的兒童而言，會產生嚴重的負面效果（Bonanno & Mancini, 2007; Luthar, Cicchetti, & Becker, 2000; Trickett, Kurtz, & Pizzigati, 2004）。

依據發展心理學家 Emmy Werner 的說法，具有挫折復原力的兒童，常有使不同類型照顧者對他們產生正面回應的氣質。這些兒童往往對人比較親切熱情、比較隨和而脾氣也比較好。嬰兒時，也較易被安撫，能夠在所處的任何環境引發大多數照顧者對他們照顧的意願。因此，這意味著有挫折復原力的兒童，能成功地選取別人發展所需的行為，創造自己有利的環境（Martinez-Torteya et al., 2009; Werner, 1995; Werner & Smith, 2002）。

在年紀大一點的兒童身上，也發現這些類似特點。最具有挫折復原力的學齡兒童在社交上往往討人喜歡、外向，同時擁有良好溝通技巧。他們相對地都比較聰明、有主見，覺得自己能夠決定命運，不必依賴別人或靠運氣（Curtis & Cichetti, 2003; Kim & Cicchetti, 2003; Mathiesen & Prior, 2006）。

具有挫折復原力特徵的兒童指出一些方法，可用來改善這些面臨多種發展威脅兒童的未來，例如：首先，除了減低他們暴露於高風險的環境外，我們更需教導他們應對的能力及面對困境的方法。事實上，有效幫助特別容易受害兒童的計畫，都有一個共同的脈絡，就是提供能幹且能照料兒童的成人楷模，這些人可以教導孩子解決問題的技能，同時也協助兒童向幫助他們的人溝通，提出他們的需求（Brazier & Duff, 2005; Maton, Schellenbach, & Leadbeater, 2004; Ortega, Beauchemin, & Kaniskan, 2008）。

你是一個明智的兒童發展消費者嗎？

保持學前幼兒健康

一個人絕不可能保證平安無事，即使一個健康的學前幼兒偶爾也會生病，與別人互動時，疾病可能就從一個兒童傳到另一個。然而，有些疾病是可以避免的，其他疾病若採取下列簡單的防範措施，則可能降低病情：

- 學前幼兒必須均衡營養的飲食，尤其要吃含有充足蛋白質的食物（建議 2 至 4 歲兒童每天攝取的熱量約為 1,300 大卡，而 4 至 6 歲兒童約 1,700 大卡）。因為學前幼兒的胃較小，所以他們一天可能要吃約五至七餐。
- 需要鼓勵學前幼兒多做運動，因為多做運動的兒童比那些安靜、不愛運動的兒童較不會有肥胖情形。
- 兒童要盡量多睡覺，因營養或睡眠不足會導致兒童體力不足，比較容易生病。
- 兒童需要避免與病人接觸，孩子與其他病童玩耍後，家長必須確認一定要把手洗乾淨（同時也要強調平常勤洗手的重要性）。
- 兒童必須做定期的預防接種。如表 8-2 所示，依照現行的建議：一個兒童必須接種九種不同疫苗和其他預防性藥物，並接受五至七次醫生檢查。
- 最後，如果孩子真的生病了，記得兒童時期的輕微疾病，有時會提升日後抵抗較嚴重疾病的免疫力。

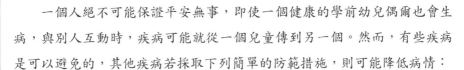

表 8-2 疫苗接種需依規定的建議年齡進行

長條圖形指出建議接種年齡的期間，任何未在建議年齡層完成的疫苗，必須在下一次醫生檢查時完成。橢圓圖形表示接種或施打疫苗的時間過早或已超過建議的最低年齡。

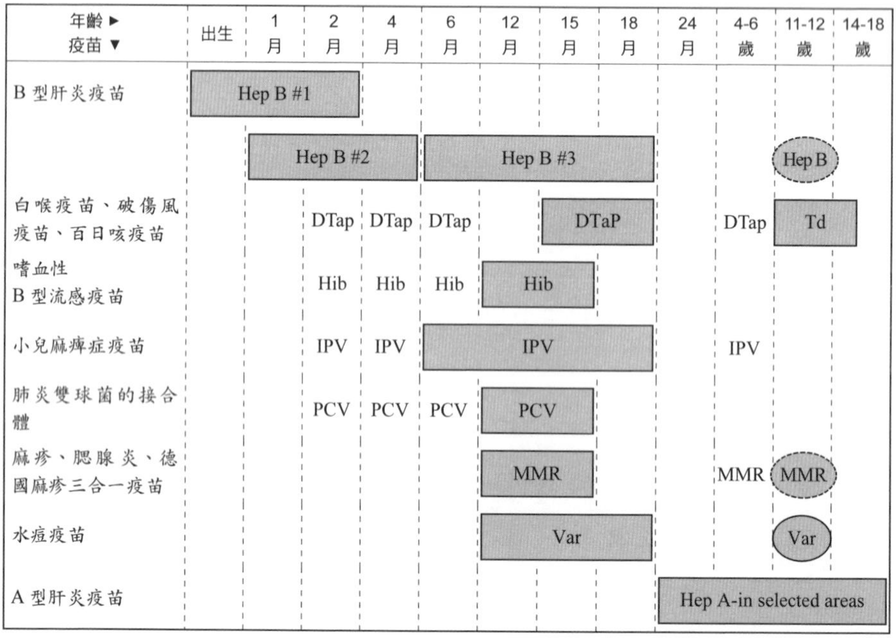
年齡 ►
疫苗 ▼
出生
1 月
2 月
4 月
6 月
12 月
15 月
18 月
24 月
4-6 歲
11-12 歲
14-18 歲
B 型肝炎疫苗
Hep B #1
Hep B #2
Hep B #3
Hep B
白喉疫苗、破傷風疫苗、百日咳疫苗
DTap
DTap
DTap
DTaP
DTap
Td
嗜血性 B 型流感疫苗
Hib
Hib
Hib
Hib
小兒麻痺症疫苗
IPV
IPV
IPV
IPV
肺炎雙球菌的接合體
PCV
PCV
PCV
PCV
麻疹、腮腺炎、德國麻疹三合一疫苗
MMR
MMR
MMR
水痘疫苗
Var
Var
A 型肝炎疫苗
Hep A-in selected areas

動作發展

7 學前階段幼兒的粗動作與精細動作技能是如何發展的？

8 學前階段的幼兒如何發展其優勢手（慣用手）和藝術領域的表現？

Anya 坐在公園的沙箱，一面跟其他家長聊天，一面在陪她的兩個小孩——5 歲的 Nicholai 和 13 個月大的 Sofia 玩。聊天時，她仍然密切地注意著 Sofia，因為若不阻止，Sofia 偶爾會把沙子往嘴巴裡塞。今天 Sofia 看起來很高興地玩沙，讓沙粒從她手中流出，然後再試著將沙子放進水桶中。另一方面，Nicholai

則忙著和其他兩個男孩快速地將沙裝滿水桶，再倒出來建造一個精緻的沙堡，蓋好後再用玩具卡車進行摧毀。不同年齡的兒童聚在遊樂場玩時，你便可以看到他們的動作發展從嬰兒期到現在已有長足的進步。他們的粗動作與精細動作的發展更加細緻化，例如：Sofia 仍然在練習把沙放進水桶的動作，而她的哥哥 Nicholai 則已經能輕易地使用這個技能，並運用到建造沙堡的大工程上。

粗動作技能

到了 3 歲大，兒童已精通多種技能，如跳躍、單腳跳躍、跳繩和跑步。到 4、5 歲更能控制他們的肌肉，技巧變得更精熟，例如：在 4 歲時，他們可以準確地投球給朋友接，到 5 歲大時，他們就能拋一個圈圈並使圈圈正好套在五英尺遠的木樁上。5 歲大孩子已能學會騎腳踏車、攀爬梯子和滑下斜坡，而這些活動都需要很好的協調（Clark & Humphrey, 1985）。表 8-3 概述了學前幼兒階段出現的主要動作發展。

表 8-3 幼兒時期主要的粗動作發展

3 歲幼兒	4 歲幼兒	5 歲幼兒
不能夠突然或很快地轉彎或停下來	能較有效地控制停止、開始與轉彎的動作	在遊戲時，能有效地做出開始、轉彎與停止的動作
能跳 15 至 24 英寸的距離	能跳 24 至 33 英寸的距離	能跳遠 28 至 36 英寸
能在不需幫助的情況下，爬上樓梯並會左右腳相互交替	在有人幫助的情況下，能雙腳交替地下很長的樓梯	能雙腳交替地下很長的樓梯
能單腳跳躍，但使用許多不規則形式變化的連續跳	能以單腳跳 4 至 6 步	能輕易地跳 16 英寸的距離

資料來源：C. Corbin (1973).

活動程度

粗動作發展與大腦之發育及與平衡協調有關之大腦部位神經元髓鞘之形成有關聯。粗動作發展在學前階段能如此快速的另一個理由，就是兒童花更多的時間去練習這些動作。在這個期間，兒童一般的活動程度都特別高，學前幼兒看起來好像不斷地在動。事實上，3 歲時幼兒的活動程度比人一生當中任何階段都要來得高。此外，隨著年齡的增加，學前幼兒的身體敏捷程度也會增加（Planinsec, 2001; Poest et al., 1990）。

雖然一般幼兒活動程度都很高，但是孩子之間還是存在顯著的差異，有些是與遺傳的氣質有關。由於氣質的因素，嬰兒時期就非常活躍的兒童，到了學前階段還會繼續保持活潑，嬰兒時期就比較溫順的兒童，到了學前階段通常也會保持溫順的個性。此外，同卵雙胞胎往往也較異卵雙胞胎表現出更相似的活動程度，這一個事實指出遺傳對決定活動程度之重要性（Wood et al., 2007）。

遺傳當然不是決定學前幼兒活動程度的唯一因素，環境因素如：家長的管教方式和界定合適與不合適行為的文化，也扮演了重要的角色，有些文化鼓勵學前幼兒盡情玩樂，相反地，有些文化則有許多限制。

總而言之，遺傳與環境因素的組合決定兒童活動程度。但是，一般而言，學前階段仍是幼兒一生當中最活躍的時期。

粗動作技能在性別上的差異

女孩與男孩在一些粗動作的協調方面有不同的表現。造成這個差異的原因，有一部分是因肌力不同，一般而言，男孩的肌力比女孩略大一些，例如：男孩通常能把球投好一點、跳高一點。此外，男孩整體活動程度，都要比女生大許多（Pelligrini & Smith, 1998; W. O. Eaton & Yu, 1989）。

雖然女孩沒有像男孩那麼有力氣，整體的活動程度也比較低，但在需要手、腳協調的動作發展，她們通常都會超越男孩，例如：在 5 歲大時，女孩進行開合跳和單腳平衡的動作能做得比男孩好（Cratty, 1979）。

學前幼兒之間粗動作能力的差異，是由許多因素造成。除了遺傳會決定優勢與活動程度的差異之外，社會也扮演著影響的角色。如將在第 10 章討論，隨著孩子年紀的增長，社會對不同性別適合的活動種類會有一定的影響，會認為哪些活動適合於女孩從事，而哪些則是適合男孩的，例如：社會認定可以接受學前男孩玩的遊戲，往往比認為適合女孩的遊戲需要更多的粗動作技能。因為男孩比女孩會多做許多粗動作技能的練習，因此他們這方面的技能當然會變得更加熟練（Golombok & Fivush, 1994; Shala & Bahtiri, 2011; Yee & Brown, 1994）。

然而，不管兒童的性別如何，在學前階段這幾年，他們的粗動作技能已顯現長足的進步，這些進步使他們到了 5 歲就能很輕易地爬樓梯，玩「猜領袖」的遊戲、能較輕鬆地玩滑雪板。

精細動作技能

兒童發展粗動作時，他們的精細動作技能也在同步發展中，這些技能包含較小且更細緻的身體動作。精細動作技能包含各種活動，如使用叉子與湯匙、使用剪刀、綁鞋帶和彈鋼琴等。

這些精細動作技能需要許多練習，就像我們都知道的，一個 4 歲的孩子會很努力地練習抄寫英文字母。然而，精細動作技能有明確的發展模式（如表 8-4 所示）。3 歲的兒童到浴室就能自己脫掉身上的衣服、玩簡單的拼圖遊戲，也能將不同形狀的積木放入配對的洞中。然而，完成這些動作時，他們還不能將工作做得很完美，例如：他們可能會將積木用硬塞的方式，放入相對的位置。

兒童 4 歲時，他們的精細動作技能已發展得相當不錯，例如：他們能把紙摺成三角形的圖樣，也能用蠟筆寫上自己的姓名。大多數 5 歲的兒童都已能握

表 8-4 幼兒的精細動作技能

3 歲幼兒	4 歲幼兒	5 歲幼兒
剪紙	把紙摺成三角形	把一張紙摺成一半及四分之一的大小
用手指黏貼	寫姓名	畫三角形、長方形、圓形
用 3 個積木搭蓋橋	串珠	用蠟筆畫東西
畫○和＋	抄寫×	造黏土標的物
畫洋娃娃	用 5 個積木搭蓋橋	抄寫字母
從水壺倒出液體而不溢出	用各種不同容器倒出東西	抄寫兩個短的字
完成簡單的拼圖	打開並固定衣夾	

好並精確地使用細的鉛筆了。

肌肉控制能力的另一個議題，也是家有學步兒父母最頭痛的一個問題，就是大小便、膀胱的控制。如以下將討論的如廁訓練的時間與內涵，的確是一個頗具爭議性的論點。

便盆或馬桶的戰爭：兒童應該在何時和如何接受如廁訓練呢？

有關兒童照顧的議題，很少像如廁訓練會受到家長的關注，同時亦引起專家和外行人正反兩面不同的爭議。這些不同的觀點常常出現在媒體上，甚至泛政治化。一方面，例如：有名的小兒科醫師 T. Berry Brazelton（1997; Brazelton et al., 1999）建議如廁訓練應該採取比較有彈性的做法，他提倡訓練應該要等到兒童具備接受訓練的徵兆出現再進行效果較好。另一方面，以在媒體提倡保守、傳統方式養育孩子聞名的心理學家 John Rosemond 則主張採取比較嚴格的方式，認為如廁訓練應該要及早，越快越好。

兒童開始實施如廁訓練的年齡，在過去幾十年內已有明顯的延後。例如在 1957 年有 92%的兒童在出生後 18 個月，就開始接受如廁訓練。但在 1999 年，卻只有 25%的孩子在那個年齡時開始進行如廁訓練，有 60%的兒童則在 36 個月時才開始訓練，另外，約有 2%的兒童到了 4 歲，仍然沒有如廁訓練（Goode, 1999）。

美國小兒科醫學會現行的指導方針係支持 Brazelton 的立場，認為兒童沒有一個固定開始進行如廁訓練的時間，進行訓練必須注意兒童是否已準備好，才能開始。幼兒在 12 個月大以前都還無法控制自己的大小便，再過 6 個月之後也只能有輕微的控制而已。雖然，有些孩子在 18 至 24 個月之間，就有準備接受如廁訓練的徵兆，但是有些孩子到了 30 個月或更大時可能都尚未準備好（American Academy of Pediatrics, 1999; Connell-Carrick, 2006; Fritz & Rockney, 2004）。

兒童具備如廁訓練的跡象，包括：白天至少尿布能保持兩個小時的乾燥或午睡醒來尿布是乾的；產生可預測的便意；可透過幼兒臉部的表情或語言的暗示，知道孩子將要小便或大便；幼兒具備遵循簡單指引的能力；可以去浴室並有自己脫衣褲的能力；對弄髒的尿布會開始覺得不舒服；會要求使用廁所或便盆，以及希望可以穿內褲等。此外，還要注意兒童除了在身體準備足夠了，在情緒上也要準備好了。如果他們表現對如廁訓練產生強烈抗拒徵象，如廁訓練就必須暫緩實施（American Academy of Pediatrics, 1999）。

雖然兒童在白天已經會自己如廁，他們通常也需要過好幾個月或幾年才能夠在夜晚順利地控制大小便。但是，差不多有四分之三的男孩和大部分的女孩，在 5 歲之後都能於白天保持乾燥不會尿濕。

完整的如廁訓練要等到兒童發育成熟，能控制好膀胱等相關的肌肉。然而，幼兒很晚仍無法自己如廁時，家長或老師要注意了解原因，分辨兒童不喜歡接受訓練的因素或訓練時是否被兄弟姊妹或同儕嘲笑。若有這種情形發生，有幾種有效的因應方式，如兒童保持乾爽時予以獎勵，或尿床時會被有電池裝置的感應器喚醒等，這些處理方法常常都能發揮很大的效果（Houts, 2003; Nawaz, Griffiths, & Tappin, 2002; Vermandel et al., 2008）。

優勢手現象：將右撇子與左撇子兒童分開

學前幼兒到底如何決定該用哪一隻手握鉛筆、抄寫和表現其他的精細動作技能呢？對大多數兒童而言，他們的選擇在出生後不久就已經確定了。

到入小學時，大多數的兒童都很清楚知道自己喜歡的慣用手是哪一邊，也就是有所謂的**優勢手現象**（handedness）的發展。事實上，有關發展優勢手的現象，早在嬰兒時期就有跡可循，嬰兒可能會比較偏愛使用身體的某一側，到了 7 個月大時，有些嬰兒就有喜歡使用某一隻手的現象，會常用這一隻手去抓握東西。然而，也有許多兒童到學前階段結束都沒有偏好的現象，有不少的兒童仍能保持靈活使用兩隻手（Bryden, Mayer, & Roy, 2011; Marschik et al., 2008; Segalowitz & Rapin, 2003）。

到了 5 歲時，大多數兒童都會表現出清楚的偏好，亦即他們都有偏愛使用某一隻手勝過另一隻手的個人癖好。有 90%的兒童偏愛使用右手，而有 10%的兒童則是慣用左手（左撇子）。一般而言，慣用左手的男孩比女孩多。

以往從事研究優勢手現象及意涵的案例為數不少，一部分是與過去左撇子的人都具備邪惡本質的傳言有關（sinister 這個字係取自拉丁字，是「在左邊」的意思），例如：在伊斯蘭文化，左手通常只在上廁所時使用，用左手進食被認為是一種野蠻的行為；在基督教的藝術中，惡魔的形象則常常被描繪成是左撇子。

暗示左撇子不好的神話並沒有科學根據，事實上，有證據顯示左撇子反而是有利的，例如：針對 10 萬名參加學業能力評估測驗（SAT）的學生做的一項研究，結果顯示在最高得分類別中左撇子就占了 20%，這個比率是一般人口中左撇子比率的一倍。才華出眾的人士，例如：米開蘭基羅、達文西、富蘭克林與畢卡索等都是左撇子（Bower, 1985）。

雖然，過去曾經有一些教育人士嘗試強迫左撇子兒童使用右手，尤其是當他們學習寫字的時候，但是，這種想法已有改變。現在大多數的老師都鼓勵兒童使用他們喜歡的那一隻手。 然而大多數的左撇子兒童都同意，目前書桌、剪刀以及其他日常學童用品的設計，都對使用右手的兒童比較方便有利。事實上，目前這個世界太過於「偏右」，對左撇子而言是一個很危險的地方，所以，左撇子會發生比較多的意外事故，也比右撇子面臨較多早死的風險（Bhushan & Khan, 2006; Dutta & Mandal, 2006; Ellis & Engh, 2000）。

過去對於優勢手的現象曾經有過許多的猜測，但是卻少有一致的結論。有些研究發現左撇子與高成就有關，其他研究卻顯示偏愛使用左手者並無任何有利點，也有些研究結果指出可以靈活使用雙手的兒童，其學業表現並不突出。顯然地，有關優勢手的好壞目前仍無定論（Bhushan & Khan, 2006; Corballis, Hattie, & Fletcher, 2008; Dutta & Mandal, 2006）。

藝術：兒童繪畫的發展

許多家庭廚房的特色之一，就是冰箱門貼滿了孩子最近的藝術品，而兒童所創造的藝術品遠比單純的廚房裝飾品更重要。兒童發展專家認為藝術在兒童發展精細動作的能力及其他領域時，扮演著相當重要的角色。

幼兒從事基礎的藝術創作時，經由操作使用、熟練一些工具，如畫筆、蠟筆、鉛筆和麥克筆等，可從中獲得控制精細動作的能力，而這些能力將有助於他們未來學習書寫之用。

除此之外，藝術也可以教導兒童一些重要的課題，例如：兒童可以學習規劃、自制和自我修正的能力。當3歲大的兒童拿起畫筆時，他們往往不假思考，用畫筆在畫紙上塗鴉。然而，5歲大的兒童就會花時間思考、構思作品想呈現的輪廓。畫圖前，他們在腦中先構思，畫完時，再檢視自己的作品與原先構想相符合的程度。年紀大一點的兒童，會重複創作相同的作品，想辦法克服以前犯過的錯誤，使作品得到最好的改善。

根據發展心理學家 Howard Gardner 的說法，學前幼兒創作粗糙、不成熟的美勞作品，就如同嬰兒牙牙學語期需要練習發出喋喋不休、呢喃不清的話語一般。他主張幼兒隨意塗鴉創作的經驗，是日後進行複雜創作的重要基礎（Gardner, 1989; Golumb, 2002, 2003）。

其他的研究學者則建議學前幼兒的繪畫發展，會依循一定的發展階段（Kellogg, 1970）。第一個階段就是塗鴉期，在這階段的作品看起來很像只是在畫紙上胡亂塗鴉。但是，其實不然，塗鴉本身就可以分成20種不同的類型，如有水平線或有鋸齒線的塗鴉等。

其次是形狀期，約在兒童3歲左右，畫作很明顯會出現許多種形狀，如正方形和圓形等。這時期的兒童畫會出現各式各樣的形狀以及×和＋的符號。這個時期之後，兒童很快地進入了設計階段，此時期的特徵就是兒童已具備將許多單一簡單的形狀組合成一個更複雜創作的能力。

最後，4至5歲的兒童已進入圖示期，在這個時期，他們畫中的物體可被辨認的程度已非常高（如圖8-10所示）。

能畫出可被辨識的真實物體，即是為人所知的具象主義藝術，這顯現出幼兒在藝術作品的重大進步，一般成人也常強烈鼓勵幼兒從事這類型的創作。但從另外的觀點，這種變得較具象的藝術其實是一件很可惜的事，因為這顯示幼兒畫畫的興趣焦點已不在形狀和設計方面，而形狀和設計在日後藝術的發展是重要而絕對必要的，所以幼兒太早聚焦於具象創作是不好的。誠如偉大藝術家畢卡索的名言：「我花了畢生的時間，學習畫得像兒童一般」（Winner, 1989）。

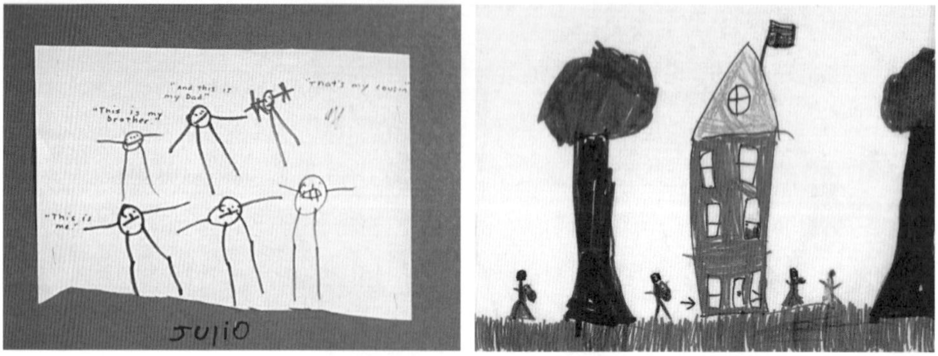

圖 8-10 兒童繪畫的發展

當 4 至 5 歲學前幼兒進入圖示期時，他們畫中的物體可被辨認的程度已非常高。

個案研究 女生不可以

有一件事情讓 Jessalyn Palmer 的父親 Dave 覺得很困惑，因為他快 5 歲的女兒 Jessalyn 希望能參加美國原住民夏令營「繩索與樹林」（Ropes & Branches）的活動，可是她未被主辦單位接受，相反地，卻被編排到「串珠與編籃」（Beads & Baskets）的營隊。

但是，Jessalyn 並不喜歡串珠或編織籃子的活動，她喜歡像男孩一樣參加「繩索與樹林」的活動，可以打繩結、編繩梯、做時髦的彈弓，或可以從這棵樹盪到另一棵樹。她一向很活潑，對於參加活動碰撞而產生的身體疼痛或瘀青，都能開心地一笑置之。

Dave Palmer 懇求負責經營夏令營的夫婦允許 Jessalyn 換班，但是他們卻堅決不答應。主辦單位認為「繩索與樹林」的活動對她很危險，因為該班的活動需要冒險、強壯的體力和敏捷度。他們認為女孩的手指技能較靈巧，適合像編織和串珠的活動。Jessalyn 若參加「繩索與樹林」的活動，很可能在繩梯上受傷，所以他們不願意冒這個風險。

Dave 相信主辦單位誇大活動的風險，該夏令營有很好的工作團隊，以往的安全紀錄也很完善。他抗議說，Jessalyn 跟參加「繩索與樹林」班的任何一個男孩一樣強壯而敏捷，因此她的風險不會比他們大，但是，夏令營的負責人仍不為所動。當負責人的先生發表評論說「女孩不該做打繩結的事」時，Dave覺得這一件事情已超過個人判斷的範圍，他知道夏令營負責人是善良而公正的人，但或許是美國原住民的傳統文化導致他們做出這樣的決定。

被困在文化與他女兒的失望之間，Dave 真不知道該如何做。

1. 假若你了解有關男孩與女孩在 5 歲時的身體特點，你認為Dave該如何就 Jessalyn 的體能與敏捷度跟夏令營同齡男孩相等的論點，提出有利的理由？
2. 你認為夏令營負責人以女孩有卓越的精細動作能力為理由，安排Jessalyn到「串珠與編籃」的營隊，這種做法正確嗎？你認為他們拒絕她參加一般男孩需要比較多體能的活動，這樣的做法是正當的嗎？
3. 針對 Jessalyn 會跟「繩索與樹林」營隊的男孩一樣安全的說法，你認為需要哪些資料才能做出比較公平的裁決？ 如果可以？你會如何要求夏令營負責人採取什麼政策因應？
4. 如果Jessalyn質問Dave為什麼她不能參加「繩索與樹林」的活動，你認為 Dave 該如何回答？你認為 Dave 應該告訴她夏令營負責人做這個決定背後的實情嗎？還是應該隱瞞呢？
5. 如果夏令營負責人仍還是不改變他們的想法，你會建議 Dave 該如何做？

結語

在本章，我們看到從嬰兒期到進入學前階段，兒童的身體產生巨大的變化，學前幼兒的身體，在體重與身高兩方面大幅成長。雖然，他們的健康面臨生病與意外傷害的威脅，但是一般而言，大部分的兒童都是很健康、很有活力、喜好發問，並能熟稔學前階段一系列令人記憶深刻的身體動作技能。

在開始討論兒童認知能力發展之前，讓我們回到本章序言所提有關William

與特百惠塑膠盒和神秘抽屜的奇遇。讓我們思考下列一些問題：

1. 你想 William 為什麼要特別去打開那個抽屜？他純粹只是為了要尋找食物嗎？
2. William在幼兒園教室內行走，與打開抽屜、特百惠塑膠盒和箱子的動作，要運用哪些粗動作與精細動作的能力？
3. 在這一事件中，William 面臨了哪些危險？
4. 需要照顧一整班學前幼兒（包括 William）的老師，她可以採取哪些措施，來預防 William 玩弄抽屜內的東西？

回顧

1 學前階段的幼兒身體和大腦會發生哪些變化？

- 學前階段兒童的身體持續穩定成長，身高與體重的差異受個人、性別與家庭經濟狀況的影響。
- 除了身高與體重增加外，學前幼兒的身體在體型與結構上也發生改變，兒童體型處於良好的健康狀況，骨骼和肌肉變得更強壯。
- 學前階段，腦的發展顯得特別快速，細胞間的連結數與神經元四周的髓鞘也大量增加。大腦的左右兩半腦，透過單側化的過程，發展出不同、特殊的功能。然而，雖有單側化，但是大腦兩半球功能運作卻協調如一，事實上，功能差異很微小。
- 有若干證據顯示，大腦構造因性別與文化而有差異，例如：男孩與女孩的腦半球有一些差異，導致他們在下半身反射作用、聽覺資訊處理與語言方面的表現產生差異。此外，有一些研究指出這些結構上的特點，如母音的處理，會因文化差異而不同。
- 大腦的發展增進學前幼兒感官功能，包括眼睛動作及聚焦獲得較佳控制，視覺的感受度與聽覺的敏銳度皆獲得改善。

2 學前階段的幼兒如何發展各種感官能力？

- 腦的快速發展改善了學前幼兒的感官功能，例如：大腦的成熟導致眼睛有較佳控制與聚焦能力。但是學前階段前期幼兒的眼睛功能，仍然比後期發展出的功能低。

3 學前階段的幼兒有哪些不同的睡眠模式？

- 大多數的學前兒童在晚上都能睡得很好。
- 有一些兒童會發生睡眠困難的問題，如夢魘和夜驚。

4 學前階段的幼兒有哪些營養需求？什麼是引發兒童肥胖的原因？

- 學前幼兒比年幼期的嬰幼兒需要較少的食物，他們主要需要均衡的營養。所以，如果父母和他們的照顧者能提供多種健康的食物，那麼兒童自己通常都能達到攝取適當、均衡營養的目標。
- 肥胖症是由遺傳與環境等兩個因素所共同造成的。一個強而有力的環境影響，似乎就是父母和兒童的照顧者會用他們自己孩子對食物的需求，來取代兒童的內在需求傾向與自制能力。

5 學前階段的幼兒會經歷哪些健康和保健的威脅？

- 學前幼兒通常只罹患一些輕微的疾病，但是，有時也很容易罹患一些危險的病症，包括兒童血癌（白血球）與愛滋病（AIDS）等。
- 在世界上經濟已開發的國家，這些年來實施疫苗接種計畫大致上已有效地控制了主要威脅生命的疾病。不過，在世界上經濟比較處於不利地位的區域，情況就不是這樣樂觀了。
- 學前學校孩童面對來自意外事故的風險要大於來自生病或營養問題的風險。引發危險之原因中有一部分是由於孩童的高活躍程度，而另一部分是因為環境的危險物所造成的，如：鉛中毒等。

6 虐待兒童與心理虐待的形式有哪些？導致這些虐待情形發生的原因為何？

- 兒童虐待的方式可能是體罰，但這也可能是一些比較輕微的動作。心理虐待可包含父母疏忽應盡的責任、情緒上的疏忽、恐嚇或屈辱幼兒、對幼兒不切實際的要求與期待，或剝削兒童等行為。
- 孩童虐待的案件在美國與其他國家均以驚人的頻率在發生，尤其是發生於充滿壓力的家庭環境中。這些國家保有家庭隱私與規範的觀念，促成了高頻率的兒童虐待行為，因為這種傳統的觀念支持在養育孩子的過程中可以使用體罰。

- 暴力循環假說指出受虐兒童長大成人後有變成施虐者的可能性。
- 挫折復原力是允許面臨受虐風險的孩童去克服他們危險處境的一種個人特質。具有復原力的孩童往往比較熱情、親切而隨和，且能從他們所處環境的成人中誘出願意教養他們的回應。

7 學前階段幼兒的粗動作與精細動作技能是如何發展的？

- 兒童在就讀幼兒園期間，粗動作與精細動作能力會快速地發展，因為在這一段期間，他們的活動量會達到高峰。遺傳與文化因素將決定兒童發展的差異。
- 在就讀幼兒園期間，男孩展現強大的力氣與活動量，女孩的手腳協調性則表現較佳。遺傳與社會兩種因素在決定這些差異上扮演重要的角色。
- 精細動作能力也在學前階段得到很好的發展，經過多方面的練習，此階段的兒童已能熟練更精巧的動作。

8 學前階段的幼兒如何發展其優勢手（慣用手）和藝術領域的表現？

- 截至幼兒園畢業時，兒童的優勢手發展已很明確，大多數的兒童都很清楚展現偏愛使用右手的情形。
- 優勢手發展的真實意義尚不清楚，但是在這「偏右」的世界裡，右撇子的確擁有若干實際上的優勢。
- 在學前幼兒藝術表現能力的發展，經由塗鴉、形狀、設計與圖示等不同階段，不斷地進步。藝術表現能力的發展，也帶動一些相關重要能力的發展，包括規劃、自制與自我修正的能力。

關鍵詞

- 優勢腦（lateralization）：大腦執行某項功能的位置偏於某一半球（如左腦或右腦）。
- 髓鞘（myelin）：包圍部分神經元的保護隔絕物質。
- 夢魘（nightmare）：一個栩栩如生的惡夢，通常發生於凌晨。

- 夜驚（night terror）：為一種劇烈的生理現象，讓兒童在極度驚恐的狀態下醒來。
- 肥胖（obesity）：體重超過同年齡或同身高者平均體重的 20%。
- 兒童虐待（child abuse）：對孩童身體、心理虐待或忽視。
- 暴力循環假設（cycle-of-violence hypothesis）：此學說認為曾遭受虐待和被忽視的兒童，長大成人後也容易虐待或忽視自己的孩子。
- 心理虐待（psychological maltreatment）：父母或孩子其他的照顧者，利用他們的語言、行為或忽視，導致兒童在行為、認知、情緒或身體的傷害。
- 受忽視的兒童（child neglect）：漠視自己的孩子或不回應他們在情感上的需求。
- 挫折復原力（resilience）：兒童能克服使其處於高風險身心傷害之環境的能力。
- 優勢手現象（handedness）：人類明顯有偏愛使用自己某一隻手多於另一隻手的現象。

9
Chapter

學前階段幼兒的認知發展

丘嘉慧 譯

學習目標

1 Piaget 如何解釋學前階段的認知發展？
2 訊息處理取向如何解釋學前階段的認知發展？
3 Vygotsky 取向的認知發展是什麼？
4 學前時期幼兒語言能力如何發展？
5 貧窮如何影響語言發展？
6 有哪些不同類型的學前教育計畫？
7 參與家庭以外托育的結果為何？
8 電視和電腦對學前幼兒有什麼影響？

序言 漫長的告別

Samantha Sterman 不知道這件事，但她已經往獨立的路上邁進一大步。在格林威治村裡的西村幼兒園中，這捲髮小孩和其他 3 歲孩子相處融洽地揉著黏土和替娃娃洗澡。

對她的爸爸 Bruce Sterman 來說，幼兒園的第一天有點比較緊張……。

在西村幼兒園，這關鍵的一天在 9 月的第三週揭開序幕。油漆桶和蠟筆已經準備好了，老師打開門歡迎這第一次的轉變。當父母捕捉一生中老師和孩子第一次的見面，掛滿衣物的衣帽區裡閃光燈閃耀著。Jack Kamine 緊抓媽媽的腿不放，Nina Boyd 緊握著一個舊娃娃。

但教室裡在召喚，這時孩子蹦蹦跳跳地跑開，他們的父母眼泛淚光給了彼此意味深長的一眼。「我感覺像被切碎的肝，」Sterman 先生開玩笑的說——又驕傲又悲傷（Graham, 1994, p. A1）。

展望未來

對學前幼兒和他們的父母來說，第一次上學的經驗夾雜著擔憂、喜悅和期望。它開啟了一個智慧和社會的旅程，這旅程將持續許多年，並且以有意義的方式塑造兒童的發展。

在本章中，我們的重點在學前時期的認知和語言發展，探討主要的認知發展取向，包括 Piaget 理論、訊息處理取向以及越來越有影響力的俄國發展心理學家 Lev Vygotsky 考慮到文化因素而提出的認知發展觀點。

然後我們談到學前時期在語言發展上所發生的重要進展。我們探討數個針對學前階段語言能力快速增長的不同說明，並討論貧窮對語言發展的影響。

最後，我們探討兩個影響學前時期認知發展的主要因素：學校教育與媒體。我們討論不同類型的托育及學前教育計畫，並在結束時討論接觸電視及電腦如何影響學前觀眾。

智能發展

1 Piaget 如何解釋學前階段的認知發展？

2 訊息處理取向如何解釋學前階段的認知發展？

3 Vygotsky 取向的認知發展是什麼？

3 歲的 Sam 正在跟自己說話。儘管他的爸媽在另一間房間聽娛樂節目，仍可以聽到他使用兩種非常不同的聲音，「找你的鞋子，」他用低沉聲音說。「不是今天，我不會去，我討厭這鞋子，」他用較高的聲音說。較低沉的聲音回答：「你是個壞孩子，去找鞋子，壞孩子。」較高的聲音回答：「不，不，不。」

Sam 的爸媽明白他正在跟想像的朋友 Gill 玩遊戲。Gill 是一個壞孩子，常常不聽媽媽的話，至少在 Sam 的想像裡是這樣。事實上，根據 Sam 的幻想，Gill 常犯的錯和他被父母責罵的錯誤非常相似。

在一些方面，3 歲幼兒的智力成熟得令人驚訝。他們的創造力和想像力進展至一個新的境界，語言日益成熟，而且他們的推理及思考方式在數個月之前是不可能出現的。但是什麼原因使得開始於學前階段的智力發展有令人驚訝的進展，並持續在整個時期中？我們會討論幾個取向，開始先看 Piaget 在學前階段所發生之認知改變的發現。

Piaget 的前運思期

瑞士心理學家 Jean Piaget 的認知發展階段論我們在第 6 章討論過，他將學前時期這段時間視為同時具有穩定和巨變兩者。他認為整個學前階段適合成為一個單一的階段——前運思期——從 2 歲持續到大約 7 歲。

在**前運思期**（preoperational stage），幼兒提升了符號思考的使用，出現心智的推理，概念的使用也增加。當幼兒將汽車鑰匙視為搭車的象徵，看到媽媽的汽車鑰匙就會引起一個問題：「要去商店嗎？」如此顯示幼兒的內在表徵事件變得更好，而且他們變得較少依賴直接的感覺動作行動來了解周遭的世界。然而他們依然無法**運思**（operations）——有系統、形式和邏輯性的心理歷程。只有在前運思期結束時執行運思的能力才開始發揮。

根據 Piaget，前運思期思考的重要特點是**符號的運作**（symbolic function），即可以使用心理符號、字詞或物體來表徵未實際出現的人事物的能力，例如在這階段，幼兒可以使用車子（「車」這個字詞）的心理符號，他們也理解一輛小玩具車代表真實的東西。因為他們使用符號運作的能力，幼兒不再需要去操作真正車的方向盤才能了解它的基本用途及使用方法。

語言和思考之間的關係

符號的運作是前運思期中主要進展之一的核心：越來越熟練地使用語言。如同我們在本章後面討論的，學前階段幼兒的語言能力有重要的進展。

Piaget 認為語言和思考緊緊相互連結，學前階段所發生的語言進展反映出超越先前感覺動作期可能的思考類型的幾個進步，例如：在感覺動作行為中的思考相當緩慢，因為它依賴著身體實際的活動，而此活動受到身體限制的束縛。相對來說，符號思考（如會虛構一位朋友）讓學前幼兒利用符號來表徵行動，允許有更快的處理速度。

更重要的是，語言的使用讓幼兒的思考能超越現在到未來。因此，並非基於眼前的此時此刻，學前幼兒可以透過語言想像未來的可能事情，有時是以詳細的幻想和白日夢的形式呈現。

學前幼兒語言能力的進步會改進思考嗎？抑或是反面來說，是前運思期的思考進步而提升語言能力？這問題——思考決定語言或是語言影響思考——是心理學領域中長久及最具爭議的問題之一。Piaget的回答是語言的成長來自認知進展，而不是反過來的。他認為在先前感覺動作期的進展對語言發展是必要的，而且前運思期的認知能力持續成長，提供了語言能力的基礎。

集中概念：你所見到的就是你所想的

放一個狗的面具在貓的臉上，你看到什麼？3 至 4 歲學前幼兒的回答是狗。對他們來說，一隻帶著狗面具的貓應該像狗一樣汪汪叫，像狗一樣搖著尾巴和吃狗的食物。這貓在各方面都已經轉變為狗了（deVries, 1969）。

對 Piaget 來說，這信念來自於集中概念，一個在前運思期幼兒思考的關鍵要素及限制。**集中概念**（centration）是指侷限地專注在刺激的單一面向，而忽略其他面向的過程。

學前幼兒無法思考一個刺激的所有可獲得的訊息，相反地，他們專注於在他們視線範圍內外表明顯的部分。這些外在部分主導了學前幼兒的思考，導致不正確的想法。

想想會發生什麼，當呈現兩列鈕釦給學前幼兒看，一列有 10 個緊靠在一起的鈕釦，另一列有 8 個散開的鈕釦而讓這列看起來較長（如圖 9-1 所示）。如果問起哪一列有比較多的鈕釦時，4 或 5 歲幼兒通常選擇看起來較長的那一列，而不是實際上包含較多鈕釦的那一列。儘管這年齡的幼兒已經清楚知道 10 多於 8，此現象仍會發生。

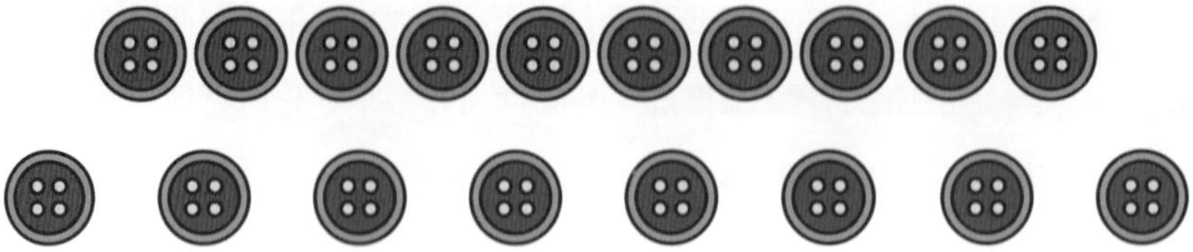

圖 9-1 哪一列有較多的鈕釦？

展示這兩列給學前幼兒看，並問哪一列有比較多鈕釦，他們通常回答少的那一列有較多，因為它看起來比較長。即使他們非常清楚知道 10 比 8 多，他們還是如此回答。

幼兒出現錯誤的原因是排列較長的視覺影像支配了他們的思考，而不是考慮他們對數量的理解，他們專注在外表上。對學前幼兒來說，外表就是一切。學前幼兒關注於外表可能有關於前運思期的另一個面向：缺乏守恆概念。

守恆概念：學習理解表象是會騙人的

思考以下的情形：

> 展示兩個不同形狀的水杯給 4 歲的 Jaime 看，一個矮而胖，另一個高而瘦。老師在矮胖的水杯中倒入半杯的蘋果汁，然後把果汁倒入高瘦的水杯中，高杯子裡的果汁幾乎要滿出來。老師問 Jaime 一個問題：第二個水杯中的果汁比第一個水杯多嗎？

如果你認為這是一件容易的事，對像 Jaime 這樣的孩子也如此認為。他們回答這問題沒有困難，但是他們幾乎總是回答錯誤的答案。

大部分 4 歲幼兒回答高瘦水杯中的果汁比矮胖水杯多。事實上，如果把這果汁倒回去較矮的水杯中，他們很快會說現在的果汁比在較高的水杯中少（如圖 9-2 所示）。

判斷錯誤的原因是這個年齡的幼兒還不精熟守恆的概念。**守恆**（conservation）是指數量跟物體的排列與外形無關的知識。因為他們還沒有守恆的概念，學前幼兒無法理解一個面向的改變（如：外表的改變）不必然意味著其他面向

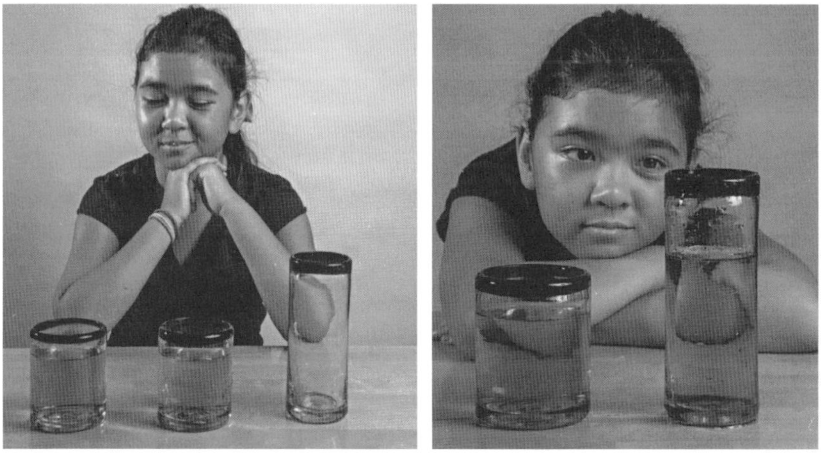

圖 9-2 哪一個水杯比較多？
大部分前運思期的幼兒相信這兩個水杯中的液體量不同，因為容器形狀不同，即使他們已經知道倒入兩個水杯中的液體量相同。

的改變（如：量）。舉例來說，還未理解守恆原理的幼兒會認為液體量會隨著倒入不同大小的水杯而改變，他們根本不能明白外表改變不意味著量的改變。

守恆概念的缺乏也在幼兒對面積的理解上顯露出來，如 Piaget 的牧場裡牛的問題所描繪（Piaget, Inhelder, & Szenubsjam, 1960）。在這問題中，展現兩張綠色、大小相同的紙假裝為牧場給幼兒看，然後在每個牧場裡放置一隻玩具牛，接著，每個牧場裡再放置一座玩具穀倉，然後詢問幼兒哪一隻牛有較多吃的。典型的、到目前為止是正確的答案為牛有相同的總量。

接下來，在每個牧場裡放置第二個穀倉，但在其中一個牧場裡，兩個穀倉彼此緊鄰，在另一個牧場裡，兩個穀倉彼此分離。沒有守恆概念的幼兒通常會說，在穀倉緊鄰牧場裡的牛比穀倉分開的牛有較多草吃。相對地，擁有守恆概念的幼兒會有正確的答案，即可獲得的總量是一樣的（圖 9-3 呈現一些其他的守恆作業）。

為什麼前運思期的幼兒在需要守恆概念的作業上犯錯？Piaget 認為主要的原因是他們的集中概念妨礙了他們注意與情況相關的其他特徵，因此，他們無法理解伴隨著一個情況的外觀改變而轉變的順序。

守恆類型	形式	物理外觀的改變	理解不變性的平均年齡
數	在一個集合中項目的數目 	項目被重新排列或移動位置 	6 至 7 歲
物質（質量）	有延展性物質（如，黏土或液體）的量 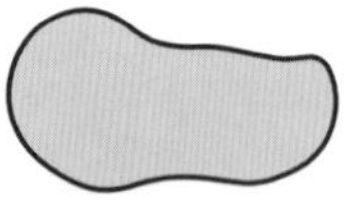	形狀改變 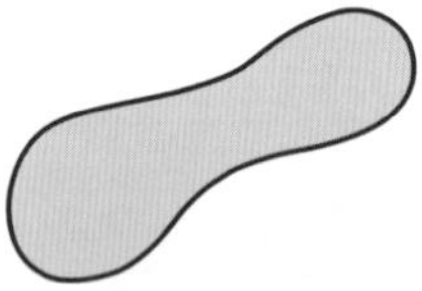	7 至 8 歲
長度	一條線或物體的長度 	形狀或結構改變 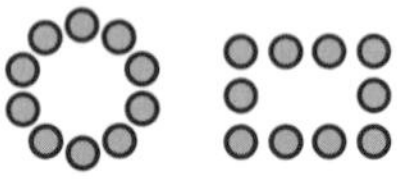	7 至 8 歲
面積	一組平面圖形所占的範圍量 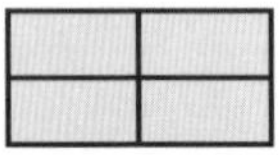	重新排列圖形 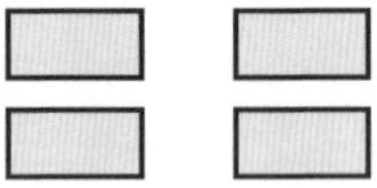	8 至 9 歲
重量	一件物體的重量 	形狀改變 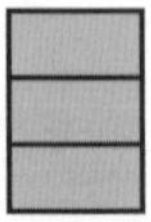	9 至 10 歲
容量	一個物體的容量（就排水量來說） 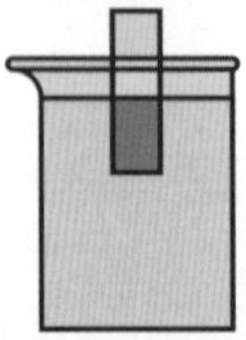	形狀改變 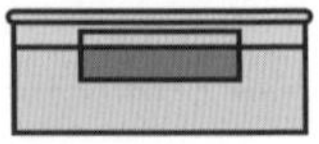	14 至 15 歲

圖 9-3　幼兒理解守恆概念的常見測驗

由教育家的觀點，為什麼幼兒守恆層次的知識是重要的？

對轉變，不能完全理解

一個前運思期的幼兒在森林散步看到幾隻蟲，可能會認為牠們都是同樣的一隻蟲。理由是：她每次看到的都是單獨一隻蟲，不能形成轉變的想法，而誤認為這隻蟲從這次見到的地方快速移到下一次見到的地方。她還無法了解蟲無法自己轉變為可以快速移動的生物。

依照 Piaget 所使用的詞，**轉變**（transformation）是指從一個狀態改變為另一個狀態的歷程，例如：成人知道，如果一支直立的鉛筆被放開倒下，它會經歷一系列的連續階段，直到達到最終的水平靜止點（如圖 9-4 所示）。相反地，前運思期的幼兒無法預知和回憶鉛筆從直立移動至水平位置的連續轉變。如果要求他們畫出此連續過程，他們會畫出鉛筆直立和躺下，沒有中間的過程。基本上，他們忽視了中間的步驟。

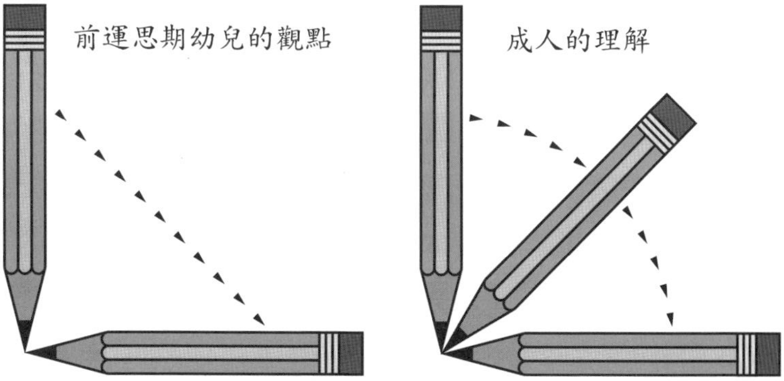

圖 9-4 倒下的鉛筆

在 Piaget 前運思期的幼兒無法理解當一支鉛筆從直立倒下至水平位置，它會經歷一系列的連續階段。相反地，他們認為從直立至水平位置沒有中間的過程。

自我中心：無法採取他人的觀點

另一個前運思期的特徵是自我中心思考。**自我中心思考**（egocentric thought）是指無法從他人的觀點去思考。學前幼兒無法理解他人有跟自己不同的觀點。自我中心思考有兩種形式：沒有察覺到他人從不同的物理角度來看東西；不明白他人的想法、感覺和觀點和自己的不同（請注意：自我中心思考不意味著前運思期幼兒有意以自私或不體貼別人的方式思考）。

自我中心思考使得幼兒不能關心他們的非語言行為對他人的影響。舉例來說，一位 4 歲幼兒期望收到想要的某件東西，但卻收到不想要的襪子禮物，當他打開禮物時可能會皺眉和繃著臉，沒有察覺到他的臉色會被其他人看到，而流露出他對這禮物的真實感覺（Feldman, 1992）。

在前運思期，自我中心是幾種行為的本質，例如：學前幼兒可能會和自己說話，即使有別人存在，有時他們僅是忽略他人正在跟他們說什麼。這不是奇怪的行為徵兆，這樣的行為說明了前運思期幼兒思考的自我中心本質：沒有覺察到他們的行為會啟動他人的反應及回應。因此，學前幼兒相當多的語言行為背後沒有社會動機而只是因為自己想要。

同樣地，自我中心可以在學前幼兒的躲迷藏遊戲中被看見。在捉迷藏的遊戲中，3 歲幼兒可能企圖用枕頭遮住自己的臉而躲藏，即使他們仍被一覽無遺。他們的理由是：如果他們看不到對方，對方就看不見他們。他們認為他人跟他們共有觀點。

直覺思考的出現

因為 Piaget 標記學齡前這段時間為「前運思期」，因此，很容易被認為這段時間是無進展的、在等待較具形式的運思出現。事實上，前運思期並非毫無進展的，認知發展平穩地進步，並且事實上會有幾個新的能力類型出現。一個好的例子：直覺思考的發展。

直覺思考（intuitive thought）是指學前幼兒使用原始基本的推理和他們急切學得關於世界知識的方式來思考。4 到 7 歲幼兒的好奇心旺盛，他們不斷找尋各式各樣問題的答案，幾乎對任何事情都問「為什麼」。同時，幼兒可能表現出好像是特殊主題的專家，感覺他們有把握給正確的和最後的評論。如果硬要他們說，他們無法解釋他們如何知道自己知道什麼。換句話說，他們的直覺思考使他們相信自己知道所有問題的答案，但是對於知道這世界運行方法的信心很少有邏輯基礎。如此可能讓學前幼兒權威地說出，飛機可以飛行，是因為飛機像鳥一樣上下擺動翅膀，即使他們從未見過飛機的翅膀以這樣的方式擺動。

在前運思期的最後階段，幼兒的直覺思考確實具有某些特質以讓他們預備進行較複雜的推理形式，例如：學前幼兒明白用力踏下踏板可以讓腳踏車前進得較快，或是按下遙控器的按鈕可以改變電視的頻道。在前運思期結束之前，學前幼兒開始了解「功能」的概念，是指「行動、事件及結果以一個固定的形式使彼此有關」的概念。在前運思期後期，幼兒也開始展現對同一性概念的覺察。同一性是指理解不管形狀、大小或外表的改變，某些東西仍保持不變。

舉例來說，同一性的知識讓一個人理解一團黏土無論被弄成一顆球或是拉長像一條蛇，其包含黏土的量都相同。正如我們先前所討論的，同一性的理解對幼兒發展出理解守恆概念是必需的，即理解特質與外表無關的能力。Piaget 將幼兒守恆概念的發展視為由前運思期轉變到下一階段——具體運思——的能力，我們將在第 12 章討論。

Piaget 的認知發展取向的評估

Piaget，一位幼兒行為的專精觀察者，提供了學前幼兒認知能力的詳細描繪。他的方法概括地提供了我們思考學前階段所發生的認知能力逐步進展的有用方法（Siegal, 1997）。

重要的是，要在適當的歷史脈絡中思考 Piaget 的認知發展取向及思考近來的研究發現。如我們在第 6 章所討論的，他的理論是建立在針對少數幾位幼兒的大量觀察上。儘管 Piaget 有洞察力及開創性的觀察，但在近來的研究調查顯示，在某些方面，他低估了兒童的能力。

以 Piaget 針對前運思期幼兒理解數字的觀點為例。他主張學前幼兒的思考是嚴重的障礙，證據來自於他們在守恆及可逆性作業上的表現，可逆性是指一個轉變可以逆轉回復到一件事的原始狀態。然而近來的研究發現結果不同，例如：發展心理學家 Rochel Gelman 發現，不管動物間的間隔，3 歲幼兒能容易地分辨出一列二個及三個玩具動物的差別。年齡較大的幼兒能夠注意到數量上的差異，完成的任務如：確認兩個數字中哪個較大，顯示他們理解一些加法和減法問題的基本概念（Cordes & Brannon, 2009; Izard et al., 2009; McNeil et al.,

2011）。

根據這樣的證據，Gelman 的結論是兒童有天生的計數能力，類似一些理論家所認為全球一致及基因決定之使用語言的能力。如此的結論顯然與 Piaget 的論點分歧，Piaget 認為兒童的數能力直到前運思期之後才會出現。

一些發展學家（特別是那些贊同訊息處理取向的人，我們將在本章後面討論）也相信，認知技能不像 Piaget 所提的階段論，而是以連續的方式發展。他們認為發展的改變在本質上是量的增加，逐漸進步，而不是像 Piaget 所主張的思維是質的改變。產生認知技能的基本歷程被批評家認為只是隨著年齡經歷些微改變。

對 Piaget 認知發展觀點的批評還有：他認為守恆在前運思期結束前不會出現，甚至更晚，此主張還未受到嚴謹實驗的支持。在經過一定的訓練及經驗後，兒童可以被教導在守恆作業上回答正確。事實顯示兒童在這些作業的表現可以被提升，這觀點不同於 Piaget 所認為的，前運思期階段兒童的認知還未成熟到能理解守恆（Ping & Goldin-Meadow, 2008）。

顯然地，年齡比較小的幼兒的能力超過了 Piaget 引導我們所相信的。是什麼原因讓 Piaget 低估了幼兒的認知能力呢？一個理由是他對幼兒提出問題所用的語言太困難，以至於無法讓幼兒展現他們真實能力來回答問題。此外，正如我們所看到的，Piaget 傾向專注於學前幼兒在思考上的不足，他的觀察集中在幼兒缺乏邏輯思考。因著更關注幼兒的能力，近來許多理論家發現越來越多證據顯示學前幼兒具有令人驚訝的能力。

訊息處理取向的認知發展

即使身為一個成人，Paco 對他 3 歲時第一次去的農場仍有清楚的記憶，他去探望住在波多黎各的教父，然後他們兩人去附近的農場。Paco 回憶好像看到幾百隻雞，而且他清楚地回憶出他當時對豬的恐懼，牠們似乎是很巨大、有臭味及可怕的。最重要的是，他回想起與他的教父一同騎馬的興奮。

Paco 對他的農場之旅有很清晰的記憶，這件事並不令人驚訝：大部分人所擁有明確且似乎精確的記憶能追溯到 3 歲。但是過去形成學前時期記憶的歷程與往後生活中所運作的歷程相似嗎？更廣泛地說，什麼是學前時期在訊息處理上所發生的一般性變化？

訊息處理取向的焦點在於：當兒童面臨問題時，他們使用各種「心智程序」的改變。他們認為學前幼兒認知能力的改變，類似於程式設計師根據經驗修正程式的方式，使得電腦程式變得更精緻。事實上，對許多兒童發展學家而言，訊息處理取向代表著對於兒童認知如何發展具影響、最廣泛及最精準的解釋（Lacerda, von Hofsten, & Heimann, 2001; Siegler, 1994）。

我們將關注訊息處理論者所強調的兩個方面：學前時期數的理解及記憶發展。

學前幼兒數的理解

如同我們先前所見，Piaget 理論被提及的批評之一是，學前幼兒對數的理解超過 Piaget 所認為的。使用訊息處理取向之認知發展的研究者發現，越來越多的證據顯示學前幼兒對數理解的成熟。一般學前幼兒不只能夠計數，還能以相當系統性的、一致性的方式來計數（Siegler, 1998）。

舉例來說，學前幼兒在計數時遵循一些原則。當顯示一組幾個項目，他們知道他們應該只分配一個數字到每一個項目，而且每一個項目應該只被數到一次。此外，即使他們弄錯了數字名稱，他們的方法還是一致，例如：一個 4 歲的幼兒數三個項目為「1、3、7」，當數其他不同的物品時，他們也會說「1、3、7」。另外，如果問有多少個，她可能說這一組有七個項目（Gallistel, 2007; Gelman, 2006; Le Corre & Carey, 2007）。

總而言之，雖然學前幼兒的理解並不是完全精準，但他們在對數的理解上可能表現出驚人的成熟。儘管如此，在 4 歲之前，大部分幼兒能藉由計數來進行簡單的加及減問題，而且他們能夠非常成功地比較出不同的數量（Donlan, 1998; Gilmore & Spelke, 2008）。

記憶：回憶過去

回想自己最早的記憶，如果你像先前提到的Paco，大部分其他人也都一樣，可能是發生在 3 歲之後的一個事件。**自傳式記憶**（autobiographical memory），即來自個人自己生活中特定事件的記憶，直到 3 歲之後才能具有準確性。在整個學前階段，準確性逐漸且慢慢地增加（Bohn, & Berntsen, 2011; Reese & Newcombe, 2007; Wang, 2008）。

學前幼兒對發生在他們身上事件的記憶有時是（但並非總是）精準的，例如：3 歲幼兒能記得日常發生事件的主要特徵，如：在高級餐廳吃飯的事件順序。此外，學前幼兒通常能準確地回答開放性的問題，如：「在遊樂園裡你最喜歡的遊樂設施是什麼？」（Price & Goodman, 1990; Wang, 2006）。

學前幼兒記憶的準確性有部分是評估多快記起來。除非一個事件特別鮮明和有意義，不然不可能記得完整。另外，不是所有的自傳式記憶都持續到往後的生活中，例如：一個幼兒可以在六個月或一年後仍記得在幼兒園第一天所發生的事，但在之後就可能無法完整記憶當天的情況。

記憶也會受到文化因素影響。舉例來說，中國大學生的早期童年記憶比較沒有情感性，而且反映了活動中所包含的社會角色，如在他們家的店裡工作，然而美國大學生最早的記憶較多情感性，且集中在特定事件上，如手足的出生（Peterson, Wang, & Hou, 2009; Wang, 2006, 2007）。

學前幼兒的自傳式記憶不僅逐漸消失，還可能不完全準確。舉例來說，假如一個事件經常發生，如去一趟雜貨店，那可能很難記住發生此事件的特定時間。學前幼兒對熟悉事件的記憶經常藉由**腳本**（scripts）的方式組織，廣泛敘述記憶中的事件及其發生順序。

舉例來說，年幼的學前幼兒可能以幾個步驟表示在餐廳吃飯：跟女服務生說話、獲得食物及吃東西。隨著年齡的增長，腳本變得越來越精細：上車、坐在餐廳裡、選食物、點菜、等待食物、吃東西、點甜點和付吃飯的錢。因為經常重複發生的事件往往被併入腳本中，回憶出一個照劇本進行事件中特定案例的精準性低於回憶出非照劇本進行的事件（Fivush, Kuebli, & Clubb, 1992; Sutherland, Pipe, & Schick, 2003）。

還有其他原因解釋為什麼學前幼兒可能沒有完全準確的自傳式記憶。因為他們在描述某些特定類型的訊息上有困難，如複雜的因果關係，他們可能過於簡化回憶。舉例來說，目睹祖父母之間爭執的幼兒，可能只記得祖母把蛋糕從祖父手中拿走，而不是導致這個行為的有關祖父體重和膽固醇的討論。另外，如同我們接下來所考量的，學前幼兒的記憶也容易受到他人暗示的影響，這是當幼兒在合法的情境下被要求作證時特別重要的事，如被懷疑受虐時，我們將在下一小節討論。

法庭的發展心理學：將兒童發展帶入法庭

> 我一直在注意，然後我沒看見我做了什麼，牠以什麼方式進入那裡……這捕鼠器在我們家裡，因為有一隻老鼠在我們家裡……捕鼠器在下面的地下室，柴火的旁邊……我正在玩稱為「軍事行動」的遊戲，然後我走下樓跟爸爸說「我想吃午餐」，然後牠被困在捕鼠器中……我的爸爸下樓到地下室撿拾柴火……〔我的哥哥〕推我〔到捕鼠器裡〕……昨天發生的。這老鼠昨天在我家裡。昨天我的手指頭被它夾住。我昨天去了醫院（Ceci & Bruck, 1993, p. A23）。

雖然這 4 歲男孩詳細地說明捕鼠器和接著到醫院的遭遇，但是有一個問題出現：這個事件根本從未發生，這個記憶完全是假的。

4 歲幼兒明確敘述的捕鼠器意外事件但實際上未發生，是一項兒童記憶研究的成果。每週（並持續 11 週）此 4 歲幼兒被告知：「你因為手指被捕鼠器夾住而去醫院，這曾經發生在你身上嗎？」

第一週，兒童非常精準地說：「不，我從未到過醫院。」但到第二週，答案改變為：「是的，我哭了。」在第三週，男孩說：「是的，我媽媽跟我一起去醫院。」在第 11 週期間，答案已經擴展出上述的敘述（Bruck & Ceci, 2004; Powell, Wright, & Hughes-Scholes, 2011）。

引發兒童假記憶的研究是一個新的且快速成長的兒童發展領域：法庭的發展心理學。法庭的發展心理學關心兒童在司法制度的情境中，自傳式記憶的可信度。它考量兒童回憶生活中事件的能力，及他們在法庭說明在哪裡目擊及受害的可信度（Bruck & Ceci, 2004; Goodman, 2006）。

一個完整假事件的特點是年幼幼兒記憶的脆弱性、敏感性及不正確性。年幼幼兒可能回憶出非常錯誤的事情，但是隨著強大的信念，聲稱從未真正發生的事件發生了，並且忘記確實發生的事件。

兒童的記憶容易受到成人問他們問題的暗示影響，對學前幼兒尤其如此，他們受暗示影響多過於成人及學齡兒童。學前幼兒也較容易不正確地推論他人行為背後的原因，也較不能根據他們在一個情境中的知識描繪出適當的結論（例如：「他哭是因為他不喜歡三明治」）（Ceci, Fitneva, & Gilstrap, 2003; Goodman & Melinder, 2007; Loftus, 2004）。

當然，學前幼兒可能正確地回憶許多事情；如我們先前在本章所討論的，3 歲的年幼幼兒能不扭曲地回憶一些生活中的事件。然而並非所有的記憶都正確，一些從未發生的事件卻似乎被正確地回憶出。

當相同的問題重複被詢問，兒童的錯誤率會提升，假記憶——如這位 4 歲幼兒所報告的類型，他記得在他手指被捕鼠器夾住後去了醫院——事實上可能比真的記憶還持久。此外，當問題具高度暗示時（也就是說，當發問者企圖要導引一個人至特定結論），兒童較傾向會回憶錯誤（Goodman & Quas, 2008; Loftus & Bernstein, 2005; Powell et al., 2007）。

兒童如何能在被詢問時產生最準確的回憶？一個方式是在事件發生後盡快向他們詢問。實際事件和詢問之間的時間越長，兒童的記憶就越不堅定。此外，具體問題的答案比籠統問題的答案還準確（你是跟Brian一起下樓的嗎？）在法庭外詢問問題也適合，因為法庭裡的環境會讓人不安和恐懼（Ceci & Bruck, 2007; London et al., 2008; Melnyk, Crossman, & Scullin, 2007）（如表 9-1 所示）。

訊息處理論觀點

根據訊息處理取向，認知發展包含了人們覺知、理解及記憶訊息的方式逐

表 9-1 引出兒童的精確記憶

推薦的做法
裝傻 訪談員：現在我要多了解你一點，告訴我為什麼你今天會在這裡。
詢問接續的問題 兒童：Bob 觸碰我的私密處。 訪談員：告訴我有關那件事的一切。
鼓勵兒童描述事件 訪談員：告訴我在 Bob 家裡從開始到結束發生的每件事。
避免暗示訪談員所期待的特定類型的事件。
避免提供獎賞或表現出不同意。

資料來源：Poole & Lamb (1998).

漸改善。隨著年齡及練習，學前幼兒以較成熟和有效率的方式處理訊息，而且他們能處理越來越複雜的問題。在訊息處理取向的支持者眼裡，這是在處理訊息上量的進步——不是 Piaget 所提的質的變化——構成了認知發展（Rose, Feldman, & Jankowski, 2009; Zhe & Siegler, 2000）。

對訊息處理取向的支持者來說，此觀點很重要的特徵之一是，依賴著受到相對嚴謹的研究檢驗而有清楚定義的歷程，而不是依靠著有點模糊的概念，如 Piaget 的同化和調適的觀點，訊息處理取向提供了完整、合理的一套概念。

舉例來說，當學前幼兒年齡漸增，他們擁有較久的注意力廣度，能監控和計畫他們更有效地注意什麼，並且變得更能察覺到自己在認知上的限制。如同本章前面所討論的，這些進步可能是因為大腦的發展。注意力廣度的提升讓我們對一些 Piaget 的發現有不同的看法，例如：注意力的增加使得年齡較大的兒童能注意到液體倒入的高和矮玻璃杯的高度及寬度，當液體被來回倒入，這使得他們理解玻璃杯中液體的容量是一樣的。相反地，學前幼兒無法同時注意兩個面向，因此無法守恆（Hudson, Sosa, & Shapiro, 1997; Miller & Seier, 1994）。

訊息處理論的支持者也已經成功地將重點放在過去其他理論傳統上所不關心的重要認知歷程上，例如：像記憶和注意力等心智技能對兒童思考的貢獻。他們認為訊息處理提供了一個清楚的、合理的及完整的認知發展說明。

然而訊息處理取向也有批評者，他們提出了值得注意的問題。對於一件事，只專注在一系列單一、個別認知歷程，遺漏了似乎會影響認知的一些重要因素的考量，例如：訊息處理論者較少關注社會及文化因素——一個我們在未來企圖補救的不足之處。

更重要的批評是，訊息處理取向「見樹不見林」。換句話說，訊息處理取向過度關注細節的、個別的連續歷程，而這些包含著他們從未充分描繪出的整個認知歷程及發展——這點 Piaget 顯然做得相當不錯。

發展學家利用訊息處理取向回應這些批評，說明他們的認知發展模式具有能精準陳述和導向可檢驗假設的優勢。他們也認為支持他們取向的研究多於認知發展的其他理論。總而言之，他們認為他們的取向比其他理論提供較多準確的說明。

訊息處理取向在過去數十年一直具有高度的影響性，它們激發了大量的研究，幫助我們理解兒童的認知如何發展。

Vygotsky 的認知發展觀點：考量文化的因素

Lev Vygotsky

一個奇爾科廷印地安部落的成員在準備著晚餐的鮭魚時，她的女兒在旁觀看。當女兒詢問有關過程中的小細節問題時，媽媽拿出另一條鮭魚並重複整個過程。這部落的學習觀點是，認識和理解只能來自了解完整的過程，而不是個別次要部件（Tharp, 1989）。

有關兒童如何認識這世界，奇爾科廷觀點與普遍的西方社會觀點不同，西方社會觀點認為唯有藉由掌握一個問題的不同部分，一個人才能完全地理解它。特定的文化和社會解決影響認知發展的問題方式有差異嗎？根據俄國的發展學家 Lev Vygotsky（1896-1934），答案是「是的」。

Vygotsky 認為認知發展是社會互動的結果，兒童藉由引導式參與、與指導者共同解決問題的互動中而學習。並非像 Piaget 和許多其他論點取向專注在個人的表現，越來越具影響力的 Vygotsky 觀點關注著發展和學習的社會面向。

Vygotsky將兒童視為學徒，從成人和同儕指導者學習認知策略和其他技能。成人和同儕指導者不僅表現做事情的新方法，還提供協助、指導和激勵。因此，他認為兒童的社會及文化世界是認知發展的來源。根據 Vygotsky，因為成人和同伴同儕所提供的幫助，兒童的智能逐漸成長，然後開始靠自己（Tudge & Scrimsher, 2003; Vygotsky, 1979, 1926/1997）。

Vygotsky 主張發展中的兒童與成人、同儕間夥伴關係的本質主要受到文化和社會因素的影響。舉例來說，文化和社會建立了制度，如幼兒園及遊戲團體提供認知成長的機會以促進發展，此外，文化及社會藉由強調特別的任務而形塑特定的認知發展。除非我們了解什麼對一個特定社會成員是重要和有意義的，不然我們可能嚴重低估認知能力最終可達到的本質及水準（Schaller & Crandall, 2004; Tappan, 1997）。

例如：兒童的玩具反映了特定社會中什麼是重要和有意義的。在西方社會，學前幼兒通常玩玩具貨車、汽車和其他交通工具，部分反映了文化中的汽車特質。

有關性別的社會期待也影響著兒童如何理解世界，例如：在科學博物館中實施的一項研究發現，針對館內的展示，父母對男孩提供的科學解釋比對女孩還要詳細。此解釋的程度差異可能使得男孩對科學有較精通的理解，最終可能產生在科學學習上的性別差異（Crowley et al., 2001）。

因此 Vygotsky 的理論取向與 Piaget 十分不同。Piaget 認為發展中的兒童是小科學家，靠自己操作而發展出對世界的個別理解，而 Vygotsky 則認為是認知的學徒，從經驗老道的老師那裡學得在兒童文化中的重要技能。Piaget 認為學前幼兒是自我中心的，以他們自己有限的優越位置觀察世界，Vygotsky 則認為學前幼兒利用他人以獲取對世界的理解。

在 Vygotsky 看來，兒童的認知發展依賴著與他人的互動。Vygotsky 認為唯有透過與他人——同儕、父母、老師及其他成人的夥伴關係才能完整發展出他們的知識、思考歷程、信念及價值觀（Edwards, 2004; Fernyhough, 1997）。

最近發展區及鷹架：認知發展的基礎

Vygotsky 提出兒童的認知能力提升是藉由接觸令人感興趣又不會太困難以致無法應付的新訊息，他稱這為**最近發展區**（zone of proximal development, ZPD）。兒童在沒有他人協助下，自己幾乎可以但還無法完全獨立地執行一個工作，不過能在較有能力的他人協助下做到的程度。當在最近發展區裡提供適當的指導，兒童能夠增加他們的理解及精熟新的任務。然後，為了能出現認知發展，新的訊息必須在最近發展區中由父母、老師或較有能力的同儕提出，例如：學前幼兒可能無法自己想出如何將手把黏在正用黏土捏製的茶壺上，但是在幼兒園老師給予建議後能夠做到（Norton & D'Ambrosio, 2008; Warford, 2011; Zuckerman & Shenfield, 2007）。

最近發展區的概念顯示，縱使兩個兒童在沒有協助下能表現出相同的程度，如果其中一位兒童獲得幫忙，可能比另一位兒童進步更多。因著協助而帶來的進步越多，最近發展區越大（如圖 9-5 所示）。

他人提供的協助或指導被稱為鷹架。**鷹架**（scaffolding）是對能促進獨立及成長的學習和問題解決的協助（Blewitt et al., 2009; Jadallah et al., 2011; Puntambekar & Hübscher, 2005）。

對 Vygotsky 來說，鷹架的歷程不僅幫助兒童解決特定的問題，還幫助他們整體認知能力的發展。鷹架之名來自用來幫助建築物建造，一旦建築物完成後即移除的支架。在教育方面，鷹架首先涉及的是幫助兒童思考和以一個適當方式建構任務，此外，父母或老師可能提供線索以完成適合兒童發展程度的任務，並且示範可以完成此任務的行為。就像在建築一樣，越有能力的人提供鷹架，可以促進完成確認的任務，一旦鷹架被移除，兒童就能自己解決問題（Taumoepeau & Ruffman, 2008; Warwick & Maloch, 2003）。

以下媽媽和兒子間的對話，說明了鷹架如何搭建：

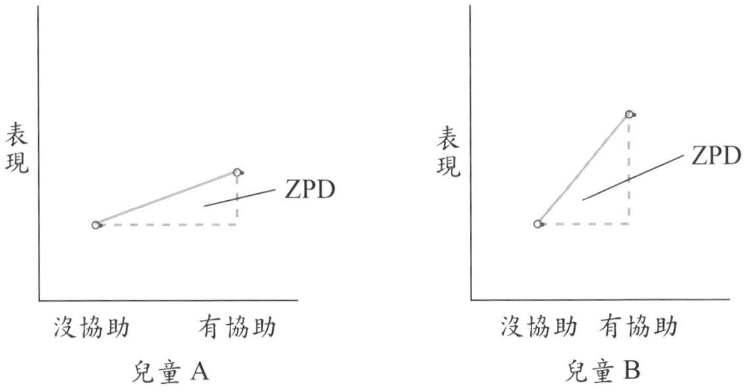

圖 9-5 兩位最近發展區（ZPD）相同的兒童

雖然這兩位兒童在沒有協助的任務中表現相似，第二位兒童從協助得到較多的益處，因此擁有較大的 ZPD。有沒有什麼方法來測量一個兒童的 ZPD？它可以被擴展嗎？

媽媽：還記得你以前如何幫我做餅乾嗎？

兒童：不記得。

媽媽：我們揉了麵糰，然後把它放進烤箱，你還記得那個嗎？

兒童：那時候奶奶來了？

媽媽：對，沒錯。你能幫我把麵糰揉成餅乾嗎？

兒童：可以的。

媽媽：你能記得當奶奶在這裡時，我們做的餅乾有多大？

兒童：大的。

媽媽：對，你能告訴我有多大嗎？

兒童：我們用這個大木杓。

媽媽：好孩子，沒錯。我們用這個大木杓，我們做了大的餅乾。但讓我們今天試試不一樣的，利用冰淇淋杓做成餅乾。

雖然這個對話不是特別完整的，但它說明了鷹架的實行。媽媽支持她兒子的努力，她讓他以對話回應。在這過程中，她不僅藉由使用不同的工具（冰淇淋杓代替木杓）擴展了她兒子的能力，她還示範了如何進行對話。

在有些社會中，父母對學習的支持會因性別而異。在一個研究中發現，墨西哥的媽媽比爸爸提供更多鷹架。一個可能的解釋是，媽媽可能比爸爸多一些對他們孩子認知能力的覺察（Tamis-LeMonda & Cabrera, 2002; Tenenbaum & Leaper, 1998）。

一個關鍵的觀點是，較有成就個體的協助，提供了學習者進入文化工具的形式中。文化工具是指實際、有形的物品（例如：鉛筆、紙、計算機、電腦等等）及解決問題的知識及概念架構。學習者所得到的知識及概念架構包括文化中所使用的語言、它的字母及數字結構、它的數學及科學系統，甚至是宗教系統。這些文化工具提供了一個可以用來幫助兒童定義及解決特定問題的結構，以及激發認知發展的知識觀點。

舉例來說，思考人們如何談論距離的文化差異。在城市裡，距離通常是以街區來測量（「這家店在大約 15 個街區遠」）。對鄉村背景的兒童而言，如此的測量單位是沒意義的，比較有意義的是使用與距離有關的詞，如：碼、英里，實際的經驗法則如「一箭之遙」，或是參照已知的距離和地標（「大約到城鎮距離的一半」）。讓事情變得更複雜，「多遠」的問題有時不以距離來回答，而以時間來回答（到商店大概 15 分鐘），根據情境脈絡而理解為是指稱走路或乘車的時間——如果是乘車的時間，則指稱不同的乘車方式。對一些兒童而言，乘車至商店可能被想像為搭乘牛車，對其他兒童而言是騎腳踏車、搭公車、划獨木舟或坐汽車，再一次，視文化情境脈絡而定。兒童為解決問題和執行任務可獲得之工具的本質，是高度依賴他們所生活的文化。

評價 Vygotsky 的貢獻

在過去 10 年裡，Vygotsky 的觀點——認知發展的特定本質唯有在考量文化及社會脈絡下才能被理解——已經越來越具影響力。在某些方面，這是令人驚訝的，因為 Vygotsky 在 37 歲就過世，距今已超過 70 年（Gredler & Shields, 2008; Winsler, 2003）。

有幾個因素可解釋 Vygotsky 的影響力越來越大。直到最近，他才成為被大家熟知的發展學家，因為良好的英文翻譯日益普及，他的著作才在美國廣泛宣傳。事實上，在 20 世紀大多時間裡，Vygotsky 沒被大家所熟知，甚至在他的故鄉也是如此。他的著作有一段時間被禁止，直到蘇聯解體，他的作品才能在前蘇聯的國家裡自由取得。因著他的發展學家同事長期的藏匿，使得 Vygotsky 才得以在他去世很久以後受到人們注意（Wertsch, 2008）。

不過，更重要的是 Vygotsky 的觀點內涵。它們描繪了一致的理論系統，有助於解釋越來越多證明社會互動在提升認知發展上重要性的研究。兒童對世界的理解是他們與他們的父母、同儕、其他社會成員互動而來，這觀點受到研究發現的呼籲及大力支持，也與越來越多的多元文化及跨文化研究一致，這些研究發現的證據顯示部分的認知發展受到文化因素的形塑（Daniels, 1996; Scrimsher & Tudge, 2003）。

當然，並非 Vygotsky 理論的每個方面都受到支持，他被批評在他的認知發展概念中缺乏了精確度，例如：像最近發展區如此概括的概念就不是十分精確，而且他們不總是將自己的論點進行實驗性的檢驗（Daniels, 2006; Wertsch, 1999）。

此外，Vygotsky 主要未說明基礎的認知運作如注意力及記憶如何發展，以及兒童天生的認知能力是如何開展。因為他強調廣泛的文化影響力，而沒有關注個別的一些訊息如何被處理及整合。如果我們對認知發展有一個完整的理解，這些歷程必須被考量。這些歷程在訊息處理理論中有較直接的闡述。

儘管如此，Vygotsky 融合了兒童的認知及社會世界，在我們理解的認知發展上是一個重要的進展。我們只能想像如果他活得更長些，對我們的影響會是什麼（如表 9-2 所示）。

語言的成長

4 學前時期幼兒語言能力如何發展？

5 貧窮如何影響語言發展？

表 9-2 比較 Piaget 理論、訊息處理理論及 Vygotsky 取向的認知發展觀點

	Piaget	訊息處理	Vygotsky
主要概念	認知發展的階段；從一個階段到另一階段的質的成長	在注意力、知覺、理解及記憶上逐步的量的進步	文化和社會脈絡帶動認知發展
階段的角色	十分強調	沒有特定的階段	沒有特定的階段
社會因素的重要性	低	低	高
教育觀點	兒童必須已經達到一個既定的階段，給予特定類型的教育介入才有效	教育反映在技能的逐漸增加	教育對促進認知成長非常有影響力；教師擔任促進者

我嘗試過了而且它非常美好！
這是我和媽媽快速穿越水中的照片。
當我和爸媽去看煙火時你要去哪裡？
我不知道生物繼續漂浮在水池中。
我們總是可以假裝我們有另一個。
而且老師把它放在櫃檯上，所以沒有人能拿到它。
我真的想要保留它，雖然我們在公園裡。
如果你想要玩「碰樹」，你需要擁有自己的球。
當我長大，我要成為一個棒球選手，
我會有我的棒球帽，我會戴上它，並且我會打棒球。

（Schatz, 1994, p. 179）

聽 3 歲的 Ricky 說話，除了認識字母表中的大部分字母、以印刷體寫出他名字的第一個字母，及寫出「嗨」這個字詞外，他可以很快地引用上述的句子而表達出複雜的句子。

在學前時期，兒童的語言能力達到成熟的新高峰。雖然在理解和表達兩者間有著值得注意的差距，但他們開始進入適當語言能力的時期。事實上，沒有人會把 3 歲幼兒所使用的語言誤認為是成人的語言。然而在學前時期結束之前，他們能夠有成人的能力，理解和表達兩者都有許多成人語言的特質。這轉變是

如何發生的？

學前時期的語言發展

在 2 歲後期到 3 歲中期之間，語言的發展是如此快速以至於研究人員還未能了解精確的模式。已經清楚的是句子長度以一個穩定的速度增加，以及這年齡幼兒結合字詞和片語以組成句子的方式——所謂的**句法**（syntax）——也每個月增加一倍，在 3 歲時，不同的結合方式達到數千個（如表 9-3 所示，兒童在使用語言上發展的例子）（Pinker, 2005; Rowland, & Noble, 2011; Wheeldon, 1999）。

除了句子複雜性的增加外，兒童使用字詞的數量有巨大的躍進。6 歲時，幼兒擁有的平均詞彙數量大約有 14,000 個。為了能達到這個數量，學前幼兒幾乎是以一天 24 小時、每 2 個小時一個新詞彙的速率學習詞彙。他們透過稱為**快速配對**（fast mapping）的過程完成這成就，這過程是在僅有一次的短暫接觸後，新字詞與其意義連結（Gershkoff-Stowe & Hahn, 2007; Kan & Kohnert, 2009; Krcmar, Grela, & Lin, 2007）。

在 3 歲時，學前幼兒習慣使用複數和所有格的名詞形式〔如"boys"（男孩們）及"boy's"（男孩的）〕、使用過去式（在字詞的結尾加上「-ed」）及使用冠詞（「the」及「a」）。他們可以問出和回答複雜的問題（「你說我的書在哪裡？」及「這些是卡車，不是嗎？」）。

學前幼兒的能力延伸至適當形成他們從未見過的字詞。舉例來說，在一個經典的實驗中，讓學前幼兒看一張有著一隻像卡通一樣的鳥的圖畫，就好像圖 9-6 裡的那些（Berko, 1958）。實驗者告訴幼兒這圖是一隻「wug」（無意義的字詞），然後展現給他們看一張上面有兩個卡通圖案的卡片。幼兒被告知「他們有兩隻」，然後要求他們提供在句子裡缺少的字詞，「有兩隻________」（答案是如你所知道的「wugs」）。

由於這無意義的詞彙沒有真正的意義，幼兒不僅展現了他們知道有關複數名詞形式的規則，還顯現他們理解名詞的所有格形式及第三人稱單數及動詞的過去式——所有字詞都是他們先前從未見到過的（O'Grady & Aitchison,

表 9-3 語言能力的成長

年齡	表達的句子
2 歲 3 個月	玩跳棋。大鼓。我得到喇叭。一隻兔兔走。
2 歲 4 個月	看遊行的熊行走？螺絲零件機器。那個忙碌的推土機卡車。
2 歲 5 個月	現在穿上靴子。鉗子去哪裡？媽媽說到小姐。那迴紋針做什麼？
2 歲 6 個月	寫一張紙。那個蛋做什麼？我一隻鞋子不見。不，我不要坐座位。
2 歲 7 個月	一個紙去哪裡？Ursula 穿上一隻靴子。去看小貓。放下香菸。丟橡皮筋。影子有帽子就像那樣。Rin Tin Tin 不飛，媽咪。
2 歲 8 個月	讓我穿靴子下來。不要怕馬。老虎怎麼這麼健康和像風箏一樣飛。Joshua 像企鵝一樣摔倒。
2 歲 9 個月	媽媽把她的錢包收在哪裡？給你看好玩的。就像烏龜做泥團。
2 歲 10 個月	看 Ursula 買的火車。我只是不想放在椅子。你沒有紙。你想要一點嗎，Cromer？我明天不能穿它。
2 歲 11 個月	那隻鳥被 Missouri 用袋子帶著。想要餅在你的臉上嗎？為什麼你攪拌寶寶巧克力？我喝完所有的到我的喉嚨。我說你為什麼不進來？看那張紙然後告訴它。你要我綁那個圓圓的？我們去打開燈讓你看不到。
3 歲 0 個月	我在 14 分鐘來。我穿那個去婚禮。我看看發生什麼。我現在一定要救他們。這些不是很強的人。他們在冬季睡覺。你把我打扮得像小象。
3 歲 1 個月	我想玩別的東西。你知道如何把它補好。我會讓它像火箭一樣飛上天。我放另外一個在地上。你去波士頓大學嗎？你想要給我一點胡蘿蔔和豆子？按這個鈕然後抓住它，先生。我想要再一點花生。為什麼你把奶嘴放進他的嘴裡。小狗喜歡爬上來。
3 歲 2 個月	所以它不能被清洗嗎？我弄壞我的賽車了。你知道這燈關。橋怎麼了？當它的輪胎漏氣，它需要去車站。我有時候作夢。我要寄這個讓信不會掉下來。我想要濃咖啡。太陽不是太亮。可以給我一些糖嗎？我可以把我的頭放在信箱裡，讓郵差知道我在哪裡，然後把我放在信箱裡嗎？我可以像木匠一樣保留這個螺絲起子嗎？

資料來源：Pinkor (1994).

2005）。

當學會語法規則後，學前幼兒也了解什麼不能說。**語法**（grammar）是影響想法可以如何被表達的規則系統。舉例來說，學前幼兒學會「我正坐著」是對的，而相似的結構「我正知道那個」是錯的。雖然他們仍然常常會犯這種或另一種錯誤，3 歲幼兒大部分都遵循語法規則。一些錯誤非常明顯——例如將已是複數的名詞再加上 s（如，「mens」）及將不規則動詞過去式加上ed（如，「catched」）——但這些錯誤實際上非常少見，1‰至 8%的發生機會。換句話說，在超過 90%的時間裡，年幼的學前幼兒的語法結構都是正確的（deVilliers & deVilliers, 1992; Guasti, 2002; Pinker, 1994）。

這是一隻 wug。

現在有另一隻，他們有兩隻。有兩隻___________。

圖 9-6 合適的字詞組成

即使學前幼兒——像我們其他人——不可能曾經見過 wug，他們能產生合適的字詞去填補空白（明確來說是 wugs）。

資料來源：Adapted from Berko (1958).

私語及社會語言

即使短暫地參觀幼兒園後，你很可能注意到一些幼兒在遊玩時自言自語。幼兒可能正在提醒娃娃他們兩個待會兒要去雜貨店，或另一個幼兒正在玩玩具賽車，可能說到即將到來的比賽。在一些情況下，這談話還會持續，就像當一個正在玩拼圖的幼兒，說的話像是：「這片放這裡……嗯不，這一個……這一片我可以放哪裡？……這不能是對的。」

一些發展學家認為**私語**（private speech），即幼兒對自己說的話語，執行了一個重要的功用，例如：Vygotsky 提出私語被用來導引行為和思考。透過私語他們和自己溝通，幼兒可以嘗試想法，當自己的回聲板。如此，私語促進幼兒的思考，並且幫助他們控制他們的行為（當試著控制在某些情況下的憤怒時，你曾經對自己說「放輕鬆」或「冷靜」嗎？）在 Vygotsky 的觀點，那時的私語最後具有重要的社會功能，允許幼兒解決問題並思考遭遇到的困難。他也同時提到私語是當我們思考時規勸自己所使用的內在對話的前驅（Winsler, De Leon,

& Wallace, 2003; Winsler et al., 2006）。

此外，私語可能是幼兒用來練習溝通時需要的實用能力，亦即已知的語用。**語用**（pragmatics）是有效且合宜的與他人溝通的語言面向。語用能力的發展讓幼兒了解對話的基本原理——輪流、切題及根據社會習俗什麼應該說與不應該說。當幼兒被教導接受禮物後的適當回應是「謝謝你」或在不同的情境中（和他們的朋友在遊樂場相對於和他們的老師在教室）使用不同的語言，他們正在學習語言的語用。

學前階段也顯現社會語言的成長。**社會語言**（social speech）是朝向另一人說的話且能被那人理解。在 3 歲之前，幼兒說話可能似乎只為了他們自己的消遣，明顯不關心其他人是否理解。然而在學前階段，幼兒開始向他人說話，想要他人聆聽，並且當他人無法理解自己時變得挫折。結果，他們開始透過語用將自己的語言順應他人，如上面所討論的。回想 Piaget 所主張的，在前運思期間大部分的語言是自我中心的：學前幼兒被認為很少考量他們的言語對他人的影響。然而最近研究證據顯示，幼兒比 Piaget 最初提到的還要多考量他人。

生活貧困如何影響語言發展

根據心理學家 Betty Hart 及 Todd Risley 具有里程碑意義的一系列研究，學前幼兒在家裡所聽到的語言對未來的認知成就有深遠的影響（Hart, 2000, 2004; Hart & Risley, 1995）。研究者在兩年期間研究了不同富裕程度的父母與他們的孩子互動時使用的語言。他們調查了父母與孩子每日互動總共 1,300 小時後有幾個重要的發現：

- 父母的富裕程度越高，越可能跟他們的孩子說話，如圖 9-7 所示，跟幼兒說話的比率隨著家庭的經濟程度而有顯著的不同。
- 在特定的一個小時裡，被歸類為專業的父母，花在與他們孩子互動的時間，幾乎是接受社會福利救助父母的兩倍。
- 接受社會福利救助家庭中的兒童，在 4 歲之前接觸到 1,300 萬個字詞，比被歸類為專業的家庭還少。
- 不同類型家庭裡使用的語言類別不同。接受社會福利救助家庭中的兒童較常

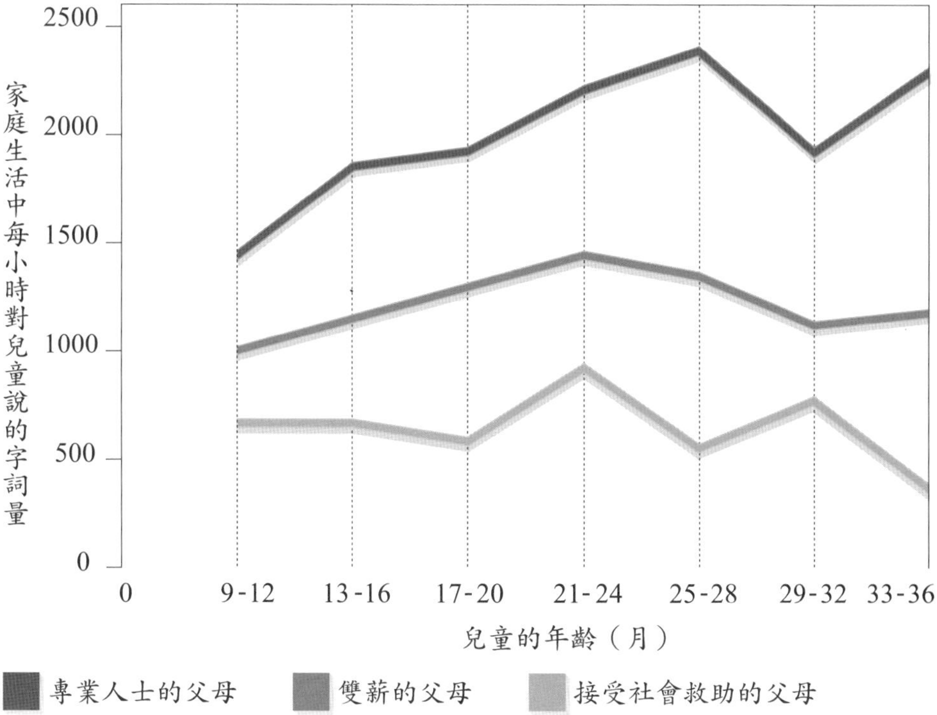

圖 9-7 不同的語言接觸量

不同富裕程度的父母提供不同的語言經驗。平均來說，專業的父母和雙薪的父母對他們孩子說的字詞量多於接受社會救助的父母。你認為為什麼是這樣？

資料來源：B. Hart & Risley (1995, p. 239).

聽到禁止的語言（例如「不」或「停下來」），是歸類為專業家庭中兒童的兩倍。

最後，研究發現兒童所接觸到的語言類型和他們智力測驗上的表現有關。舉例來說，兒童聽到數量越多和越多樣性的字詞，他們 3 歲時在各種智力成就測量上的表現越佳。

雖然這個發現是相關性的，因此無法藉由因果關係來解釋，但它們清楚地提議早期接觸語言的重要性，不論是在數量和多樣性方面。它們還提出介入方案，教導父母更常與他們的孩子說話，使用多變化的語言，可能有助於減緩貧窮所帶來的潛在傷害。

這研究也和越來越多的證據一致，家庭收入及貧窮對兒童的一般認知發展及行為的影響很大。相較於富裕家庭中的兒童，生長在貧窮環境的兒童傾向有較低的智商分數，在其他認知發展測量上的表現也較差。此外，兒童在貧窮的環境中生活得越久，會有更嚴重的後果。貧窮不僅減少了兒童可以獲得的教育資源，還對父母有負向的影響，它限制了他們能給家人的心理支持。簡言之，貧窮所帶來的後果是嚴重的且會持續下去（Barone, 2011; Farah et al., 2006; Jokela et al., 2009）。

教育與社會

6 有哪些不同類型的學前教育計畫？

7 參與家庭以外托育的結果為何？

8 電視和電腦對學前幼兒有什麼影響？

> 星期四下午在第九大道上的聯合電信工作室，《芝麻街》正在那裡錄製第 19 季節目。背後掛著翅膀的是這幕的新角色，是一個結實、有著短金髮的女子，名叫 Judy Sladky。今天是她的試鏡。其他表演者來到紐約希望成為女演員、舞者、歌手、喜劇演員。但 Sladky 的強烈野心是成為 Alice，一頭迷你長毛象，讓她在本季後期首次登台，成為 Aloysius Snuffle-upagus 的忠實保母，這場秀裡最大的生物（Hellman, 1987, p. 50）。

詢問幾乎所有的學前幼兒，都能辨識出 Snuffle-upagus，和大鳥、Bert、Ernie及許多其他人物的《芝麻街》劇組成員，這是史上針對學前幼兒最成功的電視節目，每天的觀眾數以百萬計。

然而，學前幼兒做的不只看電視。許多幼兒花他們一天中很大的部分在他們自己家庭以外的托育環境中，這些托育環境被設計來提升他們的認知發展。這些活動的後果是什麼？現在我們轉而考量早期幼兒教育、電視和其他媒體如何和學前的發展有關。

幼兒教育：學前階段的學前

「學前階段」這個詞有些用詞不當。差不多四分之三的美國兒童參與不同類型的家庭以外托育，其中大部分被明確或隱含地設計為教導提升智力及社會能力的技能（如圖 9-8 所示）。如此增長的一個重要理由是父母雙方都必須外出工作的家庭數量增加，例如：有高比例的爸爸外出工作，而接近 60%有 6 歲以下孩子的婦女是有工作的，她們大多是全職的工作（Borden, 1998; Tamis-LeMonda & Cabrera, 2002）。

還有另外一個原因，與托育的實務考量較無關：發展學家發現越來越多的證據顯示，兒童在進入正規學校教育前（在美國通常發生在 5 或 6 歲）參與一些類型的教育活動有實質上的助益。相較於留在家中、未參與正規教育的兒童，

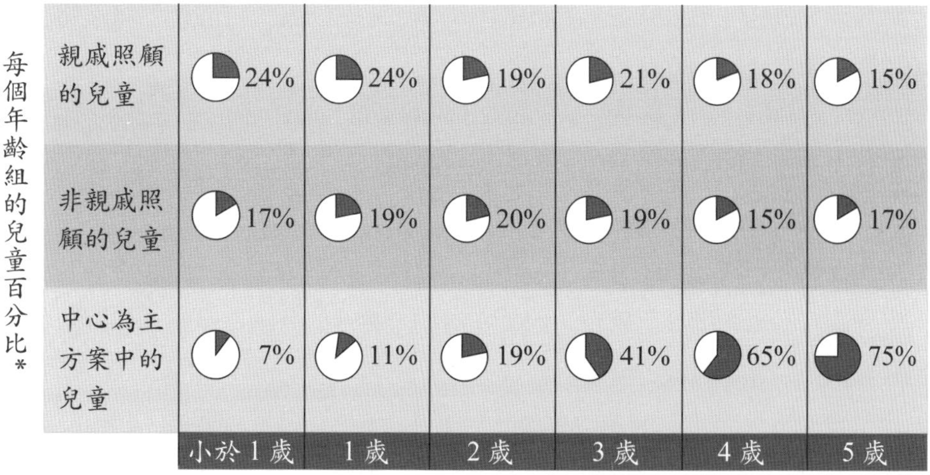

*每一欄加總起來不是 100，因為有些兒童不只參加一種托育。

圖 9-8 家庭外的托育

大約 75%的美國兒童參加某些形式家庭以外的托育——更多父母全職就業造成的趨勢。證據顯示兒童可以從早期幼兒教育中獲得助益。可以幫助兒童教育發展的照顧者的角色可能是什麼呢？

資料來源：National Center for Education Statistics (1997).

那些參與好的學前教育的兒童有著明確的認知及社會優勢（Campbell, Ramey, & Pungello, 2002; Friedman, 2004; National Association for the Education of Young Children, 2005）。

早期教育的種類

早期教育替代方案的多樣性是廣大的。一些家庭以外的托育只是照料，而其他的選擇被設計為促進智能及社會進步。在主要的選擇中，最近的類型如下所示：

- 托育中心（child care centers）一般會提供兒童整天的照護，當他們的父母在工作時〔托育中心先前被稱為日間托育中心，然而因為有非常多父母沒有固定的工作時間，因此需要偶爾（而不是一整天）照護他們的孩子，優先的選擇轉變為托育中心〕。
- 雖然許多托育中心一開始被建立為安全、溫暖的環境，現在它們的目的變得更寬廣，目標在提供一些形式的智力刺激，它們的主要目的依然傾向於比認知性還要多一些社會性及情感性。
- 一些兒童照護是由家庭式托育中心（family child care centers）提供，在私人家庭中營運。因為有些地區的中心沒有執照，照護的品質也參差不齊，所以父母在送孩子進去就讀前，應該考量家庭托育中心是否有執照。相對地，由機構提供如學校教室、社區中心，以及教會和教堂的中心式照護提供者通常受到政府當局的批准及管理。因為在這種方案裡的教師比家庭式托育的教師常有較多的專業訓練，照護的品質往往也較高。
- 幼兒園（preschools）明確地被設計為提供兒童智能及社會經驗。相較於家庭式托育中心，有較多時間上的限制，通常每天提供照護的時間只有三到五個小時。因為這樣的限制，幼兒園主要服務來自中及較高社經層次的兒童，在這層次中的父母不需要全職工作。

  跟托育中心一樣，幼兒園在提供的活動上非常不同，有一些強調社會能力，而有一些聚焦在智能的發展，有些則兩者並重。

  舉例來說，蒙特梭利學校使用義大利教育學家 Maria Montessori 所發展出的方式，利用一組精心設計的教材創造一個透過遊戲培養感覺、肢體動作及語言發展的環境。兒童有各種活動可以選擇，隨著選擇而從一個活動進展至另一個活動（Greenberg, 2011; Gutek, 2003）。

同樣地，在另一個來自義大利的瑞吉歐幼兒教育取向中，兒童參與所謂的「協議式課程」，強調兒童和教師的共同參與。課程建立在兒童的興趣上，藉由結合藝術及為期一週計畫的參與，提升他們的認知發展（Hong & Trepanier-Street, 2004; Rankin, 2004）。

- 美國一些當地的學校提供學校托育（school child care）。美國幾乎半數的州資助 4 歲幼兒的學前計畫，通常針對條件不利的兒童。因為他們一般會被分配到受過良好訓練的老師，而不是缺乏控管的托育中心，學校托育計畫通常比其他早期教育選擇品質還要高。

托育的成效

這類計畫的成效如何？大部分研究提出，參加托育中心的學前幼兒，表現的智能發展至少與在家照護之幼兒的表現相似，且往往更好，例如：一些研究發現，在托育中心的學前幼兒比在家的幼兒口語表達較流暢、展現記憶力和理解力的優勢，甚至達到更高的智商成績。其他研究發現提早並長期參與托育，對來自貧困家庭環境或高風險的兒童有特別的幫助（Clarke-Stewart & Allhusen, 2002; Dowsett et al., 2008; Vandell, 2004）。

同樣的優勢也被發現在社會發展上。相較於未參與托育的幼兒，在高品質計畫中的幼兒傾向較有自信、獨立，且熟悉他們所生活的社會。另一方面，並非所有家庭以外的托育結果都是正面的：托育的幼兒被發現較不禮貌、少順從、對成人較不尊敬，且有時比他們的同儕還要多競爭性和攻擊性。此外，一個星期超過 10 個小時在幼兒園裡的幼兒，直到六年級都較有可能破壞課堂秩序（Belsky et al., 2007; Clarke-Stewart & Allhusen, 2002; NICHD Early Child Care Research Network, 2003）。

另一個思考托育成效的方向是採取經濟觀點。舉例來說，一個在德州的學前教育研究發現，每在高品質幼兒園計畫上投資 1 美元，可產生 3.5 美元的獲利。獲利還包含畢業率、較高的收入、挽救少年犯罪、降低兒童福利成本（Aguirre et al., 2006）。

重要的是要記得並非所有早期兒童時期的托育計畫都同樣有效。如我們在第 7 章所觀察到的嬰兒托育，一個重要的因素是計畫的品質：高品質的照顧可以帶來智能及社會的助益，而低品質的照顧不但不可能提供助益，還可能傷害幼兒（Dearing, McCartney, & Taylor, 2009; NICHD Early Child Care Research Network, 2006; Votruba-Drzal, Coley, & Chase-Lansdale, 2004）。

托育的品質

我們如何定義「高品質」？幾個特徵是重要的；與嬰兒托育的特徵相似（見第 7 章）。高品質的主要特徵包括以下（Layzer & Goodson, 2006; Leach et al., 2008; Rudd, Cain, & Saxon, 2008; Vandell, Shumow, & Posner, 2005）：

- 照顧提供者有完整的訓練。
- 托育中心有適當的整體規模及照顧者與幼兒有適當的比例。單一個團體不超過 14 到 20 位幼兒，而且每一位照顧者不該超過 5 至 10 位 3 歲幼兒，或 7 至 10 位 4 或 5 歲幼兒。
- 托育中心的課程不是憑隨機運氣，而應精心計畫並協調教師。
- 語言環境豐富，具有許多對話。
- 照顧者敏感於幼兒的情緒及社會需求，知道什麼時候要或不要介入。
- 教材和活動都符合年齡。
- 遵循基本的健康及安全標準。

沒有人知道在美國有多少計畫被認為「高品質」，但數目比理想的少很多。事實上，美國在托育品質、數量及可負擔的能力上都幾乎落後所有其他工業國家（Muenchow & Marsland, 2007; Scarr, 1998; Zigler & Finn-Stevenson, 1995）。

發展的多元性與你的生活
世界各地的幼兒園：為什麼美國落於人後？

在法國和比利時，進入幼兒園是一種法定權利。在瑞典和芬蘭，政府提供托育給父母需要外出工作的幼兒。俄羅斯有個大規模國營的yasli-sads、托兒所和幼兒園系統，有75% 3至7歲的都市地區兒童參加。

相反地，美國沒有協調一致的全國幼兒教育政策，或總體的兒童托育政策。一方面是因為有關教育的決策過去都是留給州政府和地方學區，另一方面是因為美國沒有教導學前幼兒的傳統，不像其他國家的學齡前幼兒，已經參與正式課程有數十年之久。最後的原因是美國幼兒園的地位向來都是低的，例如：幼兒園和托育中心的教師是所有教師中薪資最低的（教師的薪資隨著學生年齡的提升而增加，因此大學及高中教師最高薪，然而幼兒園及小學教師的薪水最低）。

根據不同社會對幼兒教育所持有的目標，每個國家的幼兒園也顯著不同（Lamb et al., 1992），例如：在一項比較中國、日本和美國的跨文化研究中，研究者發現這三個國家的父母對幼兒園目標的觀點非常不同。中國父母傾向認為幼兒園主要是給孩子在學業上有一個好的開始，日本父母認為幼兒園主要是給孩子成為團體一份子的機會。相形之下，美國父母認為幼兒園的主要目標是讓孩子更獨立、自力更生，雖然在學業上得到好的開始和有團體經驗也是重要的（如圖 9-9 所示）（Huntsinger et al., 1997; Johnson et al., 2003; Land, Lamb, & Zheng, 2011）。

預備學前幼兒面對學業學習：啟蒙計畫真的提供了啟蒙嗎？

雖然許多為學前幼兒設計的計畫主要關注社會及情緒因素，一些計畫主要朝向提升認知成就，和讓學前幼兒預備他們在進入幼兒園時將會經驗到的較正式的教學。在美國，最有名的被設計來提升未來學業成就的計畫是「啟蒙計畫」

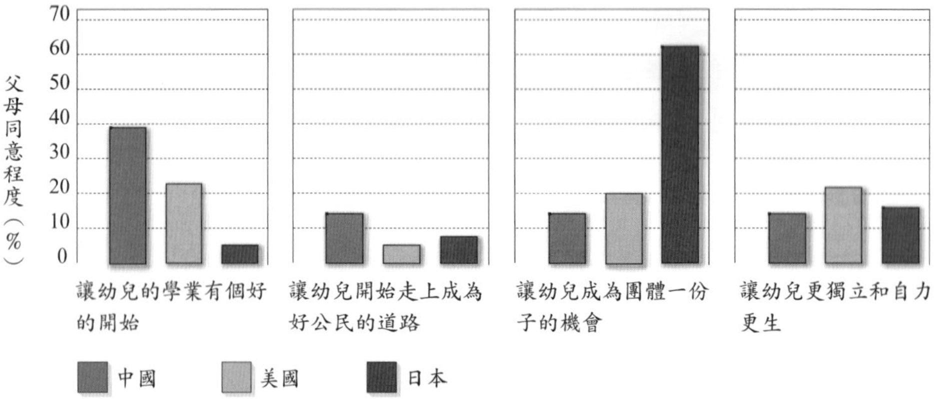

圖 9-9 幼兒園的目標

對中國、日本及美國的父母來說，幼兒園的主要目標是非常不一樣的。中國父母認為幼兒園主要是給孩子在學業上有一個好的開始，日本父母認為幼兒園主要是給孩子成為團體一份子的機會。相反地，美國父母認為幼兒園讓孩子更獨立，雖然在學業上得到好的開始和有團體經驗也同樣重要。身為一個幼兒園教育者，你會如何解釋這些發現？

資料來源：Adapted from Tobin, Wu & Davidson (1989).

（Head Start），產生於 1960 年代，當時美國宣告消除貧窮，這計畫已經造福了 1,300 萬的兒童及家庭。這計畫強調家長的參與，其目的在協助「全人發展」，包括兒童的身體健康、自信、社會責任及情緒發展（Gupta et al., 2009; Love, Chazen-Cohen, & Raikes, 2007; Zigler & Styfco, 2004）。

「啟蒙計畫」成功與否取決於從哪一個角度來看，例如：如果這計畫被期待讓智力成績長期進步，就會令人失望。雖然這個計畫的畢業生往往得到立即的認知成就，但這進步未能持續。

另一方面，很明顯地，「啟蒙計畫」達成了讓學前幼兒準備好進入學校的目標。參與「啟蒙計畫」的學前幼兒比未參加的幼兒對未來的學業有較佳的準備。此外，與他們的同儕相比，「啟蒙計畫」的畢業生在未來學校有較佳的適應，他們也較不可能在特教班或留級。最後，一些研究顯示「啟蒙計畫」的畢業生甚至在高中結束時有較佳的學業表現，雖然這個成就不是很大（Bierman et al., 2009; Brooks-Gunn, 2003; Kronholz, 2003; Schnur & Belanger, 2000）。

除了「啟蒙計畫」之外，其他類型的幼兒園入學準備計畫也提供了整個學年的優勢。研究顯示，與那些未參加這類計畫的學生相比，參與或從這類幼兒園計畫畢業的學生較不可能留級，而且他們更常完成學業。幼兒園入學準備計畫也似乎比較合乎成本效益。根據一個入學準備計畫的成本效益分析，因為每一塊錢都花在計畫上，在畢業生達到 27 歲時，納稅人可節省 7 美元（Friedman, 2004; Gormley et al., 2005; Schweinhart, Barnes, & Weikart, 1993）。

最近針對早期介入計畫的綜合評量顯示，它被視為一個團體，且能提供顯著的效益，而且政府資金在生命的早期投入，可能最終導致減少未來的成本。舉例來說，與未參與早期介入計畫的兒童相比，不同計畫的參與者在情緒或認知發展上有所獲益、有較佳的教育成就、增加經濟上的獨立、減少犯罪活動及改善健康行為。雖然不是每一個計畫都有這些效果，而且也不是每一位兒童獲得相同程度的益處，評量的結果顯示，早期介入的潛在獲益非常大（Barnard, 2007; Izard et al., 2008; Love et al., 2006; NICHD Early Child Care Research Network & Duncan, 2003）。

當然，像是「啟蒙計畫」這類的傳統計畫，強調傳統教學所帶來的學業成就，不是早期介入中被證實有效的唯一途徑。

我們是否太過度和太急於催促孩子？

不是每個人都同意尋求學業能力提升的計畫是件好事。事實上，根據發展學家 David Elkind，美國社會傾向過早催促兒童，使得年幼的他們開始感覺緊張和壓力（Elkind, 1994）。

Elkind 認為學業成就大部分依賴來自父母控制的因素，例如：繼承能力及兒童的成熟率。因此，不能要求特定年齡的幼兒精熟沒有考量到他們目前的認知發展水準的教材。簡言之，兒童需要**適性發展教育實務**（developmentally appropriate educational practice），那是指以一般的發展及兒童個別差異為基礎的教育（Robinson & Stark, 2005）。

不是任意地期待兒童在特定年齡精熟教材，Elkind 建議一個好的策略是提供鼓勵學習的環境，而不是被催促。藉由創造一個促進學習的氛圍，例如：藉由閱讀給學前幼兒聽，父母允許兒童以他們自己的步調前進，而不是催促著他們超越他們的限制（van Kleeck & Stahl, 2003）。

雖然 Elkind 的建議是吸引人的——確實很難不同意兒童的焦慮程度及壓力的增加應該被避免——但它們不是沒有批評者，例如：一些教育學家爭論著催促兒童主要是中、高社經地位層次裡的現象，只有當父母比較富裕才會如此。對較貧窮的兒童來說，他們的父母可能沒能得到豐富的資源以催促他們的孩子，也沒有足夠的能力創造一個促進學習的環境，促進學習的正式計畫所帶來的獲益可能超越他們的不利條件。此外，發展的研究者發現有方法可以讓父母為他們孩子的未來教育成就有所準備，如我們在「從研究到實務」專欄中所討論的。

從研究到實務 為學前幼兒學業成就而預備

加州奧克蘭的 Brian 和 Tiffany Aske 拚命地希望他們的女兒 Ashlyn 能在小一獲得成就。當去年他們讓 Ashlyn 進入幼兒園開始，他們沒有理由擔心。一個有著明亮眼睛的聰明孩子，Ashlyn 熱衷於學習，而且鄰近學校有著很好的名聲。但是在 11 月之前，Ashlyn 當時 5 歲，沒有達到水準。不管她試了多少次，她都無法讀出老師給她的 130 個字詞列表：字詞像是「我們」、「馬」及「那裡」。她變得對功課——包括週刊的文章「我最喜愛的動物」或「我的家庭旅行」——感到焦慮和心煩意亂，以至於她把頭放在餐桌上並哭泣。「她會告訴我，『我不會寫故事，媽媽。我就是做不到』，」全職媽媽 Tiffany 回憶道（Tyre et al., 2006, p. 34）。

什麼是為學前幼兒學業成就而預備，並且幫助他們避免學校裡困境的最佳方式？尤其是考量科技及教育目標和優先重點的快速變化，這是讓父母難以回答的問題。幸運的是，研究者在準備度指標的形成上提供了指引，能幫助父母決定何時他們的孩子預備好進入幼兒園。這指標也幫助父母找出方法提升他們孩子的能力，並增加他們在幼兒園成功的可能性。

一個關鍵性的要素是自我表達和語言技巧。兒童必須能和教師和其他幼兒有良好的溝通，這包括語言表達他們的需求及想法、跟隨指引、回答問題及專心和耐心聆聽的能力（Arnold & Colburn, 2009）。

此外，數學、閱讀及注意力能力是重要的。根據一項觀察近 36,000 名學前幼兒未來學業成就的縱貫研究發現，擁有基本的數學、閱讀能力及能專注是重要的。領導這項計畫的研究者 Greg Duncan 提到，「影響往後學習的能力是父母在家即可輕易傳達給他們孩子的事情。」這些能力包括字母及數字的基本知識（Duncan et al., 2007; Paul, 2007）。

在預備兒童上的一個重要的建議是固定與他們共讀。當兒童主動坐下並且聆聽時，不單僅是讀一本書的事情，而是藉由讓他猜猜接下來將會發生什麼或企圖用他的話重新說這故事，讓兒童參與互動。這樣的活動有助於發展重要領域的準備，如認知和語言技巧、熟悉書本及社會與情緒發展。此外，與父母的固定故事時間可發展孩子的好奇心和熱衷學習，並且傳達父母對閱讀和學習的價值觀給孩子。玩一些包含下列幾個方向的簡單遊戲也是重要的（Arnold & Colburn, 2009; The Albert Shanker Institute, 2009; U.S. Department of Education, 2008）。

這研究的整體訊息是清楚的：父母幫助他們的孩子預備轉換至幼兒園及終身學習的最佳方法，是與他們互動——談話、問問題、閱讀和玩遊戲。

- 父母如何在需要讓他們的孩子在未來教育中有所預備，以及對孩子過度關注之間達到平衡？
- 我們能做什麼鼓勵父母提供他們孩子適當程度的預備，特別是生活貧窮的父母？

來自媒體的學習：電視及電腦

電視、電腦和網路在許多美國家庭中扮演著重要的角色。隨著學前幼兒看電視的平均時間一週超過 21 小時，電視成為兒童所接觸到的最有影響力和普遍的刺激之一。超過三分之一家庭的 2 至 7 歲兒童說，在家裡大部分的時間在看電視（相較之下，學前幼兒平均每天花四分之三小時閱讀）。此外，年紀越大，兒童使用的媒體越多（如圖 9-10 所示）（Anand & Krosnick, 2005; Bryant & Bryant, 2001, 2003; Roberts et al., 1999）。

電腦也變得會影響學前幼兒的生活。70%的 4 至 6 歲學前幼兒使用電腦，其中四分之一的幼兒天天使用，他們平均一天花費一個小時使用電腦，且大多數是自己使用它。在父母協助下，近五分之一兒童已能發送電子郵件（Glenberg, Goldberg, & Zhu, 2011; Rideout, Vandewater, & Wartella, 2003）。

了解電腦使用——及其他新媒體如電子遊戲——對學前幼兒的影響仍為時尚早。但是有許多有關觀看電視後果的研究，我們接下來開始討論（Pecora, Murray, & Wartella, 2007）。

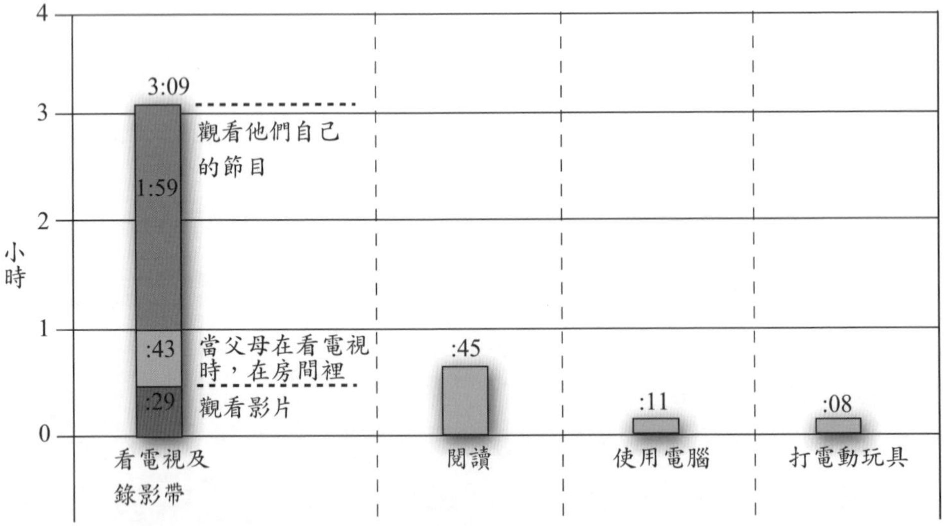

時間以「小時：分」呈現，數字不代表兒童使用媒體的總時間，因為他們可能同時使用超過一個媒體，閱讀包括讀給兒童聽的時間量。

圖 9-10 電視時間

雖然 2 至 7 歲兒童花在閱讀的時間多於打電玩或使用電腦，但他們花相當多的時間看電視。身為教育專家，你會如何灌輸兒童興趣，讓他們多閱讀一點？

資料來源：V. J. Rideout et al (1999).

電視：控制接觸時間

儘管在過去 10 年出現了許多高品質的教育節目，但許多兒童節目品質不佳或不適合學前幼兒。因此，美國小兒科學會建議觀看電視的時間應該受到限制。他們認為，幼兒在 2 歲之前不該觀看電視，2 歲之後，每天看有品質的電視節目，也不要超過一或二小時。更廣泛來說，父母應該要限制包括使用電視、電腦、電動玩具及影片的所有螢幕時間，對學前幼兒來說，每天總時間以 2 小時為限（American Academy of Pediatrics, 2010）。

限制幼兒觀看電視的一個理由是它所產生的不活動性。與觀看電視時間較少的幼兒相比，每天看電視和影片兩小時以上（或顯著大量時間使用電腦）的學前幼兒有顯著較高的肥胖風險（Danner, 2008; Jordan & Robinson, 2008; Strasburger, 2009）。

學前幼兒「電視素養」的限制是什麼？當他們真的在觀看電視時，學前幼兒通常無法完全理解他們正在觀看故事的情節，特別是較長的節目。他們無法在觀看節目後回憶出重要的故事細節，他們對故事中角色的動機所做的推論有限，而且常常是錯的。此外，學前幼兒在區分電視節目裡的虛幻和現實有困難，例如：一些幼兒相信《芝麻街》裡的大鳥真的活著（Wright et al., 1994）。

接觸到電視廣告的學前階段幼兒無法批判性地理解和評估他們所接觸到的訊息。因此，他們可能完全接受廣告商對其產品的宣稱。幼兒相信廣告訊息的可能性非常高，所以美國小兒科學會建議針對 8 歲以下幼兒的廣告要受到限制（Nash, Pine, & Messer, 2009; Nicklas et al., 2011; Pine, Wilson, & Nash, 2007）。

總而言之，學前幼兒從電視中所接觸到的世界是被不完整地理解且不切實際的。另一方面，當他們年齡越來越大和處理訊息的能力增加，學前幼兒對他們在電視裡看到的事物的理解會提升，他們對事情的記憶較精準，並且變得較能聚焦在演出節目裡的重要訊息。這樣的進步顯示電視媒體的影響力可以被利用為認知帶來獲益——這正是《芝麻街》製作人下決心要做的（Berry, 2003; Crawley, Anderson, & Santomero, 2002; Singer & Singer, 2000; Uchikoshi, 2006）。

《芝麻街》：每個家庭的老師？

《芝麻街》是美國最受歡迎的兒童教育節目。幾乎半數的美國學前幼兒收看這個節目，而且它在將近 100 個不同國家以 13 種外語播出。像是大鳥、Elmo 等劇中角色被世界各地的成人和學前幼兒所熟悉（Bickham, Wright, & Huston, 2000; Cole, Arafat, & Tidhar, 2003; Moran, 2006）。

《芝麻街》被設計來展現的目的是提供學前幼兒教育經驗。它的具體目標包括教導字母和數字、增加詞彙及教導識字前的技能。《芝麻街》達到了它的目標嗎？大部分的證據顯示有達到。

舉例來說，在一個兩年期的縱貫研究中，比較 3 到 5 歲的三個組別幼兒：「觀看卡通或其他節目組」、「觀看等量的《芝麻街》組」、「少看或幾乎沒看電視組」。「觀看《芝麻街》的幼兒」的詞彙量顯著高於「觀看卡通或其他節目的幼兒」或「少看或幾乎沒看電視的幼兒」。這結果與幼兒的性別、家庭人數及父母教育程度與態度無關。此結果與這節目早期的評估結果一致，結果顯示觀眾在被直接教導的技能上（如：背誦字母）有驚人的進步，並且在沒有被直接教導的其他方面（如：閱讀字詞）也有進步（McGinn, 2002; Rice et al., 1990）。

這個節目的正式評量發現，生活在低收入家庭的幼兒，觀看這節目使他對學校有較好的準備。與沒有觀看這節目的其他幼兒相比，他們在 6 歲及 7 歲時，在語言及數學能力測驗上有顯著較佳的表現。此外，《芝麻街》的觀眾比非觀眾花較多的時間閱讀。而且在他們 6、7 歲時，《芝麻街》觀眾和其他教育節目的觀眾易於成為較佳的讀者，他們的老師對其也有正向的評論。針對《芝麻街》的研究結果同樣出現在其他教育取向的節目，如「愛探險的 Dora」及「藍色斑點狗」（Augustyn, 2003; Linebarger, 2005）。

另一方面，《芝麻街》並非沒有受到批評。舉例來說，一些教育家主張在不同場景中所顯示的熱鬧變化，會使得觀眾無法接受他們開始上學時將會經驗到的傳統教學形式。但是，仔細評量這個節目發現，沒有證據顯示觀看《芝麻街》會導致減少傳統學校教育的樂趣。甚至，最新有關《芝麻街》和與它類似的其他教育節目的研究結果顯示對觀眾有相當正向的結果（Fisch, 2004; Wright et al., 2001; Zimmerman & Christakis, 2007）。

你是一個明智的兒童發展消費者嗎？
提升學前幼兒的認知發展：從理論到教室

我們已經思考了學前階段的重點應該在提升未來有好的學業成就，我們也討論了在學業成就上過度催促幼兒可能危害他們的身心健康。

不過，有個中立的看法，利用探究學前階段認知發展的發展心理學家所進行的研究（E. Reese & Cox, 1999），我們可以提出幾點建議，給希望能促進孩子在沒過度壓力下提升學業預備的父母及幼兒園教師，如下所示：

- 父母和教師應該覺察個別幼兒所達到的認知發展階段，了解他的能力及限制。除非他們覺察到幼兒目前的發展程度，不然不可能提供適當的教材和經驗。
- 教學的層次應該比每位學生目前的認知發展程度還要高一些。太少新東西，幼兒會不感興趣，太多新東西，他們會困惑。
- 教學應該盡可能個別化。因為同年齡的幼兒可能有不同的認知發展程度，個別預備的課程教材提供了一個較佳的成功機會。
- 應該提供社會互動的機會（包括和其他學生和成人）。藉由接收到他人的回饋和觀察他人在特定情境中的反應，學前幼兒學習思索這世界的新途徑和新方法。
- 允許學生犯錯。認知成長通常來自面對和修正錯誤。
- 因為認知發展只發生幼兒已經達到適當的成熟程度，學前幼兒不應該被催促得過於超前他們目前的認知發展狀態。
- 閱讀給幼兒聽。幼兒透過讀給他們聽的故事中學習，還可以激勵他們學習自己閱讀。

個案研究 秘密讀者

Della Faison 很糟地處理了這情況。身為市區幼兒園的助理教師，她一直關注到一位學生 Lawson Ellings 對書本及故事時間興趣缺缺。她知道 Lawson 的媽媽是做兩份工作的單親媽媽，所以她想要鼓勵這位媽媽努力幫助 Lawson 重視閱讀。

在一次和 Ellings 太太聊天時，她提到對學業有濃厚興趣、在家中接觸書籍和產生對書本及學習的樂趣對 Lawson 有多重要。當 Ellings 太太詢問她要表達的意思時，她解釋 Lawson 從不參與讀書會，從來沒有挑一本書翻閱，只選擇玩樂高和汽車與其他體能玩具。

Della 注意到 Ellings 太太在回答問題前停頓了一下，「謝謝妳的關心，Faison 小姐，但是 Lawson 不坐在讀書會中可能是因為他是一位害羞、大部分時間喜歡獨處的男孩。他不挑選妳的書可能因為他已經讀過大部分的書了。無論我如何疲憊，我每個星期三傍晚和星期六上午會帶他去圖書館，我讀書給他聽並且讓他讀給我聽。他幾乎已經讀過學前階段的每一本書了。他想去玩樂高，可能是我們家沒有這個。」

Della 不知道該說什麼。

1. Della 詮釋 Lawson 的教學決定是否正確？為什麼她會做這樣的詮釋？
2. 類似 Lawson 的學前幼兒擁有「秘密閱讀生活」是否合理？在這個年齡他真的具有閱讀書本的語言能力嗎？
3. Della 應該持續關心 Lawson 的閱讀嗎？她應該偷偷一對一地測驗他的能力嗎？
4. 有學業成就的學生是否有可能來自像 Lawson 的環境背景？為什麼能或為什麼不能？什麼因素可能影響他的學業成就？

結語

在本章中，我們看了學前階段的幼兒。我們以 Piaget 提出的前運思期思考特徵的描述、訊息處理論及 Lev Vygotsky 的觀點討論認知發展。然後我們討論了發生在學前階段的語言能力的快速增長，最後以幼兒教育及電視與電腦對學前幼兒發展的影響作為結論。

回到本章的序言，其描述了 Samantha Sterman 在幼兒園的第一天，並回答這些問題。

1. 根據 Piaget 的論點，當 Samantha 進入學校，她對世界有什麼樣的理解，和對她理解的限制？
2. 你能從訊息處理的觀點討論在學前階段期間，Samantha 認知發展的可能過程嗎？什麼最可能因她進入幼兒園而改變？為什麼？
3. 幼兒園以什麼方式可能影響著 Samantha 對與他人溝通的語用的覺察？
4. Samantha 加入學校的文化中哪些面向可以應用 Vygotsky 的理論？一般幼兒園課程的哪些特質是 Vygotsky 論點所強調的？

回顧

1 Piaget 如何解釋學前階段的認知發展？

- 在 Piaget 所提到的前運思期，幼兒還無法進行有組織、形式的、邏輯的思考。但是當他們脫離了感覺動作期學習的限制，他們的符號運作發展讓他們更快、更有效地思考。
- 根據 Piaget 的論點，前運思期的幼兒進行第一次的直覺性思考，主動地應用基本的推理能力學習世界中的知識。

2 訊息處理取向如何解釋學前階段的認知發展？

- 訊息處理論對認知發展有不同的觀點，其強調學前幼兒對訊息的儲存及回憶，聚焦在處理訊息能力（如：注意力）在量上的改變。

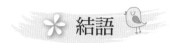

3 Vygotsky 取向的認知發展是什麼？

- Lev Vygotsky 提出幼兒認知發展的本質和進步取決於幼兒的社會及文化脈絡。
- Vygotsky 提出幼兒對世界的理解是他們與父母、同儕及其他社會成員互動的結果。這也和日益增加的多元文化和跨文化研究的結果一致，這些研究發現文化因素形塑了部分的認知發展。

4 學前時期幼兒語言能力如何發展？

- 幼兒從兩個字詞的說話語言快速進展到較長、較複雜的表達，反映出他們詞彙量的成長及發展出的語法掌握。

5 貧窮如何影響語言發展？

- 語言能力的發展受到社經地位的影響。此結果會降低較貧窮幼兒的語言和最終學業的表現。

6 有哪些不同類型的學前教育計畫？

- 幼兒教育計畫在托育中心、家庭式托育中心、幼兒園及學校托育中實施。

7 參與家庭以外托育的結果為何？

- 大部分研究顯示，參與托育中心的學前幼兒，在智能發展上至少與在家的幼兒相似，且往往更好。
- 一些研究發現，在托育中心的學前幼兒比在家的幼兒口語表達較流暢、展現記憶力和理解力的優勢，甚至達到更高的智商成績。

8 電視和電腦對學前幼兒有什麼影響？

- 接觸電視和其他媒體來源（如電腦）的影響效果是混合在一起的。雖然學前幼兒經常接觸到的情況不能代表真實世界已經被注意到的，但他們可以從電視節目（如：《芝麻街》）中獲得認知的進步。

關鍵詞

- 前運思期（preoperational stage）：根據 Piaget 的論點，2 至 7 歲幼兒處於此時期，他們提升了符號思考的使用，出現心智的推理，概念的使用也增加。

- 運思（operations）：有系統、形式和邏輯性的心理歷程。
- 符號的運作（symbolic function）：根據 Piaget 的論點，此能力是可以使用心理符號、字詞或物體來表徵未實際出現的人事物。
- 集中概念（centration）：侷限地專注在刺激的單一面向，而忽略其他面向的過程。
- 守恆（conservation）：數量跟物體的排列與外形無關的知識。
- 轉變（transformation）：從一個狀態改變為另一個狀態的歷程。
- 自我中心思考（egocentric thought）：無法從他人的觀點去思考。
- 直覺思考（intuitive thought）：反映學前幼兒使用原始基本的推理和他們急切學得關於世界知識的方式來思考。
- 自傳式記憶（autobiographical memory）：來自個人自己生活中特定事件的記憶。
- 腳本（scripts）：廣泛敘述記憶中的事件及其發生順序。
- 最近發展區（zone of proximal development, ZPD）：根據 Vygotsky 的論點，是指兒童在沒有協助下，自己幾乎可以但卻沒能完全理解或執行一個工作的程度。
- 鷹架（scaffolding）：對能促進獨立及成長的學習和問題解決的協助。
- 句法（syntax）：結合字詞和片語形成有意義的句子。
- 快速配對（fast mapping）：在僅有一次的短暫接觸後，對新字詞與其意義連結的過程。
- 語法（grammar）：影響想法可以如何被表達的規則系統。
- 私語（private speech）：無意對他人敘說的話，常見學前階段的幼兒使用。
- 語用（pragmatics）：關於有效且合宜的與他人溝通的語言面向。
- 社會語言（social speech）：朝向另一人說的話且能被那人理解。
- 適性發展教育實務（developmentally appropriate educational practice）：以一般的發展及兒童個別差異為基礎的教育。

10

Chapter

學前階段幼兒的社會與人格發展

梁珀華 譯

學習目標

1 學前幼兒如何發展自我的概念？
2 兒童如何發展種族認同與性別的知覺？
3 學前幼兒的社會關係與遊戲為何？
4 父母的教養方式有哪幾種？成效如何？
5 文化差異如何影響父母的教養方式？
6 幼兒如何發展道德感？
7 學前幼兒如何發展攻擊行為？
8 社會學習理論與認知理論如何解釋攻擊行為？

序言 第一份學校入學申請書

Usman Rabbani 是耶魯大學與哈佛大學的畢業生，他顯然有寫過入學申請書，但是，此時他卻不知如何下筆。因為這份申請計畫書並不像他以前所寫過的，這是為他兩個雙胞胎學步兒：Humza 與 Raza 所寫的一份幼兒園的入學申請書。

在紐約市，要進入菁英幼兒園的競爭可能與進入大學的競爭一樣激烈。父母聘請諮詢顧問，並且花費無數個小時準備入學申請，希望能讓自己的孩子進入百中選一的學校。但是當 Usman Rabbani 準備申請文件的時候，他面臨了一個難題：要如何以文字描述一個年幼的孩子？他問到：「你要如何描述一個剛從媽媽肚子裡跑出來的孩子？你才剛開始認識他們而已。」

最後，他決定自己要有創意。他將 Humza 形容為「有一顆柔軟心的運動健將」，稱呼 Raza 為「思想家與淘氣情人」。這樣形容學前幼兒似乎不太合乎常理，但顯然 Usman 做對了，因為他的兒子都進入了父母心目中最好的幼兒園。

展望未來

就如同多的數學前幼兒，Usman Rabbani 的孩子才剛開始要展現他們一生中即將發展的人格，為他們撰寫入學申請書的難處在於他們的人格才剛發展，而且尚在形塑之中。本章我們將討論快速成長與改變的學前階段幼兒的社會與人格發展。

我們首先要檢視學前幼兒如何持續形成對於個人的知覺，聚焦於他們如何發展自我概念。我們要特別檢視自我如何與性別有關，是幼兒對於自己與他人觀點的核心議題。

學前幼兒的社會生活是本章的另一個重點。我們將會討論幼兒如何與他人一起遊戲、檢視不同類型的遊戲，並探究父母與其他成人如何教養形塑幼兒的行為。

最後，我們將檢視學前幼兒社會行為的兩個層面：道德發展與攻擊行為，探究幼兒如何發展「對」與「錯」的概念，以及這些概念的發展如何讓他們做出對他人有益的行為。我們也將探究另一面——「攻擊性」，並檢視影響幼兒做出傷害他人行為的相關因素。本章將以樂觀的陳述結尾：我們如何協助學前幼兒成為更具道德感與較少攻擊性的個體。

自我知覺的形成

1 學前幼兒如何發展自我的概念？
2 兒童如何發展種族認同與性別的知覺？

雖然不是大多數的學前幼兒都會直率地問：「我是誰？」但是隱含在這個問題後面的是重要的發展歷程。在這個階段，幼兒常會對自己感到好奇，而他們回答：「我是誰？」這個問題的方式可能影響他們的一生。

心理社會發展：衝突的解決

當 4 歲的 Mary-Alice 把外套脫下時，她的幼兒園老師輕輕挑了挑眉毛。Mary-Alice 通常穿著搭配得很好的印花連身褲，可是她今天穿了一條花褲子，並配了一件完全不協調的上衣。她同時帶了一條條紋的頭帶，並穿上動物印花的襪子與一雙水珠圖案的雨鞋。Mary-Alice 的媽媽尷尬地聳聳肩，「Mary-Alice 今天早上自己穿衣服，」她將裝有備用鞋子的袋子交給老師的時候解釋說，如果在學校穿著雨鞋不舒服的時候可以替換。

心理分析學家 Erik Erikson 可能會大大讚賞 Mary-Alice 的媽媽幫助 Mary-Alice 發展積極主動的感覺（如果不是基於時尚的理由），原因在於 Erikson（1963）曾指出，在學前階段，幼兒面臨一個與心理社會發展相關的關鍵衝突，這是與積極主動的發展有關。

就如同我們在第 7 章所討論的，**心理社會發展**（psychosocial development）包含個體自我了解與對他人行為了解的改變。根據 Erikson 的理論，社會與文化帶給發展中的個體特別的挑戰，並會隨著人們年齡的增長而改變。Erikson 認為人們經歷八個重要階段，每個階段人們都必須解決特定的危機與衝突。當我們嘗試解決這些衝突的時候，這些經驗會引導我們發展關於自己的認知，並能夠持續到往後的人生。

在學前階段的初期，幼兒正經歷自主與羞愧懷疑階段的結束，這個階段從 18 個月大持續到 3 歲。在這個階段，如果幼兒的父母鼓勵他們自由探索，他們就會變得獨立自主；但是如果他們被限制與過度保護，就會經驗到羞愧與自我懷疑。

學前階段大部分涵蓋了 Erikson 所稱的**積極主動與退縮內疚階段**（initiative-versus-guilt stage），這個階段從 3 歲持續到 6 歲。在這個階段，幼兒對於自己的看法會隨著面臨的衝突而改變，也就是想要獨立於父母而自己行動的慾望，與因為不能成功完成事情所產生的罪惡感間的衝突。他們想要自己完成事情（「讓我自己來」是最常見的用語），但是，如果他們沒能做好就會有罪惡感。他們開始認為自己具有與生俱來的權利，並且開始自己做決定。如果父母，例如：Mary-Alice 的母親可以對此種邁向獨立的轉變給予正面的回應，就能夠幫助他們克服伴隨這個階段而來的負面情緒。藉由給予孩子方向與引導，並提供孩子獨立的機會，父母能夠支持並鼓勵孩子的積極主動。就另一方面來說，如果父母不鼓勵孩子尋求獨立的努力，可能會造成孩子持續終生的罪惡感，並且影響他們在這個階段開始發展的自我概念。

學前階段的自我概念：對於自己的思考

如果你問學前幼兒是什麼讓他們自己不同於其他幼兒，他們可能會不假思索地回答：「我跑得很快」，或是「我喜歡塗顏色」，或是「我已經長大了」。而這樣的回答都與**自我概念**（self-concept）有關——他們的特性，或是他們對於自己身為個體的一連串信念（Brown, 1998; Marsh, Ellis, & Craven, 2002; Tessor, Felson, & Suls, 2000）。

關於描述幼兒自我概念的陳述並不一定是正確的。事實上，學前幼兒常會高估自己在所有領域的技能與知識。因此，他們對於未來的看法是很樂觀的：他們期望贏得下一場遊戲比賽、在賽跑比賽中打敗所有對手，或是長大後寫出很棒的故事，即使他們剛在一項工作任務中經驗失敗，他們還是期望未來可以做好。這樣樂觀看法的形成是因為他們還沒有將自己的表現與他人比較，而這樣的不精確性使他們願意嘗試新的活動（Dweck, 2002; Wang, 2004）。

學前幼兒對於自己的看法也反映了特定文化中對於自我的看法。舉例來說，有許多亞洲的社會強調**集體主義傾向**（collectivistic orientation），重視相互依存的概念。在這樣文化特性的人們傾向將自己視為較大社會網絡中的部分，因此，他們與其他人是互相關聯的，並要對其他人負起責任。相反地，在西方文化中的幼兒較可能發展出反映**個人主義傾向**（individualistic orientation），即重視個人特性與個體獨特性的自我概念。他們容易將自己視為能夠自我滿足與自主的，並且需要與他人競爭稀少的資源。因此，西方文化中的幼兒較容易聚焦在自己與他人的差異，也就是自己的獨特性。

這樣的觀點以微妙的方式存在於文化之中，例如：有一句常見的西方諺語：「會吵的孩子有糖吃」，如果學前幼兒接受這樣的觀點，就會被鼓勵要站出來表達自己的需求以得到他人的注意。就另外一方面來說，亞洲文化中的幼兒接觸到另外一種觀點，他們被教導：「樹大招風」。這樣的觀點會讓幼兒嘗試要融入於群體之中，並且使自己的表現不要過於醒目（Dennis et al., 2002; Lehman, Chiu, & Schaller, 2004; Wang, 2004, 2006）。

學前幼兒的自我概念發展也可能受到文化中種族與族群的影響。接下來我們將討論到學前幼兒的種族與族群覺知的發展緩慢，並以微妙的方式影響與社區接觸的人們、學校與其他文化機構的態度。

發展的多元性與你的生活

發展種族與族群的覺知

學前階段是幼兒的轉捩點。他們對於自己是誰的答案開始轉向自己的種族與族群特性。

對於大多數的學前幼兒來說，種族的覺知來得相對較早。當然，即使嬰兒都能夠分辨不同的膚色，因為幼兒的知覺能力使他們在年幼的時候就能夠分辨膚色的差異。但是，幼兒在較年長的時候才能將膚色與不同的種族特性連結起來。

在 3、4 歲大的時候，學前幼兒會因為膚色而注意到人們之間的差異，因此，他們也就開始認同自己是西班牙裔或非洲裔。雖然學前幼兒在年幼的時候無法了解種族與族群是他們不變的特質，但是，之後他們便會開始逐漸發展出對於社會中種族與族群身分重要性的理解（Cross & Cross, 2008; McMillian, Frierson, & Campbell, 2011; Quintana & McKown, 2008）。

有些學前幼兒對於他們的種族與族群認同有複雜的感覺，有些則經歷**種族失調**（race dissonance），也就是少數種族幼兒的喜好偏向主流種族價值觀的現象。舉例來說，有些研究發現，當被詢問對於黑人兒童與白人兒童圖畫的反應時，有高達 90%的非洲裔美國兒童對於黑人兒童圖畫的反應較白人兒童圖畫的反應更為負面。然而，這些負面的反應並不等於這些非洲裔美國兒童的低自尊，相反地，這樣的偏好似乎反映了美國主流白人文化強而有力的影響，而不是對於自身種族特性的蔑視（Holland, 1994; Quintana, 2007）。

族群認同會比種族認同來得晚，因為它比起種族來較不明顯。舉例來說，在一個有關墨西哥裔美國人族群覺知的研究之中，學前幼兒對於自身族群認同的知識是有限的，然而，當他們較年長時，他們對於自己族群的重要性更加覺知。同時會說西班牙語與美語的學前幼兒最容易覺知到自己的族群身分。種族與族群最終都會在兒童整體認同的發展上扮演重要角色（Bernal, 1994; Quintana et al., 2006）。

性別認同：女性與男性的發展

對於男孩的讚賞：絕佳的思考者、熱切的學習者、最富有想像力、最熱心、最具有科學精神、最好的朋友、最有個性、最勤奮、最有幽默感。

對於女孩的讚賞：永遠的甜心、貼心的個性、個性俏皮可愛、最佳分享者、最佳藝術家、最大方、最有禮貌、最佳幫手、最有創造力。

這樣的描述有什麼問題？對於父母來說，他們的女兒在畢業典禮中得到上述對於女孩的讚賞是非常普遍的，然而，當女孩因為她們迷人的人格特質得到稱讚時，男孩卻因為他們的智力與分析能力而得到讚賞（Deveny, 1994）。

男孩與女孩經常生活在不同的世界中。當女性與男性出生時即被以不同的方式對待，之後便持續到學前階段，並延續到青春期之後（Bornstein et al., 2008; Martin & Ruble, 2004）。

性別，也就是身為男性或女性的知覺，是從幼兒在學前階段就已形成（就如同我們在第 7 章所討論到的，「性別」與「性」兩個字詞代表的是不同的意義，性通常指的是有關性的生理剖析與行為，而性別指的是對於男性或是女性的社會知覺）。在 2 歲的時候，幼兒就能夠一致地分辨他們自己與周遭人們是男性或女性（Campbell, Shirley, & Candy, 2004; Raag, 2003）。

性別差異也會在遊戲當中顯現出來。學前男孩比起女孩會進行較多的粗暴遊戲，而學前女孩則比男孩進行較多的有組織的遊戲與角色扮演遊戲。在這個時期，男孩較常與男孩玩，女孩也較常與女孩玩。女孩比男孩較早喜歡與同性別的玩伴一起玩，她們在 2 歲時開始喜歡與其他女孩一起互動，而男孩到了 3 歲的時候才會開始喜歡與同性別的玩伴一起玩（Martin & Fabes, 2001; Raag, 2003）。

而這樣的同性別遊戲偏好出現在許多的文化之中。舉例來說，有關中國大陸幼兒園的研究中，並沒有出現不同性別幼兒一起遊戲的例子。同樣地，在遊戲當中，性別的因素比起種族因素要來得重要：西班牙裔的男孩寧願跟白人男孩一起玩，也不願意與西班牙裔女孩一起玩（Aydt & Corsaro, 2003; Whiting & Edwards, 1988）。

學前幼兒通常對於男孩與女孩的行為表現有非常制式的看法。事實上，他們對於符合性別行為的期望經常比成人更具有性別刻板印象，並且比其他年齡階段更沒有彈性。到 5 歲之前，幼兒對於性別刻板印象的看法會隨著年齡而加深，雖然在 7 歲時，幼兒對於性別的觀點會變得較不制式，但是這樣的性別觀點不會消失。事實上，學前幼兒對於性別所抱持的刻板觀點與社會中傳統的成人類似（Lam & Leman, 2003; Ruble et al., 2007; Serbin, Poulin-Dubois, & Eichstedt, 2002）。

而學前幼兒對於性別期望的本質是什麼？就如同成人一樣，學前幼兒對於男性的期望是傾向有能力、獨立、強而有力與競爭的特質。相反地，女性則被視為具有溫暖、具有表達能力、撫慰與順從的特質。雖然這些特質僅僅是期望，與男性以及女性實際的行為表現無關，但是，這些期望卻提供了學前幼兒看待世界的鏡頭，影響了幼兒行為，以及他們與成人、同儕的互動方式（Blakemore, 2003; Gelman, Taylor, & Nguyen, 2004）。

學前幼兒對於性別期望的重要性，以及男孩與女孩間的行為差異是令人難解的。為什麼性別在學前階段（以及日後的人生）扮演如此重要的角色？發展學者提出了幾個解釋。

性別的生理觀點

既然性別與個人身為男性與女性的知覺有關，而性指的是男性與女性的生理差異，因此，研究證實兩性本身的生理差異會導致性別的差異，自然不令人意外。

荷爾蒙是與生理因素相關的一個因素，並被發現影響性別行為的差異。女孩如果接觸較多的雄激素（男性荷爾蒙），比起她們沒接觸雄激素的姊妹就可能會出現較多所謂的男性化行為（Burton et al., 2009; Knickmeyer & Baron-Cohen, 2006; Mathews et al., 2009）。

受到雄激素影響的女孩喜歡男孩當玩伴，比起其他女孩來說，會花較多的時間玩男孩子的玩具，例如：小汽車與卡車。同樣地，男孩接觸到較多的女性荷爾蒙，會比一般男孩表現出較多的女性化行為（Knickmeyer & Baron-Cohen, 2006; Servin et al., 2003）。

更重要的是，男孩與女孩的腦部構造也存在生理上的差異。舉例來說，部分的胼胝體是由連接大腦半球的神經束所組成，而女性的胼胝體比例較男性大。對於某些學者來說，這樣的證據支持了性別差異也許是因為生理因素，例如：荷爾蒙所造成的（Westerhausen, 2004）。

然而，在接受這樣的說法之前，了解另一種可能性是重要的。舉例來說，女性的胼胝體比例較男性大，可能是因為女性的某些特定的經驗影響腦部發展所造成的。就如同我們在第 6 章所提到的，相較於男嬰，成人對女嬰講較多的話，因此，有可能會造成某種腦部的發展。如果這是事實，與環境有關的經驗便會造成生理上的改變，而不是生理的差異造成男孩與女孩腦部構造的差異。

其他發展學者將性別差異視為人類繁衍後代的生理目標。根據他們對於進化論的研究，這些學者指示我們的男性祖先常表現出男性化的特質，例如：具有力量與具競爭性，可能能夠吸引女性以繁衍下一代。女性則負責女性化的任務，例如：撫慰照顧，以成為具有價值的夥伴，因為她們可以幫助孩子度過危險的童年期（Browne, 2006; Ellis, 2006; McMillian, Frierson, & Campbell, 2011）。

其他範疇則包含遺傳性的生理特性與環境影響的交互作用，這也使得將行為因素明確地歸因於生理因素變得困難。因為這樣的問題存在，使我們必須考慮性別差異的其他原因。

心理分析觀點

你可能記得第 1 章所提到的心理分析理論曾討論到我們因為生理的衝動而經歷不同的階段。對於 Freud 來說，學前階段包含了性器期，也就是與孩子生殖器官的愉悅性有關。

Freud認為伊底帕斯衝突（戀母情結）代表一個重要的轉折點，也就是性器期的結束。根據 Freud 的說法，戀母情結大約發生在 5 歲，當男性與女性的生理特徵變得明顯的時候。男孩開始對他們的母親產生興趣，並將父親視為敵人。

因此，男孩開始產生殺死父親的衝動，就如同古希臘悲劇中的伊底帕斯。因為他們將父親視為無所不能的，所以男孩害怕遭到報復，也就是所謂的閹割焦慮。為了克服這樣的恐懼，男孩壓抑自己對於母親的慾望，並且認同父親，希望學習父親的角色。**認同**（identification）指的是孩子試圖學習同性別父母的態度與價值觀，以與父母相像的過程。

而 Freud 認為女孩經歷了與男孩不同的歷程。女孩開始被父親吸引，並且嫉妒男性的生殖器官（這樣的論點使Freud被認為歧視女性，並且招致批評）。為了化解她們對於男性生殖器官的嫉妒，女孩最終會認同母親，並且希望與母親相像。

男孩以及女孩與同性別父母認同的結果即是孩子學習了父母性別相關的態度與價值觀。Freud認為，也就是經由這樣的方式，社會所期望的性別合宜的行為舉止傳遞到了新的世代。

你可能會發現自己很難接受 Freud 關於性別差異的解釋。所以，大多數的發展學家相信性別的發展是由其他機制所決定的。有些發展學家則認為Freud的解釋缺乏科學性的驗證。

舉例來說，孩子學習性別刻板印象遠早於 5 歲時，即使在單親家庭中亦是如此。然而，部分的心理分析理論已被證實，例如：有研究指出，學前幼兒的同性別父母如果支持性別刻板行為，就常會在日常中表現出相同的行為。但是，即使是與性別有關的簡單行為仍然算是此種現象，因此，許多發展學家探究 Freud 理論之外的其他性別差異解釋（Chen & Rao, 2011; Martin & Ruble, 2004）。

社會學習理論

就如同理論名稱所提示的，社會學習理論認為幼兒藉由觀察他人學習性別相關的行為與習慣。幼兒觀察他們的父母、老師、手足與同儕的行為。一個小男孩看到大聯盟棒球隊員的光榮事蹟，並對運動產生興趣。一個小女孩看到她的高中生鄰居在練習啦啦隊表演，她也開始自己練習同樣的動作。這些幼兒觀察到其他人因為性別合宜的行為舉止而得到獎賞，因此，他們也開始認同這樣的行為（Rust et al., 2000）。

書籍、媒體、電視節目與電動玩具同樣也在幼兒學習傳統的性別合宜行為中扮演重要角色。舉例來說，對於當紅電視節目的分析，男性角色與女性角色的比例是二比一，其中，女性角色傾向取悅男性角色，而女性角色之間的取悅關係則較不普遍（Calvert, Kotler, & Zehnder, 2003）。

電視上的男女性常是扮演傳統的性別角色。電視節目通常以與男性的關係來定義女性角色。女性也常扮演為男性犧牲的角色。女性較不可能以具有生產力或決策者的角色出現，並常被刻劃為重視愛情、家庭與家人。根據社會學習理論，這樣的角色對於學前幼兒學習適宜行為具有極大的影響力（Hust, Brown, & L’Engle, 2008; Nassif & Gunter, 2008; Prieler et al., 2011）。

有時候，社會角色的學習並不需要偶像，而是以更直接的方式進行。舉例來說，我們大多數都曾經聽過學前幼兒被父母告誡行為舉止要像「小女孩」或「小男孩」。通常這代表女孩要表現出禮貌與可親，或是男孩要堅強與忍耐——這些特質都與社會傳統的性別刻板印象有關。這樣直接的教導清楚地告訴學前幼兒適宜行為的訊息（Leaper, 2002）。

認知理論

對於有些學者而言，認同形成的明確表現方式之一即是建立**性別認同**（gender identity），也就是身為男性或女性的知覺。因此，幼兒會先發展出**性別基模**（gender schema），也就是組織統整性別相關訊息的認知架構（Barberá, 2003; Martin & Ruble, 2004; Signorella & Frieze, 2008）。

性別基模通常發展得很早，並且成為學前幼兒看待世界的鏡頭。舉例來說，學前幼兒運用他們日益精進的認知能力發展出有關正確與錯誤性別行為的規則。因此，有些女孩覺得女性不應該穿著長褲，並且制式地遵守非洋裝不穿的規則。或是有些男孩認為只有女性才能化妝，所以男性不應該化妝，即使在學校戲劇表演中，所有女孩和除了他的男孩都化妝（Frawley, 2008）。

根據 Lawrence Kohlberg 所提出的認知發展理論，這樣的制式化反應通常反映了學前幼兒對於性別的理解程度（Kohlberg, 1966）。學前幼兒對於性別差異的錯誤信念影響了學前幼兒的制式化性別基模的形成。特別是年幼的孩子相信性別的差異是來自於外表與行為，而不是生理因素所造成的。所以，女孩可能就會因此而認為她長大後可以變成父親，或是男孩會以為如果他穿上裙子，並且將頭髮綁成馬尾就可以變成女孩。當他們到 4 歲或 5 歲時，幼兒就會發展出**性別恆常**（gender constancy）的概念，也就是覺知到人類的性別是恆定性的，是固定不可改變的生理因素所形成的。

有趣的是，有關幼兒在學前階段性別恆常概念發展的研究指出，此階段幼兒並沒有特定的性別相關的行為。事實上，性別基模早在幼兒發展性別恆常概念之前就出現了。即使是年幼的學前幼兒還是會因為性別的刻板觀念而假設某些行為是適當的，某些則是不適宜的（Karniol, 2009; Martin & Ruble, 2004; Ruble et al., 2007）。

就如同其他性別發展的理論（統整於表 10-1），認知理論並未暗示兩性之間的差異適當或不適當。相反地，認知理論建議學前幼兒應被教導將每個人視為個體。更重要的是，學前幼兒應該學習如何實現自己的才能，並且能以個體，而非以特定性別的方式表現行為。

表 10-1 性別發展的四種理論

觀點	主要概念	學前幼兒的相關概念應用
生理	我們祖先特定的行為方式會被刻板化為女性化或男性化的行為，並被複製。所以，腦部構造的差異會造成性別差異。	在演化的過程中，女孩的基因被設定為具有表達能力與撫慰的特質；男孩則是傾向強而有力與競爭的特質。在出生前接觸過多的荷爾蒙則會使男孩與女孩的行為舉止偏向為另一性別。
心理分析	與同性別父母的認同造成了性別發展，幼兒因為生理的衝動而經歷不同的性別發展階段。	男孩以及女孩與同性別父母認同的結果，即是孩子學習了父母性別相關的女性化或男性化的性別刻板行為。
社會學習	幼兒經由觀察他人的行為而學習了性別相關的行為與期望。	幼兒注意到其他幼兒與成人因為符合性別刻板印象的行為而得到獎勵，有時因為牴觸了性別刻板印象的行為而得到處罰。
認知	性別基模的發展成為學前幼兒看待世界的鏡頭。學前幼兒運用他們日益精進的認知能力發展出合宜性別行為的規則。	學前幼兒通常比其他年齡的人對於適宜性別行為的看法更為制式化。也許是因為他們的性別基模剛開始發展，所以不允許對於性別刻板期望過多的牴觸。

朋友與家庭：學前幼兒的社會生活

3 學前幼兒的社會關係與遊戲為何？

4 父母的教養方式有哪幾種？成效如何？

5 文化差異如何影響父母的教養方式？

當 Juan 3 歲時，他交了人生中第一個好朋友：Emilio，他們住在聖荷西的同一棟公寓中。他們不停地在公寓走廊上玩玩具汽車，追逐玩具汽車上上下下的，直到鄰居抱怨他們的吵鬧。他們假裝念書給彼此聽，有時他們也會睡在彼此的家中——這對 3 歲幼兒來說是很不容易的事。兩個男孩與好朋友在一起時似乎都比以前更快樂。

嬰兒的家庭通常可以提供他們所需要的社會互動。然而，像 Juan 與 Emilio 這樣的學前幼兒來說，他們開始發現結交朋友的樂趣。雖然他們逐漸擴展自己的社交圈，但父母與家庭對於學前幼兒來說還是非常重要的。接下來，我們要從朋友與家庭來討論學前幼兒的社會發展。

友誼的發展

在 3 歲以前，幼兒大部分的社會活動只是聚在一起，並無真正的社會互動存在。然而，大約在 3 歲左右，幼兒開始發展如 Juan 與 Emilio 般的真正友誼，並將同儕視為具有獨特個性的個體。學前幼兒與成人的關係反映了幼兒對於接受照顧、保護與指引的需求；而幼兒與同儕的關係則是基於陪伴、遊戲與樂趣的原因。

當學前幼兒慢慢長大時，他們對於友誼的觀念也逐漸萌發，他們開始將友誼視為連續的歷程，並且是一個穩定的狀態，是與未來活動的承諾有關，而不是片刻的過程（Harris, 2000; Hay, Payne, & Chadwick, 2004; Sebanc et al., 2007）。

幼兒與朋友間互動的品質與類型在學前階段就有所改變。對於 3 歲的幼兒來說，友誼的焦點在於玩在一起時的活動分享所帶來的樂趣——就如同 Juan 與 Emilio 一起在走廊玩小汽車。然而，年紀較大的學前幼兒對於信任、支持與分享興趣等抽象的友誼概念較為重視。在學前階段，在一起玩仍然是友誼重要的一環。就如同友誼一樣，這些遊戲型態在學前階段也有所改變（Kawabata & Crick, 2011; Park, Lay, & Ramsay, 1993）。

遵守遊戲規則：遊戲的型態

在 Rosie Graiff 教的 3 歲幼兒的班級中，Minnie 把她洋娃娃的腳在桌上輕彈著，並且輕聲對她唱歌。Ben 則是將他的玩具車放在地板上滑來滑去，並且發出汽車的聲音。而 Sarah 繞著教室跑，並追逐著 Abdul。

遊戲不僅僅是學前幼兒用來打發時間的一種方式，事實上，美國小兒科醫學會指出，遊戲對於幼兒與少年的認知、身體、社會與情緒發展都相當重要。聯合國人權委員會（The United Nations High Commission for Human Rights）也認為遊戲是每個兒童的基本權利（Ginsburg et al., 2007; Samuelsson & Johansson, 2006; Whitebread et al., 2009）。

遊戲的類型

在學前的開始階段，幼兒進行**功能遊戲**（functional play）——3 歲幼兒常見的簡單、重複性的活動。功能遊戲可能會使用物體，例如：洋娃娃或玩具汽車，或是重複性的肌肉活動，例如：跳繩、跳躍，或是將黏土揉來揉去。功能遊戲指的是純粹因為活動身體的角度來進行遊戲，而不是以創作成品為目的（Bober, Humphry, & Carswell, 2001; Kantrowitz & Evans, 2004）。

當幼兒年紀漸長，功能遊戲也會減少。當幼兒 4 歲時，他們會進行形式更複雜的遊戲。在**建構遊戲**（constructive play）中，幼兒操作物體來產生或創作出成品。當幼兒使用樂高玩具來蓋房子或是玩拼圖遊戲時，就是屬於建構遊戲：這時幼兒的最終目的就是創作東西。這種遊戲的目的不見得是要創造出新的東西，因為幼兒可能會不斷地使用積木來蓋房子，然後讓它倒下，再繼續重蓋。

建構遊戲給予幼兒機會來測試自己的生理與認知技能，並且有練習精細動作的機會。他們從如何排列物體中得到解決問題的經驗。他們也學習如何與他人合作——這是我們所觀察到的學前階段幼兒遊戲發展的社會性本質。因此，重要的是，照顧學前幼兒的成人應該提供多樣性的玩具來讓幼兒有機會進行功能遊戲與建構遊戲（Edwards, 2000; Love & Burns, 2006; Shi, 2003）。

遊戲的社會層面

如果兩個學前幼兒肩並肩坐在桌子前面一起玩拼圖，是不是正在進行遊戲？

根據 Mildred Parten（1932）的先驅性研究，答案是肯定的。她認為這些幼兒正在進行**平行遊戲**（parallel play）。平行遊戲指的是幼兒們以相似的方式玩相似的玩具，但是彼此之間並沒有互動。平行遊戲常見於幼兒年幼的時候，但是，學前幼兒也會進行其他形式的遊戲，例如：高度被動的旁觀者遊戲。在**旁觀者遊戲**（onlooker play）中，幼兒只是觀看別人的遊戲，但是沒有實際參與遊戲。他們可能安靜地看著，或是給予遊戲者鼓勵或建議。

然而，當學前幼兒逐漸年長時，他們會進行較高層次互動且形式較為複雜的社會遊戲。在**聯合遊戲**（associative play）中，兩個或兩個以上的幼兒經由分享或彼此借玩具來互動，雖然他們做的不是同樣的事情。而在**合作遊戲**（cooperative play）中，幼兒們之間彼此互動，例如：輪流、玩遊戲或是競賽（這些不同類型的遊戲統整於表 10-2）。

聯合遊戲與合作遊戲通常出現於幼兒學前階段的後期。但是，通常有較多幼兒園學習經驗的幼兒比起較少幼兒園經驗的幼兒較早進行較多社會形式的遊戲，例如：聯合遊戲與合作遊戲（Brownell, Ramani, & Zerwas, 2006; Dyer & Moneta, 2006; Trawick-Smith & Dziurgot, 2011）。

單獨遊戲與旁觀者遊戲會持續到學前階段的後期，因為幼兒有時就只想要自己玩。而且，通常一個新成員想要加入一個團體時，一個有效的方法就是藉由旁觀者遊戲，以等待機會可以活躍於團體之中（Lindsey & Colwell, 2003）。

假裝遊戲（pretend play）或是裝扮遊戲（make-believe play）也同樣在學前階段發生改變。假裝遊戲會轉變成較為脫離現實，並且更富想像力——因為學前幼兒已經從使用似真性較高的道具轉變為似真性較低的道具。因此，在學前階段的初期，幼兒可能會使用一台像真實收音機的玩具塑膠收音機來假裝他們在收聽廣播節目，但是，較為年長時，他們就會使用一個完全不相像的物體，例如：大紙箱，當成收音機來聽（Bornstein et al., 1996）。

我們在第 9 章所提及的俄國發展學家 Lev Vygotsky 認為群體的假裝遊戲對於擴展學前幼兒的認知能力技巧而言是很重要的遊戲方式。經由這種裝扮遊戲的形式，幼兒有機會去「練習」與其所處文化有關的活動（例如：假裝使用電腦或是讀一本書），並且能夠擴展他們對於世界運作方式的了解。

更進一步來說，遊戲會使幼兒大腦發展得更為複雜。根據神經學家 Sergio Pellis 的動物實驗研究發現，不僅是動物腦部的傷害會導致不正常的遊戲類型出現，剝奪動物遊戲的機會也會影響其腦部發展的軌跡（Bell, Pellis, & Kolb, 2010;

表 10-2 學前幼兒的遊戲

遊戲類型	描述	例子
一般性分類		
功能遊戲	3 歲幼兒常見的簡單、重複性的活動。功能遊戲可能會使用物體，或是重複性的肌肉活動。	重複地玩洋娃娃或玩具汽車。跳繩、跳躍，或是將一塊黏土揉來揉去。
建構遊戲	在建構遊戲中，幼兒操作物體來產出或創作出成品，是比功能遊戲更複雜的遊戲類型。建構遊戲在幼兒 4 歲時發展，給予幼兒機會來測試自己的生理與認知技能，並且有練習精細動作的機會。	使用樂高玩具來蓋房子或車庫、玩拼圖遊戲，或是用黏土創作出動物。
遊戲的社會層面（Parten 的分類）		
平行遊戲	幼兒們以相似的方式玩相似的玩具，但是彼此之間並沒有互動。平行遊戲常見於幼兒年幼的時候。	兩個幼兒肩並肩坐著，每個人玩自己的玩具車、玩自己的拼圖，或是做自己的黏土動物。
旁觀者遊戲	幼兒只是觀看別人的遊戲，卻沒有實際參與遊戲。他們可能安靜地看著，或是給予遊戲者鼓勵或建議。此類遊戲常見於學前幼兒，並且有助於幼兒加入正在遊戲中的團體。	一個幼兒觀看團體中其他的幼兒玩洋娃娃、玩具汽車、黏土、樂高玩具或是拼圖。
聯合遊戲	兩個或兩個以上的幼兒經由分享或彼此借玩具來互動，雖然他們做的不是同樣的事情。	兩個幼兒用自己的樂高玩具蓋車庫，或是互相交換玩具。
合作遊戲	幼兒們之間彼此互動，例如：輪流、玩遊戲或是競賽。	幼兒們一起玩拼圖，並且輪流拼圖片。幼兒們一起玩洋娃娃或是玩具汽車，會輪流讓洋娃娃發出聲音，或是共同遵守規則，玩賽車比賽。

Pellis & Pellis, 2007）。

舉例來說，在 Pellis 和他的同僚所進行的實驗中，他們在兩種不同的情境下觀察老鼠，在研究控制的情境中，一隻年輕的老鼠與其他三隻年輕的母老鼠養在一起，並且讓牠們有足夠的機會玩遊戲。而在研究實驗的情境之中，年輕的老鼠們則和三隻成年的母老鼠養在一起。雖然與成年老鼠們一起關在籠子裡的年輕老鼠們沒有機會玩遊戲，但是成年老鼠們會觸摸牠們，並與牠們社會互動。當 Pellis 檢查老鼠的大腦時發現，這些被剝奪遊戲的老鼠們在大腦前額葉皮質的發展有缺陷（Bell, Pellis, & Kolb, 2009; Henig, 2008; Pellis & Pellis, 2007）。

雖然老鼠的遊戲與學步兒的遊戲有著極大的差異，但是，上述的研究結果的確指出了遊戲在大腦與認知能力發展上的重要性。遊戲最終可能成為促進幼兒智力發展的引擎之一。

最後，文化也會影響幼兒遊戲的風格。舉例來說，韓裔美籍的幼兒比起他們歐裔美籍的同伴進行更多的平行遊戲，而歐裔美籍的幼兒則進行較多的假裝遊戲（如圖 10-1 所示）（Bai, 2005; Farver, Kim, & Lee-Shin, 1995; Farver & Lee-Shin, 2000; Pellegrini, 2009）。

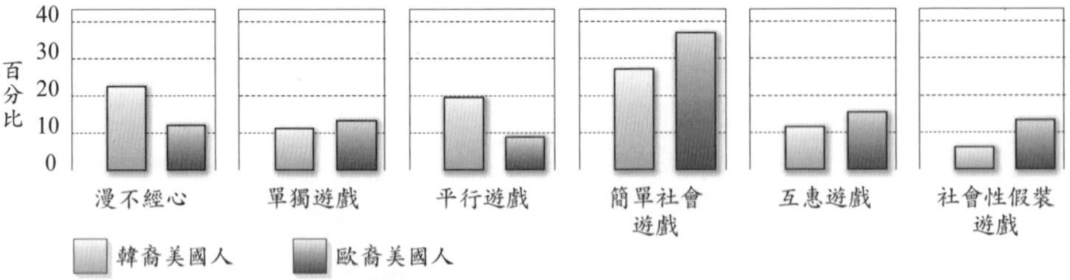

圖 10-1 遊戲複雜性的比較

檢視韓裔美籍幼兒與歐裔美籍幼兒的遊戲複雜性發現清楚的遊戲類型差異。嬰幼兒照顧者應該如何解釋這樣的差異？

資料來源：Adapted from Farver, Kim & Lee-Shin (1995).

學前幼兒的心智理論：對於他人思考的了解

幼兒遊戲改變的其中一個原因就是學前幼兒心智理論的持續發展。就如同我們第一次在第 7 章所討論的，心智理論指的是關於心智如何運作的知識與信念。學前幼兒能夠利用他們的心智理論來對他人如何思考以及行為背後的理由提出解釋。

在學前階段，幼兒的遊戲與社交能力萌發的主要原因就是因為他們逐漸能夠以他人的角度來看這個世界。即使幼兒只有 2 歲，他們也能了解他人有情緒。在 3、4 歲的時候，學前階段的幼兒就能夠分辨現實世界與心智運作的差異。舉例來說，3 歲幼兒知道他們能夠想像不在眼前的事物，例如：一隻斑馬，而且知道他人也能做同樣的事。他們也可以假裝事情已經發生，並且做出事情發生該有的反應。這樣的能力促進了他們的想像遊戲，而且他們知道他人也有同樣的能力（Andrews, Halford, & Bunch, 2003; Cadinu & Kiesner, 2000; Mauritzson & Saeljoe, 2001）。

學前幼兒也變得較能夠洞悉他人行為背後的動機與目的。他們開始了解媽媽生氣是因為她約會遲到，雖然他們沒有看到媽媽遲到。更進一步來說，在 4 歲的時候，學前幼兒就能了解人們會被驚人複雜的環境所愚弄（例如：魔術類的戲法）。這樣逐漸增長的了解能力幫助幼兒洞悉他人的思考，並有助於幼兒社交能力的發展（Eisbach, 2004; Fitzgerald & White, 2002; Petrashek & Friedman, 2011）。

然而，3 歲幼兒的心智理論也有所侷限。雖然幼兒在 3 歲時就已經了解「假裝」 的概念，但是，對於「信念」的了解還不完全。3 歲幼兒對於「信念」的了解可以從他們在錯誤信念任務中所遭遇的困難中得知。在錯誤信念任務中，學前幼兒看到名叫 Maxi 的洋娃娃將巧克力放到櫃子中然後離開房間。等到 Maxi 離開房間後，他的媽媽將巧克力拿出櫃子，並且放到其他地方。

在看完這些事件之後，學前幼兒被詢問，等到 Maxi 回來之後會到哪裡找巧克力，3 歲的幼兒都異口同聲地回答會到新的放置地點尋找巧克力。相反地，因為 4 歲幼兒知道 Maxi 有錯誤信念，會誤以為巧克力還放在櫃子裡，所以他們就會回答 Maxi 會到原來放巧克力的櫃子尋找（Amsterlaw & Wellman, 2006; Brown & Bull, 2007; Flynn, O'Malley, & Wood, 2004; Ziv & Frye, 2003）。

在學前階段接近尾聲的時候，大多數的幼兒都能夠很輕易地解決錯誤信念的問題。然而，有自閉症的幼兒在一生中都難以解決此類的問題。自閉症是一種會產生顯著語言與情緒困難的心理障礙。自閉症的幼兒會發現很難與人連結，部分原因是因為他們很難了解其他人在想什麼。一萬個人當中約有四個人會有此種症狀，特別是男性。自閉症被認為缺乏與他人連結的能力，即使是自己的父母，並且會避免人際交往的情境。有自閉症狀的人，不管他們的年紀多大，都會對錯誤信念的問題感到迷惘（Heerey, Keltner, & Capps, 2003; Pellicano, 2007; Ropar, Mitchell, & Ackroyd, 2003）。

心智理論的萌發

什麼樣的因素會影響心智理論的萌發？當然，大腦的成熟是一個重要因素。當大腦額葉內髓鞘的形成更為明顯時，學前幼兒就能夠發展更多有關自我覺察的情緒能力。此外，荷爾蒙的改變似乎也使得情緒變得更具覺察性（Davidson, 2003; Sabbagh et al., 2009; Schore, 2003）。

語言能力的發展也與幼兒心智理論的複雜度有關。特別是了解字詞的意義，例如：什麼是「知道」與「思考」？對於學前幼兒了解他人的心智活動有極大的幫助（Astington & Baird, 2005; Farrant, Fletcher, & Maybery, 2006; Farrar et al., 2009）。

就如同幼兒心智理論的發展促進他們的社會互動與遊戲，同樣地，社會互動與裝扮遊戲也有助於幼兒發展心智理論。舉例來說，學前幼兒有年長的手足（他們可以提供高層次的互動）會比沒有年長手足的幼兒擁有較為複雜的心智理論。此外，受虐的幼兒在正確回答錯誤信念任務上也有遲緩現象，部分原因是由於正常社會互動經驗的減少（Cicchetti et al., 2004; McAlister & Peterson, 2006; Nelson, Adamson, & Bakeman, 2008）。

文化因素在幼兒發展心智理論與他們對於解讀他人行為方面也扮演重要角色。舉例來說，在西方工業化文化中，幼兒對於他人行為的解讀偏向他是哪一種人，也就是個人特質與個性（「她贏得比賽是因為她真的跑得很快」）。相反地，在非西方文中，幼兒會將他人的行為視為非人力所能控制的結果（「她贏得比賽是因為她很幸運」）（Liu et al., 2008; Tardif, Wellman, & Cheung, 2004; Wellman et al., 2006）。

學前幼兒的家庭生活

4 歲大的 Benjamin 看電視的時候，他的媽媽正在收拾晚餐後的碗盤。過了一會兒，他徘徊了一下，便拿起一條抹布說：「媽咪，讓我來幫妳洗碗。」媽媽吃了一驚，便問他：「你是從哪裡學到洗碗的？」

他回答：「我在電視上看到的，但是節目裡是爸爸幫忙洗碗，既然我沒有爸爸，我就應該幫忙媽媽。」

對於很多的學前幼兒來說，生活不再如往日老式喜劇的場景，而是日益複雜的世界。舉例來說，就如同我們在第 7 章所提及，也會在第 13 章詳細討論的，有越來越多的幼兒生活在單親家庭。1960 年，不到 10%的 18 歲以下的孩子來自單親家庭。30 年之後，有 25%的家庭是單親家庭。單親家庭的比例在不同族群中也存在差異。幾乎有 50%的非裔美籍的幼兒與四分之一的西班牙裔幼兒來自單親家庭，而 22%的白人孩子來自於單親家庭（Grall, 2009）。

對於大多數的幼兒來說，學前階段並不是飄搖動盪的時期，相反地，這個階段的幼兒與世界的互動日益增加。舉例來說，就如同我們所看到的，學前幼兒開始與其他幼兒發展真正的友誼，這時親密感也隨之湧現。學前幼兒能夠發展友誼的關鍵因素在於父母提供了溫暖與具支持性的家庭環境。父母與幼兒間緊密與正向的關係鼓勵幼兒與他人發展關係（Howes, Galinsky, & Kontos, 1998; Sroufe, 1994），父母該如何滋養這樣的關係呢？

有效的父母教養：教導幼兒適當的行為

Maria 以為沒有人注意她，就偷偷跑進哥哥 Alejandro 的房間，要拿他在萬聖節存下來的糖果，這時她的媽媽走進房間，當場發現了她的行為。

如果你是 Maria 的媽媽，下列哪一種反應是適當的？

1. 要 Maria 回自己的房間，並且在當天被禁足，不能踏出房門，而每天陪她睡覺、她最愛的小被子也要暫時沒收。

2. 溫和地告訴 Maria 她的行為是錯的，她以後不可以再犯這種錯誤。
3. 向 Maria 解釋如果哥哥知道這件事一定會生氣的原因，並且要她到自己的房間反省一個小時。
4. 不管 Maria，讓她自己想清楚。

上述四個選項分別代表了 Diana Baumrind（1971, 1980）所提出來的四種父母教養類型，之後，Eleanor Maccoby 與她的同僚做了修正（Baumrind, 1971, 1980; Maccoby & Martin, 1983）。

獨裁型父母（authoritarian parents）的反應如上述第一個選項，他們掌控性強、嚴厲、冷酷、賞罰分明。父母說的話就是法律，並且嚴格要求他們的孩子，要孩子無條件順從，無法忍受孩子不服從他們。

相反地，**放任型父母**（permissive parents）就如同上述第二個選項所表現出來的，放縱孩子，給予孩子不一致的回饋。他們很少要求孩子，也不認為自己要對孩子的表現負責。他們很少規範、限制或掌控孩子的行為。

權威型父母（authoritative parents）表現堅定，並會對孩子的行為給予清楚一致的規範。雖然他們像獨裁型父母一樣的嚴格，但是他們也會對孩子展現關愛與情緒上的支持。他們會試著與孩子談論道理，告訴他們為什麼不能這麼做（「哥哥知道這件事一定會生氣」），並且對於給孩子的處罰給予明確的理由。權威型的父母會鼓勵孩子獨立。

最後，**漠不關心型父母**（uninvolved parents）對於孩子的事情不關心，並表現出排斥抗拒的態度。他們與孩子沒有情緒上的連結，並且認為父母只要把小孩餵飽，讓孩子有衣服穿、有地方住就可以了，在最極端的例子中，漠不關心型的父母會忽略孩子，也是一種虐待孩子的形式（這四種類型的父母統整於表 10-3）。

不同類型的父母教養風格是否會對幼兒的行為造成影響？答案是肯定的，雖然會有一些例外的情況（Cheah et al., 2009; Hoeve et al., 2008; Jia & Schoppe-Sullivan, 2011）：

- 獨裁型父母的孩子容易出現退縮行為，並且表現出較少的社交性。他們通常

表 10-3 父母教養風格

父母對孩子的要求程度 ▶ 父母如何回應孩子 ▼	要求程度高	要求程度低
高回應程度	權威型父母 特質： 表現堅定，並會對孩子的行為給予清楚一致的規範。 與孩子的關係： 雖然他們像獨裁型父母一樣嚴格，但是他們也會對孩子展現關愛與情緒上的支持。他們會試著與孩子談論道理，告訴他們為什麼不能這麼做，並且對於給孩子的處罰給予明確的理由。	放任型父母 特質： 放縱孩子，常給予孩子不一致的回饋。 與孩子的關係： 他們很少要求孩子，也不認為自己要對孩子的表現負責。他們很少規範限制或掌控孩子的行為。
低回應程度	獨裁型父母 特質： 他們掌控性強、嚴厲、冷酷、賞罰分明。 與孩子的關係： 父母的話就是法律，並且嚴格要求他們的孩子，要孩子無條件順從，無法忍受孩子不服從他們。	漠不關心型父母 特質： 對於孩子的事情不關心，並表現出排斥抗拒的態度。 與孩子的關係： 他們與孩子沒有情緒上的連結，並且認為父母只要把小孩餵飽，讓孩子有衣服穿、有地方住就可以了，在最極端的例子中，這種類型的父母會忽略孩子，也是一種虐待孩子的形式。

資料來源：Based on Baumrind (1971); Maccoby & Martin (1983).

不是非常友善，且常不能與同儕自在相處。女孩通常特別容易依賴父母，男孩則會較有敵意。

- 放任型父母的孩子通常與獨裁型父母的孩子有許多相似特質。放任型父母的孩子依賴性比較高且容易情緒化，在社交技能與自我控制方面表現較差。

- 權威型父母的孩子表現最好。他們通常獨立，並能與同儕友善相處，有自信且易與人合作。他們具有達成目標的強烈動機，通常能夠成功且令人喜愛。他們能夠有效地調適自己的行為，不管是在人際關係或是情緒上的自我調適。有些權威型的父母也展現出支持型父母教養的特質，包括：父母之情、主動教導、在機會教育的情境中與孩子冷靜討論，以及對孩子與同儕的活動表達興趣並參與。支持型父母的孩子常表現出較佳的適應能力，並且在日後人生遭遇逆境時有較好的調適能力（Belluck, 2000; Kaufmann et al., 2000; Pettit, Bates, & Dodge, 1997）。
- 漠不關心型父母的孩子表現是最差的。缺乏父母的關心通常會危害孩子的情緒發展，讓孩子覺得自己沒有得到父母的關愛，與父母沒有情感上的連結，並且阻礙孩子的身體與認知的發展。

雖然這樣的分類有助於描述父母的行為，但卻不是成功的神奇配方。父母教養與幼兒成長是一件複雜的事情。舉例來說，有很多獨裁型父母與放任型父母的孩子發展得很好。

更進一步來說，大多數的父母並不完全一致。雖然獨裁型、放任型、權威型與漠不關心型的父母有其不同的教養風格，但是，有時候父母的教養風格會在不同類型間轉移。舉例來說，當一個幼兒闖到街上，就算是一位放任型的父母，也會以嚴厲、獨裁型父母的方式來反應，並以安全為最高原則。這時，獨裁型風格可能是最有效的方式（Eisenberg & Valiente, 2002; Gershoff, 2002; Holden & Miller, 1999）。

幼兒教養的文化差異

在此之前我們所提到的父母教養風格主要都是根源於西方文化。最成功的父母教養風格通常都是與特定文化中的價值觀有關——也就是父母在特定文化中所被教導的適當幼兒教養方式（Keller et al., 2008; Nagabhushan, 2011;Yagmurlu & Sanson, 2009）。

舉例來說，中華文化中「孝順」的概念，讓父母認為對待子女的態度應該要嚴厲、堅定並控管子女的行為。父母被認為有責任去訓練孩子遵守社會與文化的行為規範，特別是明定於學校校規中的行為。孩子能夠接受這樣的行為規範表示他們尊重父母（Ng, Pomerantz, & Lam, 2007; Wu, Robinson, & Yang, 2002）。

中國的父母通常對於孩子的教導非常直接，比起西方父母，他們對於孩子行為的控制與要求更高。這樣的要求也很有效：亞洲父母的孩子通常有較優異的學業表現（Nelson et al., 2006; Steinberg, Dornbusch, & Brown, 1992）。

相反地，通常美國父母會被建議使用權威型的方式來教養子女，並且盡量避免使用獨裁型父母的方式。有趣的是，在二次世界大戰之前，因為受到清教徒教義的影響，認為孩子具有「原罪」，或是不能凡事都順孩子的意，所以當時的社會文化觀點是偏向於獨裁型父母的教養方式（Smuts & Hagen, 1985）。

簡要來說，父母被建議的幼兒教養方式反映了文化中對於幼兒本質的觀點，也包含了社會支持系統中所認為的適當父母角色（請參考「從研究到實務」專欄）。然而，沒有任何單一的父母教養方式與風格是絕對正確或成功的（Chang Pettit & Katsurada, 2006; Wang, Pomerantz, & Chen, 2007; Wang & Tamis-LeMonda, 2003）。

從研究到實務 父母教練：教導父母如何教養他們的孩子

讓 Lisa D'Annolfo Levey 的忍耐到達極限終於爆發的導火線不只是她 7 歲大的兒子 Skylar 星期二下午在家中的客廳裡玩足球，差一點打翻她的茶杯；還有她的 4 歲兒子 Forrest 對 Lisa 空手道飛踢，還好她勉強躲開了。

她的兩個兒子尖叫咆哮地使用泡泡劍進行全面對決，並且在藍色的真皮沙發上揮舞手中的武器，然後到黃色的腎形地毯，最後到媽媽身上。

Lisa 懇求說：「Forrest 你可以過來抱抱 Skylar，而不要拿東西敲他的頭嗎？你們快讓我抓狂了。」（Belluck, 2005, p. A1）。

之後，Lisa 尋求個人化的父母教練，希望能夠找出解決的方法。

個人化的父母教練？這是近幾年美國才興起的行業，有越來越多的父母尋求專業人士的指引，目的在於協助他們解決父母面臨的這些考驗。

這樣的父母教練比起正式的諮商收費較為便宜，也比起自己鄰居所提供的建議來得更有系統。父母指引提供了建議與支持。有些父母教練提供特定的幼兒教養策略，有些則教導父母基本的兒童發展知識，以使他們了解自己孩子的行為（Davich, 2009; Marchant, Young, & West, 2004; Sanders, 2010）。

對於有些父母來說，父母教養的指引是生命線，因為它提供沒有管道認識有經驗父母的人學習如何處理孩子問題的機會。它也提供父母社會性的支持（Mikami et al., 2010; Smith, 2005）。

雖然許多家長信誓旦旦地肯定父母教練的價值，但是此種父母指引的成效尚未得到科學研究的證實。部分原因是因為此種行業才剛興起，所以缺乏足夠的資料證實。除此之外，父母教練的品質差異極大，有些教練受過正式的兒童發展方面的訓練，有些教練則是只有養育過一個孩子。雖然由心理學家所設計用來教導父母教養技巧的正式課程已經被證實有很好的成效，但對於較不正式的父母教養課程成效的相關資料仍顯不足（Baruch, Vrouva, & Wells, 2011; Eames et al., 2010; Leonard, 2005）。

因為父母教練並不需要擁有執照，所以父母在諮詢之前應該要停、看、聽。因為所有的人都能自稱是父母教練，所以父母在選擇教練時應該謹慎地檢驗教練的資格。直到這個職業的道德規範與價值被正式建立之前，父母都應該小心謹慎。

- 當你在面試與選擇一位父母教練時，你應該詢問什麼問題？
- 你認為父母教練應該領有政府執照嗎？為什麼？為什麼不？你認為持有證照的資格應該是什麼？

你是一個明智的兒童發展消費者嗎？

管教幼兒

關於幼兒如何被適當地管教的問題已經存在有好幾個世代了。今日的發展學者提供了以下幾個建議（Brazelton & Sparrow, 2003; Flouri, 2005; Mulvaney & Mebert, 2007）：

- **對於大多數處於西方文化中的幼兒來說，權威型父母的教養方式可能是最適當的**。父母應該要堅定，具一致性，會對孩子的行為給予清楚一致的規範。他們雖然要求孩子遵守規則，但是會用孩子聽得懂的語言清楚解釋規則，並給予明確的理由。
- **體罰不是一個適當的管教方式**。根據美國小兒科醫學會，體罰不僅比其他的管教方式來得較沒有效果，也會引發其他不必要的後果，例如：增加孩子攻擊行為的可能性（American Academy of Pediatrics, 1998）。
- **使用隔離來作為處罰方式**。讓孩子可以從他們發生問題行為的情境中脫離，並且讓他們一段時間內不能做自己喜歡的事。
- **根據孩子的特質和情境來調整父母的管教方式**。要了解孩子的特質，並且視情況調整管教方式。
- **在日常生活作息時間（例如：洗澡或晚上上床時間）避免衝突發生**。舉例來說，上床時間對於抗拒的幼兒與堅持的父母來說可能是晚上衝突的來源。父母能夠避免衝突的方法在於讓這段時間變成幼兒期待的時光，例如：在上床前講故事給幼兒聽，或是和幼兒玩摔角遊戲，都可以避免衝突的發生。

道德發展與攻擊行為

6 幼兒如何發展道德感？
7 學前幼兒如何發展攻擊行為？
8 社會學習理論與認知理論如何解釋攻擊行為？

在幼兒園的點心時間，Jan 和 Meg 兩個玩伴發現她們午餐盒裡有東西，Jan 的午餐盒裡有美味的奶油餅乾，Meg 則有較不誘人的胡蘿蔔與芹菜棒。當 Jan 開始吃她的奶油餅乾時，Meg 望著她自己的蔬菜哭了出來。Jan 為了安撫 Meg 的情緒，就給了她一塊餅乾，Meg 很高興地接受了。Jan 能夠站在 Meg 的立場思考，並能了解 Meg 的心情，以充滿同情心的方式來回應（Katz, 1989, p. 213）。

在上述簡短的情節之中，我們看到學前幼兒幾個基本的道德元素。對於什麼是道德上的正確與什麼是適當的行為方式的觀點有所改變，是學前階段幼兒成長的重要元素。

在此同時，學前幼兒所表現出來的攻擊行為也在改變。我們可以將道德發展與攻擊行為當作銅板的兩個面來看，因為它們都與對於他人覺察的成長有關。

發展道德：遵循社會規範的對與錯

道德發展（moral development）指的是人們對於正義與對錯覺察力的改變，也和他們與道德相關的行為有關。發展學家認為道德發展與幼兒對於道德的思考、對於道德過失的態度，以及他們面臨道德議題時的行為有關。在研究道德議題時，心理學家提出了許多不同的理論。

Piaget 對於道德的觀點

兒童發展學家 Jean Piaget 是第一位研究道德發展議題的學者。他認為道德發展就如同認知發展一樣，可以劃分為不同的階段（Piaget, 1932），最早的階段稱為他律道德（heteronomous morality），是一種廣泛的道德思考形式。在這個階段，規則被認為是不可改變的，約在幼兒 4 歲到 7 歲的時期。因此，在此階段的幼兒會以制式化的方式玩遊戲，並認為遊戲只有一種玩法，其他的玩法都是錯的。然而，在此同時，學前幼兒又不能完全了解遊戲規則，因此，當一群幼兒在一起玩時，每個幼兒的玩法可能有些微不同。但是，他們卻喜歡在一起玩。Piaget 認為因為每個幼兒都可能贏得遊戲，使幼兒覺得這種感覺很好玩，而不是真正在乎輸贏。

這種制式的他律道德最後被兩個階段所取代：初始合作（incipient cooperation）與自律合作（autonomous cooperation）。就如同名稱所暗示的，初始合作階段從兒童 7 歲持續至 10 歲，兒童的遊戲在這個階段變得較具社會性。兒童也學習到遊戲的正式規則，而且他們能夠根據共同的規則來玩遊戲。因此，規則被視為不可改變的。因為存在「正確」的遊戲規則，所以學前幼兒會按照正式的遊戲規則來玩遊戲。

一直到自律合作階段，約從兒童 10 歲時開始，他們開始了解到如果大家都同意的話，遊戲規則是可以修正的。之後，他們會進入更複雜的道德發展階段，也就是學齡兒童會了解到規則是由人們所制訂的，所以也可以根據人們的意志而改變。

然而，道德發展尚未到達這些階段的幼兒對於正義的概念仍停留在具體階段。舉例來說，我們來思考以下兩個故事：

> 一個小男孩名字叫 John，他在房間裡時被叫出去吃晚餐。當他進入餐廳時，門的後面有一張椅子，而椅子上有一個茶杯架，擺了 15 個杯子。John 不知道門後有這些東西，所以，當他進入時，門撞翻了茶杯架，茶杯架上的杯子全都被打破了。
>
> 有一個小男孩名字叫做 Marcello，有一天他媽媽不在家時，他想要拿櫥櫃上的果醬。他爬上椅子，試著伸出他的手臂。但是，果醬實在太高了，所以他拿不到。但是當他試著拿它時把杯子打翻了，杯子掉到地上摔破了（Piaget, 1932, p. 122）。

Piaget 發現處於他律道德階段的學前幼兒認為打破 15 個杯子比打破一個杯子還嚴重。相反地，超越他律道德階段的兒童覺得打破一個杯子的孩子比較調皮。因為處於他律道德階段的幼兒並沒有考慮到人的意圖。

在他律道德階段的幼兒相信內在正義（immanent justice）。內在正義指的是不遵守規則就會得到立即的處罰。學前幼兒認為如果他們做錯事就會得到立即的處罰，即使沒有人看到他們犯錯。相反地，較年長的幼兒知道犯錯的處罰是由人們所裁定的。已經超越他律道德階段的幼兒知道人們對於一個人犯錯嚴重程度的判斷是基於他是否故意要做錯事。

Piaget 道德發展理論的評估

最近的研究發現，雖然 Piaget 對於道德發展階段的描述是正確的，但是，他的道德發展理論與其認知理論有相似的問題。特別是 Piaget 低估了幼兒道德技巧發展的年齡。

現在我們可以很清楚地了解幼兒在 3 歲時就可以了解意圖的概念，因此他們在比 Piaget 所認為的年齡更早就可以根據人們的意圖來做判斷。尤其是當學前幼兒被詢問與意圖有關的道德問題時，他們可以判斷出一個人犯錯是出自故意犯錯的「調皮」，或是非故意的犯錯卻造成較大的損失。而且，幼兒在 4 歲的時候就能夠判斷出故意說謊是錯的（Bussey, 1992; LoBue et al., 2011; Yuill & Perner, 1988）。

道德發展的社會學習理論觀點

關於道德發展的社會學習理論觀點與 Piaget 理論成強烈對比。Piaget 強調學前幼兒的認知發展會限制他們的道德推理；但是社會學習理論強調幼兒所處的環境中的**利社會行為**（prosocial behavior）會讓他們做出有利他人的行為（Eisenberg, 2004; Spinrad, Eisenberg, & Bernt, 2007）。

就如同第 1 章所提及的，社會學習理論係奠基於行為學派。社會學習理論認為幼兒的利社會行為來自於對其合乎道德行為被給予正增強的情境中，舉例來說，當 Claire 的媽媽告訴她，因為她跟弟弟 Dan 分享糖果，所以她是一個「好女孩」時，Claire 的行為就被增強了。因此，以後她就可能會有更多的分享行為（Ramaswamy & Bergin, 2009）。

社會學習理論更進一步主張，並不是所有的利社會行為都是經由直接行為表現的增強學習所產生。社會學習理論認為幼兒也會因為間接觀察到他人的行為而學習到道德，稱之為典範（models）（Bandura, 1977）。幼兒學習典範的行為來增強他們的行為，並且最後自己學會表現出同樣的行為。舉例來說，當 Claire 的朋友 Jake 看到她跟弟弟分享糖果，並且得到讚賞，Jake 以後就可能表現出分享的行為。

有許多的研究闡述典範與社會學習對於學前幼兒利社會行為表現的影響力。例如有實驗顯示，幼兒如果將他人視為慷慨或是無私的，就比較容易學習典範的行為，以後處於類似情境時，也會表現慷慨或無私的行為。這樣的典範學習也同樣適用於相反的情境：如果幼兒觀察到的是自私的行為，他們以後的行為也會偏向自私（Hastings et al., 2007）。

不是所有的典範都能有效地鼓勵利社會行為。舉例來說，比起表現冷漠的成人，學前幼兒更容易將表現溫暖與具回應性的成人當成學習的典範（Bandura, 1977; Yarrow, Scott, & Waxler, 1973）。更進一步來說，較具聲望的成人對於幼兒來說較有影響力。

幼兒並不是隨便模仿他人被獎賞的行為。藉由觀察道德行為，他們同時也被提醒社會的規範，以及父母、老師與其他有影響力的權威人士所強調的道德行為的重要性。他們注意到特定的情境與特定行為的關聯性，因此增加了幼兒在相似情境中表現出類似行為的可能性。

所以，對於共通性規則與原則發展的模仿過程稱之為**抽象模仿**（abstract modeling）。較年長的學前幼兒不是只有模仿他人的特定行為，他們也開始發展出隱含在他們所觀察到的行為後面的共通性原則。在重複觀察到其典範因為道德合宜行為被獎賞後，幼兒開始推斷與學習道德行為的共通性原則（Bandura, 1991）。

同理心與道德行為

能夠了解其他人的感覺就稱之為**同理心**（empathy）。有些發展學家認為同理心是道德行為的核心。

同理心很早就開始萌芽。1 歲大的嬰兒聽到其他嬰兒哭泣時也會開始哭泣。在 2、3 歲大的時候，學步兒也會自動和其他成人及幼兒分享玩具與禮物，即使他們是陌生人（Zahn-Wexler & Radke-Yarrow, 1990）。

在學前階段，同理心持續發展。有些學者相信日益增長的同理心與其他正向的情緒，例如：同情心與景仰，皆使幼兒能夠更具道德感。此外，有些負面的情緒，例如：對於不公平的情境感覺憤怒，或是對於之前的過錯感到羞愧，也可能促進道德行為（Decety & Jackson, 2006; Valiente, Eisenberg, & Fabes, 2004; Vinik, Almas, & Grusec, 2011）。

負面的情緒可能促進道德發展的概念是 Freud 在他的心理分析論中最早提出的。在第 2 章曾經提及 Freud 認為孩子的超我是人格的一部分，代表社會的善與惡價值觀，藉由伊底帕斯衝突（戀親衝突）來解決。幼兒認同與他們同性別的父母，並藉由融入父母的道德標準來避免伊底帕斯衝突所造成的無意識的罪惡感。

無論我們是否接受 Freud 的伊底帕斯衝突與其所產生的罪惡感，他的理論與近期的研究發現較為一致。也就是學前幼兒為了避免經驗負面的情緒，所以會使他們的行為更合乎道德。舉例來說，幼兒幫助其他人的一個原因是為了避免因為他人不愉快或不幸而使自己經驗焦慮（Eisenberg, Valiente, & Champion, 2004; Valiente, Eisenberg, & Fabes, 2004）。

學前幼兒的攻擊行為與暴力：來源與後果

4 歲的 Duane 無法再掩飾他的憤怒與挫折，雖然他平時表現溫和，但是當 Eshu 一直嘲笑他褲子裂開時，Duane 的脾氣最後終於爆發，並且追著 Eshu 將他推倒在地上並開始揍他。因為 Duane 像發狂了似的，所以沒辦法揍得很準，但是在老師還來不及阻止之前，還是使 Eshu 痛到哭了出來。

攻擊行為在學前幼兒階段相當普遍，但是像上述的例子卻不常見。語言暴力、推擠、踢打以及其他形式的攻擊行為有可能發生在學前階段，雖然攻擊行為的嚴重程度有可能隨著幼兒的年齡增長而有所改變。

Eshu 對別人的嘲弄也是一種攻擊行為的形式。**攻擊**（aggression）指的是對他人蓄意的傷害。嬰兒不會攻擊別人，因為我們很難主張他們的行為是蓄意傷人，雖然他們有時候會不經意地使人受傷。相反地，等他們到學前階段，就會表現出真正的攻擊。

在學前階段的初期，有些攻擊行為的目的是為了要達到目標，例如：從別人手中搶奪玩具，或是搶別人的地盤。因此，有時攻擊行為並不是蓄意的，而小小的混戰也常發生在學前階段。攻擊行為的偶爾發生對於學前幼兒來說並不罕見。

在另一方面來說，極端與持續的攻擊行為就需要關注。對於大多數的學前幼兒來說，攻擊行為發生的次數、頻率與持續的時間會隨著年齡的增長而遞減（Olson et al., 2011; Persson, 2005）。

幼兒的人格與社會發展造成攻擊行為的遞減。在學前階段，幼兒學習如何控制自己的情緒。**情緒自我調適**（emotional self-regulation）指的是將情緒調整到較佳的狀態與強度的能力。從 2 歲開始，幼兒就有能力談論自己的情緒，並且發展調適情緒的策略。當幼兒年紀漸長時，他們就有能力發展有效的策略來面對自己的負面情緒。除了自我控制能力的進步，幼兒也發展複雜的社交技巧。大部分的幼兒學習使用語言來表達他們的意願，並且逐漸能夠與他人溝通協調（Cole et al., 2009; Philippot & Feldman, 2005; Willoughby et al., 2011）。

雖然攻擊行為的發生在學前階段會遞減，但是有些幼兒的攻擊行為會一直持續。更進一步來說，攻擊行為是相對穩定的特性；在學前階段最常出現攻擊行為的幼兒，在上小學之後也常是最常出現攻擊行為的幼兒，在學前階段最少出現攻擊行為的幼兒，在上小學之後也常是最少出現攻擊行為的幼兒（Davenport & Bourgeois, 2008; Schaeffer, Petras, & Ialongo, 2003; Tremblay, 2001）。

男孩通常比女孩較常出現肢體的、工具型攻擊。**工具型攻擊**（instrumental aggression）是為了達到特定目標而進行的攻擊，例如：想要玩其他幼兒正在玩的玩具。

在另一方面，雖然女孩出現較少的工具型攻擊，但她們的攻擊行為可能是另一種形式的。女孩通常較容易出現**關係型攻擊**（relational aggression），也就是傷害他人感情的非肢體型的攻擊。這樣的攻擊行為可能是取綽號、以友誼要脅，或是說一些傷人的話以使他人感到難過（Murray-Close, Ostrov, & Crick, 2007; Valles & Knutson, 2008; Werner & Crick, 2004）。

攻擊行為的來源

學前幼兒為什麼會出現攻擊行為？有些學者認為攻擊行為是人類生存本能中的一部分。舉例來說，Freud的心理分析理論指出人類都是由性與攻擊的本能所驅動（Freud, 1920）。生態學家 Konrad Lorenz 研究動物的行為，認為所有的動物，包括人類，都具有捍衛自身領域的原始衝動，以確保食物的供應與驅趕較弱的動物（Lorenz, 1966, 1974）。

演化論的心理學家也有相似的論點，他們認為社會行為的起源為生理因素，而攻擊行為能夠增加交配的機會，提高基因傳承到下一代的機率。此外，攻擊行為可能有助於強化物種的基因，因為強者得以生存下來，攻擊的本能最終使得最強的基因可以傳承到下一個世代（Archer, 2009）。

雖然對於攻擊行為本能說的解釋具邏輯性，但是，大部分的發展學家認為這不能完全解釋攻擊行為的本質。因為本能說的解釋並未考慮人類隨著年齡而發展的認知能力，也沒有足夠的實驗研究來支持他們的論點。更重要的是，除了指出攻擊行為是人類生存條件中不可避免的一部分，此論點並未指出幼兒與成人何時會出現攻擊行為，以及攻擊行為如何表現。因此，發展學家尋求解釋攻擊行為與暴力的其他解答。

攻擊行為的社會學習理論觀點

Duane 打 Eshu 的那一天，Lynn 在一旁看到所有事情發生的經過，並且和 Ilya 發生了爭執。她們兩個人鬥嘴了一下子，Lynn 突然握起了拳頭要揍 Ilya。她們的老師覺得很驚訝：因為 Lynn 很少生氣，而且她從來沒有攻擊過別人。

這兩起事件之間是否有關聯？大部分人的回答是肯定的，尤其是如果我們同意社會學習理論的觀點，認為攻擊行為大都是學習得來的行為。社會學習理論認為攻擊行為的出現是因為觀察與學習。然而，為了了解攻擊行為的原因，我們應該檢視存在於幼兒環境中的獎懲方式。

社會學習理論對於攻擊行為的觀點強調社會與環境如何教導個體攻擊行為。這樣的觀點來自於行為學派，也就是攻擊行為是經由直接增強的方式而習得的。

舉例來說，學前階段的幼兒可能為了繼續玩玩具而學習到他們可以用攻擊的形式來阻擋其他幼兒分享玩具的要求。根據傳統的學習理論的說法，因為幼兒的攻擊行為已經被增強（經由可以繼續玩玩具的方式），所以他們在日後也較可能出現攻擊行為。

但是，社會學習理論認為增強也有可能是較間接的形式。有許多研究指出，接觸攻擊的對象也有可能促使攻擊行為的增加，尤其是幼兒自己本身也在憤怒、被侮辱或是挫折的情況。舉例來說，Albert Bandura 與他的同僚在一個有關學前幼兒的研究中闡述典範的重要性（Bandura, Ross, & Ross, 1962）。有一組的幼兒觀看一部成人與玩偶波波（一個大型的塑膠充氣小丑，設計成孩子的出氣筒，被推倒後總是會回到直立位置）的攻擊與暴力遊戲。對照組的幼兒則觀看成人平和地玩兒童玩具的影片（如圖 10-2 所示）。觀看影片之後，幼兒可以自由地玩玩具，包括玩偶波波與兒童玩具。但在玩玩具之前，這群幼兒會被拒絕玩他

圖 10-2 攻擊行為的示範

Albert Bandura 的玩偶波波實驗的一系列照片，實驗設計用來闡述攻擊行為的社會學習歷程。這些照片清楚顯示成人示範的攻擊行為（第一排）如何被觀看過影片的幼兒模仿（第二、三排）。

們最愛的玩具，以使他們感到挫折。

就如同社會學習理論所預測的，學前幼兒會模仿成人的行為。那些曾經看到成人攻擊玩偶波波的幼兒，比起看到成人冷靜、平和地玩兒童玩具的幼兒更具攻擊性。

之後的研究也同樣支持這樣的研究結果，並且清楚顯示出具攻擊性的典範會增加觀察者之後出現攻擊行為的可能性。這些研究結果有著深遠的影響，尤其是對於生活在暴力事件頻傳的社區之幼兒。舉例來說，有三分之一居住在都市的兒童曾經看過謀殺事件，而有三分之二的兒童曾經看過嚴重毆打。如此頻繁地接觸暴力事件，會導致觀察者日後攻擊行為增加的機率（Evans, 2004; Farver & Frosch, 1996; Farver et al., 1997）。

電視暴力閱聽：對幼兒是否有影響？

即使大多數的學前幼兒並未親眼目睹電視媒體上所播送的暴力事件，但是，兒童電視節目（69%）實際上比起其他類型的電視節目（57%）包含了較高比例的暴力。以平均每小時來說，兒童節目的暴力比例超過其他類型節目的兩倍（如圖 10-3 所示）（Wilson, 2002）。

這樣高比例的電視暴力以及 Bandura 與其他有關暴力模仿的研究結果衍生了一個研究問題：攻擊行為的閱聽是否增加了幼兒（以及日後長大成人）以後出現攻擊行為的機率？這樣的問題很難有明確的解答，主要是因為科學家目前還無法進行實驗情境之外真實的實驗研究。

雖然研究結果已經清楚地顯示實驗情境中電視暴力的閱聽將導致高比例的攻擊行為，而在現實世界中看到攻擊行為也與之後的攻擊行為相關（試想如果我們在真實生活中進行一個研究，要求幼兒觀看暴力內容的電視節目一段時間，勢必無法得到幼兒父母的同意）。

然而，不管如何，研究結果顯示了相關的關係，也就是研究結果相當清楚地顯示了電視暴力的閱聽的確導致了日後攻擊行為的出現。縱貫性研究發現，幼兒在 8 歲時對於電視暴力的偏好與日後 30 歲前的嚴重犯罪行為相關。其他研究也發現媒體暴力的閱聽會導致日後的攻擊行為、霸凌以及對於暴力受害者的

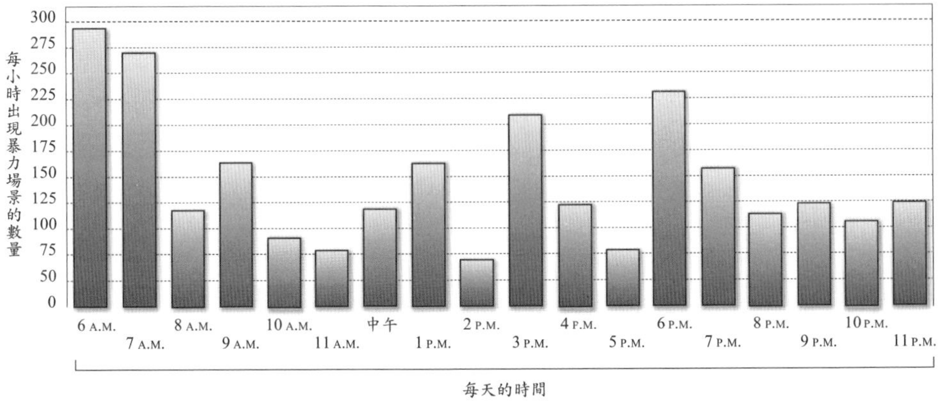

圖 10-3 電視播放的暴力

一項針對美國華盛頓特區幾個主要電視頻道的調查，顯示某一天當中的幾個時段電視播放暴力場景的數量。從教育者的觀點而言，你認為電視的暴力播放應該被規範嗎？為什麼？或為什麼不？

資料來源：Center for Media and Public Affairs (1995).

無感（Christakis & Zimmerman, 2007; Ostrov, Gentile, & Crick, 2006; Slater, Henry, & Swaim, 2003）。

電視並不是媒體暴力的唯一來源。有許多兒童常接觸的電動遊戲的內容也包含了很多的攻擊行為。舉例來說，有 14%的 3 歲與 3 歲以下幼兒以及約 50%的 4 到 6 歲幼兒玩電動遊戲。因為針對成人進行的研究發現，成人玩暴力的電動遊戲與其攻擊行為相關，所以，幼兒玩暴力內容的電動遊戲也可能容易導致他們的攻擊行為（Anderson et al., 2004; Barlett, Harris, & Baldassaro, 2007; Polman, de Castro, & van Aken, 2008）。

幸運的是，指出學前幼兒從電視與電動遊戲學習攻擊行為的社會學習理論也建議了降低媒體負面影響力的方式。舉例來說，幼兒可以被教導以較具批判性的角度來看待媒體的暴力內容。幼兒能夠被教導暴力並不代表現實世界，因此，他們對於媒體暴力的閱聽可能對他們造成負面的影響，所以不應該模仿電視上的暴力行為，並且幫助幼兒以不同的角度來看待含有暴力內容的電視節目，避免受其影響（Donnerstein, 2005; Persson & Musher-Eizenman, 2003）。

更進一步來說，就如同接觸暴力行為的榜樣就會導致攻擊行為的出現，觀察非暴力行為的典範也可以降低攻擊行為。接下來我們也會討論學前幼兒不只是從他人學習攻擊行為，他們也同樣學習如何避免衝突與控制自己的攻擊性。

攻擊行為的認知理論觀點：暴力背後的思考

有兩個在比賽中等待上場踢球的幼兒，一個幼兒不小心踢到另一個幼兒，其中一個幼兒的反應是道歉，另一個幼兒則是推別人，大喊：「我不玩了。」

儘管每位幼兒在每件小事上所需承擔的責任是相同的，但是他們對於事情的反應卻是截然不同。上述的第一位幼兒將事件視為意外，而第二位則認為是挑釁，並以攻擊行為回應。

認知理論認為了解攻擊行為的關鍵在於幼兒的道德發展，也就是檢視學前幼兒對於他人行為的解讀與攻擊行為發生的環境情境因素。根據發展心理學家 Kenneth Dodge 與其同僚的研究發現，有些幼兒比起其他人更容易將別人的行為解讀成具攻擊性。因此，他們就沒有辦法去注意到情境中的適當暗示，也無法正確解讀特定情境中的行為。所以，他們常錯誤地將事情的發生歸咎為他人的敵意，而他們對於別人行為的回應也是基於此種錯誤的解讀，也因此造成他們常以攻擊行為的方式來回應根本不存在的情況（Petite & Dodge, 2003）。

例如，當 Jake 與 Gary 在同一張桌子上畫圖時，Jake 伸手過來拿了一枝紅色蠟筆，而 Gary 剛好也想用這枝蠟筆。因此 Gary 馬上假設 Jake 知道他接下來要用這枝蠟筆，所以 Jake 才拿這枝蠟筆。Gary 因此認為 Jake「偷」他的蠟筆。

雖然認知理論對於攻擊行為的觀點描述了有些幼兒攻擊行為發生的歷程，但是，對於為什麼有些幼兒在剛開始就會出現對於情境的錯誤解讀卻著墨不多。而認知理論也沒有解釋為什麼這些錯誤的認知會使得幼兒以攻擊行為的方式回應，以及幼兒為什麼會假設攻擊行為是適當且較佳的回應方式。

在另一方面來說，認知理論指出了降低幼兒攻擊行為的有效方式：教導幼兒正確解讀情境，使他們比較不會將他人的行為意圖解讀為敵意，也較不會以攻擊的方式來回應他人的行為。在「你是一個明智的兒童發展消費者嗎」專欄中所列出的原則，是根據本章內容所討論的攻擊與道德發展理論所歸納出來的。

你是一個明智的兒童發展消費者嗎？

促進學前幼兒的道德行為並降低攻擊性

有許多學者對於學前幼兒攻擊行為的原因提出了觀點，並且提供鼓勵幼兒道德行為、降低攻擊行為的有用方式。以下是實用且可逐步達成的策略（Bor & Bor, 2004; Larson, Jim, & Lochman, 2011）：

- **提供幼兒去觀察他人合作、互助與利社會行為的機會**。鼓勵幼兒與同儕互動，共同合作達成目標。這樣的合作活動能夠教導幼兒與他人互助與合作的重要性。
- **不要縱容攻擊行為**。當看到幼兒出現攻擊行為時，父母應該要及時介入，並且清楚傳達攻擊不是解決衝突的可行方式的訊息。
- **幫助幼兒解讀他人行為**。這點非常重要，因為容易出現攻擊行為的幼兒常把他人非出自於敵意的行為解讀為敵意。父母與教師應幫助這種特質的幼兒能夠以多種可能性的方式來解讀他人行為。
- **監控幼兒的電視閱聽，特別是電視的暴力內容**。因為研究清楚顯示電視暴力內容的閱聽會造成幼兒之後攻擊行為的增加。同時，應該鼓勵幼兒觀看能促進他們道德行為的電視節目，例如：《芝麻街》、《愛探險的Dora》、《Rogers 先生的鄰居》與《恐龍 Barney》等卡通。
- **幫助幼兒了解自己的感覺**。當幼兒生氣時（所有的幼兒都會生氣），他們需要學習以建設性的方式來處理自己的情緒。告訴幼兒處理此種狀況的具體方式（「我看得出來你真的很生氣 Jake 不跟你輪流玩，不要因此而打他，但是你要告訴他你想要有機會可以玩這個遊戲」）。
- **直接教導幼兒思考與自我控制**。學前幼兒已經有基本的道德思考能力，而且他們應該被提醒什麼是適當的行為。舉例來說，直接對幼兒說：「如果你拿走所有的餅乾，其他幼兒就沒有點心可以吃了。」而不是：「好孩子不會吃掉所有的餅乾。」

個案研究　錯誤的行為典範？

Jim Martell 很仔細地觀察他的兒子 Jason。因為 Jim 經營的商店距離家裡有 90 分鐘的車程。他的太太 Tessa 就在社區中工作，所以 Jason 主要由她來照顧。而在過去的四年間，Jim 越來越擔心 Jason。

讓他擔心的是 Jason 聲音小且害羞，行為舉止溫和，然後在 3 歲的耶誕節時沉默堅持地要一個洋娃娃當禮物，而 Jim 藉著挑選特種部隊玩偶而阻撓了他的這個願望。但是，當 Jason 花很多時間在幫特種部隊玩偶換裝，而不是玩追逐轟炸遊戲時，Jim 更焦慮了。而且 Jason 喜歡畫畫與做黏土模型，並不喜歡玩 Jim 買給他的玩具槍和運動裝備。

Jim 一直認為他當初不應該讓 Tessa 把 Jason 送到社區中那間收托對象除了 Jason 之外都是女孩的托育中心，Jim 相信是環境因素影響了 Jason 的選擇，並且使他變得女性化。他希望明年 Jason 上了幼兒園大班之後，班上會有較多的男孩，並且使他的兒子能夠從女孩的生活型態帶給他的過度壓力中逃離。

1. 就你所知道的學前幼兒的性別差異，你認為 Jim 擔心 Jason 的行為舉止與習慣是合理的嗎？為什麼？或為什麼不？
2. Jim 將 Jason 的行為歸因為環境因素，而基因有可能也是一個影響因素嗎？先天基因與後天教養的相對影響力能夠被正確衡量嗎？
3. 如果 Jason 上的托育中心裡的幼兒都是男孩，他的行為與偏好會改變嗎？為什麼？或為什麼不？
4. 哪一種觀點——生理、心理分析、社會學習，或認知理論，對於 Jason 的行為能夠提供最令人滿意的解釋？為什麼？
5. 你認為 Jim 相信在幼兒園接觸其他男孩會改變 Jason 行為的看法是正確的嗎？如果是，會如何改變？

結語

本章內容檢視學前階段幼兒的社會與人格發展。從學前幼兒遊戲本質的轉變可以看到他們社會關係的變化。我們討論到父母教養的風格與其對幼兒日後人生的影響，並檢視了導致兒童虐待的因素。我們從不同的發展觀點探討道德的發展，並以攻擊行為的發展來總結。

在進入下一章之前，請花一段時間重讀本章的序言，有關 Usman Rabbani 的雙胞胎兒子的幼兒園入學申請書，並回答下列問題。

1. 幼兒園入學申請的過程如何影響雙胞胎孩子的人格發展？
2. 如果你是雙胞胎孩子的父母，你會希望他們上同一所幼兒園嗎？這樣的經驗如何形塑他們的互動與社會發展？
3. 試想如果你經營一所幼兒園，而且只收達到特定道德發展階段的幼兒，你要如何篩選學生？你會觀察哪一類的行為？
4. Usman Rabbani 最後形容他的其中一個兒子為「運動健將」，你認為他會用同樣的字詞形容一個女兒嗎？為什麼？或為什麼不？什麼樣特定的字眼會用來形容男生或女生？

回顧

1 學前幼兒如何發展自我的概念？

- 根據 Erik Erikson 的說法，學前幼兒剛開始經歷自主與羞愧懷疑階段（這個階段從 18 個月大持續到 3 歲）。在這個階段，幼兒發展獨立、自主，以及對於現實與社會世界的掌控；或是經驗到羞愧、自我懷疑與不快樂。之後，就是「積極主動與退縮內疚階段」（這個階段從 3 歲持續到 6 歲）。在這個階段，幼兒面臨想要獨立於父母而自己行動的慾望，與因為不能成功完成事情所產生的罪惡感間的衝突。
- 學前幼兒自我概念形成一部分來自於對自己特質的知覺與評估，一部分來自於父母對他們所表現出來的行為，一部分則來自於文化的影響。

2 兒童如何發展種族認同與性別的知覺？

- 學前幼兒種族概念的形成大部分與其環境有關，包括父母與其他的影響。幼兒性別差異在學前早期就已經萌發，幼兒會因為社會刻板印象而形成對於性別合宜與不合宜行為的期望。
- 學者對於學前幼兒所抱持的性別期望有不同的解釋。對於性別期望的生理觀點將之解釋為基因因素。Freud的心理分析理論使用潛意識的觀點。社會學習理論的學者強調環境的影響，包括：父母、老師、同儕與媒體。然而，認知理論的學者提出幼兒性別基模的形成是幼兒統整有關性別的訊息所建立的認知架構。

3 學前幼兒的社會關係與遊戲為何？

- 學前幼兒的社會關係包含了信任與持續性的真正友誼。
- 年紀較長的學前幼兒的建構遊戲比功能遊戲多，他們的聯合遊戲與合作遊戲也比年幼的幼兒多，年幼的幼兒則較常玩平行遊戲與旁觀者遊戲。

4 父母的教養方式有哪幾種？成效如何？

- 父母的管教方式可能因人或文化而有所差異。在美國與其他西方社會中，父母的教養風格可以區分為：獨裁型、放任型、漠不關心型與權威型，而權威型被認為是最有效的父母教養風格。
- 獨裁型與放任型父母的孩子可能產生依賴、敵意與低度的自我控制。漠不關心型父母的孩子可能覺得不被關愛，與父母沒有情感上的連結。權威型父母的孩子會比較獨立、友善、具自信心，且容易與人合作。

5 文化差異如何影響父母的教養方式？

- 最成功的父母教養風格通常都是與特定文化中的價值觀以及與父母在特定文化中所被教導的適當幼兒教養方式有關。
- 比起西方父母，中國的父母通常對於孩子的教導較為直接。

6 幼兒如何發展道德感？

- Piaget認為學前幼兒處於他律道德的道德發展階段，相信外在、不可改變的行為規則，以及所有過錯都會有立即的處罰。

- 相反地，社會學習理論認為道德的發展在於環境與行為間的互動，也就是行為典範在道德發展上扮演重要角色。
- 有些學者相信道德行為根植於幼兒同理心的發展，其他的情緒，包括：憤怒與羞愧等負面情緒，都可能促進道德行為。

7 學前幼兒如何發展攻擊行為？

- 攻擊行為指的是對他人蓄意的傷害，通常在學前階段開始出現。當幼兒年紀漸長，以及語言技巧的增進，攻擊行為出現的頻率與持續時間也會隨之遞減。
- 有些生態學家，例如 Konrad Lorenz，認為攻擊行為只是人類的生物本能，許多社會生物學家也有相似的論點，他們強調攻擊行為可以使最強的基因得以傳承到下一個世代。

8 社會學習理論與認知理論如何解釋攻擊行為？

- 社會學習理論強調環境的角色，包括典範與社會強化對於攻擊行為的影響力。
- 認知理論對於攻擊行為的觀點，強調對於他人行為的解讀會決定攻擊與非攻擊的回應方式。

關鍵詞

- 心理社會發展（psychosocial development）：根據 Erikson 的理論，發展包含個體身為社會中成員的自我了解與對他人行為意義了解的改變。
- 積極主動與退縮內疚階段（initiative-versus-guilt stage）：根據 Erikson 的理論，這個階段從 3 歲持續到 6 歲，幼兒經歷「獨立行動」與「行動有時產生負面結果」間的衝突。
- 自我概念（self-concept）：個人的特性，或是對於自己身為個體的一連串信念。
- 集體主義傾向（collectivistic orientation）：強調人與人之間相互依存的哲學觀。

- 個人主義傾向（individualistic orientation）：強調個人特性與個體獨特性的哲學觀。
- 種族失調（race dissonance）：少數種族幼兒的喜好偏向主流種族價值觀的現象。
- 認同（identification）：孩子試圖學習同性別父母的態度與價值觀，以與父母相像的過程。
- 性別認同（gender identity）：身為男性或女性的知覺。
- 性別基模（gender schema）：組織統整性別相關訊息的認知架構。
- 性別恆常（gender constancy）：人類的性別是恆定性的，是固定不可改變的生理因素所形成的。
- 功能遊戲（functional play）：簡單、重複性的活動，是3歲幼兒常見的遊戲。
- 建構遊戲（constructive play）：幼兒操作物體來產生或創作出成品的遊戲。
- 平行遊戲（parallel play）：幼兒們以相似的方式玩相似的玩具，但是彼此之間並沒有互動。
- 旁觀者遊戲（onlooker play）：幼兒在一旁觀看別人的遊戲，但是沒有實際參與遊戲。
- 聯合遊戲（associative play）：兩個或兩個以上的幼兒經由分享或彼此借玩具來互動，雖然他們做的不是同樣的事情。
- 合作遊戲（cooperative play）：幼兒們之間彼此互動，例如：輪流、玩遊戲或是競賽。
- 獨裁型父母（authoritarian parents）：父母掌控性強、嚴厲、冷酷、賞罰分明。他們的話就是法律，並且嚴格要求他們的孩子，要孩子無條件順從，無法忍受孩子不服從他們。
- 放任型父母（permissive parents）：父母常放縱孩子，給予孩子不一致的回饋，也很少要求孩子。
- 權威型父母（authoritative parents）：表現堅定，並會對孩子的行為給予清楚一致的規範，但是他們會試著與孩子談論道理，告訴他們為什麼不能這麼做。
- 漠不關心型父母（uninvolved parents）：對於孩子的事情不關心，並表現出排斥抗拒的態度。

- 道德發展（moral development）：人們擁有成熟的正義概念，知道什麼是對與錯，以及自己的行為與這些議題的關聯。
- 利社會行為（prosocial behavior）：做出有利他人的行為。
- 抽象模仿（abstract modeling）：對於共通性規則與原則發展的模仿過程。
- 同理心（empathy）：能夠了解他人的感覺。
- 攻擊（aggression）：蓄意使他人受到傷害。
- 情緒自我調適（emotional self-regulation）：將情緒調整到較佳的狀態與強度的能力。
- 工具型攻擊（instrumental aggression）：為了達到特定目標而進行的攻擊。
- 關係型攻擊（relational aggression）：意圖傷害他人心理健康的非肢體型的攻擊。

11

Chapter

兒童期中期的身體發展

蘇慧菁 譯

學習目標

1 學齡兒童在學期間有哪些方面的成長，什麼因素會影響他們的成長？
2 學齡兒童的營養需求是什麼，造成營養不良的原因與後果又是什麼？
3 學齡兒童會面臨哪些健康的威脅？
4 兒童期中期動作發展的特徵是什麼，改善身體技能會有什麼好處？
5 學齡兒童有何安全威脅，有何因應對策？
6 兒童期中期的兒童有哪些特殊需求，該如何處理？
7 回歸主流與完全融合對有特殊需求的兒童有何裨益？

序言 Suzanne McGuire

在美國亞特蘭大市的一個炎熱夏日，當大人只能有氣無力地在悶熱室外行走時，8 歲大的 Suzanne McGuire 卻神采奕奕地運動，她剛從三壘跑回本壘，臉上還露出勝利的表情。

稍早，她還在等待投手投球，雖然她第一次和第二次的打擊都有把球打出去，但是她仍不滿意自己的表現，甚至還感到有一點丟臉。

這次，球飛到了完美的擊球位置，她充滿自信與期待地揮棒。不可思議地，球棒擊中了球，而球向上緩慢飛出弧形並落在遠離左外野的牆外，那是一支全壘打——這是她永遠都不會忘記的一刻。

展望未來

Suzanne McGuire 與幾年前還是學前幼兒時相比較，其實已經進步很多，因為對她而言，要以手腳協調的方式快速奔跑是一大挑戰，同時還要能成功地打中投手的球，更是一件不可能的事。

兒童期中期孩子的特徵可以由生活各種片段來呈現，像是 Suzanne 打棒球的例子，因為這個時期兒童的身體、認知與社交能力恰好達到新的高峰。在本章，將聚焦於一般兒童與特殊兒童身體方面的發展。從 6 歲開始到約 12 歲的青少年初期，屬於兒童期中期，常被稱為「求學時期」，因為大多數的兒童從這個階段開始要接受正式的學校教育。值得注意的是，兒童期中期孩子的身體與動作發展有時候是以漸進平和的方式進行，有的時候卻是呈現爆發式的快速成長。

我們從檢視身體與動作的發展開始，來思考兒童期中期的問題，討論兒童的身體變化，及營養不良與肥胖這個一體兩面的問題。接下來，焦點轉到動作發展，將討論粗動作與精細動作的發展，及動作發展在兒童生活上扮演的角色。也會討論威脅兒童安全的議題，如由個人電腦進入家庭的新威脅。

最後，本章將討論影響特殊兒童感覺與身體技能的特殊需求，並以有特殊需求的幼兒如何融入社會為焦點作為結束。

成長中的身體

1 學齡兒童在學期間有哪些方面的成長，什麼因素會影響他們的成長？
2 學齡兒童的營養需求是什麼，造成營養不良的原因與後果又是什麼？
3 學齡兒童會面臨哪些健康的威脅？

Cinderella 穿上黃裙，
上樓去親吻她的最愛
可是親錯，親到一條蛇。
要請幾位醫生來救呢？
一位、兩位……

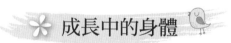

當其他的女孩唱著跳繩歌時，Kat 正驕傲地表演她可以向後跳繩的新技能。Kat 目前是二年級的學生，她已經很會跳繩了，雖然她在一年級時沒有學好，但是暑假期間她花了很長的時間練習，現在那些努力似乎有了很好的成效。

就像 Kat 高興地體驗跳繩的樂趣一樣，兒童期中期正是兒童體能突飛猛進的時刻，隨著幼兒長得更高大更強壯，他們也熟練了各種的新技能。到底這種進步是如何產生的？

身體的發展

速度緩慢卻穩定！

如果要用一句話來描述兒童期中期成長的本質，那就是上述這句話了。與出生後五年的快速生長以及青春期驚人的爆發式成長相比較，兒童期中期的成長就顯得平穩許多。但是，兒童身體的成長並沒有因此停滯，他們的身體仍然繼續成長，只是速度比學前階段緩慢而已。

身高與體重的變化

美國小學的兒童一年平均長高 2 到 3 英寸，到了 11 歲時女孩的平均身高是 4 英尺 10 英寸，而男孩的身高則略矮一點，約為 4 英尺又 9.5 英寸，這是一生當中，女孩平均身高比男孩高的唯一時期。這種身高的差異反映出女孩在身體發育較快，因為女孩約在 10 歲左右就開始有青春期爆發式的成長。

體重的增加也是如此，在兒童期中期的男孩與女孩，體重一年大約增加 5 到 7 磅，身體重量的分布也不一樣了。當所謂「嬰兒肥」般圓嘟嘟的外觀消失時，兒童的身體就變得更強壯，力氣也大幅增加。

其實兒童平均身高與體重增加的背後，隱藏著顯著的個人差異，這種現象並不奇怪，因為任何人只要觀察四年級一起排隊走路的學生，就會發現這些同年齡兒童的身高有相差達 6 或 7 英寸的情形。

營養：影響所有的功能

兒童每日的營養攝取量，對他們的各種行為有明顯影響，例如：在瓜地馬拉的鄉村進行多年的縱貫研究顯示，兒童的營養背景與學齡兒童的許多社交與情緒功能有關。獲得較多營養的兒童跟營養取得不易的同儕相比，前者和同伴比較會有互動，也會表現出較多正面的情緒、焦慮感較少，行為的活動量也比較適當（Barrett & Frank, 1987; Perez et al., 1997; Stutts et al., 2011）（如圖 11-1 所示）。

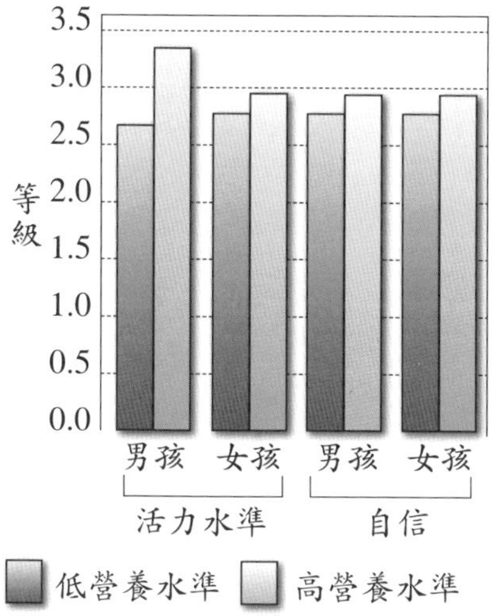

圖 11-1 營養的益處

相較於營養攝取量較低的同伴，獲得較高水準營養的兒童顯得更有活力、更有自信。作為一個社會工作者，可能會如何運用這個資訊？

資料來源：Adapted from Barrett & Radke-Yarrow (1985).

良好的營養不但能促進骨骼強健，還與牙齒健康的發展有關。在兒童期中期，大多數的恆齒會取代幼年時的乳牙，約從 6 歲開始到 11 歲左右，乳牙以每年約四顆的速率掉落。

營養與認知能力的表現也有關，例如：有一項在非洲肯亞的研究顯示，在良好營養環境下長大的兒童比有輕微至中度營養不良的兒童，在一項語言能力和其他認知能力的測驗上有較佳的表現。其他的研究也指出營養不良可能會減弱兒童的好奇心、反應能力以及學習主動性等，因而傷害兒童認知能力的發展（Drewett, 2007; Grigorenko, 2003; Kessels et al., 2011; Wachs, 2002）。

成長過程中的文化模式

大多數生長在北美洲的兒童因有充分的營養，所以能達到最大的潛能發展。然而，世界其他地區常為營養不良與疾病付出很大的代價，使得這些地區的兒童長得比生長在富裕環境的孩子較為矮小，體重也比較輕。

這種差異是顯而易見的，例如：在加爾各答、香港和里約熱內盧貧民區的兒童，就比同一城市生長在較富裕市區的兒童長得較矮。

在美國，兒童身高與體重之差異，大部分源自各種不同人種獨特的基因遺傳，包括影響遺傳因素的種族背景有關，例如：一般而言，有亞太及大洋洲族裔的兒童往往都比有北歐、中歐遺傳血統的兒童長得矮小。另外，以兒童時期的成長速度而言，非裔兒童成長的速度又比歐裔兒童快（Deurenberg, Deurenberg-Yap, & Guricci, 2002; Deurenberg et al., 2003）。

當然，縱使在同一種族中，個體之間也存在明顯的個別差異。我們不能把種族間的差異單獨歸因於遺傳，因為飲食習慣以及富裕程度的變數也可能造成兒童的生長差異。此外，由父母間的衝突或嗜酒等因素所造成的嚴重壓力，也可能影響腦下垂體的功能，影響兒童的成長（Koska et al., 2002）。

使用荷爾蒙來促進生長：矮小的兒童需要藉此來長高嗎？

長得高大一向被大部分美國社會認為是一種優勢，因為這種文化取向，使子女長得較矮的家長常會憂心。有些家長對此種狀況的因應方式，就是給孩子服用能促進人類成長、人工合成的荷爾蒙，讓個子矮小的幼兒能長得比在自然發展的情況下更高（Lagrou et al., 2008; Sandberg & Voss, 2002）。

但是兒童需要接受這些藥物嗎？這是一個比較新的議題，因為使用人工合成的荷爾蒙來促進成長，也不過是近 20 年的事。雖然，已有數萬名兒童因為無法自然產生足夠的生長荷爾蒙，所以已使用了這些藥物。但是，有些觀察家質疑，個子矮小是否構成非使用這些藥品不可的理由，因為一個人不需要長得高，也照樣能在社會上有所表現。而且，這種藥品不只昂貴，還具有潛在危險的副作用，在一些個案中發現，這種藥品可能導致兒童青春期提早開始，更諷刺的是，也有可能限制了青春期後期的發育。

另一方面，我們不能否認，人工合成的生長荷爾蒙的確能有效增加兒童身高的事實，也有個子很矮的兒童，使用後增加 1 英尺的案例，讓這些兒童可順利排入正常身高範圍之內。最重要地，家長和醫療人員應等這類治療之安全性的長期研究完成之後，經過慎重考慮利弊得失，再將這類藥物應用於兒童身上（Heyman et al., 2003; Ogilvy-Stuart & Gleeson, 2004; Wang et al., 2011）。

兒童的肥胖問題

當 Ruthellen 的媽媽問她吃飯時要不要再配一片麵包，Ruthellen 回答說最好不要，因為她擔心變胖，而 Ruthellen 現在 6 歲大，體重與身高都正常。

雖然兒童與家長會關心兒童期中期的身高，但對某些兒童和家長而言，保持適當的體重才是讓他們更擔心的問題。尤其是女孩，對體重的關心幾乎到了走火入魔的地步。例如：許多 6 歲大的女孩會擔心她們變「胖」，而大約 40% 9 和 10 歲大的女孩會嘗試減肥。為什麼呢？其實她們的擔心，多半是因為美國對於苗條身材成見的結果，而這種成見已滲透到美國社會的各個角落（請見「從研究到實務」專欄）（Greenwood & Pietromonaco, 2004; Schreiber et al., 1996）。

從研究到實務 媒體的形象能影響青春期前兒童的身體形象嗎？

不滿意身體形象的情形正持續上升。在一項針對 8 到 10 歲兒童所做的研究顯示，有一半以上的女孩與三分之一以上的男孩不滿意自己的身形體態，有些甚至更早就有這種傾向。更糟糕的是，對自我身體形象不滿意與不健康行為相關，如：飲食失常、吸菸、憂鬱與低自尊心等行為（Jung & Peterson, 2007; Wood, Becker, & Thompson, 1996）。

為什麼兒童會獲得對他們自己身體不滿意的概念呢？其中一個答案與媒體有關。電視、雜誌與其他的媒體再三傳遞理想化美麗、纖瘦模特兒的影像，讓他們宛如是真實世界身材的標準。這種特定的體型不但被過度強調，而擁有這些理想化體型的人物，也因他們的形象、外貌而被讚賞。普通兒童會把自己和媒體塑造的理想化同性別形象做比較，因而常會有自慚形穢、自認為比不上他們的感覺（Hargreaves & Tiggemann, 2003; Morano, Colella, & Capranica, 2011）。

事實上，沒有一個人能比得上這些被刻意塑造出來的體型，例如：行銷給年輕男孩的男動作片明星，他們的身材尺寸通常都被過度誇大，那是在真實世界根本無法達到的標準。就像在頗受年輕男孩歡迎的電玩遊戲中，遊戲的男主角都是非常高大、強壯（Harrison & Bond, 2007; Pope, Olivardia, Gruber, & Borowiecki, 1999; Scharrer, 2004）。

研究結果也顯示，因為男孩與女孩對媒體的看法不同，導致他們對自己的身體形象看法也不同。一項針對 8 到 11 歲兒童所做的研究指出，男孩認為的理想身體形象，要比他們自己真實的身體更大、更強壯；而女孩的理想形象則是要相對瘦一些。有趣的是，當女孩與男孩評估自我覺知和真實身體形象時，研究指出女孩通常比較準確，即實際比理想要重一點而已。對照之下，男孩較有自我認知扭曲的情形，因為他們會把自己的體型，看得比實際更高大、肌肉更強壯（Hayes & Tantleff-Dunn, 2010; Jung & Peterson, 2007）。

兒童不但暴露於大量媒體塑造出來不真實的身體形象中，也會輕易地崇拜或模仿這些媒體中出現的人物。此外，這種對身體不滿意的現象，也出現在不同種族的人群中。家長和老師該如何預防兒童受到媒體的負面影響，建議就是要教導兒童了解媒體中人物的體型，是被過度誇大且不可能擁有的。同時，要讓兒童接觸一些比較健康、多元的體型範圍的人物，而擁有這些體型的人物必須是兒童認同的（George & Franko, 2010; Jung & Peterson, 2007）。

- 媒體塑造出高大強壯的男性角色，代表他們是有權勢與成功的象徵，或塑造出苗條、漂亮的女性角色，描繪為較受男孩喜歡，你認為這些是有意義的嗎？
- 家長和老師能做些什麼事情，降低媒體對兒童的身體形象的影響？

儘管認為擁有瘦高的身材就是美的看法，已被人廣為接受，但是，肥胖的兒童人數仍然繼續不斷增加。當兒童體重超過同年齡或與同樣身高兒童平均體重之 20%時，就被定義是肥胖。根據這個定義，約有 15%的美國兒童可歸類為肥胖，這個比例自 1960 年代至今已增加了三倍之多（如圖 11-2 所示）（Centers for Disease Control and Prevention, 2009; Cornwell & McAlister, 2011; Mann, 2005）。

兒童時期肥胖所造成的影響，會延續終生。當肥胖的兒童長大成人後，易有超重，及罹患心臟病、糖尿病和其他疾病的風險。實際上，有些科學家相信肥胖的盛行，可能降低美國人民的壽命（Krishnamoorthy, Hart, & Jelalian, 2006; Park, 2008; Pietrobelli, Espinoza, & DeCrisofaro, 2008）。

肥胖是由遺傳與環境兩種因素組合形成的，已證實有些特定的遺傳基因與肥胖有關，這些基因會使一些兒童很容易產生體重超重的情形，例如：相較於領養父母，被領養兒童的體重，會更像他的親生父母（Bray, 2008; Whitaker et

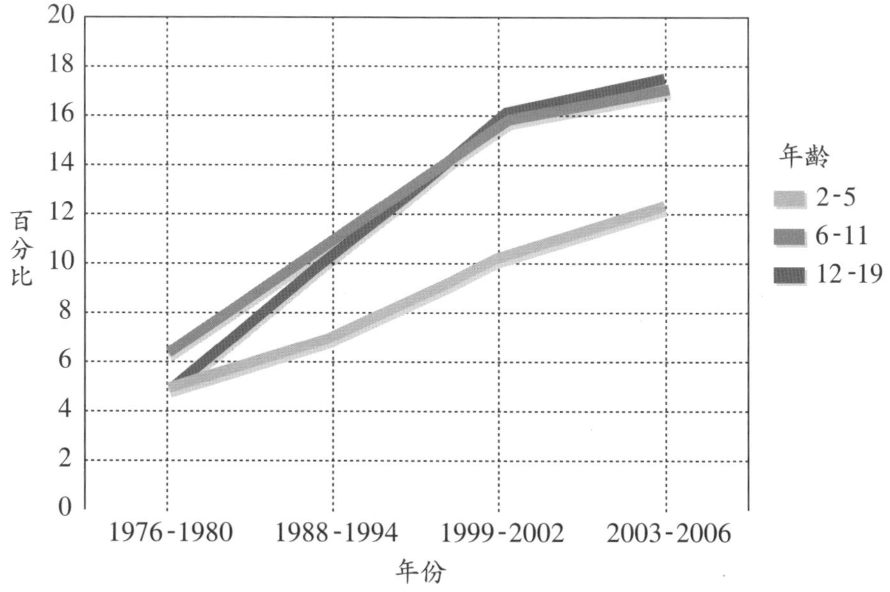

圖 11-2 兒童肥胖的情形

6 至 12 歲兒童肥胖的情形在過去 30 年之間有顯著的增加。

資料來源：Centers for Disease Control and Prevention (2009).

al., 1997）。

導致體重超重的因素，不只限於遺傳基因的影響而已，不良的飲食習慣也會助長肥胖。雖然很多家長都了解，均衡、營養的飲食，特定的食物是不可或缺的，但是對於兒童，他們卻常提供過少的水果與蔬菜，反而提供超過建議攝取量的脂肪與甜點（如圖 11-3 所示）。學校提供的營養午餐有時也因沒有提供兒童營養的選項，而導致孩子發生超重的問題（Johnston, Delva, & O'Malley, 2007; Story, Nanney, & Schwartz, 2009）。

造成兒童肥胖的另一個主要因素是缺乏運動。大體而言，學齡兒童運動相對比較少，也比較不結實，例如：約有 40%的 6 到 12 歲的男孩無法拉單槓超過一次以上，而有四分之一的男孩連一次都拉不起來。此外，根據體能現狀調查（fitness surveys）發現，儘管美國努力提高學齡兒童的運動量，但仍只有少許的改善或根本沒有改善。6 到 18 歲的男孩，體能活動量減低 24%，而女孩則降低達 36%之多（Lipton, 2003; Moore, Gao, & Bradlee, 2003; Stork & Sanders,

均衡攝取熱量：
- 享受你的食物，但吃少一點
- 避免超大的份量

增加食物的種類：
- 將你盤子的一半裝滿水果和蔬菜
- 穀類至少一半要用全穀類
- 改用脫脂或低脂（1%）鮮乳

減少食物的種類：
- 比較湯、麵包與冷凍食品中的鈉含量
- 選擇鈉含量較低的食物
- 選擇以白開水取代含糖飲料

圖 11-3 均衡的飲食

為了設計讓兒童與成人簡單易懂的飲食指南，美國農業部推出了「我的餐盤」的活動，幫助消費者在用餐時做出比較好的選擇，能選擇健康食物裝滿自己的餐盤。「我的餐盤」使用一般用餐時熟悉的配置，圖解說明選擇五種食物類型的比例。若要獲得更多資訊，可登入美國農業部網站查詢（www.choosemyplate.gov）。

資料來源：U.S. Department of Agriculture (2011).

2008）。

但是，我們明明常看到兒童快樂地在運動場跑來跑去，做各種運動，玩紅綠燈等互相追趕的遊戲（games of tag），為什麼這些兒童實際的運動量會比較低呢？原因之一是因為現在很多兒童都待在家裡看電視和玩電腦。這種久坐不動的行為不但阻擾幼兒去運動，而且兒童看電視、玩電動遊戲或瀏覽網路時，還常常一邊吃著點心（Davis et al., 2011; Landhuis et al., 2008; Pardee et al., 2007）。

另外，因為兒童的父母多半在外工作，很多兒童下課回家之後都沒有家長的照顧。在這種情況之下，家長可能會考慮安全問題而禁止兒童離家外出，這表示即使兒童想要出去運動，也沒有辦法（Murphy & Polivka, 2007; Speroni, Earley, & Atherton, 2007）。

肥胖問題的治療

不管什麼因素造成兒童的肥胖問題，治療時都相當棘手，要避免引發兒童對食物和節食產生太強烈的擔憂。兒童必須學習掌控自己的飲食，當家長對自己孩子的飲食控管過多，可能讓兒童失去內在自我的控制力，無法自行調整他們自己的食物攝取（Okie, 2005; Wardle, Guthrie, & Sanderson, 2001）。

有一個策略，就是控制家中的食物，壁櫥和冰箱裝滿各種健康食品，移除高熱量、過度加工過的食品，如此一來，兒童就等於被迫去吃健康食物了。另外，要注意避免食用高熱量與高脂肪的速食品，如：漢堡、薯條、炸雞等（Campbell, Crawford, & Ball, 2006; Hoerr, Murashima, & Keast, 2008; Lindsay et al., 2006）。

在大部分治療肥胖問題的個案中，其治療目標多訂定在設法透過飲食的改善和增加運動量來維持兒童目前的體重，而不是採用減重的方法。因為假以時日，等肥胖兒童長高了，他們的體重便會變得較正常。

你是一個明智的兒童消費者嗎？

保持兒童的健康

Sam 整個禮拜都坐在桌前工作而沒有定期運動，週末，他花很長時間坐在電視機前，還常常喝汽水和吃甜點。不管在家裡或餐廳吃飯，他的餐點都富含高熱量和飽和脂肪（Segal & Segal, 1992, p. 235）。

雖然這個描述可應用於許多成年男女身上，但是 Sam 其實是一個 6 歲大的兒童，與許多美國學齡兒童一樣，他很少或沒有定期運動，結果身體較胖（unfit），有發生肥胖和其他健康的風險問題。

下列一些方法，可以用來鼓勵兒童在體能上變得更活躍（Okie, 2005; Tyre & Scelfo, 2003）：

- **把運動變得有趣**。為了建立兒童運動的習慣，必須讓他們發現做運動是一種享受的過程。常把兒童當作旁觀者的活動或有過度競爭性的活動，讓兒童的技能不純熟，甚至會終生討厭這些活動。
- **成為一個運動的榜樣**。父母、老師或其他成人朋友若將運動視為日常生活的一部分，兒童也會將維持身體健康當作正常生活的一部分。
- **把活動調整到適合兒童體能水準與動作技能的程度**。例如：使用兒童尺寸的運動用品，可使參與的兒童很有成就感。
- **鼓勵兒童找一個夥伴一起運動**。這個夥伴可能是朋友、兄弟、姊妹或父母。運動可能包含各示各樣的活動，諸如：溜冰或健走等，但是所有的活動都必須在愉快的心情下進行，尤其是別人也在做相同活動時，更需要保持這種輕鬆快樂的氣氛。
- **慢慢地開始**。讓不愛運動或不習慣定期活動的兒童做運動時，必須注意以漸進的方式開始，例如：一開始先一天做 5 分鐘的運動，一個禮拜做七天。經過 10 個禮拜之後，他們可以進入一個禮拜三至五次、每次運動 30 分鐘的目標。

- **鼓勵兒童參加團隊的體能活動，但不要求過度嚴格**。因為並不是每一個兒童都喜愛體育競賽，過於強迫他們參加有團隊競賽的體能活動，可能會達到反效果，應該把參加和享受比賽作為此類活動的目標，而不是非得獎不可。
- **不要把體育活動當作不恰當行為的懲罰，如：跳躍或伏地挺身等**。相反地，學校和家長應該鼓勵兒童去參加一些有趣的體育活動。
- **提供健康的膳食**。吃健康膳食的兒童比攝取較多汽水與甜食的兒童較有體力參加各式體能活動。

兒童期中期的健康

Imani 看起來真可憐，一直流鼻水，嘴唇乾裂而且還喉嚨痛。雖然她已請假在家，看電視重播的節目，她仍然覺得身體很不舒服。

但是 Imani 的情況並沒有那麼糟。再過幾天，她就會克服感冒，不會發生像從前那麼嚴重的症狀。事實如此，她會慢慢好起來，因為她現在已對第一次引發她生病的那個特殊感冒病菌有了免疫力。

Imani 的感冒可能是她在兒童期中期最後一次得到的嚴重疾病。對大多數兒童而言，這是身體最強壯的一段時期，而他們所感染的疾病，通常都是比較輕微而短暫的。在兒童時期實施的例行性疫苗接種，已經將 50 年前奪取相當多兒童寶貴生命之重大疾病的罹患率大幅降低了。

兒童生病是常見的，例如：根據一項大規模的調查結果，超過 90%的兒童在六年的兒童期中期期間至少會生一次重病。雖然多數兒童只得過短期的疾病，但是約九個兒童之中就有一個罹患慢性而持續的病狀，如重複發作的偏頭痛，而有些疾病發生的頻率實際上已變得相當普遍（Dey & Bloom, 2005）。

氣喘

氣喘是近幾十年來明顯普遍發生的一種疾病。**氣喘**（asthma）是一種慢性病，其特徵為發病時會出現間歇性喘息、咳嗽和呼吸困難等症狀。約有 700 萬以上的美國兒童受這個疾病的折磨，而全世界的患病人數則可能超過 1.5 億。少數種族和族群有特別容易罹患氣喘病的風險（Akinbami, 2011; Centers for Disease Control and Prevention, 2009; Dey & Bloom, 2005; Johnson, 2003）（如圖 11-4 所示）。

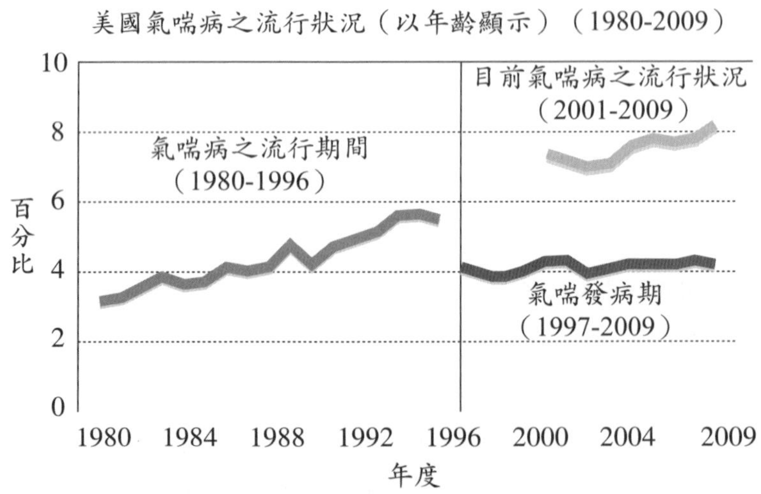

圖 11-4 氣喘發病機率攀升的情形

自 1980 年代初期以來，氣喘發病率的總和已增加一倍以上，在美國 2,500 萬病患中，兒童就占了 700 萬以上，不少因素可以解釋氣喘病患增加的原因，包括空氣汙染惡化和病例篩檢方法的改善等。

資料來源：Akinbami (2011).

當通到肺部的氣管收縮，尤其是阻塞了空氣的流通時，氣喘就會發生。因為氣管被壓縮，所以需要更用力地推擠空氣通過氣管，致使呼吸發生困難。因空氣被迫通過被壓縮的氣管時，就會發出類似哨音的喘息聲。

因為呼吸困難會使兒童產生焦慮與不安，難怪孩子們都非常害怕氣喘的發作。實際上有時病情可能更惡化，在一些案例中發現呼吸困難會引發更多身體的症狀，包括冒冷汗、心跳加速，以及在最嚴重的個案中，臉部和嘴唇會因缺氧而有發青的現象。

氣喘病可由多種因素引發，其中最常見的就是呼吸器官的感染（如一般感冒或流行性感冒）、空氣中的刺激物（如汙染物、香菸、塵蟎和動物皮屑與排泄物）、壓力和運動等，有時候氣溫或濕度的劇變也會引起氣喘的發作（Li et al., 2005; Noonan & Ward, 2007; Tibosch, Verhaak, & Merkus, 2011）。

雖然氣喘的病情可能會很嚴重，但對於受此折磨的病患而言，治療此病的方法越來越有效，有些氣喘發作頻繁的兒童，會使用配有特殊吹口的噴霧型吸入器，讓他們把藥物直接噴進肺部，其他的患者也可以服用藥片或採用打針的方式治療（Israel, 2005）。

有關氣喘最難解的問題之一，就是為什麼有越來越多的兒童罹患這個疾病。有些研究專家認為空氣汙染程度的惡化是導致氣喘病患增加的原因，其他的專家則認為是因為過去無法被查出來的氣喘個案，現在因醫療技術進步，都得以更準確地檢查出來。另外，有些專家也提出另一個看法，他們指出現在兒童暴露於「氣喘元凶」（如灰塵）的機會不斷增加，如新蓋的房屋雖然比較耐風吹雨打，但室內的通風卻比舊房屋差，導致室內空氣的流通受到限制，因而兒童發生氣喘的機會也增大了。

最後，貧窮也可能扮演了間接的角色。生活在貧窮家庭的兒童發生氣喘的比率高於其他的兒童，這可能是因為醫療照顧較差和生活環境的衛生條件較不理想所致，例如：貧窮兒童比富裕家庭兒童容易暴露於引發氣喘的因素，如塵蟎、蟑螂糞便與遺骸，和家鼠糞尿等（Caron, Gjelsvik, & Buechner, 2005; Johnson, 2003）。

精神疾病

Tyler Whitley 現在 7 歲，身高 4 英尺 4 英寸，體重 74 英鎊。他有金髮碧眼、慷慨大方的氣質，同時有躁鬱症（bipolar disorder）——一種嚴重的精神疾病。他一分鐘前會顯得很暴躁、發怒，但下一分鐘則會歇斯底里興奮地大笑。開始有嚴重的幻覺時：他可能會從高樹頂端跳下來或從貨車跳下來而以為在飛。隨後則是一段令人心情難過的低潮期，Tyler 告訴他的父母：「我不該出生，我必須去天堂好讓別人高興。」（Kalb, 2003, p. 68）。

當一個人反覆來回處在異常開心、興奮和極為沮喪的情緒狀態之間，如 Tyler 呈現的狀況時，就會被診斷為躁鬱症。多年以來，大部分的人都不關心出現在幼兒的這種精神疾病症狀，甚至到了今天，家長和老師可能都還會忽略這種病症的存在。然而這卻是一個很常見的問題：因為在五個兒童和青少年中就有一個有這種會產生一定程度傷害的精神疾病，例如：約有 5%的少年罹患兒童期的憂鬱症，有 13%的 9 到 17 歲兒童有焦慮症（Beardslee & Goldman, 2003; Cicchetti & Cohen, 2006; Kalb, 2003; Tolan & Dodge, 2005）。

忽略兒童精神疾病的部分原因，是因為兒童的症狀與成人表現出來的類似症狀並不完全一致，就算被診斷患有兒童的精神疾病，其正確的治療方法也不一定很明確，例如：使用抗憂鬱藥物已變成治療各種兒童精神疾病包括憂鬱症與焦慮症等的普遍方法，在 2002 年超過 1,000 萬件的處方是開給 18 歲以下的兒童病患使用。但令人驚愕的，政府主管機關從未批准這些抗憂鬱藥劑給兒童使用。因為這些藥劑已獲准給成人使用，所以，醫生開這些處方給兒童使用也完全合法（Goode, 2004）。

支持多用百憂解（Prozac）、樂復得膜衣錠（Zoloft）、帕羅西汀（Paxil）與威克倦持續性藥效錠（Wellbutrin）等抗憂鬱藥劑給兒童使用的人，認為憂鬱症和其他的精神疾病已可以成功地使用藥物來治療。在許多案例中，大部分使用溝通方法等傳統非藥物療法都未見成效，在這些案例中，藥物可說是提供病患解脫痛苦的唯一方式。此外，至少有一項臨床試驗證明，這些藥物對治療兒童的精神疾病是有效的（Barton, 2007; Lovrin, 2009; Vela et al., 2011）。

可是批評者卻持反對意見，他們指出很少證據支持抗憂鬱藥劑長期對幼兒是有效的，更糟糕的是，沒有人知道使用抗憂鬱藥對幼兒大腦發育有何影響，也不知道其一般性長期使用的後果；對於特定年齡或體格大小的幼兒，正確藥劑的用量也不很清楚。此外，有些觀察家認為特別為兒童製造的橘子或薄荷等口味的糖漿，有可能導致服用過量或甚至鼓勵孩子日後使用非法藥物的傾向（Andersen & Navalta, 2004; Cheung, Emslie, & Mayes, 2006; Couzin, 2004）。

最後，有若干證據顯示服用抗憂鬱藥物治療與自殺風險的增加可能有關。雖然，這種關聯尚未十分確定，但是美國聯邦藥物管理局已於 2004 年發出使用血清素再吸收抑制劑（Selective Serotonin Reuptake Inhibitors, SSRIs）類相關抗憂鬱藥物的警告。有些專家要求全面禁止兒童和青少年使用此類抗憂鬱藥物（Bostwick, 2006; Gören, 2008; Sammons, 2009）。

雖然使用抗憂鬱藥物來治療兒童的精神疾病目前仍有爭議，但是有一點是很清楚的，就是精神疾病已是多數兒童要面對的一個嚴重問題。兒童時期的精神疾病不容忽視，因其不但具有破壞性，而且對於在這時期曾遭受心理問題折磨的兒童，日後在成人階段也有發生精神疾病的風險（Bostwick, 2006; Cören, 2008; Vedantam, 2004）。

如我們將在下一節討論的，成人需要持續關心會影響學齡兒童的許多特別需求。

動作發展與安全

4 兒童期中期動作發展的特徵是什麼，改善身體技能會有什麼好處？

5 學齡兒童有何安全威脅，有何因應對策？

當我兒子的朋友 Owen 9 歲大時，校內的每一個同學都知道有關他的一件丟臉的事：他是個數學神童，卻也是個糟糕的足球選手。

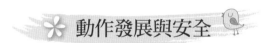

沒有一個人比 Owen 更了解這一點，他的母親 Cheryl 說：「他知道自己的體育運動比別人差，而這一件事的確讓他情緒低落。就算我們告訴他：『你必須出去外面運動，你必須再試試看』，然而，當他做錯時，他就會馬上走開。所幸 Owen 的功課很好，所以他覺得自己沒有問題，可是因為他不參加體育運動，所以無法像其他兒童一樣，可以結交很多朋友。」

就在他剛過 10 歲生日的隔天，Owen 在附近的購物中心恰巧看到一場跆拳道表演，他看了之後，馬上告訴母親說：「那就是我想從事的運動，妳可不可以幫我報名參加？」

現在他每週都上好幾次跆拳道的課程，根據Cheryl的觀察，Owen有了驚人的改變，「他的心情已有改善，現在可以睡得很好，甚至連功課都做得比以前好，得到黃帶的段數時，他簡直樂得像登上月球一般。」（Heath, 1994, pp. 127-128）。

兒童期中期兒童的運動能力決定了他們如何看待別人，以及別人如何看待他們。這也是各種體能大幅度發展的時期。

運動技能：持續的改善

在校內運動場看壘球選手如何把球投給打擊手，然後再回到捕手，或一個三年級的選手比賽跑回終點時，你很難不會被這些從前笨手笨腳的兒童們所產生的長足進步所感動，他們的粗動作與精細動作技能到了兒童期中期，都有顯著的進步與改變。

粗動作技能

粗動作技能有一項重要的改善，就發生在肌肉協調領域中，例如：多數學齡兒童都可以輕易學會騎腳踏車、溜冰、游泳和跳繩，而這些技能是之前無法做好的（如圖 11-5 所示）。

男孩與女孩的運動技能會有差異嗎？幾年前，有些發展學家主張兒童期中期粗動作技能會因性別差異而變得更加明顯，男孩會超越女孩（Espenschade, 1960）。然而，最近的研究結果卻對這種主張提出質疑，因為比較定期參加類似壘球等運動的男孩與女孩時，研究發現粗動作技能在性別上的差異其實很小（Jurimae & Saar, 2003）。

6 歲	7 歲	8 歲	9 歲	10 歲	11 歲	12 歲
• 女孩的動作準確度較好；男孩則在較需要力氣而較不複雜的動作表現較佳。 • 可在適當改變重心與踏步下丟東西。 • 獲得跳躍的能力。	• 可閉眼用單腳保持身體平衡。 • 可在 2 英寸寬的平衡木走動而不會跌下來。 • 可準確地跳進小方格中（跳房子遊戲）。 • 可以正確地做開合跳的動作。	• 可以拿 12 英磅重的東西。 • 可以 2-2、2-3 或 3-3 的形式做有節奏的交替跳。 • 女孩可將小球投 33 英尺遠；男孩可投 59 英尺遠。 • 男、女孩一起參加遊戲的數目，在這個年齡達到最高峰。	• 女孩可垂直跳超過身體伸直的高度 8.5 英寸；男孩可垂直跳超過 10 英寸。 • 男孩每秒可跑 16.6 英尺，小球可投 41 英尺遠；女孩則可每秒跑 16 英尺，丟小球達 41 英尺遠。	• 可以跳起來接住遠處投來的球。 • 女孩和男孩都可以每秒跑 17 英尺。	• 男孩立定跳遠可跳到 5 英尺遠；而女孩可跳到 4.5 英尺遠。	• 可跳高達 3 英尺。

圖 11-5 6 到 12 歲之間的粗動作技能發展

為什麼社會工作者瞭解這時期的發展是很重要的？

資料來源：Adapted from Cratty (1979, p. 222).

那麼，從前的觀察結果會出現差異的原因是什麼呢？表現出來有性別差異的原因，可能是因為動機與期待的不同所造成。社會觀念告訴女孩，她們的體育表現會比男孩差，而女孩的表現只不過是反映社會的訊息罷了。

可是在現在社會，至少官方、正式的訊息已經改變，例如：美國小兒科醫學會建議男孩與女孩都必須從事相關的體能活動與遊戲，他們可以在混合不同性別的狀況下一起參加。在青春期之前，似乎沒有理由必須將不同性別的兒童分開進行體能活動與競賽，但是到了青春期之後，個子較小的女孩在碰撞多的運動項目中較易受傷，所以可以考慮將不同性別分開處理的問題（American

Academy of Pediatrics, 1999, 2004; Raudsepp & Liblik, 2002; Vilhjalmsson & Kristjansdottir, 2003）。

精細動作技能

在電腦鍵盤上打字、用鋼筆或鉛筆寫藝術字、描繪詳細的圖畫——這些只是發生在兒童早期與中期，需依賴精細動作協調就能達成的成就而已。6 和 7 歲大的幼兒已能自己綁鞋帶、扣鈕釦，到了 8 歲時，他們就可以獨立運作使用雙手，而到了 11 與 12 歲時就可以像成人一樣，靈巧地使用任何物品。

精細動作技能快速進步的原因之一，就是腦的髓鞘量在幼兒 6 到 8 歲期間明顯增加。髓鞘包圍在神經細胞周圍，具備保護性絕緣物質。因為髓鞘質含量的增加，會加快神經元之間傳導的電脈衝速度，可以讓訊息快速傳到肌肉，使肌肉控制能力更好。

運動能力對社交的助益

五年級的 Matt 無疑是週六早晨足球隊最耀眼的明星人物，他是不是因為擁有傑出的體育才華，才廣受大家歡迎呢？

答案可能是肯定的。根據針對這個議題的長期研究結果顯示，與體育表現較差的兒童相比，體育運動表現較佳的學齡兒童往往較容易被同學接納，也較易受到同學的愛戴與歡迎（Branta, Lerner, & Taylor, 1997; Pintney, Forlands, & Freedman, 1937）。

然而，運動能力與受歡迎程度的相關程度，男孩要比女孩強很多，導致這種性別差異的原因，可能與社會認定適合男、女孩的行為標準有關。儘管有越來越多的證據顯示，女孩與男孩在運動的表現並沒有很大的差異，但「身體強壯有力」常是男性的特徵，而非女性的，這樣的概念始終存在。不管年齡有多大，一般人認為身材高大、強壯而體育能力較好的男性，優於身材較矮小、體力差而較沒有運動能力的男性。對照之下，支持女性追求體能成就的情形則比較少。事實上，在女性一生當中，因為體能的勇猛而受人崇拜的程度皆比男性低。縱使是目前的社會標準在改變，女人參加運動競賽的情形更為頻繁，表現也受到肯定，可是這種既定的性別偏見卻仍然存在（Bowker, Gabdois, & Shannon, 2003; Burn, 1996）。

雖然社會人士喜愛運動型男孩的程度，從小學開始到中學持續增加，但到了一個時間點後，因運動能力而產生的正面效應就開始遞減，這可能與影響社交魅力的其他特質變得越來越重要有關，部分原因將在第 13 章詳加討論。

此外，優異的體育運動表現到底是來自真正的運動能力，還是只是身體比較早熟的結果，這兩者常有交互反應，的確很難劃分清楚。身體比較早熟的男孩，通常也長得比其他同學高、比較重和比較強壯，他們因為體型的相對優勢，而有較佳的體育活動表現，所以身體早熟的影響比體能技能來得大。

一般而言，體育運動能力與運動技能在學齡兒童的生活中扮演一個重要的角色，可是幫助兒童避免過度強調體能的重要性也一樣重要。其實參與運動只是為了好玩有趣，而不是用來區分兒童的能力差異，或增加兒童與家長的焦慮感。因此，運動與兒童發展的妥善配合也極為重要，當參加一項運動所需的技能超過兒童身體與精神上的負擔時，可能使他們感到無法勝任，進而產生挫折感（American Academy of Pediatrics, 2001）。

事實上，某些特定有組織的體育活動，如：棒球（少棒）小聯盟，有時也會受到批評，人們認為它們把重點放在不惜一切代價求得勝利上面。當兒童發現比賽求勝是唯一的目標時，參加比賽的樂趣就會減低，尤其是那些本來就不很愛運動、表現不佳的兒童，其感受更深（Weber, 2005）。

簡而言之，參加運動與其他體育活動的目標，應該是為了維持身體的健康、學習身體技能並讓自己身體舒暢；兒童應該在參加運動的過程中，也能享受到活動的樂趣。

兒童安全的威脅，離線與上線

學齡兒童獨立與活動能力的增加，引發了一些新的安全議題。事實上，5 到 14 歲兒童的受傷率有明顯的增加（如圖 11-6 所示）。一般而言，男孩比女孩較容易受傷，這可能是男孩的體能活動程度較大的緣故。另外，有些種族比其他族群面臨較大的風險，如：在美國，印地安人與阿拉斯加原住民的受傷死亡率

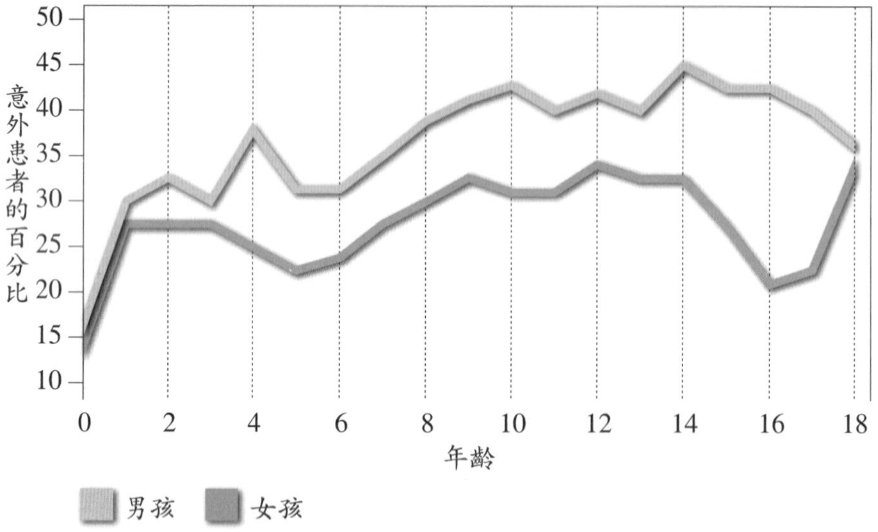

圖 11-6 年齡別受傷死亡率

到了兒童期中期，最常導致意外死亡的原因與交通意外事故有關。你覺得為什麼有關交通意外造成的死亡數，會恰巧在兒童期中期急速攀升呢？

資料來源：Borse et al (2008).

最高，而亞裔與太平洋島裔美國人的比率最低。白種與非裔美國人的受傷死亡率則差不多一樣（Borse et al., 2008; Noonan, 2003）。

意外事故

學齡兒童活動力的增加，是好幾種意外事故發生的主因。例如：兒童自己走路上學，對很多兒童而言，這可能他們生平第一次獨自走那麼遠的路，因此有被汽車或貨車衝撞的風險。由於他們缺乏經驗，在計算自己與前面來車間的距離時，可能產生誤判的情形。此外，騎單車發生的意外事故也增加風險的可能，尤其是兒童喜愛冒險，嘗試把單車騎到交通流量最大的馬路時，他們面臨的風險就更會大幅提高（Green, Muir, & Maher, 2011; Schnitzer, 2006）。

幼兒最常見的受傷原因來自汽車意外事故。根據統計，美國一年當中每 10 萬名 5 到 9 歲兒童，就有 4 人因車禍而死亡，其他依次為火災、燙傷、溺水以及與槍傷有關的死亡率（Field & Behrman, 2002; Schiller & Bemedel, 2004）。

有兩個辦法可以減低因汽車與單車所造成的意外傷害。首先，兒童坐車時一定要確實繫好安全帶，騎單車時要配戴合適的保護裝備。單車安全帽可以顯著地降低頭部的傷害，所以目前在很多地區都有強制規定，必須戴安全帽。從事其他活動，也要使用類似的保護用具，例如：膝蓋與手肘的護墊已被證實為降低直排輪與滑板傷害之重要因素（American Academy of Pediatrics Committee on Accident and Poison Prevention, 1990; Blake et al., 2008; Lee, Schofer, & Koppelman, 2005）。

網路空間的安全性

對現代學齡兒童安全的另一種威脅來自網際網路。電腦虛擬空間提供的資料，一般都不受多數家長的歡迎（Brant, 2003）。

雖然電腦軟體研發者正在開發可以封鎖特定網站的軟體，但是多數專家都覺得最可靠的保護措施，還是透過家長嚴密的監督。根據與美國司法部密切合作的非營利組織——國家保護失蹤與被剝削兒童中心（National Center for Missing and Exploited Children, 2002）的建議，父母必須警告他們的孩子千萬不能提供個人資訊，如：家庭的通訊地址或電話號碼等給公共電腦的「電子布告欄」或在「聊天室」內的人。此外，父母也不應該允許兒童與網友見面，至少當父母不在場時，絕對不允許。

目前我們尚無確實的統計資料來證實暴露於網路空間可能帶來的風險，但是潛在的危險確實存在，父母必須指導他們的子女如何正確使用這些電腦資源。若你以為兒童只要在家裡登入電腦就很安全，那你就錯了（Mitchell et al., 2007, 2011; Willard, 2007）（表 11-1 提供一些上網安全規則給兒童參考）。

有特殊需求的兒童

6 兒童期中期的兒童有哪些特殊需求，該如何處理？

7 回歸主流與完全融合對有特殊需求的兒童有何裨益？

表 11-1 上網安全規則

下列讓兒童遵循的規則是由非營利組織——國家保護失蹤與被剝削兒童中心，與企業組織——互動服務協會共同編撰而成。 • 不要給別人你的個人資料，如：你的地址、電話號碼、父母的工作地址或電話號碼，或你學校的校名和地址。 • 你上網時，如果偶然發現讓你覺得不安的事情時，務必要告訴父母。 • 沒有父母的同意，絕不可以與在網路上認識的人見面。如果你的父母同意你去會面，地點必須選擇在公共場所，你的父母也要在場。 • 不可以回應任何暗示性的、淫穢的、好鬥的、威脅的或讓你感覺不安的留言或電子布告欄項目。複印一份這些留言給你的父母，並把副本送交你的網路服務供應商。 • 沒有事先告訴你的父母，絕不可以寄你的相片或任何其他個人資料給在網路上認識的朋友。 • 要遵守父母給你的網路活動規則。 • 網路上有成人專用區。如果你恰巧登入其中一區時，要立即退出並登入網路中的兒童專用區。

資料來源：National Center for Missing and Exploited Children (1994).

> Andrew Mertz 是一個很不快樂的小男孩……。三年級對他而言真是一個災難，因為自從他就讀位於馬里蘭州郊區的幼兒園之後，就開始了一連串的危機。他學不會閱讀，所以討厭學校。他的母親 Suzanne 回憶說：「他在早上大發脾氣，因為不想要上學。」一年前，經過 Suzanne 的一再敦促，學校終於批准為 Andrew 進行診斷測驗，結果顯示他的大腦有許多處理訊息的問題，這也說明了為什麼 Andrew 老是把字母和發音弄混。Andrew 的問題目前有了一個名稱——他被正式歸類為學習障礙——而法律賦予協助他的權利（Wingert & Kantrowitz, 1997）。

Andrew 加入數百萬同樣被歸類為學習障礙兒童的行列，屬於兒童特殊需求類型的一種。雖然每一個兒童都有不同的特殊才能，但是，有特殊需求的兒童在身體特性或學習能力方面，和一般典型的兒童有顯著的不同，他們的需求成為照顧者或老師的重大挑戰。

現在我們把焦點轉移到影響兒童正常智力最常見的幾種特殊現象，例如：感覺困難、學習障礙和注意力缺陷症等（我們將在第 12 章考量明顯低於和高於一般兒童的特殊需求）。

感覺障礙（sensory difficulties）：視覺、聽覺和語言問題

任何人若曾經遺失眼鏡或隱形眼鏡，就不難理解有感覺障礙的人在每天的基本日常工作，會面臨哪些困難。要用低於正常人的視力、聽力或說話能力來進行日常生活運作，的確是一項巨大的挑戰。

視覺障礙（visual impairment）可從法律與教育的觀點來考量。法定視覺障礙的定義相當清楚，「全盲」的定義就是矯正後的視力低於 20/200 者（意即正常人在 200 英尺可看到的，盲人在 20 英尺都看不到），「弱視」就是矯正後視力低於 20/70 者。

即使一個人的視力還沒有惡化到法定盲的程度，他們的視力問題仍然會嚴重影響學校的功課。另外，由於法定的標準只規範長距離的視力，而大多數在校學習受教育的活動卻需要近距離的視力，法定的定義也沒有考慮感受顏色、深度與光度的能力，而這些都可能會影響學業成就。大約 1,000 個學生中就有一個需要接受與視覺障礙有關的特教服務。

多數嚴重的視覺問題都能在早期就被鑑定出來，但是有時也會出現未被發現的情形。視覺的問題可能隨著幼兒生理的發展而逐漸浮現，並在幼兒視覺器官發生變化，所以家長和老師必須注意幼兒視覺問題顯現的信號。眼睛時常發炎（眼紅、針眼或感染）、看書時持續眨眼、臉部扭曲、將書本不尋常地靠近臉部、寫字困難以及時常頭痛、頭暈或眼睛發紅等，這些都是部分視覺問題的信號。

聽覺障礙（auditory impairment）也可能造成學業上的問題，同時也會產生社交上的困難，因為不少同伴間的互動是透過非正式交談而產生的。大約 1%至 2%學齡兒童有聽力損失，它的影響不只是聽不清楚而已。相反地，伴隨不同層面，聽力問題會有所差異（Smith, Bale, & White, 2005; Yoshinaga-Itano, 2003）。

在一些聽力損失的案例中發現，兒童的聽力障礙只在有限的頻率範圍或音

準，例如：聽力損失程度在正常說話範圍的音準比較大，可是在其他的頻率如：很高或很低的音則相當輕微。有聽力損失的幼兒在不同的頻率需要擴大的音量程度可能不同。若使用沒有區分差異、把所有頻率的音量同樣一起擴大的助聽器，可能沒有效果，因為這類助聽器可能將音量擴大到令人覺得不舒服的程度。

幼兒如何適應這種障礙，依開始發生聽力損失時的年齡來決定。如果聽力損失發生在嬰兒期，那麼障礙程度可能要比發生在 3 歲後的幼兒更為嚴重，很少或沒有暴露於語言聲音的幼兒，不可能了解口語或自己說話。另一方面，幼兒若在學會語言後再喪失聽力，他們後續語言的發展將不會受到嚴重的影響。嚴重或早期的聽力損失與日後抽象思考困難有關，因為聽障的幼兒可能較少接觸語言，所以他們在理解抽象概念時，可能遭遇的困難會較多。因為抽象概念只能透過語言才能獲得完全的了解，不像具體的概念可藉著視覺圖示的說明來幫助了解，例如：若不借助語言的說明，就很難解釋有關「自由」或「靈魂」的概念（Butler & Silliman, 2003; Marschark, Spencer, & Newsom, 2003）。

聽覺障礙常伴隨著語言障礙，當幼兒每次都很大聲地說話，聽的人很明顯就能感受到幼兒發生的問題。事實上，**語言障礙**（speech impairment）的定義是指當幼兒說話主題偏離太多，且障礙本身已引起別人的注意，會干擾正常的溝通或讓說話的人有適應不良的情形，就表示幼兒有語言障礙。根據調查，約有 3%至 5%的學齡兒童有語言障礙的問題（Bishop & Leonard, 2001）。

口吃（stuttering）是指語言的節奏與語暢發生異常，也是最常見的語言障礙。儘管過去已進行很多的研究，但是引起口吃的特定原因仍未被發現。幼兒小時候偶爾出現口吃是很常見的事，而正常的成人偶爾也會發生口吃的現象，若持續有口吃的現象，那問題就很嚴重了。因為口吃不但會阻礙平常的溝通，還會讓幼兒感到尷尬、產生壓力，跟別的幼兒交談或在課堂大聲朗讀時會受到限制（Altholz & Golensky, 2004; Logan et al., 2011; Whaley & Parker, 2000）。

家長和老師可採取一些策略來處理口吃的問題。對開始剛接受治療的幼兒，首先，不要將注意力放在口吃本身，必須給幼兒充分的時間，講他想說的話，不管會拖延多少時間都沒關係。幫助口吃的幼兒完成他們的句子，或矯正他們的語言，實際上都是無濟於事（Ryan, 2001）。

像在本節開始提到的 Andrew Mertz，他就是被歸類為在 10 個學齡兒童之中就有一個的學習障礙者。**學習障礙**（learning disabilities）的特徵，即孩子在獲得和使用聽、說、讀、寫、推理或數學能力方面有障礙。有一個定義雖不完善卻簡單易懂的說法：當孩童真實的學業表現和他們潛在的學習能力有明顯差異時，這種情形就被診斷為有學習障礙（Bos & Vaughn, 2005; Lerner, 2002）。

這樣的定義涵蓋了非常寬廣且差異極大的障礙種類。例如：有些孩子遭受閱讀障礙或失讀症（dyslexia）的痛苦，這是一種閱讀障礙，會導致兒童在讀寫時，發生認字困難、無法發音、左右顛倒混淆不清和拼字有問題的情形。雖然目前我們對閱讀障礙或失讀症尚未完全了解，不過可能的解釋為，這個障礙是因為大腦中負責將構成語言的文字轉化成聲音元素的部位發生了問題（Lachmann et al., 2005; McGough, 2003; Paulesu et al., 2001）。

一般而言，學習障礙的原因尚未被充分了解。雖然這些原因一般都歸因於大腦功能的異常，可能是遺傳的因素，但是有些專家學者也認為學習障礙是由特殊環境因素所產生，如：早期的營養不良或各種過敏所導致（Shaywitz, 2004）。

注意力缺陷過動症

Dusty Nash 是一個看起來像天使般的 7 歲金髮男孩，一天早晨，在芝加哥的家中，他五點就醒了，且情緒大爆發。他嚎啕大哭，還亂踢東西，他 50 磅身體上的每一塊肌肉都像在憤怒地跳動。約半小時後，Dusty 終於能夠自己把情緒完全安撫下來，他走到樓下餐廳，這個過動兒經過在廚房忙碌的母親，從壁櫥拿出一包 Kix 牌玉米片並坐在椅子上。

但是，Dusty 今天早晨是不可能安靜坐在椅子上的，他用手抓出一些玉米片之後，就開始踢盒子，把圓形玉米泡芙球撒落在餐廳的每一個角落。接下來，他把注意力轉移到電視以及放置電視機的桌子，桌子表面覆著黑白格子的貼紙，Dusty 便開始去撕這張紙。之後，他開始對散落在地板上的玉米球產生興趣，開始去把它踏碎。此時他的母親開始介入，她以堅定且冷靜的語氣告訴 Dusty，拿畚箕和掃帚將髒亂整理乾淨。Dusty 拿了畚箕卻忘了接下來要做的事，卻在幾秒鐘內，他把塑膠製的畚箕拆散成一片又一片；又從浴室拿出三捲衛生紙，並把它解開環繞在房間四周。

這只是 Dusty 早晨七點的狀況而已（Wallis, 1994, p. 43）。

7 歲大的 Dusty 發生的高活動力與低注意廣度狀況，是因為他有注意力缺陷過動症，約有 3%至 5%的學齡兒童有類似情形發生。

注意力缺陷過動症（attention-deficit/hyperactivity disorder, ADHD），其特徵為粗心大意、衝動、低挫折容忍度和有許多不恰當的行為。所有兒童偶爾都會表現出這些特性，但是，對被診斷為有 ADHD 的兒童而言，這些行為是經常發生的，且會妨礙他們在家庭和學校中正常功能的運作（American Academy of Pediatrics, 2000; Nigg, 2001; Whalen et al., 2002）。

什麼是 ADHD 最常見的徵兆？有時我們很難區別有高活動力兒童和有 ADHD 的兒童。最常見的一些特徵描述如下：

- 對於完成工作、聽從指導與統籌工作方面一再出現困難。
- 無法看完整個電視節目。
- 經常打斷別人的談話或話講得太長。
- 有還沒有聽完指示就開始投入工作的傾向。
- 無法等候或久坐。
- 坐立不安，不斷扭動身體。

目前還沒有一個簡單的方法可檢驗出兒童是否有 ADHD 的病症，所以很難知道到底有多少兒童有此障礙，一般預估的數目是 18 歲以下兒童約有 3%到 7%罹患 ADHD。可是唯有經過訓練的臨床醫生，藉由全面的評估，與家長和老師面談之後，才能做出準確的診斷（Sax & Kautz, 2003）。

ADHD 兒童的治療已成為相當有爭議的話題，因為利他能（Ritalin）或迪克斯黛琳（Dexadrine）的藥劑（很矛盾地，這些藥品都是興奮劑）被發現可以減低過動兒童的活動程度，所以現在有很多醫生都習慣開這些處方給孩子（Arnsten, Berridge, & McCracken, 2009; List & Barzman, 2011; Mayes, Bagwell, & Erkulwater, 2009）。

雖然這些藥品在許多個案中被證明能有效提高注意廣度和順從程度，但在其他的個案身上，卻被發現具有相當多的副作用（如：易怒、食慾減退與憂鬱），而且這種治療方法對長期健康的影響也還不是很清楚。這些藥物真的能在短期間協助孩子改善學業的成績，然而，長期、持續性的改善證據卻仍有好有壞。事實上，有些研究結果顯示，幾年之後，接受過藥物治療的 ADHD 兒童，其學業成績不見得會比沒有接受治療的兒童好很多。儘管如此，這些藥品的處方箋被開出的頻率仍然不斷增加（Graham et al., 2011; Mayes & Rafalovich, 2007; Rose, 2008）。

除了用藥物來治療 ADHD 之外，行為療法也常被採用。使用行為治療時，家長和老師都需要接受改善行為技術的訓練，主要內容包含獎賞適當行為的運用（例如：口頭的稱讚等）。此外，老師可增加教學活動的結構性和班級經營的技巧，來協助對於無結構性工作有很大困難的 ADHD 兒童（Chronis, Jones, & Raggi, 2006; DePaul & Weyandt, 2006）（家長和老師可從兒童與成人注意力缺陷過動症組織的網站 www.chadd.org 獲得支持）。

發展的多元性

有特殊需求兒童的回歸主流與完全融合

將特殊的兒童跟沒有特殊需求的同伴完全隔開，以便給予特殊的服務，會幫助有特殊需求兒童獲得較佳照顧？或是將他們盡可能與其他不需要特殊照顧的同學融合在一起學習，究竟哪一種較能獲得較多的好處？

如果你在 30 年前提出這個問題，答案可能很簡單，亦即一般人都認為應該把特殊兒童由正常班級中分離出來，集中排入另一個班級由特教老師來負責教育，對這些兒童最好。可是這樣的班級，除了將許多不同障礙別的兒童（情緒不穩、嚴重閱讀問題和肢體障礙如多發性硬化症等）集中在一起，還把這些學生隔離在正常教育運作之外。

當美國國會於 1970 年代中期通過 94-142 公共法案，即殘障兒童教育法案之後，這種情形就有了改變。本法案的目的要保證有特殊需求的兒童能在**最少限制的環境**（least restrictive environment），即與無特殊需求兒童最相近或相似的設施中，接受完整的教育（Handwerk, 2002; Swain, 2004）。

實際上，該法案已明白指出只要對教育實施有幫助，有特殊需求的兒童就必須融入正常班級中，並在最大可能範圍內參與正常的課業學習活動。有特殊需求的兒童只有在該學科會受限於他們的特殊性時，才需要從正常班級隔離出來學習，而其他學科則必須於一般課堂中與正常的兒童一起上課。當然，有嚴重身心障礙的兒童仍然需要依他們的程度來決定是否接受大部分或全部的隔離教育。但是，法案的目標還是希望在最大的可能下，把特殊兒童與正常幼兒融合在一起（Burns, 2003）。

這種特殊教育的方法是為盡可能地終結隔離特殊兒童而設計的，就是所謂的**回歸主流**（mainstreaming）。在回歸過程中，有特殊需求的兒童可以盡可能地融入傳統教育系統，並提供他們多種教育的替代方案。

回歸主流是一種提供所有兒童都能享受同等受教機會的機制，最終目的要保證所有兒童不管有能力或沒有能力，都能在最大的程度下，在完整的教育制度下享有選擇人生目標的機會，使他們能獲得公平的生命福祉（Burns, 2003）。

在某種程度上，支持者所認同回歸主流的優點已獲得了解，但是，為了使回歸主流有效，班級老師必須獲得充足的支援才行。因為要教一個學生學習能力差異太大的班級，實在不是一件容易的事。再者，提供給特殊需求兒童所需要的支援花費很高，有時會有預算的壓力，造成有特殊需求兒童的家長與正常兒童家長對立的緊張關係（Jones, 2004; Waite, Bromfield, & McShane, 2005）。

由於回歸主流的好處，也促使一些專家開始提倡一種稱為完全融合的替代性教育模式。**完全融合**（full inclusion）是指融合所有兒童，即使有最嚴重障礙的兒童也不可被排除，他們享有和大家一起進入正常班級就讀的機會。在這種制度下，分開的特殊教育方案就會停止運作，不過完全融合至今仍然存在爭議，這個教育方法到底能普及多廣仍有待觀察（Begeny & Martens, 2007; Magyar, 2011; Spence-Cochran & Pearl, 2006）。

個案研究 太緊的緊身衣

Zoe Hallstrom 總是夢想能成為一名職業舞者，她從 5 歲開始學習芭蕾舞，但是最喜愛的卻是現代舞。她喜歡女孩穿著顯露迷人曲線的黑色緊身連衣褲和踩腳褲襪，她覺得這種穿著，看起來很酷。

現在 Zoe 已經 9 歲，她的老師認為她可以於下學年開始接受第一階段現代舞的練習課程，她的母親已預付了這一堂課的訂金，Zoe 自己也懷抱著即將成為下一個 Twyla Tharp（譯者註：為美國知名舞蹈家及編舞家）的美夢高高興興地回家。

但是到了 9 月，她卻請求退出第一堂課，新的緊身連衣褲和踩腳襪都還放在包裝盒內。原因是 Zoe 在這個夏天體重增加了 10 磅，她討厭自己現在的長相，Zoe 看著鏡中的自己哭著說：「我變胖了。」她把自己跟學校中一些很瘦、頂尖的舞者作比較，發現自己的身材是如此龐大。

為了安慰自己，她去拜訪最好的朋友 Kara，兩個女孩打開一盒甜甜圈，邊吃邊看 DVD 和玩電動遊戲。當天晚上，家長因白天工作太累無法做飯，就訂了「全套」的大披薩，Zoe 還喝了超大瓶的可樂，為這頓晚餐劃下美好的句點。幾天後，量體重時她發現自己的體重又比上一週增加了 1 磅，過了不久，Zoe 就退出她熱愛的現代舞課程。

1. 當 Zoe 把她自己與芭蕾舞蹈課那些身材精瘦的同學比較時，這一件事會如何影響她正視自己體重增加的問題？
2. 為什麼 Zoe 退出現代舞課程的決定，並不是解決問題的好方法？
3. Zoe 的父母應該如何幫助她，做出較好的飲食選擇？
4. 你能向 Zoe 建議用什麼特別的方法來改善她的健康、自我形象與整體的幸福？

結語

本章聚焦於兒童期中期有關兒童身體發育的情形。一開始，從這一段期間兒童的身高與體重如何增加談起，然後接著檢驗粗與精細動作的發展，並思考體能的重要性。最後，再針對有特殊需求兒童在感官與體能的能力，加以扼要地討論。

在結束本章之前，讓我們回想在序言中談到Suzanne McGuire打全壘打這一件事，請思考下列幾個問題：

1. 是什麼樣的體能讓 Suzanne 得以去打棒球？當她從學前階段進入兒童期中期時，這些能力會如何改變？若考慮到她的發展階段，你認為她可能還欠缺什麼能力？
2. 為了要鼓勵 Suzanne 繼續從事體能運動，你在有關角色與競賽方面要給 Suzanne 的父母何種建議？
3. 在運動中，興趣與競賽的理念如何才能和諧共處？團體體育競賽可能讓體力好與體能較差的兒童個個都感到有趣嗎？為什麼行或為什麼不行？
4. 如果兒童因特殊需求而減低他們的體能，你認為這些兒童必須被鼓勵，和別的兒童一起參加體育活動嗎？如果是這樣，那麼必須在什麼情況之下，才可以參加這些活動？

回顧

1 學齡兒童在學期間有哪些方面的成長，什麼因素會影響他們的成長？

- 兒童期中期身體發育的特徵，是緩慢而持續不斷的生長，幼兒平均每年體重約增加 5 到 7 磅，而身高增加 2 到 3 英寸。隨著身體脂肪的消失，體重會重新分配到身體的各部位。
- 身體的生長狀況一部分是由遺傳來決定，但是社會因素如：家庭的富裕程度、飲食習慣、營養與疾病等也有明顯的貢獻。

2 學齡兒童的營養需求是什麼，造成營養不良的原因與後果又是什麼？

- 由於營養對生長、健康、社會與情緒上功能的發揮與認知技能表現等的幫助，突顯了充分營養的重要性。
- 肥胖有部分受到遺傳因素的影響，但是亦與幼兒無法發展內在控制飲食機制、過度久坐不動的行為有關，如：看電視與缺少體能活動。

3 學齡兒童會面臨哪些健康的威脅？

- 兒童在就學期間的健康狀況一般來說都還算不錯，然而還是有少數的健康問題產生。有些會影響幼兒健康的一些疾病，如：氣喘，則仍在增加之中。
- 學齡兒童可能因患精神與身體疾病而受苦，包括兒童期憂鬱症。因為兒童時期的憂鬱症可能導致成人時期的情緒失調或自殺，所以這個問題必須加以重視。

4 兒童期中期動作發展的特徵是什麼，改善身體技能會有什麼好處？

- 在兒童期中期，兒童的粗動作技能發生很大的改變，社會文化的期待可能成為引發許多粗動作技能在男孩女孩之間差異的原因，而精細動作在這個階段得到快速的發展。
- 體能的重要性可由許多面向來說明，其中幾個面向與自尊和信心有關。這個時期的體能狀態會為兒童帶來許多社交的好處，尤其對男孩的影響更大。

5 學齡兒童有何安全威脅，有何因應對策？

- 對兒童期中期兒童安全之威脅，主要與幼兒的獨立性與活動性有關。大多數的傷害都來自意外事故，尤其是與汽車、其他車輛（如：腳踏車與滑板）和體能活動等有關的事故。在多數的案例中發現，使用合適的護具可以大幅度減低傷害的程度。
- 網路世界對兒童是一個新的潛在危險領域，未對使用網路和全球資訊網（World Wide Web）的權限或資料存取提供督導，可能讓兒童隨意搜尋、進入一些有暴力，或攻擊性的網站，或接觸一些有心利用兒童的不法之徒。

6 兒童期中期的兒童有哪些特殊需求，該如何處理？

- 視覺、聽覺與語言障礙以及其他學習障礙都可能導致學業上、社會上的問題，所以必須以細膩、敏感的方法來提供適合的支援。
- 學習障礙的特徵是指兒童在獲得或運用聽、說、讀、寫、推理或數學等技能會發生困難或障礙。部分兒童會受到影響，雖然目前對為何造成學習障礙的原因尚不完全清楚，但是部分大腦功能的障礙似乎與此有關。
- 注意力缺陷過動症呈現另一種兒童的特殊需求。ADHD 的特徵為粗心大意、衝動、無法完成工作、缺乏組織能力與有太多無法控制的行為。以藥物治療 ADHD 的做法目前仍有爭議，因為會有不必要的副作用和民眾對其長期效應存疑。

7 回歸主流與完全融合對有特殊需求的兒童有何裨益？

- 目前有特殊需求的兒童一般都安排在最少限制的環境，亦即典型的普通班。回歸主流與完全融合可讓這些特殊兒童從他們的優勢獲得有益社交互動的技能。

關鍵詞

- 氣喘（asthma）：一種慢性病，其特徵為病發時會出現間歇性喘息、咳嗽和呼吸困難的症狀。
- 視覺障礙（visual impairment）：有視覺困難，包括全盲和弱視。
- 聽覺障礙（auditory impairment）：一種特殊需求，包括失去全部聽力或部分聽力。
- 語言障礙（speech impairment）：一個人的語言明顯與別人有差異，語言本身已引起別人的注意，會干擾正常的溝通或讓說話的人有適應不良的情形。
- 口吃（stuttering）：語言的節奏及流暢度發生異常，是最常見的語言障礙。
- 學習障礙（learning disabilities）：在獲得和使用聽、說、讀、寫、推理或數學能力方面有障礙。
- 注意力缺陷過動症（attention-deficit/hyperactivity disorder, ADHD）：是一種

學習障礙，具有粗心大意、衝動、低挫折容忍度和有許多不恰當行為的特徵。

- 最少限制的環境（least restrictive environment）：與無特殊需求兒童相近或相似的設施。
- 回歸主流（mainstreaming）：將有特殊需求的兒童盡可能地融入傳統教育系統，並提供他們多種教育的替代方案。
- 完全融合（full inclusion）：融合所有兒童，即使有最嚴重障礙的兒童也不可被排除，他們享有和大家一起進入正常班級就讀的機會。

12

Chapter

兒童期中期的認知發展

丘嘉慧 譯

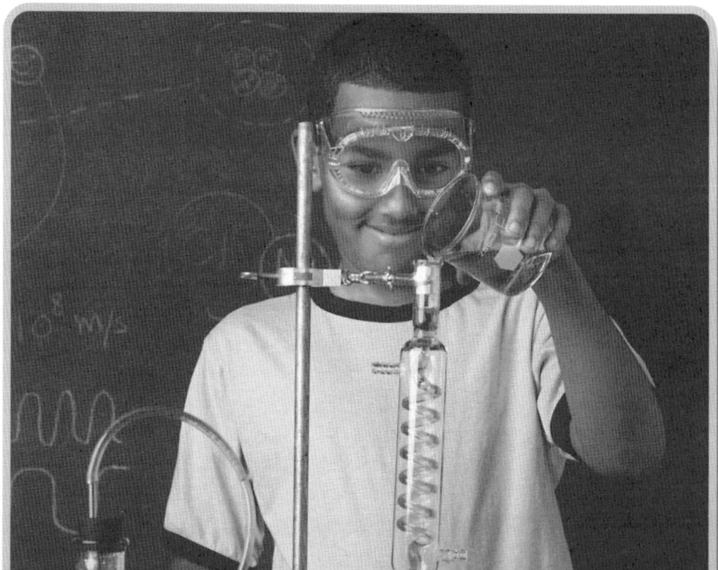

學習目標

1 兒童期中期的兒童有哪些方面的認知發展？
2 兒童期中期的語言發展如何？
3 雙語造成的影響為何？
4 什麼趨勢正在影響世界各地及美國的學校教育？
5 什麼樣的主觀因素造就學業成就？
6 在家教育的優點及缺點為何？
7 如何測量智力及智力測驗有些什麼議題？
8 何教育智能落在一般範圍以外的兒童？

序言 由孩童帶動的轟動事件

書最初是以手動打字機寫的，它被投稿至 12 間出版社，但都被拒絕了。作者的經紀人勸告她可能無法靠寫作養活自己。

因為這樣卑微的過往，哈利波特系列叢書變成一個出版現象。這叢書的最後一本《死神的聖物》是史上銷售最快的書。它的作者 J.K. Rowling，估計身價超過 10 億美元。哈利波特書籍的電影改編成為轟動一時的票房紀錄。

然而對許多造成哈利波特叢書這樣轟動事件的年輕粉絲而言，這些書不僅是在說好故事。對許多兒童來說，哈利波特是他們讀過第一本真正的書。這事件形成了一個重要的里程碑：從最初期的兒童期轉變至更加成熟階段（還未完全成熟）的一個真實的象徵。哈利波特的冒險並非只是一個兒童在書本上所經驗到的冒險——這是他們的更多持續冒險中自我成長的一部分（Hale, 2009; Hitchens, 2007）。

展望未來

兒童期中期的特點是此時的兒童認知能力提升至新的高峰。在本章中，我們思考在兒童期中期兒童的認知進展。從 Piaget 對智能發展的說明開始，之後轉向訊息處理取向，討論記憶的發展及如何促進記憶。

接著我們轉向兒童期中期的幾年中語言發展的重要邁進。我們關注語言能力的提升，並探討雙語（使用超過一種語言來溝通）造成的結果。然後討論學校教育和社會傳達知識、信念、價值和先人智慧給新一代的方法。我們思考的主題為兒童如何說明他們的學業表現，及教師的期待如何影響學生的成就。

最後，本章末尾的焦點在智力，強調發展學家談到智力的意義為何、智力與學業成就的關係為何，以及藉由智力區辨兒童彼此不同的方法。

認知及語言發展

1 兒童期中期的兒童有哪些方面的認知發展？
2 兒童期中期的語言發展如何？
3 雙語造成的影響為何？

有天 Jared 從幼兒園回家，解釋他學到了為什麼天空是藍色的，他的父母很高興。他談論到地球的大氣層——雖然他沒有正確讀出這個字——及空氣中的微小濕氣如何反射陽光。雖然他的解釋並不完整（他還不太懂什麼是大氣層），他仍有大概的概念，但他的父母覺得，那對 5 歲幼兒來說是個了不起的成就。

快轉六年，現在 Jared 已經 11 歲，已經能夠花費一小時完成他晚上的家庭作業。在完成一份兩頁分數乘除的學習單之後，他開始做他的美國憲法計畫專案。他為他的報告做筆記，以說明什麼政治派系曾參與文件的撰寫，以及自憲法被創制以來如何被修訂。

不是只有 Jared 在兒童期中期智能有很大的進展，在這段期間，兒童的認知能力擴展，他們的理解能力增加並能精通複雜的技巧。然而同時，他們的思考還未完全像成人一樣。

Piaget 取向的認知發展

讓我們回到第 9 章討論過的 Jean Piaget 對學前幼兒的觀點。根據 Piaget 的觀點，學前幼兒是以前運思的方式思考。這種思考類型主要是自我中心的，前運思的兒童缺乏使用運思的能力——有組織的、形式的、邏輯的心智歷程。

出現具體運思的思維

根據 Piaget 的觀點，具體運思期的所有變化發生在學齡階段。**具體運思期**（concrete operational stage）是在 7 至 12 歲之間出現，具有主動且適當運用邏輯推理的特徵。

具體運思的思維是指應用邏輯思考至具體的問題上。舉例來說，當處於具體運思期的兒童面對守恆的問題時（例如：將液體從一個容器倒入另一個形狀不同的容器後，判斷液體的量是否相同），他們利用認知和邏輯的歷程回答，不再單單受到外表的影響。他們能正確推論因為沒有任何液體流失，所以液體量維持相同。因為他們較不自我中心，所以能考量一個情況的多種面向，此能力稱為**去中心化**（decentering）。先前提過的六年級學生 Jared 正是使用他去中心化的能力去考量參與創制美國憲法的不同派系的觀點。

當然，由前運思的思維轉變為具體運思的思維並非一朝一夕的事。在兒童穩固進入具體運思期之前的兩年期間，他們的思考會在前運思和具體運思間來來回回地移動。舉例來說，他們通常會經歷一段時期，可以正確回答守恆問題，但卻無法說明為什麼這樣做。當要求解釋他們答案背後的原因時，他們可能以沒有任何解釋的「因為」來回答。

然而，一旦完全進入具體運思的思考，兒童會展現幾個代表他們邏輯思考的認知進展，例如：他們獲得可逆性的概念，此概念是指歷經轉變的刺激可以被逆轉回到其原來的外形。理解可逆性的概念使得兒童了解一顆黏土球被壓扁為一條長長、像蛇一樣的繩子，可以回復到原來的狀態。此概念使得學齡兒童能理解更抽象的 3 加 5 等於 8，5 加 3 也等於 8——之後能理解 8 減 3 等於 5。

具體運思的思考也使得兒童能理解像是時間、速度及距離間關係的概念，例如：理解在一段路程中，速率增加能被較長距離所抵銷。舉例來說，思考圖 12-1 所顯示的問題，有兩台汽車的起點及終點相同，在相同的時間量裡行進不同的路徑。剛進入具體運思期的兒童推論兩台車以相同速率行進。然而在 8 至 10 歲之間的兒童開始得出正確的結論：如果行進在較長路徑的車子要與較短路徑的車子同時抵達終點，必須移動得較快。

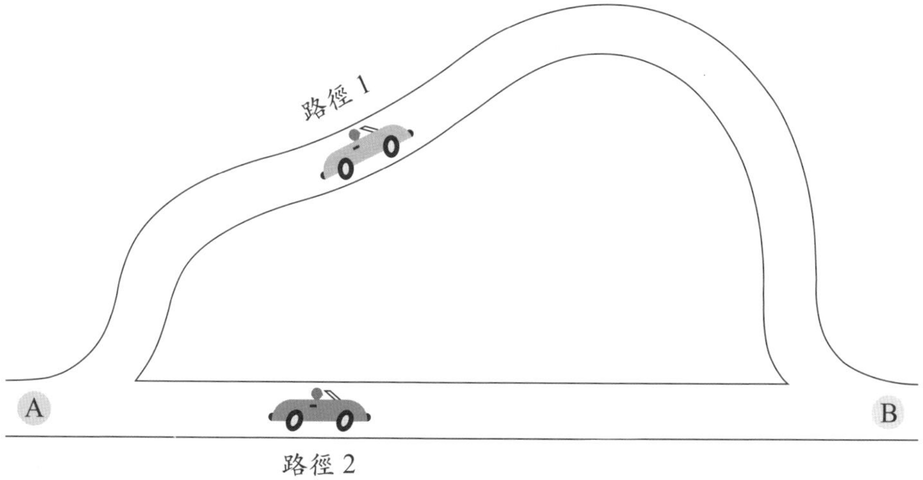

圖 12-1 具體運思的思考實例問題

在被告知行進在路徑 1 及 2 的兩台車子在同樣的時間內開始和結束其路程後，剛進入具體運思期的兒童仍會推論兩台車以相同的速率行進。然而，之後，他們能得到正確的結論，如果要能和行進在較短路徑的車子同時開始和結束路程，行進在較長路徑的車子必須以較高速率移動。

儘管在具體運思階段出現這進展，兒童在他們的思考上仍然有個關鍵的限制。他們還依賴具體的物理實體；他們不能真正理解抽象、假設或涉及形式邏輯的問題。

Piaget 的觀點：Piaget 是對的，Piaget 是錯的

如我們先前在第 6 章及第 9 章探討 Piaget 觀點中所了解的，研究者跟隨著 Piaget 的腳步發現了許多贊同和批評的地方。

Piaget 是一個觀察兒童的高手，他的許多書籍裡對工作中和遊戲中的兒童有清楚和仔細之觀察。他的理論具有重要的教育意義，許多學校利用來自他的觀點的原則指導教材的性質及授課（Brainerd, 2003; Flavell, 1996; Siegler & Ellis, 1996）。

在某些方面，Piaget 取向在描述認知發展上非常成功，雖然同時也有批評者對他的論點提出合理的異議。如我們先前所提，許多研究者認為 Piaget 低估兒童的能力，部分是因為他施行小型實驗本質上的限制。當實驗作業擴大一些安排，兒童在階段內的表現與 Piaget 所預測的就不那麼一致（Bjorklund, 1997b; Siegler, 1994）。

此外，Piaget 似乎錯誤判斷兒童認知能力出現的年齡。如我們先前討論 Piaget 的階段所可能預期的，越來越多證據顯示兒童能力的出現比 Piaget 所預想的還要早。一些兒童在 7 歲之前即表現出具體運思的思考形式的跡象，而 Piaget 認為這些能力在 7 歲才第一次出現。

儘管如此，我們不能排除 Piaget 取向，雖然一些早期跨文化研究似乎隱含著某些文化中的兒童從未離開前運思期，並且未能熟練守恆概念，然後發展出具體運思。舉例來說，Patricia Greenfield（1966）的開創性研究發現，在西非塞內加爾的沃洛夫語兒童中，只有一半 10 至 13 歲的兒童理解液體的守恆。在非西方區域如新幾內亞和巴西的叢林和澳洲偏遠村落的其他研究證實了她的研究結果。當範圍較廣的兒童樣本被研究時——與 Piaget 理論基礎的西歐兒童擁有非常不同經驗的兒童——不是每位兒童都能達到具體運思階段（Dasen, 1977）。這顯現 Piaget 提出描述全體一致的認知發展階段是言過其實的宣稱。

舉例來說，處於非西方文化、未具有守恆概念的兒童，經過適當的守恆訓練，就能輕易地學會表現守恆，例如：在一個研究中，澳洲都市兒童在 Piaget 所提時間表的相同時間發展了具體運思，相較於鄉村的原住民兒童，他們一般

在 14 歲時還未顯示理解守恆（Dasen, Ngini, & Lavallée, 1979）。當給予鄉村原住民兒童訓練，他們展現的守恆能力與都市兒童相同，儘管落後了三年左右的時間（如圖 12-2 所示）。

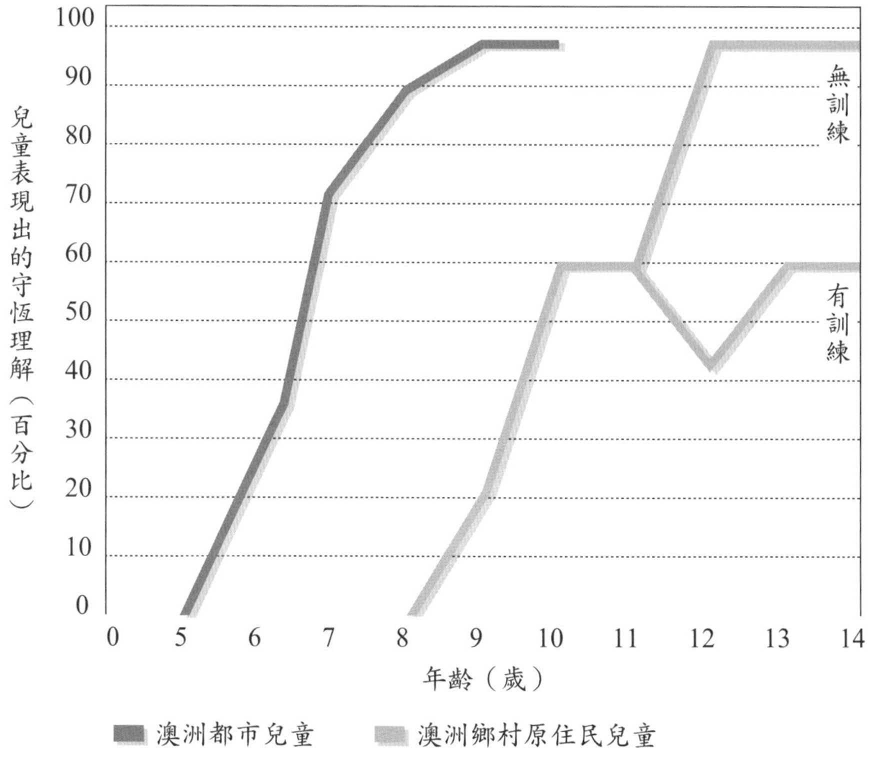

圖 12-2 澳洲都市及原住民兒童對守恆的理解

澳洲鄉村原住民兒童在守恆概念的發展上落後他們的都市同儕，因著訓練，他們後來追上，但在沒有訓練的情況下，大約一半的 14 歲原住民不理解守恆。教育者可提供什麼類型的教學課程來幫助守恆概念的發展呢？

資料來源：Adapted from Dasen, Ngini & Lavallée (1979).

此外，當兒童被來自他們自己文化的研究者訪談時，因著這研究者熟悉此文化的語言及習俗，並且使用與重要文化領域有關的推理作業，相當多的兒童可能表現具體運思的思考（Jahoda, 1983; Nyiti, 1982）。最後，這研究顯示 Piaget 主張具體運思是全體一致地在兒童期中期達成是對的。雖然在一些文化中的學齡兒童可能與西方兒童在某些認知能力表現得不同，對這差異的最可能解釋是非西方兒童有的經驗種類，不同於能夠在 Piaget 測量守恆和具體運思作業上表現好的西方社會兒童。另外，在沒有看到兒童文化本質的情況下，是無法理解認知發展的進步的（Crisp & Turner, 2011; Lau, Lee, & Chiu, 2004; Maynard, 2008）。

在兒童期中期的訊息處理

一年級學生學會基礎數學作業，如個位數的加和減，和能拼出簡單的字，如狗（dog）和跑（run），是項顯著的成就。但到六年級之前，兒童能夠計算分數和小數，像是本章開始的男孩 Jared 完成他六年級家庭作業的分數學習單。他們也可以拼出像展示（exhibit）和居住（residence）的字詞。

根據訊息處理取向的觀點，兒童在處理訊息上變得越來越熟練。像電腦一樣，隨著他們的記憶容量增加，他們可以處理較多的資料，而且他們用來處理訊息的「程式」越來越複雜（Kail, 2003; Zelazo et al., 2003）。

記憶

如我們在第 6 章看到的，訊息處理模式裡的**記憶**（memory）是轉錄、儲存及提取訊息的能力。兒童要能記憶一項訊息，這三個過程都必須正常運作。透過編碼，兒童初始以可用來記憶的形式記錄訊息。從未被教導 5 加 6 等於 11 或是當他們接觸到這個事實卻未注意的兒童，將永遠無法回憶出它。他們在最初沒有編碼這些訊息。

但是單純接觸一項事實並不足夠；這訊息還需要被儲存。在我們的例子中，訊息是 5 加 6 等於 11，必須被放置和維持在記憶系統中。最後，記憶的適當運作需要提取儲存在記憶裡的資料。經由提取，記憶儲存的資料被安置、被察覺到及被使用。

根據影響我們對記憶之理解的記憶三系統取向，有三種不同記憶儲存系統或階段，描述訊息如何被處理以使得它能被回憶出來（Atkinson & Shiffrin, 1968, 1971）。感覺記憶是指對只持續一剎那訊息的最初、瞬間短暫儲存。感覺記憶完整複製了刺激。在第二階段，短期記憶（也是所謂的工作記憶），它的意思是指訊息被儲存 15 至 25 秒鐘。最後，第三種儲存系統是長期記憶，其中的訊息被永久儲存，雖然它可能難以被提取出來。

在兒童期中期，短期記憶容量顯著提升。舉例來說，兒童越來越能聽一串數字（「1-5-6-3-4」），然後以反向的順序重複這數字串（「4-3-6-5-1」）。在幼兒園階段初期，他們能記得並反向重複只有大約二個數字；直到青少年期初期，他們能完成多達六個數字的作業（Cowan, Saults, & Elliot, 2002; Towse & Cowan, 2005）。

記憶容量可能有助於理解認知發展的另一個議題。一些發展心理學家認為，學前階段幼兒解決守恆問題時遇到困難，可能是由記憶的限制所造成（Siegler & Richards, 1982）。他們提出幼兒可能僅是無法回憶所有能夠正確解決守恆問題的必要訊息。

後設記憶（metamemory），一種對形成記憶過程的了解，此能力在兒童期中期出現和提升。兒童就讀一年級時，他們的心智理論變得較複雜，對記憶是什麼有一般性的概念，而且他們能理解有些人的記憶比別人好（Ghetti et al., 2008; Grammer et al., 2011; Jaswal & Dodson, 2009）。

隨著年齡增長，學齡兒童對記憶的理解變得更熟練，越來越能使用控制策略——有意識、意圖地使用策略以改善認知處理歷程，例如：學齡兒童覺察到訊息重複的複誦是提升記憶的有效策略，在兒童期中期的過程中，他們越來越會使用這策略。同樣地，他們逐漸更努力地將資料組織為一致的形式，一種可以讓他們有較多回憶的策略。舉例來說，當面對記憶一個列表包括杯子、刀子、叉子及盤子時，年齡較大的學齡兒童比剛進入學齡階段的兒童更可能將這些項目分出一致的形式——杯子和盤子、叉子和刀子（Sang, Miao, & Deng, 2002）。

同樣地，兒童期中期的兒童逐漸增加使用記憶術，是一種組織訊息讓其更容易被記住的正式方法。舉例來說，他們可能學會在五線譜線的空間上拼出英文單字「臉」的字母（FACE），或是學習押韻「30 天有 9 月、4 月、6 月和 11 月……」，以嘗試回憶出每個月的天數（Bellezza, 2000; Carney & Levin, 2003; Sprenger, 2007）。

提高記憶力

兒童能被訓練較有效地使用控制策略嗎？當然。學齡兒童能被教導使用特定的記憶術，雖然這教學不是一件簡單的事。舉例來說，兒童不僅需要知道如何使用記憶策略，還需要知道何時和在哪裡最有效地使用它。

例如：採用一個稱為關鍵詞策略的創新方法，配對兩組字詞或標籤，可以幫助學生學習外語的字彙、國家的首都或其他訊息。在關鍵詞策略中，一個字詞要和其他聽起來跟它一樣的字詞做配對（Wyra, Lawson, & Hungi, 2007）。

舉例來說，在學習外語的字彙方面，一個外國字詞與有相似語音的類似英文字配對。這英文字就是關鍵詞。因此，為了學會西班牙文的字詞鴨子（pato，發音為 pot-o），關鍵詞可能是「盆子」（pot）；西班牙文的字詞馬（caballo，發音為 cob-eye-yo），關鍵詞可能是「眼睛」（eye）。一旦選擇了關鍵詞，兒童即形成這兩個字詞相互交織的心像，例如：學生可能使用一隻鴨子在盆子裡洗澡的圖像記憶鴨子這個字，或是有著腫脹眼睛的馬來記憶馬這個字。

其他記憶策略包括複誦，即連續重複兒童希望記得的訊息；組織，即將資料置入類別中（如，沿海國家或食物種類）；及認知的精緻化，即心像與想要被回憶出的訊息連結在一起，例如：試著記住鱈魚角在麻州地圖上的位置，8 歲兒童可能把肌肉健美的愛好者與鱈魚角位置的形狀圖像（看起來像彎成弧形的手臂）連結在一起。無論兒童使用什麼記憶策略，隨著他們的年齡越來越大，他們越常和越有效地使用這個策略。

Vygotsky 取向的認知發展及課堂教學

回想第 9 章俄國發展學家 Lev Vygotsky 提出認知發展是透過接觸在兒童最近發展區（ZPD）裡的訊息而發生。最近發展區是指兒童幾乎可以但卻沒能完全理解或執行一個工作的程度。

基於兒童應該主動參與教育機會之論點的根基，Vygotsky 的論點特別影響著一些課堂實務的發展。在這取向中，教室被視為兒童擁有機會去實驗或嘗試新活動的地方（Gredler & Shields, 2008; Vygotsky, 1926/1997）。

根據 Vygotsky 的論點，教育的重點應在涉及與他人互動的活動上。兒童—成人和兒童—兒童間的互動都提供認知發展的可能。互動的性質必須被仔細地建構在每位個別兒童的最近發展區中。

數個目前值得注意之教育創新係大量取材自 Vygotsky 的論著，例如：合作學習，指兒童在團體中一起工作以達到共同的目標，即包含了幾個 Vygotsky 理論的面向。在合作小組內工作的學生能從其他人的領悟中獲益，此外，如果他們走偏了方向，他們可能會被小組裡的其他人帶回正確的方向。另一方面，並非每一位同儕對合作學習小組中的成員都有同樣的幫助：Vygotsky 的論點隱含的意思是，當小組裡有一些成員在作業上較能勝任且能擔任專家時，小組裡有些個別的兒童會受益最大（DeLisi, 2006; Gillies & Boyle, 2006; Law, 2008）。

相互教學是另一項反映 Vygotsky 取向認知發展的教育實務。相互教學是一種教導閱讀理解策略的技術。學生被教導瀏覽文章內容、提出有關文章重點的問題、摘要文章，最後預測接著將發生什麼。此技術的重要關鍵在它相互的特質，它強調給予學生扮演教師的機會。一開始，教師透過理解策略引導學生，漸漸地，學生藉由他們的最近發展區進展，越來越能掌握此策略的使用，直到學生能夠擔任教學的角色。此方法顯示在提升閱讀理解的層次上有顯著的成功，尤其是對閱讀困難的兒童（Greenway, 2002; Spörer, Brunstein, & Kieschke, 2009; Takala, 2006）。

語言發展：字詞的意義為何

如果你聽學齡兒童間的對話，即他們的語言，至少在第一次聽到時，可能覺得聽起來跟成人的語言沒有太多的不同；然而，這表面上的相似是騙人的。兒童的語言熟練度，尤其是在學齡階段開始時，仍然需要再改進，以達到成人的專業程度。

掌握語言的機制

在學校期間，字彙會在相當快速的時間持續增加。舉例來說，6 歲幼兒平均擁有從 8,000 到 14,000 個字詞的字彙量，然而在 9 至 11 歲之間，字彙量又增加了 5,000 個字詞。

學齡兒童對語法的熟練也有進步，例如：被動語態的使用在學齡階段早期很少出現（像「狗被 Jon 遛」，與主動語態「Jon 遛狗」相比），6 和 7 歲兒童只是偶爾使用條件語句，如「如果 Sarah 擺桌子，我來洗盤子」。然而在兒童期中期的過程中，被動語態和條件語句的使用增加。除此之外，兒童期中期的兒童增加了對句法（結合字詞和片語形成有意義句子的規則）的理解。

在小學一年級以前，大部分兒童的字詞發音就能相當準確，雖然某些音素——語音的單位——依然困難，例如：j、v、th 及 zh 語音的發音能力發展晚於其他音素發音的能力。

當意義取決於語調或聲調時，學齡兒童也可能會在解讀句子上遇到困難，例如：思考此句子「George 給 David 一本書而且他給 Bill 一本書」。如果「他」這個字詞被強調，意義就是「George 給 David 一本書而且 David 給 Bill 一本不同的書」。但是假如語調強調「而且」這個字詞，然後意義就變為「George 給 David 一本書而且 George 也給了 Bill 一本書」。學齡兒童無法輕易辨別出像這樣的細微差別（Wells, Peppé, & Goulandris, 2004）。

除了語言能力之外，在兒童期中期也發展出會話技巧。兒童使用語用（在特定社會環境中掌控溝通語言使用的規則）的能力增加。

舉例來說，雖然幼兒期初期的兒童覺察到輪流對話的規則，但他們對這些規則的使用有時是原始的。思考下面 6 歲的 Yonnie 與 Max 之間的對話：

> Yonnie：我爸駕駛聯邦快遞公司的卡車。
>
> Max：我妹妹的名字是 Molly。
>
> Yonnie：他今天早上真的很早起床。
>
> Max：她昨天晚上尿床了。

但是後來對話展現較多的有來有往，第二位兒童實際回應第一位兒童的意見，例如：11 歲的 Mia 與 Josh 之間的對話反映出對語用有較複雜的掌握：

Mia：我不知道要送 Claire 什麼生日禮物。

Josh：我要送她耳環。

Mia：她已經有很多飾品了。

Josh：我不認為她有那麼多。

後設語言覺知

在兒童期中期最重要的發展之一是，兒童越來越了解自己語言的使用或**後設語言覺知**（metalinguistic awareness）。在兒童 5 或 6 歲時，他們知道有一組規則規範著語言，只是在最初的幾年，他們對這些規則的認識和理解是內隱的，到了兒童期中期，兒童能較外顯地理解這些規則（Benelli et al., 2006; Saiegh-Haddad, 2007）。

當訊息模糊不清和不完整時，後設語言覺知幫助兒童獲得理解。舉例來說，當給予學前幼兒模稜兩可或模糊的訊息，例如：如何玩一個複雜遊戲的指示，他們很少要求弄清楚，如果他們不理解則傾向責怪自己。在達到 7 或 8 歲時，兒童明白溝通不良除了歸因於自己之外，還有和他們溝通的人，因此，學齡兒童較可能要求弄清楚他們還不明白的訊息（Apperly & Robinson, 2002）。

語言如何促進自我控制

學齡兒童日趨複雜的語言幫助他們控制自己的行為，例如在一個實驗裡，兒童被告知如果立即選擇吃哪一個，可以給他們一個棉花糖，但是如果等待且不選擇，則可以給他們兩個棉花糖。大部分 4 至 8 歲的兒童都選擇等待，但是當等待時，他們使用的策略顯著不同。

4 歲兒童在等待時，往往會注視著棉花糖，一種不是非常有效的策略。相對地，6 歲及 8 歲兒童雖然用不同的方式，但都使用語言幫助他們克服誘惑。6 歲兒童對自己說話和唱歌，提醒自己如果等待，他們就能在最後得到較多的棉花糖。8 歲兒童則專注在與棉花糖味道無關的其他方面，如它們的外觀，來幫助他們等待。

總而言之，兒童使用自我對話以幫助規範自己的行為。此外，他們自我控制的效能隨著他們的語言能力增加而提升。

雙語：說多種語言

> 紐約布魯克林附近的P.S. 217小學為了照相日，發給父母的通知單翻譯成五種語言。雖然那是善意的表現，但還不足夠：因為超過40%的兒童是移民，他們家裡說的語言是26種語言中的一種，範圍從美語到烏都語（Leslie, 1991, p. 56）。

從最小的城鎮到最大的城市，兒童說話的語音正在改變。將近五分之一在美國的人們在家講英語以外的語言，百分比持續增長中。**雙語能力**（bilingualism）——使用一種以上語言的能力——逐漸變得越來越普遍（Shin, 2003; Graddol, 2004）（如圖12-3所示）。

進入學校時，很少或根本沒有英語能力的兒童必須要同時學習標準課程和課程教學所使用的語言。對非以英語為母語的人的一種教育方法是雙語教育，即初期以兒童的母語來教學，並在同一時間學習英語。

隨著雙語的教學，學生能使用他們的母語在基礎學科領域中發展堅實的基礎。雙語教育課程的最終目標是逐漸增加學生的英語熟練度，同時維持或促進他們母語的能力。

另一個方法是盡快讓學生沉浸在英語中，完全用英語教學，只有少量的教學是使用學生的母語。對於此方法的支持者而言，最初以英語以外的語言教導學生，會阻礙學生努力學習英語並且減緩他們融入社會，因此強調英語教學。

沉浸方法的缺點是，如果這些能力是用第二語言教導，它會使學生產生較多學習新能力的困難，例如：思考一位學生必須以他只接觸幾個月的第二語言去學習分數的困難度（Jared et al., 2011; Pearson, 2007）。

因著一些政客提出支持「只說英語」的法律，而其他人呼籲學校系統應顧及非以英語為母語的人所面對的挑戰，而提供一些他們母語的教學，使得雙語

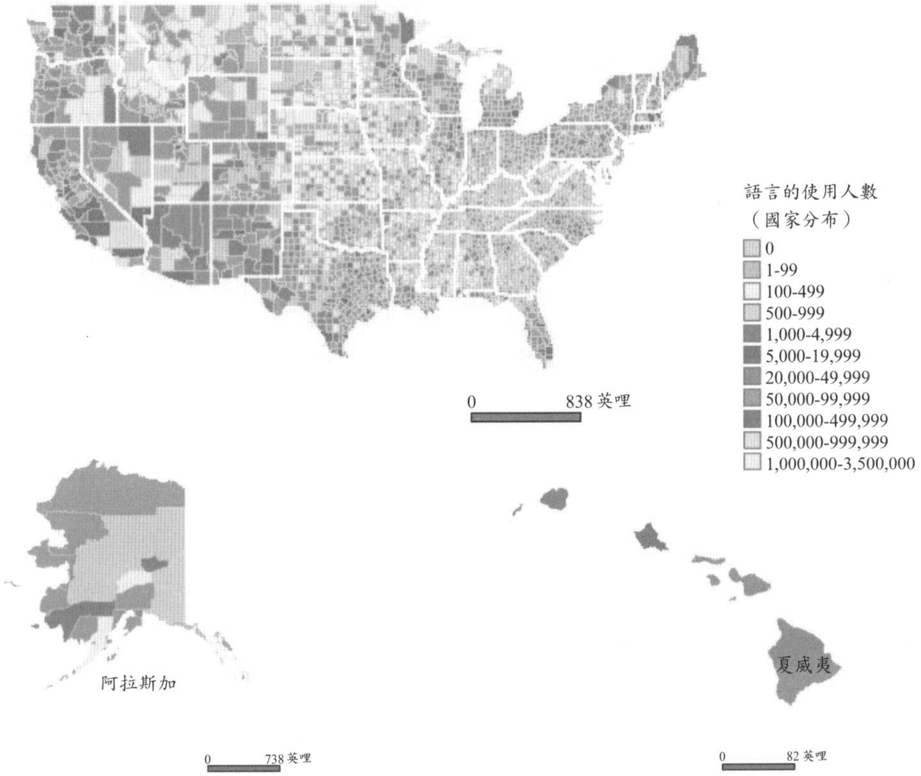

圖 12-3 在美國英語以外的前 10 種口說語言

這些圖顯示美國 5 歲以上的居民在家使用英語以外語言的數量。隨著在美國口說語言多樣性的增加，教育者可能使用什麼類型的方法以符合雙語學生的需要？

資料來源：Modern Language Association, www.mla.org/census-map (2005). Based on data from U.S. Census Bureau (2000).

教學法和沉浸教學法已被高度政治化。心理學研究清楚指出，知道超過一種語言，會提供多種認知的優勢。因為當他們評估情況時，擁有較寬廣之語言範圍的可能性以供選擇，所以講兩種語言的人展現較大的認知彈性。他們可用較多的創造力及多樣性來解決問題。此外，少數族群中學習自己母語的學生，會有較高的自尊（Bialystok & Viswanathan, 2009; Chen & Bond, 2007; Lesaux & Siegel, 2003）。

雙語學生通常有較高的後設語言覺知、更外顯的理解語言的規則，並且表現出很好的認知複雜度。他們甚至可能在智力測驗上有較高的成績。此外，比較雙語個體和只使用一個語言個體的大腦掃描，結果顯示兩者有不同型態的大腦活動（Carlson & Meltzoff, 2008; Kovelman, Baker, & Petitto, 2008; Swanson, Saez, & Gerber, 2004）。

最後，因為許多語言學家主張語言習得的基礎歷程是全體人類一致的，如我們在第 5 章提到的，母語教學可能提升第二語言的教學。事實上，許多教育者相信第二語言的學習應該是所有兒童小學正規教育中的一部分（Kecskes & Papp, 2000; McCardle & Hoff, 2006）。

學校教育：兒童期中期的 3 R（或更多）

4 什麼趨勢正在影響世界各地及美國的學校教育？
5 什麼樣的主觀因素造就學業成就？
6 在家教育的優點及缺點為何？

當讀書小組其他六名兒童的眼睛轉向他時，Glenn 在他的椅子上不自在地動來動去。閱讀對他來說從來都不容易，而且每當輪到他大聲朗讀時，他總是感到焦慮。但是當他的老師點頭鼓勵他時，他先是陷入猶豫，接著因為他讀的是有關一個媽媽第一天做新工作的故事，而讓他產生動力。他發現他可以把這文章讀得很好，並且對自己的表現感到一股快樂和驕傲。當他完成後，老師說：「Glenn 做得好。」他便咧嘴露出燦爛笑容。

就像這樣的小小時刻，一遍又一遍地重複，製造——或打斷——兒童的教育經驗。學校教育標誌著社會正式企圖把它所累積的知識、信仰、價值觀和智慧轉移至新世代的時刻。毫無疑問地，轉移所帶來的成功決定了世界未來的命運。

世界各地的學校教育：誰受教育？

在美國，如同大部分已開發國家，小學教育既是全民的權利，也是法定要求。實際上所有的兒童都可得到 12 年級的免費義務教育。

在世界其他地方的兒童沒有如此幸運，全球超過 1.6 億兒童甚至沒能獲得小學教育，另外 1 億兒童沒有進展到超過我們小學教育的程度，並且接近 10 億的個體（其中三分之二為女性）終其一生是文盲（International Literacy Institute, 2001）（如圖 12-4 所示）。

在幾乎所有開發中國家，女性比男性較少接受正式教育，這差異遍布在每種程度的學校教育上。即使在已開發國家，女性接觸科學和科技的人數也落後於男性。這些差異反映出廣泛和根深蒂固的有利男性超過女性之文化和家長的偏見。美國男性和女性的教育程度較接近相等，尤其是在學校教育的早期，男

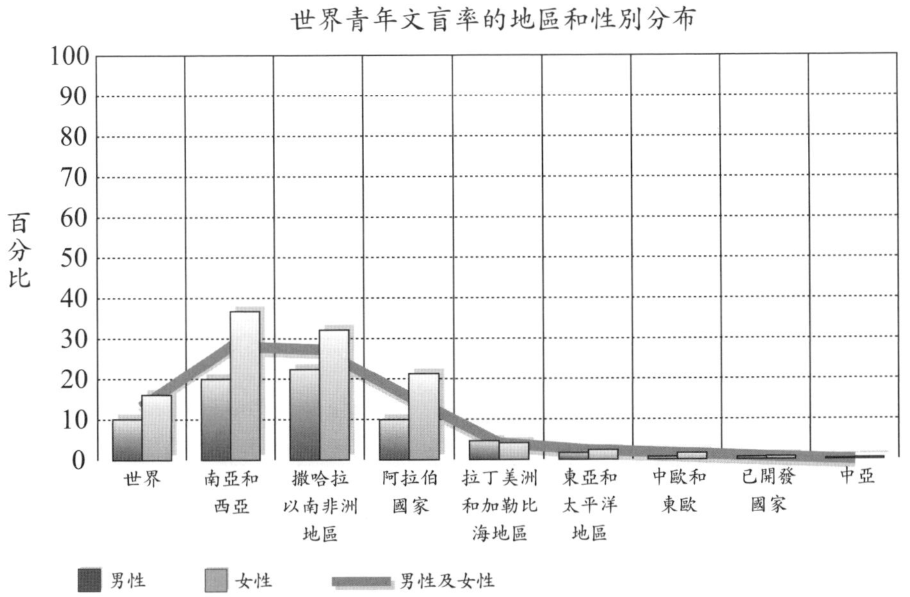

圖 12-4 文盲瘟疫

文盲依然是遍及全球的重要問題，特別是對女性。世界各地接近 10 億人終其一生是文盲。

資料來源：UNESCO (2006).

孩和女孩享有同樣接受教育的機會。

什麼讓學生做好上學的準備？

許多父母很難精確決定何時讓他們的孩子開始入學就讀。比同一年級其他大部分兒童年齡還小的兒童，會遭遇年齡差異所帶來的影響嗎？根據過去的看法，這答案是會的。因為年齡較小的兒童被認為比他們同儕的發展慢一些，所以他們也被認為處於競爭劣勢。在一些案例中，為了讓學生能在學業及情緒上有較好的應對，教師建議他們延遲進入幼兒園就讀（Noel & Newman, 2008）。

但是發展心理學家 Frederick Morrison 進行了大量研究後反駁了過去的論點。他發現年齡最小的一年級兒童進步的情況和年齡最大的兒童一樣。雖然他們在閱讀表現上稍微落後年齡較大的一年級學生，但差異小到微不足道。目前也清楚的是，父母選擇讓他們孩子停留在幼兒園，藉此確保他們會在一年級或之後都是最年長的，這對他們的孩子沒有幫助。這些年齡較大兒童的表現沒有比他們較年幼的同學好（Morrison, Bachman, & Connor, 2005; Morrison, Smith, & Dow-Ehrensberger, 1995; Skibbe et al., 2011）。

其他研究還發現了延緩入學所帶來的後續負向影響，例如：一個縱貫研究探討延緩一年進入幼兒園就讀的青少年，縱使他們在小學期間沒有因為延緩而帶來不良影響，但在青少年期，這些兒童中有令人驚訝的人數出現情緒和行為的問題（Byrd, Weitzman, & Auinger, 1997; Stipek, 2002）。

總而言之，延緩兒童入學就讀不必然帶來好處，而且在一些案例中實際上可能是有害的。最後，年齡本身不是兒童應該何時開始入學的關鍵指標，反倒是正規學校教育的開始相當依賴發展上的準備度，是幾個因素複雜組合後的結果。

你是一個明智的兒童發展消費者嗎？

創造促進學業成功的氣氛

什麼能讓兒童在學業上成功？雖然有許多因素，一些因素我們在下一章討論，有幾個實務上的步驟能讓兒童的成功機會提高到最大，其中有：

- **推動「識字環境」**。父母應該讀給他們的孩子聽，讓他們熟悉書本和閱讀。成人應成為閱讀榜樣，讓孩子了解在與他們接觸的成人生活中，閱讀是項重要的活動。
- **和孩子交談**。討論新聞中的事件、談論他們的朋友及分享興趣愛好。讓孩子去思考和討論周遭的世界，是上學的最佳預備之一。
- **提供孩子一個工作的空間**。可以是一張書桌、長桌的一個角落或房間裡的一個區域。重要的是一個獨立、專屬的區域。
- **促進孩子的問題解決能力**。要能解決問題，他們應該學會確認他們的目標、知道什麼和不知道什麼；設計和執行策略及最後評估他們的結果。

閱讀：學習辨認出字詞背後的意義

許多教育者高興地推崇哈利波特現象（在本章的序言中所描述的）。對兒童時期讀寫的誘導是受到歡迎的，因為沒有其他作業比學習閱讀還要是學校教育的基礎。閱讀涉及多項重要的能力，從低階的認知能力（單一字母和字母與語音連結的辨認）到高階能力（書面文字和位在長期記憶中字義的配對，及使用脈絡和背景知識判定句子的意思）。

閱讀階段

閱讀能力的發展一般發生在幾個寬廣且經常重疊的階段（Chall, 1992）（如表 12-1 所示）。在階段 0 中，從出生持續到一年級開始，兒童學習閱讀的基本必要條件，包括在字母表中識別字母、有時寫出自己的名字和讀出一些非常熟悉的字詞（如他們自己的名字，或在禁止標示上的「禁止」）。

階段 1 帶來了第一個真正的閱讀形式，但是大部分涉及語音編碼能力。這階段通常包含一、二年級，兒童可以組合字母念出字詞。兒童也完全學會字母的名稱和跟隨著字母的發音。

在階段 2 中，一般大約在二、三年級，兒童學習流暢地朗讀。然而他們無

表 12-1 閱讀能力的發展

階段	年齡	主要特徵
0	出生到一年級開始	學習閱讀的必要條件，如識別字母
1	一、二年級	學習語音編碼；開始閱讀
2	二、三年級	流暢地朗讀，但沒有太多的意義
3	四年級到八年級	利用閱讀作為學習的手段
4	八年級及以上	閱讀理解反映多元觀點的訊息

資料來源：Based on Chall (1979).

法添加很多的意義到字詞上，因為單單念出字詞通常需要花費很大的努力，以至於遺留相當少的認知資源去處理字詞的意義。

下一個時期，階段 3，從四年級延續到八年級。閱讀變成達到目的的手段——特別是，一種學習的方法。但是早期閱讀本身就是一種能力，因著這能力，兒童使用閱讀來了解世界。即使在這個年齡，從閱讀中獲得的認識仍不完整，例如：兒童在這階段的一個限制是，唯有當訊息從單一觀點呈現時，他們才能夠理解。

在最後一個時期中，階段 4，兒童能夠閱讀和處理反映多元觀點的訊息。這個能力始於轉換到高中期間，使得兒童發展出更複雜的資料理解。這解釋為什麼不在早期教育中閱讀偉大的文學作品。年幼的兒童沒有大量的詞彙來理解這樣的作品（雖然這部分是真實的）；他們缺乏能力來理解總是呈現多元觀點的複雜作品。

我們應該如何教閱讀？

教育者一直以來都在爭論著最有效的閱讀教學方法。這爭論的核心是關於閱讀時處理訊息的機制本質。根據閱讀編碼取向（code-based approaches to reading）的提議者，閱讀教學應教導構成閱讀的基本技巧。閱讀編碼取向強調閱讀成分，如字母語音及它們的組合——字母拼讀——以及字母和語音如何組合成為字詞。他們認為閱讀的組成包括處理字詞的個別部件、將這些部件組合成字詞，然後使用這個字詞衍生出書面句子和文章的意義（Gray et al., 2007; Jimenez

& Guzman, 2003; Rego, 2006; Vellutino, 1991）。

相對地，一些教育者則主張教導閱讀最成功的方法是全語文取向。在閱讀的全語文取向中，閱讀被視為是一種自然的歷程，與口語的習得相似。根據此觀點，兒童學習閱讀應該經由接觸完整的寫作——句子、故事、詩、表單、圖表及其他實際運用寫作的例子。取代讀出字詞的教學，兒童被鼓勵根據上下文脈絡猜測字詞的意義，藉由嘗試錯誤的方法，兒童同時學會整個字詞和片語，逐漸成為熟練的讀者（Donat, 2006; Shaw, 2003; Sousa, 2005）。

越來越多的嚴謹研究資料顯示，閱讀編碼取向優於全語文取向。舉例來說，一項研究發現對一組兒童教導字母拼讀一年的時間，結果與能力好的讀者相比，他們不僅大大提升了閱讀能力，在涉及閱讀的神經路徑也變得接近能力好的讀者（如圖 12-5 所示）（Shaywitz et al., 2004）。

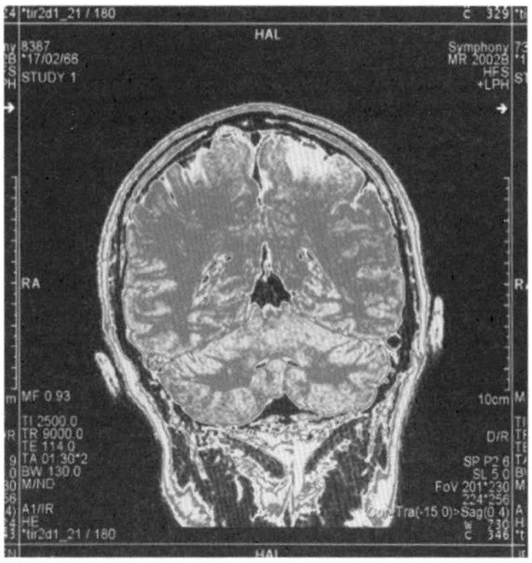

圖 12-5 字母拼讀訓練對大腦的影響

閱讀困難的學生被教導字母拼讀後閱讀熟練度提升，且與精熟閱讀有關的大腦區域活動力增加。

資料來源：Darrin Jenkins/Alamy.

根據這樣的研究，現今美國的國家閱讀審議委員會和國家科學研究委員會支持閱讀編碼取向教學。他們的立場代表著哪一種閱讀教學方法是最有效的爭論即將結束（Rayner et al., 2002）。

教育的趨勢：超越 3 R

21 世紀的學校教育非常不同於近 10 年前的學校教育。事實上，美國的學校現在正回歸至傳統 3 R（閱讀、寫作及算術）的教育基礎。此教育基礎的重點與過去 10 年所強調他們的社會福利，和允許學生根據他們的興趣選擇研究主題大異其趣。回歸到跟隨一整套課程的教育是現在的趨勢（Schemo, 2003; Yinger, 2004）。

今日的小學教室裡也強調個人責任，對教師和學生兩者都是。教師多半承擔學生學習的責任，學生和教師更可能被要求參與地方政府或國家層級的測驗以評估他們的表現。如我們在「從研究到實務」專欄中所討論的，學生要成功的壓力日漸增多（McDonnell, 2004）。

從研究到實務 取得好成績：過於推動邁向巔峰？

〈不讓任何孩子落後法案〉（*No Child Left Behind Act*）與接續的、企圖產生教育改革的「邁向巔峰」計畫都有著有意義的目標：尋求改善美國兒童的教育成就。舉例來說，「不讓任何孩子落後」的目的在確保所有兒童到了三年級的時候都會閱讀，這法案要求學校校長達到這目標，否則有失去他們的工作和學校基金的風險。「邁向巔峰」（Race to the Top）促使學校採用嚴格的標準和評鑑，藉由提升責任以能在學生成就上產生實質的效果（Paulson, 2011）。

雖然這些提議的意圖是好的，但出現一些無法預期的結果，即太過注重基本學科（如閱讀），以至於其他學科（如社會研究和音樂）及活動（如休息時間），被排除在學校課程之外（Abril & Gault, 2006; Paige, 2006; Sunderman, 2008）。

曾在幼兒園期間進行手指畫、說故事時間和自由遊玩，兒童將格外投注在學業的主題上。確保兒童達到短期和長期目標的頻繁測驗，已經變得越來越普遍。失敗的經驗——以及在班上名列前茅的競爭壓力經驗——對較年幼幼兒的傷害多過從前。

許多父母及教育者關心的是，指派家庭作業的量在過去 20 年有增加的趨勢。然而額外的家庭作業值得付出時間嗎？雖然花在家庭作業的時間與中學時有較佳的學業成就有關，但與較低年級學生成就的關係不太強；五年級以下，這關係即消失不見。專家解釋這樣的結果是因為幼兒沒有能力減少分心以及尚未發展出學習能力。此外，探究年齡較大兒童的研究顯示，較多家庭作業不一定比較好。事實上，一些研究指出除非家庭作業的品質高，不然家庭作業的益處可能達到停滯階段，超出了這階段，額外花時間在家庭作業上毫無獲益（Dettmers et al., 2010; Juster, Ono, & Stafford, 2004;

Trautwein et al., 2006）。

一些教育專家擔憂兒童的社會和情緒發展退居於素養教育之後，也擔憂壓力、測驗、加速計畫及花時間在學校——還有在課後活動計畫及家庭作業上——奪走了孩子的機會。有些父母擔心他們的孩子變得對學習感到挫折及氣餒（Bartel, 2010; Kohn, 2006）。

- 為什麼花較多時間做家庭作業的學生往往沒有比花適度時間的學生有較佳的學業成就？
- 在兒童沒有達到一定的年級程度時，我們是否應該禁止家庭作業？

隨著美國人口變得較多元，小學也已經越來越重視有關學生差異性及多元文化的議題，而且有好的理由：文化和語言差異在社會及教育層面影響著學生。在美國，學生的人口結構組成正在經歷一個特別的轉變。舉例來說，拉丁裔的比例在未來 50 年很可能增加兩倍。此外，在 2050 年，非拉丁裔的白種人將可能占美國總人口的少數（如圖 12-6 所示）。因此，教育者已經格外認真地關注多元文化。如下一小節所見，教育來自不同文化學生的目標在過去這些年來已有顯著的改變，且至今仍在爭論著（Brock et al., 2007; U.S. Bureau of Census, 2008）。

多元文化教育

一直以來的情況是，在美國的教室裡有著來自各種背景及經驗的個體。然而學生背景的變異性在近來已被視為是教育者面對的主要挑戰和機會之一。

在教室中背景和經驗的多樣性與教育的基本目標有關，此目標提供了一個傳遞社會認為重要之訊息的正式機制。如同著名的人類學家 Margaret Mead（1942, p. 633）曾經說過的：「廣義來說，教育是文化的過程，是每位與生俱來擁有比其他哺乳動物還要多學習潛能的新生嬰兒，轉化成為特定人類社會正式成員、和其他成員分享特定人類文化的方式。」

那麼，文化可以被認為是一個特定社會成員所共享的一組行為、信念、價值觀及期待。但是雖然文化通常被認為是在比較寬廣的範圍中（像是「西方文

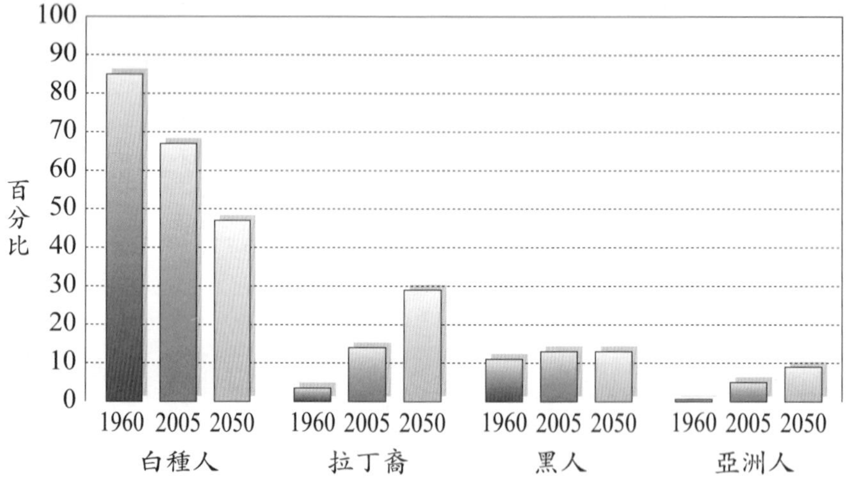

圖 12-6 美國的改變面貌

現今針對美國人口組成的預測顯示，隨著少數族群成員的增加，在 2050 年，非拉丁裔白人的比例將會下降。因著人口結構改變的結果，將對社會工作者有一些什麼樣的衝擊？

資料來源：PEW Research Center (2008).

化」或「亞洲文化」），它也可能將重點放在較大、較包容的文化中的特定次文化團體，例如：我們可以考量美國特定的種族、民族、宗教、社會經濟或甚至性別團體所展現的次文化特色。

在一個文化或次文化團體中的成員可能僅是傳遞他們關注的事給教育者，而不是學生的文化背景實質影響著他們——和他們的同儕——被教育的方式。事實上，近年來，已投入相當多的精神在建立**多元文化教育**（multicultural education），這是一種教育形式，其目標在幫助來自少數族群文化的學生在多數族群文化中發展出能力，同時在他們原生文化的基礎上保有正向的族群認同（Nieto, 2005; Brandhorst, 2011）。

文化同化或多元化社會？

多元文化教育的發展有部分是對**文化同化模式**（cultural assimilation model）的反應，此模式的教育目標在同化個體的文化認同為一個獨特、統一的美國文化，例如：在實際情況中，這意味著非以英語為母語的學生被阻止說他們的母語而完全沉浸在英語中。

但是在 1970 年代初期，教育者和少數族群團體成員開始建議文化同化模式應被**多元化社會模式**（pluralistic society model）取代。根據此模式，美國社會是由不同且平等的文化所組成，應該要保留這些文化各自的特色。

多元化社會模式的發展，其部分信念是教師因著強調主流文化及阻止非以英語為母語的學生使用他們母語，而貶低少數族群的次文化傳統和傷害這些學生的自尊心。教材，例如讀物和歷史教訓，不可避免地介紹文化特定事件和認識；兒童從未親眼見過這些代表他們自己文化傳統的事證，可能永遠無法經歷到他們背景的重要觀點。舉例來說，英文文本很少介紹總出現在西班牙文學和歷史中的一些重要題材（如尋找青春之泉和唐璜傳奇）。拉丁裔學生沉浸在英文文本中可能永遠無法體會到自己文化傳統的重要部分。

最後，教育者開始認為不同文化學生的存在，豐富和擴展了所有學生的教育經驗。學生和老師接觸來自不同背景的人，可以更了解這世界，因而能對他人的價值觀及需求更具敏感性（Gurin, Nagda, & Lopez, 2004; Zirkel & Cantor, 2004）。

發展的多元性與你的生活

培養雙文化認同

多元化社會模式對少數族群學生的教育有重要的啟示：他們應該被鼓勵發展**雙文化認同**（bicultural identity）。當兒童融入主流文化時，學校系統應該鼓勵兒童保持他們原有文化的認同。此觀點認為個體可以生活在兩種文化下，有著兩種文化認同，不需要在兩者間挑選一種（Lu, 2001; Marks, Patton, & Coll, 2011; Oyserman et al., 2003; Vyas, 2004）。

達成雙文化主義目標的最佳方法仍不清楚，例如：思考進入一所只說西班牙語的學校就讀的兒童。傳統的熔爐方式是讓兒童沉浸到使用英語教學的班級中，以提供英語教學（和一點其他的）的速成課程，直到兒童熟練到一個適當的程度。可惜的是，這傳統方法有相當大的缺陷：直到精熟英語之前，兒童進入完全使用英語的學校就讀，會越來越落後他們進入學校時已經精熟英語的同儕。

較現代的方法強調雙文化策略，鼓勵兒童同時維持處在兩個文化中而非單一文化，例如：以講西班牙語的兒童為例，開始的教學是用兒童的母語，然後盡可能很快地轉移至包括使用英語。同時，學校對所有兒童進行多元文化教育的課程，課程中教師呈現的教材以學校裡所有學生的文化背景和傳統為主。這樣的教學設計同時提升了少數和多數文化語言使用者的自我形象（Bracey, Bamaca, & Umana-Taylor, 2004; Fowers & Davidov, 2006）。

雖然大部分教育專家贊同雙文化取向，但一般大眾並不完全同意，例如：前面所提到的國家的「獨尊英語」運動，其目標之一即是學校禁止以英語以外的其他語言教學。這樣的觀點是否能盛行還有待觀察（Waldman, 2010）。

學校應該教導情緒智力嗎？

在許多小學裡，課程中最熱門的話題不是施行傳統的 3 R，而是利用方法提高學生的**情緒智力**（emotional intelligence），是構成準確評量、評估、表達及調節情緒的一組技能（Fogarty, 2008; Hastings, 2004; Mayer, 2001; Mayer, Salovey, & Caruso, 2000）。

心理學家 Daniel Goleman（2005）提出情緒素養應該成為學校正式課程的一部分。他指出幾個成功教導學生較有效管理他們情緒的課程，例如在一個課程中，兒童被給予同情心、自我覺察和社交技巧的功課。在另一個課程中，兒童早在一年級即透過接觸故事而被教導關懷及友誼（Fasano & Pellitteri, 2006）。

意圖提升情緒智力的課程還沒有得到普遍的認同。批評者認為情緒智力的培養最好是留在學生的家庭裡，而學校應該專心於較傳統的課程事務上。其他人則認為增加情緒智力到繁重的課程中，可能減少花在學業上的時間。最後，一些批評者提出沒有完整的一套標準來說明情緒智力的組成為何，因此很難發展出合適、有效的課程教材（Roberts, Zeidner, & Matthews, 2001）。

儘管如此，大部分的人仍認為情緒智力值得培養。顯然地，情緒智力與我們在本章下一部分所討論的傳統智力十分不同。培養情緒智力的目標在於使人不僅在認知上成熟，還能有效管理他們的情緒（Brackett & Katulak, 2007; Matthews, Zeidner, & Roberts, 2002; Ulutas & Ömeroglu, 2007）。

期望效應：教師的期望如何影響他們的學生

想像你是一位小學教師，並被告知在你班上的某些兒童被預期在未來的一年裡會有智能上的成長。你對待他們的方式會不同於沒有如此被預期的兒童嗎？

根據一個經典但卻有爭議的研究結果，你可能會對待他們不同。事實上，教師對待被期望有進步兒童的方式，確實會不同於沒有被如此期望的兒童（R. Rosenthal & Jacobson, 1968）。在這個實驗中，小學教師在新學期的一開始被告知，根據測驗的結果他班上的五位兒童在這一年裡很可能有很大的進步。然而事實上，這訊息是造假的：兒童的姓名是隨機選出來的，但教師不知道這件事。年底時，兒童再次完成和年初相同的智力測驗，結果顯示與班上的其他學生相比，這些所謂進步神速的學生在智能成長上確實有明顯的差異。事實上，這些隨機選取、被安排為會有顯著收穫的學生確實比其他兒童還要進步更多。

當這實驗結果被發表在名為《教室裡的比馬龍》（*Pygmalion in the Classroom*）的書裡，立即在教育界及社會大眾間引起一陣騷動。引起騷動的原因是這結果的含意：單單抱持著高期望就足以在成就上帶來獲益，那抱持著低期望是否會導致阻礙成就？因為教師有時可能對來自低社經或少數族群背景的兒童抱持著低期望，是否意味著來自這樣背景的兒童注定在他們整個教育過程中表現低成就？

雖然因為方法學及統計分析的理由使得這最初的實驗受到批評（Wineburg, 1987），但後續累積了足夠的證據清楚顯示，教師的期望傳達給他們的學生確實能帶來期望的表現。這現象現在被稱為**教師期望效應**（teacher expectancy effect）——教師傳達對一位兒童的期望，因此被期望的行為真正發生的行為循環（Anderson-Clark, Green, & Henley, 2008; Rosenthal, 2002; Sciarra & Ambrosino, 2011）（如圖 12-7 所示）。

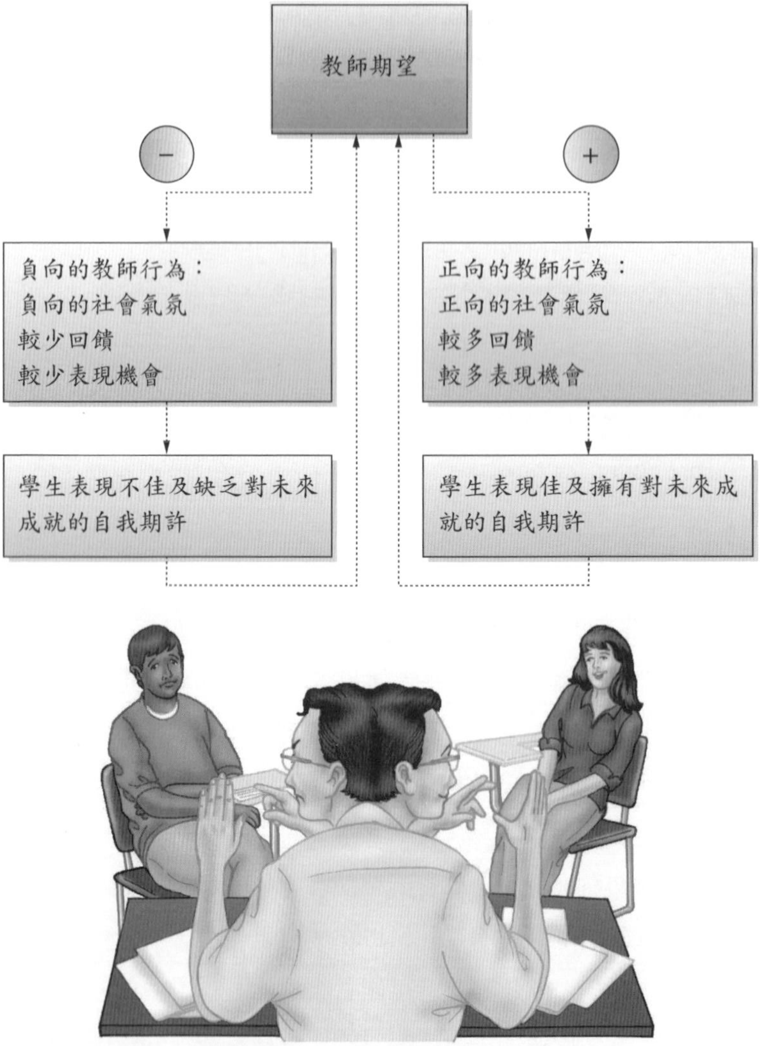

圖 12-7 教師期望和學生表現

教師對他們學生的期望——正向或負向——能實際上讓他們的學生產生正向或負向表現。這與我們知道的自尊有怎樣的關係？

教師期望效應可視為一個較廣泛的概念——自我實現預言——的一個特例，是指一個人的期望能帶來結果。舉例來說，醫生早就發現提供病人安慰劑（沒有活性成分的藥丸），有時可以完全治癒他們，因為病人預期這藥的效用。

在教師期望效應的情況下，基本的解釋似乎是教師對兒童的能力形成初步的期望後——通常是不適當地根據先前學校紀錄、外表、性別或甚至種族等因素——透過一系列複雜的語言和非語言線索將他們的期望傳達給那學生。這些被傳達的期望反過來指示兒童什麼行為是合適的，然後兒童就照著做（Carpenter, Flowers, & Mertens, 2004; Gewertz, 2005; McKown & Weinstein, 2008; Trouilloud et al., 2006）。

在家教育：客廳即是教室

星期三早上九點，9 歲的 Damon Buchanan 坐在長沙發上進行他的早上儀式之一：閱讀報紙上的星座算命。他的 7 歲弟弟 Jacob 和 4 歲弟弟 Logan 正在客廳完成一項他們的「實驗」：把玩具人和玩具丟到一杯水裡，然後把它們冰凍起來。學校的一天又開始了。

對像 Buchanan 兄弟這樣的學生來說，他們的客廳和教室是沒有差別的，因為他們為近百萬在家教育學生中的一員。在家教育是重要的教育現象，學生在他們自己的家裡被父母教導。

有許多理由說明為什麼父母可能選擇在家教導他們的孩子。一些父母感覺在家教育所帶來的一對一關注可以讓他們的孩子有好的發展，因為他們可能會在較大的公立學校中迷失方向。另一些父母則不滿意他們本地公立學校裡的教學和教師的本質，並且感覺在教導孩子上他們可以做得更好。另外一些父母是因為宗教的理由而參與在家教育，希望傳授在公立學校裡不可能有的特定宗教思想（並且避免他們的孩子接觸到他們不認同的流行文化和價值觀）（Bauman, 2001; Dennis, 2004; Isenberg, 2007）。

在家教育確實行得通，從標準測驗上的表現來說，在家教育兒童的表現大致與接受傳統教育兒童的表現相同。此外，他們申請大學被接受的比例與傳統教育兒童的比例沒有差異（Lattibeaudiere, 2000; Lauricella, 2001; Lines, 2001）。

在家教育兒童明顯的學業成就不表示在家教育本身是有效的，因為選擇讓他們孩子在家教育的父母可能是較富裕的，或有著良好結構的家庭狀況，在這種環境下，兒童不管受到什麼樣的教育都會有成就。相反地，功能失常和解組家庭的父母不可能有動機和興趣在家教育他們的孩子。對來自這樣家庭的兒童而言，學校的要求和結構可能是件好事。

在家教育所受到的批評是它有相當大的缺點，例如：在家教育的兒童非常缺乏在傳統學校的教室裡才具有的兒童團體間的社會互動。在家學習或許增強了家庭關係，但幾乎無法提供反映美國社會多樣性的環境。此外，即使有最好設備的家庭也不可能擁有在許多學校裡可得到的先進科學和技術。最後，大部分父母沒有受過良好教師訓練的經歷，他們的教學方法可能不夠純熟。雖然父母在他們孩子已有興趣的學科上可能有成功的教導，但他們可能在教導孩子試圖逃避的學科上遇到困難（Cai, Reeve, & Robinson, 2002; Lois, 2006）。

因為在家教育還相當新，幾乎沒有對照實驗探究它的成效，需要較多研究投入探討在家教育如何和何時是一種教育兒童的有效方法。

智力：決定個體的優勢

7 如何測量智力及智力測驗有些什麼議題？
8 如何教育智能落在一般範圍以外的兒童？

「為什麼你應該說實話？」「從紐約到洛杉磯有多遠？」「一張木頭做成的桌子；____的窗戶。」

當 10 歲的 Hyacinth 弓著背坐在書桌前，嘗試回答像這樣長長一連串的題目，她試著猜測這五年級程度的測驗答案。顯然地，這測驗範圍沒有包含她的老師 White-Johnston 小姐在課堂中所講到的教材。

「在這數字序列中接下來是哪一個數字：1、3、7、15、31、____？」

當她繼續努力回答這些問題時，她放棄了試著猜測進行這測驗的理由，她把這問題留給她的老師，並對自己嘆了一口氣。她僅是試著盡力解決單一測驗題目，而沒有企圖理解所有的意思。

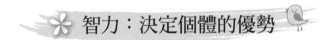

Hyacinth 正在填答智力測驗。她可能會很驚訝地知道不是只有她一個人在質疑測驗題目的意義和重要性。智力測驗題目是刻意編製的，且智力測驗與學業成就的關係密切（我們很快會討論原因）。然而許多發展學家承認他們懷疑，像是在 Hyacinth 的測驗上，這樣的問題是否真的適合作為評量智力的作業。

對有意界定什麼區分了有智慧和沒智慧行為的研究人員來說，理解智力是什麼被認為是主要的挑戰。雖然非專業的人也有自己對於智力為何的概念（如，一項調查發現，非專業的人相信智力包含三個部分：問題解決能力、語言能力及社交能力），但卻很難在專家間獲得一致的看法（Howe, 1997; Sternberg et al., 1981）。儘管如此，智力的一般定義可能是：**智力**（intelligence）是當面對挑戰時，能理解世界、理性思考和有效使用資源的能力（Wechsler, 1975）。

難以定義智力的部分原因是，多年來探索區辨人們智力高低所採用的方法太多，而且有時不令人滿意。為了理解研究者如何編製智力測驗以達到評量智力的作業，我們需要探究智力領域中一些過去的重要事件。

智力基準：區分智力高低

巴黎學校系統在 20 世紀初面臨了一個問題：有數量可觀的兒童並未從正規的教學中獲益。不幸地，這些學生——其中不乏有我們現在稱為智能遲緩的——普遍沒有被發現而及早將他們轉移至特殊班。法國教育部長找了心理學家 Alfred Binet 解決這個問題，並要求他設計方法，以能及早辨識出可能從正規教室以外的教學中獲益的學生。

Binet 的測驗

Binet 用十分實際的方式處理他的任務。他多年來對學齡兒童的觀察，使他發現以前區分學生智力高低的努力——有些是根據反應時間或視力的敏

Alfred Binet

銳性——是大錯特錯的。因此，他啟動了嘗試錯誤的過程，在這過程中針對先前被教師認定為「聰明」或「遲鈍」的學生，實施測驗題目及作業。聰明學生能正確完成、但遲鈍學生未能正確完成的作業被保留在測驗中，不能區分兩類學生的作業則被排除。經由這過程，使得測驗能確實區分出先前被認為是學習快或學習慢的學生。

Binet 在智力測驗上的創舉帶來了幾個重要的影響。第一個是他使用實際的方法建構智力測驗。Binet 沒有理論上有關智力是什麼的偏見，反而使用嘗試錯誤的方法進行心理測量，此測量方法至今仍持續做為建構測驗的主要方法。他根據測驗所測量到的項目來定義智力，已被許多現今的研究者所採納，且特別受到顧及智力測驗能被廣泛應用、但又要避免爭論智力本質為何的測驗開發人員的歡迎。

Binet 的重要影響還包括他連結了智力測驗與學業成就間的關係。Binet 建構智力測驗的程序確認了智力——定義為在測驗上的表現——及學業成就幾乎是同一件事。因此，Binet 的智力測驗及跟隨 Binet 腳步的現今測驗，已經成為說明學生學業成就能力水準的合理指標。另一方面，它們卻未提供許多其他與學業能力有關特質的有用訊息，例如社交技巧或人格特質。

最後，Binet 研發了一個程序連結每個智力成績和**心智年齡**（mental age），即兒童在測驗上平均達到的分數所對應的年齡。舉例來說，假如一位 6 歲女孩在測驗上得到 30 分，這分數是 10 歲兒童所達到的平均分數，表示她的心智年齡相當於 10 歲。同樣地，一位 15 歲男孩得到的測驗分數為 90 分——相對應至 15 歲的平均分數——被歸屬為 15 歲的心智年齡（Wasserman & Tulsky, 2005）。

雖然歸屬心智年齡給學生，提供了他們的表現是否與同儕在相同層次上的指標，但仍不足以比較學生間不同的**實足（生理）年齡**〔chronological (physical) age〕。舉例來說，單單使用心智年齡，將會假設以心智年齡 17 歲的 15 歲學生，和以心智年齡 8 歲的 6 歲學生同樣聰明，但實際上 6 歲兒童展現了相對較大的聰明程度。

解決這問題的方法來自**智商**（intelligence quotient, IQ）的形式，解釋學生的心智和實足年齡的分數。傳統計算 IQ 分數的方法是利用下面的公式，其中 MA 代表心智年齡，CA 代表實足年齡：

$$\text{IQ 分數} = \text{MA/CA} \times 100$$

用這公式反覆證明，心智年齡（MA）與實足年齡（CA）相同的人的IQ會是 100。此外，如果實足年齡超過心智年齡，意味著智力低於平均，智商分數將低於 100；如果實足年齡低於心智年齡，顯示智力高於平均，智商分數將高於 100。

運用這個公式，我們回到先前 15 歲學生而心智年齡分數在 17 歲的例子。這位學生的IQ是 17/15×100 即 113。比較起來，分數在 8 歲心智年齡的 6 歲學生的 IQ 是 8/6×100 即 133——IQ 分數比 15 歲學生還要高。

現今的 IQ 分數以更複雜的數學方式計算，被稱為離差智商分數。離差智商的平均分數被設定為 100，測驗的設計是依著與這平均分數的分離程度，來計算擁有相似分數的人數比例。舉例來說，大約三分之二的人落在與平均分數 100 差距 15 分的範圍內，獲得的分數在 85 和 115 之間。隨著分數高或低過這範圍，相同分數組的人數百分比顯著降低（如圖 12-8 所示）。

測量 IQ：現今測量智力的方法

從 Binet 時代以來，智力測驗已越來越能準確地測量 IQ。不論用什麼方式，它們大多仍能追溯到其根源來自 Binet 的原始概念。舉例來說，最廣為使用的測驗之一，**史比智力量表（第五版）**（Stanford-Binet Intelligence Scale, Fifth Edition, SB5）——始於 Binet 原始測驗的美國版本。這測驗包含一系列根據測驗對象的年齡而變化的題目，例如：年齡小的兒童被要求回答有關日常活動的問題或仿製複雜的圖樣。年齡較大的人則被要求解釋諺語、解決類比問題及描述出一組字詞間的相似性。測驗是以口語實施，受測者被給予越來越困難的問題，直到他們無法繼續作答為止。

魏氏兒童智力量表（第四版）（Wechsler Intelligence Scale for Children,

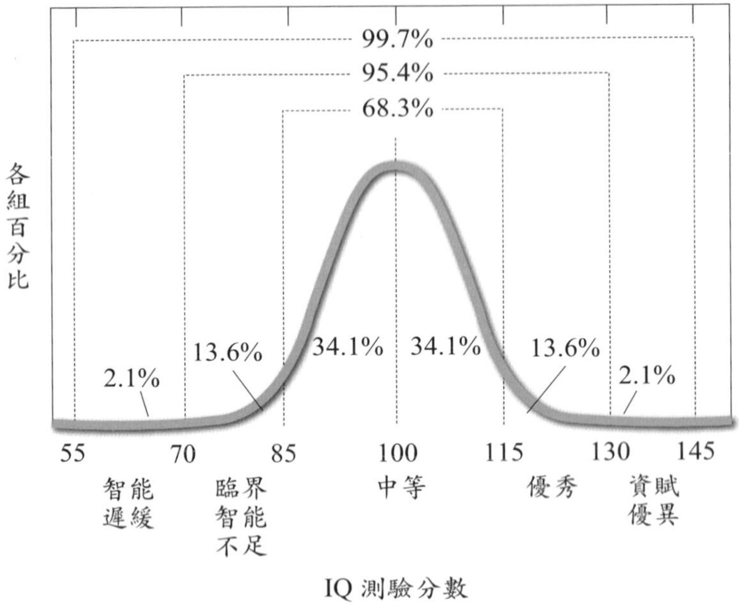

圖 12-8 IQ 分數

最常見及普通的 IQ 分數為 100，68.3%的人落在與 100 差距 15 分的範圍內。大約 95%人的分數在與 100 上下差距 30 分的範圍內；低於 3%人的分數在 55 以下或 145 以上。

Fourth Edition, WISC-IV）是另一個廣泛使用的智力測驗。這測驗（來自它的成人版本——魏氏成人智力量表）分別測量語文和作業（非語文）技能的分測驗及全量表分數。如你在圖 12-9 中見到的例題，語文測驗是傳統的字詞問題，測試像是理解文章的技能，而一般的非語文測驗是複製複雜的圖樣、以邏輯順序排列圖片及組合物件。測驗的不同部分是為了能容易辨認出受測者可能有的特別問題，例如：作業測驗的分數顯著高於語文測驗，可能顯示出語言發展的困難（Zhu & Weiss, 2005）。

考夫曼兒童智力測驗（第二版）（Kaufman Assessment Battery for Children, Second Edition, KABC-II）與史比智力量表及魏氏兒童智力量表採用不同的方法。在這測驗裡，兒童被測試他們同時整合不同類別的刺激和使用逐步思考的能力。KABC-II 特別的優點在於它的彈性。它允許施測人員使用替代的字詞或手勢，或甚至使用不同語言提問，以使受測者能有最大限度的表現。KABC-II

名稱	題目的目標	範例
語文量表		
訊息	評量一般訊息	多少個五分錢可以湊成一角？
理解	評量社會規範和過去經驗的理解和評估	把錢存在銀行的好處為何？
算術	藉由語文問題評量數學推理	假如兩個鈕釦價值 15 美分，一打鈕釦價值多少錢？
共同點	測驗對物體或概念相像程度的理解，利用抽象的推理	一小時和一星期有哪些方面是一樣的？
作業量表		
數字符號	評量學習的速度	利用線索配對符號和數字 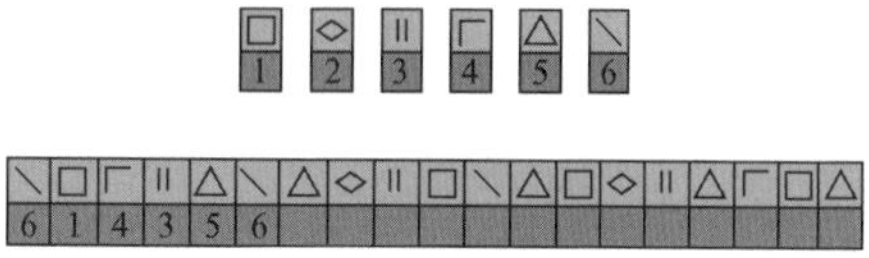
完成圖片	視覺記憶和注意力	找出缺少了什麼 
組合物件	測驗部件到整體關係的理解	把碎片拼成一個東西 

圖 12-9 測量智力

魏氏兒童智力量表（第四版）（WISC-IV）包含的題目像是上面所列。這樣的題目涵蓋了什麼？又欠缺了什麼？

的彈性使得測驗對非以英語為母語的兒童來說是有效和公平的。

從 IQ 測驗獲得的 IQ 分數意味著什麼？對大部分兒童來說，IQ 分數對他們的學業成就有相當不錯的預測。這不令人驚訝，因為智力測驗最初的發展動機就是為了辨識出在學業上有困難的學生（Sternberg & Grigorenko, 2002）。

但是當涉及學術領域以外的表現時，故事就不一樣了。舉例來說，儘管 IQ 分數較高的人往往完成較多年的學校教育，一旦在統計上控制了受教年限，IQ 分數就不再與收入和以後的人生成就有緊密的關係。此外，IQ 分數在預測特定個體的未來成就上，常常不準確，例如：不同 IQ 分數的兩個人可能在同一所大學裡完成學士學位，且 IQ 分數較低的那個人可能最後有較高的收入和較成功的事業。因為傳統 IQ 分數的困境，所以研究人員轉向其他測量智力的方法（McClelland, 1993）。

IQ 測驗無法說明什麼：智力的另類概念

在現今的學校環境中，最常使用的智力測驗是根據智力是單一因素、單一的心智能力而來。這一個主要特質常被稱為 *g*（Lubinski, 2004; Spearman, 1927）。*g* 因子被假定為智力各個面向表現的根基，且智力測驗可能測量到的是 *g* 因子。

然而許多理論學者爭論著智力是單一面向的觀點。一些發展學家認為事實上有兩種類型的智力存在：流體智力和晶體智力。**流體智力**（fluid intelligence）反映訊息處理能力、推理及記憶，例如：學生被要求根據一些標準將一系列的字母分出類別或記一組數字，這些都是使用流體智力（Catell, 1987; Salthouse, Pink, & Tucker-Drob, 2008; Shangguan & Shi, 2009）。

相反的，**晶體智力**（crystallized intelligence）是人們藉由經驗所學得的訊息、技能及策略的成果，可以應用在問題解決的情境中。學生可能依賴著晶體智力解決難題，或推論出謎題的解決方法，在這過程中其需要借助過去經驗（Alfonso, Flanagan, & Radwan, 2005; McGrew, 2005）。

其他理論家甚至將智能分成更多部分。舉例來說，心理學家 Howard Gardner 提出我們有八個不同且彼此無關的智能（如圖 12-10 所示）。Gardner 認為這些

	1. 音樂智能（在包含音樂的作業中的技能）。案例： 當他 3 歲時，Yehudi Menuhin 被他的父母偷偷帶到舊金山交響樂團音樂會。Louis Persinger 的小提琴樂音迷住了這孩子，因而堅持他的生日禮物要一把小提琴，且要求 Louis Persinger 擔任他的老師。兩件事都實現了。到他 10 歲的時候，Menuhin 已經是國際演奏家。
	2. 身體運動智能（使用整個身體或不同的身體部位解決問題或建構產出或表演，典型的例子有舞者、運動員、演員及外科醫生）。案例： 15 歲的 Babe Ruth 是三壘手。在一次比賽中，他隊上的投手表現不佳，Babe 從三壘大聲地指責他。教練 Brother Mathias 大喊：「Ruth，如果你懂得這麼多，你來投球！」Babe 驚訝且尷尬，因為他從未投過球，但是 Brother Mathias 堅持。Ruth 後來說，就在他站上投手丘的那一刻，他知道他應當就是一位投手。
	3. 邏輯數學智能（問題解決和科學思考的技能）。案例： Barbara McClintock 因為在微生物上的研究，贏得諾貝爾醫學獎。她敘說她的重要發現之一，那個發現是在思考一個問題的半小時後，「突然我跳起來，往回跑向〔玉米〕田。站在田的高處，〔其他人仍在低處〕我大喊著：『Eureka，我想出來了！』」
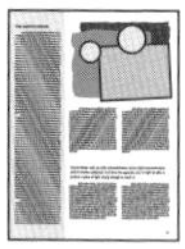	4. 語言智能（涉及語言產出和使用的技能）。案例： 在 10 歲時，T. S. Eliot 創造了一份雜誌名為《爐火》，他是唯一的投稿人。在他寒假的三天裡，他創作完成了八期。
	5. 空間智能（涉及空間結構的技能，例如藝術家和建築師所使用的技能）。案例： 航行在加羅林群島周圍……不靠儀器完成……在實際航行期間，領航員必須在心中想像一個參照的島嶼，當船從特定星星下方通過時，他從那裡計算已完成的區段數量、剩餘行程的比例及任何航向的修正。
	6. 人際智能（與他人互動的技能，例如對他人的情緒、脾氣、動機和意圖的敏感度）。案例： 當 Anne Sullivan 開始教導又聾又瞎的 Helen Keller 時，她的任務是一個逃避他人多年的個案。但是在開始教導 Keller 的兩個星期後，Sullivan 達成了一個很大的進展。用她的話說：「今天早上我的心喜悅地歌唱，一個奇蹟發生了！這個兩週前的野生小動物已經轉變為溫柔的小孩。」
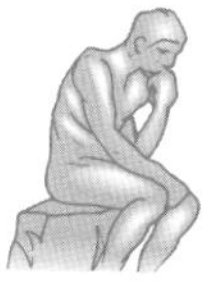	7. 內省智能（自己內在因素的知識；接觸個人自己的感覺和情緒）。案例： 在她的散文〈速寫過往〉中，Virginia Woolf 藉由這些方法深層洞悉她自己的內在生命，描述她對幾個從幼年到成年仍讓她感到打擊的特定記憶的反應：「雖然我仍有接受意外打擊的特質，但它們現在一直受到歡迎；在第一次意外事件後，我總是很快地覺得它們特別有價值。因此我持續地認為，接受打擊的能力讓我成為作家。」
	8. 自然觀察智能（辨識和分類自然界中形式的能力）。案例： 在史前時期，依靠狩獵的人需要自然觀察智能，以辨識出什麼種類的植物是可以食用的。

圖 12-10 Gardner 的八種智能

Howard Gardner 的理論認為有八種不同的智能，每種智能彼此無關。你如何應用這分類？

資料來源：Adapted from Walters & Gardner (1986).

分開的智能不是單獨而是共同運作的，視我們從事的活動類型而定（Chen & Gardner, 2005; Gardner, 2000, 2003; Gardner & Moran, 2006）。

我們最先在第 2 章討論到認知發展取向的俄國心理學家 Lev Vygotsky 對於智力有非常不同看法。他認為要評量智力，我們不僅應該要考量已經發展完全的認知歷程，還應該關心目前正在發展的。為了做到這一點，Vygotsky 主張評量作業應該包括被評量的個體和施行評量的人之間的合作互動——這過程被稱為動態評量。簡而言之，智力被視為不僅能反映出兒童靠他們自己時的表現如何，還能反映出當有成人協助時他們的表現有多好（Lohman, 2005; Vygotsky, 1927/1976）。

心理學家 Robert Sternberg（1990, 2003a）採取另一種取向，他認為以訊息處理表示智力是最佳的想法。根據此觀點，人們在記憶中儲存資料及之後使用其解決智力作業的方式，提供了智力的最明確概念。訊息處理取向探究構成智力行為的過程，而不是將焦點放在組成智力結構的不同次成分上（Floyd, 2005）。

探討問題解決歷程的速度和本質的研究顯示，高智力程度的人不僅在他們最後能解決問題的數量與其他人不同，在解決問題的方法上也與其他人不同。高 IQ 分數的人花較多時間在解決問題的初始階段，從記憶中提取相關訊息。相反地，在傳統智力測驗上得分較低的人傾向花較少時間在初始階段，不是跳過去、就是較少做訊息的推測。因此，在解決問題中所使用的方法可能反映出智力上的重要差異（Sternberg, 2005）。

Sternberg 致力於訊息處理取向的智力，使得他發展了**智力三元論**（triarchic theory of intelligence）。根據此模式，智力包含了三個訊息處理的面向：組成要素、經驗要素及適應要素。智力的組成面向反映人們可以如何有效地處理和分析訊息。在這些方面的有效性使得人們推論問題的不同部分間的關係、解決問題，然後評估他們的解決方法。人們擁有較多的組成要素，其在傳統的智力測驗上的分數最高（Gardner, 2011; Sternberg, 2005）。

經驗要素是智力的領悟力部分。人們擁有較多的經驗要素，能夠很快地比較出新的和他們已知的資料，並能夠以新穎和創造力的方式，組合和連結他們已經知道的事實。最後，智力的適應要素是有關實務性的智力，或處理日常生活環境需求的方式。

在 Sternberg 的觀點中，人們因著這三種要素各自所呈現的程度而不同。我們在任何特定作業上的成功程度，反映了作業和我們自己在這三種智力要素上的特定強項形式間的對應程度（Sternberg, 2003b, 2008）。

IQ 的團體差異

「克大」是下列何者的例子？

(1) 和圈

(2) 甫咯

(3) 瑟尼

(4) 貝鳴

如果你在智力測驗上發現像這樣的由無意義字詞所組成的題目，你的立即──且相當合理的──反應很可能是抱怨。一個目的在測量智力的測驗，怎麼能測試這無意義專有名詞的題目呢？

但對一些人來說，在傳統智力測驗所實際使用的題目，也可能同樣地無意義。舉一個假設的例子，想像住在鄉村的兒童被詢問有關地鐵的細節資料，同樣地，住在城市地區的兒童被問到有關羊的交配行為。在這兩個例子中，我們會預期：受測者先前的經驗對他們回答問題的能力有很大的影響。如果這類事項的問題被納入 IQ 測驗中，這測驗只能被視為測量過去經驗而不是測量智力。

雖然傳統 IQ 測驗的題目不是如此明顯地依據受測者的過去經驗、模範、文化背景和經驗，但確實有可能會影響智力測驗分數。事實上，許多教育者提出，傳統測量智力的方法，隱約偏頗白人、中上階層的學生及不利於不同文化經驗的群體（Ortiz & Dynda, 2005）。

解釋 IQ 的種族差異

文化背景和經驗如何影響 IQ 測驗表現的議題，導致研究者間有相當大的爭論。這爭論被挑起是因為發現某些種族群體的 IQ 平均分數始終低於其他族群的

IQ 分數，例如：非裔美國人的平均 IQ 分數往往比白人低大約 15 分——雖然測量的差異大部分是取決於使用的特定 IQ 測驗（Fish, 2001; Maller, 2003）。

當然，從這差異顯現出的問題是，是否反映出在智力上真實的差異，或是因為智力測驗本身有利於多數群體，而不利於少數群體的偏見所導致。舉例來說，如果白人在一個 IQ 測驗的表現優於非裔美國人，是因為測驗題目用他們非常熟悉的語言，這測驗幾乎不能說是對非裔美國人提供了公平的智力測量。同樣地，一個智力測驗單單使用黑人英語，則不被認為對白人的智力有公正的測量。

如何解釋不同文化群體間智力分數的差異的問題，是兒童發展上主要爭議之一的核心：個體的智力受遺傳影響到什麼程度？受環境影響到什麼程度？這個議題因為其社會意涵而具重要性，例如：如果智力主要被遺傳所決定，因此在出生時即大致固定不變，在往後的生活中企圖改變認知能力，如學校教育，達到成功的效果將有限。相反地，如果智力大部分是環境所決定，改變社會和教育條件是個能提升認知功能的有效策略（Weiss, 2003）。

鐘形曲線的爭議

雖然探討有關遺傳和環境對智力影響的研究已進行了數十年，因 Richard J. Herrnstein 與 Charles Murray（1994）出版的《鐘形曲線》（*The Bell Curve*），使得悶燒中的爭議轉為熊熊大火。在這本書中，Herrnstein 及 Murray 提出白人和非裔美國人間有著平均 15 分的 IQ 差異，主要是因為遺傳而非環境。此外，他們認為與多數群體相比，少數群體的 IQ 差異導致他們較高的貧窮率、較低的就業及較常使用社會救助。

Herrnstein 與 Murray（1994）所得出的結論引發了軒然大波，許多研究者檢驗書裡所報告的資料，得到非常不同的結論。大部分發展學家及心理學家提出，IQ 測量的種族差異可以藉由種族間的環境差異來解釋。事實上，當各種經濟及社會因素的指標同時進行統計上的考量，黑人和白人兒童的平均 IQ 分數變得很相似，例如：同樣來自中產階級背景的兒童，無論是非裔美國人或是白人，都擁有相似的 IQ 分數（Brooks-Gunn, Klebanov, & Duncan, 1996; Alderfer, 2003）。

此外，批評者認為，鮮少證據顯示智力是貧困和其他社會弊病的原因。事實上，一些批評者提出，如先前所討論的，IQ 分數與有效達到往後人生的成就無關（如，Nisbett, 1994; Reifman, 2000; Sternberg, 2005）。

最後，文化上及社會上的少數群體成員可能分數低於多數群體成員，是因為智力測驗本身的性質。顯然地，傳統智力測驗可能歧視了少數群體，其沒有接觸到多數群體成員所經驗的相同環境（Fagan & Holland, 2007; Razani et al., 2007）。

大部分傳統智力測驗的建構是以白人、英語為母語、中產階級的群體做為測驗對象。因此，來自不同文化背景的兒童可能在這測驗上表現不佳——不是因為他們不聰明，而是因為測驗題目有文化上的偏見，較有利於多數群體成員。事實上，一個經典的研究發現，在加州的一個學區中，墨西哥裔美國學生被安置在特教班的人數是白人學生的 10 倍（Hatton, 2002; Mercer, 1973）。

最近的研究發現顯示，美國被歸類為輕度智能遲緩的學生中，非裔美國學生是白人學生的兩倍，專家將這差異主要歸咎於文化偏見及貧窮。雖然某些 IQ 測驗〔例如多元文化多維智力評鑑（System of Multicultural Pluralistic Assessment, SOMPA）〕已經被設計為無論受測者的文化背景如何都能同樣有效，但沒有一個測驗能夠完全排除偏見的影響（Ford, 2011; Hatton, 2002; Sandoval et al., 1998）。

總之，大部分 IQ 領域的專家未被《鐘形曲線》所提出的團體 IQ 分數的差異大多來自遺傳因素的論點所說服。但我們仍不能將此問題消除，主要是因為不可能設計出一個明確的實驗來決定不同團體成員間 IQ 分數差異的原因（思考這實驗如何設計的計畫是徒勞無益的：一個人在倫理道德上，不能分派兒童到不同的生活條件中以實驗環境的影響，也不能希望在基因上控制或改變新生兒的智力程度）。

現今 IQ 被視為是先天和後天兩者以複雜的方式彼此交互作用所產生的產物，與其說智力單單是遺傳或經驗所造成，不如說基因影響經驗，而且經驗影響著基因的展現，例如：心理學家 Eric Turkheimer 發現證據，雖然環境因素在影響貧窮兒童的 IQ 上扮演重要的角色，但基因對富裕兒童的 IQ 較具影響力

（Harden, Turkheimer, & Loehlin, 2007; Turkheimer et al., 2003）。

到最後，知道智力被遺傳或環境因素影響到什麼程度可能不那麼重要，了解如何改善兒童的生活條件和教育經驗才是重要的。無論他們個人的智力程度如何，藉由豐富兒童的環境品質，我們將可以較有條件地使所有兒童充分發揮潛能，並對社會投入最大的貢獻（Nisbett, 2008; Posthuma & de Geus, 2006）。

低於和高於智力常模

雖然 Connie 跟上她的幼兒園同學的腳步，但在她一年級的時候，她每一學科的課業表現幾乎都是最慢的。她並不是沒有嘗試，相反地，她花在理解新教材的時間多於其他學生，並且她經常需要特別關注才能跟上班級裡的其他同學。

但在一些領域上，她的表現突出：當要求她用雙手畫出或製作一些東西時，她的表現不僅比得上她的同學，還超越他們的表現，創造出同學們都非常羨慕的美麗作品。儘管班上的其他學生感覺 Connie 有些不一樣，他們卻很難找出差異的來源，而且事實上他們沒有花很多時間思考這個問題。

然而 Connie 的父母和老師知道什麼造成她的特殊，在幼兒園裡大量的測驗結果顯示 Connie 的智力遠低於常態，而且她被正式歸類為有特殊需求的學生。

低於常模：智能障礙（智能遲緩）

大約 1%至 3%的學齡人口被認為是智能遲緩。**智能障礙（從前稱為智能遲緩）**〔intellectual disability (formerly known as mental retardation)〕的特點是，在智力的運作和包含概念、社會及應用技能的適應行為上有明顯的缺陷（AAMR, 2002）〔譯註：英文 intellectual disability (ID) 的意思 may be regarded not as a disease or as a disability but as a syndrome grouping，是將智能障礙視為 handicapped。但普遍在中文的翻譯中，intellectual disability 及 mental retardation 大都翻

譯成「智能障礙」，在此譯者企圖翻成不同的語詞做區隔〕。

在大多數情況下，智能障礙被歸類為家族性智力缺陷，沒有明顯的原因但有家族智能遲緩的歷史。其他的情況則是有清楚的生物原因，最常見的生物原因是胎兒酒精症候群，那是媽媽懷孕時飲酒過量所引起，還有唐氏症，因為多出現一個染色體所造成。分娩併發症，如短暫缺氧，也可能引起智能遲緩（Manning & Hoyme, 2007; Plomin, 2005; West & Blake, 2005）。

雖然智力運作上的缺陷，可以相當簡單地使用標準 IQ 測驗來測量，但要找出如何判斷適應行為的缺陷是困難的，這樣的不準確性，最終導致缺乏一致讓專家用來指稱智能障礙的方式。而且這還造成同樣被歸類為智能遲緩的人，在能力上有顯著的差異。因此，從可以不需要太多特別關注地被教導工作及執行任務的人，到幾乎無法訓練，和未發展出語言或像爬、行走等基本動作技能的人，都在智能障礙的範圍內。

智能障礙的程度

絕大多數智能遲緩的個體——約 90%——為相當輕微的缺陷程度，歸類為**輕度智能障礙**（mild intellectual disability），他們的 IQ 分數在 50 或 55 至 70 範圍內。一般來說，他們的遲緩在進入學校前甚至沒有被確定，雖然他們的早期發展常常低於平均。一旦他們進入小學，他們的遲緩和特別關注的需求經常變得明顯，就像 Connie 一樣，在開始這個討論時介紹的一年級學生。隨著適當的訓練，這些學生最後可以達到三到六年級的教育水準，而且雖然他們不能執行複雜智力的任務，但他們可以獨立且順利地進行工作和執行任務。

然而在智能遲緩較極端的程度上，智力的和適應的缺陷變得較明顯。IQ 分數大約在 35 或 40 至 50 或 55 範圍內的人被歸類為**中度智能障礙**（moderate intellectual disability），在智能障礙的類別中占了 5%至 10%，在他們生命的初期，中度智能遲緩即顯示出與眾不同的行為。他們語言能力的發展緩慢，而且肢體動作發展也受到影響。正規的學校教育在訓練中度智能障礙者獲得學業技能上沒有效果，因為一般來說，他們的進步無法超越二年級的程度。但是他們仍然有能力學習職業和社會技能，而且可以學會單獨在熟悉的地方旅行。通常，他們需要適度的監督。

在最明顯的遲緩程度上——**重度智能障礙**（severe intellectual disability）（IQ 分數從 20 或 25 至 35 或 40）及**極重度智能障礙**（profound intellectual disability）（IQ 分數在 20 或 25 以下）的個體——運作功能的能力上有嚴重的缺陷。一般來說，這樣的人很少或幾乎無法產生語言、肢體動作控制不佳，而且可能需要 24 小時的照護。然而，雖然有些重度智能障礙的人能夠學習基本的自我照顧技能，例如穿衣服和吃飯，他們甚至可能發展出部分像成人的獨立，但終身仍都需要高度的照顧，大多數重度及極重度智能障礙的人收容在機構中度過他們大部分的人生。

高於常模：資賦優異

在她 2 歲生日之前，Audry Walker 認識五種顏色的順序。當她 6 歲時，她的爸爸 Michael 無意中聽到她告訴一位小男孩：「不不不，Hunter，你根本不了解，你現在看到的是幻覺重現。」

在學校，Audry 很快便感到厭倦，因為老師重複練習字母和音節直到她的同學了解為止。然而她很活躍地在每週一次專為資賦優異兒童的課堂上，在那裡，她學習的速度可以跟她靈活的大腦所帶領她的速度一樣快（Schemo, 2004, p. A18）。

有時讓人覺得奇妙，資賦優異被認為是異常的一種形式。但有 3%到 5%資賦優異的學齡兒童存在著他們自己的特殊挑戰。

哪些學生被認為是**資賦優異**（gifted and talented）？研究者在針對廣泛類型學生的單一定義上未達成共識。聯邦政府認為，資賦優異這個詞包括「兒童在智力、創造力或藝術領域上、在領導能力或特定學業領域上展現高能力表現的證據，並且為了能充分發展此能力，其需要的不是一般學校所提供的幫助或活動」（Sec. 582, P.L. 97-35）。智力能力不僅只代表著異常的一種形式；在學術領域以外的獨特潛能也包含在這概念中。資賦優異兒童有如此多的潛能，且人數不少於低 IQ 的學生，使得他們值得特別關注——雖然當學校系統面臨預算上的問題時，為他們設計的特殊學校課程往往最先被刪除（Mendoza, 2006; Robinson, Zigler, & Gallagher, 2000; Schemo, 2004）。

儘管對資賦優異，特別是那些異常高智力的刻板描述為「孤僻」、「不擅調適」及「神經質」，大多數研究顯示，高智力的人開朗外向、擅於調適並且受人歡迎（Bracken & Brown, 2006; Cross et al., 2008; Howe, 2004; Shaunessy et al., 2006）。

舉例來說，一個意義重大且開始於 1920 年代的長期研究探討 1,500 位資優學生發現，資優學生不僅比一般學生聰明，與較不聰明的同學相比，他們也較健康、協調性及心理調適也較佳。此外，他們的生活方式是讓大部分的人羨慕的。與一般人相比，研究對象得到較多的獎項和榮譽、賺較多的錢，並且在藝術和文學上有許多較高的貢獻，例如：當他們 40 歲時，他們總共創作了超過 90 本書、375 部戲劇和短篇小說及 2,000 篇文章，超過 200 位登記結婚並成為父母。毫不意外地，他們比非資優學生還要多描述到他們對生活的滿意（Reis & Renzulli, 2004; Sears, 1977; Shurkin, 1992）。

然而資賦優異並不保證有好的學業成就，端視我們是否把所見到的認定為這類別中的獨特要件，例如：語言能力可以滔滔不絕地表達想法和感受，同樣也能說出圓滑且具說服力但可能不正確的陳述。而且教師有時可能誤解獨特的資優兒童的幽默感、新穎和創造力，並且把他們不斷湧出的想法視為是擾亂和不適當的，而且同儕不一定贊同他們的想法：一些非常聰明的兒童試著隱藏他們的聰明，而努力地配合其他學生（Swiatek, 2002）。

資優教育

教育者已設計出兩種方法來教導資優學生：跳級與充實。**跳級**（acceleration）是提供特殊課程，容許資優學生以他們自己的步調向前，即使是跳到較高年級。在跳級課程中，資優學生所得到的教材不一定跟其他一般學生不同，僅是提供他們比一般學生還要快的學習步調（Smutny, Walker, & Meckstroth, 2007; Steenbergen-Hu & Moon, 2011; Wells, Lohman, & Marron, 2009）。

另一種方法是**充實**（enrichment），藉由學生保持在同一個年級但參與特殊的課程，並被給予特定的個別活動，讓其針對特定主題進行較深度學習。在充實的課程中，提供給資優學生的教材不僅學習時間不同，也較複雜。因此，充實課程的教材給予資優學生智力上的挑戰，鼓勵他們進行高階思考（Rotigel, 2003; Worrell, Szarko, & Gabelko, 2001）。

跳級課程具有明顯的效果。大多研究都顯示，比同年齡的人還要早開始上學的資優學生，他的表現跟那些傳統年齡開始上學的學生表現一樣或是更好。說明跳級好處的最佳例證之一就是在 Vanderbilt 大學正在進行的「數學早熟青少年研究」。在這計畫裡，擁有數學特殊能力的七、八年級學生參加各種特殊班級和工作坊。結果非常轟動，這些學生成功地完成大學課程，有時還提早進入大學就讀，一些學生甚至在 18 歲前大學畢業（Lubinski & Benbow, 2001, 2006; Webb, Lubinski, & Benbow, 2002）。

個案研究　冒險賭注

Sarah Canton 是二年級的實習教師，被分發到中級程度的閱讀小組。因為這小組較小，所以她詢問閱讀專家是否能增加一位在專家小組中的學生——這孩子被認為在閱讀上是有困難的。

這專家勉強同意讓 Sarah 把 8 歲的 Maria Gonzales 加入中級的小組中。「她會跟不上而且會對自己感覺更糟。」這專家提醒。但是 Sarah 密切觀察過這位害羞的女孩 Maria，而且感覺若給她適當的挑戰，她有能力達到更好的。

第一週，Sarah 坐在 Maria 旁邊。這女孩喜愛這關注，雖然她只有被點到時才回答，但仍專注地跟著課程進度。Sarah 確保對 Maria 提出的問題是她已經知道的，而這女孩也能成功完成。

隔週，Sarah 坐到孩子之間，她開始對 Maria 提出問題，要求 Maria 做有點超出她所擁有知識的思考。她也要求 Maria 詮釋她所愛的詩，她的詮釋是獨創的及發自內心的，其他孩子給予她正向的回饋。當 Sarah 詢問有沒有自願者時，Maria 開始舉手參與。

第三週的時候，Maria 在她的閱讀週記上提出問題，並且回答其他孩子的問題。當跟她一對一閱讀時，Sarah 明白 Maria 的閱讀能力已經跳了三級，她持續找出與 Maria 的興趣和知識間的連結，以提升這女孩的理解。在這個學期結束時，Maria 的進步最大，而且現在的閱讀能力已經超越了她的年級程度。最棒的是，她在寫詩和自己的故事。

1. Sarah 如何了解以決定什麼是合適於 Maria 的「適當挑戰」？
2. 什麼考量因素促使 Sarah 決定在第一週坐在 Maria 旁邊，並且在一開始限定她的問題在那些確定 Maria 已經能夠成功回答的知識上。
3. 你認為當 Sarah 要求 Maria 為大家解釋一首詩的時候，是讓 Maria 冒險嗎？為什麼是或為什麼不是？
4. 在閱讀週記裡為大家提出疑問，並回答其他孩子的問題，如何幫助 Maria 發展成為一個讀者？
5. Sarah 努力找出閱讀課程與 Maria 的興趣和現有知識之間的連結，有什麼重要的意義？藉由 Vygotsky 的認知發展理論來解釋你的想法。

結語

在本章中，我們討論了兒童期中期的兒童認知發展，經由 Piaget、訊息處理取向及 Vygotsky 所提供的不同觀點探索它的發展。我們提到兒童期中期的兒童在記憶和語言領域上所發展出的能力提高。這兩個領域促進和幫助許多其他領域的獲得。

然後我們看了世界各地學校教育的情況。我們談到重新強調學業基礎、閱讀教學上的重要爭論，及不斷變化的多元文化教育及多樣性的趨勢。

最後，我們檢視智力的爭議性議題，做為這章的結束：它如何被定義、它如何被測試、IQ 測驗的差異如何被解釋，以及明顯低於或高於智力常模的兒童如何被教育。

回頭看序言中有關於在年輕讀者間所造成的哈利波特轟動事件，並回答下列問題：

1. 兒童的認知改變了什麼，使得他們能夠喜愛七冊的系列叢書，每冊厚達數百頁，例如哈利波特的故事？
2. 在較年幼時即有能力閱讀一本為較高年級所寫的書，是否為高 IQ 的徵兆？
3. 你認為為什麼這麼多兒童被哈利波特小說所吸引？在你看來，社會因素發揮的作用有多大？
4. 沒有新的哈利波特小說即將出版，教育者如何將對哈利波特的興趣轉變為對閱讀的終身興趣？

回顧

1 兒童期中期的兒童有哪些方面的認知發展？

- 根據 Piaget 的觀點，學齡兒童進入具體運思期，並且第一次有能力運用邏輯思考歷程於具體問題上。
- 根據訊息處理取向的觀點，學齡兒童的智力發展可以歸因於記憶能力的大幅提升及兒童可以處理複雜的「程式」。
- Vygotsky 提出學生專注的主動學習，是透過兒童－成人及兒童－兒童間在每個孩子的最近發展區內的互動。

2 兒童期中期的語言發展如何？

- 因著字彙、句法和語用的增加，學齡兒童的語言有很大的發展。兒童學習藉由語言策略控制他們的行為，並且當他們需要時，他們會尋求弄清楚不明白的地方，而有更有效的學習。

3 雙語造成的影響為何？

- 雙語對學齡兒童是有益的。
- 以母語教導所有學科並同時以英文教學，使得兒童經驗到多種語言和認知優勢。

4 什麼趨勢正在影響世界各地及美國的學校教育？

- 在大多數已開發國家中，幾乎所有兒童都可得到學校教育，但在許多低度開發國家，兒童不是那麼容易得到，特別是女生。

- 閱讀能力的發展是學校教育的根基，其一般出現幾個階段。研究顯示編碼（字母拼讀）取向優於全語文取向。
- 多元文化和多樣性在美國的學校裡是重要的議題。維持個別文化的認同，且同時參與較大文化定義的多元化社會觀點，已取代了少數族群同化到主流文化中的熔爐社會觀點。

5 什麼樣的主觀因素造就學業成就？

- 他人的期待，尤其是教師，可以產生的效果是，學生遵從這些期待而修正自己的行為。
- 情緒智力是容許人們有效處理他們情緒的一組技能。

6 在家教育的優點及缺點為何？

- 在家教育的兒童在標準測驗的表現上，與傳統教育兒童一樣。此外，他們申請大學被接受的比例，與傳統教育兒童的比例沒有差異。
- 批評者認為，在家教育限制了兒童參與團體的社會互動；無法提供反映美國社會多樣性的環境；以及家裡缺乏在許多學校裡可得到的先進科學和技術。

7 如何測量智力及智力測驗有些什麼議題？

- 傳統上智力測驗關注可以區別學業表現佳和學業表現不佳的因素。智商（IQ）反映了一個人的心智年齡和實足年齡的比率。其他智力觀點的重點放在不同類型的智力或訊息處理的不同面向。
- IQ 是否有種族差異，以及如何解釋這些差異的問題，仍具高度爭議性。

8 如何教育智能落在一般範圍以外的兒童？

- 高於和低於常模的兒童都能從特教課程中受益。
- 跳級及充實課程被用來教育資賦優異兒童。

關鍵詞

- 具體運思期（concrete operational stage）：7 至 12 歲兒童的認知發展時期，具

有主動且適當運用邏輯推理的特徵。

- 去中心化（decentering）：以多元觀點考量一個情況的能力。
- 記憶（memory）：訊息被轉錄、儲存及提取的歷程。
- 後設記憶（metamemory）：對形成記憶過程的了解，此能力在兒童期中期出現和提升。
- 後設語言覺知（metalinguistic awareness）：個體對自己語言使用的理解。
- 雙語能力（bilingualism）：說兩種語言的能力。
- 多元文化教育（multicultural education）：此教育的目標在幫助來自少數族群文化的學生在多數族群文化中發展出能力，同時在他們原生文化的基礎上保有正向族群認同。
- 文化同化模式（cultural assimilation model）：此模式的觀點是將美國社會視為一個大熔爐，在其中的所有文化被整合成一個獨特的美國文化。
- 多元化社會模式（pluralistic society model）：此模式認為美國社會是由不同且平等的文化所組成，應該要保留這些文化各自的特色。
- 雙文化認同（bicultural identity）：當變為融入多數族群文化時，仍保有對自己原有文化的認同。
- 情緒智力（emotional intelligence）：一組技能，是準確評量、評估、表達及調節情緒的基礎。
- 教師期望效應（teacher expectancy effect）：教育人員對特定兒童的期望，真的使得期望行為發生的現象。
- 智力（intelligence）：當面對挑戰時，能理解世界、理性思考和有效使用資源的能力。
- 心智年齡（mental age）：為已知實足年齡的人找到代表的智力程度。
- 實足（生理）年齡〔chronological (physical) age〕：遵照曆法而來的年齡。
- 智商（intelligence quotient, IQ）：說明個體的心智及實足年齡比率的分數。
- 史比智力量表（Stanford-Binet Intelligence Scale, Fifth Edition, SB5）：由一系列題目所組成的測驗，題目因著被測驗者的年齡而不同。
- 魏氏兒童智力量表（第四版）（Wechsler Intelligence Scale for Children, Fourth

Edition, WISC-IV）：適用於兒童的測驗，提供測量語文和作業（非語文）技能的分測驗及全量表分數。

- 考夫曼兒童智力測驗（第二版）（Kaufman Assessment Battery for Children, Second Edition, KABC-II）：測量兒童同時整合不同刺激及逐步思考能力的智力測驗。
- 流體智力（fluid intelligence）：反映訊息處理能力、推理及記憶的智力。
- 晶體智力（crystallized intelligence）：人們藉由經驗所學得的訊息、技能及策略的成果，可以應用在問題解決的情境中。
- 智力三元論（triarchic theory of intelligence）：此信念認為智力包含了三個訊息處理的面向：組成要素、經驗要素及適應要素。
- 智能障礙（從前稱為智能遲緩）〔intellectual disability (formerly known as mental retardation)〕：智力的運作明顯低於平均程度，伴隨著二個或以上技能領域障礙的發生。
- 輕度智能障礙（mild intellectual disability）：智商分數在 50 或 55 至 70 範圍內的智能障礙。
- 中度智能障礙（moderate intellectual disability）：智商分數在 35 或 40 至 50 或 55 範圍內的智能障礙。
- 重度智能障礙（severe intellectual disability）：智商分數在 20 或 25 至 35 或 40 範圍內的智能障礙。
- 極重度智能障礙（profound intellectual disability）：智商分數低於 20 或 25 的智能障礙。
- 資賦優異（gifted and talented）：在智力、創造力或藝術領域上、在領導能力或特定學業領域上展現高能力表現的證據。
- 跳級（acceleration）：提供特殊課程，容許資優學生以他們自己的步調向前，即使是跳到較高年級。
- 充實（enrichment）：學生保持在同一個年級但參與特殊的課程，並被給予特定的個別活動，讓其針對特定主題進行較深度學習的方法。

13

Chapter

兒童期中期的社會與人格發展

梁珀華 譯

學習目標

1 兒童如何看待自己在兒童期中期的改變？
2 在兒童期中期，自尊為什麼重要？
3 移民家庭中的兒童如何適應美國文化？
4 什麼是兒童期中期常見的關係類型與友誼？
5 性別與種族如何影響友誼？
6 今日多元的家庭型態與托育安排如何影響兒童？
7 兒童如何與同性戀父母生活？
8 21 世紀團體托育的本質為何？

序言 要玩還是不玩

Henry 在小的時候，人緣好而且外向。他第一天到幼兒園上學的時候，就喜歡上幼兒園的新同學與學校活動，所以他很感謝媽媽送他上幼兒園。他的兒時似乎從不缺少友誼。

但是當 Henry 上小學後，情況有了改變。在三年級的時候，班上的男生開始踢足球，這正是他所討厭的運動。所以他和班上的女生玩了一陣子，但是卻招來班上男生的嘲笑。班上女生同時也開始組起社團，而每個社團都不允許男生加入。

最後，Henry 決定嘗試踢足球，但是，足球對他而言太過粗暴。Henry 的媽媽問他班上是否有其他男生不喜歡踢足球，Henry 回答：「班上不喜歡踢足球的男生也會踢足球，因為他們不想成為『孤鳥』。」Henry 的媽媽知道他兒子話裡面的意思其實是：「他們不想成為『像我一樣的孤鳥』」（Renkl, 2009）。

展望未來

Henry 的經驗並不特別。當兒童進入兒童期中期時，他們與其他人連結的方式，以及他們對於自己的看法有很大的轉變。有時候，這種轉變相當平順，然而，就如 Henry 的故事所呈現的，轉變也可能給父母與孩子帶來全新且意外的挑戰。

本章我們將聚焦於兒童期中期的社會與人格發展。這是兒童對於他人的看法經歷劇烈改變的時期。他們與朋友以及家庭形成新的連結，並且逐漸與家庭之外的社會機構形成依附關係。

我們藉由檢視兒童如何看待自己的方式之轉變來探究兒童期中期的人格與社會發展。我們將探討兒童如何看待自己的人格特質，並檢視與自尊相關的複雜議題。

其次，本章將探究兒童期中期的關係。我們將探究友誼的階段，以及性別與種族如何影響兒童的互動關係。我們也會檢視兒童的社會能力。

本章的最後將探究兒童生活中主要的社會機構：家庭。我們將探討離婚的後果、自我照顧兒童，與團體托育的現象。

發展中的自我

1 兒童如何看待自己在兒童期中期的改變？
2 在兒童期中期，自尊為什麼重要？
3 移民家庭中的兒童如何適應美國文化？

9 歲大的 Karl Haglund 躺在他的老鷹的窩裡面，也就是蓋在他們家後院柳樹上的樹屋。有時他獨自一人坐在枝幹密布的樹上，他的臉望向天空，怡然自得地享受一個人獨處的時光。

這一天早上，Karl 忙著敲敲打打，他說：「蓋房子真有趣，我在

4 歲時開始蓋這棟樹屋，然後在 7 歲的時候，爸爸幫我蓋了這個平台，因為那時我的樹屋壞掉了，而且爬滿了螞蟻。所以，我們把它拆掉然後重蓋一個陽台，再把樹屋蓋在上面。現在它變得比較強壯了。我在這裡有獨處的空間，但是，壞處是，風大時樹屋就好像快被風吹走了。」（Kotre & Hall, 1990, p. 116）。

當 Karl 描述他和父親如何蓋這棟樹屋時，Karl 對於自身能力覺察的成長也反映在字裡行間。這也就是心理學家 Erik Erikson 所說的勤奮進取：Karl 對於他完成工作所展現出來沉默的驕傲，也說明了兒童對於自己的看法萌發的其中一種方式。

兒童期中期的心理社會發展：勤奮與自卑

根據我們在第 10 章所提及的 Erik Erikson 的心理社會發展，兒童期中期與兒童的能力發展有關。**勤奮與自卑**（industry-versus-inferiority stage）約在兒童 6 歲至 12 歲的期間，也就是小學階段，兒童必須面對來自父母、同儕、學校以及其他現代世界中複雜事物的挑戰。

當兒童經歷兒童期中期的階段，來自學校的挑戰非常嚴峻。兒童必須同時兼顧學校課業的巨大壓力，以及為自己在社會環境之中找到一個棲身之地。他們必須與小組成員合作以完成小組活動，也必須兼顧其他的社交團體與角色，包括與老師、朋友和家庭的關係。

勤奮與自卑階段的成功將帶來自我控制與熟練感，並促進對於自身能力的覺察，就如同 Karl 談論到自己的建造經驗。就另一方面來說，在這個階段遭遇困難將導致失敗與不足的感覺。因此，可能導致兒童中斷學業，失去與同儕競爭以及互動的興趣和動機。

像 Karl 這樣的兒童可能發現在兒童期中期達到勤奮進取的目標會有持續性的效果。舉例來說，有一個研究花了 35 年追蹤 450 位成人的表現，發現他們在童年期的勤奮會與成人期的行為相關（Vaillant & Vaillant, 1981）。那些在童年期最勤奮努力的兒童會在日後長大成人時成為職場與個人生活中最成功的人。

事實上，童年期的勤奮與成人期成功的相關程度比起個人智力以及家庭背景要來得高。

了解自我：對於「我是誰？」的新反應

在兒童期中期，兒童尋求對於自我本質的了解，並持續努力回答「我是誰？」雖然這樣的問題並不需要立即得到答案，小學階段的兒童仍然想要在這個世界中尋找個人的定位。

從實體到心理層次之自我了解的轉變

兒童在兒童期中期的時候渴求自我了解。藉由我們在前面幾章所討論到的認知成長，例如：對於心智理論了解與訊息處理能力的增進，他們開始以較具心理特質的觀點而較少外在、實體的特性來看待自己（Eggum, 2011; Lerner, Theokas, & Jelicic, 2005; Marsh & Ayotte, 2003）。

舉例來說，6 歲大的 Carey 描述她自己為「飛毛腿且擅長畫畫」，都是與肌肉運動技能有關的外在活動。相反地，11 歲大的 Meiping 描述她自己為「非常聰明、友善，並且對朋友很好」。Meiping 對於她自己的看法是基於心理特質，是比年幼兒童的描述更為抽象的內在特質。對於自我概念的內在特質的描述，起因於我們在第 12 章所討論到的認知技能的增進。

除了焦點從外在特性到內在的心理特質的轉變，兒童對於自己的看法也變得較為複雜。從 Erikson 的觀點來看，兒童投注精力於他們能夠勤奮的事物上。當他們年紀漸長時，兒童發現他們擅長於做某些事，但不擅長於其他事情。舉例來說，10 歲大的 Ginny 發現她的數學很好但不擅長於拼字。11 歲大的 Alberto 認為他自己壘球打得很好，但是卻缺乏踢足球的持續力。

兒童的自我概念開始區分為個人與學業領域。事實上，如同圖 13-1 所呈現的，兒童從四個主要領域來評估自己，而每個領域都可以再細分為不同的細項。舉例來說，非學業方面的自我概念包括：外表、同儕關係與體能。學業方面的自我概念可以類似地區分。有關學生在英文、數學與非學科領域的自我概念的研究發現，這些不同領域的概念並不是一定相關聯的，雖然部分領域可能有所

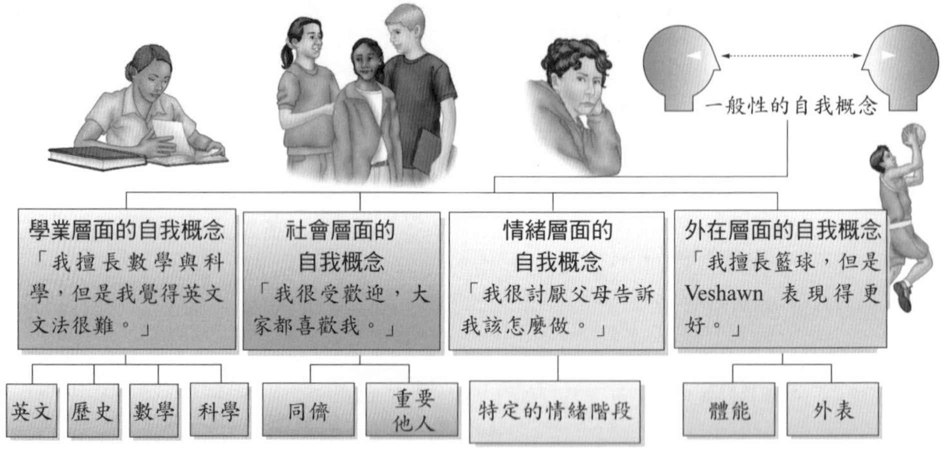

圖 13-1 向內看：自我的發展

當兒童年紀漸長，他們對於自己的看法也更為不同，包含了若干個人與學業層面。是什麼樣的認知改變造成了這樣的發展？

資料來源：Adapted from Shavelson, Hubner & Stanton (1976).

重疊，例如：一個認為自己在數學領域表現很棒的學童，並不一定就會覺得自己的英文也很好（Burnett & Proctor, 2003; Marsh & Ayotte, 2003; Marsh & Hau, 2004）。

社會比較

如果有人問你數學有多好，你要如何回答？大多數的人都會將自己的表現與相似年齡與教育程度的人做比較。我們較不可能將自己與愛因斯坦或是幼兒園小朋友的數學能力相提並論。

當小學階段的兒童想要了解自己的能力時，他們也會開始這樣的推理思考。當他們年齡更小的時候，他們會以假設性的絕對標準來衡量他們的能力是好或壞。但是，他們現在開始使用社會參照的程序來比較自己與他人，以決定他們在兒童期中期階段的表現（Weiss, Ebbeck, & Horn, 1997）。

社會比較（social comparison）指的是將自己與他人比較以評估自己的行為、能力、專業與看法。根據心理學家 Leon Festinger（1954）首先提出的理論，如果缺乏客觀具體的能力衡量標準，人們會以社會現實的方式來評估自己。社會現實指的是對於他人如何行動、思考、感覺與看待這個世界的了解。

但是，誰能夠提供最適當的比較？當兒童期中期的兒童無法客觀地評估自己的能力，他們會注意與自己相似的人（Suls & Wills, 1991; Summers, Schallert, & Ritter, 2003）。

向下的社會比較

雖然兒童常會將自己與相似的人比較，然而，在有些個案中，特別是當兒童的自尊心受挫時，他們會選擇使用向下的社會比較，將自己與較無能或較不成功的人比較（Hui et al., 2006; Vohs & Heatherton, 2004）。

向下的社會比較能夠維護兒童的自信，將自己與較無能的人比較會使兒童覺得自己名列前茅，因而保住了自己成功的形象。

向下的社會比較解釋了為什麼有些小學生雖然學業表現不好，但是卻比學業表現好的學童具有較強的學業自尊。似乎是因為低學業成就學校中的學童觀察那些學業表現極差的同學，經由比較後覺得自己學業表現不錯。相反地，在高學業成就學校中的學童發現自己在與一群學業成績優異的同學競爭，所以他們對於自己的學業表現並不滿意。然而，就自尊而言，只能說：「寧為雞首不為牛後」（Borland & Howsen, 2003; Marsh & Hau, 2003; Marsh et al., 2008）。

自尊：發展對於自己正面或負面的看法

兒童並不會毫無感情地將自己的外在與心理特性分項列出以評斷自己。相反地，他們以特定的方式來斷定自己是好或是壞。**自尊**（self-esteem）是個體對於自己的整體、特定的正面與負面評斷。自我概念反映了關於個人的信念與認知（例如：「我很會吹喇叭，但是我的社會科不行」），而自尊則是較為情緒取向（例如：「每個人都認為我是書呆子」）（Bracken & Lamprecht, 2003; Davis-Kean & Sandler, 2001）。

在兒童期中期，兒童的自尊以重要的方式來發展。就如同我們在之前所提到的，兒童逐漸增加自己與他人的比較，也因此他們可以用現今社會的標準來評斷自己。此外，他們逐漸發展自己對於成功的內在標準，所以他們可以知道自己與他人程度的差異。兒童期中期兒童的其中一個成長在於自尊發展如同自我概念般逐漸變得不同。到了 7 歲的時候，大部分兒童的自尊反映了對於個人的宏觀簡要看法。如果他們的整體自尊是正面的，他們就會相信自己能做到很多事；相反地，如果他們的整體自尊是負面的，他們就會覺得自己無法做好大多數的事情（Harter, 2006; Hoersting & Jenkins, 2011; Lerner et al., 2005）。

然而，當兒童進入兒童期中期的時候，他們的自尊在某些方面表現得較高，但在某些方面卻較低。舉例來說，一個男孩的整體自尊可能包含某些領域的正面自尊（例如：對於自己藝術能力的正向感覺），以及對於其他領域較負面的自尊（例如：對於運動技能有較不愉快的感覺）。

自尊的改變與穩定

一般來說，整體的自尊在兒童期中期增加，並在大約 12 歲的時候有一個短期的下降狀況。雖然這樣的下降有許多可能的原因，但是主要的原因似乎是學校的銜接也常在這時候發生：學生從國小畢業進入國中時出現了自尊下降的情況，之後會再逐漸上升（Robins & Trzesniewski, 2005; Twenge & Campbell, 2001）。

就另一方面來說，有些兒童的自尊長期低落。低自尊的兒童面對的是一條坎坷的人生道路，部分原因是因為他們的自尊落入了一個失敗的循環，並且變得越來越難以改變。舉例來說，假設 Harry 長期以來就是一個低自尊的學生，當他面對一個重要的考試，他認為自己會表現不好，因此，他會非常焦慮以至於無法有效率地專注於課業。更進一步來說，他可能會決定不要花太多心思在課業上，因為他覺得反正自己將會表現得很差，所以也就不需要再讀書了。

當然，最後 Harry 的高焦慮與不用功會如他所預料的：考試成績不理想，而這樣的失敗也會使他確認自己的期待，並且強化他的低自尊，持續他的失敗循環（如圖 13-2 所示）。

相反地，高自尊學生走的是一條較為正向的道路，並且進入一個成功的循環。因為對於自己有較高的期許，所以他們會更投入於課業，並且有較低的焦

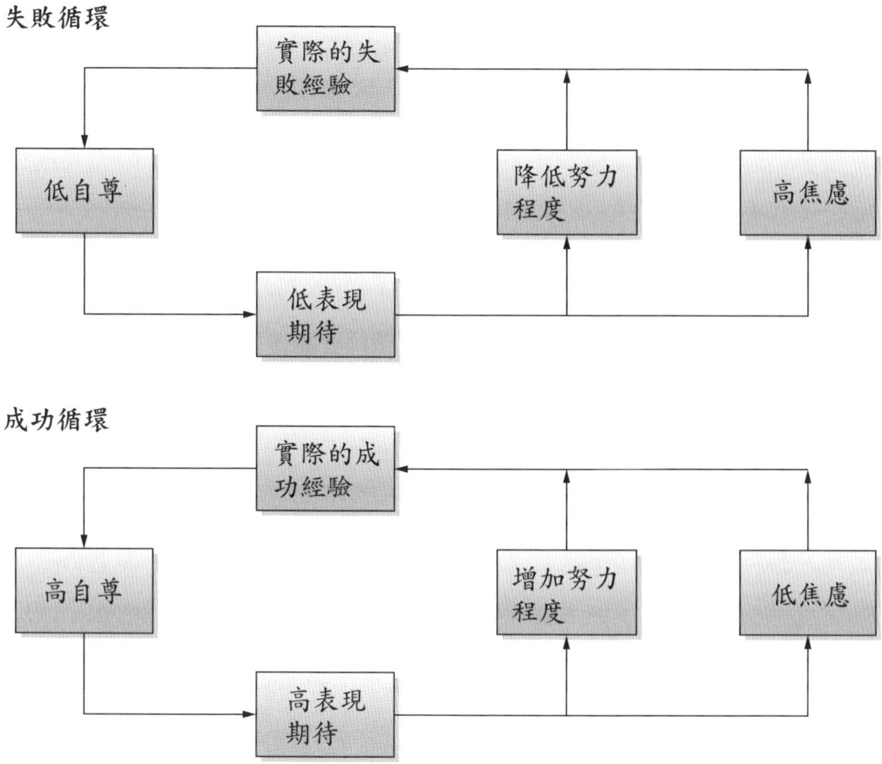

圖 13-2 自尊的成功與失敗循環

因為低自尊兒童可能期待考試成績不理想，所以他們可能經歷高焦慮，並且用功程度不如較高自尊的學生。因此，他們在實際考試成績的不理想會使他們確認對於自己的負面評價。相反地，高自尊學生對於自己會有較正面的評價，也會使他們有較低的焦慮與較高的動機。因此，他們的表現也會比較好，並且強化他們的正面自我形象。教師應該如何幫助低自尊學生打破他們的負面循環呢？

慮以及較高的成功機率。也因此會使他們強化自己較高的自尊以進入成功的循環。

父母可以藉由提高孩子的自尊來打破他們失敗的循環。要達到這樣的目標，最好使用我們在第 10 章所提到的權威型父母的教養方式。權威型父母對待孩子的方式溫暖，並且能夠給予情緒上的支持。他們會為孩子的行為設定清楚的界限。相反地，其他教養類型的父母對於孩子的自尊較無正面的影響。強調懲罰與控制的父母給予孩子的訊息是他們不值得信任，而且無法自己做決定，這樣的訊息會低估孩子的正確判斷能力。極度放任的父母會忽略孩子的實際表現而不分青紅皂白地給予讚美，因而使得孩子形成錯誤的自尊，最後會危害到孩子（Bender et al., 2007; DeHart, Pelham, & Tennen, 2006; Milevsky et al., 2007; Rudy & Grusec, 2006）。

種族與自尊

如果你所屬的族群常受到偏見與歧視，似乎就可以預測你的自尊將會受到影響。早期的研究已經證實非裔美國人比起白人擁有較低自尊的研究假設。舉例來說，有一系列先驅性研究發現，一個世代之前，當研究人員拿出白人與黑人娃娃給非裔美國籍的兒童看時，他們喜歡白人娃娃更甚於黑人娃娃（Clark & Clark, 1947）。對於這樣的研究結果的解讀是：非裔美國籍兒童的自尊低落。

然而，最近的研究顯示，早期的研究結論可能被過度誇大了。對於不同族群成員自尊程度的圖像其實更為複雜。舉例來說，雖然白人兒童剛開始比黑人兒童表現出較高程度的自尊，但黑人兒童在約 11 歲的時候卻開始比白人兒童表現出稍高的自尊。這樣的轉變源自於非裔美國籍兒童變得比較認同自己的族群，並且較為肯定自己族群的優點（Dulin-Keita et al., 2011; Oyserman et al., 2003; Tatum, 2007）。

西班牙裔兒童的自尊在兒童期中期要結束的時候也會提高，雖然在青春期的時候他們的自尊程度仍然在白人兒童之後。相反地，亞裔美國兒童表現出相反的自尊型態，他們的自尊在小學階段比白人與黑人兒童高，但在童年期結束時卻比白人兒童來得低（Tropp & Wright, 2003; Twenge & Crocker, 2002; Umana et al., 2002; Verkuyten, 2008）。

對於自尊與少數族群身分間之複雜關係的其中一種解釋就是社會認同理論（social identity theory）。根據這個理論，少數族群會接受主流族群對於他們的負面看法的前提是：少數族群認為在現實生活中極不可能改變兩個族群間的權力與地位關係。如果少數族群的成員認為偏見與歧視能夠被降低，他們就能譴責社會的偏見，而非他們自己。主流族群與少數族群間的自尊不應該有差異存在（Tajfel & Turner, 2004）。

事實上，當少數族群成員的群體驕傲與種族的覺醒成長時，不同族群成員間的自尊差異已經縮小。這樣的趨勢也進一步支持了多元文化敏感度的增進（Negy, Shreve, & Jensen, 2003; Lee, 2005; Tatum, 2007）。

發展的多元性與你的生活

移民家庭中的兒童適應良好嗎？

美國在過去 30 年中的移民有顯著的增加，移民家庭中的兒童約占美國兒童人數的 25%。移民家庭的兒童是美國兒童中人數成長最快的（Hernandez et al., 2008）。

在許多方面，移民家庭中的兒童都適應得不錯，在某方面來說，他們比起非移民的同儕表現得更好。舉例來說，他們比起父母在美國出生的同儕有更好或相同的學校成績表現。在心理方面，他們的表現也不錯。雖然他們認為自己較不受歡迎，並且較不容易掌控自己的生活，但是他們也展現出與非移民兒童相似程度的自尊（Driscoll, Russell, & Crockett, 2008; Harris, 2000; Kao, 2000）。

就另一方面來說，有許多移民家庭的兒童面臨挑戰。他們的父母受教育的程度有限，而且工作所得很少。移民的失業率通常會高於一般族群。此外，移民家庭中的父母可能英語表達能力有限，所以有許多移民兒童缺乏良好的健康保險（Hernandez et al., 2008; Turney & Kao, 2009）。

然而，即使移民兒童的家庭經濟狀況不錯，與非移民家庭相比，他們反而具有較強烈追求成功的企圖心，並且對於教育特別重視。更進一步來說，有許多移民家庭的兒童來自重視集體主義的社會，因此，他們會覺得自己有責任與義務為了家庭而成功。最後，他們所來自的國家會給予這些移民兒童強而有力的文化認同，使他們不會接受不受青睞的「美國人的」行為，例如：物質主義或是自私（Fuligni & Yoshikawa, 2003; Suárez-Orozco & Todorova Suárez-Orozco, 2008）。

因此，在兒童期中期的階段，美國移民家庭中的兒童通常表現得很好。

然而，等到這些移民兒童進入青春期或成人時的狀況就較不清楚了。目前研究才剛開始釐清移民如何在其一生中有效地適應環境（Fuligni & Fuligni, 2008; Portes & Rumbaut, 2001）。

關係：兒童期中期的友誼發展

4 什麼是兒童期中期常見的關係類型與友誼？
5 性別與種族如何影響友誼？

> 在二號餐廳裡，Jamillah 和她的新同學慢慢地吃著三明治並用吸管喝著牛奶……。男孩和女孩們膽怯地看著坐在桌子另一邊的陌生臉孔，搜尋可能和他們成為朋友並且能一起在校園中玩的人。
>
> 對這些兒童來說，在學校校園中所發生的事就跟在教室內發生的事一樣重要，而且當他們在學校戶外遊戲場玩的時候，可沒有人能夠保護他們。兒童無法避免在競賽中被打、在技能測試中被羞辱，或是在爭執中被傷害。兒童在群體中的成員資格無法被介入或保障。在戶外遊戲場中，如果你不能自保就會被霸凌，沒有人會自動成為你的朋友（Kotre & Hall, 1990, pp. 112-113）。

就如同 Jamillah 和她的同學所表現的，友誼在兒童期中期扮演越來越重要的角色。兒童對於朋友的重要性越來越敏感，並且能夠建立與維持友誼變成兒童社會生活重要的一部分。

朋友在許多方面都會影響兒童的發展。舉例來說，友誼提供兒童有關世界、他人與他們自己的訊息。朋友提供情緒上的支持，使兒童對於壓力的因應更為有效。交朋友使兒童較不容易成為攻擊的目標，並且教導兒童如何管理與控制情緒，幫助他們解讀自己的情緒經驗（Berndt, 2002）。

在兒童期中期的友誼也提供兒童與他人溝通與互動的練習機會。他們也同樣藉著擴展兒童的經驗來促進其智能上的發展（Gifford-Smith & Brownell, 2003; Harris, 1998; Nangle & Erdley, 2001）。

雖然在兒童期中期朋友與同儕會變得越來越具影響力，但是，他們的重要性還是不及父母與其他家人。大多數的發展學家認為兒童的心理功能與發展是綜合因素影響下的產物，包括：同儕與父母（Altermatt, 2011; Parke, Simpkins, & McDowell, 2002; Vandell, 2000）。所以，我們也將會在這一章的後面討論家庭的影響。

友誼的階段：對於朋友觀點的改變

在兒童期中期，兒童對於友誼本質的看法經歷深遠的改變。根據發展心理學家 William Damon 的看法，兒童對於友誼的看法歷經三個重要的階段（Damon & Hart, 1988）。

階段一：奠基於他人行為的友誼

第一個階段約在 4 歲到 7 歲，兒童將朋友視為喜愛他們，並且能夠分享玩具與其他活動的人。他們將跟自己度過最多時間的人視為朋友。舉例來說，當你問一個幼兒園的小朋友：「你如何知道誰是你最好的朋友？」他可能會這麼回答：

> 我有時會到他家睡覺，當他跟朋友玩球時也會讓我加入。當我到他家睡覺玩遊戲時，他會讓我站在他的前面，他喜歡我（Damon, 1983, p. 140）。

然而，當兒童處於第一個階段的時候，並不會將他人的人格品質列入考慮。舉例來說，他們並不會認為友誼與同儕獨特正向的個人特質有關，相反地，他們使用一種非常具體的方式來判定誰是朋友，大多視他人的行為而定。他們喜愛能與他人分享的人，並不喜愛不與他人分享、打人或是不跟他們玩的人。總之，在第一個階段，朋友大多被視為能夠提供愉快互動機會的人。

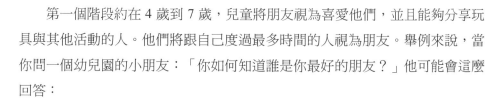

階段二：奠基於信任的友誼

然而，在下一個階段，兒童對於友誼的看法日趨複雜。這個階段約在 8 歲到 10 歲時，兒童會將他人的人格品質與個人特質，以及他人所提供的回報列入考慮，但是，第二個階段友誼的重點是互信。朋友被視為當他們有需要時能夠提供幫助的人。這也表示違背信任原則是非常嚴重的事，而且朋友如果違背互信原則，就不能只靠他們在第一階段所做的事：一起玩遊戲來修補。相反地，正式的解釋與道歉在友誼重新建立前是必要的。

階段三：奠基於心理親密度的友誼

友誼的第三階段開始於兒童期中期的結束，約在 11 歲到 15 歲的年紀。在這個階段，兒童開始發展的友誼看法會持續到青春期。在這個階段的友誼是由親密的感覺所形成的，通常藉由相互揭露分享個人想法與感覺的方式。他們有時具有獨占性。在兒童到了兒童期中期的時候，他們會尋求忠實的朋友，並且將友誼視為有益心理而不只是分享活動而已。

兒童也發展關於朋友該有的行為與不該有的行為的清楚想法。在表 13-1 可以清楚看到，五年級與六年級的學童最喜歡別人邀請他們參加活動，並且能夠在心理與行動上支持他們。相反地，他們不喜歡別人表現出語言與肢體上的攻擊行為。

友誼的個體差異：什麼因素造就一個受歡迎的兒童？

兒童的友誼通常會因其受歡迎程度而有不同。較受歡迎的兒童會與受歡迎的人做朋友，而較不受歡迎的兒童則容易跟較不受歡迎的兒童形成友誼。受歡迎的程度也與一個兒童所擁有的朋友數量相關：較受歡迎的兒童會比較不受歡迎的兒童擁有較多的朋友。此外，越受歡迎的兒童越容易形成小團體，也就是具有排他性與使人想要加入的團體，他們也容易與很多其他的兒童互動。

為什麼有些兒童在校園裡就如同生活在黨派中，而有些兒童則被同儕孤立看不起呢？為了回答這個問題，發展學家已經提出受歡迎兒童的幾項個人特質。

表 13-1 兒童最喜歡與最不喜歡的朋友行為（依重要性排序）

最喜歡的行為	最不喜歡的行為
幽默感	語言攻擊
友善溫和	表達憤怒
幫助他人	不誠實
具互惠性	批判性或挑剔性強
邀請他人參與活動等	貪婪或頤指氣使
分享	肢體攻擊
避免令人不悅的行為	喜歡打擾別人
給予他人許可或是主導權	嘲笑他人
提供指導	干擾別人的工作
忠實	不忠實
令人敬佩的表現	違反規則
協助完成工作	忽略他人

資料來源：Adapted from Zarbatany, Hartmann, & Rankin (1990).

哪些個人特質會使兒童受歡迎？

受歡迎兒童有一些共同的人格特質。他們通常樂於助人，能夠與他人合作共同完成計畫。受歡迎兒童也很有趣，通常具有良好的幽默感，並且能夠欣賞別人的幽默感。與較不受歡迎的兒童相比，他們比較能夠解讀他人非語言的行為，並且能夠了解他人的情緒經驗。他們也較能有效地控制非語言行為，所以能夠表現出得宜的行為。簡單來說，受歡迎兒童具有很強的**社會能力**（social competence），也就是使個體能夠在社交場合中完美表現的一系列社交技巧（Feldman, Tomasian, & Coats, 1999）。

雖然一般來說受歡迎的兒童是友善、開放與具合作性的。但是有一群受歡迎的男生表現出數種負面的行為，包括：具攻擊性、破壞性，並且愛惹麻煩。除了這些行為之外，他們在同儕眼中可能是冷酷強硬的，而他們卻往往非常受歡迎。這樣的受歡迎情況部分原因是因為他們大膽地打破別人覺得必須遵循的規則（Meisinger et al., 2007; Vaillancourt & Hymel, 2006; Woods, 2009）。

社會性問題解決能力

另一個與兒童受歡迎程度相關因素是社會性問題解決的技能。**社會性問題解決**（social problem-solving）是指使用策略，以發生衝突雙方都滿意的方式來解決問題。因為學齡兒童的社會衝突經常發生，即使是最好的朋友，所以，發展成功的處理策略是社交成功的重要因素（Murphy & Eisenberg, 2002; Rose & Asher, 1999）。

根據發展心理學家 Kenneth Dodge 的說法，成功的社會性問題解決是對應兒童訊息處理策略的一系列步驟（如圖 13-3 所示）。Dodge 認為，兒童解決社會性問題的方式是他們在此系列中每個環節決策的結果（Dodge, Lansford, & Burks, 2003; Lansford et al., 2006）。

透過仔細地描繪每一個階段，Dodge 提供了可以針對某個兒童的缺陷介入的方式。舉例來說，有的兒童經常曲解其他兒童行為的含意（步驟 2），然後根據自己的誤解做出回應。

假設 Max（一個四年級的學生）與 Will 玩遊戲。當玩遊戲時，Will 開始生氣，因為他輸了並抱怨遊戲規則。如果 Max 無法理解 Will 的憤怒是因為他玩輸了所造成的挫敗感，他很可能以憤怒的方式做出回應、捍衛規則、批評 Will，並使情況變得更糟。如果 Max 更準確地解讀 Will 憤怒的來源，Max 可能以更有效的方式行動。也許他可以提醒 Will：「你上一次打敗我，」來化解形勢。

一般來說，受歡迎的兒童擅長準確解讀他人行為的意義，此外，他們擁有處理社會性問題較廣泛的技能。相比之下，較不受歡迎的兒童往往無法那麼有效地理解他人行為的原因，所以他們的回應方式可能是不合適的。他們在處理社會性問題的策略是比較受限的，甚至有時根本不懂得如何道歉或是使別人感覺好些（Rinaldi, 2002; Rose & Asher, 1999）。

不受歡迎的兒童可能成為這種現象的受害者，也就是所謂習得的無助。因為他們不明白自己不受歡迎的根本原因，兒童可能會覺得他們很難或沒有能力改善自己的處境。因此，他們可能乾脆放棄，甚至不會試著更融入於同儕之中。反過來，他們學會了無助，並成為一個自我實現的預言，降低了他們在未來更

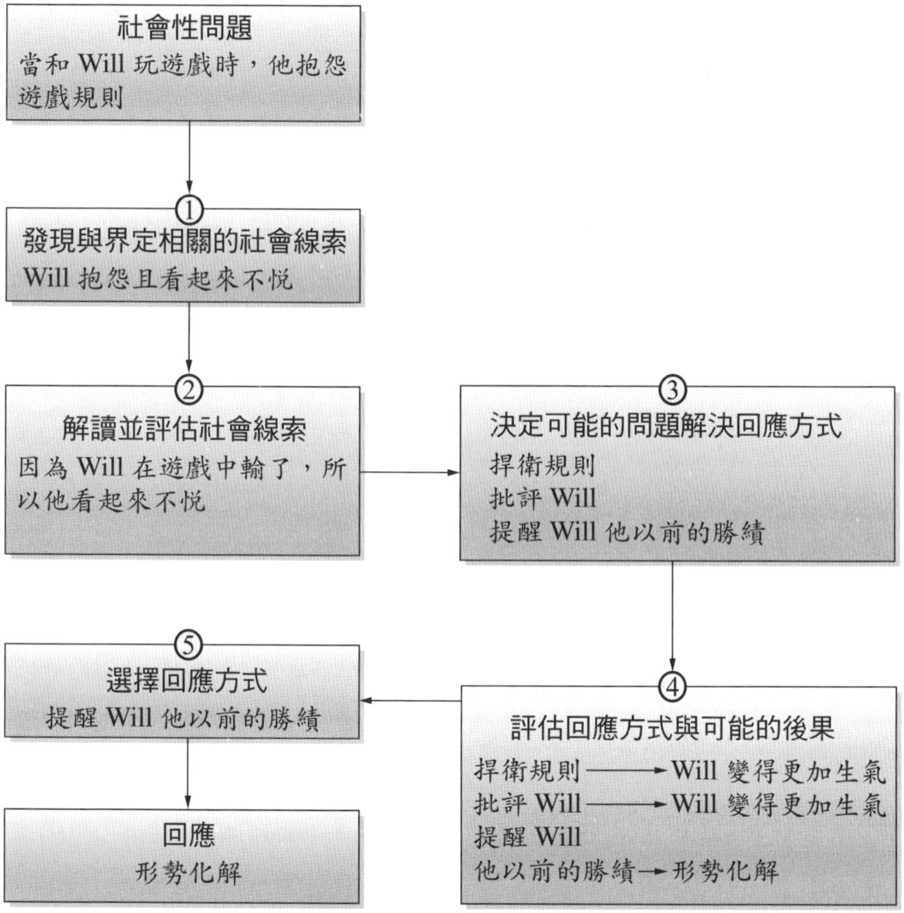

圖 13-3 問題解決步驟

兒童的社會性問題解決是對應兒童不同訊息處理策略的一系列步驟，教師應該如何使用兒童的問題解決技巧做為他們的學習工具？

資料來源：Adapted from Dodge (1985).

受歡迎的機會（Aujoulat, Luminet, & Deccache, 2007; Seligman, 2007）。

教導社會能力

為了幫助不受歡迎的兒童學習社會能力，有什麼可以做的？令人高興的是，答案似乎是肯定的。有些課程已經發展出教導兒童一套共通性的社交技巧，例如：在一個實驗性的課程中，一群不受歡迎的五、六年級學生被教導如何持續與朋友的對話。他們被教導如何談論自己的事情、如何藉由問問題來了解別人，並以非威脅性的方式提供幫助和建議給別人。

與一組沒有接受這樣訓練的兒童相比，實驗組中的兒童與同儕有更多的互動、有較多的對話、發展出較高的自尊，以及最重要的，比起訓練前，更為他們的同儕所接受（Asher & Rose, 1997; Bierman, 2004）。

性別與友誼：兒童期中期的性別區隔

女孩制訂規則；男孩流口水。
男孩都是白痴。女孩有蝨子。
男孩去上大學以獲得更多的知識；
女孩去木星以獲得更多的愚蠢。

這些都是小學的一些男孩和女孩對於異性的看法。迴避異性在這些年變得非常突顯，所以大多數男孩和女孩的社會網絡幾乎全部由同性別組合而成（McHale, Dariotis, & Kauh, 2003; Mehta & Strough, 2009）。

有趣的是，友誼根據性別而隔離，發生在幾乎所有的社會。在非工業化社會，同樣性別的區隔可能是孩子們所進行的活動類型的結果。舉例來說，在許多文化中，男孩被分配某種類型的勞務而女孩則做其他的事（Whiting & Edwards, 1988）。但是，參與不同的活動可能無法提供性別隔離的完整解釋；即使兒童在較開發的國家，並且參加了同一所學校的許多相同的活動，仍然會傾向於避免另一性別的成員。

當男孩和女孩偶爾進軍另一性別的領土，行動往往具有浪漫色彩。舉例來說，女孩子可能會威脅要親吻一個男孩，或是男孩可能會試圖引誘女孩追逐他們，這樣的行為，稱為「邊界工作」，有助於強調兩性之間存在的明顯界線。此外，它可能有助於學齡兒童未來到了青春期和與異性互動得到社會更加認可時，與浪漫或性興趣有關的互動（Beal, 1994）。

在兒童期中期缺乏跨性別的互動，意味著男孩和女孩的友誼被限制在他們自己性別的成員中。更進一步來說，在這兩個群體中友誼的性質是完全不同的（Lansford & Parker, 1999; Lee & Troop-Gordon, 2011; Rose, 2002）。

男孩通常有比女孩更大的朋友網絡，他們往往成群玩耍，而不是成雙成對。在團體內地位的差異通常是相當明顯的，通常會有公認的領導者和不同地位等級的成員。因為相當制式化的排名代表了團體成員不同的社會權力層級，被稱為**支配層級**（dominance hierarchy），地位較高的成員可以放心地質疑，並反對在層級結構中較低的兒童（Beal, 1994; Pedersen et al., 2007）。

男孩往往會對他們支配層級的地位予以關注，他們試圖保持自己的地位並改善它。這會造成一種所謂的限制性遊戲（restrictive play）。在限制性遊戲中，當兒童覺得他的狀態受到了挑戰，遊戲互動會被打斷。因此，當男孩覺得自己被地位較低的同儕不公平地挑戰時，可能會嘗試透過搶玩具或其他獨斷的行為來結束互動。因此，男孩的遊戲往往會決裂，而不是往更為擴展、平靜的劇情進展（Benenson & Apostoleris, 1993; Estell et al., 2008）。

男生之間所使用的友誼語言反映了他們對於地位的關注和挑戰，例如：考慮兩個男孩好朋友之間的談話：

> 兒童 1：你為什麼不離開我的院子？
> 兒童 2：你為什麼不把我逼出院子？
> 兒童 1：我知道你不希望出現這種情況。
> 兒童 2：你不能要我從院子裡走出去的，因為你不能。
> 兒童 1：不要逼我。
> 兒童 2：你不能。不要逼我傷害你（竊笑）（Goodwin, 1990, p. 37）。

女孩之間的友誼模式有很大的不同。沒有廣泛的朋友圈，學齡女童專注於一個或兩個「最好的朋友」，並處於相對平等的地位。相較於尋求地位差異的男孩，女孩避免地位的差異，寧願維持平等地位的友誼。

學齡女童間的衝突藉由妥協、忽略情況或是讓步的方式來解決，而不是透過使自己的觀點占上風的方式。總之，目標是透過歧異的弭平，使得社會互動平順，沒有對抗性（Goodwin, 1990; Noakes & Rinaldi, 2006）。

女孩以間接的方式解決社會衝突的動機，並非缺乏自信或是不欣賞採用更直接的方法解決問題。事實上，當學齡女童與其他非朋友的女孩或男孩互動時，她們可以是相當具有對抗性的。然而，在朋友之間，她們的目標是保持平等的地位關係，而不是支配層級（Beale, 1994; Zahn-Waxler et al., 2008）。

女孩使用的語言往往反映她們對於關係的觀點，並不是直接的要求（「給我鉛筆」），而是使用減少對立和指令的語言。女孩傾向於使用間接形式的動詞，例如：「讓我們去看電影」或者「你想和我交換書嗎？」而不是「我想去看電影」或「這些書給我」（Besag, 2006; Goodwin, 1990）。

跨越種族的友誼：教室內與教室外融合

友誼是色盲？在大多數情況下，答案是否定的。兒童最親密的友誼往往大多數是與自己同一種族。事實上，隨著孩子年齡增加，在朋友的數量和深度方面落於他們的種族群體之外的情況也逐漸下降。當兒童 11 或 12 歲的時候，似乎非裔美國兒童對於針對他們種族成員的偏見和歧視變得特別覺察和敏感。在這時，他們更有可能針對自己族群（人們覺得自己隸屬的團體）成員和外族群（非自己隸屬的團體）的成員進行區分（Aboud & Sankar, 2007; Kao & Vaquera, 2006; Rowley et al., 2008）。

舉例來說，當一個長期融合（long-integrated）學校三年級學生被要求指出一個最好的朋友，約有四分之一白人兒童和三分之二非裔兒童選擇其他種族的孩子。與此相反，當他們到十年級時，只有不到 10%的白人和 5%的非裔美國人指出最好的朋友是不同種族（Asher, Singleton, & Taylor, 1982; McGlothlin & Killen, 2005）。

在另一方面，雖然他們可能不會選擇對方為最好的朋友，但是白人和非裔美國人，以及其他少數族群，仍然可以表現出極高的相互接受程度，這種模式尤其常出現在致力於族群融合的學校。這是有道理的：有大量的研究支持多數和少數群體成員之間的接觸可以減少偏見和歧視的概念（Hewstone, 2003; Quintana, 2008）。

校園與網路的霸凌

Alex 喜歡在人群中，非常機智，並且成績很好。他跟同年齡的孩子相比體型偏小，所以他的父親說，他教會了孩子「如何出拳防衛自己」，而且以為他做得很好，但對於 Alex 的威脅不是身體。他的父母不知道的是，在他維吉尼亞州的切薩皮克學校，一群女孩已經用即時通嘲弄他大約一個月，嘲笑他的體型，並激他挑戰他無法做到的體能活動，例如：在特定時間內跑學校一圈或是跨溝跳躍。

Alex 花了很多時間在自己的房間上網聊天。其他的孩子知道他在想著結束他自己的生命，他的母親說：「他們試圖叫他自殺，並把他當成一個大笑話。」（Meadows, 2005, p. 153）。

這不是一個玩笑。一天下午，Alex 拿著他祖父的獵槍自殺了。

不是只有 Alex 一個人在面對霸凌的痛苦，無論它是在學校或在網路上。有近 85%的女孩和 80%的男孩指出在學校中經歷過某種形式的騷擾至少一次，在美國每天有 16 萬學童留在家裡不去上學，因為他們害怕被人霸凌。其他人則遇到網路霸凌，因為經常是匿名進行或可能公開張揚，所以可能更為傷人（Juvonen, Wang, & Espinoza, 2011; Mishna, Saini, & Solomon, 2009; van Goethem, Scholte, & Wiers, 2010）。

經常遇到霸凌的孩子往往是相當被動的孤鳥。他們常容易哭，並且常缺乏社交技巧來化解霸凌的情況，例如：他們無法想到幽默的話語來回擊霸凌者的嘲弄。儘管這樣的孩子容易被人霸凌。但是，即使孩子沒有這些特徵，還是偶爾在他們的學校生涯中會被霸凌。約有 90%中學生指出他們曾經在學校被霸凌，而且最早在學齡前就有了（Ahmed & Braithwaite, 2004; Katzer, Fetchenhauer, & Belschak, 2009; Li, 2006, 2007）。

約有 10%到 15%的學生曾經欺負過別人，大約有一半的霸凌者來自受虐家庭，也就是有一半的霸凌者不是。他們往往觀看較多的電視，而且比非霸凌者在家裡和在學校有更多的不當行為。當他們的霸凌讓他們惹上麻煩時，他們可能會嘗試說謊來脫罪，而且他們很少為自己對他人的傷害表現出悔意。另外，霸凌者與其同儕相比，更有可能成為觸犯法律的成年人。雖然霸凌有時在同儕間盛行，但是諷刺的是，霸凌者有時會自食惡果（Barboza et al., 2009; Haynie et al., 2001; Ireland & Archer, 2004）。

在兒童期中期的兒童如何處理霸凌的問題？策略專家建議，當挑釁發生時拒絕涉入，並且出聲反擊（例如：說類似「停止」的話語），並且告訴家長、教師和其他值得信賴的成年人以獲得他們的幫助。最終，兒童需要認知到，每個人都有拒絕被霸凌的權利（The U.S. government Web site, StopBullying.gov, provides extensive information about bullying; NCB Now, 2011）。

你是一個明智的兒童發展消費者嗎？

促進幼兒的社會能力

建立和維持友誼在兒童的生活中是重要的，家長和老師可以做什麼以促進兒童的社交能力？

答案是肯定的。以下列出幾種可行的策略：

- 鼓勵社會互動。教師可以設計引導兒童參加團體活動的方式，家長也可以鼓勵兒童參加女童軍和幼童軍等團體或參與團隊運動。
- 教導兒童傾聽的技巧。告訴他們如何認真傾聽和回應溝通中的公開談話以及言外之意。
- 讓兒童知道，人們會以非語言的方式表達心情和情緒，因此，他們應該注意他人的非語言行為，而不是只注意他人的口語表達。
- 教導會話技巧，包括提問和自我披露的重要性。鼓勵學生用「我」的陳述，以明確表達自己的感情或意見，並且避免對於他人一概而論。
- 不要要求兒童公開選擇團隊或群體。相反地，要隨機指定兒童組別，因為這樣可以確保能力的跨組分布，並避免有些兒童最後才被選擇的尷尬。

家庭

6 今日多元的家庭型態與托育安排如何影響兒童？
7 兒童如何與同性戀父母生活？
8 21 世紀團體托育的本質為何？

Tamara 的母親 Brenda，於放學時在二年級教室門外等待，當 Tamara 發現母親，很快地走了過來打招呼。

「媽媽，Anna 今天可以來我們家玩嗎？」Tamara 要求。Brenda 一直期待著花一些時間單獨與 Tamara 相處，因為 Tamara 後三天要住在她爸爸家。但是，Tamara 要求了，而且 Tamara 很少要求要讓同學來家裡玩，所以她同意了請求。

不幸的是，Anna 的家人不同意她今天到 Tamara 的家，所以她們試圖找到替代日期。「星期四怎麼樣？」Anna 的母親建議。在 Tamara 回答之前，她的母親提醒她：「妳得問妳爸爸，那一晚妳住在他家。」Tamara 期待的臉沉了下來。「好，」她喃喃自語。

Tamara 如何適應在不同時間與她離異父母分別居住在兩個家庭的影響？她的朋友、與外出工作的父母同住的 Anna 又要如何適應？當我們檢視童年期中期兒童的學校教育和家庭生活如何影響他們生活的方式時，這些只是一小部分我們需要考慮的問題。

家庭：變遷中的家庭環境

原來的情節是這樣的：首先是愛，然後是婚姻，然後是 Mary 推著嬰兒車。但是現在有一個續集：John 和 Mary 分手。John 搬家與 Sally 和她的兩個男孩同住。Mary 照顧寶寶 Paul。一年後，Mary 遇到 Jack，Jack 離婚了，有三個孩子。他們後來結婚了。Paul，差不多快 2 歲，現在有一個母親、一個父親、一個繼母、一個繼父、五個兄弟姊妹、四對祖父母，以及無數的叔叔阿姨。你猜怎麼著？Mary 再次懷孕了（Katrowitz & Wingert, 1990, p. 24）。

我們已經在前面的章節提到家庭結構在過去幾十年裡的變化。隨著父母都外出工作的家庭日益增加、一飛沖天的離婚率，以及單親家庭的增加，21 世紀兒童期中期兒童所面對的環境，與前面幾個世代相比有很大的不同。

兒童及其家長共同面臨的最大挑戰是兒童期中期兒童行為的獨立性提高。在此期間，兒童從幾乎完全被他們的父母掌控，轉變為對自己的命運或者至少是他們的日常行為的掌握度逐漸增加。兒童期中期也就成為一個**共同調適**（co-regulation）時期，也就是孩子和父母共同掌控行為。越來越多的父母提供了廣泛與一般性的行為指引，而孩子們對他們的日常行為具有控制權，例如：父母可能督促自己的女兒每天都買一份均衡營養的學校午餐，但是他們的女兒卻自己決定買披薩和兩道甜點。

家庭生活

在兒童期中期，兒童們花比小時候更少的時間與他們的父母在一起。儘管如此，父母在孩子的生活仍然保有重大影響力，並且提供孩子必要的援助、諮詢和指導（Furman & Buhrmester, 1992; Parke, 2004）。

手足也對兒童期中期兒童產生重要的好或壞的影響。雖然手足可以提供支持、陪伴和安全感，但他們也可以是衝突的根源。

手足之爭可能會發生，也就是與兄弟姊妹競爭或相互爭吵。當兄弟姊妹的年齡都差不多以及同性別時，這樣的競爭可能是最激烈的。父母可能因為被認為偏袒某一方而使手足之爭惡化，而且這種偏袒的看法可能是或可能不是正確的，例如：兄姊被允許有更多的自由，對年幼的弟妹而言可以被解釋為偏袒。

在某些情況下，被認為偏袒不僅導致手足之爭，也可能會傷害年幼弟妹的自尊。在另一方面，手足之爭並非不可避免。

那麼沒有手足的兒童呢？雖然獨生子女沒有機會發展手足之爭，他們也錯過了手足可以帶來的好處。一般情況下，儘管獨生子女給人被寵壞和以自我為中心的刻板印象，但實際上他們的調適能力與有手足的兒童一樣好。事實上，在某些方面，獨生子女們調適得更好。他們往往有更高的自尊和更強的動機來追求成就。對於受嚴格一胎化政策影響的中國父母來說這是一個好消息。有研究發現，中國的獨生子女往往學業表現優於有手足的兒童（Miao & Wang, 2003）。

當父母都出外工作：孩子如何生活？

在大多數情況下，父母都出外從事全職工作的兒童都生活得相當不錯。兒童的父母都是充滿愛心、對於孩子的需求敏感，並能提供適當的替代照料，因此與父母只有一方不工作家庭的兒童在發展上沒有差異（Harvey, 1999）。

母親和父親都工作的孩子是否能夠適應得很好與父母的心理調適有關，尤其是母親的心理調適。一般情況下，滿意自己生活的母親往往能更專心培育她們的孩子。當工作提供高層次的滿意度，那麼外出工作的母親可能給予她們的孩子更多的心理支持。因此，母親選擇全職工作、留在家中，或安排兩者的某種組合就不是問題了。重要的是母親所做出的選擇的滿意程度（Barnett & Rivers, 1992; Gilbert, 1994; Haddock & Rattenborg, 2003）。

雖然我們可能認為父母都工作的孩子比起父母一方全職在家的孩子將會花相對較少的時間與他們的父母相處，但研究發現並非如此。父母都工作的孩子比起父母一方全職在家的孩子花相同時間與家人相處、在課堂上與朋友在一起，以及單獨在家（Gottfried, Gottfried, & Bathurst, 2002; Richards & Duckett, 1994）。

兒童在白天做什麼？他們花費時間最多的活動是睡覺和學校。下一個最常見的活動是看電視和玩，緊隨其後的是個人照護和飲食。這與過去 20 年相比變化不大（如圖 13-4 所示）。有所改變的是花在被監督與在機構的時間。在 1981

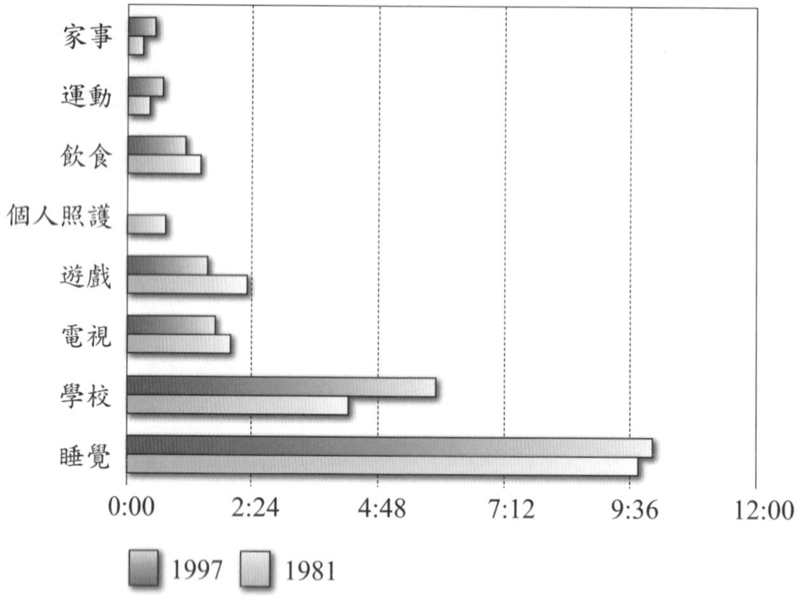

圖 13-4 兒童如何花費他們的時間

雖然兒童花費在某些活動的時間保持不變，多年來，花在其他事情，例如：遊戲與飲食的時間已呈現出顯著的變化，為什麼會出現這些變化？

資料來源：Hofferth & Sandberg (1998).

年，兒童每天有40%是自由時間，在1990年代後期，兒童一天只有20%是自由時間（Hofferth & Sandberg, 1998）。

獨自在家：孩子在做什麼？

當10歲的Johnetta Colvin從馬丁路德金小學放學回家之後。她做的第一件事就是抓幾片餅乾，然後打開電腦。她快速瀏覽一下她的電子郵件，然後又轉移到電視，通常花一個小時看電視。在廣告時間，她會看一看她的功課。

她沒有跟父母聊天，因為他們都不在家，她獨自一人在家。

Johnetta是**自我照顧的兒童**（self-care children），因為孩子放學後獨自一人回家，等待他們的父母下班返家。她不是單一個案，在美國，大約有12%到14%的5至12歲的兒童放學後獨處，無大人陪同（Berger, 2000; Lamorey, Robinson, & Rowland, 1998）。

在過去，對於自我照顧兒童的關切聚焦在他們缺乏監督和孤獨的情感成本。事實上，這樣的孩子以前叫鑰匙兒，也就是可悲、可憐與被忽略的兒童。但是，對於自我照顧兒童的新觀點不斷湧現。社會學家 Sandra Hofferth 認為，獨自一人在家幾個小時，為兒童在每日繁忙的生活中，提供了減壓的一個有用的時期。此外，它可以提供機會讓兒童發展更好的自主性（Hofferth & Sandberg, 2001）。

研究已經指出回到家裡有父母陪伴的兒童與自我照顧兒童之間的一些區別。雖然有些兒童陳述了自己在家裡的負面經驗（如：孤獨），但他們似乎並沒有因此而情感受損。此外，如果他們自己留在家裡，而不是因無人看管而外出找朋友，他們可能能夠避免參與會導致難題的活動（Belle, 1999; Goyette-Ewing, 2000; Long & Long, 1983）。

總之，身為自我照顧的兒童的後果並不一定是有害的。事實上，兒童可能發展較高的獨立性和能力。此外，單獨在家的時間提供兒童不受打擾的做功課與進行學校或個人計畫的機會。事實上，工作的父母可能使孩子有更高的自尊，因為他們覺得自己對家庭有貢獻（Goyette-Ewing, 2000）。

離婚

有已離異的父母，像前面提到的國小二年級的Tamara，不再是非常獨特的。只有大約一半的美國兒童是與他們的父母同住在一個屋簷下度過整個童年。其餘的將生活在單親家庭中，或與繼父母、爺爺奶奶或其他非父母的親屬同住，而有一些人最終會在寄養家庭中度過（Harvey & Fine, 2004）。

兒童如何面對父母離婚？答案取決於你在父母離婚後多久問孩子這個問題，以及父母離婚時孩子多大年紀。在離婚後立刻問這個問題，孩子和父母可能出現幾種類型的心理失調，時間可能由六個月至兩年，例如：孩子可能會有焦慮、抑鬱的經驗，或出現睡眠障礙和恐懼症。儘管父母離婚後孩子們經常與母親同住，在大多數情況下母親與子女的關係品質下降，大部分原因是因為孩子看到自己夾在母親和父親之間（Amato & Afifi, 2006; Juby et al., 2007; Lansford, 2009）。

在童年期中期的早期階段，孩子會因為父母離婚而責怪自己。到了 10 歲的時候，孩子們感受到選邊站的壓力，會站在母親或父親的立場。正因為如此，他們會經歷某種區分的忠誠度（Shaw, Winslow, & Flanagan, 1999）。

儘管研究人員同意，離婚的短時間內可能是相當困難的，從長遠來看後果卻是較不明顯。一些研究發現，18 個月至兩年後，大部分的兒童開始恢復離婚前的心理調節狀態。對於很多兒童來說，長期後果是微乎其微的（Guttmann & Rosenberg, 2003; Harvey & Fine, 2004; Hetherington & Kelly, 2002）。

不過，其他證據發現離婚造成陰影，例如：父母離異後孩子接受心理輔導的人數是完整家庭孩子人數的兩倍（雖然有時輔導是由法官授權做為離婚的一部分）。此外，經歷過父母離異的人更容易在以後的生活中經歷自己離婚（Amato & Booth, 2001; Huurre, Junkkari, & Aro, 2006; Wallerstein et al., 2000; Wallerstein & Resnikoff, 2005）。

兒童如何面對離婚取決於幾個因素。一個是兒童所居住的家庭經濟地位，在許多情況下，離婚造成父母雙方的生活素質下降，發生這種情況時，兒童可能會陷入貧困（Fischer, 2007; Ozawa & Yoon, 2003）。

在其他情況下，離婚的負面後果不太嚴重，因為離婚降低了家庭的敵意和憤怒。如果家庭離婚前的衝突太大，約有 30%左右的父母離婚是屬於這種情況，在離婚後家庭的平靜可能對孩子有益。尤其是孩子與不同住的父母保持密切、正面的關係（Davies et al., 2002; Vélez et al., 2011）。

然而對於有些孩子而言，離婚好過於擁有一個完整家庭但和高衝突、不幸婚姻的父母同住。但是約有 70%的離婚，在離婚前的衝突並不高，而在這些家庭的兒童可能更難調適父母離婚（Amato & Booth, 1997）。

單親家庭

在美國，幾乎四分之一 18 歲以下的兒童都是與單親一起生活。如果目前的趨勢繼續下去，幾乎四分之三的美國孩子在 18 歲之前，將有部分時間會與單親一起生活。對於少數族群兒童來說，這些數字甚至更高。在 18 歲以下的族群中，幾乎有 60%的非裔美國兒童和 35%的西班牙裔兒童生活在單親家庭（U.S. Bureau of the Census, 2011）（如圖 13-5 所示）。

在極少數情況下，死亡是單親家庭的原因。更常見的是，其中一位父母從來沒有出現過（也就是母親從未結婚）、夫妻雙方已經離婚，或其中一位父母不在身邊。在絕大多數的情況下，母親是單親家庭中的主要角色。

兒童生活在單親的家庭中會有什麼樣的影響？這是一個很難回答的問題。這在很大程度上取決於第二位父母在較早的時候是否存在於家庭中，以及當時父母關係的本質。此外，單親家庭的經濟狀況會決定對兒童造成什麼樣的後果。單親家庭比起雙親家庭來說，在經濟上往往不太富裕，而生活的相對貧困對兒童有負面影響（Davis, 2003; Harvey & Fine, 2004; Sarsour, 2011）。

總之，生活在一個單親家庭的影響不一定是負面或正面。鑑於大量單親家庭的產生，對於這樣家庭的汙名化已經有很大程度的下降。單親家庭對於兒童的最終影響取決於各種因素，例如：家庭的經濟狀況、父母能夠陪伴孩子的時間，以及家庭中的壓力程度。

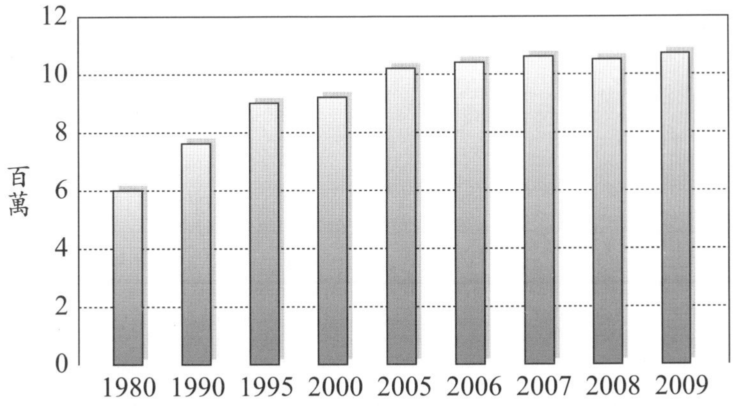

圖 13-5 在 1975 年至 2003 年增加的單親家庭

雖然單親家庭的兒童人數急遽地增加了幾十年，但它已在近幾年趨於平穩。

資料來源：U.S. Bureau of the Census, Statistical Abstract of the United States (2011).

多代同堂家庭

有些家庭由多代所組成，即子女、父母和祖父母生活在一起。多個世代在同一個房子生活可以使孩子擁有豐富的生活經驗，並且同時受到父母和祖父母的影響。在另一方面來說，多代同堂的家庭也有發生衝突的可能性，因為有數個成年人做為紀律執行人員且沒有協調該做什麼。

住在一起的三代家庭的非裔美國人患病率比白種人更高。此外，非裔家庭比起白人家庭更可能是由單親領導，往往非常依賴祖父母在日常生活中幫忙照顧幼兒，而其文化也是非常支持祖父母採取主動積極角色（Kelch-Oliver, 2008; Oberlander, Black, & Starr, 2007; Pittman & Boswell, 2007）。

混合家庭

對於許多兒童來說，離婚的後果包括父母一方或雙方隨後再婚。事實上在美國，超過 1,000 萬個家庭至少有一個配偶已經再婚，超過 500 萬對再婚夫婦至少有一名繼子女與他們居住，這被稱為**混合家庭**（blended family）。總體而言，在美國有 17%的兒童生活在混合家庭（Bengtson et al., 2004; U.S. Bureau of the Census, 2001）。

生活在一個混合家庭對於兒童來說是具有挑戰性的。經常有角色模糊的情況，也就是角色和期望並不清楚。孩子可能不確定自己的責任、應該如何與繼父母和繼手足相處，以及如何抉擇家庭中廣泛影響決定的角色，例如：一個在混合家庭中的孩子可能必須選擇要與父親或母親度過假期與節日，或是在父母和繼父母之間衝突的意見中做出選擇（Belcher, 2003; Cath & Shopper, 2001; Sabatino & Mayer, 2011）。

但是在許多情況下，混合家庭的學齡兒童經常發展得很好。相較之下，青春期的孩子面臨到較多的困難。學齡兒童通常對於混合家庭適應得比較順利是基於以下幾個原因。一方面，家庭的財務狀況往往在父母再婚之後得到改善，此外，在一個混合家庭中有更多的人分擔家務，最後，一個簡單的事實是家庭包含更多的人，增加了社會互動的機會（Greene, Anderson, & Hetherington, 2003;

Hetherington & Elmore, 2003）。

另一方面，並不是所有的孩子都能適應生活在一個混合家庭。有些人覺得日常生活作息被打亂，而且很難建立家庭關係的網絡。舉例來說，已經習慣了有母親全部注意力的孩子可能會發現很難接受她的母親對繼子女表現出興趣和情感。最成功的混合家庭是父母創建一個支持孩子的自尊心，並使所有家庭成員都能有一體感氛圍的環境。一般來說，年齡越小的孩子，越容易適應混合家庭的過渡期（Jeynes, 2006, 2007; Kirby, 2006）（欲了解更多不同的家庭結構，請參考「從研究到實務」專欄）。

從研究到實務 兩個媽媽，兩個爸爸：兒童如何與同性戀父母生活？

越來越多的兒童有兩個媽媽或兩個爸爸，估計數字顯示，在美國約有 100 至 500 萬個家庭是由兩個同性戀父母所組成，並有約 600 萬兒童有同性戀父母（Patterson, 2007, 2009; Patterson & Friel, 2000）。

兒童如何在同性戀家庭中生活？越來越多的研究顯示同性父母教養對孩子的影響與異性戀家庭的孩子有相似的發展。他們的性傾向與他們父母的性傾向無關，他們似乎與一般家庭的孩子一樣調適得很好，他們的行為沒有因此而有明顯的性別類型（Fulcher, Sutfin, & Patterson, 2008; Parke, 2004; Patterson, 2002, 2003, 2009）。

最近一次的大規模分析，檢視 19 個超過 25 年，涵蓋超過 1,000 個男同性戀、女同性戀和異性戀的家庭所進行的同性戀父母撫養孩子的研究，證實了這些發現。分析發現異性戀家長所撫養的孩子以及同性戀父母所撫養的孩子，在兒童性別角色、性別認同、認知能力的發展、性傾向以及社會情緒發展等方面並沒有顯著差異。唯一具有顯著差異的是父母與子女之間關係的品質；有趣的是，與異性戀父母相比，同性戀父母指出親子間有更好的關係（Crowl, Ahn, & Baker, 2008）。

其他研究顯示，同性戀父母的子女的同儕關係與異性戀父母的子女的同儕關係相似。到成年時，會成為同性戀或異性戀者與其父母是同性戀或異性戀無關。當同性戀父母的子女到了青春期時，他們的浪漫關係以及性行為和與異性戀父母生活的青少年並無不同（Golombok et al., 2003; Patterson, 1995, 2009; Wainright, Russell, & Patterson, 2004）。

總之，研究發現，孩子的父母是同性戀或是異性戀對於孩子的發展幾乎沒有差異。真正不同的是對於同性戀父母的子女所可能產生的歧視和偏見。當美國公民積極投入有關同性戀婚姻合法化的持續而高度政治化的爭論，同性戀父母的子女可能因為社會刻板印象和歧視，而覺得被單獨突顯出來並成為受害者（Davis, Saltzburg, & Locke, 2009; Ryan & Martin, 2000）。

- 為什麼同性戀父母比起異性戀父母與他們的孩子有更密切的關係，你能想到的可能解釋是什麼？
- 同性戀父母如何幫助自己的孩子面對他們可能會遇到的偏見和歧視？

種族與家庭生活

雖然存在許多類型的家庭，研究確實發現與種族有關的一些一致性（Parke, 2004），例如：非裔家庭往往具有特別強烈的家庭觀念。非裔美國人家庭的成員經常願意歡迎和支持延伸家庭成員。因為在非裔美國人中，女性主導的家庭有較高水平，所以對於延伸家庭的社會和經濟支持是重要的。此外，老年人（例如：祖父母）主導的家庭比例相對較高，而有一些研究發現，在祖母主導的家庭中，孩子適應得特別好（McLoyd et al., 2000; Smith & Drew, 2002; Taylor, 2002）。

西班牙裔家庭也經常強調家庭生活，以及社區和宗教組織的重要性，孩子被教導要重視他們與家人的關係，他們也把自己看成是延伸家庭的核心。最終，他們把自己是誰與家庭連結。西班牙裔家庭也往往相對較大，平均有 3.71 人，相比之下，白人家庭只有 2.97 人，非裔家庭則有 3.31 人（Cauce & Domenech-Rodriguez, 2002; Halgunseth, Ispa, & Rudy, 2006; U.S. Census Bureau, 2003）。

雖然相對較少的研究探究美國亞裔家庭，新興研究的結果發現，亞裔家庭中的父親更容易被視為有權勢的人物並維持紀律。因為受亞洲文化的集體主義傾向影響，孩子往往認為家庭需要比個人需求更優先，尤其是男性，被期待在其一生中都要照顧父母（Ishi-Kuntz, 2000）。

貧窮與家庭生活

不分種族，生活在經濟弱勢家庭中的兒童面臨更多的艱辛，貧困家庭有更少的日常基本資源，並且使得兒童的生活更加混亂，例如：父母可能會被迫去尋找較便宜的房子，也可能為了找到工作而搬家。這樣的家庭環境常會造成父母不太回應孩子的需求，並提供較少的社會支持（Evans, 2004）。

困難家庭環境的壓力，隨著貧困兒童的其他生活壓力，例如：生活在不安全的暴力社區和就讀劣勢學校，最後造成不良的影響。經濟弱勢兒童容易有較差的學習成績、較多的攻擊行為和問題行為。此外，經濟情況的下滑與心理健康問題相關（Morales & Guerra, 2006; Sapolsky, 2005; Tracy et al., 2008）。

團體托育：21 世紀的孤兒院

孤兒院一詞喚起衣衫襤褸的可憐年幼者的印象，以錫杯食粥，和住在巨大的、類似監獄的機構。然而，當今的現實狀況是不同的。即使孤兒院一詞已很少使用，已被團體家屋（group home）或寄托治療中心（residential treatment center）取代。通常情況下團體家屋收容相對較少的兒童，是用於兒童的父母不再能適切地照顧他們。他們的資金通常來自於聯邦政府、州政府和地方的援助。

團體托育已在過去 10 年顯著增長，事實上，在 1995 至 2000 年的五年期間，寄養的兒童人數增加了 50%以上。今日有超過 50 萬的美國兒童住在寄養家庭（Bruskas, 2008; Jones-Harden, 2004; Roche, 2000）。

約有四分之三生活在團體家屋的兒童是忽視和虐待的受害者。每一年，有 30 萬名兒童從家庭移出，他們之中的大多數可以在社會服務機構介入後返家。但其餘的四分之一兒童因為遭受虐待或其他因素而造成嚴重的心理傷害，一旦他們被收托在團體托育機構，他們很可能整個童年都會留在那裡。有嚴重問題的兒童，例如：高程度的攻擊行為或憤怒，很難找到收養家庭，而事實上往往也很難找到能夠解決他們的情緒和行為問題的臨時寄養家庭（Bass, Shields, & Behrman, 2004; Chamberlain et al., 2006; Lee et al., 2011）。

儘管有一些政治人物認為，增加團體家屋是一個解決依賴福利的未婚媽媽等相關複雜社會問題的方案，提供社會服務和心理治療的專家則不那麼肯定。一方面，團體家屋永遠無法提供在家庭環境中所能獲得的一致支持和關愛。此外，團體家屋花費很高，每年支持一個孩子在團體家屋要花費 4 萬美元，約是安置一個孩子在寄養家庭或福利機構的 10 倍（Allen & Bissell, 2004; Roche, 2000）。

另外一些專家認為，團體家屋不一定是好或壞，相反地，遠離自己的家庭生活所帶來的後果是否正面，取決於團體家屋工作人員的特性，以及兒童與團體家屋工作人員之間是否能夠建立一個有效、穩定與牢固的情感連結。在另一方面，如果兒童無法與團體家屋的工作人員建立有意義的關係，結果很可能是有害的（Hawkins-Rodgers, 2007; Knorth et al., 2008）（表 13-2 呈現了兒童與青少年照顧工作者的最佳與最差的個人特質）。

表 13-2 兒童與青少年照顧工作者的最佳與最差的個人特質

最佳工作人員	最差工作人員
彈性	出現病狀
成熟	自私
正直	具防衛性
好的判斷力	不誠實
具有常識	濫用職權
正確的價值觀	藥物／酒精濫用
負責任	不合作
良好的自我形象	不良的自我形象
自我控制	不知變通
具權威性	不負責任
善於人際	挑剔
穩定	被動—具攻擊性

（續）

最佳工作人員	最差工作人員
樸實	不適當的界線
可預測的／一致的	不道德的
非防衛性的	獨裁／強制
關愛／堅定	不一致／不可預測的
自我覺察	逃避
授權	無法從經驗學習
具合作性	不良示範
良好示範	憤怒／易怒

資料來源：Adapted from Shealy (1995).

個案研究　失敗的明星

Jake Stoddard 似乎是一個典型的 10 歲男孩，他在學校成績中等，除了作文之外，要把自己的想法寫在紙上讓他很頭痛。他在學校樂隊演奏小號，是少棒隊右外野手。對每個人來說，除了他的父母，Jake 似乎是一個平凡的男孩。

「你是個明星，Jake。你是一個贏家」他的父母每天提醒他。他生日的時候，父親給了他一支昂貴的棒球棒。「專家就是要用最好的，Jake。」

但是，無論他的父母說了多少次，Jake 知道他不是明星。和其他孩子比較，他不覺得自己是一個勝利者。直到小學四年級之前，Jake 都一直試圖在學校取得成功，但是今年他必須面對事實，寫作對他是困難的，他永遠都不會跟 Mark 與 Beth 一樣好，那麼，為什麼還要嘗試呢？

雖然他的擊球還行，他的教練已經警告過他的外野守衛。「我喜歡你，Jake，但是如果你的外野守衛沒有改善，明年你可能要退出少棒隊」教練說。Jake 咕噥一聲感謝，並悄悄地溜走了。如果他的外野守衛很糟糕，打擊也不如 Tim 或 Will，也許他應該乾脆放棄比賽。然後，音樂老師把他拉到一邊。「Jake，我想也許小號不適合你。你想試試另一種樂器嗎？」

Jake 沒有嘗試另一種樂器。相反地，他繼續帶小號去上學。他不想讓他的父母知道他們的「明星」已經再一次失敗了。

1. Jake比較自己與其他孩子如何反映兒童期中期典型的社會和人格發展？
2. Jake的父母是採用什麼管教方式，而這如何影響Jake對於自己的觀點？
3. 為什麼 Jake 不相信他的父母說他是一個明星與贏家？他們應該如何改變他們的管教方式，以促進 Jake 的真正自尊？
4. 你如何看待 Jake 的自我概念影響他所做出的決定？
5. 你會建議Jake採取什麼具體行動來改變他的自我概念和提升他的自尊？

結語

在這一章中，我們探究了兒童期中期的社會和人格的發展以及自尊。在兒童期中期，兒童會發展和依靠更深層次的關係以及友誼，我們討論了性別和種族影響友誼的方式。我們看到家庭結構的變化也會影響到社會和人格發展。回到序言——關於 Henry 的社交掙扎——並回答下列問題。

1. Henry 社交生活的變化如何塑造他的自尊？
2. 根據 Henry 的故事，發展心理學家 William Damon 會將 Henry 和他對友誼的觀點歸入哪個階段？
3. Henry 的哪些特性可能使他將來在同儕中受歡迎？
4. 根據序言所提到的訊息，你會如何猜測 Henry 的受歡迎程度、地位與社會能力？

回顧

1 兒童如何看待自己在兒童期中期的改變？

- 根據 Erikson 的說法，兒童期中期的兒童正處於勤奮與自卑的階段、聚焦於能力的養成，並回應與個人相關的廣泛挑戰。

- 兒童期中期的兒童開始以心理特性來看待自己，並在不同領域形成自我概念的差異，他們使用社會參照的方式以評估自己的行為、能力、專業與看法。

2 在兒童期中期，自尊為什麼重要？

- 兒童期中期是兒童發展自尊的時期，兒童的自尊長期低落會使他們落入一個失敗的循環，而導致低落的自我期望與較差的學習表現。

3 移民家庭中的兒童如何適應美國文化？

- 移民家庭中的兒童與非移民家庭相比，他們通常有強烈追求成功的企圖心，並且對於教育特別重視。
- 來自重視集體主義社會的移民家庭兒童可能會覺得自己有責任與義務為了自己的家庭而成功。

4 什麼是兒童期中期常見的關係類型與友誼？

- 兒童對於友誼的了解歷經三個階段，從互相喜歡和花時間在一起到考慮個人特質和友誼所提供的回報，再到對於親密感和忠實的欣賞。
- 兒童的受歡迎程度與他們的社會能力有關。因為社會互動與友誼的重要性，發展學者探究如何改善社會性問題解決技巧與社會訊息處理歷程。

5 性別與種族如何影響友誼？

- 男孩和女孩在兒童期中期越來越喜歡同性別的友誼。男孩友誼的特點是群體、清楚的支配層級與限制性遊戲。女孩的友誼往往只有一個或兩個好朋友的親密關係、平等的地位，並依賴合作。
- 跨種族友誼發生的頻率隨著兒童年齡的增長而降低。不同種族群體的成員之間平等的互動，可以使雙方更加了解彼此、相互尊重和接納，並且有助於刻板印象的消除。

6 今日多元的家庭型態與托育安排如何影響兒童？

- 父母都外出工作的家庭兒童普遍適應得不錯。放學後自我照顧的兒童可能發展獨立性以及能力和貢獻感。
- 剛離婚時，對於兒童期中期兒童的影響可能是嚴重的，取決於離婚前夫妻間的家庭經濟狀況和夫妻間的敵意程度。

- 生活在單親家庭的後果取決於家庭的經濟狀況，以及父母之間在未離婚前的敵意程度（如果曾經有兩個父母）。混合家庭對兒童來說是挑戰，但也可以提供更多社會互動的機會。

7 兒童如何與同性戀父母生活？

- 同性戀家庭兒童的發展與異性戀家庭的兒童類似。他們的性傾向與他們的父母無關；他們的行為並沒有性別類型化；他們似乎都調適得很好。
- 在另一方面，同性戀家庭兒童可能因為父母的性傾向而受到歧視和偏見。

8 21 世紀團體托育的本質為何？

- 團體托育的兒童常常成為忽略和虐待的受害者。約有 25%的團體托育兒童會在團體托育度過他們的童年歲月。
- 專家認為，團體托育不一定是好或壞。相反地，遠離自己的家庭生活所帶來的後果是否正面，取決於團體家屋工作人員的特性，以及兒童與團體家屋工作人員之間是否能夠建立一個有效、穩定與牢固的情感連結。

關鍵詞

- 勤奮與自卑（industry-versus-inferiority stage）：根據 Erikson，約在兒童 6 歲至 12 歲的期間，此階段兒童聚焦於精進自身能力，以面對來自父母、同儕、學校以及其他現代世界中複雜事物的挑戰。
- 社會比較（social comparison）：將自己與他人比較以評估自己的行為、能力、專業與看法。
- 自尊（self-esteem）：個體對於自己的整體、特定的正面與負面評斷。
- 社會能力（social competence）：使個體能夠在社交場合中完美表現的一系列社交技巧。
- 社會性問題解決（social problem-solving）：使用策略，以發生衝突雙方都滿意的方式來解決問題。
- 支配層級（dominance hierarchy）：排名代表了團體成員不同的社會權力層級。

- 共同調適（coregulation）：孩子和父母共同掌控孩子的行為。
- 自我照顧的兒童（self-care children）：孩子放學後獨自一人回家，並在家中獨自等待其照顧者工作完返家；也就是所謂的「鑰匙兒」。
- 混合家庭（blended family）：因再婚而重新組成的家庭，並且至少和一個前妻或前夫所生的孩子同住。

國家圖書館出版品預行編目（CIP）資料

兒童發展／ Robert S. Feldman 著；許秀萍等譯.
--初版.--新北市：心理, 2015.10
面； 公分. --（幼兒教育系列；51180）
譯自：Child development

ISBN 978-986-191-687-3（平裝）

1.兒童發展 2.發展心理學

523.1 104017603

幼兒教育系列 51180

兒童發展

作　　者：Robert S. Feldman
譯　　者：許秀萍、張玲芬、丘嘉慧、梁珀華、蘇慧菁
執行編輯：高碧嶸
總 編 輯：林敬堯
發 行 人：洪有義
出 版 者：心理出版社股份有限公司
地　　址：231026 新北市新店區光明街 288 號 7 樓
電　　話：(02)29150566
傳　　真：(02)29152928
郵撥帳號：19293172 心理出版社股份有限公司
網　　址：https://www.psy.com.tw
電子信箱：psychoco@ms15.hinet.net
排 版 者：龍虎電腦排版股份有限公司
印 刷 者：龍虎電腦排版股份有限公司
初版一刷：2015 年 10 月
初版四刷：2022 年 9 月
I S B N：978-986-191-687-3
定　　價：新台幣 600 元